CB081610

CURSO DE DIREITO ADMINISTRATIVO

Diogo Freitas do Amaral
Professor Catedrático da Faculdade de Direito
da Universidade Nova de Lisboa

CURSO DE DIREITO ADMINISTRATIVO

VOLUME II

4.ª Edição
2018

Com a colaboração de
Pedro Machete e Lino Torgal

ALMEDINA

CURSO DE DIREITO ADMINISTRATIVO – VOL. II

AUTOR
Diogo Freitas do Amaral
1.ª Edição: Abril, 1986

EDITOR
EDIÇÕES ALMEDINA, S. A.
Rua Fernandes Tomás, n.os 76-80
3000-167 Coimbra
Tel.: 239 851 904 · Fax: 239 851 901
www.almedina.net · editora@almedina.net

DESIGN DE CAPA
FBA.

PRÉ-IMPRESSÃO
EDIÇÕES ALMEDINA, S.A.

IMPRESSÃO E ACABAMENTO
Artipol, Artes Gráficas, Lda.
Setembro, 2018

DEPÓSITO LEGAL
400918/15

Os dados e as opiniões inseridos na presente publicação são da exclusiva responsabilidade do(s) seu(s) autor(es).
Toda a reprodução desta obra, por fotocópia ou outro qualquer processo, sem prévia autorização escrita do Editor, é ilícita e passível de procedimento judicial contra o infrator.

ALMEDINA | GRUPOALMEDINA

BIBLIOTECA NACIONAL DE PORTUGAL – CATALOGAÇÃO NA PUBLICAÇÃO

AMARAL, Diogo Freitas do, 1941-

Curso de direito administrativo. – 4ª ed. – v. - (Manuais universitários)
2º v.: p. - ISBN 978-972-40-7569-3

CDU 342

PREFÁCIO DA 4.ª EDIÇÃO

No momento em que se encontrava quase esgotada a 3.ª edição do volume II deste Curso de Direito Administrativo, foi publicado, em Agosto de 2017, o 2.º Código dos Contratos Públicos português, em consequência da necessidade de transposição das novas Diretivas europeias de 2014 sobre a matéria. A presente edição leva em linha de conta o 2.º CCP, deixando sem alterações as outras partes e capítulos deste volume.

Agradeço reconhecidamente ao dr. Lino Torgal, meu colaborador de longa data, a ajuda que me deu nesta edição, bem como ao meu antigo aluno na Faculdade de Direito da Universidade Nova de Lisboa, dr. Paulo Mendonça Duarte. A revisão final foi da minha responsabilidade.

Cascais, março de 2018

Diogo Freitas do Amaral

PARTE II
O PODER ADMINISTRATIVO E OS DIREITOS DOS PARTICULARES

CAPÍTULO I
Conceitos Fundamentais

§ 1.º
O Poder Administrativo

1. A separação dos poderes

Vamos agora estudar o *poder administrativo*. E começaremos, naturalmente, por alguns conceitos fundamentais.

O primeiro conceito de que temos de partir para estudar o poder administrativo é o conceito de *separação dos poderes*[1]. Que significa ele?

[1] A bibliografia portuguesa e estrangeira sobre este tema é vastíssima. Entre nós, cfr., por exemplo, Rogério Soares, *Direito Administrativo*, policopiado, Porto, s. d., mas 1980, pp. 21-35; *Idem*, «Sentido e Limites da Função Legislativa no Estado Contemporâneo», *in A Feitura das leis*, II, INA, 1986, p. 433 e ss.; Gomes Canotilho, *Direito Constitucional e Teoria da Constituição*, Coimbra, 7.ª ed., Almedina, Coimbra, 2003, pp. 241 e ss. e 541 e ss.; Jorge Miranda, *Ciência Política*, policopiado, Lisboa, 1992, p. 91 e ss.; Sérvulo Correia, *Legalidade e Autonomia Contratual nos Contratos Administrativos*, Coimbra, 1987, p. 25 e ss.; Rui Machete, «Contencioso Administrativo», *in Estudos de Direito Público e Ciência Política*, Lisboa, 1991, p. 185 e ss.; Nuno Piçarra, *A Separação dos Poderes como Doutrina e Princípio Constitucional*, Coimbra, 1988; *idem*, «A Separação de Poderes na Constituição de 1976. Alguns Aspectos», *in* (org. Jorge Miranda) *Nos dez anos da Constituição*, Lisboa, 1987, p. 143 e ss.; *idem*, «Separação dos

A expressão *separação dos poderes* tanto designa uma *doutrina política* como um *princípio constitucional.*

Corresponde, desde logo, à *doutrina política* que teve e tem por objeto a *estruturação do poder político do Estado*[2] e que, como é sabido, foi primeiro desenvolvida por Locke e subsequentemente celebrizada por Montesquieu[3]. Consistia e consiste tal doutrina, basicamente, numa dupla distinção: a *distinção intelectual* das funções do Estado; e a *distinção política* dos órgãos que devem desempenhar tais funções – entendendo-se que para cada função deve existir um órgão próprio, diferente dos demais, ou um conjunto de órgãos próprios. Por seu intermédio, visaram originariamente os autores liberais (sobretudo Locke), não «simplesmente (...) alcançar a mais perfeita organização estrutural para o exercício da soberania, mas antes (...) criar condições institucionais de respeito da esfera individual»[4].

A separação dos poderes é, depois, um *princípio constitucional* caraterístico da forma de governo democrático-representativa e pluralista ocidental, e que a distingue da forma de governo democrático-popular

poderes», *in Pólis*, 5, Lisboa – S. Paulo, cols. 682-714; Jorge Reis Novais, *Contributo para uma Teoria do Estado de Direito*, Coimbra, 1987, p. 82 e ss.; *idem*, *Separação de Poderes e Limites da Competência Legislativa da Assembleia da República*, Lisboa, 1997; Maria da Glória Dias Garcia, *Da justiça administrativa em Portugal. Sua origem e evolução*, Lisboa, 1994, p. 280 e ss.; Manuel Afonso Vaz, *Lei e reserva da lei. A Causa da lei na Constituição Portuguesa de 1976*, Porto, 1992, pp. 85-173; e Paulo Otero, «A "desconstrução" da Democracia Constitucional», *in* (org. Jorge Miranda), *Perspectivas Constitucionais. Nos 20 anos da Constituição de 1976*, II, Coimbra, 1997, pp. 610-628.

Na doutrina portuguesa mais recente, merece ser destacada a aprofundada análise especificamente dedicada a este tema, de Pedro Fernández Sánchez, *Lei e sentença – e recepção das variantes da doutrina da separação dos poderes legislativo e judicial no constitucionalismo português*, dissertação de doutoramento perante a Faculdade de Direito da Universidade de Lisboa, 2 vols., Lisboa, 2014.

[2] Antes dos autores liberais, o tema da separação dos poderes foi estudado a propósito da questão da titularidade do poder, quer dizer, «da questão, inicial a qualquer organização política, de saber (onde) se situa a sede originária do direito de ordenar» – v. Rogério Soares, *Direito Administrativo*, p. 22. Sobre o assunto, v., desenvolvidamente, Nuno Piçarra, *A separação dos poderes como doutrina e princípio constitucional*, p. 31 e ss. V. também Freitas do Amaral, *História das Ideias Políticas*, I, Coimbra, 1997, pp. 180-181.

[3] V., de novo, Nuno Piçarra, *A separação dos poderes como doutrina e princípio constitucional*, pp. 63-139. Para uma síntese de outras conceções doutrinais, cfr. Jorge Miranda, *Ciência Política*, p. 102 e ss.

[4] V. Sérvulo Correia, *Legalidade e Autonomia...*, p. 25.

de matriz comunista, a qual lhe contrapõe o princípio da unidade e da hierarquia dos poderes do Estado[5]. Aquele princípio obteve a sua primeira consagração positiva importante na Constituição dos EUA, votada no Congresso de Filadélfia de 1787. E, pouco tempo depois, teve também presença de destaque na legislação constitucional francesa do período revolucionário. Assim, o artigo 16.º da Declaração dos Direitos do Homem e do Cidadão, de 26 de agosto de 1789, afirma solenemente que «toda a sociedade, em que não esteja assegurada a garantia dos direitos nem determinada a separação dos poderes, não tem constituição»[6]. Direitos fundamentais e princípio da separação dos poderes constituíam, pois, o critério e o conteúdo essencial de qualquer Constituição moderna[7].

Aprofundemos esta segunda vertente da separação dos poderes.

Em que se traduziu na generalidade das Constituições do mundo ocidental o princípio da separação dos poderes? A quinta-essência do princípio da separação dos poderes é difícil de destilar[8]. Por outro lado, o princípio da separação dos poderes não foi consagrado em todas as Constituições dos séculos XVIII e XIX «da mesma maneira ou com a mesma rigidez»[9]. Didaticamente e simplificando, pode, no entanto, dizer-se que o princípio encontrou uma tradução no plano do Direito Constitucional, e outra no campo do Direito Administrativo.

No plano do Direito Constitucional, o princípio da separação dos poderes visou retirar ao Rei e aos seus Ministros a função de legislar, deixando-lhes apenas a função política e a função administrativa. Visou, noutros termos, a separação entre o *Legislativo e o Executivo*[10]. Isto, para evitar o arbítrio e o despotismo da autoridade e, em última

[5] V. Nuno Piçarra, *Separação dos poderes*, loc. cit., col. 683.

[6] Anteriormente às Revoluções americana e francesa, o princípio figurava já nas Constituições da «república» de Cromwell e nas Constituições setecentistas das colónias da Nova Inglaterra como, *v. g.*, a de Massachusetts, de 1780.

[7] V. Nuno Piçarra, *Separação dos poderes*, loc. cit., col. 695.

[8] A expressão é de Stanley de Smith e Rodney Brazier, *Constitutional and Administrative Law*, 8.ª ed., Londres, 1999, p. 18.

[9] V. Jorge Miranda, *Ciência Política*, p. 107.

[10] É matéria a aprofundar na disciplina de Direito Constitucional. Entre tantos, sobre a complexa evolução das relações entre o Poder Legislativo e o Poder Executivo do Estado Liberal de Direito ao Estado Social de Direito dos nossos dias, cfr. Rogério Soares, *Direito Adminis-*

análise, para garantir o respeito pelos direitos do cidadão – matéria que apenas poderia ser tocada por lei geral e abstrata do Parlamento, e que a autoridade pública deveria limitar-se a executar. A lei pretendia, como sublinha Nuno Piçarra, «por razões de certeza e segurança jurídicas, ser a exclusiva portadora dos critérios jurídicos de solução de litígios, pretendia possuir absoluta determinabilidade, de tal maneira que os órgãos encarregados de a executar vissem reduzido o desempenho da sua função a uma atividade automática ou fonográfica»[11]. Portanto, «o motivo da separação entre os dois poderes (legislativo e executivo) é o da defesa da comunidade dos homens livres pela entrega do poder de fazer leis à própria comunidade: o que acaba por significar o próprio parlamento»[12]. A separação dos poderes foi, doutra forma, invocada para garantir o predomínio absoluto do parlamento-legislador[13].

No campo do Direito Administrativo, o princípio da separação dos poderes visou a separação entre a *Administração* e a *Justiça*, isto é, retirar à Administração Pública a função judicial e retirar aos Tribunais a função administrativa – uma vez que até aí existia uma grande confusão entre as duas funções e os respetivos órgãos[14].

Assim, em França, foi esse o propósito da lei de 16-24 de agosto de 1790, ao estabelecer completa autonomia funcional entre os juízes, de um lado, e os agentes da Administração, do outro[15]. Efetivamente, aí se referiu, como vimos no vol. I deste *Curso*, que «as funções judiciárias são distintas e permanecerão separadas das funções administrativas. Os juízes não poderão, sob pena de alta traição, perturbar de qualquer maneira as operações dos corpos administrativos, nem convocar perante si os agentes da administração por motivo atinente às funções destes». No mesmo sentido, estatuiu-se depois, na lei de 7-14 de outubro de 1790, que as reclamações de incompetência relativamente a corpos administrativos não são do conhecimento dos tribunais, devendo ser

trativo, pp. 21-35, e Nuno Piçarra, *A separação dos poderes como doutrina e princípio constitucional*, p. 143 e ss.

[11] V. Nuno Piçarra, *A separação de poderes na Constituição de 1976...*, loc. cit., p. 151.

[12] V. Rogério Soares, «Princípio da legalidade e administração constitutiva», *in BFDC*, Coimbra, 1981, p. 171.

[13] V. Nuno Piçarra, *A separação de poderes na Constituição de 1976....*, loc. cit., p. 152.

[14] V. Vasco Pereira da Silva, *Para um contencioso administrativo dos particulares*, Coimbra, 1988, p. 20 e ss.

[15] V. Rui Machete, *Contencioso Administrativo*, loc. cit., p. 189.

levadas ao monarca, chefe da administração geral. Por sua vez, o artigo 3.º da Constituição de 3 de setembro de 1791 afirmava não poderem os tribunais conhecer das funções administrativas ou citar perante eles administradores em razão das suas funções.

Isto resultou da desconfiança do poder revolucionário face aos tribunais judiciais, que representavam ainda a continuação do «Antigo Regime», pois estavam nas mãos da nobreza. Efetivamente, conscientes do papel oposicionista desempenhado pelos «parlamentos» no período do Antigo Regime, os revolucionários franceses vão procurar obviar ao aparecimento de uma situação similar, retirando aos órgãos judiciais competência para decidir dos litígios em matéria administrativa[16]. Pode, pois, dizer-se que, «neste contexto, o princípio da separação era concebido como uma máquina de guerra dirigida contra os tribunais judiciais, cuja introdução indiscreta no andamento da administração se temia»[17].

Note-se, porém, que aquilo que a legislação revolucionária francesa vai consagrar, como observa Vasco Pereira da Silva, «não é, apenas, a separação entre a função administrativa e a função judicial, impedindo que os tribunais exerçam tarefas administrativas ou as entidades administrativas tarefas jurisdicionais, mas também a impossibilidade de os tribunais conhecerem dos litígios entre a Administração e os particulares»[18]. Dela resultou, noutros termos, uma curta fase de isenção judicial da ação do Estado[19].

Entre nós, a importantíssima reforma – uma verdadeira reforma estruturante – da separação entre a Administração e a Justiça foi introduzida através dos decretos n.os 22, 23 e 24, de 16 de maio de 1832, devidos ao grande Ministro liberal, Mouzinho da Silveira[20]. No relatório que antecedia a parte dispositiva dos mesmos, observava Mouzinho da Silveira: «(...) A mais bela e útil descoberta moral do século passado foi, sem dúvida, a diferença de administrar, e julgar».

[16] V. Vasco Pereira da Silva, *Para um contencioso administrativo dos particulares*, p. 22.

[17] V. Prosper Weil, *O Direito Administrativo*, Coimbra, 1977, p. 127.

[18] V. Vasco Pereira da Silva, *Para um contencioso administrativo dos particulares*, pp. 18-19.

[19] V. Maria da Glória Garcia, *Da Justiça Administrativa em Portugal*, p. 306.

[20] V., por último, Diogo F. do Amaral, *Do absolutismo ao liberalismo: as reformas de Mouzinho da Silveira*, Tenacitas, Coimbra, 2008; em geral sobre a justiça administrativa em Portugal no período do Estado Liberal de Direito, cfr., desenvolvidamente, Maria da Glória Garcia, *Da justiça administrativa em Portugal*, p. 379 e ss.

Naturalmente que, num Curso de Direito Administrativo, é a segunda direção referida do princípio da separação dos poderes aquela que interessa aprofundar[21].

Pois bem: sendo certo que a Constituição portuguesa de 1976 acolhe o princípio da separação dos poderes (cfr. arts. 2.º e 111.º), quais são os corolários *atuais* deste princípio, na parte que tem a ver com as relações entre a Administração e a Justiça[22]? São, em síntese, os seguintes:

a) A *separação dos órgãos administrativos e judiciais.* – Isto significa que têm de existir órgãos administrativos dedicados ao exercício da função administrativa, e órgãos judiciais dedicados ao exercício da função jurisdicional. A separação das funções tem de traduzir-se numa separação de órgãos;
b) A *incompatibilidade das magistraturas.* – Não basta, porém, que haja órgãos diferentes: é necessário estabelecer, além disso, que nenhuma pessoa possa simultaneamente desempenhar funções em órgãos administrativos e judiciais (cfr. art. 216.º, n.º 2, da CRP). Como já dizia Mouzinho da Silveira, no seu relatório, «as magistraturas administrativas são incompatíveis com as judiciárias, e as suas funções não se podem acumular em caso algum»[23].
c) A *independência recíproca da Administração e da Justiça.* – Também aqui Mouzinho afirmou o princípio fundamental. Dizia ele, no relatório já citado, que «a autoridade administrativa é independente da judiciária: uma delas não pode sobrestar na ação da outra, nem pode

[21] Sem embargo de se reconhecer que o tema das relações entre o Poder Legislativo e o Poder Executivo coloca questões gerais de grande interesse dogmático. V., por exemplo, entre nós, sobre a questão da existência, ou não, na Constituição de um domínio reservado à administração contra as ingerências do Parlamento, Nuno Piçarra, «A reserva de administração», *in OD*, 122 (1991), II, p. 325 e ss., e III-IV, p. 571 e ss.; Bernardo Ayala, *O (défice de) controlo judicial da margem de livre decisão administrativa*, Lisboa, 1995, p. 39 e ss.; Jorge Reis Novais, *Separação de poderes e limites da competência legislativa da Assembleia da República*, Lisboa, 1997; e Gomes Canotilho, *Direito Constitucional...*, p. 646 e ss. Sobre este problema, na jurisprudência, v. especialmente os Acórdãos do TC n.º 1/97 e n.º 24/98.

[22] Numa perspetiva histórica, cfr., por todos, Maria da Glória Garcia, *Da justiça administrativa em Portugal, passim.*

[23] A regra não se aplica, porém, aos órgãos próprios de administração da justiça. Por exemplo, o Conselho Superior da Magistratura, que é órgão superior da administração do Poder Judicial, e que desempenha funções materialmente administrativas, integra como titulares, entre outros, um conjunto de magistrados de carreira.

pôr-lhe embaraço ou limite». Este terceiro corolário, da independência recíproca da Administração e da Justiça, desdobra-se, por sua vez, em dois aspetos: a independência da Justiça perante a Administração; e a independência da Administração perante a Justiça. Analisêmo-los.

1) A *independência da Justiça perante a Administração* significa que a autoridade administrativa não pode dar ordens à autoridade judiciária, nem pode invadir a sua esfera de jurisdição decidindo questões da competência dos tribunais. Para assegurar este postulado básico, existem, fundamentalmente, dois mecanismos jurídicos: por um lado, o sistema de *garantias de independência da magistratura* (cfr. arts. 203.º e 216.º da CRP)[24]; e, por outro, a regra legal de que todos os atos praticados pela Administração Pública em matéria da competência dos tribunais judiciais são nulos e de nenhum efeito, por estarem viciados de *usurpação de poder* – cfr. CPA, artigo 161.º, n.º 2, alínea *a*);
2) *A independência da Administração perante a Justiça* significa, hoje, não uma proibição absoluta de o juiz condenar, intimar, orientar ou impor comportamentos à Administração (cfr. o art. 268.º, n.º 4, da CRP, onde, além do mais, se prevê a possibilidade de os tribunais determinarem à Administração a prática de atos administrativos legalmente devidos), mas, apenas, o que é bem diferente, uma «proibição *funcional* de o juiz afetar a *essência do sistema de administração executiva* – não pode ofender a *autonomia* do poder administrativo (o *núcleo essencial* da discricionaridade, quando a lei confere aos órgãos da Administração *poderes próprios* de apreciação ou de decisão) nem a *autoridade* caraterística do ato administrativo (em especial, a sua força de *caso decidido*, passado o prazo de impugnação)»[25].

Por outro lado, a referida independência significa também que os tribunais comuns não são os tribunais competentes para conhecer dos litígios em que esteja em causa a atuação da Administração Pública no exercício de uma atividade de gestão pública. Efetivamente, dispõe-se

[24] V. Gomes Canotilho, *Direito Constitucional...*, p. 579 e ss.

[25] V. Vieira de Andrade, *A justiça administrativa (Lições)*, 2.ª ed., Coimbra, 1999, p. 94.

no artigo 212.º, n.º 3, da CRP que cabe aos tribunais administrativos «o julgamento das ações e dos recursos contenciosos que tenham por objeto dirimir os litígios emergentes das relações jurídicas administrativas». Mas esta regra conhece exceções – *v. g.*, a impugnação judicial de coimas faz-se hoje em dia perante os tribunais judiciais; e também a fixação das indemnizações devidas por expropriações por utilidade pública está sujeita, após arbitragem, a recurso para os tribunais judiciais.

2. O poder administrativo: caraterização

Das considerações antecedentes resulta, pois, que a Administração Pública é, nos nossos dias, um *poder*. É um poder público, faz parte daquilo a que se costuma chamar os *poderes públicos* (CRP, art. 23.º, n.º 1).

Mas que poder é a Administração Pública? *Poder administrativo será o mesmo que Poder executivo*?

O Poder Executivo é um dos três poderes do Estado, segundo a fórmula de Montesquieu. Se só houvesse Administração Pública estadual, se toda a administração fosse administração do Estado, poderia chamar-se *poder executivo* ao poder administrativo. Porém, como vimos já, não é assim. Existem outras administrações públicas para além da estadual: as autarquias locais, as regiões autónomas, as associações públicas – e estas não emanam do Estado, não pertencem ao Estado, não são administração estadual, ainda que indireta. São administrações autónomas face ao Estado.

Portanto, falar em poder executivo (do Estado), de modo a englobar nele também as autarquias locais e as demais entidades que foram referidas, é inadequado. Assim, é antes preferível utilizar a expressão *poder administrativo*, que compreende de um lado o poder executivo do Estado, e do outro o poder público das entidades administrativas não estaduais.

Certos autores, como Marcello Caetano, falam a este respeito na conceção da «administração pública em sentido formal», que seria assim um terceiro sentido a acrescer àqueles dois que logo desde o início nós detetámos. Vimos que se falava em administração pública num sentido orgânico ou subjetivo, e num sentido material ou objetivo[26]. Aparece

[26] V. o volume I deste *Curso*, p. 29 e ss.

agora um terceiro sentido, que é o sentido formal – *a administração pública como poder.*

Diz Marcello Caetano: «a administração pública não nos aparece hoje em dia na maior parte dos países como uma forma típica da *atividade* do Estado, mas antes como uma das maneiras por que se manifesta a sua *autoridade*. A administração deixa de se caraterizar como *função* para se afirmar como *poder*». E mais adiante continua: «o sistema dos órgãos administrativos recebe pois da lei a faculdade de definir a sua própria conduta para a realização dos fins que lhe estão designados e de impor à generalidade dos cidadãos o respeito dessa conduta. A Administração é um verdadeiro *poder*, porque define, de acordo com a lei, a sua própria conduta e dispõe dos meios necessários para impor o respeito dessa conduta e para traçar a conduta alheia naquilo que com ela tenha relação»[27].

Concordamos com esta conceção. A Administração Pública é, efetivamente, uma autoridade, um poder público – é o poder administrativo.

Mas em que consiste o poder administrativo?

O «Poder administrativo» é, além dos poderes legislativo e judicial, um dos três *poderes públicos* que a Constituição consagra, para assegurarem a prossecução das tarefas fundamentais da comunidade. Coincide com a noção de Administração Pública, da mesma forma que o «Poder legislativo» coincide com a noção de Parlamento, e que o «Poder judicial» coincide com a noção de «Tribunais».

Definiremos, neste contexto, o «poder administrativo» como o *sistema de órgãos do Estado e das entidades públicas menores que se carateriza pela faculdade de, com base nas leis e sob o controlo dos tribunais competentes, estabelecer normas jurídicas e tomar decisões, em termos obrigatórios para os respetivos destinatários, estando-lhe confiado o monopólio do uso legítimo da força pública (militar ou policial), a fim de assegurar a execução coerciva quer das suas próprias normas e decisões, quer das normas e decisões dos outros poderes do Estado (leis e sentenças).*

[27] V. Marcello Caetano, *Manual*, I, pp. 15-16.

3. Manifestações do poder administrativo

Quais as principais manifestações do Poder administrativo? São atualmente cinco:

- o poder regulamentar; – o poder de decisão unilateral; – o poder de execução coerciva;
- o conjunto de poderes especiais do contraente público nos contratos administrativos;
- o conjunto de poderes especiais das autoridades de polícia.

Analisêmo-las.

a) O *poder regulamentar*. – A Administração Pública, num sistema administrativo de tipo francês, como é o nosso, tem o poder de fazer regulamentos (cfr. CRP, arts. 199.º, al. *c*), 227.º, n.º 1, al. *d*), e 241.º) – é aquilo a que nós chamamos «poder regulamentar» e que outros autores denominam de *faculdade regulamentária*.

Diferentemente, num sistema administrativo de tipo britânico, a Administração Pública não tem poder regulamentar *normal*: só pode fazer regulamentos nos casos em que o poder legislativo – o Parlamento ou o Congresso – expressamente lhe confira essa competência e, quando isso suceda, os regulamentos são aí encarados como *delegated legislation*[28]. Não é assim no sistema de tipo francês, e não é assim designadamente em Portugal, onde, por força da própria Constituição, a Administração Pública tem o poder de fazer regulamentos.

Por seu turno, estes regulamentos que a Administração tem o direito de elaborar são considerados como uma *fonte de direito*: colocado abaixo da lei, do ponto de vista da hierarquia das fontes de direito, o regulamento é, não obstante, uma fonte de direito autónoma.

Enquanto no sistema de tipo britânico, onde a Administração Pública não é considerada como poder, os regulamentos, nos casos especiais em que a Administração os possa fazer, são encarados como uma forma de legislação delegada, e portanto têm natureza legislativa, embora por delegação do Parlamento, entre nós o regulamento não tem natureza legislativa – tem uma natureza específica, *sui generis*, o que significa que é uma fonte diferente da lei.

[28] Sobre a origem histórica e funções da *delegated legislation*, cfr. Stanley de Smith e Rodney Brazier, *Constitutional and Administrative Law*, p. 338 e ss.

Porque é que a Administração Pública goza de poder regulamentar?

Adiante responderemos de forma mais desenvolvida a esta questão[29]. Por ora, sublinhe-se, em síntese, que isso sucede justamente porque, como é poder, goza da prerrogativa de definir unilateral e previamente, em termos genéricos e abstratos, em que sentido é que vai interpretar e aplicar as leis em vigor: e isso fá-lo, antes de mais, elaborando regulamentos «para a boa execução das leis».

b) A segunda manifestação típica do poder administrativo é o poder de decisão unilateral.

Enquanto no regulamento a Administração Pública nos surge a elaborar normas gerais e abstratas, embora inferiores à lei, aqui a Administração Pública aparece-nos a decidir casos individuais e concretos. Perante um caso concreto, individualizado, perante o problema do Sr. A ou da empresa B, a Administração Pública tem o poder de definir unilateralmente o direito aplicável e, assim, pode e deve decidir a questão posta.

Este poder é um poder unilateral, quer dizer, a Administração Pública pode exercê-lo por exclusiva autoridade sua, e sem necessidade de obter o acordo (prévio ou *a posteriori*) do interessado, ou de pedir (antes ou depois) uma autorização ou validação judicial.

E aqui estamos nós a encarar a Administração naquilo que ela tem de mais específico e caraterístico, que é a possibilidade de traçar a sua conduta ou a conduta alheia. Para usar a terminologia de Marcello Caetano, ela tem a possibilidade de traçar a sua própria conduta ou a conduta alheia independentemente do recurso aos tribunais.

Compare-se isto com o que se passa quando um particular quer levar alguém a adotar um dado comportamento a que se julga com direito. Por exemplo, o credor perante o devedor: se o devedor não paga, o credor, para ver definido o seu direito de crédito contra o devedor, tem de recorrer ao tribunal, e tem de obter deste uma sentença que reconheça esse seu direito.

A Administração não: perante um caso concreto, ela tem por lei o poder de definir unilateralmente o direito aplicável. E esta definição unilateral é obrigatória para os particulares. Por isso, a Administração é um poder.

[29] V. *infra*, Capítulo II, § 2.º

Por exemplo, é a Administração que unilateralmente determina o montante do imposto devido por cada contribuinte. Claro que ao fazê-lo se limita a aplicar a lei fiscal ao caso concreto, mas é a Administração que declara quanto há a pagar, e fá-lo unilateralmente, não o faz por acordo com o particular, o que aliás seria certamente difícil de conseguir... E justamente porque isso seria, na maior parte dos casos, difícil ou impossível é que a Administração, em nome do interesse coletivo, recebe da lei o poder de, definindo unilateralmente o direito aplicável, decidir o caso concreto. É ela que liquida os impostos a cobrar aos contribuintes; que confere ou recusa as autorizações e as licenças de que os particulares porventura careçam, nos termos da lei, para desenvolverem as suas atividades privadas; que unilateralmente aplica sanções disciplinares aos seus funcionários quando entender que eles cometeram alguma infração disciplinar; e assim sucessivamente.

Portanto, e ao contrário dos particulares, que nas suas relações privadas não podem definir *unilateral* e *autoritariamente* o direito, a Administração declara o direito no caso concreto, e essa declaração tem valor jurídico e é obrigatória, não só para os funcionários subalternos, mas também para os particulares, nomeadamente os destinatários da decisão.

Os particulares devem obediência aos atos administrativos pelos quais nos casos concretos a Administração Pública define o direito. Pode a lei exigir, e regra geral exige (cfr. arts. 121.º e ss. do CPA), que os interessados sejam ouvidos pela Administração antes de esta tomar a sua decisão final: por exemplo, em processo disciplinar o arguido tem o direito de ser ouvido antes de a Administração definir que pena se propõe aplicar-lhe. Mas a decisão da Administração é uma decisão unilateral: ela ouve primeiro o arguido, mas depois decide como entende, e decide sozinha.

Pode também a lei facultar, e na realidade faculta (cfr. CPA, arts. 184.º e ss.), aos particulares a possibilidade de apresentarem reclamações ou recursos hierárquicos contra as decisões da Administração Pública. Mas estas *garantias administrativas impugnatórias* só vêm, por definição, depois de a decisão já existir, e ela existe como decisão unilateral; por outro lado, a resolução dessas mesmas reclamações ou recursos é novamente feita através de decisão unilateral da Administração.

Por último, a lei permite que os interessados impugnem as decisões unilaterais da Administração Pública perante os tribunais administrativos, a fim de obterem a sua anulação ou declaração de nulidade no caso de as mesmas serem ilegais e lesarem posições jurídicas subjetivas. Mas a verdade é que esse recurso aos tribunais só é possível depois de a decisão ter sido tomada unilateralmente pela Administração. Quer dizer: a Administração decide, e só depois é que o particular pode recorrer da decisão. E não é a Administração que tem de ir a tribunal para poder tomar a decisão, ou para de imediato legitimar a decisão que tomou: é o particular que tem de ir a tribunal para impugnar a decisão tomada pela Administração.

Note-se que o princípio da decisão administrativa prévia – «de acordo com o qual, salvo disposição legal expressa em contrário, a Administração só poderia ser accionada perante um tribunal administrativo depois de ter sido instada a pronunciar-se sobre o assunto em litígio»[30] – constitui uma regra geral do contencioso administrativo português, mas comporta exceções[31].

Esta é uma das mais importantes manifestações do poder administrativo, porventura a mais importante. Chamamos-lhe *poder de decisão unilateral*. Outros autores chamam-lhe «autotutela declarativa» porque, nos termos que ficam expostos, a Administração Pública tem, nos casos da sua competência, o direito de fazer justiça por suas mãos (*autotutela*), através da declaração do direito tal como ela o entende (autotutela *declarativa*).

c) O *poder de execução coerciva*. – Além do referido, a lei dá à Administração Pública a faculdade (ulterior) de impor coativamente aos particulares as decisões unilaterais constitutivas de deveres ou encargos que tiver tomado e que não sejam por eles voluntariamente cumpridas.

Marcello Caetano crismou este poder com o nome original de *privilégio da execução prévia*. A expressão tem sido criticada por alguns, entre nós, não só porque o poder em que se traduz – como ele próprio reconhecia – não é em sentido técnico um «privilégio» (uma vez que todas ou quase todas as entidades públicas gozam dele por atribuição legal), mas também porque não é só a execução das decisões administrativas

[30] V. Vieira de Andrade, *Justiça administrativa (Lições)*, p. 91.

[31] *Idem, ibidem*, pp. 67 e 91.

que se pode levar a cabo sem prévio recurso aos tribunais, é também a própria tomada da decisão que é feita de modo unilateral pela Administração, sem necessidade de uma ação declarativa previamente intentada perante a jurisdição competente. Preferimos, pois, passar a adotar aqui a expressão *poder de execução coerciva*, a qual se segue (lógica e cronologicamente) ao *poder de decisão unilateral*.

Nos termos do artigo 176.º, n.º 1, do CPA – cujo significado e implicações teremos, adiante, na matéria relativa ao ato administrativo, oportunidade de comentar mais detidamente –, «a satisfação de obrigações e o respeito por limitações decorrentes de atos administrativos só podem ser impostos coercivamente pela Administração nos casos e segundo as formas e termos expressamente previstos na lei, ou em situações de urgente necessidade pública, devidamente fundamentada».

Comparemos de novo com o que se passa no direito civil. O credor obtém do tribunal uma sentença declarativa condenatória; mas, obtida a sentença, de duas uma: ou o devedor cumpre ou não cumpre; se não cumpre, o credor, embora munido já de uma sentença que declara o seu direito, não pode impor pela força essa sentença ao devedor; a lei impõe-lhe que, com base nesse título executivo, tome a iniciativa de desencadear o processo executivo, e de novo recorrer aos tribunais, para que eles imponham coativamente o direito declarado (cfr. Código Civil, art. 817.º e ss., e Código de Processo Civil, art. 703.º e ss.).

Ora, a Administração Pública também está, em regra, como se viu, dispensada de, nesse segundo momento (momento executivo), recorrer aos tribunais. Teoricamente, poderia conceber-se um sistema em que a Administração tivesse o poder de definir unilateralmente o direito, mas, depois, na fase executiva, fosse obrigada a recorrer, na generalidade dos casos, a tribunal para obter a imposição forçada dessa declaração aos particulares recalcitrantes. Tal como se poderia, teoricamente, conceber o sistema inverso: obrigar a Administração a obter, primeiro, em tribunal, uma definição do direito aplicável aos seus conflitos com os particulares; mas, depois de obtida a sentença declarativa do tribunal competente, conferir à Administração o poder de executar coercivamente essa sentença por via administrativa (*v. g.*, através das autoridades policiais).

Mas a força da história, bem como o caráter urgente da maioria das decisões administrativas, levaram a que – num sistema de tipo francês – as Constituições e as leis confiram à Administração Pública, por via de regra (embora com algumas exceções significativas) o referido duplo poder – de *decisão unilateral*, e de *execução coerciva* –, apenas sujeito (em regra) a controlo jurisdicional *a posteriori*.

As coisas passam-se assim: a Administração Pública decide unilateralmente; a partir desse momento, pode exigir do particular que cumpra o dever ou encargo que lhe foi eficazmente definido; o particular tem por lei o dever de obedecer à definição que a Administração fez; se não cumprir, a Administração tem o direito de executar *coativamente* (sem recurso prévio aos tribunais) a declaração que ela própria efetuou, embora só o possa fazer *pelas formas* e *nos termos* previstos no CPA ou na lei (cfr. art. 176.º, n.º 1).

Entretanto, o particular tem, depois disso, o poder de recorrer aos tribunais para impugnar a definição feita, pedindo a anulação do ato administrativo. Mas este recurso não tem normalmente efeito suspensivo, o que significa que, enquanto vai decorrendo o processo contencioso em que se discute se o ato administrativo é legal ou ilegal, o particular tem de cumprir o ato; se não o cumprir, a Administração Pública pode impor coativamente o seu acatamento.

Isto quer dizer, portanto, que a Administração dispõe, nos termos que foram expostos, de dois *poderes especiais*: por um lado, na fase declaratória, o poder de definir unilateralmente o direito no caso concreto, sem necessidade de uma declaração judicial; por outro lado, na fase executória, o poder de, em regra, executar o direito por via administrativa, sem qualquer intervenção prévia do tribunal. É o poder administrativo na sua máxima pujança: é a *plenitudo potestatis*.

Historicamente, este duplo poder especial da Administração Pública frente aos particulares justifica-se por razões de segurança nacional (guerra), ou de manutenção da ordem pública (polícia), ou de urgente necessidade pública (bombeiros no combate a incêndios), etc. Ficou célebre a frase utilizada pelo Comissário Romieu junto do Conselho de Estado francês, em 1902, para legitimar a intervenção imediata dos bombeiros num incêndio sem terem de passar primeiro por um tribunal: «*Quand la maison brûle, on ne vas pas demander au juge l'autorisation d'y envoyer les pompiers*» [«quando a casa está a arder, não se vai pedir ao juiz a autorização para lá mandar os bombeiros»][32].

[32] V. o vol. I deste *Curso*.

No âmbito do Direito Fiscal, costuma chamar-se a estes poderes o «princípio *solve et repete*», ou seja, «paga primeiro e protesta depois», ou, como outros dizem, «submete-te e apresenta a conta». Aqui, a justificação histórica é a da necessidade anual da receita dos impostos, não obstruída por processos jurisdicionais prévios, que todos os contribuintes seriam tentados a instaurar contra o Fisco, para ver se não pagavam ou se iam adiando o pagamento...

d) A quarta manifestação do poder administrativo consiste *no conjunto de poderes especiais do contraente público nos contratos administrativos.* – A forma típica de agir da Administração Pública é, ainda nos nossos dias, o ato administrativo, é a decisão unilateral que declara *autoritariamente* o direito e que, impondo um dever ou um encargo, pode ser depois imposta pela força por via administrativa. Essa é a manifestação típica do poder administrativo, é aquilo que há de mais caraterístico no Direito Administrativo.

Por vezes, contudo, e atualmente de forma cada vez mais frequente[33], a lei considera que, em certas matérias, não é possível ou conveniente que a Administração Pública atue por via unilateral e autoritária. Há certos comportamentos que só se conseguem através do acordo dos interessados: e então a lei prevê que, nesses casos, a Administração lance mão da figura do contrato. Simplesmente, entendeu-se que, para certos efeitos, não convinha que a Administração Pública se servisse da figura do contrato civil ou comercial – e então criou-se a figura típica do *contrato administrativo*, que também estudaremos mais adiante.

O que é um contrato administrativo?

Como diz a lei, é «um acordo de vontades, independentemente da sua forma ou designação, celebrado entre contraentes públicos e cocontratantes ou somente entre contraentes públicos que se integre em qualquer uma das categorias do n.º 6 do art. 1.º do CCP» (cfr. CPA, art. 200.º, n.º 2)[34].

E outra vez, nesta matéria, como é próprio do Direito Administrativo, esse regime é diferente do regime do direito privado *para mais* e *para menos.* Para mais, porque a Administração Pública, para poder

[33] V. o art. 200.º, n.º 3, do CPA.

[34] V. *infra*.

garantir a satisfação do interesse público, fica a dispor de direitos ou poderes de que as partes nos contratos civis não dispõem (por exemplo, o poder de modificação unilateral do conteúdo das prestações do seu cocontratante; ou o poder de rescindir o contrato por conveniência do interesse público); para menos, porque a Administração Pública fica sujeita a restrições e a deveres especiais, que não existem nos contratos civis (por exemplo, o dever de fazer preceder a celebração do contrato de um procedimento administrativo tendente à escolha do cocontratante).

De novo aqui verificamos, pois, um conjunto de manifestações típicas do poder administrativo: porque, mesmo quando atua através do contrato a Administração conserva na sua mão um certo número de poderes especiais que representam o afloramento do Poder administrativo no âmbito da figura do contrato.

e) A quinta manifestação do poder administrativo é o conjunto dos *poderes especiais das autoridades de polícia*. – São várias, e muito importantes, as «autoridades policiais» no Estado contemporâneo: entre nós, temos a Polícia Judiciária, a Polícia de Segurança Pública, a Guarda Nacional Republicana, o Serviço de Estrangeiros e Fronteiras, etc. As suas funções são defender a legalidade democrática, manter a ordem pública, e proceder à prevenção e investigação criminal, detendo os presumíveis culpados para que, se o Ministério Público os acusar, sejam julgados em tribunal (CRP, arts. 199.º, al. *f*), 219.º, n.º 1, e 272.º)[35].

Os poderes de polícia incluem, entre outros, a faculdade de elaborar «regulamentos policiais», o poder de praticar e executar «atos administrativos de polícia», o poder de aplicar «sanções administrativas», os poderes de «vigilância geral» (ordem pública) e de várias «vigilâncias especiais» (mendigos, vagabundos, indivíduos com antecedentes criminais perigosos, etc.) e, enfim, os poderes de «ação direta», que consistem no *uso da força pública para prevenir ou fazer cessar a prática de um crime ou para deter os suspeitos de conduta criminosa*.

O exercício destes poderes não passa, na grande maioria dos casos, nem pela elaboração de regulamentos, nem pela prática de atos administrativos, nem, por consequência, pela execução coerciva de decisões formais: quer o polícia de giro, quer a equipa automóvel, quer a brigada

[35] Cfr., entre nós, Marcello Caetano, *Manual...*, *cit.*, II, p. 1061 e ss.

de intervenção rápida, ou andam pelas ruas e detetam a necessidade instante de agir, ou são chamadas no seu quartel para avançarem de imediato para certo local. Sabe-se que esta *ação direta* da polícia pode ser fácil e obter resultados tranquilos em poucos minutos, ou pode exigir operações muito complexas e perigosas – que envolvem, frequentemente, o uso de armas de fogo, tiroteios, perseguições, descoberta de esconderijos, negociações com assaltantes ou raptores, lutas corpo-a-corpo, utilização de cassetetes e cães-polícia, etc., etc.

Toda esta atividade é informal, urgente, tecnicamente delicada, e humanamente exigente: como manter o sangue-frio? Esperar mais ou atacar? Como deter os suspeitos? No rápido turbilhão dos acontecimentos, as decisões tomadas mentalmente pelos agentes policiais não são atos administrativos, nem a atuação física dos responsáveis constitui, em rigor, execução de um ato anterior: decisão e execução são praticamente simultâneas, se é que não se confundem numa só atuação instantânea. Como na guerra, a atuação da força pública consiste em operações materiais – guiadas, é certo, por normas e princípios jurídicos (v. a CRP, art. 272.º, n.os 2 e 3) –, mas essencialmente ditadas pelas circunstâncias, pelo instinto dos polícias, pelo seu treino profissional, pela atitude hostil ou colaborante dos suspeitos, etc.

Os poderes de polícia das autoridades administrativas competentes são, provavelmente, a demonstração mais evidente, mais forte e mais perigosa de que a Administração Pública é, na realidade, um verdadeiro Poder.

4. Corolários do poder administrativo

a) O primeiro, cujo alcance já se referiu anteriormente, traduz-se na *independência da Administração perante a Justiça.* Existem vários mecanismos jurídicos para assegurar o respeito deste corolário.

Em primeiro lugar, os tribunais comuns são incompetentes para se pronunciarem *em termos definitivos*[36] sobre as questões administrativas (ressalvadas as exceções legais).

[36] V. Código de Processo Civil, art. 92.º, n.º 1: «Se o conhecimento do objeto da ação depender da decisão de uma questão que seja da competência do tribunal criminal ou do tribunal administrativo, *pode* o juiz sobrestar na decisão até que o tribunal competente se pronuncie».

Em segundo lugar, o regime dos *conflitos de jurisdição* permite retirar a um tribunal judicial uma questão administrativa que indevida e erradamente nele esteja a decorrer (v. Código de Processo Civil, arts. 109.º e ss.).

b) Segundo corolário do poder administrativo é o *foro administrativo*, ou seja, a entrega de competência contenciosa para julgar os litígios administrativos não aos tribunais judiciais mas aos tribunais administrativos. A existência de um foro administrativo é uma das caraterísticas fundamentais que decorrem da conceção da Administração Pública como poder.

O foro administrativo nasceu historicamente como um privilégio da Administração. Como vimos, quis «assegurar-se ao poder Executivo um espaço de manobra em face dos outros poderes e, particularmente, do poder judicial. Para que o juiz não vá, no controlo da Administração, colocar-se na veste do administrador e realizar uma segunda administração – com atentado ao princípio da separação dos poderes – há de ter-se o cuidado de se lhe deixar apenas a verificação da legalidade dos atos administrativos»[37].

Hoje, porém, ele subsiste por razões da especialização funcional – porque se entende que é preferível que haja tribunais cujos juízes estejam especializados no conhecimento das questões de Direito Administrativo –, e não para privilegiar a Administração Pública. Todavia, a verdade é que no regime jurídico atual do contencioso administrativo ainda há várias disposições que se explicam pela ideia de privilégio concedido à Administração Pública, e não pela ideia de uma ordem jurisdicional especializada em razão da matéria[38].

c) Terceiro corolário é a existência de um *Tribunal de Conflitos*, que existe em França e em Portugal (cfr. o art. 209.º, n.º 3, da CRP), mas não existe em nenhum sistema de tipo inglês ou de administração judiciária.

O que é um tribunal de conflitos?

É um tribunal superior, de funcionamento intermitente (só quando surge um conflito), de composição mista, normalmente paritária, e que

[37] V. Rogério Soares, «Administração Pública e controlo judicial», *in RLJ*, n.º 3845, p. 227.

[38] V. Freitas do Amaral, *Direito Administrativo*, IV, Lisboa, 1988, p. 128 e ss.

se destina a decidir em última instância os conflitos de jurisdição que surjam entre os tribunais administrativos e os tribunais comuns[39].

Qualquer questão de fronteira em que esteja em causa a competência dos tribunais judiciais ou dos tribunais administrativos só pode ser decidida por um tribunal de composição mista, paritária, onde estejam representados tanto os tribunais judiciais como os tribunais administrativos, de tal forma que a decisão seja uma decisão que se imponha, com igual autoridade, quer aos tribunais judiciais quer aos tribunais administrativos[40].

É a esse órgão que se chama Tribunal de Conflitos.

Entre nós, o Tribunal de Conflitos existe e funciona, mas ao abrigo de legislação dos anos 30 do século XX, a qual, em vários aspetos importantes, se tornou inconstitucional a partir de 1976, e é hoje verdadeiramente obsoleta. Mas nem a Assembleia da República nem os Governos, apesar de várias vezes alertados, se têm preocupado com isso....

[39] Ou conflitos de jurisdição entre o STA e o Tribunal de Contas – cfr. art. 1.º, n.º 3, da Lei n.º 98/97, de 26 de agosto (Lei de Organização e Processo do Tribunal de Contas).

[40] V. sobre a matéria Marcello Caetano, *Manual*, I, pp. 37-38; Vieira de Andrade, *A justiça administrativa (Lições)*, p. 106 e ss.; e António Damasceno Correia, *Tribunal de Conflitos*, Coimbra, 1988. (Cfr. o vol. III deste curso, em preparação).

§ 2.º
Princípios Constitucionais Sobre o Poder Administrativo

5. Enumeração

Como lembra Vital Moreira, «as constituições não se restringem à "constituição política" em sentido restrito, ou "constituição do Estado", em sentido próprio. Elas não são hoje somente o estatuto da pessoa coletiva Estado, definindo as suas atribuições, a sua organização, a competência dos seus órgãos. Cada vez mais, as constituições inserem as "têtes de chapitre" dos demais ramos do direito. Sob o ponto de vista material – ou seja, quanto ao seu objeto – o direito constitucional, além do (...) direito do Estado (...) em sentido estrito, abrange também princípios essenciais dos ramos infraconstitucionais do direito. Em maior ou menor medida os vários compartimentos do direito, tanto (...) do direito público, como mesmo do direito privado, têm as suas bases na Constituição»[41].

E, justamente, prossegue o mesmo Autor, «se existe um ramo do direito público com uma presença significativa na Constituição esse é – a par do direito penal – o direito administrativo. A "constituição admi-

[41] V. Vital Moreira, «Constituição e Direito Administrativo (A "Constituição Administrativa" Portuguesa)», *in Ab Uno Ad Omnes. 75 Anos da Coimbra Editora*, Coimbra Editora, Coimbra, 1998, p. 1141.

nistrativa" é o direito constitucional administrativo, ou o direito administrativo constitucional. É nela que se encontram as bases do direito administrativo. Sendo direito constitucional formal (e também material), as normas constitucionais administrativas são direito administrativo material»[42].

As várias Constituições portuguesas sempre foram, em maior ou menor medida, fonte de Direito Administrativo: a Constituição da República Portuguesa («CRP») de 1976 não foge à regra, e vai até bastante longe nesse sentido[43-44]. Pode dizer-se mesmo que ela representou «uma verdadeira "revolução administrativa"», posto que «nunca até então a administração tinha tido tanta atenção constitucional»[45]. Efetivamente, «para além de um capítulo especialmente dedicado ao tema (arts. 266.º a 272.º), abundam no texto constitucional as disposições com incidência direta na administração pública»[46].

De entre essas disposições, vamos agora analisar aquela que se refere aos *princípios constitucionais* da atividade administrativa material – o artigo 266.º[47].

[42] *Idem, ibidem*, pp. 1141-1142.

[43] V. Freitas do Amaral, «Direitos Fundamentais dos Administrados», *in* (org. Jorge Miranda), *Nos dez anos da Constituição*, Imprensa Nacional – Casa da Moeda, Lisboa, 1987, p. 11.

[44] V. também sobre esta matéria Jorge Miranda, «A Administração Pública nas constituições portuguesas», *in OD*, 120.º (1988), II/IV, pp. 607-617.

[45] V. Vital Moreira, «Constituição e Direito Administrativo...», *loc. cit.*, p. 1145.

[46] *Ibidem*, p. 1145.

[47] Sobre a matéria, cfr., entre nós, Sérvulo Correia, *Noções de Direito Administrativo*, I, Editora Danúbio, Lda., Lisboa, 1982, p. 227 e ss.; *idem*, «Os Princípios Constitucionais da Administração Pública», *in Estudos sobre a Constituição*, III, Livraria Petrony, Lisboa, 1979; Esteves de Oliveira, *Direito Administrativo*, I, Almedina, Coimbra, 1980, p. 287 e ss.; Gomes Canotilho e Vital Moreira, *Constituição da República Portuguesa Anotada*, 3.ª ed., Coimbra Editora, Coimbra, 1993, subart. 266.º; Jorge Miranda e Rui Medeiros, *Constituição Portuguesa Anotada*, tomo III, Coimbra Editora, Coimbra, 2007, p. 554 e ss.; Marcelo Rebelo de Sousa e André Salgado Matos, *Direito Administrativo Geral (Introdução e princípios fundamentais)*, tomo I, 3.ª ed., Dom Quixote, Lisboa, 2008, p. 159 e ss.; Fausto de Quadros, "Princípios Gerais", § 1.º do estudo coletivo «Procedimento Administrativo», *in DJAP*, VI, pp. 502-508; João Caupers, *Introdução ao Direito Administrativo*, 9.ª ed., Âncora Editora, Lisboa, 2007, p. 151 e ss.; José Eduardo Figueiredo Dias e Fernanda Paula Oliveira, *Noções Fundamentais de Direito Administrativo*, Almedina, Coimbra, 2005, p. 123 e ss.; Freitas do Amaral *et alli*, *Código do Procedimento Administrativo Anotado*, 5.ª ed., Almedina, Coimbra, 2006, sub arts. 3.º e ss.; Esteves de Oliveira, Pedro Gonçalves e Pacheco de Amorim, *Código do Procedimento Administrativo Comentado*, 2.ª ed., Almedina, Coimbra, 1997, subarts. 3.º e ss.

Lembre-se que, entre as várias matérias tratadas no CPA de 1991 que mereceram a atenção especial do legislador da CPA de 2015, destaca-se, inegavelmente, a matéria dos princípios. A revisão levada a cabo, nem sempre de modo formal ou materialmente feliz, teve em vista, conforme se declarou preambularmente, «robustecer os valores fundamentais que devem reger toda a atividade administrativa num Estado de Direito democrático», e traduziu-se quer na reformulação de princípios que já constavam do anterior Código – como os princípios da igualdade (artigo 6.º), da proporcionalidade (artigo 7.º), da justiça (artigo 8.º), da imparcialidade (artigo 9.º), da boa fé (artigo 10.º) e da colaboração com os particulares (artigo 11.º) –, quer na inclusão de novos princípios – como os princípios da responsabilidade (artigo 16.º), da administração aberta (artigo 17.º), da segurança de dados (artigo 18.º), da cooperação leal da Administração Pública com a União Europeia (artigo 19.º), e os princípios relativos à administração eletrónica (artigo 14.º).

Antes de prosseguir, convém ter presente a distinção entre regras e princípios, conhecida já das disciplinas de Introdução ao Direito e de Direito Constitucional. As diferenças básicas são, recorde-se, as seguintes: enquanto as *regras* são normas que, verificados determinados pressupostos, exigem, proíbem ou permitem algo em termos definitivos, sem expressões vagas ou elásticas (*direito definitivo*), os *princípios* são normas que exigem a realização de algo, da melhor forma possível, de acordo com as possibilidades fácticas e jurídicas. Os princípios não proíbem, permitem ou exigem algo em termos de «tudo ou nada»; impõem a otimização de um direito ou de um bem jurídico, tendo em conta a «reserva do possível», fáctica e jurídica. Por outro lado, enquanto a convivência dos princípios é conflitual, a convivência das regras é antinómica: os princípios coexistem, as regras antinómicas excluem-se[48].

Recentemente, em face do novo CPA de 2015, cfr. entre outros Mário Aroso de Almeida, *Teoria Geral do Direito Administrativo*, Coimbra, 2.ª ed., 2015, p. 151 e ss.; e Miguel Assis Raimundo, «Os princípios no novo CPA e o princípio da boa administração, em particular», *in Comentários ao Novo Código do Procedimento Administrativo*, Lisboa, 2015, p. 151 e ss. Cfr. ainda Jorge Pereira da Silva, «Âmbito de aplicação e princípios gerais no projeto de revisão do CPA», *in Projecto de Revisão do Código do Procedimento Administrativo (Colóquio)*, UCP Editora, 2013, p. 46 e ss.

[48] Cfr. Diogo Freitas do Amaral, *Manual de Introdução ao Direito*, vol. I, Almedina, Coimbra, 2004, p. 501; e Gomes Canotilho, *Direito Constitucional e Teoria da Constituição*, 7.ª ed., Almedina, Coimbra, 2003, p. 1159 e ss.

O primeiro princípio referido no artigo 266.º da CRP é o *princípio da prossecução do interesse público*[49].

Este é o princípio motor da Administração Pública. A Administração existe, atua, e funciona para prosseguir o interesse público. O interesse público é o seu único fim.

Mas a Administração não pode prosseguir o interesse público de qualquer maneira: tem de fazê-lo dentro de certos limites, com respeito por determinados valores, no interior de um quadro definido por dados parâmetros. Surgem assim mais dois princípios: o *princípio da legalidade*, que manda à Administração obedecer à lei, e o *princípio do respeito pelos direitos e interesses legalmente protegidos dos particulares*, que obriga a Administração a não violar as situações juridicamente protegidas dos particulares.

Dentro dos limites assim fixados à sua ação, a Administração Pública é muitas vezes investida pela lei de um espaço de *autonomia* que corresponde àquilo que se denomina como *poder discricionário*. Não se trata de um poder arbitrário – note-se –, mas de um poder legal, jurídico, regulado e condicionado por lei.

O exercício do poder discricionário é, com efeito, condicionado pela ordem jurídica. Como deve ser ele exercido? Diz-nos a CRP, no n.º 2 do referido artigo 266.º, que esse poder deve ser exercido com igualdade, proporcionalidade, justiça, imparcialidade e boa fé: daqui decorrem, pois, o princípio da *igualdade*, o princípio da *proporcionalidade*, o princípio da *justiça*, o princípio da *imparcialidade*, e o princípio da *boa fé*.

Eis, assim, a chave do estudo que vamos empreender, o qual tem por objeto uma das partes mais importantes de toda a teoria geral do Direito Administrativo.

Analisaremos sucessivamente os pontos seguintes:

- Princípio da prossecução do interesse público;
- Princípio da boa administração;
- Princípio da legalidade;
- Princípio do respeito pelos direitos e interesses legalmente protegidos dos particulares;
- Poder discricionário da Administração e figuras afins, ou as margens da decisão administrativa;

[49] Sobre este princípio, cfr. a monografia de Rogério Soares, *Interesse público, legalidade e mérito*, Coimbra, 1955, *passim*.

- Princípio da justiça (em sentido amplo);
- Princípio da igualdade;
- Princípio da proporcionalidade;
- Princípio da boa fé;
- Princípio da justiça (em sentido restrito);
- Princípio da imparcialidade.
- Outros princípios: princípio da administração eletrónica, princípio da cooperação leal com a União Europeia e princípio da responsabilidade.

6. O princípio da prossecução do interesse público[50]

Noção. – Já dissemos que o primeiro princípio a examinar é o *princípio da prossecução do interesse público.*

Dele se faz eco o artigo 266.º, n.º 1, da CRP, que determina o seguinte: «a Admnistração pública visa a prossecução do interesse público, no respeito pelos direitos e interesses legalmente protegidos dos cidadãos».

Deixemos a segunda parte desta disposição, que tem já a ver com outro princípio, e concentremo-nos sobre a primeira parte.

O que é o «interesse público»?

Trata-se, sem dúvida, de um conceito «cuja evidência intuitiva não facilita em muito a definição»[51].

Não obstante, há que tentar concretizá-lo o mais possível.

Numa primeira aproximação, pode definir-se o interesse público como o interesse coletivo, *o interesse geral de uma determinada comunidade, o bem comum* – na terminologia que vem já desde São Tomás de Aquino, o qual definia bem comum como «aquilo que é necessário para que os homens não apenas vivam, mas vivam bem» (*quod homines non solum vivant, sed bene vivant*)[52].

Num sentido mais restrito, pode, com Jean Rivero, caraterizar-se o interesse público como sendo o que representa a esfera das necessidades

[50] V., Vieira de Andrade, «Interesse público», *in DJAP*, V, p. 275 e ss.

[51] V. Sérvulo Correia, «Os princípios constitucionais da Administração Pública», *loc. cit.*, p. 662.

[52] Sobre esta noção, v., de modo mais desenvolvido, Diogo Freitas do Amaral, *História das Ideias Políticas*, I, Almedina, Coimbra, 1998, pp. 175-176.

a que a iniciativa privada não pode responder e que são vitais para a comunidade na sua totalidade e para cada um dos seus membros[53].

Esta noção de interesse público traduz, portanto, uma exigência – a exigência de satisfação das necessidades coletivas.

Segundo Rogério Soares, pode distinguir-se o interesse público *primário* dos interesses públicos *secundários*: o interesse público primário é aquele cuja definição e satisfação compete aos órgãos governativos do Estado, no desempenho das funções política e legislativa: é o bem comum; os interesses públicos secundários são aqueles cuja definição é feita pelo legislador, mas cuja satisfação cabe, num plano subordinado, à Administração Pública no desempenho da função administrativa. Exemplos: a segurança pública, a educação, a saúde pública, a cultura, os transportes coletivos, etc.[54]

Corolários. – O princípio da prossecução do interesse público em Direito Administrativo tem numerosas consequências práticas, das quais importa citar aqui como mais importantes as seguintes:

1) É a lei que define os interesses públicos a cargo da Administração: não pode ser a Administração a defini-los, salvo se a lei a habilitar para o efeito, conferindo-lhe competência para aprovar regulamentos independentes ou para concretizar certo tipo de conceitos indeterminados[55];
2) A noção de interesse público é uma noção de conteúdo variável: o que ontem foi considerado conforme ao interesse público pode hoje ser-lhe contrário, e o que hoje é tido por inconveniente pode amanhã ser considerado vantajoso. Não é possível definir o interesse público de uma forma rígida e inflexível, *ne varietur*;
3) Definido o interesse público pela lei, a sua prossecução pela Administração é obrigatória, visto ser essa mesma atividade que justifica a autonomização da administração no quadro das funções do Estado e a razão de ser da existência de uma Administração em sentido orgânico;

[53] V. Jean Rivero, *Direito Administrativo*, Almedina, Coimbra, 1981, p. 14.

[54] V. Rogério Soares, *Interesse público, legalidade e mérito*, p. 99 e ss. No mesmo sentido, cfr. Vieira de Andrade, *Interesse público, loc. cit.*, p. 277. Com referências de direito comparado, cfr. Sérvulo Correia, *Noções de Direito Administrativo*, I, pp. 228-231.

[55] V. *infra*.

4) O interesse público delimita a capacidade jurídica das pessoas coletivas públicas e a competência dos respetivos órgãos: é o chamado *princípio da especialidade*, também aplicável às pessoas coletivas públicas[56];
5) Só o interesse público definido por lei pode constituir *motivo principalmente determinante* de qualquer ato da Administração. Assim, se um órgão da Administração praticar um ato que não tenha por motivo principalmente determinante o interesse público posto por lei a seu cargo, esse ato estará viciado por *desvio de poder*, e por isso será um ato ilegal e inválido[57];
6) A prossecução de interesses privados em vez do interesse público, por parte de qualquer órgão ou agente administrativo no exercício das suas funções, constitui *corrupção*, e como tal acarreta todo um conjunto de sanções, quer administrativas, quer penais, para quem assim proceder;
7) A obrigação de prosseguir o interesse público exige da Administração que adote em relação a cada caso concreto as melhores soluções possíveis, do ponto de vista administrativo (técnico e financeiro): é o chamado *dever de boa administração*.

7. O princípio da boa administração

O princípio da prossecução do interesse público, constitucionalmente consagrado, implica, além do mais, a existência de um dever de boa administração, quer dizer, o *dever de a Administração prosseguir o bem comum da forma mais eficiente possível.*

O princípio da boa administração, em que se inclui o princípio da eficiência, está expressamente previsto na alínea *c*) do artigo 81.º da CRP para o setor público empresarial.

Mas o artigo 5.º do CPA, estende-o a toda a atividade da Administração Pública. Adquirindo em 2015 uma importância acrescida – «indo ao encontro do que era sugerido pelo direito comparado, com essa ou

[56] Sobre este princípio, v. Maria João Estorninho, *A Fuga para o Direito Privado*, Lisboa, 1996, pp. 199-202.
[57] V. o art. 136.º, n.º 1, do CPA.

outra designação, e a sugestões da doutrina»[58] –, o CPA determina que «a Administração Pública deve pautar-se por critérios de eficiência, economicidade e celeridade» (artigo 5.º, n.º 1), sendo que, para o efeito, acrescenta o n.º 2 do mesmo artigo, «a Administração Pública deve ser organizada de modo a aproximar os serviços das populações e de forma não burocratizada».

Passam, pois, a integrar-se neste princípio os princípios constitucionais da eficiência, da aproximação dos serviços das populações e da desburocratização.

Em ampla síntese, segundo o legislador de 2015, a ideia principal da boa administração – que tem entre nós um sentido bastante diferente daquele que lhe é dado no Direito europeu[59] – é, pois, a de que a atividade administrativa deve, teleologicamente, traduzir-se em atos cujo conteúdo seja também inspirado pela necessidade de satisfazer da forma mais eficiente[60] – isto é, mais racional, expedita e económica –, o interesse público constitucional e legalmente fixado[61], sendo que, instrumentalmente, a Administração deve ser «estruturada de modo a potenciar aqueles primeiros fins»[62].

Tem sido discutida a relevância jurídica deste dever de boa administração. Importa não confundir, como sucedeu tantas vezes no passado, juridicidade com justiciabilidade: a segunda não esgota a primeira. Em nossa opinião, o dever de boa administração é um dever jurídico, mas é um dever jurídico que não integra o espaço da justiciabilidade, em virtude de não comportar uma proteção jurisdicional, pelo menos de modo claro. Não é possível ir a tribunal obter a declaração de que determinada solução não é a mais eficiente do ponto de vista técnico, administrativo ou financeiro, devendo, portanto, ser anulada: os tribunais só podem

[58] Preâmbulo do CPA (2105).

[59] Sobre a matéria, cfr. Mário Aroso de Almeida, *Teoria Geral do Direito Administrativo*, p. 61 e ss. (o imperativo da boa administração não reclama que a administração administre bem mas apenas que, nos seus procedimentos decisórios, observe certas normas de caráter instrumental, «dirigidas a criar condições para que decida da melhor forma possível» – p. 63), ou Miguel Assis Raimundo, «*Os princípios do novo CPA*...», cit., p. 167 e ss.

[60] Sobre a discussão acerca da autonomia da boa administração como eficiência, v. Miguel Assis Raimundo, «*Os princípios no novo CPA*...», cit., pp. 175-180.

[61] Sobre o princípio da eficiência ao nível da Administração Pública, v., por todos, Paulo Otero, *O poder de substituição em Direito Administrativo*, II, Lisboa, Lex, 1995, p. 638 e ss.

[62] Miguel Assis Raimundo, «*Os princípios no novo CPA*...», cit., p. 164.

pronunciar-se sobre a legalidade das decisões administrativas, e não sobre o mérito dessas decisões[63].

Mas o dever de boa administração existe, apesar disso, como dever jurídico. Na verdade, há vários aspetos em que essa juridicidade se torna evidente: 1) Existem impugnações administrativas (*reclamações* e *recursos*), que são garantias dos particulares, as quais podem ter por fundamento vícios de mérito do ato administrativo; 2) A violação, por qualquer funcionário público, dos chamados *deveres de zelo e aplicação* constitui infração disciplinar, e leva ou pode levar à imposição de sanções disciplinares ao funcionário responsável; 3) No caso de um órgão ou agente administrativo praticar um facto ilícito e culposo de que resultem prejuízos para terceiros, o grau de diligência e de zelo empregados pelo órgão ou agente contribuem para definir a medida da sua culpa, ou da culpa da Administração e, consequentemente, os termos e limites da responsabilidade que no caso couber. Estes três aspetos significam, portanto, que o dever de boa administração existe, e que a sua violação pode ter consequências jurídicas[64] – ainda que diferentes daquelas que são normalmente inerentes à violação dos deveres jurídicos perfeitos, sancionáveis com recurso à via jurisdicional.

Cumpre, no entanto, sublinhar com vigor que certos deveres específicos que antes se pensava e dizia integrarem o dever geral de boa administração têm de ser vistos hoje como verdadeiros deveres jurídicos decorrentes de princípios gerais da atividade administrativa e, designadamente, dos princípios da proporcionalidade e da imparcialidade. A necessidade de a Administração tomar decisões equilibradas (isto é, decisões que satisfaçam o interesse público sem sacrifício intolerável dos interesses particulares conflituantes), por exemplo, não é um mero dever sem sanção jurisdicional – constitui um dever jurídico que resulta do princípio da proporcionalidade, e cujo desrespeito representa uma

[63] Em sentido diferente, aduzindo argumentos razoáveis que justificarão no futuro ponderação mais detida, cfr. Miguel Assis Raimundo, «*Os princípios no novo CPA...*», cit., p. 180 e ss.

[64] Cumpre ainda referir a sujeição de diversas entidades públicas ao dever de prestação de contas ou a auditorias no quadro da fiscalização sucessiva da competência do Tribunal de Contas (cfr. art. 50.º e ss. da Lei de Organização e Processo do Tribunal de Contas): um dos parâmetros a considerar para o efeito é justamente o da «apreciação da economia, eficiência e eficácia da gestão financeira, se for caso disso» (art. 54.º, n.º 3, al. *h*)).

ilegalidade suscetível de invalidação judicial[65]. Por outro lado, o dever de a Administração ponderar todos os interesses relevantes para a solução de certo caso não é igualmente um dever não justiciável – é uma exigência do princípio da imparcialidade cuja inobservância gera ilegalidade, controlável pelos tribunais[66].

Admitir isto não significa, note-se, que os tribunais possam controlar o mérito da ação administrativa – já dissemos que não podem[67]. Significa somente que certos parâmetros outrora considerados fora do mundo da juridicidade estão hoje dentro dele. A tendência recente do Direito administrativo português, em grande parte devido à constitucionalização dos princípios gerais ora em análise, foi no sentido da transformação de certos padrões de mérito em parâmetros sujeitos a apreciação jurisdicional.

8. O princípio da legalidade

Como vimos, a Administração Pública existe e funciona para prosseguir o interesse público: o interesse público é o seu norte, o seu guia, o seu fim. Mas a Administração não pode prosseguir o interesse público de qualquer maneira, e muito menos de maneira arbitrária: tem de fazê-lo com observância de um certo número de princípios e de regras.

Designadamente, e em especial, a Administração Pública tem de prosseguir o interesse público em obediência à lei: é o que se chama o *princípio da legalidade*[68].

[65] V. *infra*.

[66] V. *infra*.

[67] V. *infra*.

[68] O texto das rubricas n.os 8 a 12 segue de perto o nosso trabalho «Princípio da Legalidade», *in Pólis*, 3, cols. 976-995. V., para maiores desenvolvimentos, Autores e obras aí citados na bibliografia. Posteriormente à publicação desse artigo importa destacar a obra fundamental de Sérvulo Correia, *Legalidade e autonomia contratual nos contratos administrativos*, Lisboa, 1987, pp. 15-340, e a síntese de Vieira de Andrade, «O ordenamento jurídico administrativo», *in Contencioso Administrativo*, Braga, 1986, pp. 35-48. V. também, além das obras de caráter geral, Manuel Afonso Vaz, *Lei e Reserva de Lei*, pp. 387 e ss. e 473 e ss.; Rui Machete, «Algumas notas sobre a chamada presunção da legalidade dos atos administrativos», *in Estudos em Homenagem ao Professor Doutor Pedro Soares Martínez*, I, Coimbra, 2000, p. 37 e ss.; Luís Cabral de Moncada, *Lei e Regulamento*, Coimbra Editora, Coimbra, 2002; Paulo Otero, *Legalidade e Administração Pública. O sentido da vinculação administrativa à juridicidade*, Almedina, Coimbra,

Este princípio é, sem dúvida, um dos mais importantes princípios gerais de direito aplicáveis à Administração Pública, e que, aliás, se encontrava consagrado como princípio geral do Direito Administrativo antes mesmo que a Constituição atual o mencionasse explicitamente.

Hoje, este princípio está desde logo formulado no nosso texto constitucional, dizendo o artigo 266.º, n.º 2, o seguinte: «os órgãos e agentes administrativos estão subordinados à Constituição e à lei (...)». Por seu turno, o artigo 3.º, n.º 1, do CPA, estatui a este respeito que «os órgãos da Administração Pública devem atuar em obediência à lei e ao direito, dentro dos limites dos poderes que lhes forem conferidos e em conformidade com os respetivos fins».

O princípio da legalidade era tradicionalmente definido, por exemplo, por Marcello Caetano, da seguinte forma: «nenhum órgão ou agente da Administração Pública tem a faculdade de praticar atos que possam contender com interesses alheios senão em virtude de uma norma geral anterior»[69].

Se bem repararmos nesta definição, verificamos que ela consistia basicamente numa *proibição*: a proibição de a Administração Pública lesar os direitos ou os interesses dos particulares, salvo com base na lei. Ou seja, por outras palavras, o princípio da legalidade aparecia então encarado como um *limite* à ação administrativa, limite esse estabelecido no interesse dos particulares. Por conseguinte, o princípio da legalidade, por um lado, era um limite, e, por outro, era estabelecido no interesse dos particulares.

A doutrina mais recente entende o princípio da legalidade de outra maneira. Podemos aqui defini-lo, de acordo com as conceções mais modernas, da seguinte forma: *os órgãos e agentes da Administração Pública só podem agir com fundamento na lei e dentro dos limites por ela impostos.*

Quais são as principais diferenças entre esta maneira de definir o princípio da legalidade e a anterior? São basicamente três.

Em primeiro lugar, o princípio da legalidade aparece agora definido de uma forma positiva, e não já de uma forma negativa. Diz-se o que a

2003; Fernanda Paula Oliveira, *A Discricionariedade de Planeamento Urbanístico Municipal na Dogmática Geral da Discricionariedade administrativa*, 2011, Almedina, Coimbra, pp. 37-112; e Mário Aroso de Almeida, *Teoria Geral do Direito Administrativo*, pp. 41-55.

[69] Marcello Caetano, *Manual*, I, p. 30.

Administração Pública deve ou pode fazer, e não apenas aquilo que ela está proibida de fazer.

Em segundo lugar, verifica-se que o princípio da legalidade, nesta formulação, cobre e abarca todos os aspetos da atividade administrativa, e não apenas aqueles que possam consistir na lesão de direitos ou interesses dos particulares. Designadamente, o princípio da legalidade visa também proteger o interesse público, e não apenas os interesses dos particulares.

Em terceiro lugar, na conceção mais recente, a lei não é apenas um *limite* à atuação da Administração: é também o *fundamento* da ação administrativa. Quer isto dizer que, hoje em dia, não há um *poder livre* de a Administração fazer o que bem entender, salvo quando a lei lho proibir; pelo contrário, vigora a regra de que a Administração só pode fazer aquilo que a lei lhe permitir que faça.

Por outras palavras, a regra geral – em matéria de atividade administrativa – não é o princípio da liberdade, é o princípio da competência. Segundo o *princípio da liberdade*, que constitui a regra no Direito privado, pode fazer-se tudo aquilo que a lei não proíbe; segundo o *princípio da competência*, pode fazer-se apenas aquilo que a lei permite. Há duas expressões latinas que traduzem estes dois princípios. Para o princípio da liberdade, *permissum videtur in omne quod non prohibitum*, ou seja, considera-se permitido tudo o que não estiver proibido. Para o princípio da competência, *quae non sunt permissa prohibita intelliguntur*, ou seja, o que não for permitido considera-se que é proibido. Em suma, e parafraseando Orlando de Carvalho, pode dizer-se que, hoje, a atividade administrativa «jamais é produto de uma faculdade permissiva, de um *licere*, de um *Dürfen*; mas sempre e só de uma faculdade concedente, de um *posse*, de um *Können*»[70].

Porquê esta diferença entre a formulação tradicional, de que se fazia eco ainda Marcello Caetano no seu *Manual de Direito Administrativo*, e a formulação mais recente? Tal diferença é o resultado de uma longa evolução histórica dos sistemas políticos e do Direito público na Europa, desde o século XVIII até à atualidade.

[70] V. Orlando de Carvalho, «Contrato administrativo e ato jurídico público» (2.ª edição), *in Escritos. Páginas de Direito*, I, Coimbra, 1998, p. 185.

9. *Idem*: evolução histórica[71]

Numa *primeira fase*, encontrávamo-nos na época da monarquia absoluta, que configurava aquilo a que se chama o *Estado de polícia*: o Poder é absoluto, não está limitado pela lei, nem pelos direitos subjetivos dos particulares, e traduz, portanto, uma situação de arbítrio. Este arbítrio do Poder manifesta-se quer na possibilidade de lesar direitos dos particulares sem que contra essa lesão haja remédios jurídicos suficientes, quer na possibilidade de dispensar alguns particulares (e não outros) do cumprimento dos deveres legais, quer ainda no direito de o príncipe ou o rei outorgar privilégios a certos particulares a seu bel-prazer.

Esta situação conheceu ainda uma certa atenuação antes da Revolução Francesa, na medida em que a doutrina distinguiu, nessa altura, entre o *Estado* e o *Fisco*, ou, melhor dizendo, entre o *Estado-soberano* e o *Estado-fisco*: o Estado-soberano estava isento de obediência à lei, mas o Estado-fisco, para efeitos patrimoniais, devia obediência à lei e as decisões ilegais que tomasse podiam ser jurisdicionalmente apreciadas.

Com a Revolução Francesa, entra-se numa *segunda fase*, que é a fase do *Estado de Direito liberal* (século XIX). Nesta fase estabelece-se o princípio da subordinação à lei: a Administração Pública fica submetida aos limites da lei. A lei aparece, portanto, como um limite da ação administrativa: esta não pode praticar quaisquer atos que contrariem as normas legais. É o princípio da legalidade na sua primeira configuração, ou seja, na sua formulação negativa (também conhecido como princípio do *primado da lei*): a lei (parlamentar) é um limite à ação administrativa.

Por outro lado, e de harmonia com a doutrina liberal, o princípio da legalidade aparece nesta fase dirigido à proteção dos direitos dos particulares: é para garantia dos particulares que se estabelece o princípio da submissão da Administração Pública à lei.

Porque é que, nesta fase, o princípio da legalidade é apenas um limite da ação administrativa, e não também o próprio fundamento dessa ação administrativa? Porque todo este período é marcado pela ideia que inicialmente o caraterizou, ou seja, pela ideia de *monarquia limitada*.

[71] Sobre a matéria desta rubrica, v. especialmente Rogério Soares, *Direito Público e sociedade técnica*, Coimbra, 1969, *passim*, além do nosso já citado texto sobre *Princípio da legalidade*.

Existe uma monarquia, cuja legitimidade é uma legitimidade histórica, tradicional, consuetudinária, mas que a dada altura aceita a necessidade de uma limitação pela soberania popular representada no Parlamento.

Há, assim, dois poderes do Estado, autónomos, cada um com a sua legitimidade própria: o Poder Executivo, encabeçado pelo rei e seus ministros, tem uma legitimidade hereditária, decorrente da tradição monárquica; o Parlamento, por seu lado, tem uma legitimidade democrática, decorrente do voto popular.

Dentro desta conceção dualista, a Administração Pública está às ordens do soberano, depende hierarquicamente dele, e por isso pode fazer tudo aquilo que ele lhe ordenar, exceto o que for proibido através de lei votada no Parlamento.

No *Estado de polícia* (monarquia absoluta), a Administração Pública dependia do rei, a ação administrativa tinha por fundamento a vontade e o poder do soberano, e não conhecia limites legais. No *Estado liberal* (monarquia limitada), a Administração Pública continua a depender do rei e a ter por fundamento a vontade real e o poder monárquico, mas encontra-se limitada negativamente pela lei no interesse dos particulares: pode fazer tudo o que o rei ordenar, contanto que não ofenda direitos dos particulares senão com base numa lei anterior e de acordo com ela, ou seja, sem a violar.

Depois, os tempos evoluem e entra-se numa *terceira fase*, em que a monarquia liberal do século XIX dá origem, na Europa, a três regimes diferentes: por um lado, surgem os regimes autoritários de direita, as ditaduras de tipo fascista do século XX; por outro, os regimes comunistas; por outro ainda, as democracias modernas de tipo pluralista e ocidental.

Ora, o princípio da legalidade vai assumir uma conotação diferente em cada um desses tipos de regime.

Nos *regimes autoritários* de direita, substitui-se a noção de *Estado de Direito* pela noção de *Estado de legalidade*, que consiste na ideia de que a Administração Pública deve obedecer à lei, mas a lei deixa de ser a expressão da vontade geral votada no Parlamento representativo da Nação, para passar a ser toda e qualquer norma geral e abstrata decretada pelo Poder, inclusive pelo Poder Executivo. Os governos adquirem a possibilidade de fazer leis, às quais se chama na terminologia jurídica decretos-

-leis. Portanto, aqui, o princípio da legalidade já não é necessariamente a subordinação do Poder Executivo ao Parlamento, mas sobretudo a subordinação da Administração Pública ao Governo.

Por outro lado, o princípio da legalidade aparece caraterizado fundamentalmente como proteção do Estado; é um princípio que visa garantir o Estado e os interesses objetivos da Administração Pública; só a título reflexo ou secundário é que protege também os particulares. Daí que certos autores – por exemplo, na Itália fascista, o administrativista Enrico Guicciardi – tenham construído todo o sistema de garantias dos particulares contra os atos ilegais da Administração na base da ideia de que o particular, quando impugna perante o tribunal administrativo um ato ilegal, não está a defender o seu interesse particular, mas sim a comportar-se como um zelador do interesse coletivo.

Neste tipo de regime, a legalidade aparece-nos ainda como limite da ação administrativa, mas apenas como um limite relativo, e não já como um limite absoluto.

Quanto aos *regimes comunistas*, viriam a dar uma interpretação muito própria ao princípio da legalidade. Mantiveram-no, é certo – como princípio que exige a subordinação da Administração Pública à lei –, mas entendiam que o objetivo da construção do socialismo, conduzida sob a direção do partido único (ou hegemónico), é que devia comandar a interpretação e aplicação das leis: as leis deviam ser interpretadas e aplicadas de acordo com as diretivas e instruções formuladas pelo partido, com vista à construção do socialismo.

Assim se chegou à noção de *legalidade socialista*, que não consistia necessariamente na legalidade que resultaria de uma interpretação puramente jurídica das leis em vigor, mas era a legalidade que resultava da interpretação vivificada e norteada pelo objetivo da construção do socialismo, tal como era entendido e aplicado, em cada fase histórica, pelo Partido Comunista. Nesta ótica, o princípio da legalidade socialista não era mais um limite, quer absoluto, quer relativo, à ação da Administração: era, sim, um instrumento dessa ação administrativa, ou melhor, um instrumento do poder administrativo ao serviço dos fins de natureza política consagrados na Constituição do respetivo país e definidos, momento a momento, pelo partido único (ou hegemónico).

Finalmente, nos *regimes democráticos de tipo ocidental*, vigora (desde o fim da 2.ª Guerra Mundial) o *Estado social de Direito*. Neste, o princípio da legalidade sofre algumas alterações importantes relativamente ao entendimento que dele se tinha no Estado liberal. Naturalmente que é próximo do princípio da legalidade tal como ele foi concebido a seguir à Revolução Francesa nos regimes liberais, mas sofre algumas transformações.

A primeira é que a ideia de *subordinação à lei* é completada pela ideia de *subordinação ao Direito*, no sentido de que não existe apenas um dever de obediência à lei, como lei ordinária, antes existe sobretudo um dever de obediência a mais qualquer coisa do que à lei ordinária. A Administração Pública deve respeitar a lei ordinária, sem dúvida, mas deve respeitar também: a Constituição, o Direito Internacional que tenha sido recebido na ordem interna, os princípios gerais de Direito enquanto realidade distinta da própria lei positiva e ordinária, os regulamentos em vigor, e ainda os atos constitutivos de direitos que a Administração Pública tenha praticado e os contratos administrativos e de direito privado que ela tenha celebrado, pois uns e outros constituem também uma forma de vinculação da Administração Pública, que é equiparada à legalidade. Por isso, Maurice Hauriou falava já não de legalidade, mas de *bloc légal*, para significar todo este conjunto de fontes que vão para além da simples lei positiva ordinária. Modernamente, alguns autores exprimem esta ideia de sujeição administrativa ao Direito através da formulação do *princípio da juridicidade*[72].

Por outro lado, neste regime e nesta fase histórica, o princípio da legalidade não visa apenas a proteção dos direitos subjetivos e interesses legalmente protegidos dos particulares, como também não visa apenas a proteção dos interesses objetivos da Administração Pública – visa simultaneamente garantir o respeito das normas aplicáveis, quer no interesse da Administração, quer no interesse dos particulares.

Enfim, a legalidade aparece-nos aqui não apenas como um *limite* da ação administrativa, mas como o verdadeiro *fundamento* da ação admi-

[72] V., entre nós, Vieira de Andrade, *O ordenamento jurídico administrativo*, *loc. cit.*, p. 41. Em sentido mais restrito, referem Gomes Canotilho e Vital Moreira, *Constituição da República Portuguesa Anotada*, p. 895, que «o princípio da legalidade aponta para um princípio de âmbito mais abrangente: o *princípio da juridicidade da administração*, pois todo o direito – todas as regras e princípios da ordem jurídico-constitucional portuguesa – serve de fundamento e é pressuposto da atividade da Administração»; ora, quanto a nós, a juridicidade não é apenas formada pela Constituição e pela lei, mas também por normas regulamentares e, até, por atos jurídicos e contratos. Sobre o tema, v. ainda Paulo Otero, *Legalidade e Administração Pública. O sentido da vinculação administrativa à juridicidade*, p. 733 e ss.

nistrativa: nestes regimes e nesta fase histórica, a Administração Pública só pode agir se, e na medida em que, a norma jurídica lho permitir. Isto porque o Poder Executivo deixa de ser considerado um poder com legitimidade própria, como era no tempo da monarquia, e passa a ser um simples *poder constituído*, cuja autoridade é *derivada* da Constituição e da lei, pelo que se deve subordinar à lei e ao Direito.

Aqui e agora, o Poder Executivo não pode invocar como fundamento da sua ação nem a autoridade monárquica, baseada numa legitimidade histórica anterior à lei, nem qualquer outro título de legitimidade própria, autónoma, exterior à lei. O Poder Executivo também não pertence ao ditador (ao *Führer* ou ao *Duce*), nem ao partido único. O Poder Executivo deriva a sua existência e a sua legitimidade da Constituição e da lei e, por conseguinte, em última análise, da soberania popular. Por isso, a lei passa a ser também o fundamento, e não já apenas o limite, da ação administrativa.

De tudo resulta que, na atualidade e no direito português, são duas as funções do princípio da legalidade: por um lado, ele tem a função de *assegurar o primado do poder legislativo sobre o poder executivo*, porque o primeiro emana da soberania popular e a representa, enquanto o segundo é meramente detentor de uma autoridade derivada e secundária; por outro lado, desempenha também a função de *garantir os direitos e interesses legalmente protegidos dos particulares*, que o Estado social de Direito não pode deixar de respeitar e proteger em toda a linha[73].

10. *Idem*: conteúdo, objeto e modalidades

a) *Conteúdo*. – Conforme deixámos entender, na fase histórica atual e no quadro dos regimes democráticos, ou seja, no âmbito do *Estado social de Direito*, o conteúdo do princípio da legalidade abrange não apenas o respeito da lei, em sentido formal ou em sentido material, mas a subordinação da Administração Pública a todo o *bloco legal* (Hauriou), a saber: a Constituição; a lei ordinária; o regulamento; os direitos resultantes de contrato administrativo e de direito privado ou de ato administrativo constitutivo de direitos, e, no lugar adequado que for o seu,

[73] Atribuindo-lhe, noutros termos, uma tripla função –, v. Sérvulo Correia, *Legalidade e Autonomia...*, pp. 17 e ss. e 188 e ss.

os princípios gerais de Direito, bem como o Direito Internacional que vigore na ordem interna.

A violação, por parte da Administração Pública, de qualquer destas sete categorias de normas ou atos implica violação da legalidade (*hoc sensu*) e constitui, por conseguinte, ilegalidade.

b) Objeto. – Por seu turno, o princípio da legalidade tem por objeto todos os tipos de comportamento da Administração Pública, a saber: o regulamento; o ato administrativo; o contrato administrativo; o contrato de direito privado; os simples factos jurídicos.

Qualquer destas formas de ação administrativa tem necessariamente de respeitar a legalidade. A violação da legalidade por qualquer desses tipos de atuação gera ilegalidade – com todas as consequências jurídicas daí decorrentes (*v. g.*, invalidade ou ilicitude, responsabilidade civil, etc.).

c) Modalidades. – O princípio da legalidade comporta duas modalidades: a preferência de lei e a reserva de lei.

A *preferência de lei* (ou *legalidade-limite*) consiste em que nenhum ato de categoria inferior à lei pode contrariar o bloco de legalidade, sob pena de ilegalidade.

A *reserva de lei* (ou *legalidade-fundamento*) consiste em que nenhum ato de categoria inferior à lei pode ser praticado sem fundamento no bloco de legalidade.

A respeito da reserva de lei, convém ainda acrescentar o seguinte[74]: ao invés do que sucedia no período liberal, hoje, por força das transformações verificadas após as guerras mundiais do século XX, no tocante quer ao tipo de atividade desenvolvida pela Administração (deixou de ser meramente «agressiva» para passar também a ser «constitutiva»), quer aos fins da lei (que deixaram de ser apenas a garantia da liberdade e propriedade dos cidadãos), a reserva de lei é um problema que se coloca, sobretudo, no *quadro constitucional* e não no *campo administrativo* – está em causa a delimitação de fronteiras da competência legislativa do Parlamento e do Governo[75].

[74] Trata-se de um ponto cujo aprofundamento tem sido tradicionalmente feito na disciplina de Direito Constitucional.

[75] V. Vieira de Andrade, *O Ordenamento Jurídico Administrativo, loc. cit.*, p. 38.

Por outro lado, também ao contrário do que se verificava no período do Estado liberal, a lei deixou de ser um conceito material, quer dizer, referido ao estatuto de liberdade dos particulares e, desse modo, capaz de traçar as fronteiras entre a função legislativa e a função administrativa[76].

Ainda assim, a reserva de lei continua a ter relevo no campo administrativo, isto é, a propósito das relações entre o Legislador e a Administração (neste sentido, «reserva de lei parlamentar», e não mera «reserva de lei» ou, menos ainda, simples «reserva de norma jurídica»). Se estiver constitucionalmente vedada ao Governo a intervenção legislativa em determinadas matérias (v. arts. 164.º e 165.º da CRP), daí decorre a inadmissibilidade de a Administração regular as matérias reservadas mediante regulamentos independentes (admissíveis, aqui, são apenas os regulamentos executivos), e o «imperativo dirigido ao legislador para disciplinar no essencial essas matérias. A reserva de lei implica, portanto, uma *especial densidade normativa* da lei (...)[77].

Por outro lado, «se não é possível definir, com base na reserva legal, um conceito material de lei (...), sempre se pode afirmar que pertence à lei, em exclusivo, a determinação, pelo menos, dos interesses públicos que constituem o *fim* da atividade administrativa, bem como a repartição de atribuições e competências pelos entes e órgãos da Administração – em especial no que toca à prática de atos jurídicos que correspondem ao exercício de poderes de autoridade»[78].

Em síntese, pode dizer-se, com Vieira de Andrade, que o princípio da reserva de lei, além de significar que a atuação da Administração deverá ter sempre a lei como pressuposto, funciona também «como critério de regulação da intensidade da normação legislativa: da intensidade mínima postulada pela reserva de função (competência e fim) à intensidade máxima exigida pela reserva parlamentar (vinculação, no essencial, do conteúdo)»[79].

[76] *Ibidem*, p. 38.

[77] V. Vieira de Andrade, *O Ordenamento Jurídico Administrativo, loc. cit.*, p. 39. Na perspetiva do direito constitucional, v., em especial, Gomes Canotilho, *Direito Constitucional e Teoria da Constituição*, p. 258 («o princípio da precisão ou determinabilidade das normas jurídicas») e os Acórdãos do Tribunal Constitucional n.os 285/92 e 458/93. Referindo-se, com algum exagero, em nossa opinião, a uma «erosão da legalidade da atuação administrativa», v., na perspetiva do direito administrativo, Paulo Otero, *Legalidade e Administração Pública*, pp. 893 a 908.

[78] V. Vieira de Andrade, *O ordenamento jurídico administrativo, loc. cit.*, p. 39.

[79] *Idem, ibidem*, p. 40.

11. *Idem*: exceções ao princípio da legalidade

A maior parte da doutrina administrativa entende tradicionalmente que o princípio da legalidade comporta três exceções: a teoria do estado de necessidade; a teoria dos atos políticos; e o poder discricionário da Administração.

Por nós, contudo, entendemos que nenhuma dessas três alegadas exceções ao princípio da legalidade o é verdadeiramente. Senão, vejamos:

a) A teoria do *estado de necessidade*[80] diz-nos que, em circunstâncias excecionais, em verdadeira situação de necessidade pública – como, por exemplo, em estado de guerra, em estado de sítio ou em caso de grave calamidade natural –, a Administração Pública, se tanto for exigido pela situação, fica dispensada de seguir o processo legal estabelecido para circunstâncias normais e pode agir sem forma de processo, mesmo que isso implique o sacrifício de direitos ou interesses dos particulares. Claro que posteriormente terá de indemnizar os particulares cujos direitos assim tiverem sido sacrificados: mas pode sacrificar-lhes os direitos e interesses sem seguir a forma normal de processo, o *due process of law*[81].

A teoria do estado de necessidade é aceite pela doutrina e jurisprudência de todos os países democráticos – e já vem do Direito Romano: *necessitas non habet legem*. Mas, hoje em dia, tal teoria está também, muitas vezes, legislativamente consagrada em preceito *a se*. Assim sucede entre nós desde a publicação do CPA. O artigo 3.º, n.º 2, deste diploma determina, com efeito, que os «atos administrativos praticados em estado de necessidade, com preterição das regras estabelecidas neste Código, são válidos desde que os seus resultados não pudessem ter sido alcançados de outro modo, mas os lesados terão o direito de ser indemnizados nos termos gerais da responsabilidade da Administração». Dá-se assim cobertura legal ao estado de necessidade relativamente *ao não cumprimento de preceitos do mesmo Código*. Nessas situações, está fora de dúvida que o estado de necessidade não constitui exceção ao princípio da legalidade: é a própria lei que o consagra. Mas, e fora delas?

[80] Abordaremos esta matéria mais adiante.

[81] V. Marcello Caetano, *Manual*, II, p. 1281 e ss.

Não obstante a formulação literal do preceito, parece-nos, com Marcelo Rebelo de Sousa e André Salgado Matos, que o regime muito amplo do CPA permite tratar a questão do estado de necessidade dogmaticamente, não como uma «exceção» ao princípio da legalidade, mas antes no quadro de uma «legalidade excecional», a par de outras situações de substituição intersubjetiva urgente. Isto significa que a atuação administrativa em estado de necessidade não dispensa uma habilitação legal prévia, a qual, no direito português, consta do artigo 3.º, n.º 2, do CPA[82].

Deve pois ler-se tal artigo do CPA como legitimando qualquer atuação administrativa em estado de necessidade, mesmo que os preceitos legais preteridos tenham a sua sede fora do Código. É, aliás, o que decorre do princípio geral de Direito *necessitas non habet legem*.

b) Também a teoria dos atos políticos não é, em rigor, uma exceção ao princípio da legalidade. Segundo ela, os atos de conteúdo essencialmente político, isto é, os atos materialmente correspondentes ao exercício da função política – chamados *atos políticos* ou *atos de governo* –, não sendo suscetíveis de impugnação contenciosa perante os tribunais administrativos, poderiam ser atos ilegais.

Ora, quanto a nós, não é correto dizer que quando se praticam atos políticos não se deve obediência à Constituição e à lei. Aliás, a própria Constituição, no seu artigo 3.º, n.º 3, determina expressamente que «a validade das leis e dos demais atos do Estado, das regiões autónomas, do poder local e de quaisquer outras entidades públicas depende da sua conformidade com a Constituição». O que acontece é que para esses casos não existe a sanção jurisdicional da impugnação contenciosa com fins de anulação (ou de declaração de nulidade ou de inexistência); mas pode haver outra sanção, mesmo atuada por via jurisdicional. Não é possível, designadamente, ir a tribunal obter a anulação de um ato político ilegal, pois o contencioso administrativo só versa sobre atos administrativos, não versa sobre atos políticos[83]. Mas se esses atos forem ilegais pode haver outras sanções (por exemplo, responsabilidade civil), pelo que não há aí uma exceção ao princípio da legalidade, nem ao princípio da justiciabilidade.

[82] Cfr. Autores cits., *Direito Administrativo Geral (Introdução e princípios fundamentais)*, I, pp. 175-176.

[83] V. art. 4.º, n.º 2, al. *a*), do ETAF.

c) Quanto, finalmente, ao *poder discricionário da Administração*, também se nos afigura que não constitui, de forma nenhuma, uma exceção ao princípio da legalidade, mas – bem diferentemente – um modo especial de configuração da legalidade administrativa.

Com efeito, só há poderes discricionários aí onde a lei os confere como tais. E, neles, há sempre pelo menos dois elementos vinculados por lei – a competência e o fim. Além de que existem hoje importantes normas e princípios jurídicos que enquadram e condicionam normativamente o exercício do poder discricionário – por exemplo, a norma que estabelece a obrigação de fundamentar as normas sobre publicação e notificação e, bem assim, os princípios da justiça, da imparcialidade, da igualdade, da proporcionalidade, etc.

Não há, assim, no poder discricionário da Administração, qualquer exceção ao princípio da legalidade.

12. *Idem*: natureza e âmbito do princípio da legalidade

Um dos problemas mais complexos e interessantes que se põem a respeito da natureza do princípio da legalidade, na fase histórica atual em que nos encontramos e no tipo de regime em que vivemos, é o seguinte: a Administração Pública deve obediência à lei, no sentido amplo que atrás referimos, em todos os casos e manifestações típicas do poder administrativo, ou, pelo contrário, deve obediência à legalidade apenas quando esteja em causa o sacrifício de direitos ou interesses dos particulares?

Isto põe-nos perante uma distinção, que a doutrina alemã tem vindo a fazer com grande insistência, entre *administração agressiva* e *administração constitutiva* (ou *prestadora de serviços*).

De facto, por vezes a Administração Pública aparece-nos como autoridade, como poder, a impor sacrifícios aos particulares; a esta administração chama a doutrina alemã *administração agressiva,* porque ela «agride» os direitos e interesses dos particulares. Quando proíbe, quando expropria, quando nacionaliza, quando impõe uma ordem, quando revoga uma licença, quando recusa uma autorização – em todos estes casos, a Administração Pública está, no fundo, a «agredir» a esfera jurídica dos particulares, está a sobrepor-se aos direitos e interesses dos particulares, sacrificando-os.

Pelo contrário, noutros casos, a Administração Pública aparece-nos como constitutiva de direitos ou vantagens económicas e sociais, ou como prestadora de serviços ou de bens, nomeadamente quando funciona como serviço público: no serviço público escolar, assegurando educação aos cidadãos; nos serviços sociais, através das prestações que a Segurança Social ou o Serviço Nacional de Saúde fazem aos cidadãos que delas beneficiam; nos serviços de fomento, quando a Administração Pública concede subsídios à exportação, ou subvenções para minorar os efeitos de um temporal, etc. Aqui, a Administração não aparece a agredir a esfera jurídica dos particulares, mas, pelo contrário, a protegê-la, a beneficiá-la, a ampliá-la[84], constituindo vantagens.

Ora bem. Uma determinada corrente de opinião, representada na Alemanha sobretudo por Jesch, entende que o princípio da legalidade cobre todas as manifestações da atividade administrativa, quer se trate de administração agressiva, quer de administração constitutiva ou de prestação. Em ambas as hipóteses, a Administração só pode fazer aquilo que a lei lhe permitir que faça.

Uma outra corrente, representada sobretudo por Wolff, entende que o princípio da legalidade, na sua formulação moderna, só se aplica à administração agressiva. Quanto à administração de prestação ou constitutiva, que é particularmente importante nos domínios do desenvolvimento económico e social, aí o princípio da legalidade aplicar-se-á na sua formulação tradicional, meramente negativa. Isto é, quando se tratar de agredir a esfera jurídica de um particular, a Administração Pública só pode fazer aquilo que a lei lhe permite; quando se tratar de efetuar prestações no âmbito do desenvolvimento económico ou da justiça social, aí a Administração Pública poderá fazer tudo o que entender conveniente, desde que não contrarie nenhuma proibição legal. (Rogério Soares refere, sugestivamente, que, para esta doutrina, dispensando-se a legalidade como fundamento das prestações aos particulares, é como se valesse o princípio «a cavalo dado não se olha o dente»)[85].

[84] Para um enunciado e explicação de outras classificações próximas desta, hoje também frequentemente utilizadas na doutrina germânica, cfr. Maria João Estorninho, *A fuga para o Direito Privado*, p. 97 e ss.

[85] V. Rogério Soares, *Princípio da legalidade e administração constitutiva, loc. cit.*, p. 175. Sobre os termos atuais da discussão mencionada no texto na Alemanha, v. Hartmut Maurer, *Allgemeines Verwaltungsrecht*, 17. Aufl., C. H. Beck, München, 2009, p. 115 e ss.

Que pensar do problema à luz do nosso Direito?

Quanto a nós, entendemos que, em face do direito português, o princípio da legalidade cobre todas as manifestações da Administração Pública, inclusive as da administração constitutiva ou de prestação, e não apenas as da administração agressiva.

a) Por um lado, porque para aí aponta claramente a letra do próprio artigo 266.º, n.º 2, da CRP, que, sem distinguir entre tipos de atividade administrativa, consigna que «os órgãos e agentes administrativos estão subordinados à Constituição e à lei»;

b) Por outro lado, porque, além desse argumento literal extraído da própria Constituição, nesse sentido apontam a *ratio legis* e os princípios gerais.

Na realidade, é preciso ter presente que também na esfera da chamada «administração constitutiva ou de prestação» podem ocorrer violações dos direitos dos particulares, ou dos seus interesses legalmente protegidos, por parte da Administração Pública. Não é só quando a Administração, à partida, vai atuar como autoridade que podem ocorrer violações de direitos ou interesses legalmente protegidos; também na administração constitutiva ou de prestação isso pode acontecer e acontece. Por exemplo, a Administração pode interpretar mal a lei e violar um direito subjetivo de natureza económico-social de um particular ou de uma empresa; pode no mesmo campo recusar o reconhecimento de um direito ou de um interesse legalmente protegido num caso em que a lei o imponha; pode privar alguém de direitos já adquiridos, etc. Portanto, mesmo na esfera própria da chamada «administração constitutiva ou de prestação» podem ocorrer violações de direitos ou interesses legalmente protegidos de particulares, o que exige que também nessa esfera se entenda que o princípio da legalidade deve funcionar em toda a sua plenitude.

Doutro prisma, a administração constitutiva ou de prestação nem sempre pode beneficiar todos os particulares, ou beneficiá-los todos por igual: as medidas de fomento, a atribuição de crédito bonificado, os subsídios, etc., têm de ser concedidos segundo critérios seletivos, pois não se pode subsidiar ou conceder crédito a todos: tem de se escolher aqueles que mereçam esses benefícios, dentro das limitações financeiras que sempre existirão. Ora, quem seleciona uns afasta outros, e aqueles que forem preteridos têm de poder socorrer-se da lei para defender os seus direitos ou os seus interesses legalmente protegidos. A lei tem de estabelecer critérios, tem de ser o fundamento em que a Administração se baseia para agir nestes domínios. Não se pode admitir que nesta área a Administração faça tudo o que quiser, salvo o que por ventura esteja proibido na lei.

Mais: para se assumir como prestadora de bens e serviços, a Administração Pública precisa muitas vezes de sacrificar os direitos ou os interesses dos particulares[86]. Para funcionar como uma Administração moderna, prestadora de serviços, ativamente empenhada no desenvolvimento económico e na justiça social, a Administração Pública pode precisar – ou pode entender que precisa – de impor a mobilização de certas pessoas individuais; de estabelecer a expropriação de terras; de decretar a nacionalização de empresas; de determinar a requisição de bens ou de direitos; de instituir monopólios, exclusivos, privilégios especiais; ou, por último, de reservar ao setor público o exercício de certas atividades económicas (o que foi feito entre nós, nos anos 70 e 80 do séc. XX, com as «leis de delimitação de setores», como é sabido).

Em todas estas situações, se é verdade que a Administração Pública está a reunir as condições ou a usar os meios que lhe parecem necessários para promover o desenvolvimento económico ou realizar a justiça social, não é menos verdade que está simultaneamente a sacrificar certos direitos de alguns particulares: quando expropria, está a sacrificar o direito de propriedade; quando nacionaliza, está a sacrificar direitos de acionistas em relação a certas empresas; quando estabelece monopólios ou exclusivos, está a sacrificar a liberdade de comércio e indústria; e assim sucessivamente.

Por consequência, a ideia de administração constitutiva ou de prestação, ao serviço do desenvolvimento económico e da justiça social, não é inteiramente dissociável da ideia de sacrifício de direitos ou interesses legalmente protegidos dos particulares[87].

E há mais ainda: para realizar uma administração constitutiva ou de prestação é necessário quase sempre que a Administração empregue

[86] V. Esteves de Oliveira, *Direito Administrativo*, I, p. 298.

[87] *Idem, ibidem*, pp. 298-300.

dinheiros públicos saídos do Orçamento do Estado. Mas o emprego de dinheiros públicos, a realização de despesas públicas, tem de se fazer à custa da aplicação de receitas públicas. Ora as receitas públicas, salvo o caso dos empréstimos, são cobradas autoritariamente através de sacrifícios económicos impostos aos cidadãos: o imposto e a taxa são prestações económicas que autoritariamente a Administração Pública impõe aos particulares no interesse geral da coletividade. Justamente por isso, em todos os países nenhuma despesa pública pode ser realizada sem que, além do respetivo cabimento orçamental, haja uma lei que autorize essa despesa, ou que pelo menos autorize a atividade administrativa no desenvolvimento da qual se realiza essa despesa. Quer dizer: para que a Administração Pública possa dar um passo, possa atuar fazendo despesas, ela tem de dispor previamente de uma lei administrativa que a tanto a autorize e de uma lei financeira que igualmente lhe permita fazê-lo; o princípio da legalidade desdobra-se na necessidade de respeitar tanto a legalidade administrativa como a legalidade financeira. Não é possível, pois, conceber uma administração constitutiva ou de prestação sem ter na sua base, e como seu fundamento, a legalidade (administrativa e financeira).

Resumindo e sintetizando as considerações anteriores, entendemos que, no domínio das atividades de administração constitutiva ou de prestação, prescindir da submissão ao princípio da legalidade, na sua aceção moderna, seria abandonar uma das mais importantes e das mais antigas regras de ouro do Direito Administrativo, que é a de que só a lei deve poder definir o interesse público a cargo da Administração. Quem tem de definir o interesse público a prosseguir pela Administração é a lei, não é a própria Administração; mesmo no quadro da administração constitutiva ou de prestação, mesmo quando se trata de conceder um direito, ou de prestar um serviço, ou de fornecer bens aos particulares, a Administração só o deve poder fazer porque, e na medida em que, está a prosseguir um interesse público definido por lei.

Numa palavra: o princípio da legalidade, na sua formulação moderna, deve cobrir não apenas a zona da administração agressiva, mas também a da administração constitutiva ou de prestação. É esta, no essencial, a posição da doutrina portuguesa dominante[88].

[88] V., por exemplo, Esteves de Oliveira, *Direito Administrativo*, I, p. 292 e ss.; Vieira de Andrade, *O Ordenamento Jurídico Administrativo*, *loc. cit.*, pp. 40-41; e Marcelo Rebelo de Sousa e

13. O princípio do respeito pelos direitos e interesses legalmente protegidos dos particulares

Vamos analisar agora o princípio do respeito pelos direitos e interesses legalmente protegidos dos particulares (CRP, artigo 266.º, n.º 1, e CPA, artigo 4.º).

Começaremos por fazer duas observações preliminares.

Por um lado, não nos parece feliz a expressão «interesses legalmente protegidos» utilizada pela parte final do n.º 1 do artigo 266.º da CRP. É um neologismo destinado a designar o que na generalidade dos países se chama *interesses legítimos*. Não obstante, há que reconhecer que a expressão está generalizada tanto na lei ordinária (e designadamente no CPA) como a nível constitucional – demais, a revisão constitucional de 1997 estendeu-a a outros preceitos para além dos artigos 266.º e 268.º (v. o art. 20.º, n.º 1). Adotá-la-emos, por isso, também aqui, indistintamente com a de interesse legítimo.

Por outro lado, quando se diz na Constituição que a Administração Pública deve respeitar os direitos e interesses dos *cidadãos*, esta terminologia também não é feliz – quer porque não estão em causa apenas os direitos dos cidadãos portugueses mas de todos os indivíduos (sejam eles cidadãos portugueses, estrangeiros, ou apátridas[89], quer porque, além disso, estão em causa os direitos e interesses legalmente protegidos das pessoas coletivas, e não apenas dos indivíduos[90]. Ou seja: estão em causa os direitos e interesses legalmente protegidos de todos os sujeitos de direito. Assim sendo, referir-nos-emos a *particulares,* em vez de falar em cidadãos, pois a expressão *particulares* abrange não só os indi-

André Salgado Matos, *Direito Administrativo Geral (Introdução e princípios fundamentais)*, tomo I, pp. 172-173. Em todo o caso, é consensual entre os diferentes Autores portugueses a aceitação de uma *reserva total de norma jurídica*. Nesse sentido, v., por exemplo, Sérvulo Correia, *Legalidade e Autonomia...*, p. 298 (e v. também pp. 208-209, em nota): «no nosso Direito, não são possíveis os atos administrativos *praeter legem*, mesmo no campo da administração de prestação. Os atos administrativos estão sujeitos a uma reserva total de norma jurídica». Esta posição difere um tanto da inicialmente adotada por este Autor nas suas *Noções de Direito Administrativo*, I, Editora Danúbio, Lisboa, 1980, pp. 29 e 245.

[89] V. CRP, art. 15.º

[90] V. CRP, art. 12.º, n.º 2.

víduos, mas também as pessoas coletivas, e abrange ainda os indivíduos que não sejam cidadãos.

Qual o sentido do artigo 266.º, n.º 1, da CRP?

Ele significa, fundamentalmente, que a prossecução do interesse público não é o único critério da ação administrativa, nem tem um valor ou alcance ilimitado. Há que prosseguir, sem dúvida, o interesse público, mas respeitando *simultaneamente* os direitos subjetivos e os interesses legalmente protegidos dos particulares. Está aqui retratada a essência do Direito Administrativo, que se carateriza pela necessidade permanente de conciliar as exigências do interesse público com as garantias dos particulares (v. *supra*, vol. I).

Durante muito tempo, pensou-se que a única forma de assegurar o respeito pelos direitos subjetivos e pelos interesses legalmente protegidos dos particulares seria proclamar e garantir o princípio da legalidade. Respeitando a legalidade, a Administração Pública automaticamente respeitaria os direitos e interesses dos particulares. Foi assim, como vimos, que o princípio da legalidade nasceu como limite à ação da Administração Pública; a sua função era a de proteger os direitos e interesses dos particulares.

Hoje, porém, vai-se mais longe. Embora o princípio da legalidade continue a desempenhar essa função, o certo é que se concluiu entretanto que não basta o escrupuloso cumprimento da lei por parte da Administração Pública para que automaticamente se verifique o respeito integral dos direitos subjetivos e dos interesses legalmente protegidos dos particulares. Assim, desde o século passado até à atualidade, outros mecanismos jurídicos – para além do princípio da legalidade – foram sendo concebidos e postos em prática, a fim de conferir uma *proteção autónoma* aos direitos subjetivos e aos interesses legalmente protegidos dos particulares, para além dos casos em que a violação da legalidade ofende simultaneamente esses direitos e interesses. Essas outras formas de proteção, que existem para além do princípio da legalidade, são muito numerosas. Destacaremos as mais relevantes:

a) O princípio da tutela jurisdicional efetiva de todo o direito ou interesse legalmente protegido, ou seja, «o direito de obter, em prazo razoável, e mediante um processo equitativo, uma decisão judicial que aprecie, com força de caso julgado, cada pretensão regularmente deduzida em juízo, bem como a possibilidade de a fazer executar e de obter as providências cautelares, antecipatórias e conservatórias, destinadas a assegurar o efeito útil da decisão» (cfr. CPTA, art. 2.º, n.º 1), ou seja, «a todo o direito ou interesse legalmente protegido corresponde a tutela adequada junto dos tribunais administrativos» (cfr. o n.º 2 do mesmo preceito)[91];

b) A extensão do âmbito da responsabilidade da Administração por ato ilícito culposo, não apenas aos casos em que o dano resulte de ato jurídico ilegal, mas também aos casos em que o dano resulte de quaisquer outras ações ou omissões ilícitas, ou seja, «as ações ou omissões dos titulares dos órgãos, dos funcionários e agentes que (...) infrinjam regras de ordem técnica ou deveres objetivos de cuidado e de que resulte a ofensa de direitos ou interesses legalmente protegidos» (cfr. o RCEEP, aprovado pela Lei n.º 67/2007, de 31 de dezembro);

c) O reconhecimento da responsabilidade do Estado e demais pessoas coletivas de direito público mesmo nos casos em que «os danos não tenham resultado do comportamento concreto de um titular de órgão, funcionário ou agente determinado ou não seja possível provar a autoria pessoal da ação ou da omissão, mas devam ser atribuídos a um funcionamento anormal do serviço»[92];

d) A extensão da responsabilidade da Administração aos «danos decorrentes de atividades, coisas ou serviços administrativos especialmente perigosos» (responsabilidade pelo risco – cfr. RCEEP, art. 11.º);

e) A extensão da responsabilidade da Administração aos danos causados por atos lícitos que imponham encargos ou prejuízos especiais e

[91] Nesse n.º 2 encontra-se uma enumeração exemplificativa dos diferentes efeitos que podem ser visados através das ações a propor contra a Administração junto dos tribunais administrativos.

[92] Cfr. o art. 7.º, n.º 3, do RCEEP. A previsão transcrita no texto é completada com a noção legal de «funcionamento anormal do serviço» – n.º 4 do mesmo artigo – e com a sua qualificação como ilícito quando o mesmo seja causa da ofensa de direitos ou interesses legalmente protegidos – art. 9.º, n.º 2, do RCEEP.

anormais aos particulares (indemnização pelo sacrifício – cfr. RCEEP, art. 16.º);

f) A atribuição aos particulares de direitos de participação e informação, no procedimento administrativo, antes da decisão final (cfr. CPA, art. 121.º e ss.);

g) A imposição do dever de fundamentar em relação aos atos administrativos que afetem diretamente os direitos ou interesses legalmente protegidos dos particulares (cfr. CPA, art. 152.º);

h) A imposição expressa do limite do respeito pelos direitos, liberdades e garantias dos cidadãos às atividades de natureza policial, inclusivamente quando tiverem por objeto a prevenção de crimes contra a segurança do Estado (cfr. CRP, art. 272.º, n.º 3);

i) O alargamento constitucional da responsabilidade civil da Administração aos casos em que o dano a indemnizar consista apenas em violação de direitos, liberdades ou garantias do cidadão (cfr. CRP, art. 22.º);

j) A concessão do direito de acesso dos particulares ao Provedor de Justiça, a fim de prevenir e reparar injustiças (cfr. CRP, art. 23.º), o que interessa sobretudo quando tais injustiças não consistam simultaneamente em ilegalidades.

Eis uma lista, não exaustiva, de várias soluções que sucessivamente foram sendo consagradas, quer pelo Direito Constitucional, quer pelo Direito Administrativo, e que visam ir mais além, na proteção dos direitos subjetivos e dos interesses legalmente protegidos dos particulares, do que seria possível caso se adotasse apenas a técnica do princípio da legalidade como única forma de garantia desses mesmos direitos e interesses.

Vê-se, assim, que o princípio do respeito pelos direitos subjetivos e interesses legalmente protegidos dos particulares limita e subordina a Administração Pública muito para além da limitação que para ela constitui o princípio da legalidade[93].

[93] Em sentido diferente, v. Marcelo Rebelo de Sousa e André Salgado Matos, *Direito Administrativo Geral (Introdução e princípios fundamentais)*, tomo I, pp. 210 e 211.

14. *Idem*: a distinção entre direito subjetivo e interesse legalmente protegido[94]

Em Direito Administrativo, qual a diferença entre os conceitos de «direito subjetivo» e «interesse legalmente protegido»?

a) De acordo com a conceção tradicional, temos sustentado que tanto na figura do direito subjetivo como na do interesse legítimo *existe um interesse privado reconhecido e protegido pela lei*. Porém, no direito subjetivo essa proteção é *imediata e plena*, de tal modo que o particular tem a faculdade de exigir à Administração um ou mais comportamentos que satisfaçam integralmente o seu interesse privado e, bem assim, o poder de obter a sua completa realização em juízo em caso de violação ou não cumprimento. No interesse legítimo, ao invés, porque a proteção legal é *mediata*, ou de *segunda linha* – pois o interesse protegido diretamente é um interesse público –, e não é plena, mas *mitigada*, o particular não pode exigir à Administração que satisfaça integralmente o seu interesse privado, mas apenas que não o prejudique ilegalmente; em caso de ilegalidade, o particular não poderá realizar plenamente o seu interesse em tribunal, mas, tão-somente, eliminar os atos ou comportamentos ilegais que o tenham prejudicado.

Por outras palavras, no direito subjetivo, o que existe é *um direito à satisfação de um interesse próprio*; no interesse legítimo, o que existe é apenas *uma garantia da legalidade das decisões que versem sobre um interesse próprio*. No primeiro caso, o particular tem o direito a uma decisão final favorável ao seu interesse; no segundo caso, o particular apenas pode pretender que uma eventual decisão desfavorável ao seu interesse não

[94] Na doutrina portuguesa, v. Marcelo Rebelo de Sousa e André Salgado Matos, *Direito Administrativo Geral (Introdução e princípios fundamentais)*, tomo I, pp. 211-214; Vieira de Andrade, *A justiça administrativa (Lições)*, 8.ª ed., Almedina, Coimbra, 2006, p. 70 e ss.; Rui Machete, «A garantia contenciosa para obter o reconhecimento de um direito ou interesse legalmente protegido», *in Estudos de Direito Público e Ciência Política*, Lisboa, 1991, p. 423 e ss.; e Rui Medeiros, *Estrutura e âmbito da acção para o reconhecimento de um direito..., loc. cit.*, pp. 11-26. V. ainda L. F. Colaço Antunes, «Para uma tutela jurisdicional dos interesses difusos», *in BFDUC*, 1984, p. 191 e ss. Negando a distinção, na esteira da doutrina germânica, designadamente da chamada «teoria da combinação», cfr. Vasco Pereira da Silva, *Para um contencioso administrativo dos particulares*, pp. 84-121; e Pedro Machete, *Estado de Direito Democrático e Administração Paritária*, Almedina, Coimbra, 2007, pp. 524-540.

seja tomada ilegalmente. Quer dizer, e vendo as coisas por outro ângulo: se a Administração praticar um ato ilegal que ofenda um *direito subjetivo* de um particular, este pode obter através dos tribunais, na íntegra, os bens ou serviços que a Administração lhe deva ou, pelo menos, uma indemnização justa que elimine o dano sofrido; bem diferentemente, se houver um ato ilegal que ofenda um *interesse legítimo*, ou um *interesse legalmente protegido*, de um particular, o mais que este pode obter em tribunal é a eliminação do ato ilegal, não com o fim de se lhe atribuir o bem ou o serviço que pretende, mas apenas com a finalidade (muito mais restrita) de obrigar a Administração a reexaminar o assunto e a decidir de novo, sem repetir a ilegalidade cometida, mas podendo – se a lei o permitir – voltar a negar ao particular o bem ou o serviço por ele pretendido.

Exemplo de um *direito subjetivo*: se a lei disser que ao fim de cinco anos de serviço o funcionário tem direito a uma diuturnidade, isso significa que o funcionário pode legalmente exigir a concretização dessa diuturnidade, e que o Estado tem a obrigação jurídica de fazer o respetivo pagamento ao funcionário. Mais: significa que, se o Estado não pagar a diuturnidade devida ao funcionário, ele pode legalmente usar dos meios adequados para obter a efetiva realização desse pagamento a que tem direito.

Exemplo de um *interesse legítimo*: a lei estabelece que para preencher um lugar de professor catedrático tem de se realizar um concurso público, ao qual podem concorrer todos aqueles que reúnam determinadas condições legais; suponhamos que concorrem três pessoas, mas que uma delas não se encontra nas condições legais exigíveis para concorrer, e que o júri a escolhe precisamente a ela para o provimento do cargo. Qualquer dos outros dois candidatos ficou prejudicado *ilegalmente*, porque a decisão que nomeou um candidato que não preenchia as condições legais foi ilegal. Esses dois candidatos podem impugnar a decisão, e têm direito a obter a sua anulação pelos tribunais. Isto significa que qualquer deles tem direito ao cargo? Claro que não. Significa apenas que eles podem remover um obstáculo ilegal à satisfação do seu interesse e significa, em segundo lugar, que terão uma nova oportunidade para tentar conseguir realizar esse interesse. Mas a Administração, por sua vez, isto é, o júri, não tem a obrigação jurídica de nomear este ou aquele; reabre a apreciação da situação, terá de afastar o candidato que não tem condições legais (quando não, repetiria a ilegalidade cometida da primeira vez), mas tem a possibilidade de escolher entre os outros aquele que lhe parecer mais apto para ocupar o cargo. Nenhum deles tem o direito de ser escolhido: mas ambos têm o direito de não ser preteridos ilegalmente.

Como se vê, a diferença entre *direito subjetivo* e *interesse legalmente protegido* é, em nossa opinião, muito significativa:

– O «direito subjetivo» consiste em um ou mais poderes legais que permitem manter ou obter a satisfação plena de um interesse privado;

– O «interesse legítimo», ou «interesse legalmente protegido», consiste apenas no poder legal de garantir que o eventual sacrifício de um interesse privado, por razões de interesse público, seja sempre decidido com total respeito pela legalidade administrativa vigente e, em caso de ilegalidade, o poder (complementar) de exigir que a questão seja novamente reapreciada pela Administração, ou pelos tribunais, sem repetir a ilegalidade antes cometida, mas também sem que se tenha necessariamente de beneficiar, em vez de sacrificar, o interesse privado do particular afetado.

Em conclusão, e de forma mais sintética: o *direito subjetivo* é o poder de manter ou obter um bem da vida; o *interesse legítimo*, ou *interesse legalmente protegido*, é apenas a garantia de que as decisões administrativas sobre um bem da vida serão sempre tomadas de acordo com a lei (sem ilegalidades).

b) Sem prejuízo da distinção acabada de explicar, admitimos ser conveniente introduzir algumas «nuances» a essa posição.

É que, como observa Vieira de Andrade, as recentes transformações operadas no âmbito da atividade administrativa (que se alargou e diversificou), e no entendimento do princípio da legalidade (transformado em princípio da juridicidade), mostram-nos existirem posições jurídicas subjetivas que se devem qualificar como direitos (e não como interesses legítimos ou indiretamente protegidos), apesar de *não terem uma tutela plena em face da Administração* ou de *não serem imediatamente acionáveis por o seu conteúdo depender de densificação ou de concretização administrativa*[95]. Exemplo da primeira situação são os direitos *condicionados*, categoria na qual aquele Autor agrupa os direitos *enfraquecidos* – aqueles que, por força da lei, ou de ato administrativo com base na lei, «podem ser sacrificados através do exercício legi-

[95] Vieira de Andrade, *A justiça administrativa (Lições)*, pp. 75-76.

timo de poderes de autoridade administrativa (por exemplo, o direito de propriedade face ao poder de expropriação ou ao poder de planeamento, o próprio direito do funcionário ao vencimento face ao poder disciplinar de suspensão, ou os direitos do concessionário face ao poder de resgate da concessão)» –, e os direitos *comprimidos*, ou seja, aqueles direitos «limitados por lei em termos de necessitarem de uma intervenção administrativa que permita o seu exercício» – por exemplo, a liberdade de circulação automóvel dependente da obtenção de carta de condução, ou a liberdade de exercício da profissão que dependa da inscrição numa ordem profissional[96]. Por sua vez, ilustram a segunda realidade os direitos que o mesmo Autor apelida de *direitos* «prima facie», ou seja, direitos (interesses individualizados protegidos diretamente por uma norma) cujo conteúdo, para se tornar preciso, carece de concretização (*v. g.*, certos direitos genéricos a prestações de tipo ou montante variável) ou densificação administrativa (*v. g.*, o próprio direito à proteção policial, em face do poder de escolha administrativa dos meios).

Mas repare-se bem: todos estes casos são exemplos de *direitos subjetivos*, o que não elimina a distinção básica entre direitos e interesses legítimos[97].

c) Por outro lado, deve ter-se presente que, ao lado dos direitos subjetivos e dos interesses legítimos, existem outros tipos de situações jurídico-públicas (de vantagem) dos particulares em face da Administração, a que globalmente se poderá chamar *interesses simples* (Vieira de Andrade).

– Aí se incluem, desde logo, o que alguma doutrina chama *interesses diferenciados ocasionais* (Vieira de Andrade) ou *interesses reflexamente protegidos* (Marcelo Rebelo de Sousa e André Salgado de Matos). Estes interesses diferem dos interesses legítimos que acima referimos, *porque não são objeto de qualquer intenção normativa de proteção* – nem mesmo indireta. A legalidade vigente, por outras palavras, não visa tutelá-los nem em primeira nem em segunda linha[98]. «Um exemplo clássico é o dos importadores de certo produto, que podem ser beneficiados com a proibição de importação por concorrentes seus, na aplicação da legislação visando salvaguardar a saúde pública. Se o desiderato da lei fosse garantir a concorrência, aí estaria a proteger, em primeira linha, um interesse geral, e, indiretamente, mas ainda de

[96] *Ibidem*, p. 75.

[97] Contra, sustentando que hoje a distinção é mais de graus do que de categorias, v. Vieira de Andrade, *A justiça administrativa (Lições)*, p. 78.

[98] Marcelo Rebelo de Sousa e André Salgado Matos, *Direito Administrativo Geral (Introdução e princípios fundamentais)*, tomo I, p. 213.

forma imediata, interesses privados dos concorrentes. Mas, se o *principal interesse protegido é a saúde pública* (e o secundário o de cada cidadão à saúde), *o interesse dos importadores concorrentes não é protegido por lei, em termos imediatos*. E, no entanto, eles ganham ou perdem com a interdição ou a permissão de importar»[99].

Como observam Marcelo Rebelo de Sousa e André Salgado de Matos, nestes casos, «o único poder de efectivação jurisdicional que é reconhecido é o de *impugnar a ilegalidade de comportamento de outrem*, se ela existir, invocando, para o efeito, interesse na verificação dessa ilegalidade e na destruição do ato ilegal»[100]. Não existe já, porém, ao contrário do que sucede com o interesse legítimo, *ação de responsabilidade civil* do seu violador, pois nenhuma lei visou contemplar imediatamente o interesse só reflexamente protegido[101].

– Depois, cumpre também mencionar aqueles interesses que não pertencem a pessoas individualmente consideradas: os *interesses semidiferenciados*[102] e os interesses difusos.

Os primeiros compreendem os «interesses coletivos» – enquanto interesses de associações de defesa de interesses gerais dos associados –, e os «interesses locais gerais» – enquanto interesses da generalidade dos residentes de determinada circunscrição, relativamente aos bens do domínio público (CPA, art. 68.º, n.º 1, *in fine*, e n.º 3)[103].

Os interesses difusos, enfim, são aqueles interesses desprovidos de radicação subjetiva, isto é, que cabem a um grupo muito vasto de pessoas, não sendo desse modo divisíveis por sujeitos determinados[104]. Noutra formulação, são interesses de um certo público, na medida em que se referem a uma generalidade de indivíduos, mas não são interesses públicos em sentido estrito, precisamente porque lhes falta a formalização organizatória[105], e a definição por lei. A sua relevância substantiva é hoje em dia reconhecida pela CRP (arts. 52.º, n.º 3, al. *a*), 60.º, 66.º e 78.º) e pela lei

99 *Ibidem*.
100 *Ibidem*.
101 *Ibidem*.
102 A expressão é de Vieira de Andrade, *A justiça administrativa (Lições)*, p. 76.
103 V. Vieira de Andrade, *A justiça administrativa (Lições)*, p. 76. E v. também Esteves de Oliveira, Pedro Gonçalves e Pacheco de Amorim, *Código do Procedimento Administrativo*, subart 53.º, anotações VIII e ss.
104 V. Colaço Antunes, *A tutela dos interesses difusos em Direito Administrativo*, Coimbra, 1988, *passim*; e Rui Medeiros, *Estrutura e âmbito da ação para o reconhecimento de um direito...*, *loc. cit.*, pp. 21-26.
105 V. Vieira de Andrade, *Interesse público*, *loc. cit.*, p. 278.

(nomeadamente, o CPA, arts. 68.º, n.ºs 2, al. *a*), e 3, e 160.º, n.º 2, e a Lei n.º 83/95, de 31 de agosto – «direito de participação e de ação popular» – a qual, além da participação procedimental e do direito de ação popular – arts. 1.º a 21.º –, também abarca os domínios da responsabilidade civil e penal – arts. 22.º e ss.).

Note-se que estes interesses não são – segundo os Autores que chamam a atenção para eles (como sempre fez a doutrina italiana) – *interesses legítimos*. Estão fora da distinção que fazemos entre direitos e interesses legítimos.

15. *Idem*: alcance da distinção

A distinção entre as figuras do direito subjetivo e do interesse legítimo, apesar de clara e significativa, tende atualmente a esbater-se *em alguns casos especiais*, por enquanto raros e atípicos.

Continua a não haver, para já, uma equiparação absoluta dos direitos subjetivos aos interesses legítimos: por exemplo, a proibição da retroatividade das leis restritivas, ou certas limitações à atividade policial, valem apenas para direitos, liberdades e garantias e direitos de natureza análoga (cfr. arts. 17.º, 18.º e 272.º da CRP); por outro lado, continua a ser evidente que, enquanto nos direitos subjetivos «clássicos» (*v. g.*, direito do funcionário ao vencimento ou à obtenção de uma diuturnidade) os respetivos titulares beneficiam de uma *tutela plena* em face da Administração, nos interesses legítimos, diferentemente, os particulares apenas podem obter uma *tutela mitigada*: que os tribunais lhes garantam que a Administração, ao prosseguir determinado interesse público, não os prejudique ilegalmente.

O que significa é tão-só que os traços essenciais do regime jurídico *específico* dos direitos subjetivos e os dos interesses legítimos não surgem, todos eles, em todos os direitos subjetivos e em todos os interesses legítimos. Há zonas cinzentas e figuras intermédias ou de fronteira.

Trata-se, é claro, de uma proposta que merece ser devidamente ponderada, embora nos pareça que esta matéria está ainda carecida de maior aprofundamento dogmático. Bem pode acontecer, queremos crer, que desse aprofundamento resulte a distinção entre posições jurídicas subjetivas e posições subjetivas de facto, bem como, dentro das primeiras, a dicotomia básica entre direitos e interesses legítimos – podendo haver, nos primeiros, alguns direitos *mais fracos* e, nos segundos, alguns interesses *mais fortes*. Por outro lado, é preciso ter sempre presente que, enquanto a Constituição e as principais leis administrativas continuarem a fazer uma referência separada a *direitos* (subjetivos) e a *interesses legalmente protegidos*, a teoria do direito público português não pode deixar de manter, e aprofundar, o sentido e o alcance de tal distinção[106].

O país onde tradicionalmente o interesse prático da distinção entre direito subjetivo e interesse legítimo é maior é a Itália; por isso é que se encontra sobretudo na doutrina italiana o tratamento aprofundado e desenvolvido desta distinção teórica[107]. É que na Itália a distinção é relevante para efeitos de competência contenciosa: assim, no direito italiano, se se está perante a violação de um direito subjetivo de um particular, ele tem de recorrer aos *tribunais judiciais*, que são (nesse país) os tribunais competentes para conhecer de quaisquer violações de direitos subjetivos dos particulares pela Administração; se, pelo contrário, se está perante a violação de um interesse legítimo, então a competência pertence aos *tribunais administrativos*, pois estes tribunais é que são (aí) os competentes para apreciar as violações dos interesses legítimos. Isto na prática significa que um particular, quando tiver sido ofendido por um ato da Administração Pública, a primeira coisa que tem de saber é se aquela ofensa é a ofensa de um direito subjetivo ou de um interesse legítimo; vê-se assim como é fundamental na Itália ter uma noção claríssima da distinção entre direito subjetivo e interesse legítimo, pois se não se fizer a distinção corretamente corre-se o risco de pôr o processo num tribunal incompetente e, eventualmente, de perder a proteção jurisdicional para a situação jurídica do particular. O mesmo não sucede – felizmente – entre nós.

16. O poder discricionário da Administração: preliminares

Já vimos que a Administração está subordinada à lei nos termos do princípio da legalidade.

[106] Como já foi dito atrás, Pedro Machete discorda deste nosso entendimento, favorável à manutenção da distinção dicotómica entre direitos subjetivos e interesses legítimos: v. *supra*, nota 92.

[107] Sobre a distinção entre direito subjetivo e interesse legítimo, ver, na Itália, Zanobini, *Corso di Diritto Amministrativo*, vol. 1, 8.ª ed., 1958, p. 181 e ss.; Landi e Potenza, *Manuale di Diritto Amministrativo*, 7.ª ed., 1983, p. 142 e ss.; e M. S. Giannini, *Diritto Amministrativo*, vol. II, 3.ª ed., Giuffrè Editore, Milão, 1993, p. 54 e ss.

Mas a verdade é que a lei não regula sempre do mesmo modo os atos a praticar pela Administração Pública: umas vezes concretiza tudo até ao pormenor, outras vezes não o faz, e prefere habilitar a Administração a determinar ela própria as escolhas a fazer. Ou, por outras palavras: a regulamentação legal da atividade administrativa umas vezes é precisa, outras vezes é imprecisa.

Vejamos, com dois exemplos, as situações extremas que é possível encontrar a este respeito.

Primeiro exemplo: consideremos o chamado «ato tributário», isto é, o ato pelo qual a Administração fiscal faz a liquidação dos impostos diretos e declara ao contribuinte qual o montante que ele tem de pagar, a título de um determinado imposto.

Nesta matéria de impostos, como se sabe, as leis definem a incidência do imposto, a matéria coletável, a taxa devida, etc. A Administração fiscal o que tem a fazer é apenas apurar o rendimento dessa pessoa, fazer os descontos legais, e sobre o montante que daí resultar aplicar a percentagem correspondente à taxa do imposto em causa.

É um trabalho que podia praticamente ser feito por computador: é um trabalho mecânico, lógico, matemático. Por um lado, são operações de verificação da realidade – quanto ganhou, quanto desconta, etc. Por outro lado, são operações matemáticas – somar, subtrair, calcular a percentagem, etc.

Em casos como este, a lei regula todos os aspetos da ação administrativa. A Administração desempenha tarefas puramente mecânicas, *até chegar a um resultado que é o único resultado legalmente possível.*

A liquidação de um certo imposto a uma certa pessoa num certo ano tem de dar sempre uma certa quantia à face da lei: não pode ser mais um cêntimo, nem menos um cêntimo. Pode ter havido erros, mas esses erros devem ser retificados. Só há uma solução legalmente possível, que é a solução matematicamente correta. Não há outra.

Aqui, pode dizer-se que a lei *vincula* totalmente a Administração. Ela não tem a possibilidade de efetuar qualquer escolha. O ato administrativo é um *ato vinculado.*

Trata-se, sem dúvida, de um ato de autoridade, de uma manifestação do poder administrativo, porque é uma decisão unilateral que define o direito no caso concreto, e o define em termos que são obrigatórios, quer para as autoridades administrativas, quer para os particulares e designadamente para o seu destinatário; mas é um ato vinculado. A lei regula em todos os aspetos aquilo que a Administração deve fazer.

Segundo exemplo, este no polo oposto: a nomeação de um gestor público de uma Entidade Pública Empresarial («EPE»), nos termos do n.º 1 do artigo 13.º do D. L. n.º 71/2007, de 27 de março, na redação dada pelo Decreto-Lei n.º 8/2012, de 18 de janeiro. O Governo, através do Conselho de Ministros, mediante prévia pronúncia da Comissão de Recrutamento e Seleção para a Administração Pública («CRESAP»), pode escolher os gestores públicos das EPE, «de entre pessoas com comprovada idoneidade, competência e experiência de gestão e habilitados, no mínimo, com o grau de licenciatura». Ou seja, a designação é um ato discricionário em bastantes aspetos. Não o é em todos, porque o Governo não pode nomear estrangeiros, nem menores, nem incapazes em virtude de uma anomalia psíquica; mas pode nomear qualquer português, maior e no pleno gozo dos seus direitos, que tenha, no mínimo, o grau de licenciatura e revele idoneidade, competência e experiência de gestão adequados.

Aqui estamos na situação oposta à anterior. A lei praticamente nada diz, nada regula, e atribui uma ampla margem de autonomia decisória à Administração Pública. É esta que tem de decidir segundo os critérios que em cada caso entender mais adequados à prossecução do interesse público. Será melhor escolher para gestor de um hospital EPE um médico ou um civil? Um indivíduo mais velho ou mais novo? Um homem de partido ou um independente? Um natural do distrito para onde vai ser nomeado ou uma pessoa de fora do distrito? Com experiência administrativa anterior ou sem ela?

Tudo isso são fatores que o Governo deverá ponderar. Aqui a lei não pormenoriza o sentido da atuação da Administração Pública. O ato de nomeação é um *ato discricionário.*

Temos, portanto, num caso *atos vinculados,* no outro *atos discricionários.* Vinculação e discricionaridade são, assim, as duas formas típicas pelas quais a lei modela a atividade da Administração Pública.

Para a definição dos conceitos mencionados podem adotar-se, e têm sido adotadas pela doutrina, duas perspetivas diferentes: a perspetiva dos *poderes* da Administração ou a perspetiva dos *atos* da Administração. De novo deparamos aqui com a diferença entre a perspetiva da *teoria da organização* e a da *teoria da atividade.* Se nos colocarmos na perspetiva da organização, analisaremos os poderes; se nos colocarmos na perspetiva da atividade, analisaremos os atos.

Focando antes de mais a primeira perspetiva – a dos poderes –, julgamos hoje correto dizer o seguinte: o poder é vinculado quando a lei não remete para o critério do respetivo titular a escolha da solução concreta mais adequada; e será discricionário quando o seu exercício fica entregue ao critério do respetivo titular, que pode e deve escolher a solução a adotar em cada caso como mais ajustada à realização do interesse público protegido pela norma que o confere[108].

Se adotarmos a segunda perspetiva – a dos atos –, diremos, de uma forma mais simplificada, que os atos são vinculados quando praticados pela Administração no exercício de poderes vinculados, e que são discricionários quando praticados no exercício de poderes discricionários.

Mas importa desde já fazer aqui uma prevenção da maior importância: é que, em bom rigor, não há atos totalmente vinculados, nem atos totalmente discricionários. Os atos administrativos são sempre o resultado de uma mistura ou combinação, em doses variadas, entre o exercício de poderes vinculados e o exercício de poderes discricionários.

O que quer dizer, por outras palavras, que quase todos os atos administrativos são simultaneamente vinculados e discricionários. São vinculados em relação a certos aspetos, e discricionários em relação a outros.

É por isso que, se em relação a cada poder, em concreto, faz sentido perguntar se ele é um poder vinculado ou um poder discricionário, já em relação aos atos da Administração não faz grande sentido perguntar, em concreto, se são vinculados ou discricionários. O que faz sentido é indagar *em que medida* são vinculados e *em que medida* são discricionários.

Por exemplo, no caso do ato tributário (liquidação do imposto), a vinculação é quase total, mas, mesmo assim, ainda há uma pequena zona em que existe discricionaridade: é que a lei dá normalmente um prazo à Administração Pública para praticar esses atos, e dentro desse prazo a Administração pode escolher livremente o momento, o dia e a hora, em que pratica o ato. É uma margem mínima de discricionaridade, mas existe.

No segundo exemplo (nomeação do gestor público), a autonomia conferida ao Governo é bastante ampla. Mas a lei estabelece diversas condicionantes: por exemplo, diz que a competência para nomear gestores públicos de uma EPE pertence ao Conselho de Ministros, por proposta do membro do Governo responsável pela área das finanças e do membro do Governo responsável pelo respectivo setor de atividade. O aspeto da *competência* para a prática do ato é um aspeto vinculado: se

[108] V. Marcello Caetano, *Manual*, I, p. 214.

for o Primeiro-Ministro a nomear um gestor público de uma EPE ou se for o Ministro das Finanças a exonerar um gestor público de uma EPE, o ato será ilegal, por incompetência da autoridade que o praticou. Neste aspeto o ato era vinculado. *A competência é sempre vinculada, mesmo nos atos discricionários.* Em segundo lugar, como só podem ser nomeados como gestor público de uma EPE os cidadãos portugueses habilitados, no mínimo, com o grau de licenciatura, se o Governo nomear um sujeito que concluiu apenas a escolaridade obrigatória, o ato é ilegal. Porque era vinculado quanto a esse aspeto. Em terceiro lugar, o *fim do ato administrativo é sempre vinculado.* A norma que confere um poder discricionário confere-o para um certo fim: se o ato pelo qual se exerce esse poder for praticado com a intenção de prosseguir o fim que a norma visou, esse ato é legal; se o ato for praticado com um fim diverso daquele para que a lei conferiu o poder discricionário, o ato é ilegal. Porque o fim é sempre vinculado no poder discricionário. Finalmente, a referida decisão administrativa tem de respeitar diretivas dimanadas de certos princípios gerais de Direito, vinculativos da atividade da Administração (proporcionalidade, igualdade, imparcialidade, etc.) – *v. g.*, entre dois nomes elegíveis para o lugar, o Governo não pode dizer que afastou um deles por se tratar de uma testemunha de Jeová (seria uma violação do princípio da igualdade).

Portanto, a discricionaridade não é total.

Por isso dizíamos que, em rigor, não há atos totalmente vinculados, nem atos totalmente discricionários. Todos os atos administrativos são em parte vinculados e em parte discricionários. Assim, quando na linguagem corrente se fala em *atos vinculados,* está-se no fundo a pensar em *atos predominantemente vinculados* (ou então está-se a pensar nos aspetos em que tais atos são vinculados); e quando se fala em *atos discricionários,* está-se no fundo a pensar em *atos predominantemente discricionários* (ou então está-se a pensar nos aspetos em que tais atos são discricionários)[109].

17. *Idem*: natureza

Como resulta das considerações antecedentes, para haver discricionaridade é necessário que a lei atribua à Administração o poder de escolha

[109] Resulta da doutrina exposta no texto que, ao contrário daquilo que foi durante muito tempo a jurisprudência constante do STA, um mesmo ato pode estar ferido, simultaneamente, de *violação de lei* e de *desvio de poder* (v. *infra*, a teoria dos vícios do ato administrativo).

entre várias alternativas diferentes de decisão, quer o campo da escolha seja apenas entre duas decisões opostas (*v. g.*, conceder ou não uma autorização), quer entre várias decisões à escolha numa relação disjuntiva (*v. g.*, nomeação de um funcionário para um determinado posto de entre uma lista nominativa de cinco)[110].

Mas, importa agora apurá-lo, é essa escolha *livre*? Melhor: pode o órgão (competente) escolher *livremente* qualquer uma das várias soluções conformes com o fim da lei?

Em lições anteriores entendíamos, com Afonso Queiró, que sim, isto é, que «o poder discricionário (...) consiste (...) numa outorga de liberdade, feita pelo legislador à Administração, numa intencional concessão do poder de escolha, ante a qual se legitimam, como igualmente legais, igualmente corretas *de lege lata*, todas as decisões que couberem dentro da série, mais ou menos ampla, daquelas entre as quais a liberdade de ação administrativa foi pelo legislador confinada»[111].

Porém, hoje, reponderando a matéria, entendemos que se deve responder de outra maneira à questão posta.

Efetivamente, a escolha da decisão a tomar não está apenas condicionada pela competência do órgão decisório e pelo fim legal – em termos de se poder afirmar serem indiferenciadamente admissíveis à face da lei todas as soluções que os respeitem. A realidade dos nossos dias demonstra, antes, que tal escolha é ainda e *sobretudo* condicionada e orientada por ditames que fluem dos princípios e regras gerais que vinculam a Administração Pública (designadamente, igualdade, proporcionalidade e imparcialidade), estando assim o órgão administrativo *obrigado* a encontrar *a melhor solução* para o interesse público; demonstra, noutros termos, que o poder discricionário não é um poder livre, dentro dos limites da lei, mas um *poder jurídico* delimitado pela lei.

Ou seja, na discricionaridade, como acentua Engisch, apesar de a norma abrir à Administração a faculdade de escolha entre várias alternativas possíveis, «o exercício do poder de escolha deve ir endereçado a um escopo e resultado da decisão que é o "único ajustado", em rigorosa conformidade com todas as diretrizes jurídicas, e particularmente

[110] V. Karl Engisch, *Introdução ao pensamento jurídico*, trad. de J. Baptista Machado, 6.ª ed., s. d., Lisboa, p. 218.

[111] V. Afonso Queiró, *Os limites do poder discricionário das autoridades administrativas*, Coimbra, 1966, p. 8.

legais, que são de tomar em conta, ao mesmo tempo que se procede a uma cuidadosa pesquisa e a uma cuidadosa consideração de todas as "circunstâncias do caso concreto"»[112].

Em sentido próximo, diz entre nós Vieira de Andrade, na esteira de Rogério Soares[113], que «a discricionaridade não é uma *liberdade* (...), mas sim uma *competência*, uma tarefa, corresponde a uma *função jurídica*. A Administração não é remetida para um arbítrio, ainda que prudente, não pode fundar na sua vontade as decisões que toma. A decisão administrativa tem de ser racional, porque não pode ser fruto de emoção ou capricho, mas, mais que isso, tem de corresponder à solução que melhor sirva o interesse público que a lei determinou. A discricionaridade não dispensa, pois, o agente de procurar uma só solução para o caso: aquela que considere, fundadamente, a *melhor* do ponto de vista do interesse público»[114].

Portanto, a lei, ao conferir a determinado órgão um poder discricionário, não contemporiza com qualquer escolha que respeite a competência e o fim, antes deliberadamente pretende e espera que seja procurada e perfilhada *aquela* que, ponderados todos os factos e circunstâncias que apenas *in concreto* podem ser descobertos, e observados os imperativos que decorrem dos princípios da proporcionalidade, da igualdade, da boa fé e da imparcialidade, o órgão administrativo tiver por mais ajustada[115].

«É claro que – como sublinha Vieira de Andrade – a melhor solução do ponto de vista do agente não é necessariamente uma única decisão possível deduzível *em abstrato* da lei: sempre há de ficar para a Administração uma margem de apreciação e de decisão, sob pena de se negar

[112] V. Karl Engisch, *Introdução ao Pensamento Jurídico*, pp. 219 e 220.

[113] V. Rogério Soares, *Direito Administrativo*, p. 64.

[114] Vieira de Andrade, *O ordenamento jurídico administrativo*, *loc. cit.*, pp. 46-47; v. também *O dever da fundamentação expressa...*, p. 367 e ss., onde este Autor acrescenta: as conceções finalistas ou causalistas «tinham razão de ser na época em que se entendia que o poder discricionário era livre (juridicamente indiferente) dentro dos limites da lei, isto é, desde que se determinasse pelo fim legal, escolhendo uma solução dentro da série que este fim delimitava. Perdem, no entanto, sentido quando se submete o exercício dos poderes discricionários a outros padrões jurídicos, alguns deles considerados até agora meras regras de boa administração: a racionalidade, a justiça, a imparcialidade e a proporcionalidade» (pp. 382-383).

[115] V. Karl Engisch, *Introdução ao pensamento jurídico*, p. 220.

o poder discricionário»[116]. É por isso, nomeadamente, que – em democracia – a melhor solução, dentro dos parâmetros da lei, pode ser uma para um governo conservador, e outra para um governo progressista. Mas para *aquele* concreto órgão ou agente que tiver de decidir, só há, em cada momento, uma solução ótima – que ele deve tomar, mesmo que a Oposição considere, legitimamente, que só havia uma solução ótima: a contrária.

Nenhuma destas considerações exclui o caráter *jurídico* da discricionaridade, sendo aliás hoje claro que a execução das leis (seja pelo funcionário administrativo, seja pelo juiz), envolve uma certa «criação» por parte do aplicador na definição da regra de decisão do caso concreto[117]. Efetivamente, os órgãos executores do Direito são «comissionados para procurar o que é de direito, o que é conveniente e o que é a medida justa no caso concreto, por modo a empenhar a sua responsabilidade e a sua "melhor ciência e consciência", sim, mas ao mesmo tempo também por um modo criativo e talvez mesmo inventivo»[118]. A sua decisão é sempre fundada nos critérios indicados pela lei, mas a concreta definição da fisionomia relevante do caso exige uma reconstrução que tenha em conta os dados da realidade de facto[119].

Em suma, na discricionaridade, a lei não dá ao órgão administrativo competente liberdade para escolher qualquer solução que respeite a competência e o fim legal, antes o obriga a procurar a melhor solução que satisfaça o interesse público de acordo com os princípios jurídicos que condicionam ou orientam a sua atuação.

A discricionaridade não é uma liberdade mas um poder-dever jurídico. Isso mesmo é hoje inequivocamente confirmado pelo direito positivo português, a propósito dos poderes de pronúncia do tribunal no âmbito da ação administrativa especial tendente à condenação da Administração à prática de um ato administrativo legalmente devido (CPTA, art. 71.º, n.º 2):

> «Quando, a emissão do ato pretendido *envolva a formulação de valorações próprias do exercício da função administrativa*, e a apreciação

[116] Vieira de Andrade, *O ordenamento jurídico administrativo*, *loc. cit.*, p. 47.

[117] *Ibidem.*

[118] Karl Engisch, *Introdução ao pensamento jurídico*, p. 252.

[119] Assim, Baptista Machado, *Introdução ao Direito e ao discurso legitimador*, Coimbra, 1983, pp. 119-120.

do caso concreto não permita identificar apenas uma solução como legalmente possível, *o tribunal não pode determinar o conteúdo do ato a praticar*, mas deve explicitar as vinculações a observar pela Administração na emissão do ato devido» (sublinhado nosso; v. também o art. 95.º, n.º 5, do mesmo Código).

Do exposto resulta que nos parece hoje que certas situações que antes considerávamos como de *discricionaridade imprópria* – em geral, aquelas em que um poder jurídico conferido por lei à Administração houver de ser exercido em termos tais que o seu titular não se deva considerar autorizado a escolher livremente entre várias soluções possíveis, mas antes obrigado a procurar a única solução adequada que o caso comporta – representam exemplos de verdadeira autonomia por parte da Administração. Tais situações eram três: a liberdade probatória, a discricionaridade técnica e a justiça burocrática[120].

Para melhor explicitar o sentido da nossa atual posição, consideremos o caso da discricionaridade técnica.

Como é sabido, casos há em que as decisões da Administração só podem ser tomadas com base em estudos prévios de natureza técnica e segundo critérios extraídos de normas técnicas. Por exemplo, uma Câmara Municipal decide fazer uma captação de águas de um certo rio para abastecimento da população: vai fazê-lo por empreitada ou concessão? Na margem direita ou na margem esquerda? Pelo processo técnico *a* ou *b*? Tudo isto são questões técnicas, a que os engenheiros e economistas dos serviços municipais responderão mediante os seus estudos e pareceres; e a decisão final que a Câmara tomar será essencialmente uma decisão de conteúdo técnico. Estaremos então perante uma hipótese de discricionaridade propriamente dita?

Antes entendíamos que não, dizendo, no fundo, que a Administração não tinha aqui liberdade de escolha entre várias soluções igualmente possíveis: fazer a captação das águas na margem esquerda ou na margem direita não são, por hipótese, duas soluções tecnicamente idênticas, do ponto de vista das respetivas vantagens e inconvenientes; num dado local e num dado momento, só uma delas será *a boa solução*; e é esta que a Administração está obrigada a procurar encontrar. Pode enganar-se; mas tem de procurar a solução acertada. Assim lho impõe (como vimos a seu tempo) o *dever de boa administração*.

[120] V. o nosso *Direito Administrativo*, II, p. 168 e ss.

Pelo que ficou antes exposto, pensamos hoje que sim, posto que a discricionaridade não equivale a uma livre escolha entre várias soluções legalmente possíveis.

Equivale, antes, à obrigação de escolher a solução mais acertada.

Claro que as decisões técnicas tomadas pela Administração não podem ser alteradas ou substituídas por outras (supostamente mais corretas do ponto de vista técnico) por parte dos tribunais. Como veremos, os tribunais, mesmo os tribunais administrativos, não podem *anular* uma decisão da Administração com o fundamento de que tal decisão não é tecnicamente a mais acertada, e muito menos podem *substituir* decisões técnicas por outras que se lhes afigurem mais convenientes ao interesse público. *Não há controlo jurisdicional de mérito* (v. *infra*). Assim, se ao concurso de adjudicação da empreitada das obras de captação de águas concorrem duas empresas, e uma propõe que a captação seja feita na margem direita e a outra preconiza a margem esquerda, a opção que a Câmara Municipal fizer por uma ou outra margem não pode ser contenciosamente impugnada pelo concorrente preterido com o fundamento de que a opção pela margem oposta era tecnicamente mais correta. Os concorrentes a quem não tenha sido feita a adjudicação podem impugnar a decisão tomada alegando qualquer ilegalidade cometida pela Administração no processo de decisão (falta de pareceres técnicos, vícios formais na deliberação camarária, ausência de fundamentação, escolha do concorrente que apresentou preços mais elevados, erro de facto, desvio de poder); o que não podem é obter do tribunal que se pronuncie sobre o acerto ou desacerto das opções técnicas subjacentes à decisão administrativa em causa. Isto, salvo num caso-limite: o de uma decisão administrativa tomada com base em *erro manifesto*, ou segundo um critério *ostensivamente inadmissível*, ou *manifestamente desacertado*[121]. Nestes casos, entende-se que a Administração exorbita dos seus poderes e sai abertamente do campo da discricionaridade para entrar no da pura e simples ilegalidade, motivo por que o tribunal administrativo pode *anular* a decisão tomada pela Administração – embora não possa nunca *substituí-la por outra que repute mais adequada*. Entendemos hoje que as hipóteses de erro manifesto de apreciação correspondem, dogmaticamente, a situações de desrespeito do princípio da proporcionalidade, na sua vertente da adequação[122].

[121] V. o acórdão do STA-1, de 28.7.77, *caso do Dr. Sá Couto, in AD*, 196, p. 421, e jurisprudência citada na p. 436. Sobre a matéria, no plano teórico, cfr. Dominique Lagasse, *L'erreur manifeste d'appréciation en Droit Administratif – essai sur les limites du pouvoir discrétionnaire de l'Administration*, Bruxelas, 1986.

[122] V. *infra*.

O mesmo vale, *mutatis mutandis*, para as outras duas situações referidas: a liberdade probatória e a justiça burocrática: em ambas, a Administração está obrigada a procurar, mediante valorações autónomas, a única solução adequada que o caso comporta.

A liberdade probatória significa que a Administração, para tomar uma dada decisão, tem de apurar a verificação dos pressupostos da mesma, à luz dos meios de prova existentes. Frequentemente essa apreciação exige conhecimentos técnicos especializados. Quando assim acontecer, a Administração tem de proceder a uma avaliação correta dos meios disponíveis. Pense-se, por exemplo, na avaliação de um imóvel para efeitos de liquidação de um imposto sobre o património: uma avaliação manifestamente errada (por excesso ou por defeito) determina a ilegalidade do ato tributário, fundada em erro sobre os pressupostos de facto.

Nos casos de justiça burocrática, a Administração tem de avaliar pessoas ou comportamentos com base em critérios de justiça material: a notação de funcionários, a classificação de provas de aptidão profissional, ou a classificação de exames escolares, por exemplo. Neste tipo de situações a única decisão administrativa adequada é a decisão justa. Também aqui há discricionaridade, uma vez que o legislador confia à Administração a autonomia necessária à descoberta da única solução adequada que o caso comporta. Aliás, se a Administração adotar uma decisão manifesta ou ostensivamente injusta – o mesmo é dizer, se for violado o princípio da justiça – pratica uma ilegalidade, podendo o tribunal anular tal decisão[123].

18. *Idem*: fundamento e significado

Cabe agora averiguar qual o fundamento e o significado do poder discricionário da Administração. Porque é que em certos casos a lei regula o exercício dos poderes administrativos com grande minúcia, com grande pormenor, e noutros casos remete a decisão para o órgão administrativo que se torna, de algum modo, no «legislador do caso concreto»[124]?

Não seria uma exigência lógica do princípio da legalidade que tudo estivesse minuciosamente regulado pela lei e que não fosse deixada nenhuma margem de discricionaridade aos órgãos da Administração?

[123] Para mais desenvolvimentos, v. adiante, no n.º 23, a análise da matéria referente aos «conceitos discricionários» (Engisch) ou «conceitos-tipo» (Rogério Soares).

[124] V. Karl Engisch, *Introdução ao pensamento jurídico*, p. 242.

a) A verdade é que isso seria, no plano prático, impossível, e mesmo inconveniente. Há casos em que a lei pode regular todos os aspetos – como sucede, por exemplo, nos impostos – e nesses casos a atuação da Administração Pública é uma atuação mecânica, dedutiva; é uma atuação que se traduz na mera aplicação da lei abstrata ao caso concreto, por meio de operações lógicas, inclusive por operações matemáticas. Mas na maioria dos casos o legislador reconhece que não lhe é possível prever antecipadamente todas as circunstâncias em que a Administração vai ter de atuar, nem lhe é possível consequentemente dispor acerca das melhores soluções para prosseguir o interesse público.

Rogério Soares, referindo-se aos novos domínios da ação administrativa, exprime esta ideia numa síntese feliz observando que, hoje, as leis «não podem ser a figuração abstrata, até ao milímetro, do que irá ser cada um dos atos administrativos, que apenas lhe acrescentam tempo, lugar e destinatários concretos; não podem ser leis-ato-administrativo-feito-nas-nuvens, à espera de que o administrador as puxe à Terra. Nestes novos domínios, o papel da lei é o de ser um instrumento diretor e ordenador duma decisão que cabe ao 2.º poder»[125].

A lei, para voltarmos ao exemplo de há pouco, não pode dizer quem serão os melhores gestores públicos para cada EPE, em cada conjuntura político-administrativa do País. Isso é uma questão que as leis não podem regular, e que, portanto, têm de deixar necessariamente ao critério da Administração Pública. Outro exemplo, também já acima referido: uma Câmara Municipal resolve fazer uma captação de águas de um certo rio, para assegurar melhor o abastecimento de água à população da sede do concelho. Que processos técnicos utilizar? Que soluções deve adotar: vai fazer a captação na margem direita ou na margem esquerda do rio? Como é que vai fazer o transporte da água captada: subterraneamente (por túnel ou conduta adutora), ou por canal ao ar livre? Tudo isso são questões que a lei não pode prever, tem de deixar à escolha da Administração Pública, confiando em que os órgãos competentes terão os conhecimentos técnicos e a honestidade necessários para escolher, em cada caso, a melhor solução para o interesse público. Se houver erros técnicos manifestos, ou desonestidade dos órgãos decisórios, a lei dispõe das sanções adequadas para reagir em conformidade.

[125] V. Rogério Soares, *Administração Pública e controlo judicial, loc. cit.*, p. 226 e ss., p. 229.

Mas há mais: às mencionadas razões práticas acrescem razões jurídicas. É que o poder discricionário visa, antes de tudo, assegurar o tratamento equitativo dos casos individuais[126]. O poder discricionário «não é – diz Vieira de Andrade – um mal necessário que deva ser reduzido ao mínimo, antes desempenha um papel positivo e indispensável, quer para a realização do interesse público, quer para defesa adequada dos interesses dos particulares»[127]. Ou como sublinha Engisch: «o autêntico "poder discricionário" é atribuído pelo direito e pela lei quando a decisão última sobre o justo (correto, conveniente, apropriado), no caso concreto, é deferida à conceção (em particular, à valoração) individual da personalidade chamada (...) a decidir em concreto, e isto não apenas porque não é possível excluir um "resto" de insegurança, mesmo através de regras, por mais minuciosas que estas sejam, *mas porque se considera ser melhor solução aquela em que, dentro de determinados limites, alguém, olhado como pessoa consciente da sua responsabilidade, faça valer o seu próprio "ponto de vista"*» (sublinhado nosso)[128].

Juridicamente, o poder discricionário fundamenta-se, afinal, quer no princípio da separação dos poderes, quer na própria conceção do Estado Social de Direito, enquanto Estado prestador e constitutivo de deveres positivos para a Administração, bem como os direitos ou interesses legítimos para os particulares, conceção essa que não prescinde, antes pressupõe, uma margem jurídica de autonomia decisória[129].

É a conjugação desta dupla ordem de razões que justifica, pois, uma abertura no grau de densidade das normas, através da qual se confere à Administração competência para assegurar uma melhor adequação da decisão às circunstâncias concretas[130].

b) E qual o significado do poder discricionário? Representará uma exceção ao princípio da legalidade? Será que poder discricionário significa *poder arbitrário*?

[126] V. Hartmut Maurer, *Droit administratif allemand* (trad. francesa da ed. alemã de 1992 realizada por Michel Fromont, Paris, LGDJ, 1994), p. 130.

[127] V. Vieira de Andrade, *O dever da fundamentação expressa*, p. 377.

[128] V. Karl Engisch, *Introdução ao pensamento jurídico*, p. 242.

[129] V. Sérvulo Correia, *Legalidade e autonomia...*, p. 488.

[130] V. Paulo Otero, *Conceito e fundamento...*, p. 195.

É claro que não. Como dissemos, só há poder discricionário quando, e na medida em que, a lei o confere.

Na época do *Estado de polícia*, o poder discricionário era um poder inato, derivava da legitimidade monárquica do Rei absoluto, ou porventura mesmo, segundo certas conceções, do direito divino dos reis.

Hoje, o poder discricionário, como todo o poder administrativo, não é um poder inato, é *um poder derivado da lei*: só existe quando a lei o confere e na medida em que a lei o configura. Mais: para além de só existir com fundamento na lei, o poder discricionário só pode ser exercido por aqueles a quem a lei o atribuir, só pode ser exercido para o fim com que a lei o confere, e deve ser exercido de acordo com certos princípios jurídicos de atuação.

Por último, o poder discricionário é controlável jurisdicionalmente: há meios jurisdicionais para controlar o exercício do poder discricionário. Porventura não tão intensos como aqueles através dos quais se controla o exercício dos poderes vinculados, mas ainda assim suficientemente intensos para se poder falar num *controlo jurisdicional consistente do exercício do poder discricionário*.

Por todas estas razões, o poder discricionário não é uma exceção ao princípio da legalidade, mas sim uma das formas possíveis de estabelecer a subordinação da Administração à lei.

19. *Idem*: evolução histórica

Em duas palavras, pode afirmar-se que a evolução histórica se caraterizou aqui pelo progresso constante da ideia de subordinação do poder discricionário da Administração a limites legais, e ao controlo jurisdicional do respeito por esses limites.

Vamos ver como.

Sabemos que, na primeira fase do *Estado de polícia*, o poder administrativo era totalmente discricionário: nem tinha fundamento na lei, nem a lei estabelecia quaisquer limites ao seu exercício. Era o reino do arbítrio do Poder.

Na segunda fase do *Estado de polícia*, subsiste o poder do Monarca e de todos aqueles que com ele colaboram como poder inato, não fundado na lei, antes deduzido de uma legitimidade histórica, mas com ele faz contraponto o princípio da legalidade, concebido como conjunto de limitações ao poder real.

Nesta segunda fase, distinguem-se duas formas de administração (em sentido material ou objetivo): a *administração pura*, e a *administração contenciosa*.

A regra geral era a de que a atividade administrativa correspondia ao figurino da administração pura, que se traduziria em prosseguir o interesse público de acordo com a vontade soberana do monarca. Pelo contrário, a administração seria contenciosa na medida em que devesse respeitar os direitos patrimoniais dos particulares.

A esta distinção entre administração pura e administração contenciosa correspondia aquela outra distinção, de que falámos mais atrás, entre Estado-soberano e Estado-fisco: a administração pura era aquela que era desenvolvida pelo Estado-soberano; a administração contenciosa era aquela que era desenvolvida pelo Estado-fisco.

Daqui resultava que as matérias de administração pura eram decididas livremente pelo poder administrativo, e as respetivas decisões não estavam sujeitas a nenhum controlo jurisdicional, apenas podiam ser fiscalizadas pelo controlo exercido pelo superior hierárquico. Pelo contrário, as matérias de administração contenciosa eram decididas pelo poder administrativo dentro dos limites legalmente estabelecidos, e as respetivas decisões estavam sujeitas ao controlo dos tribunais (quer tribunais administrativos, quer tribunais judiciais). Vistas as coisas do lado dos particulares, só as ofensas aos seus direitos adquiridos de natureza patrimonial eram suscetíveis de garantia jurisdicional: um particular só podia dirigir-se a um tribunal para fazer valer a sua posição subjetiva face à Administração se pudesse invocar a seu favor uma ofensa de direitos adquiridos de natureza patrimonial.

O domínio da administração pura, era, pois, enorme – e a zona da administração contenciosa, muito restrita.

Entre nós, a primeira machadada desferida neste sistema, já depois das reformas de Mouzinho da Silveira, foi a do Código Administrativo de Costa Cabral em 1842, cujo artigo 280.º pela primeira vez abriu a possibilidade de os particulares recorrerem para os tribunais administrativos dos atos administrativos que fossem violadores *das leis ou regulamentos administrativos*. Passou a entender-se, portanto, que um ato que violasse uma lei ou um regulamento administrativo podia ser contenciosamente impugnado pelos particulares, mesmo que não tivesse ofendido um direito subjetivo de caráter patrimonial. Foi uma primeira intervenção do Direito na esfera que até aí era da administração pura.

Em 1850, novo avanço teve lugar: no Regulamento do Conselho de Estado estabeleceu-se que tal Conselho teria competência, não apenas para o julgamento das questões de administração contenciosa, mas também para aqueles casos em que os atos das autoridades administrativas fossem atacados com fundamento em *incompetência* ou *excesso de poder*.

Era mais um passo – e bem importante, por sinal – no sentido de rodear o poder discricionário de limites legais cada vez mais fortes, e de sujeitar a observância desses limites a controlo jurisdicional. No fundo, ao admitir o recurso contencioso contra os atos da Administração feridos de incompetência ou excesso de poder, a nossa lei estava já a reconhecer, em 1850, que a competência e o fim são sempre aspetos vinculados no ato administrativo – como dissemos acima.

Novo progresso se verificou a seguir com o Código Administrativo de 1896. Neste, foi abolida a distinção entre administração pura e administração contenciosa. Estabeleceu-se que os recursos dos particulares para os tribunais administrativos passavam a poder ter um dos seguintes fundamentos:

– *Ofensa de direitos adquiridos*: mas agora, não já no sentido de apenas incluir aqui os direitos patrimoniais, antes abrangendo todos os direitos fundados em leis ou regulamentos administrativos;

– *Incompetência;*

– *Excesso de poder;*

– *Violação de lei.*

Então o que é que restava para a discricionaridade, o que restava como domínio do poder discricionário? O Código Administrativo de 1896, no seu artigo 326.º, dispunha que os tribunais administrativos não poderiam nunca julgar acerca «da conveniência ou inconveniência das deliberações administrativas». E aqui estabelecia-se uma distinção muito importante entre a *legalidade* e a *conveniência* dos atos administrativos. A *legalidade* dos atos podia ser controlada pelos tribunais, a sua *conveniência*, não.

Com o Código de 1896, dá-se um enorme progresso no sentido do aumento da vinculação da Administração Pública e, portanto, no sentido da diminuição da esfera da discricionaridade e da submissão desta ao controlo jurisdicional. Como comentou Afonso Queiró, «de uma administração discricionária, inteiramente livre na prossecução do bem público, passou-se para a admissão de um mero poder de apreciação discricionária da conveniência ou inconveniência dos atos administrativos, a exercer nos limites da lei»[131].

Esta evolução não parou aqui e continuou no século XX. Em 1930, é publicado um importante diploma, o Decreto n.º 18 017, de 28 de fevereiro, em cujo artigo 1.º, § 2.º, n.º 2, se vem esclarecer definitivamente que na expressão *excesso de poder* se

[131] V. Afonso Queiró, *O poder discricionário da Administração*, Coimbra, 1944, p. 219.

inclui o vício do «desvio de poder», e este é definido como «o exercício de faculdades discricionárias fora do seu objeto e fim».

Este é também um passo importante, porque a doutrina e a jurisprudência hesitavam sobre se na noção de excesso de poder se incluía ou não o desvio de poder, isto é, o exercício do poder discricionário para um fim diferente do fim legal, e este diploma veio dizer que sim. O desvio de poder é uma forma típica de ilegalidade do ato discricionário, ou melhor, do exercício de poderes discricionários – e ficou assim definitivamente incorporado no nosso direito.

Leis posteriores vieram depois aperfeiçoar este conjunto de mecanismos citados, mas o essencial estava adquirido. Entre a segunda metade do século XIX e a primeira metade do século XX, o poder discricionário foi por assim dizer «legalizado» e «domesticado»: primeiro, deixou de ser um poder inato da Administração, passando a ser um poder conferido pela lei; depois, foi objeto de limitações legais, designadamente quanto à competência e quanto ao fim; e, por último, o seu exercício foi submetido ao controlo jurisdicional dos tribunais administrativos.

Finalmente, a CRP de 1976 veio acentuar a subordinação do poder discricionário ao Direito, ao determinar que o seu exercício tem de ser sempre conforme com as diretrizes decorrentes dos vários princípios gerais que já elencámos (art. 266.º). E, como referido, esta determinação veio a ser concretizada pelo legislador ordinário nos artigos 71.º, n.º 2, e 95.º, n.º 5, do CPTA.

Eis, pois, a evolução histórica do regime jurídico do poder discricionário no nosso País, que aliás acompanhou em termos sensivelmente idênticos a evolução que se verificou noutros países europeus.

20. *Idem*: âmbito e natureza da discricionaridade

Cabe agora analisar quais os aspetos que a discricionaridade pode abranger, na atuação da Administração Pública.

Já sabemos, aliás, que a competência e o fim são sempre aspetos vinculados no ato administrativo: então, o que é que pode ser discricionário num ato da Administração?

Iremos enunciar os aspetos que *podem ser* discricionários, o que não significa que todos estes aspetos *sejam sempre* discricionários (também podem ser vinculados pela lei).

Pois bem, os aspetos que podem ser de discricionaridade são os seguintes:

1) *O momento da prática do ato.* – A Administração terá, nesses casos, a faculdade de praticar o ato agora ou mais tarde, conforme melhor entender;
2) A decisão de *praticar ou não* um certo ato administrativo[132]. – Muitas vezes este aspeto é vinculado, mas também pode ser discricionário;
3) A determinação dos *factos e interesses relevantes para a decisão.* – Num número cada vez maior de casos, sobretudo nos «modernos campos de intervenção social e económica», as normas jurídicas «apresentam uma estrutura *porosa*», quer dizer, o legislador não define ou programa abstratamente (por impossibilidade de o fazer) os pressupostos (os índices da existência de um interesse público[133]) de que depende a atuação administrativa[134]. Assim, a hipótese legal (o próprio interesse público, afinal) tem de ser concretizada em cada caso pelo agente, para determinar, em regra através de avaliações próprias, se se verificam os pressupostos reais de aplicação da medida estabelecida ou de escolha da solução adequada[135];
4) A *determinação do conteúdo* concreto da decisão a tomar. – Trata-se daquilo que é designado por «discricionaridade de escolha» de uma entre várias condutas positivas possíveis, «quer elas se encontrem preditas em alternativa na norma ("*discricionaridade optativa*"), quer o legislador se limite a estabelecer um núcleo mínimo identificador do género de medida, deixando ao executor a invenção do conteúdo completo do ato ("*discricionaridade criativa*")»[136];
5) A *forma a adotar* para o ato administrativo;

[132] Fenómeno que Sérvulo Correia, *Legalidade e autonomia...*, p. 479, designa como «discricionaridade de decisão», isto é, «deixar ao órgão titular do poder a decisão sobre se determinados efeitos preditos pela norma serão ou não produzidos no caso concreto».

[133] V. Rogério Soares, *Direito Administrativo*, p. 50.

[134] V. sobre este aspeto Vieira de Andrade, *O ordenamento jurídico administrativo, loc. cit.*, p. 44; *Idem, O dever da fundamentação expressa...*, p. 367. V. também Paulo Otero, *Conceito e fundamento da hierarquia administrativa*, Lisboa, 1992, p. 199.

[135] V. Vieira de Andrade, *O dever da fundamentação expressa*, p. 367.

[136] V. Sérvulo Correia, *Legalidade e autonomia...*, p. 479. No mesmo sentido, v. Paulo Otero, *Conceito e fundamento...*, p. 201; e Bernardo Ayala, *O (défice de) controlo judicial...*, pp. 134-135.

6) As *formalidades* a observar na preparação ou na prática do ato administrativo;
7) A *fundamentação* ou não da decisão. – Em muitos casos, a lei impõe a fundamentação do ato administrativo, mas não a impõe sempre (cfr. CPA, art. 124.º). Então, naqueles casos em que ela não imponha tal obrigação, é discricionária a decisão de fundamentar ou não o ato;
8) Por fim, a faculdade de apor, ou não, no ato administrativo, *condições, termos, modos, ou outras cláusulas acessórias* (cfr. CPA, art. 149.º), bem como a determinação do respetivo conteúdo.

São estes os aspetos fundamentais em que se pode manifestar a discricionaridade no ato administrativo[137].

Natureza da discricionaridade. – Para certos autores, o caráter da discricionaridade é sempre *político* (fazer ou não fazer uma 3.ª autoestrada Lisboa-Porto é, essencialmente, uma decisão política do Governo); para outros, ela tem natureza *técnica* (qual a melhor maneira, do ponto de vista técnico, de realizar uma certa obra pública?); para um terceiro grupo, a discricionaridade tem natureza *financeira* (haver ou não dinheiro, poder ou não contrair empréstimos, adjudicar ou não a privados sem empatar fundos públicos); etc., etc.

Por nós, entendemos que os atos administrativos discricionários praticados pela Administração, ou por um privado no exercício de poderes públicos, para fins de interesse público definidos por lei, pertencem sempre à *função administrativa*, tal como a definimos no vol. I (n.º 6, pp. 39-44). Mas não há função administrativa que não tenha de ter em conta os aspetos económicos, financeiros, técnicos, ambientais, e tantos outros, que diversas leis impõem sejam devidamente ponderados na tomada de qualquer decisão discricionária. Portanto, toda a discricionaridade usada pela Administração é necessariamente *administrativa* (no sentido de que não é legislativa, nem política, nem jurisdicional); mas o seu motivo principalmente determinante (v. *infra*, o vício do desvio do poder) pode ser técnico, económico, financeiro, ambiental, ou tudo isso

[137] V., além das obras já citadas nesta rubrica, Marcello Caetano, *Manual*, I, pp. 490-491, e André Gonçalves Pereira, *ob. cit.*, p. 263 e ss., que pela primeira vez abordaram o tema.

combinado de forma a convergir para uma certa decisão com um certo conteúdo, e não outra.

Quanto aos *fins* políticos, ou ao *significado* político, ou às *consequências* políticas de qualquer ato administrativo, há muito que não servem para o subtrair ao controlo jurisdicional dos atos administrativos; mas é óbvio que podem existir.

21. *Idem*: limites

O poder discricionário da Administração pode ser limitado juridicamente por duas formas diferentes: ou através do estabelecimento de limites legais, ou através da chamada autovinculação.

a) Os *limites legais* são aqueles que resultam da própria lei. Os aspetos há pouco referidos são aspetos em que a lei pode conferir discricionaridade à Administração ou pode não a conferir, impondo em vez disso uma vinculação. Assim, a lei estabelece mais ou menos limitações, conforme entender. Além disso, também os princípios constitucionais relativos ao exercício da atividade administrativa (CRP, art. 266.º, n.º 1) limitam qualquer decisão administrativa discricionária.

b) Por outro lado, pode haver limites que decorram de *autovinculação*. Com efeito, no âmbito da discricionaridade que a lei confere à Administração, esta pode exercer os seus poderes de duas maneiras diversas:

- pode exercê-los caso a caso, adotando em cada um a solução que lhe parecer mais ajustada ao interesse público. Nesta hipótese, a Administração reserva-se o direito de apreciar casuisticamente as circunstâncias e os condicionalismos de cada caso concreto – e será em função dessas circunstâncias e condicionalismos que tomará a sua decisão;
- mas a Administração pode proceder de outra maneira: na base de uma previsão do que poderá vir a acontecer, ou na base de uma experiência sedimentada ao longo de vários anos de exercício dos seus poderes, a Administração pode elaborar normas genéricas em que enuncie os critérios a que ela própria obedecerá na apreciação de cada caso futuro.

Estas normas genéricas podem ter a natureza de regulamentos externos, ou podem ser de outro tipo, nomeadamente normas internas, mas, em qualquer dos casos, correspondem sempre à ideia de que a Administração anuncia previamente os critérios de acordo com os quais vai exercer o seu poder discricionário. Deste modo se satisfaz o princípio da igualdade de tratamento dos particulares.

Nestes casos, a doutrina e a jurisprudência têm entendido que a Administração, embora tivesse nos termos da lei um poder discricionário, decidiu autovincular-se, e a autovinculação a que ela se submeteu obriga-a. Donde resulta que, se a Administração, depois de se ter autovinculado, praticar um ato que contrarie as normas que ela própria elaborou, e a que ela própria decidiu submeter-se, esse ato será ilegal, porque viola normas estabelecidas pela Administração, que constituem uma autovinculação do seu poder discricionário[138]. Se a Administração faz normas que não tinha a obrigação de fazer, mas fez, então deve obediência a essas normas, e se as violar comete uma ilegalidade – é o princípio da *inderrogabilidade singular dos regulamentos* (externos); a violação de normas internas, pelo seu lado, pode indiciar a violação de alguns dos princípios que, nos termos da Constituição e da lei, regem a atividade administrativa[139].

Mas atenção: pelo facto de a Administração estar vinculada ao respeito das normas que ela própria elaborou, ela não fica absolutamente impedida de *fundamentadamente mudar de critério* na apreciação de casos semelhantes. O interesse público é eminentemente variável e pode exigir hoje uma dada orientação, e impor tempos depois uma linha de atuação diferente ou até contrária às normas antes estabelecidas. Não seria razoável que, em nome da legalidade e da igualdade, a Administração ficasse para sempre amarrada de pés e mãos a critérios genéricos de decisão que um dia foram acertados mas depois se tornaram anacrónicos. Por isso mesmo, aliás, o CPA (art. 152.º, n.º 1, al. *d*)) não impõe à Administração o dever de «decidir de modo idêntico os casos semelhantes», nem sequer a obrigação de «resolver da mesma maneira a interpretação e aplicação dos mesmos princípios ou preceitos legais». Partindo

[138] Já o nosso poeta António Ferreira, na *Castro*, dizia em termos bem sugestivos: «deve à lei, o que a faz, obediência».

[139] V. *infra*.

do princípio de que a Administração, nesses casos, se conformará com a «prática habitualmente seguida», o Código admite que ela «decida de modo diferente», *mas nesse caso terá de explicar as razões que a levaram a mudar de critério.* É a *obrigação de fundamentar* os atos administrativos que «decidam de modo diferente da prática habitualmente seguida na resolução de casos semelhantes, ou na interpretação e aplicação dos mesmos princípios ou preceitos legais».

Por outro lado, cumpre chamar a atenção para a circunstância de a possibilidade de autovinculação da Administração pública não ser ilimitada. Primeiro, a Administração não pode autovincular-se com desrespeito do artigo 112.º, n.º 5, da CRP, quer dizer, o instrumento normativo através do qual se autovincula não pode cumulativamente ter eficácia externa e interpretar, integrar, modificar, suspender ou revogar qualquer dos preceitos legais que conferem um poder discricionário[140].

E, mais importante ainda, pode haver casos em que a lei queira que a Administração exerça efetivamente *caso a caso* o seu poder de apreciação das circunstâncias concretas. Se portanto for de concluir, por interpretação da lei, que esta quer que a Administração decida aquele tipo de casos mediante uma ponderação concreta, casuística, das circunstâncias e condicionalismos de cada situação particular, então aí a autovinculação da Administração será ilegal: nestes casos, só o exercício casuístico do poder discricionário será legal.

Concluímos, por conseguinte, que, nos casos em que exista, o poder discricionário só pode ser exercido dentro dos limites que a lei para ele estabelecer, ou dentro dos limites que a Administração se tenha *validamente* imposto a si mesma[141].

Mas como garantir a observância e o respeito pelos limites do poder discricionário? É o problema do controlo do seu exercício.

[140] V., sobre este aspeto, Bernardo Ayala, *O (défice de) controlo judicial...*, p. 175, e nota 329.

[141] Sobre a autovinculação administrativa, cfr., por último, entre nós, David Duarte, «Alguns problemas relativos à autovinculação administrativa», *in CJA*, n.º 6, novembro-dezembro de 1997, pp. 3-12; Bernardo Ayala, «Liberdade e vinculação da Administração na avaliação de propostas no âmbito da contratação pública», *in CJA*, n.º 49, 2005, pp. 40-62; Ana Raquel Moniz, «Regulamentos e autovinculação administrativa (Ac. do STA – 1.ª Secção, de 3.11.2005, P. n.º 239/05)», *in CJA*, n.º 59, pp. 24-40; Paulo Otero, *Legalidade e Administração Pública. O sentido da vinculação administrativa à juridicidade*, pp. 976-981; e João Taborda da Gama, *Promessas Administrativas. Da decisão de autovinculação ao ato devido*, Coimbra Editora, Coimbra, 2008, *passim*.

22. *Idem*: controlo do seu exercício

Modalidades. – A atividade da Administração está sujeita a vários tipos de controlos, que podem ser classificados, por um lado, em controlos de legalidade e controlos de mérito, e, por outro, em controlos administrativos e controlos jurisdicionais.

Os *controlos de legalidade* são aqueles que visam determinar se a Administração respeitou a lei ou a violou.

Os *controlos de mérito* são aqueles que visam avaliar o bem fundado das decisões da Administração, independentemente da sua legalidade – e, portanto, apurar se foram financeiramente convenientes ou inconvenientes, socialmente oportunas ou inoportunas, tecnicamente corretas ou incorretas, etc., etc.

Os *controlos administrativos* são aqueles que são realizados por órgãos da Administração.

Os *controlos jurisdicionais* são aqueles que são efetuados por tribunais.

Como se cruzam estas classificações? Da forma seguinte:

- o controlo de legalidade, em princípio, tanto pode ser feito pelos tribunais como pela própria Administração, mas em última análise compete aos tribunais;
- o controlo de mérito só pode ser feito, no nosso país, pela Administração.

Com efeito, os tribunais administrativos em Portugal não podem apreciar o mérito de uma decisão administrativa. Os tribunais podem somente exercer o controlo de legalidade: pelo contrário, a Administração pode, em princípio, exercer sobre os seus próprios atos um controlo de legalidade e um controlo de mérito.

E o que é, em rigor, o *mérito* dos atos administrativos?

Costuma dizer-se que no mérito do ato administrativo se compreendem duas ideias: a ideia de justiça e a ideia de conveniência[142].

O que é a *justiça* de um ato administrativo? É a adequação desse ato à necessária harmonia entre o interesse público específico que ele deve

[142] É o que resultava do próprio texto do art. 21.º da LOSTA, hoje revogado. V. Diogo Freitas do Amaral *et alli*, *Código do Procedimento Administrativo Anotado*, p. 288.

prosseguir, e os direitos subjetivos e os interesses legalmente protegidos dos particulares eventualmente afetados pelo ato[143].

Quanto à *conveniência* do ato, é a adequação desse ato ao interesse público específico que justifica a sua prática ou à necessária harmonia entre tal interesse e os demais interesses públicos eventualmente afetados pelo ato[144].

Note-se que a justiça dos atos administrativos, que anteriormente pertencia ao respetivo *mérito*, passou, entretanto, para o campo da *legalidade*: é o que resulta do artigo 266.º, n.º 2, da CRP, ao proclamar como princípio geral de direito o *princípio da justiça*. A violação deste passou assim a constituir uma ilegalidade[145].

Com isto, a CRP de 1976 operou uma «pequena-grande revolução» no Direito português (e em particular no Direito Administrativo). É que durante décadas ensinou-se nas nossas Faculdades de Direito – aliás, como em toda a Europa – que o único princípio fundamental que se aplicava à atuação da Administração Pública era o princípio da legalidade. Se a Administração violasse a lei, o ato que praticava era ilegal; se não violasse a lei, mesmo cometendo uma injustiça, o ato era legal e, como tal, não podia ser objeto de impugnação junto de um tribunal administrativo.

Este ensinamento teórico ministrado nas Faculdades de Direito, sob o signo nítido do positivismo (todo o direito está na lei), teve repercussão, em pleno período do Estado Novo, num diploma fundamental do Direito Administrativo português dessa época: trata-se da Lei Orgânica do Supremo Tribunal Administrativo (LOSTA), de 1956, a qual determinava o seguinte no seu artigo 21.º: «Sempre que a lei permita que de um mesmo ato seja interposto recurso para o Supremo Tribunal Administrativo e para outra entidade, entender-se-á que ao tribunal é reservado, em exclusivo, o conhecimento da legalidade do ato recorrido, ficando para a outra entidade apenas a apreciação da sua justiça e conveniência».

O que significava que a única coisa que se podia fazer, perante um tribunal administrativo, era discutir se o ato impugnado era legal ou ilegal, mas nunca se o ato era justo ou injusto. Ou seja: a apreciação da justiça ou injustiça de um ato

[143] V. Diogo Freitas do Amaral, *Conceito e natureza do recurso hierárquico*, I, 2.ª ed., Lisboa, Almedina, 2005, pp. 211-212.

[144] *Idem, ibidem*, p. 212.

[145] V. sobre este ponto, mais desenvolvidamente, Diogo Freitas do Amaral, «A evolução do Direito Administrativo em Portugal nos últimos 10 anos», *in Contencioso Administrativo – Breve curso constituído por lições proferidas na Universidade do Minho*, Braga, 1986, pp. 10-12.

administrativo – equiparada por lei à apreciação da respetiva conveniência ou inconveniência – estava atribuída exclusivamente à própria Administração Pública, sem nenhum controlo jurisdicional desse aspeto. O que tinha como consequência que ou a própria Administração entendia revogar os atos injustos que praticasse dentro da legalidade (nomeadamente, no âmbito dos seus poderes discricionários), ou eles tornavam-se contenciosamente inatacáveis, não podendo os tribunais anulá-los por injustos. A legalidade, definida pelo Poder, prevalecia pois sobre a justiça. E os tribunais, teoricamente encarregados de fazer justiça, só podiam impor a legalidade. Era o positivismo jurídico ao serviço de uma conceção autoritária do Estado. Era o *Estado de legalidade*, em lugar do *Estado de Direito*.

Ora, é esta perspetiva que muda radicalmente na ordem jurídica portuguesa e no nosso Direito Administrativo, a partir da CRP de 1976.

Se, à face do artigo 266.º, n.º 2, a Administração Pública está obrigada a respeitar o princípio da justiça, e se este aparece como algo de diferente do princípio da legalidade, temos que concluir necessariamente ser possível atacar perante os tribunais não apenas o ato ilegal, que viola o princípio da legalidade, mas também o ato injusto, que viola o princípio da justiça. E então a apreciação da justiça ou da injustiça de uma decisão da Administração Pública passa a caber na competência dos nossos tribunais administrativos, e os cidadãos ficam mais protegidos nos seus direitos, na medida em que não têm apenas a seu favor o conjunto das leis ditadas pelo Poder, mas também todos os valores que integram o conceito de Justiça, que está fora e acima da lógica do Poder. É por isso que a generalidade da doutrina entende que a CRP, no seu artigo 266.º, n.º 2, revogou o artigo 21.º da LOSTA: é toda uma tradição de muitos e muitos anos que se extingue, e é de facto uma nova era que se inicia.

No entanto, manda a verdade que se diga que o Supremo Tribunal Administrativo já desde 1984 tinha afirmado, num caso de bastante significado, que um ato administrativo que violasse o princípio da justiça podia ser impugnado contenciosamente e anulado. E de facto anulou um ato praticado por um Ministro, não porque o considerasse *ilegal*, mas porque o considerou *injusto*. Foi o caso de *Antónia de Jesus Aurélio*, funcionária pública, que se sentiu injustamente agravada por uma decisão ministerial e que recorreu, tendo conseguido ganhar o processo no Supremo Tribunal Administrativo, num caso em que manifestamente o Governo tinha violado o princípio da boa fé[146].

[146] Cfr. o acórdão do STA-P, de 6.6.84 (Cons.º António da Costa Mesquita), *in AD*, 289, p. 62. Afirmou o nosso STA que «autorizar um funcionário (...) a ausentar-se e, depois, porque a autorização era ilegal, extrair dessa ausência efeitos perniciosos para o autorizado, não

Por outro lado, como acima referimos[147], algumas diretrizes antes incluídas na esfera da conveniência do ato administrativo são também hoje padrões jurídicos da atividade administrativa. É o que sucede com certas manifestações dos princípios da proporcionalidade e da imparcialidade, consagrados no artigo 266.º, n.º 2, da CRP. A sua violação passou igualmente a constituir uma ilegalidade.

Âmbito. – Como é que estes vários controlos incidem sobre o poder discricionário da Administração?

Os poderes conferidos por lei à Administração ou são vinculados, ou discricionários, ou – como sucede normalmente – são em parte vinculados e em parte discricionários.

O uso de poderes vinculados que tenham sido exercidos contra a lei é objeto dos controlos de legalidade.

O uso de poderes discricionários que tenham sido exercidos de modo inconveniente é objeto dos controlos de mérito.

Quando os poderes utilizados sejam em parte vinculados e em parte discricionários, o seu exercício ilegal (isto é, contrário à lei, em toda a medida em que houver vinculação) é suscetível de controlo de legalidade; e o seu mau uso (isto é, inconveniente, em toda a medida em que houver discricionaridade) é suscetível de controlo de mérito.

A *legalidade* de um ato administrativo – ou seja, a conformidade dos aspetos vinculados do ato com a lei aplicável – pode ser sempre controlada pelos tribunais administrativos, e pela Administração. O *mérito* de um ato administrativo – ou seja, a conformidade dos aspetos discricionários do ato com a conveniência do interesse público – só pode ser controlado pela Administração.

Impugnação de atos discricionários. – Com que fundamento pode ser atacado um ato administrativo discricionário?

O artigo 19.º da LOSTA declarava o seguinte: «o exercício de poderes discricionários só pode ser atacado contenciosamente com fundamento em desvio do poder (...)».

é uma atuação justa. À convicção (...) razoável de um destinatário normal, tem a Administração de responder como "pessoa de bem". Se o não fizer, viola a boa fé, ofende a justiça, e o tribunal anula-lhe o ato praticado injustamente».

[147] V. *supra*, n.º 7.

Depois da publicação da LOSTA em 1956, o Direito Administrativo português evoluiu muito. Hoje regem os artigos 50.º, n.º 1, e 95.º, n.º 2, ambos do CPTA. No primeiro estatui-se que a «impugnação de um ato administrativo tem por objeto a anulação ou a declaração de nulidade ou inexistência desse ato»; e no segundo dos preceitos citados determina-se que «nos processos impugnatórios, o tribunal deve pronunciar-se sobre todas as causas de invalidade que tenham sido invocadas contra o ato impugnado (...) assim como deve identificar a existência de causas de invalidade diversas das que tenham sido alegadas (...)».

Com efeito, entende-se hoje pacificamente que os atos discricionários, por isso que são sempre também em certa medida praticados no uso de poderes vinculados, podem ser atacados contenciosamente com fundamento em qualquer dos vícios do ato administrativo. Assim:

- podem ser impugnados com fundamento em *incompetência*, pois, como já vimos, a competência do órgão é sempre vinculada;
- podem ser impugnados com fundamento em *vício de forma*, nomeadamente por preterição de formalidades essenciais que devessem ser observadas antes de tomada a decisão e, em particular, por falta de fundamentação ou por vícios do procedimento;
- podem ser impugnados com fundamento em *violação da lei*, designadamente por ofensa de quaisquer limites impostos ao poder discricionário, por lei ou autovinculação da Administração e, de modo muito especial, por violação dos princípios constitucionais da igualdade, proporcionalidade, boa fé, justiça e imparcialidade (v. *infra*);
- e podem ainda ser impugnados com fundamento em quaisquer defeitos da vontade, nomeadamente *erro de facto*, que é bastante frequente.

Ao dizer quanto acabamos de dizer, temos consciência de que estamos a enumerar outros tantos aspetos de *vinculação* do poder administrativo, e não de *discricionaridade*. Mas supomos ser agora mais claro, à luz do que ficou exposto, o que anteriormente afirmáramos, ou seja, que não há em rigor controlo jurisdicional do exercício do poder discricionário, mas sim:

- por um lado, controlo administrativo de mérito sobre o *bom ou mau uso do poder discricionário*;

– e, por outro lado, controlo jurisdicional de legalidade sobre o *acatamento ou não das prescrições legais* que condicionam o exercício de poderes administrativos *que, para além desses aspetos vinculados, sejam poderes discricionários.*

O «desvio de poder» não é, pois, como normalmente se diz, a única ilegalidade possível no exercício de poderes discricionários – é, sim, apenas, a ilegalidade típica do exercício de poderes discricionários *fora do seu fim*. Mas há outras.

Daí que se nos afigure vã a tentativa da doutrina de melhorar e reforçar o controlo do exercício do poder discricionário através do alargamento do âmbito, ou da facilitação da prova, do «desvio de poder». Quanto a nós, esse caminho é árduo e revelar-se-á na maioria dos casos infrutífero: na verdade, o desvio de poder será sempre um vício correspondente à discrepância entre o fim efetivamente prosseguido pela Administração e o fim legal; e os casos de divergência *comprovada* entre o fim real e o fim legal serão sempre, infelizmente, em escasso número.

A única forma ampla e eficaz de criar condições para um controlo efetivo do exercício do poder discricionário da Administração está, muito diferentemente, no aumento do número de vinculações legais, isto é, de aspetos vinculados, no exercício de poderes administrativos.

Não é outro o sentido da evolução legislativa e jurisprudencial, no nosso País como no estrangeiro, ao permitir gradualmente os seguintes progressos na redução do poder discricionário e na sujeição da Administração ao controlo jurisdicional:

– admissão do *erro de facto* como fundamento da ação de impugnação;
– estabelecimento do controlo jurisdicional sobre a *existência ou inexistência dos pressupostos de facto* da competência;
– imposição legal da *obrigação de fundamentar* os atos administrativos;
– sujeição do exercício dos poderes administrativos a certos *princípios gerais de direito*, uns de carácter *formal* ou procedimental (como, por exemplo, o princípio da audiência prévia ou o da eficiência), e outros de natureza *material* (como, por exemplo, os princípios da igualdade, da proporcionalidade, da justiça, da imparcialidade e da boa fé, de que falaremos um pouco mais adiante).

De tudo isto se pode concluir, a nosso ver, que o reforço do controlo jurisdicional do poder discricionário da Administração não será nunca obtido em larga escala pelo canal do *desvio de poder*, mas antes através do alargamento dos casos de *incompetência, vício de forma* e *violação de lei* (abrangendo os princípios constitucionais) no plano do exercício de poderes discricionários.

O que se torna necessário não é permitir aos tribunais que controlem o mérito da ação administrativa, mas sim, para além de reforçar os controlos administrativos de mérito[148], sujeitar progressivamente novos aspetos da atividade da Administração a princípios e critérios jurídicos que a vinculem, de tal modo que os tribunais os possam abranger – sem qualquer entorse ao princípio da separação de poderes – no âmbito de um normal controlo jurisdicional de legalidade.

23. *Idem*: figuras afins: a) Interpretação de conceitos indeterminados

Abordemos agora um problema complexo, que tem sido bastante discutido entre nós e além-fronteiras[149], a saber, a relação entre a discricionaridade e a interpretação de conceitos jurídicos indetermina-

[148] O tema do aumento e diversificação dos controlos de mérito sobre a atuação da Administração Pública é cada vez mais atual e, como seria de prever, tem sido trabalhado de forma pioneira pelos cultores da Ciência da Administração nos países anglo-saxónicos.

[149] V., entre outros, Sérvulo Correia, *Legalidade e autonomia...*, p. 469 e ss.; F. Azevedo Moreira, «Conceitos indeterminados: sua sindicabilidade contenciosa», *in Revista de Direito Público*, ano I, novembro de 1985, n.º 1; Rogério Soares, *Administração Pública e controlo judicial, loc. cit.*, p. 226 e ss.; Vieira de Andrade, *O dever da fundamentação expressa...*, pp. 361-378; Paulo Otero, *Conceito e fundamento...*, p. 196 e ss.; Miguel Nogueira de Brito, «Sobre a Discricionaridade Técnica», *in RDES*, janeiro-setembro de 1994, n.os 1-2-3, p. 33 e ss.; Bernardo Ayala, *O (défice de) controlo judicial...*, pp. 121 e ss. e 150 e ss.; David Duarte, *Procedimentalização, participação e fundamentação...*, p. 349 e ss.; Maria Francisca Portocarrero, «Notas sobre variações em matéria de discricionaridade. A propósito de algumas novidades terminológicas e da importação de construções dogmáticas pelas nossas doutrina e jurisprudência do Supremo Tribunal Administrativo», *in Juris et de Jure. Nos 20 anos da Faculdade de Direito da UCP – Porto*, Porto, 1999, pp. 643-715; *idem*, «Discricionaridade e conceitos imprecisos: ainda fará sentido a distinção? – Ac. do STA de 20.11.1997, P. 39512», *in CJA*, n.º 10, julho-agosto de 1998, pp. 26-46; *idem*, «Reflexões sobre o poder de pronúncia do tribunal num novo meio contencioso – A ação para a determinação da prática de ato administrativo legalmente devido –, na sua configuração no art. 71.º do Código de Processo nos Tribunais Administrativos (CPTA)», *in ROA*, ano 67, 1 (janeiro de 2007), p. 341 e ss; Marcelo Rebelo de Sousa e André Salgado Matos, *Direito Administrativo Geral (Introdução e princípios fundamentais)*, tomo I, p. 183 e ss.; Paulo Otero, *Legalidade e Administração Pública. O sentido da vinculação administrativa à juridicidade*, p. 411 e ss. e p. 733 e ss.; e Sérvulo Correia, «Conceitos jurídicos indeterminados e âmbito do

dos. No dizer de Maurer, «poder discricionário e conceito indeterminado formam seguramente o domínio mais controverso do Direito administrativo»[150].

Conceitos indeterminados, recorde-se, são aqueles «cujo conteúdo e extensão são em larga medida incertos»[151], ou, noutra formulação, que não permitem «comunicações claras quanto ao seu conteúdo», seja por «polissemia, vaguidade, ambiguidade, porosidade ou esvaziamento»[152].

A sua utilização pelo legislador é hoje em dia frequentíssima: por ex., medidas *necessárias, convenientes, adequadas, razoáveis, oportunas, justificadas,* etc., etc. É assim porque, de um lado, a lei tem de deixar uma margem de livre apreciação de certas situações a quem as conhece em concreto e, de outro, porque a lei precisa de se abrir à mudança das conceções sociais e às alterações da vida trazidas pela sociedade técnica – isto é, precisa de adaptar-se e de se fazer permeável aos seus próprios fundamentos ético-sociais[153].

O que importa saber é se a interpretação de conceitos indeterminados é uma atividade vinculada ou discricionária e, por conseguinte, sindicável, ou não, pelos tribunais.

a) Em lições anteriores, sustentámos que a interpretação de conceitos jurídicos indeterminados é uma figura afim da discricionaridade, quer dizer, uma realidade conceitualmente distinta desta e dotada de um regime jurídico diferente.

Conceitualmente diferente, porquanto o que está ali em causa é descobrir, com o auxílio de pistas fornecidas pela própria norma, o «único» sentido possível da lei, e não tornar relevante a vontade da Adminis-

controlo jurisdicional – Ac. do STA de 17.1.2007, P. 1068/06», *in CJA*, n.º 70 (julho-agosto de 2008), p. 32 e ss.

Na doutrina estrangeira v. por exemplo, além do Cap. VI da obra de Engisch já várias vezes citada, Hartmut Maurer, *Allgemeines Verwalungsrecht*, 17.ª ed., Munique, C. H. Beck, 2009, p. 143 e ss. (ou *Droit administratif allemand*, p. 124 e ss.); E. García de Enterría e T. R. Fernández, *Curso de Derecho Administrativo*, I, p. 433 e ss.; Jean Rivero e Jean Waline, *Droit administratif*, p. 72 e ss.; e Ernst Forsthoff, *Traité de Droit Administratif Allemand*, p. 146 e ss.

150 Hartmut Maurer, *Droit administratif allemand*, p. 145.

151 V. Karl Engisch, *Introdução ao Pensamento Jurídico*, p. 208.

152 V. Menezes Cordeiro, *Da boa fé no Direito Civil*, II, Coimbra, 1985, pp. 1176-1177; e Gomes Canotilho, *Constituição dirigente e vinculação do legislador*, Coimbra, 1982, p. 430 e ss.

153 V. Baptista Machado, *Introdução ao Direito e ao discurso legitimador*, p. 113.

tração. A interpretação da lei, dizíamos, é, toda ela, uma tentativa de descobrir a vontade do legislador, ou a vontade da lei, e, por isso, a Administração, aí, está vinculada, está obrigada a descobrir qual o sentido da lei, não dispõe de um poder discricionário[154].

E diversa no plano dos regimes jurídicos, uma vez que, havendo vinculação, existe, ao contrário do que sucede com a discricionaridade, controlo judicial – quer dizer, o tribunal pode posteriormente proceder também à determinação do conceito, e é esta que prevalece.

Não tínhamos, porém, essa tese como absoluta. Como escrevemos, do entendimento da interpretação de conceitos indeterminados como vinculação «ressalvam-se (...) os casos excecionais em que a lei tenha expressamente pretendido conferir à Administração, através de um conceito vago e indeterminado, um poder discricionário ou uma margem de liberdade probatória»[155].

b) A reflexão entretanto por nós realizada aconselha a destacar com maior nitidez a heterogeneidade dos conceitos indeterminados, de onde se segue que entendemos dever hoje afirmar, de modo mais desenvolvido, que estes não têm efetivamente todos a mesma feição, e, designadamente, que alguns deles são, claramente, um instrumento de que a lei se serve para atribuir discricionaridade à Administração[156]. Há, de facto, que distinguir situações.

i) Assim, temos, por um lado, o caso daqueles conceitos indeterminados cuja concretização envolve *apenas* operações de interpretação da lei e de subsunção[157]. Conceitos legais existem, na verdade, cuja indeterminação é somente «condicionada pela linguagem, e portanto, solucionável através de raciocínios teorético-discursivos»[158]. A lei que os prevê não atribui qualquer autonomia à vontade do

[154] V. *Direito Administrativo*, II, p. 129 e ss.

[155] V. *Direito Administrativo*, II, p. 166.

[156] Sobre as técnicas normativas de atribuição de discricionaridade à Administração, cfr., por último, entre nós, David Duarte, *Procedimentalização, participação e fundamentação: (...)*, pp. 349-371.

[157] São aqueles conceitos que Engisch denomina *conceitos descritivos* e Rogério Soares, de diferente perspetiva, designa como *conceitos-classificatórios*.

[158] V. Sérvulo Correia, *Legalidade e autonomia...*, p. 474.

órgão decisor. Exemplificando: quando a lei diz que não devem ser autorizadas manifestações públicas durante o «período noturno», ou quando diz que o «funcionário público» deve ser «urbano no trato», ou ainda que em caso de «casamento» ele goza de uma licença especial de dez dias – é nítido que o preenchimento administrativo destes conceitos se resolve no plano da interpretação da lei, seja por aplicação de regras de experiência comum, seja por aplicação de conhecimentos jurídicos. Assim, é também aí viável ao tribunal como que «refazer» posteriormente a decisão administrativa, ainda que apenas para a anular no caso de não se identificar com aquela que o tribunal considera adequado imputar à vontade da lei[159].

ii) Por outro lado, temos a situação daqueles conceitos indeterminados cuja concretização apela já para «preenchimentos valorativos» por parte do órgão administrativo aplicador do Direito[160]. Mas, nesta sede, devem ainda distinguir-se duas hipóteses:

- Em primeiro lugar, existem conceitos cuja concretização não exige do órgão administrativo uma valoração eminentemente *pessoal*, mas sim uma valoração *objetiva*. Quer dizer, ele «deve procurar e determinar as valorações preexistentes num setor social "dirigente", "relevante"»[161]. Saber, por exemplo, se os combates de boxe em recintos ao ar livre são compatíveis com os «bons costumes» é questão que a lei não quer ver respondida através de uma valoração eminentemente pessoal do órgão administrativo. A lei aqui considera que há conceções morais dominantes pelas quais o órgão se deve deixar orientar. «Decisivas – diz Engisch – são as circunstâncias do caso concreto tendo em conta as conceções dos correspondentes setores populacionais»[162], ou seja, «aqueles setores da população cujo juízo ético é aceite como válido por cada ordem estadual e jurídica»[163]. «O órgão apli-

[159] V. Vieira de Andrade, *O ordenamento jurídico administrativo, loc. cit.*, p. 45.

[160] «Com esta horrorosa expressão, di-lo expressivamente Engisch, *Introdução ao Pensamento Jurídico*, p. 213, quer-se dizer que o volume normativo destes conceitos tem de ser preenchido caso a caso, através de atos de valoração».

[161] V. Karl Engisch, *Introdução ao pensamento jurídico*, p. 236.

[162] Schönke-Schröder, *apud* Karl Engisch, *Introdução ao pensamento jurídico*, p. 237.

[163] V. Karl Engisch, *Introdução ao pensamento jurídico*, p. 237.

cador do Direito – afirma o mesmo Autor – tem de "averiguar" quais são as conceções éticas efetivamente vigentes. A sua própria valoração do caso é tão-só um elo na série de muitas valorações igualmente legítimas com as quais ele a tem de confrontar e segundo as quais ele, sendo caso disso, a deverá corrigir»[164]. Pois bem: como refere Engisch, as decisões singulares «através dos quais estes conceitos objetivo-normativos carecidos de preenchimento valorativo são "concretizados" têm o significado de algo como uma espécie de interpretação destes conceitos; ao mesmo tempo que também a determinação da valoração correspondente ao caso concreto revela certo parentesco com a "subsunção"»[165]. É, pois, possível admitir-se também aqui a fiscalização judicial da atividade administrativa concretizadora do sentido de tais conceitos indeterminados objetivo-normativos.

- Em segundo lugar, temos aquelas hipóteses em que claramente o legislador remete para a Administração «a competência de fazer um juízo baseado na sua experiência e nas suas convicções, que não é determinado, mas apenas enquadrado por critérios jurídicos»[166]. Quer dizer, a Administração tem aí de, considerando as circunstâncias de interesse público, encontrar, segundo o seu critério, a solução mais adequada[167]. Equacionemos, a título de exemplo, uma norma dispondo que: «sempre que o exijam circunstâncias excecionais e urgentes de interesse público», uma certa entidade administrativa pode praticar «todos os atos

[164] Karl Engisch, *Introdução ao pensamento jurídico*, p. 239.

[165] V. Karl Engisch, *Introdução ao pensamento jurídico*, pp. 239-240. Como bem especifica este A., «os conceitos normativos objetivos conservam uma (...) vantagem (...) que frequentemente os conceitos descritivos perdem: através das valorações para que eles remetem, podem adaptar-se elasticamente à configuração particular das circunstâncias do caso concreto e ainda a qualquer mudança das conceções valorativas. Precisamente por isso é que eles são os pontos de apoio e os veículos de um "Direito equitativo" e são tão benquistos nos tempos de hoje. (...). Assim, o juiz ou o funcionário administrativo que têm de referir e subsumir um caso concreto a um conceito normativo-objetivo precisam de realizar uma concretização específica»; esta concretização «determina a ideia fundamental, carecida de preenchimento valorativo, através da pesquisa da valoração conforme ao espírito da época, mas sem retirar essa determinação do conceito como tal» (pp. 240-241).

[166] V. Sérvulo Correia, *Legalidade e autonomia...*, p. 474.

[167] V. Rogério Soares, *Direito Administrativo*, p. 61.

ou tomar todas as providências administrativas indispensáveis, a manter a ordem, solicitando, logo que lhe seja possível, a ratificação pelo órgão normalmente competente». Como é nítido, a lei aqui não define de modo preciso os pressupostos de facto de que depende o agir administrativo. O que são circunstâncias *excecionais e urgentes de interesse público*? Perante um motim de 50 pessoas em desordem na praça principal de uma vila, pode ou não fazer-se uso dos poderes que advêm do citado preceito legal? Pensamos, hoje, que só a Administração está em condições de saber se um dado caso concreto é, ou não, um caso em que se verificam circunstâncias excecionais e urgentes de interesse público e se, por conseguinte, esse caso exige, ou não, a tomada de providências excecionais[168]. Trata-se pois de um caso em que o *espaço de conformação* da Administração não se cinge à fixação dos *efeitos* da decisão («tomar todas as providências administrativas indispensáveis»), antes se alarga igualmente à determinação dos próprios *pressupostos* da decisão (*«em circunstâncias excecionais e urgentes de interesse público»*), quer dizer, estende-se ainda à «determinação dos factos e interesses relevantes, à apreciação e ponderação dos factos e interesses considerados na perspetiva do interesse público»[169].

Imaginemos agora uma norma referente à disciplina da exploração de um serviço público em regime de concessão, nos termos da qual se estabeleça que: «tendo em conta o interesse público, o prazo da concessão pode ser prorrogado por iniciativa do Governo ou a pedido fundamentado das concessionárias que tenham cumprido as suas obrigações, estabelecendo-se as condições da prorrogação em decreto-lei». Condição fundamental da prorrogação do prazo de uma concessão deste tipo é, assim, o facto de nisso convir o *interesse público*. Este é, porém, um conceito indeterminado. Ao fazer depender do «interesse público» a prorrogação do prazo daquela modalidade de concessão de serviços públicos, o que o legislador fundamentalmente

[168] Modificamos assim a nossa opinião em face do que escrevemos no I volume deste *Curso*, 3.ª ed., p. 339.

[169] V. Vieira de Andrade, *O ordenamento jurídico administrativo, loc. cit.*, p. 44.

pretendeu foi que a Administração pudesse, avaliando a atuação passada e presente de um concreto concessionário, isto é, o modo como ele contribuiu e contribui para a realização daquele interesse em determinada exploração (bem como, eventualmente, os interesses económicos e tributários do Estado), estimar se a exploração do exclusivo dos serviços públicos em causa por um período de tempo adicional é, ou não, a situação que melhor acautelará esses mesmos interesses. Caso essa estimativa, essa prognose, essa «operação de futurologia», seja positiva, então estará a Administração habilitada a, dispensando a realização de concurso público, prorrogar o prazo da concessão – adjudicando-a, desse modo, diretamente, ao atual concessionário – embora tenha, aqui mais do que nunca, o dever de fundamentar, de forma clara e convincente, a opção tomada[170].
Vejamos ainda um outro exemplo indicado por Rogério Soares. Suponha-se que certo preceito diz que «em caso de inundação grave, a Administração pode usar os seguintes meios...». Aqui, «saber se houve inundação ou não é matéria vinculada. Avaliar, porém, da gravidade só pode ser feito por um especial agente, numa especial ligação com os factos – isto é, trata-se de matéria discricionária. E comporta soluções diferentes, consoante o interesse cardial da Administração em causa: uma inundação grave para um interesse público de segurança pessoal pode já não o ser em face dum interesse público de defesa sanitária ou pecuária, etc.»[171].

Estes tipos de conceitos indeterminados – observa Engisch – «autorizam o órgão aplicador do Direito a considerar como vinculante e "justa" a valoração por ele pessoalmente tida como justa. Nestes termos, cientemente se conformam com uma pluralidade de sentidos. Eles esperam

[170] Sobre o juízo de prognose inerente à valoração de conceitos indeterminados, cfr. Sérvulo Correia, *Legalidade e autonomia...*, p. 474. Sobre o sentido deste pressuposto no quadro específico em causa e, mais latamente, sobre o regime de prorrogação do prazo de contratos de concessão de obras e serviços públicos, cfr. entre nós Lino Torgal, «Prorrogação do prazo de concessões de obras e de serviços publicos», *in Revista de Contratos Públicos*, I, 2011, p. 219 e ss.
[171] V. Rogério Soares, *Direito Administrativo*, p. 60.

uma tomada de posição individual, confiando em que seguir honestamente uma linha de orientação pessoal é de molde a assegurar melhores decisões do que o tatear inseguro na procura de pontos de vista "objetivos"»[172].

Ora, essa operação «determinadora» não pode ser, como sublinha Vieira de Andrade, naturalmente «considerada de mera subsunção lógica, em termos de existir uma única solução legal, já contida na norma e apenas extraída pelo aplicador: fora dum núcleo duro do conceito[173], só através de um esforço *reconstrutivo* e *criativo* se pode reconduzir a situação de facto ao pressuposto normativo-abstrato, existindo sempre, nessa medida, uma valoração autónoma (complementar) do agente e, portanto, algo que corresponde ou se aproxima de uma *escolha* (embora orientada) entre alternativas»[174].

Pois bem: porque «não se lhe pede um trabalho de subsunção, uma tarefa declarativa de coincidência com um esquema dado», mas se exige «uma tensão criadora do direito do caso concreto»[175], deve naturalmente entender-se que esta atividade que, por desejo do legislador, sofre um influxo autónomo da vontade do agente administrativo, deve escapar ao controlo do juiz, embora este *tenha o dever de verificar se a solução encontrada obedeceu às exigências externas postas pela ordem jurídica* ao exercício de poderes discricionários[176].

c) Só em concreto, por interpretação da lei, se pode determinar a que tipo se reconduz certo conceito indeterminado[177].

d) Em suma: se a concretização administrativa de conceitos indeterminados traduz muitas vezes o exercício de uma atividade de interpretação da lei – inconfundível com o exercício de poderes discricionários –, noutras (*conceitos discricionários* na classificação de Engisch, e

[172] V. Karl Engisch, *Introdução ao pensamento jurídico*, pp. 241-242.
[173] Sobre as «zonas» dos conceitos indeterminados, cfr., entre nós, Sérvulo Correia, *Noções de Direito Administrativo*, I, p. 182.
[174] V. Vieira de Andrade, *O dever da fundamentação expressa...*, p. 367; e Rogério Soares, *Direito Administrativo*, p. 60.
[175] V. Rogério Soares, *Direito Administrativo*, p. 64.
[176] *Ibidem*.
[177] Para um enunciado de vários critérios, meramente indicativos, a adotar em caso de dúvida, cfr., por exemplo, Bernardo Ayala, *O (défice de) controlo judicial...*, pp. 126-129.

conceitos-tipo na terminologia de Rogério Soares) traduz o exercício de uma verdadeira discricionaridade, sendo que, quando assim sucede, o tribunal não pode anular o ato da Administração[178]. Se o fizesse, estaria a apreciar o mérito do ato e, por conseguinte, a desempenhar a função administrativa, e não já a função jurisdicional: haveria *dupla administração* (*Doppelverwaltung*), a qual seria contrária ao princípio da separação dos poderes e, portanto, inconstitucional.

24. *Idem, idem*: b) Remissão da lei para regras extrajurídicas

Frequentemente, a lei remete de modo expresso nos seus dispositivos para normas extrajurídicas.

Quando assim sucede, deve entender-se que não estamos no terreno da discricionaridade, mas sim no campo da vinculação. Porque, ao remeter para normas extrajurídicas, a lei fá-las suas, incorpora-as na ordem jurídica, e portanto torna-as juridicamente obrigatórias, em termos tais que a violação dessas normas é para todos os efeitos uma violação da lei que para elas remete. Há uma *vinculação jurídica a normas extrajurídicas*, sendo estas relevantes e obrigatórias para a Administração *porque* a lei as fez suas, as incorporou na ordem jurídica, e impôs à Administração que as respeitasse.

Seja o caso, por exemplo, do RCEEP, diploma que regula a responsabilidade civil extracontratual da Administração por prejuízos causados aos particulares por atos de gestão pública. O artigo 9.º, n.º 1, deste diploma estatui o seguinte: «consideram-se ilícitas as ações ou omissões dos titulares de órgãos, funcionários ou agentes que violem disposições ou princípios constitucionais, legais ou regulamentares ou *infrinjam regras de ordem técnica ou deveres objetivos de cuidado* (...)» (sublinhado nosso).

Quer dizer: este diploma vem declarar que se consideram atos ilícitos da Administração aquelas operações materiais pelas quais a Administração viole *regras de ordem técnica* ou *deveres objetivos de cuidado*.

A lei subordina a Administração a normas técnicas e a normas prudenciais. Umas e outras não são normas jurídicas, mas a lei remete para elas, e torna-as juridicamente relevantes, e obrigatórias.

[178] V. Rogério Soares, *Direito Administrativo*, p. 64.

Há quem diga que estamos aqui perante um caso de discricionaridade, mas não: estamos perante um caso de vinculação. A Administração está legalmente vinculada a respeitar as regras técnicas e as regras *de prudência comum* para que a lei remete, porque a própria lei a submeteu a essas normas, de tal forma que, se a Administração as não respeitar, sofrerá uma sanção jurídica, semelhante à que sofreria se violasse diretamente uma norma jurídica.

Não estamos, pois, no domínio da discricionaridade, mas sim no da vinculação. Claro que se trata de uma vinculação que só indiretamente é jurídica, pois em primeira linha é uma vinculação a normas extrajurídicas; mas nem por isso deixa de ser uma vinculação jurídica; e não é, de toda a maneira, um caso de discricionaridade.

25. O princípio da justiça: generalidades[179]

Falar no princípio da justiça implica falar na ideia ou no ideal de justiça, que é uma das noções mais difíceis de definir na área do Direito. Mas é ao mesmo tempo uma ideia ou um ideal tão importante e tão natural na consciência humana, que desde há muitos séculos os homens têm procurado encontrar o significado do que é ou do que deve ser a justiça.

Não podemos, nem devemos, no contexto da disciplina de Direito Administrativo da licenciatura em Direito, fazer uma indagação aprofundada e exaustiva acerca do conceito de justiça. Mais modestamente, o que temos de averiguar aqui é a questão de saber em que sentido está utilizada a palavra «justiça» no artigo 266.º, n.º 2, da CRP e na lei (artigo 8.º do CPA). Mas, para isso, temos de ter uma ideia, ainda que sucinta, sobre o próprio conceito de justiça, o que, por sua vez, nos obrigará a fazer uma breve análise daquilo que ao longo da história do pensamento ocidental se foi entendendo acerca da justiça. Esta matéria não era tradicionalmente estudada (nem sequer aflorada) na cadeira de

[179] A exposição subsequente segue de perto o nosso estudo intitulado «O princípio da justiça no art. 266.º da Constituição» *in Estudos em Homenagem ao Prof. Doutor Rogério Soares*, Coimbra Editora, Coimbra, 2001, p. 685 e ss. Para maiores desenvolvimentos, ver o nosso *Manual de Introdução ao Direito*, I, com a colaboração de Ravi Afonso Pereira, p. 165 e ss., onde se trata – entre outros – do problema do direito natural.

Direito Administrativo, mas, atualmente, os administrativistas têm sobre os seus ombros o pesado encargo de estudar o conceito de justiça, sob pena de não entenderem e de não poderem aplicar o artigo 266.º, n.º 2, da CRP, que ordena aos órgãos e agentes administrativos que, no exercício das suas funções, atuem com respeito pelo princípio da justiça[180].

Vamos fazer o nosso estudo de acordo com o seguinte plano: primeiro, faremos uma breve síntese da evolução histórica do conceito de justiça; depois, procuraremos determinar o significado atual desse conceito e os critérios que dele decorrem; de seguida, tentaremos apurar o sentido e o alcance do princípio da justiça, tal como se encontra consagrado no artigo 266.º, n.º 2, da CRP, e no artigo 8.º do CPA – reformulado em 2015, nos seguintes termos: «A Administração Pública deve tratar de forma justa todos aqueles que com ela entrem em relação, e rejeitar as soluções manifestamente desrazoáveis ou incompatíveis com a ideia de Direito, nomeadamente em matéria de interpretação das normas jurídicas e das valorações próprias do exercício da função administrativa» – enquanto princípio aplicável à Administração; finalmente, estudaremos autonomamente os vários princípios secundários que se deduzem do princípio da justiça.

Evolução histórica. – Em síntese[181], pode dizer-se que de um breve estudo das várias conceções apresentadas e defendidas ao longo da História sobre a justiça resultam os seguintes tópicos:

– Desde que o homem começou a pensar e a refletir sobre si próprio, sobre o Mundo e sobre a vida, o ideal de justiça andou sempre associado à reflexão do ser humano. A justiça é uma ideia que acompanha a história da humanidade desde o início da reflexão do homem sobre o Mundo;

– Primeiro, a justiça surge associada à ideia de repressão do mal, e nomeadamente do castigo dos crimes, porque toda e qualquer sociedade, quando começa a dar os primeiros passos, tem que garantir aos seus membros a paz e a segurança e, portanto, é natural que se ocupe do problema da repressão dos crimes que sejam cometidos;

[180] O mesmo repete hoje o art. 6.º do Codigo do Procedimento Administrativo (1991), que, no entanto, nada diz acerca do conceito de justiça.

[181] Remetemos o leitor interessado neste ponto para os nossos estudos acima citados.

– Depois, a justiça aparece como uma função do Estado e da lei, a quem compete dizer o que é justo e o que não é justo. E, por isso, a justiça aparece-nos como justiça legal, como justiça que consta da lei, e atuar justamente é atuar de acordo com o que a lei diz ser justo;

– Mas Aristóteles salta para fora dos limites da lei e apresenta-nos a ideia de que, para se ser justo, é preciso, para além do respeito pela lei, respeitar o princípio da igualdade. E, desde Aristóteles, a igualdade aparece como o grande critério da justiça, para além daquilo que a própria lei possa dizer sobre o justo e o injusto[182];

– Com Platão, abandona-se a conceção da justiça individual, ou justiça no plano dos comportamentos individuais, e atinge-se a conceção da justiça como critério da organização geral do Estado e da sociedade, passando-se a falar em Estado justo, em sociedade justa, ou, como se diria também mais modernamente, em Constituição justa;

– Com S. Tomás de Aquino surge a ideia de justiça supralegal, uma justiça que orienta a elaboração das constituições e das leis e que, se não for respeitada por elas, permite ao cidadão criticar a lei, contestá-la, procurar alterá-la e, nos casos mais extremos, desobedecer-lhe;

– E assim deparamos com três planos em que a ideia de justiça pode funcionar:

a) A justiça enquanto valor ou conjunto de valores incluídos nas leis – a *justiça legal*;

b) A justiça como critério ou conjunto de critérios que obrigam os homens para além do que consta das leis – a *justiça extralegal*;

c) E, finalmente, a justiça como valor ou conjunto de valores que são anteriores e superiores à lei e que, portanto, devem orientar a elaboração das leis pelos governantes, e permitem aos cidadãos criticá-las e, eventualmente, desobedecer-lhes – a *justiça supralegal.*

Significado atual.[183] – Mas o que significa, hoje, a justiça?

Encontrar uma definição é sempre a parte mais difícil de qualquer construção teórica. Não vamos fugir à dificuldade, mesmo sabendo que tal definição não é perfeita e pode ser criticada de muitos ângulos.

A «justiça» pode ser definida, em nosso entender, como o *conjunto de valores que impõem ao Estado e a todos os cidadãos a obrigação de dar a cada um*

[182] José Allen S. M. Fontes, «Súmula de uma leitura do conceito de justiça no Livro V da Ética Nicomaqueia de Aristóteles», *in Ab Vno Ad Omnes*, p. 1443 e ss.

[183] António Braz Teixeira, «A ideia de Justiça no Pensamento Contemporâneo», *in Estudos em Homenagem ao Professor Doutor Pedro Soares Martínez*, I, Coimbra, 2000, p. 37 e ss.

o que lhe é devido em função da dignidade da pessoa humana. Expliquemos os vários elementos desta definição:

a) A justiça é *um conjunto de valores.* – Não julgamos conveniente tomar posição sobre se são valores estabelecidos pela lei divina, ou pelo direito natural, ou pela razão humana, ou pela consciência universal, ou pelo sentimento jurídico coletivo, ou por qualquer outra fonte normativa última. Isso dependerá das opções filosóficas e intelectuais de cada um. O nosso conceito de justiça pretende ser suficientemente abrangente para poder ser adotado como instrumento de interpretação e crítica do direito positivo. Numa reflexão filosófica aprofundada seria necessário ir mais longe, e tentar determinar a fonte última donde emanam os valores em que a justiça consiste;

b) Os valores que integram o conceito de justiça impõem *uma obrigação.* – Esse dever é imposto, quer ao Estado, quer aos cidadãos: trata-se, pois, de uma obrigação que o Estado deve cumprir para com os seus cidadãos, e que cada cidadão deve cumprir para com os outros seres humanos;

c) Em terceiro lugar, a obrigação que decorre da justiça é a obrigação *de dar a cada um o que lhe é devido.* – Tanto os gregos como os romanos usaram uma fórmula próxima desta: *suum cuique tribuere* (dar a cada um o que é seu). A ideia parece-nos certa, mas a fórmula não é inteiramente feliz: pois se algo já é de alguém – já é «seu» – a obrigação de lho «dar» (devolver, entregar, pagar) existe, e é conforme à justiça, mas não esgota toda a noção de justiça. Segundo um critério de justiça, tanto ou mais importante do que dar a cada um o que já lhe pertence, é dar a cada um o que lhe *deva pertencer.* Por isso usamos a fórmula, que se nos afigura mais correta, de dar a cada um o que lhe é *devido* – o que abrange não apenas o que já *seja seu,* mas também o que a justiça exija que *passe a ser seu.* Isto é muito importante para abarcar as dimensões modernas da justiça, nomeadamente a justiça social: quando o Estado assegura aos cidadãos mais desfavorecidos direitos sociais, como o direito à saúde, à segurança social, à habitação, à educação – não está a dar-lhes algo que eles já possuam, mas sim algo que lhes falta, e que a justiça impõe que lhes deva ser dado;

d) O critério geral orientador acerca do que, em nome da justiça, é ou não devido a cada um, julgamos que há de ser definido em função da *dignidade da pessoa humana*. Acolhemos assim, neste ponto, a proposta formulada entre nós por Castanheira Neves, e que remonta pelo menos à conceção dos estoicos, representada por Cícero, tendo sido depois acolhida e doutrinada pelos doutores da Igreja, a partir nomeadamente de S. Tomás de Aquino. A ideia de «respeito pela dignidade humana» é hoje, no entanto, património comum dos humanistas, e não tem necessariamente uma conotação religiosa.

Critérios da justiça. – Uma vez definido o conceito de justiça, incluindo o seu critério geral orientador, importa agora apurar quais são os critérios específicos que decorrem da noção de justiça.

Se ela é um conjunto de valores que orientam os homens, quais os critérios específicos dessa orientação? Entendemos que esses critérios variam consoante se trate da justiça coletiva ou da justiça individual.

No plano da *justiça coletiva*, cremos ser pacífico o entendimento de que o principal critério da justiça, como forma de organização de um Estado justo e de uma sociedade justa, é *o respeito pelos Direitos Humanos*. Um Estado, um regime político, uma Constituição, uma sociedade, dir-se-ão justos se respeitarem todos e cada um dos direitos do homem – não apenas os direitos de natureza pessoal e política, mas também os direitos de natureza económica, social e cultural (*Estado Social*). Nem sempre se entendeu assim ao longo da História, mas atualmente verifica-se um consenso amplo sobre este ponto.

No plano da *justiça individual*, julgamos serem de aceitar as duas principais ideias de Aristóteles – a igualdade e a proporcionalidade –, mas cumpre acrescentar ainda a *boa fé*. Isto significa que quem atuar contra os valores da justiça, apurados por aplicação de qualquer um destes critérios, estará a atuar injustamente; estará, pois, a cometer uma injustiça.

O princípio da justiça no artigo 266.º da Constituição e no artigo 8.º do CPA. – Debrucemo-nos agora sobre o artigo 266.º, n.º 2, da Constituição portuguesa. Nele se diz, como vimos já acima, o seguinte: «Os órgãos e agentes administrativos estão subordinados à Constituição e à lei e devem atuar, no exercício das suas funções, com respeito pelos princípios da igualdade, da proporcionalidade, da justiça, da imparcialidade e da boa fé».

Da análise literal deste preceito podem tirar-se, de imediato, três conclusões:

- a justiça, tal como está tratada neste artigo, é algo que está *para além da legalidade*, uma vez que o preceito dissocia o respeito pela lei do respeito pelo princípio da justiça (deve respeitar-se a legalidade *e também* a justiça);
- no artigo 266.º, n.º 2, a CRP não trata de todo o problema da justiça, mas apenas do dever de atuar com justiça que se impõe à Administração Pública. Assim, ficam de fora muitos dos aspetos que vimos fazerem parte de uma teoria integral da justiça – a justiça das leis, a sentença justa e, por outro lado, tudo aquilo a que chamámos *justiça coletiva* (a organização do Estado, da sociedade, o próprio problema de saber se a Constituição é justa ou injusta, e ainda a justiça que deve ser aplicada nas relações privadas dos cidadãos – na família, na empresa, no comércio...);
- quando a CRP diz que a Administração Pública deve respeitar o princípio da igualdade, o princípio da proporcionalidade, o princípio da justiça e o princípio da boa fé, está a desdobrar a ideia de justiça em algumas noções que sempre foram consideradas, desde Aristóteles, como fazendo parte essencial do conceito de justiça – nomeadamente, a ideia de igualdade e a ideia de proporcionalidade: ser justo é tratar de modo igual o que é igual e não agir excessivamente para além da medida adequada. E, por isso, entendemos que *o princípio fundamental consagrado no artigo 266.º, n.º 2, é o princípio da justiça*, sendo que os princípios da igualdade, da proporcionalidade e da boa fé são *subprincípios* que se integram no princípio da justiça. Não obstante, a referência autónoma ao princípio da justiça justifica-se, na medida em que esta, sendo o referente fundamental da ordem jurídica considerada no seu todo – o valor ou ideia que dá sentido a tal ordem normativa precisamente enquanto ordem jurídica –, constitui o fundamento último da juridicidade da resposta dada pela referida ordem aos problemas que visa resolver. Deste modo, a consagração do princípio da justiça abre a ordem jurídica à consideração de novos problemas jurídicos e representa o limite inultrapassável à aceitação de situações de injustiça. Na verdade, uma vez que o direito pretende ser justo, não pode, sem se autonegar, aceitar o injusto. O princípio da justiça consagrado no artigo

266.º, n.º 2, da CRP representa, assim, a *ultima ratio* da subordinação da Administração ao direito.

– Quanto ao teor do artigo 8.º do CPA (segunda parte), importa dizer, em síntese, que a referência, aí, ao conceito de «ideia de direito», inculca que estamos, de facto, como sublinha Miguel Assis Raimundo, perante «uma espécie de reserva ou último recurso de juridicidade, assente na relevância dos operadores ["valores"] como a dignidade da pessoa humana e os direitos fundamentais»[184]. Todavia, ainda que da aplicação direta e imediata relativamente rara a situações concretas, como o atesta aliás a escassez de decisões judiciais nele diretamente baseada, «o facto de se conseguir identificar pelo menos um ou dois casos em que ela ocorre com propriedade, revela a oportunidade da sua inclusão no Código»[185].

Cumpre agora analisar sucessivamente os subprincípios, igualmente mencionados no citado preceito constitucional, (artigo 266.º, n.º 2) e que se foram autonomizando do princípio da justiça.

26. *Idem*: o princípio da igualdade[186]

Como é sabido, o princípio da igualdade constitui um dos elementos estruturantes do constitucionalismo moderno, assumindo, aí, desde os seus primórdios, um lugar de destaque.

Na verdade, o princípio da igualdade entre os homens surge expressamente consagrado logo no *Virginia Bill of Rights*, de 1776, e na Constituição de Massachusetts, de 1780.

[184] Cfr. Miguel Assis Raimundo, *Os princípios no novo CPA*..., cit., p. 159.

[185] *Idem, ibidem.*

[186] É muito vasta a bibliografia relativa ao princípio da igualdade. V., além das obras que de seguida citamos, a bibliografia citada por Jorge Miranda, *Manual de Direito Constitucional*, IV, 3.ª ed., Coimbra Editora, Coimbra, 2000, nota 2 de pp. 221 a 224; e por Marcelo Rebelo de Sousa e André Salgado Matos, *Direito Administrativo Geral (Introdução e princípios fundamentais)*, tomo I, pp. 231-232. V. também Maria da Glória Garcia, *Estudos sobre o Princípio da Igualdade*, Almedina, Coimbra, 2005; e ainda as anotações ao art. 13.º da CRP em Gomes Canotilho e Vital Moreira, *Constituição da República Portuguesa Anotada*, vol. I (arts. 1.º a 107.º), 4.ª ed., Coimbra Editora, Coimbra, 2007, p. 333 e ss.; e Jorge Miranda e Rui Medeiros, *Constituição Portuguesa Anotada*, tomo I (Introdução, Preâmbulo e arts. 1.º a 79.º), 2.ª ed., Coimbra Editora, Coimbra, 2010, p. 213 e ss.

Da mesma forma, em França, a Declaração dos Direitos do Homem e do Cidadão, de 1789, «a fonte das Constituições liberais portuguesas»[187], continha, logo no seu artigo 1.º, a célebre fórmula «*les hommes naissent et demeurent libres et égaux en droits*»[188].

O constitucionalismo português teve, igualmente, desde o início, perceção da importância fundamental do princípio da igualdade. É significativo que o artigo 11.º das Bases da Constituição aprovadas pelas Cortes Gerais Extraordinárias e Constituintes da Nação Portuguesa, em 9 de março de 1821, tenha proclamado solenemente o princípio de que «*a lei é igual para todos*». O princípio manteve-se ao longo de todo o nosso constitucionalismo[189]. É, por isso, sem surpresas que, na atual Constituição, se proclama inequivocamente, no n.º 1 do seu artigo 13.º, que «*todos os cidadãos têm a mesma dignidade social e são iguais perante a lei*».

O sentido do princípio da igualdade não tem sido, no entanto, uniforme ao longo dos tempos[190]. Assim, e sem referir os períodos anteriores ao constitucionalismo liberal, o princípio da igualdade começou por ser entendido e interpretado, no século passado, numa perspetiva exclusivamente formal: a igualdade traduzia-se numa *igual aplicação da lei a todos os cidadãos*. Numa fórmula sintética, sistematicamente repetida, escrevia Anschütz: «*as leis devem ser executadas sem olhar às pessoas*»[191]. Era a reação liberal contra a conceção feudal, que privilegiava o Rei, o Clero e a Nobreza, em relação aos restantes súbditos, os «homens comuns», o «povo». O princípio da igualdade traduzia-se, por isso, numa pura exigência de generalidade da lei, confundindo-se com o princípio da prevalência da lei[192]. Hoje, porém, é ponto assente que

[187] V. Jorge Miranda, *Manual de Direito Constitucional*, IV, p. 228.

[188] V. Maria da Glória Ferreira Pinto, «Princípio da igualdade – Fórmula vazia ou fórmula carregada de sentido?», separata do *Boletim do Ministério da Justiça*, n.º 358, 1987, p. 26. Da mesma A., v., por último, «Principe d'égalité: de l'uniformité à la différenciation...», *in Direito e Justiça*, XIII, 1999, tomo 3, pp. 67-89.

[189] V. art. 9.º da Constituição de 1822; art. 145.º, § 12.º, da Carta Constitucional de 1826; art. 10.º da Constituição de 1838; art. 3.º, n.º 2, da Constituição de 1911; art. 5.º da Constituição de 1933.

[190] V. uma boa síntese dessa evolução no Ac. do TC n.º 549/97, *in DR*, II, n.º 280, de 4 de dezembro de 1997, p. 14 893.

[191] V. Gomes Canotilho, *Direito Constitucional...*, p. 426.

[192] V. Maria da Glória Ferreira Pinto, *Princípio da igualdade* – Fórmula vazia ou fórmula carregada de sentido?, *cit.*, p. 26.

igualdade e generalidade não são sinónimos, não constituindo o princípio da igualdade uma simples «refração do princípio da legalidade»[193]. O princípio da igualdade não se circunscreve à obrigação de os órgãos administrativos e jurisdicionais aplicarem a lei de modo igual[194], envolvendo ainda, como sua componente essencial, uma ideia de igualdade *na própria lei* ou *através da lei*[195].

Seja como for, se a força expansiva do princípio da igualdade o eleva, nos nossos dias, a um princípio oponível inclusivamente ao próprio legislador, a verdade é que, hoje como ontem, o princípio da igualdade constitui um importante limite que não só os tribunais como as próprias autoridades administrativas devem observar na sua atividade.

Não surpreende, pois, também, a sua inclusão no artigo 266.º, n.º 2, da CRP e, bem assim, no artigo 6.º, do CPA. Diz-se aqui, mais desenvolvidamente: «Nas suas relações com os particulares, a Administração Pública deve reger-se pelo princípio da igualdade, não podendo privilegiar, beneficiar, prejudicar, privar de qualquer direito ou isentar de qualquer dever ninguém em razão de ascendência, sexo, raça, língua, território de origem, religião, convicções políticas ou ideológicas, instrução, situação económica, condição social ou orientação sexual».

A igualdade impõe que se trate de modo igual o que é juridicamente igual, e de modo diferente o que é juridicamente diferente, na medida da diferença. Ou seja, como vem sendo reconhecido pela doutrina[196] e pela jurisprudência[197], o princípio da igualdade projeta-se fundamentalmente em duas direções:

- proibição de discriminação;
- obrigação de diferenciação.

[193] V. Gomes Canotilho, *Constituição dirigente e vinculação do legislador*, p. 381.

[194] V. F. Alves Correia, *O plano urbanístico e o princípio da igualdade*, Coimbra, 1989, p. 401.

[195] V. Jorge Miranda, *Manual de Direito Constitucional*, IV, p. 240.

[196] V., além da bibliografia já citada, também João Martins Claro, «O Princípio da igualdade», *in* (J. Miranda), *Nos dez anos da Constituição*, Lisboa, 1987, p. 29 e ss.

[197] Para uma síntese geral da jurisprudência constitucional portuguesa sobre o princípio da igualdade, cfr. Martim de Albuquerque, *Da igualdade. Introdução à Jurisprudência*, Coimbra, 1993, *passim*. Numa perspetiva sistemática, v. Jorge Miranda, *Manual de Direito Constitucional*, IV, pp. 248-254; Gomes Canotilho e Vital Moreira, *Constituição da República Portuguesa Anotada*, vol. I, p. 335; e Jorge Miranda e Rui Medeiros, *Constituição Portuguesa Anotada*, tomo I, pp. 214-219.

a) Uma medida é *discriminatória*, e é, por conseguinte, proibida por violação do princípio da igualdade, se estabelece uma identidade ou uma diferenciação de tratamento para a qual, à luz do objetivo que com ela se visa prosseguir, não existe justificação material bastante.

Esquematicamente, o *iter* cognitivo a seguir para averiguar se uma medida administrativa é ou não *discriminatória* é, sinteticamente, o seguinte:

- primeiro, perscruta-se, através da interpretação, o fim visado pela medida administrativa;
- depois, isolam-se as categorias que, para realizar tal fim, são, nessa medida, objeto de tratamento idêntico ou diferenciado;
- finalmente, questiona-se se, para a realização do fim tido em vista, é ou não *razoável*, à luz dos valores dominantes do ordenamento, proceder àquela identidade ou distinção de tratamento: se é razoável, não há violação do princípio da igualdade; se não é, então há violação do princípio da igualdade.

b) Por sua vez, a *obrigação de diferenciação* parte da ideia de que a igualdade não é uma igualdade absoluta e cega.

O princípio da igualdade manda tratar por igual as situações que forem juridicamente idênticas, mas, já desde Aristóteles, aceita e exige um tratamento desigual para as situações que forem diferentes. Daí que haja, na própria Constituição e nas leis, a previsão da adoção de medidas administrativas especiais de proteção em relação aos mais desfavorecidos, em relação às classes mais pobres da sociedade, ou em relação àqueles grupos de pessoas que pela sua situação física ou social careçam de uma proteção mais forte, designadamente a proteção especial à infância, à juventude, à terceira idade, aos trabalhadores, etc.[198] É também ao abrigo desta noção que se tem defendido, sobretudo a partir dos EUA, a ideia de «proteção das minorias», que se apresenta como ideia muito forte nas atuais democracias ocidentais, e de que decorre a necessidade de tratar desigualmente o que deve vir a ser igual mas ainda é desigual (são as chamadas *discriminações positivas*).

[198] V. Jorge Miranda, *Manual de Direito Constitucional*, IV, pp. 238-241.

27. *Idem*: o princípio da proporcionalidade

Generalidades. – O princípio da proporcionalidade constitui uma manifestação essencial do princípio do Estado de Direito (art. 2.º da CRP). Na verdade, está fortemente ancorada a ideia de que, num Estado de Direito democrático, as decisões ou medidas tomadas pelos poderes públicos não devem exceder o estritamente necessário para a realização do interesse público[199-200].

Historicamente, a «área de eleição» do princípio da proporcionalidade foi o Direito de Polícia[201]. Assim, «na Alemanha, embora apenas na expressão de um princípio de *necessidade*, detecta-se-lhe o rasto até se chegar ao direito prussiano de polícia do final do século XVII (...) e citam-se os ensinamentos de Carl Gottlieb Suarez ao futuro rei Frederico Guilherme III, em 1791/2»[202].

Todavia, «numa linha de aproximação de todo o ordenamento vigente ao *Direito justo*, o princípio expandiu-se a outros ramos do Direito Administrativo e, não obstante as críticas que lhe foram dirigidas por alguns autores, foi inclusivamente acolhido no Direito Constitucional. Entre nós, à semelhança do que sucede no Direito Comparado, onde se tende hoje a reconhecer que o princípio da proporcionalidade não é uma invenção do juiz constitucional retirada do seu "chapéu mágico", pode também dizer-se que o princípio da proporcionalidade (...) tem dignidade de princípio constitucional»[203].

Por outras palavras, «a facilidade de contaminação sucessiva de domínios materiais mais extensos permitiu que o princípio da proporcionalidade abandonasse a sua função localizada de princípio setorial, para assumir a natureza de princípio geral de direito, a que nenhuma área do direito interno, nem nenhum ato (legislativo, regulamentar, judicial, administrativo, político *stricto sensu*, porventura até de revisão constitucional) está imune»[204].

[199] V. Gomes Canotilho, *Direito Constitucional e Teoria da Constituição*, p. 266 e ss.

[200] V. Vitalino Canas, «Princípio da proporcionalidade», *in DJAP*, VI, Lisboa, 1996, p. 600.

[201] V. Rui Medeiros, *A decisão de inconstitucionalidade. Os autores, o conteúdo e os efeitos da decisão de inconstitucionalidade da lei*, Lisboa, 1999, p. 698.

[202] V. Vitalino Canas, «Princípio da proporcionalidade», *loc. cit.*, p. 591.

[203] V. Rui Medeiros, *A decisão de inconstitucionalidade*, pp. 698-699.

[204] V. Vitalino Canas, «Princípio da proporcionalidade», *loc. cit.*, p. 636.

E assim, como recorda Rui Medeiros, «poucas ideias jurídicas receberam nas últimas décadas uma prosperidade e uma difusão tão grande no Direito Comparado como a ideia de proporcionalidade. Mesmo sem referir a expansão do princípio fora do Velho Continente ou o seu acolhimento pelo Tribunal Europeu dos Direitos do Homem e pelo Tribunal Administrativo da Organização Internacional do Trabalho, o princípio da proporcionalidade constitui um dos domínios do atual *ius commune europaeum*. A jurisprudência comunitária, ao receber o modelo alemão do controlo da proporcionalidade, teve um papel decisivo na difusão e divulgação dessa técnica de controlo»[205-206].

Conceito. – O que vem então a ser o princípio da proporcionalidade que, estando consagrado em vários preceitos da CRP (cfr. arts. 18.º, n.º 2, 19.º, n.º 4, 272.º, n.º 1), é depois especificamente enunciado no artigo 266.º, n.º 2, da CRP e no artigo 7.º do CPA como padrão de toda a atividade administrativa[207]?

O «princípio da proporcionalidade» é o *princípio segundo o qual a limitação de bens ou interesses privados por atos dos poderes públicos deve ser adequada e necessária aos fins concretos que tais atos prosseguem, bem como tolerável quando confrontada com aqueles fins.*

A definição evidencia as três dimensões essenciais do princípio:

- *Adequação;*
- *Necessidade;*
- *Equilíbrio.*

A *adequação* significa que a medida tomada deve ser causalmente ajustada ao fim que se propõe atingir (cfr. CPA, artigo 7.º, n.º 1). Procura-se deste modo verificar a existência de uma relação entre duas variáveis: o meio, instrumento, medida ou solução, de um lado; o objetivo ou finalidade, do outro[208].

205 V., com indicações, Rui Medeiros, *A decisão de inconstitucionalidade*, p. 702.

206 V. Maria Luísa Duarte, *A teoria dos poderes implícitos e a delimitação de competências entre a União Europeia e os Estados-Membros*, Lex, Lisboa, 1997, p. 540 e ss.

207 Diz o n.º 2 do art. 7.º do CPA: «As decisões da Administração que colidam com direitos subjetivos ou interesses legalmente protegidos dos particulares só podem afetar essas posições na medida do necessário e em termos proporcionais aos objetivos a realizar».

208 V. Vitalino Canas, «Princípio da proporcionalidade», *loc. cit.*, p. 621.

No Acórdão do Supremo Tribunal Administrativo, de 21 de junho de 2000, depois de se afirmar que «compete aos júris dos concursos da função pública, no respeito dos princípios e preceitos legais (...), adotarem os critérios e fórmulas de avaliação que melhor se adaptarem ao tipo de concurso em causa e às caraterísticas da categoria a prover, estando o poder de controlo do tribunal limitado à ocorrência de erros grosseiros na atuação do júri ou à adoção, pelo mesmo, de critérios manifestamente inadequados», entendeu-se que «não configura adoção de critério manifestamente inadequado o relevo dado, na ponderação do fator "qualificação e experiência profissionais", no âmbito da avaliação curricular, ao tempo de serviço de funções na carreira administrativa (...), conjugado com outros aspetos tidos por relevantes, designadamente a variedade das áreas em que aquelas funções se desenvolveram (...)»[209].

Pode, no entanto, dizer-se que já será desadequado que, no âmbito de um concurso de pessoal para o preenchimento de um lugar de telefonista no quadro de determinado Ministério, se eleja como critério de avaliação das candidaturas, por ex., «a prática pelo candidato de desportos radicais».

Outro exemplo: «haverá violação do princípio da adequação quando a expropriação se apresentar como um meio manifestamente incapaz de atingir a utilidade pública pretendida»[210].

A *necessidade* significa que, para além de idónea para o fim que se propõe alcançar, a medida administrativa deve ser, dentro do universo das medidas abstratamente idóneas, aquela que, em concreto, lese em menor medida os direitos e interesses dos particulares(cfr. CAP, artigo 7.º, n.º 2). Como se escreveu num acórdão do Supremo Tribunal Administrativo, «a Administração está obrigada, ao atuar discricionariamente perante os particulares, a escolher, de entre várias medidas que satisfazem igualmente o interesse público, a que menos gravosa se mostrar para a esfera jurídica daqueles»[211]. O centro das preocupações desloca-se para a ideia de *comparação*: *a operação central a efetuar é a comparação* entre uma medida idónea e outras medidas também idóneas[212]. O objetivo de tal comparação será a escolha da *medida idónea que seja menos lesiva*.

[209] Processo n.º 38 663.

[210] V. Margarida Cabral, «Poder de expropriação e discricionaridade», *in Revista Jurídica do Urbanismo e do Ambiente*, n.º 2, 1994, p. 123.

[211] Ac. do STA, de 10 de outubro de 1998, Processo n.º 28 610.

[212] V. Vitalino Canas, «Princípio da proporcionalidade», *loc. cit.*, p. 624.

Do ponto de vista do princípio da proporcionalidade, a medida administrativa necessária é assim *a medida menos* lesiva[213].

No Acórdão do Supremo Tribunal Administrativo, de 19 de março de 1999, depois de se recordar que «o princípio da proporcionalidade reclama o *princípio da justa medida* na prossecução do interesse público, com vista a evitar o excessivo gravame para a esfera jurídica dos administrados (...)», entendeu-se ser ilegal, por exceder manifestamente a gravidade da falta cometida, o despacho que pune com a pena de demissão, ao abrigo do n.º 1 do artigo 26.º, do Estatuto Disciplinar, «uma médica que, sem qualquer anterior punição disciplinar, exerceu, durante certo período do internato complementar (...), também funções de Técnica de Exploração Postal dos CTT, por contrato, assim afrontando a proibição de acumulação resultante de incompatibilidade diretamente estabelecida nos n.º 4 do artigo 9.º e n.º 2 do artigo 10.º do D. L. n.º 310/82, de 3/8, na redação dada pelo D. L. n.º 90/88, de 18/3»[214].

No que toca ao regime jurídico das expropriações, pode ilustrar-se a ideia de necessidade com a exigência que a lei faz de que a Administração tente previamente obter os bens por via contratual[215].

Finalmente, a vertente do *equilíbrio* (ou da proporcionalidade em sentido estrito) exige que os benefícios que se espera alcançar com uma medida administrativa *adequada e necessária* suplantem, à luz de certos parâmetros materiais, os custos que ela por certo acarretará (cfr. CPA, artigo 7.º, n.º 2). «Procura avaliar-se – diz Vitalino Canas – se o ato praticado, na medida em que implica uma escolha valorativa, isto é, o sacrifício de certos bens a favor da satisfação de outros, é correto, é *válido* à luz de parâmetros materiais»[216].

Por exemplo, no Acórdão do Supremo Tribunal Administrativo, de 24 de outubro de 1991, entendeu-se que o «despacho do Secretário de Estado da Administração Local e do Ordenamento do Território (...) que ordena o embargo do último piso de um edifício de cinco andares e manda notificar o particular embargado para proceder à sua demo-

[213] V. Vitalino Canas, «Princípio da proporcionalidade», *loc. cit.*, p. 624.

[214] Processo n.º 30 896.

[215] V. Margarida Cabral, «Poder de expropriação e discricionaridade», *loc. cit.*, p. 124.

[216] V. Vitalino Canas, «Princípio da proporcionalidade», *loc. cit.*, p. 628.

lição» não viola o princípio da proporcionalidade, «nas vertentes da indispensabilidade e do equilíbrio ou razoabilidade (...), pois além dos interesses particulares há que atentar na salvaguarda dos valores estéticos e arquitetónicos que interessam a toda a comunidade, estando ainda em causa a confiança das populações na política governamental de não pactuar com a passiva violação do plano de urbanização aprovado para a zona»[217-218].

Em suma, se uma medida concreta não for simultaneamente adequada, necessária e equilibrada, em relação ao fim tido em vista com a sua adoção, ela será ilegal por desrespeito do princípio da proporcionalidade.

Aplicação e relação com o princípio da igualdade. – Na aplicação do princípio da proporcionalidade, define-se, primeiro, o fim que se pretende alcançar com a medida em causa; e apura-se, depois, a *relação* entre a medida que se idealiza tomar e o fim pretendido: será ela adequada para o realizar? Das várias adequadas, será a menos lesiva para os interesses particulares? E será que o fim a prosseguir justifica materialmente determinado sacrifício de interesses particulares conflituantes com o interesse público?

A ideia de proporcionalidade é, pois, inconfundível com a de igualdade. «Embora ambas visem assegurar a justa medida e o equilíbrio dos atos do Estado, pressupondo uma base comum de racionalidade, materialmente correm em direcções distintas»[219]. Como sintetiza Vitalino Canas, o juízo sobre a razoabilidade das discriminações (ou da parificação do tratamento), típico do exame do respeito pelo princípio da igualdade, baseia-se na apreciação ou na comparação de dois tipos legais na sua relação com a tensão entre base factual e resultado visado. O princípio da proporcionalidade preocupa-se antes com a questão de saber se o sacrifício de certos bens ou interesses é adequado, necessário e equilibrado, na relação com os bens e interesses que se pretende promover[220].

[217] Processo n.º 26 570.

[218] V. também os exemplos referidos por Margarida Cabral, «Poder de expropriação e discricionaridade», *loc. cit.*, p. 129 e ss.

[219] V. Vitalino Canas, «Princípio da proporcionalidade», *loc. cit.*, pp. 603-604.

[220] *Idem, ibidem*, p. 604.

Assim, uma decisão administrativa pode violar o princípio da proporcionalidade sem simultaneamente ferir o princípio da igualdade, e vice-versa.

Exemplo de *medida violadora da proporcionalidade sem ofensa da igualdade*: um doente com uma doença rara, contagiosa e desconhecida pode ser obrigado ao isolamento com vista a salvaguardar a saúde pública, sem que isso viole o princípio da igualdade. Mas poderá haver desrespeito pela proporcionalidade se, por exemplo, o tipo *concreto* de isolamento passar por rigores desnecessários, como a proibição de telefonemas[221].

Exemplo de *medida violadora da igualdade sem desrespeito da proporcionalidade*: pretendendo-se combater a evasão fiscal, submete-se os advogados a fiscalização mais apertada do que a imposta aos médicos em profissão liberal. Não se vislumbra, à primeira vista, motivo razoável na distinção e tratamento diferente das duas categorias de profissões liberais, considerando o objetivo da medida[222].

28. *Idem*: o princípio da boa fé[223]

Generalidades. – Originário da dogmática e do direito privados, o princípio da boa fé exprime, hoje, inquestionavelmente, um vetor geral de todo o ordenamento jurídico[224]. Prova acabada do que vem de se dizer é o facto de, com a revisão constitucional de 1997, este princípio ter

[221] *Idem, ibidem*, p. 605.

[222] *Ibidem*.

[223] Sobre a boa fé, cfr., entre nós, Menezes Cordeiro, *Da boa fé no Direito Civil*, I, Coimbra, 1984, p. 383 e ss. V. também Marcelo Rebelo de Sousa e André Salgado Matos, *Direito Administrativo Geral (Introdução e princípios fundamentais)*, tomo I, p. 220 e ss.; Maria da Glória Garcia, *A responsabilidade civil do Estado e demais pessoas coletivas públicas*, Lisboa, 1997, p. 86; e Diogo Freitas do Amaral e Rui Medeiros, «Parecer», *in* (org. Azeredo Perdigão Advogados) *Obras Públicas. Do Pagamento do Prémio pela Conclusão Antecipada da Empreitada*, Coimbra, 2001, pp. 82-85. Na doutrina estrangeira, entre tantos, v. Jesús Gonzalez Perez, *El Principio General de la Buena Fe en el Derecho Administrativo*, 3.ª ed., 1999; Fabio Merusi, «Il Principio di Buona Fede nel Diritto Amministrativo», *in Scritti per Mario Nigro*, II, Milão, 1991, p. 117 e ss.

[224] V. Menezes Cordeiro, *Da boa fé...*, I, p. 371 e ss., em especial p. 395. O Autor sublinha as virtualidades da aplicação da boa fé em domínios não civis, embora critique a falta de desenvolvimento sistemático do instituto nesses campos. Note-se que a aplicação da boa fé no Direito Administrativo já mereceu há muito tempo a aceitação da jurisprudência. São emblemáticos os Acórdãos do STA, de 6 de junho de 1984 (*in AD*, n.º 289, p. 62), e de 11 de fevereiro de 1988 (*in BMJ*, n.º 374, p. 301).

sido expressamente inscrito na Constituição formal entre os princípios vinculativos da Administração Pública (cfr. art. 266.º, n.º 2). Aliás, e já um ano antes, o legislador ordinário, através do D. L. n.º 6/96, de 31 de janeiro (diploma que procedeu à revisão do CPA de 1991), havia dado um significativo passo em frente no sentido da expressa consagração do princípio da boa fé no nosso ordenamento administrativo, ao introduzir no CPA um artigo que lhe foi expressamente dedicado. O princípio da boa fé encontra-se hoje consagrado no artigo 10.º, n.º 1, do CPA, aí se prevendo que «no exercício da atividade administrativa e em todas as suas formas e fases, a Administração Pública e os particulares devem agir e relacionar-se segundo as regras da boa fé». O respeito pela boa fé realiza-se através da ponderação dos «valores fundamentais do Direito, relevantes em face das situações consideradas», concedendo-se especial importância à «confiança suscitada na contraparte pela atuação em causa» e ao «objetivo a alcançar com a atuação empreendida» (n.º 2 do art. 10.º)[225].

Como tivemos já a oportunidade de comentar a este propósito, a ideia geral desta autonomização foi satisfazer a «necessidade premente de criar um clima de confiança e previsibilidade no seio da Administração Pública»[226].

Ou seja, hoje, «também a Administração Pública está obrigada a obedecer à *bona fide* nas relações com os particulares. Mais: ela deve mesmo dar, também aí, o exemplo aos particulares da observância da boa fé, em todas as suas várias manifestações, como núcleo essencial do seu comportamento ético. Sem isso nunca se poderá afirmar que o Estado (e com ele outras entidades públicas) é *pessoa de bem*. E a manutenção, na opinião pública de um Estado Democrático, da consciência de que o Estado é pessoa de bem, em lugar de se transformar no modelo de pessoa sem escrúpulos no cumprimento da lei e dos princípios metajurídicos que o regem, ou sem normas éticas e irresponsável no seu

[225] Antes, a doutrina publicista era já praticamente unânime em reconhecer que o princípio da boa fé se encontrava ínsito quer no princípio do Estado de Direito (art. 2.º) quer no princípio da justiça (art. 266.º, n.º 2). V. nesse sentido Freitas do Amaral, «Direitos fundamentais dos administrados», *in* J. Miranda (org.), *Nos dez anos da Constituição*, Lisboa, 1987, p. 20.

[226] V. Freitas do Amaral *et alli*, *Código do Procedimento Administrativo Anotado*, p. 47.

comportamento quotidiano, é condição *sine qua non* da própria credibilidade das instituições públicas»[227].

Concretização. – O princípio da boa fé, sendo embora «dotado de elevado grau de abstração»[228], está longe de ser uma «fórmula vazia pseudonormativa»[229].

A sua concretização é possibilitada através de dois princípios básicos: o princípio da *tutela da confiança legítima* e o princípio da *materialidade subjacente*. Quer dizer, a boa fé determina a tutela das situações de confiança e procura assegurar a conformidade material – e não apenas formal – das condutas aos objetivos do ordenamento jurídico[230].

Desenvolvamos, sucessivamente, cada um destes tópicos.

a) A ideia da proteção da confiança está há bastante tempo subjacente a uma série de institutos bem conhecidos do Direito Administrativo. Pense-se, por exemplo, nos limites fixados no artigo 167.º do CPA à revogação dos atos administrativos (válidos) constitutivos de direitos ou de interesses legalmente protegidos ou no dever de, em consequência de uma modificação unilateral por imperativo de interesse público do conteúdo de um contrato administrativo, a Administração repor o respetivo equilíbrio financeiro (cfr. art. 314.º, n.º 1, al. *b*), do Código dos Contratos Públicos).

Mas vale, evidentemente, noutros âmbitos[231] – e, especialmente, em sede de formação de contratos administrativos. Na verdade, entre as primeiras atitudes que a Administração toma no início de um procedimento administrativo tendente à formação de um contrato e as posições finais que acaba por assumir posteriormente, a Administração não pode mudar injustificadamente de critério, não pode dar o dito por não dito, não pode negar o que já havia prometido, não pode formular novas exi-

[227] V. Fausto de Quadros, «O concurso público na formação do contrato administrativo», *in ROA*, 1987, p. 725.

[228] V. Menezes Cordeiro, «A boa fé nos finais do século XX», *in ROA*, 1996, p. 877 e ss.

[229] V. Karl Larenz, *Metodologia da Ciência do Direito*, Lisboa, 1989, p. 264.

[230] V. Menezes Cordeiro, *Da boa fé no Direito Civil*, II, pp. 1234 e ss. e 1252 e ss. Sobre a tutela da confiança no Direito Administrativo, v. especialmente Federico Castillo Blanco, *La Protección de Confianza en el Derecho Administrativo*, Madrid, 1998.

[231] V. exemplos em David Duarte, *Procedimentalização, participação e fundamentação...*, p. 331.

gências que não apresentou em tempo oportuno, não pode querer culpar o particular por atitudes que ela própria o autorizou a tomar, ou por atividades que o incitou a iniciar antes mesmo de formalizar o contrato, etc. É nesta zona – na zona que separa a *boa fé* da *má fé* – que se situa a maior parte das vezes o reino do abuso do poder e do puro arbítrio administrativo. Um tal comportamento, sendo injusto, é desde logo ofensivo da norma constitucional que impõe o respeito da boa fé.

A tutela da confiança não é, no entanto, arvorada em princípio absoluto, ocorrendo apenas em situações particulares que a justifiquem. São, na verdade, quatro os pressupostos jurídicos de tutela da confiança.

Desde logo, a existência de uma situação de confiança, traduzida na boa fé subjetiva ou ética da pessoa lesada. Em segundo lugar, exige-se uma justificação para essa confiança, isto é, a existência de elementos objetivos capazes de provocarem uma crença plausível. Igualmente necessário é o investimento de confiança, isto é, o desenvolvimento efetivo de atividades jurídicas assentes sobre a crença consubstanciada. Por último, surge a imputação da situação de confiança, implicando a existência de um autor a quem se deva a entrega confiante do tutelado[232].

Note-se que, tal como se refere na Teoria Geral do Direito Civil, entendemos que não existe entre estes vários requisitos uma hierarquia, e que não são todos eles em absoluto indispensáveis: a falta de um pode ser compensada pela intensidade especial que assumam alguns – ou algum – dos restantes[233].

b) Por sua vez, o princípio da materialidade subjacente é fruto do combate histórico ao formalismo, entendido este como submissão rígida dos casos a decidir às disposições legais tidas por aplicáveis[234].

Através da aplicação deste princípio, a boa fé requer que o exercício de poderes jurídicos se processe em termos de verdade material, ou seja,

[232] Sobre esta arrumação dos pressupostos da tutela da confiança, cfr. Menezes Cordeiro, *Da boa fé no Direito Civil*, II, p. 1243 e ss. V. também Baptista Machado, «Tutela da confiança e "venire contra factum proprium"», *in RLJ*, n.º 3725, 1984, pp. 171-172; Marcelo Rebelo de Sousa, *O concurso público...*, p. 27 e ss.; e Manuel A. Carneiro da Frada, *Uma «Terceira Via» no Direito da Responsabilidade Civil*, Coimbra, 1997, p. 102 e ss.; e, do mesmo Autor, com maior desenvolvimento, *Teoria da confiança e responsabilidade civil*, Almedina, Coimbra, 2004, *passim*.

[233] V. Menezes Cordeiro, *Tratado...*, I, p. 188.

[234] V. Menezes Cordeiro, *Da boa fé no Direito Civil*, II, p. 1252.

não bastando apurar se tais condutas apresentam uma conformidade formal com a ordem jurídica, mas impondo-se, sobretudo, uma ponderação substancial dos valores em jogo.

A primazia da materialidade subjacente, desvalorizando excessos formais, vem cobrir todas as situações em que as exigências formais desrespeitadas não devam implicar uma decisão negativa, nomeadamente se as finalidades que a forma protege chegaram a atingir-se[235]. Isso pode suceder, como observa David Duarte, «quando, por exemplo, praxes e costumes internos (ou mesmo circulares) requerem exigências formais e é com base nelas que o decisor indefere uma pretensão, não fazendo uma valoração dirigida à preeminência dos aspetos materiais da questão»[236].

29. *Idem*: o princípio da justiça em sentido estrito

O princípio da justiça, além de ser um princípio compósito ou um «princípio de princípios», isto é, um princípio aglutinador de subprincípios que encontram tradução autónoma noutros preceitos constitucionais e legais – como é o caso da igualdade, da proporcionalidade e da boa fé –, é também, residualmente, um princípio com uma «capacidade irradiante»[237] própria, isto é, um princípio diretamente constitutivo de regras jurídicas decorrentes do que vimos constituir o seu cerne. O seu conteúdo está, pois, aberto à evolução dos tempos.

Por ex.: será injusta, *stricto sensu*, a decisão que favoreceu, sem fundamentação convincente, um candidato a certo cargo público sem currículo específico para o desempenhar, em detrimento de outro ou outros candidatos que apresentem currículos adequados e valiosos.

[235] V. David Duarte, *Procedimentalização, participação e fundamentação...*, p. 332.

[236] *Ibidem.*

[237] A expressão é de Sérvulo Correia, «Contencioso Administrativo e Estado de Direito», *in RFDUL*, XXXVI, Lisboa, 1995, p. 447.

30. O princípio da imparcialidade[238]

Noção e regime. – Tomada a expressão à letra, *imparcial* significa o contrário de *parcial* e, portanto, ser imparcial é não tomar o partido de nenhuma das partes em contenda. Se há duas partes em contenda e vem um terceiro procurar separá-las, ou dizer quem tem razão, esse terceiro, para ter autoridade e ser respeitado pelos contendores, tem de ser imparcial – o que significa que tem de estar numa posição fora e acima das partes (como se diz em latim, *super partes*).

A origem desta noção de imparcialidade vem do Direito Processual e da prática dos tribunais. Começou por se exigir a imparcialidade do juiz. E não é por acaso que a estátua que costuma representar a justiça é uma figura humana que tem na mão uma balança com dois pratos e uma venda nos olhos. Ora, se a balança procura naturalmente representar a ideia de igualdade, a venda nos olhos procura representar a ideia de que a justiça deve ser cega, isto é, não deve determinar-se em função da amizade ou da inimizade para com qualquer das partes.

Dispõe-se hoje no artigo 9.º do CPA que, «a Administração Pública deve tratar de forma imparcial aqueles que com ela entrem em relação, designadamente considerando com objetividade todos e apenas os interesses relevantes no contexto decisório e adotando as soluções organizatórias e procedimentos indispensáveis à preservação da isenção administrativa e à confiança nessa isenção».

Densificando esta ideia, pode dizer-se que o princípio da imparcialidade significa que a Administração Pública deve tomar decisões determinadas exclusivamente com base em critérios objetivos de interesse público, adequados ao cumprimento das suas funções específicas, não se tolerando que tais critérios sejam substituídos ou distorcidos por influência de interesses alheios à função, sejam estes interesses pessoais do órgão, do funcionário, ou do agente, interesses de indivíduos, de grupos sociais, de partidos políticos, ou mesmo interesses políticos con-

[238] Sobre este princípio, cfr., entre nós, Vieira de Andrade, «A imparcialidade da Administração como princípio constitucional», *in BFDC*, Coimbra, 1974, p. 233 e ss.; Baptista Machado, «Lições de Introdução ao Direito Público», *in Obra Dispersa*, II, Braga, 1993, p. 349 e ss. Mais desenvolvidamente, v. Maria Teresa de Melo Ribeiro, *O princípio da imparcialidade da Administração Pública*, Coimbra, 1995; e David Duarte, *Procedimentalização, participação e fundamentação...*, *passim*.

cretos do Governo[239]. Ou, numa formulação mais sintética, o princípio da imparcialidade impõe *que os órgãos e agentes administrativos ajam de forma isenta e equidistante relativamente aos interesses em jogo nas situações que devem decidir ou sobre as quais se pronunciem sem caráter decisório*[240].

O princípio da imparcialidade tem duas vertentes:

- negativa;
- positiva.

Vejamos.

a) *Vertente negativa.* – A imparcialidade traduz desde logo a ideia de que os *titulares de órgãos* e os *agentes* da Administração Pública estão *impedidos* de intervir em procedimentos, atos ou contratos que digam respeito a questões do seu interesse pessoal ou da sua família, ou de pessoas com quem tenham relações económicas de especial proximidade, a fim de que não possa suspeitar-se da isenção ou retidão da sua conduta.

Este dever de não intervir em certos assuntos para não haver suspeita de parcialidade é depois aprofundado pela lei ordinária (cfr. CPA, arts. 69.º a 76.º).

Analisemos esse regime.

239 V. Vieira de Andrade, «A imparcialidade da Administração como princípio constitucional», *loc. cit.*, pp. 224 e 225.

240 V. Ac. do STA – Pleno da 1.ª Secção – de 16 de novembro de 1995, *in AD*, n.º 411, p. 372 e ss. e, em especial, p. 376. Mais recentemente a jurisprudência vem atribuindo relevância à proteção da própria imagem de imparcialidade e transparência da atuação administrativa, bastando, por isso, o simples perigo ou risco de um comportamento de favor, não sendo necessária a demonstração de que no caso concreto existiu parcialidade (cfr., relativamente a concursos de provimento, o Ac. do STA – Pleno da 1.ª Secção – de 29.5.2007, Proc. n.º 1032/05. O júri não pode fixar os critérios de avaliação depois de conhecidos os currículos dos candidatos). Na mesma linha, v., entre as garantias dos princípios em matéria de concursos como forma de recrutamento e seleção do pessoal para os quadros da Administração, a «divulgação atempada dos métodos de seleção a utilizar» prevista no art. 5.º, n.º 2, al. *c*), do D. L. n.º 204/98, de 11 de julho (o Ac. do STA – Pleno da 1.ª Secção – de 13.11.2007, Proc. n.º 1140/06, decidiu que a garantia em apreço é também aplicável aos procedimentos de concurso dos corpos especiais e das carreiras de regime especial, nomeadamente aos concursos regulados pelo Estatuto da Carreira Docente Universitária).

O diploma distingue dois tipos de situações: as situações de *impedimento* e as situações de *suspeição.*

Os casos qualificados como situações de impedimento são *mais graves* do que os qualificados como situações de suspeição.

A grande diferença que existe entre uns e outros é esta: havendo uma situação de impedimento, é obrigatória por lei a substituição do órgão ou agente administrativo normalmente competente por outro, que tomará a decisão no seu lugar. Portanto, a pessoa que se encontra legalmente na situação de impedida de participar na decisão de um determinado caso é substituída por outra pessoa, em relação à qual não haja motivos de impedimento, e que possa, portanto, com imparcialidade, pronunciar-se sobre o assunto.

Nas situações de suspeição, a substituição não é automaticamente obrigatória, a substituição é apenas possível, tendo de ser requerida pelo próprio órgão ou agente, que pede *escusa* de participar naquele procedimento, ou pelo particular que opõe uma *suspeição* àquele órgão ou agente e pede a sua substituição por outro.

Quais são os casos de impedimento e quais são os casos de suspeição?

A lista é longa, como se pode ver no n.º 1 do artigo 69.º do CPA, que enumera as situações de *impedimento.* Os principais casos de impedimento são os seguintes:

- Não pode intervir na resolução de um determinado caso o órgão ou agente que tenha interesse pessoal nesse caso;
- Não pode intervir qualquer órgão ou agente se no caso a decidir tiver interesse pessoal o seu cônjuge, algum parente ou afim em linha reta (avós, pais, filhos, netos, sogros, genros, noras), algum parente ou afim até ao 2.º grau da linha colateral (irmãos, cunhados), ou alguma pessoa que com ele viva em economia comum (união de facto, companheirismo estudantil, etc.);
- Também não pode intervir na resolução de um caso qualquer órgão ou agente, se houver para resolver ao mesmo tempo um caso semelhante em que ele ou as pessoas atrás indicadas estejam diretamente interessados;
- Não pode intervir o órgão ou agente que, no mesmo procedimento, e antes de se encontrar na posição em que está hoje (de órgão com competência para decidir), já tenha intervindo como perito (opinião técnica), como mandatário (advogado da parte), ou emitindo um parecer (jurídico, clínico, técnico, etc.);

Menos numerosos são os casos de *suspeição*:

- Haver certas relações familiares mais afastadas (parentesco em terceiro grau da linha colateral – tios, sobrinhos);

- Haver entre o órgão ou agente que deveria decidir e o particular que requer a decisão uma relação de crédito ou débito;
- Ter o órgão ou agente recebido dádivas da parte de qualquer interessado;
- Haver inimizade grave ou grande intimidade entre o órgão ou agente e o particular;
- Pender em juízo ação em que sejam parte o titular do órgão ou agente, o seu cônjuge ou pessoa com quem viva em condições análogas às dos cônjuges, parente em linha reta ou pessoa com quem viva em economia comum, de um lado, e, do outro, o interessado, o seu cônjuge ou pessoa com quem viva em condições análogas às dos cônjuges, parente em linha reta ou pessoa com quem viva em economia comum;
- Em geral, haverá sempre motivo de suspeição quando se verifique «*qualquer circunstância pela qual possa razoavelmente suspeitar-se da isenção ou retidão da conduta do órgão ou agente administrativo*» (sublinhado nosso).

O Código diz que qualquer órgão ou agente da Administração que se encontre numa destas situações *não pode intervir* no procedimento administrativo. E os nossos tribunais administrativos, postos perante casos concretos, já têm entendido que esta expressão deve ser interpretada à letra. A lei diz «não podem intervir no procedimento», e isto deve entender-se no sentido mais estrito e rigoroso da expressão: «não podem intervir no procedimento de qualquer forma ou em qualquer momento». Contudo, em nossa opinião, esta interpretação não é a mais correta: só devem considerar-se proibidas as intervenções que se traduzam em decisão, ou em ato que influencie significativamente a decisão em certo sentido; serão lícitas as intervenções totalmente neutras, como as que se limitam a mandar agendar o assunto «para a próxima reunião da câmara», ou «consultem-se os serviços», e atos semelhantes. Neste sentido, v., hoje, o disposto no n.º 2 do artigo 69.º do CPA.

Como se processa a questão do *impedimento*?

O órgão ou agente tem o dever jurídico de se considerar impedido sempre que esteja numa das situações que a lei prevê como situações de impedimento; e deve comunicá-lo imediatamente ao seu superior hierárquico ou ao órgão colegial a que pertença ou de que dependa. E estes órgãos, conforme os casos, tomarão a decisão sobre se há ou não há impedimento (CPA, art. 70.º).

Se não há impedimento, morre ali o problema e o órgão ou agente em causa tem legitimidade para decidir a questão sobre a qual se suscitou a dúvida; se for declarado que há impedimento, então ele é imediatamente substituído, e é-o, em princípio, por aquele que a lei designar como seu substituto legal, salvo se, como diz o artigo 72.º do CPA, o órgão competente para o efeito resolver avocar a decisão da questão.

Tratando-se de órgão colegial, este funcionará sem o membro impedido (CPA, art. 72.º, n.º 2).

Em caso de *suspeição*, as coisas passam-se de forma diversa. Perante uma situação que a lei considera de suspeição, a lei dá ao órgão ou agente administrativo o direito de pedir *escusa* de intervenção naquele procedimento, assim como dá aos particulares interessados no procedimento o direito de oporem *suspeição* ao órgão normalmente competente, pedindo a sua substituição. Quer num caso quer no outro, o órgão competente, segundo a lei, decidirá se há ou não fundamento para a suspeição. Se não houver, o órgão ou agente em causa continua em funções e fica legitimado para intervir no procedimento; se houver, é feita uma declaração de suspeição, e segue-se a substituição do órgão ou agente por aquele que o deva substituir no exercício da competência (CPA, art. 75.º, que remete para o regime do impedimento).

Quais as sanções que a lei impõe para o desrespeito das normas vigentes sobre garantias da imparcialidade?

Por um lado, todos os atos administrativos e contratos da Administração Pública em que intervenha um órgão ou agente impedido de intervir, ou em relação ao qual tenha sido declarada suspeição, serão anuláveis (CPA, art. 76.º, n.º 1). São atos ilegais, feridos de uma anulabilidade, o que permite levá-los a tribunal e obter a sua anulação. Por outro lado, todo o órgão ou agente administrativo que não comunique a quem de direito uma situação de impedimento em que se encontre comete *falta disciplinar grave* (CPA, art. 76.º, n.º 2). Finalmente, fora já do Código do Procedimento Administrativo, há uma outra sanção prevista no artigo 8.º, n.º 2, da Lei n.º 27/96, de 1 de agosto: essa lei impõe a *perda de mandato* a todos os membros de órgãos autárquicos que violem as garantias de imparcialidade da Administração previstas na lei. Basta violarem uma vez para que o Ministério Público possa propor uma ação de perda de mandato e se siga naturalmente, como sanção, a perda efetiva do mandato. Estranhamente, a lei não estabelece nenhuma sanção deste tipo para os restantes órgãos da Administração Pública (membros do Governo, dirigentes de institutos públicos, etc.). Esta matéria está bastante carecida de revisão, no CPA, para melhor se poder evitar e combater a corrupção[241].

b) Vertente positiva. – A imparcialidade aparece-nos, depois, como significando o dever, por parte da Administração Pública, de ponderar todos os interesses públicos secundários e os interesses privados legítimos, equacionáveis para o efeito de certa decisão, antes da sua adoção[242]. Neste segundo plano, devem considerar-se parciais os atos ou comportamentos que manifestamente não resultem de uma exaustiva ponderação dos interesses juridicamente protegidos[243].

Esta «obrigação de ponderação comparativa implica um apreciável limite à discricionaridade administrativa, não só pela exclusão que comporta de qualquer valoração de interesses estranhos à previsão normativa, mas principalmente porque o real poder de escolha da autoridade pública só subsiste onde a proteção legislativa dos vários interesses seja de igual natureza e medida. Nesta vertente positiva da imparcialidade encontrará o juiz administrativo a via para anular os atos que se demonstre terem sido praticados sem a ponderação de interesses nos termos mencionados»[244]. É o que sucede quando, numa adjudicação, se verifica a ausência de uma adequada ponderação dos interesses tutelados de todos os concorrentes admitidos ao concurso[245].

A ausência de ponderação dos diferentes interesses em jogo – a qual, na maioria dos casos, é detetada através da análise da fundamentação do ato decisório[246] – é, pois, o vício em que o princípio da imparcialidade aparece a suportar, ao lado dos restantes princípios jurídicos, a injunção de racionalidade decisória, caraterizando-se, justamente, «por refletir a decisão que não é sustentada numa ponderação. A ausência de ponderação [bem como uma ponderação insuficiente ou mal feita] é, portanto,

[241] Sobre o tema pode consultar-se Ana Paula Marçalo e José Manuel Meirim, *Incompatibilidades e Impedimentos de Titulares de Altos Cargos Públicos e de Cargos de Direção Superior – Regime Jurídico: Notas e Comentários*, Coimbra Editora, Coimbra, 2007, *passim*.

[242] V. Marcelo Rebelo de Sousa, *O concurso público...*, p. 41.

[243] *Idem, ibidem*, p. 59.

[244] *Idem, ibidem, O concurso público...*, p. 60.

[245] *Ibidem*.

[246] V. Sérvulo Correia, *Noções de Direito Administrativo*, I, p. 255.

um vício da decisão que traduz a realização de um processo de decisão aleatório, no qual não são ponderados os interesses» em jogo[247].

O legislador do CPA de 2015 determina também que, por força do princípio da imparcialidade, a Administração deve adotar «as soluções organizatórias e procedimentais indispensáveis à preservação da isenção administrativa e à confiança nessa isenção». Dos breves apontamentos sobre esta exigência, assim, ela reflete, por um lado, «a importância das soluções organizatórias (que vão para além das garantias de imparcialidade) na eliminação, mas sobretudo na prevenção, de situações de quebra de imparcialidade. A forma como se define a composição dos órgãos administrativos, o tipo de garantias de independência face a pressões e interesses externos e outros aspetos relevantes na proteção do bem jurídico que o princípio visa proteger»[248]. Por outro lado, na nova formulação do princípio, como também bem salienta Miguel A. Raimundo, «(...) salta à vista a distinção entre a preservação da isenção administrativa e a confiança nessa isenção, o que constitui mais um elemento sobre a discussão sobre se (fora do âmbito dos impedimentos), o princípio da imparcialidade deve considerar-se violado apenas quando se demonstrou que houve uma atuação parcial, ou se é suficiente o mero *perigo* para essa isenção»[249].

Imparcialidade e justiça. – Poderemos reconduzir a noção de imparcialidade à noção de justiça, ou trata-se de noções diversas, com significados autónomos, e que se movimentam cada uma no seu plano?

Em nossa opinião, o princípio da imparcialidade não é uma mera aplicação da ideia de justiça.

Vimos que a imparcialidade proíbe que os órgãos da Administração intervenham em certos procedimentos administrativos, ou tomem certas decisões, para evitar a suspeita de que estejam a atuar com parcialidade.

Ora, um órgão da Administração pode violar as garantias da imparcialidade, intervindo num procedimento em que a lei o proíbe de intervir e, no entanto, tomar uma decisão em si mesma justa e imparcial; o contrário também é verdadeiro – pode um órgão em relação ao qual não

[247] V. David Duarte, *Procedimentalização, participação e fundamentação...*, p. 456.
[248] Cfr. Miguel Assis Raimundo, *Os princípios do novo CPA...*, *cit.*, p. 157.
[249] Cfr. Miguel Assis Raimundo, *Os princípios do novo CPA...*, *cit.*, p. 158.

há motivo para suspeitar da sua imparcialidade praticar um ato afetado de parcialidade. Sendo assim, o princípio da imparcialidade não pode ser tido como corolário do princípio da justiça, mas antes como aplicação de uma ideia diferente, que é a *proteção da confiança* dos cidadãos na seriedade e honestidade da Administração Pública do seu país.

Independentemente de as decisões da Administração serem justas ou não, a lei pretende que os cidadãos possam ter sempre confiança na capacidade de a Administração tomar decisões justas. Ou seja: o que se pretende, com o princípio da imparcialidade, não é em primeira linha a obtenção de decisões administrativas justas (para isso, estão o princípio da justiça e os outros, já estudados), mas sim que não haja razões para suspeitar, à partida, da imparcialidade dos órgãos competentes que vão tomar a decisão. É, no fundo, o velho princípio de que *ninguém pode ser juiz em causa própria*, alargado da esfera judicial à da Administração Pública.

Bem andou, pois, o legislador constituinte ao autonomizar as duas figuras no artigo 266.º, n.º 2, da CRP.

30-A. Outros princípios

Deixamos por fim três breves palavras sobre alguns dos restantes princípios gerais da atividade administrativa[250] – que não se tratem (exclusivamente) de princípios fundamentais do procedimento administrativo (sobre estes, cfr. *infra*).

30-B. *Idem*: os princípios aplicáveis à administração eletrónica

Consagra-se, no artigo 14.º do CPA, um conjunto de princípios atinentes à «administração eletrónica», o qual é «desenvolvido ao longo do Código, sempre que isso se impuser», e «pretende ir de encontro à importância que os meios eletrónicos hoje assumem, tanto nas relações

[250] Ver a crítica pertinente sobre o teor de alguns destes princípios e sobre a sua arrumação sob a designação de princípios da «atividade administrativa» em face do Projeto do CPTA, Jorge Pereira da Silva, *Âmbito de aplicação e princípios gerais no projeto de revisão do CPA*, pp. 57-59.

interadministrativas, como nas relações da Administração Pública com os particulares» (cfr. preâmbulo).

Não se trata porém de *impor* generalizadamente o modelo da Administração eletrónica; o CPA de 2015 proclama uma preferência por este modo de atuar administrativo, mas revela bem conhecer as limitações de vária ordem ao seu uso generalizado (cfr. por ex. os artigos 61.º, n.º 1, 63.º, 64.º, 112.º do CPA).

O sentido útil da proclamação deste princípio parece ter sido, isso sim, o de «criar uma habilitação normativa genérica para a utilização, pela Administração, dos meios eletrónicos (uma inovação realmente relevante), bem como prever uma regulação de alguns aspetos estruturantes da utilização dessas vias, o que poderá contribuir para a segurança jurídica»[251].

30-C. *Idem*: o princípio da cooperação leal com a União Europeia

Prevê o legislador, no n.º 1 do artigo 19.º do CPA, que «sempre que o direito da União Europeia imponha à Administração Pública a obrigação de prestar informações, apresentar propostas ou de, por alguma outra forma, colaborar com a Administração Pública de outros Estados-membros, essa obrigação deve ser cumprida no prazo para tal estabelecido».

Conforme justificação dada no preâmbulo, esta inovação, respeitante à cooperação entre a Administração Pública portuguesa e a União Europeia, está em linha com as normas administrativas alemã e espanhola, e visa dar «cobertura à crescente participação da Administração Pública portuguesa no processo de decisão da União Europeia, bem como à participação de instituições e organismos da União Europeia em procedimentos administrativos nacionais».

Porém, «está formulado de modo excessivamente restritivo. O âmbito da cooperação aparece confinado, aparentemente, a situações de previsão expressa no direito da União Europeia, e mesmo aí aparece identificado com o cumprimento de prazos o que é de facto muito pouco. Aliás, se houver uma norma expressa a definir a cooperação requerida e o prazo para o efeito, nem sequer se compreende o espaço útil de um princípio da cooperação leal, pois tudo assentará... no cumprimento

[251] Cfr. Miguel Assis Raimundo, *Os princípios do novo CPA...*, *cit.*, p. 161.

dessa regra específica (sobre prazo)»[252]. Como refere o Autor citado, «o campo útil para um princípio, seria, pois, a revisão, de forma aberta, de um dever de cooperação leal *mesmo na ausência de uma regra a fixar em concreto o âmbito da cooperação...»*[253].

30-D. *Idem*: o princípio da responsabilidade

Dando expressão ao disposto no artigo 22.º da CRP, prevê-se agora no artigo 16.º do CPA que «A Administração Pública responde, nos termos da lei, pelos danos causados no exercício da sua atividade».

Este princípio (e as normas que constituem a sua refração) será objeto de tratamento autonomizado mais adiante, no capítulo deste *Curso* dedicado à matéria da Responsabilidade da Administração.

Não se percebe muito bem a inclusão deste princípio no novo CPA, dado que se encontra previsto desde 1976 na Constituição, e foi sempre regulado em legislação autónoma. Interessante e inovador teria sido, antes, a proclamação do «princípio da responsabilização» (no sentido de *accountability*), nomeadamente através da *informação* regular da opinião pública, bem como do *dever de prestação de contas* por parte dos órgãos da Administração, perante quem de direito e na «internet»).

[252] Cfr. Miguel Assis Raimundo, *Os princípios do novo CPA...*, *cit.*, p. 161.
[253] Cfr. Miguel Assis Raimundo, *Os princípios no novo CPA...*, *cit.*, p. 161.

§ 3.º
A Relação Jurídica Administrativa

31-A. A adoção do conceito de relação jurídica pela Ciência do Direito Administrativo. – Na atualidade, a doutrina do Direito Administrativo tende a atribuir grande importância ao conceito de «relação jurídica» no contexto da Ciência do Direito Administrativo. Para alguns, mesmo, só a «relação jurídica» pode constituir a *base fundamental* da construção teórica, ou da exposição didática, da parte geral desta disciplina.

Deve dizer-se, no entanto, que essa «descoberta» não é recente, nem pode considerar-se pacífica a sua relevância em termos dogmáticos ou pedagógicos. As doutrinas alemã e italiana do princípio do século XX já se referiam, consciente e desenvolvidamente, à presença e à importância da «relação jurídica administrativa» na construção teórica do Direito Administrativo. E, em Portugal, Marcello Caetano, no primeiro volume do seu *Tratado Elementar de Direito Administrativo*, adaptou, *mutatis mutandis*, a este ramo do direito público a teoria da relação jurídica, mais cedo elaborada pelos civilistas alemães e italianos[254].

Para se compreender bem o assunto, em todas as suas dimensões, convém desde já sublinhar que ele tem de ser visto sob uma tripla perspetiva:

a) Há ou não há, no campo do direito administrativo, verdadeiras relações jurídicas? Se há, em que consistem?;

[254] Coimbra Editora, 1944. Esta obra foi logo traduzida para espanhol, em 1947, pelo Prof. Laureano Lopez Rodó (Santiago de Compostela).

b) Admitindo que a resposta à primeira pergunta seja positiva, pode ou não pode o conceito de «relação jurídica» ser a *base fundamental*, ou o núcleo essencial, da construção dogmática do Direito Administrativo?;
c) Independentemente da opinião que se tiver sobre a segunda questão, é ou não é a perspetiva da relação jurídica administrativa a mais adequada para expor, no plano didático, a parte geral do Direito Administrativo?

Em relação à primeira pergunta, cremos não haver hoje em dia duas opiniões: todos entendem que também no Direito Administrativo existem *relações da vida social tuteladas pelo Direito*, que podem e devem ser qualificadas como *relações jurídicas administrativas* ou, se se preferir, como *relações jurídico-administrativas*. A partir do momento em que se aceite a noção teórica de «relação jurídica», e desde que as relações individuais entre a Administração Pública e os particulares (entre outras) são reguladas e protegidas pelo Direito Administrativo, não há nenhuma razão para negar a existência dessas relações jurídicas *como tais*.

Em que consistem? Remetemos para daqui a pouco uma resposta mais trabalhada; para já, podemos avançar que elas são (pelo menos) «as relações entre uma pessoa coletiva pública e um particular, em que a primeira atue investida de poderes de autoridade e em que os dois sujeitos disponham de poderes e deveres correlativos conferidos por normas de Direito Administrativo».

Exemplos: as relações entre o Estado e o contribuinte, entre a câmara municipal expropriante e o proprietário expropriado, entre a hierarquia militar e o oficial ou sargento punido disciplinarmente, entre o hospital público e o doente, entre a escola pública e o aluno, entre a segurança social e o reformado, etc., etc.

Para conseguirmos apreender bem, e em toda a sua extensão, a noção de «relação jurídica administrativa», convém neste momento classificar as principais *espécies* abrangidas por tal conceito. (Note-se que tratamos aqui apenas das «relações jurídicas administrativas», e não das relações jurídicas de outro tipos, públicas ou privadas, entre a Administração Pública e os particulares: ficam de fora, por ex., no campo do direito público, as relações entre a Administração Pública e os particulares exclusiva ou principalmente reguladas pelo Direito Internacional, pelo Direito da

União Europeia, pelo Direito Penal, etc.; e, no campo do direito privado, as relações jurídicas entre a Administração e os particulares colocadas por lei sob a égide do direito civil, do direito comercial ou do direito do trabalho).

31-B. Espécies. – Das inúmeras classificações possíveis, selecionaremos as três que nos parecem mais relevantes no contexto deste *Curso*. Tomaremos por base o critério dos *sujeitos*, o critério da *fonte*, e o critério do *conteúdo* da relação jurídica administrativa.

a) *Quanto aos sujeitos da relação jurídica*. – Qualquer relação jurídica se estabelece, como é sabido, entre dois ou mais sujeitos de direito, ativos ou passivos. Ora, quanto aos sujeitos, podemos encontrar três espécies de relações jurídicas administrativas:

1) Relações *entre uma ou mais entidades públicas e um ou mais particulares*: são as mais frequentes. Por ex.: as relações entre expropriante e expropriado, entre o Fisco e o contribuinte, entre um serviço público e os respetivos utentes, etc.;
2) Relações de *duas ou mais entidades públicas entre si*: dantes, a doutrina não dava conta delas; mas hoje em dia são cada vez mais frequentes[255]. Por ex.: relações de superintendência entre o Estado e a sua administração indireta; relações de tutela entre o Estado e a administração autónoma; relações contratuais entre institutos públicos ou entre associações públicas; relações de responsabilidade financeira entre o Estado e as demais entidades públicas, etc.;
3) Relações *de duas ou mais entidades privadas entre si*: só muito recentemente se admitiu que pudesse haver relações jurídico-públicas, de direito administrativo, estabelecidas apenas entre sujeitos de direito privado[256]. Mas elas existem e não são despiciendas. Por ex.: relações de direito administrativo entre concessionário privado e utente; entre utentes e utentes de serviços públicos; entre concessionários e subconcessionários, ou entre empreiteiros de obras públicas e subempreiteiros, etc.

[255] V. o vol. I deste *Curso*, 3.ª ed., p. 147, e o nosso artigo sobre *Direito Administrativo*, no *DJAP*, pp. 18-19.
[256] *Idem, idem.*

b) *Quanto à fonte da relação jurídica.* – São numerosos e variados os tipos de fontes de que podem emergir relações jurídicas administrativas:

1) *Fontes internacionais e comunitárias*: trata-se, designadamente, dos atos normativos da UE que conferem direitos aos particulares ou impõem deveres ou encargos à Administração Pública perante outrem;
2) *A lei ou o regulamento*: por exemplo, a lei que aumenta anualmente os vencimentos dos funcionários públicos ou as pensões dos aposentados; os regulamentos da segurança social imediatamente aplicáveis aos respetivos beneficiários; as normas do Banco de Portugal contendo disposições de supervisão bancária; etc.;
3) *O ato administrativo*: as relações jurídicas administrativas que têm por fonte um ato administrativo são, ainda hoje, as mais frequentes. Resultam quer de atos primários «impositivos» ou «permissivos», quer de atos secundários. Muitas vezes, *v. g.* quando os atos são de execução continuada, tais atos dão origem a relações jurídicas duradoiras: proibições, licenças, concessões, atos sancionatórios de efeito prolongado no tempo, etc.;
4) O *contrato administrativo*: por definição, a maioria, senão a totalidade, dos contratos administrativos são de execução continuada; como tais, produzem relações duradoiras: entre dono da obra e empreiteiro, enquanto durar a construção da obra; entre uma entidade pública e um privado que se vincula a um fornecimento contínuo por certo prazo; entre o Estado e a concessionária de uma obra pública (autoestrada, ponte, porto marítimo), enquanto durar a concessão, etc.;
5) Simples *factos jurídicos*: estes, sejam naturais ou humanos, constituem frequentemente fonte de relações jurídicas administrativas. Por ex.: o completamento da idade legal determina, por forma automática e não mediante decisão administrativa, a conversão da relação de emprego público em relação de aposentação; a morte faz cessar ou transmitir para outrem numerosas relações jurídicas administrativas; a conduta dolosa ou meramente negligente de um órgão ou agente administrativo faz nascer uma obrigação de indemnizar o lesado; etc.

c) *Quanto ao conteúdo: existência ou ausência de poderes de autoridade na relação jurídica.* – Durante muito tempo, a doutrina administrativista, nos países com um sistema administrativo de tipo francês, considerou que só havia relação jurídico-pública, regulada por normas de direito administrativo, quando a Administração Pública figurasse investida em poderes de autoridade (*jus imperii*) e os particulares aparecessem vinculados a deveres, obrigações, encargos ou sujeições perante ela; se a Administração atuasse despida das suas vestes de autoridade, e em condições de igualdade ou paridade com os particulares, entendia-se que a relação era de *direito privado*.

Só mais recentemente a doutrina se apercebeu – primeiro no domínio dos contratos administrativos, depois nos restantes setores do Direito Admistrativo, com relevo para o capítulo do ato administrativo – de que pode haver, e há, relações jurídicas de direito administrativo (*i. e.*, de direito público) que não se traduzem numa situação de *supremacia-subordinação*, mas sim numa situação de *paridade público-privada*[257]. Assim, com base no critério indicado, podemos ter:

1) *Relações de supremacia pública*: são aquelas em que a Administração goza de poderes de autoridade, a que o particular está sujeito. Por ex., impostos, mobilização militar em caso de guerra, expropriações, nacionalizações, poderes de direção e modificação unilateral dos contratos administrativos, etc.;
2) *Relações paritárias*: aqui os dois sujeitos de direito estão em situação de igualdade um com o outro. Se a relação jurídica for entre a Administração Pública e um particular, haverá «paridade público-privada»; se não, teremos antes uma «paridade pública», ou uma «paridade privada». Por ex.: no primeiro caso, uma autarquia local (pública) coopera com uma misericórdia (privada) para fins de solidariedade social; no segundo, dois ou mais municípios (públicos) montam e exploram em comum uma única estação de tratamento de resíduos sólidos; na terceira, um aluno da Universidade de Coimbra (que é um privado) troca a sua situação, nos termos da lei, com um colega da Universidade Nova de Lisboa (também ele

[257] Ver, por todos, Pedro Machete, *Estado de Direito Democrático e Administração paritária*, Almedina, Coimbra, 2007.

um privado), passando cada um a frequentar a anterior faculdade do outro, sem aumento ou diminuição de vagas[258].

30-C. Reelaboração do conceito de relação jurídica administrativa. – À luz do conceito e das espécies de relações jurídicas administrativas que enunciámos no número anterior, estamos agora em condições de propor uma definição mais trabalhada. Ela há de, nomeadamente, ter em conta três aspetos essenciais: (a) que não há apenas relações deste tipo entre Administração e particulares, mas também entre entidades públicas somente, ou tão-só entre particulares, desde que no exercício de direitos ou deveres públicos; (b) que nem todas as relações jurídicas administrativas derivam apenas da lei ou de contrato (administrativo); e (c) que nem todas conferem à Administração Pública, ou seus substitutos, poderes de autoridade a exercer por ato unilateral.

Sendo assim, e tendo todos os dados recolhidos em mente, propomos a seguinte definição: a «relação jurídica administrativa» é *toda a relação entre sujeitos de direito, públicos ou privados, que atuem no exercício de poderes ou deveres públicos, conferidos por normas de direito administrativo.*

Esta definição remete, propositadamente, para a noção de «normas administrativas», que já é nossa conhecida[259].

30-D. Função do conceito de relação jurídica administrativa na construção da teoria geral do Direito Administrativo. – Como já temos explicado várias vezes, ao longo do nosso ensino, temos por evidentes algumas certezas:

a) Que não é possível fazer uma construção dogmática adequada do Direito Administrativo, nos quadros de um Estado de Direito democrático, sem reconhecer e utilizar amplamente, sempre que for caso disso, o conceito e a teoria da relação jurídica administrativa;
b) Que esta não esgota, no plano científico, a parte geral do Direito Administrativo (*lato sensu*), porquanto, além do mais, não se presta a incorporar o estudo aprofundado da «teoria da organização

[258] Sobre os contratos administrativos celebrados entre dois particulares, v. H. Maurer, *Allgemeines Verwaltungsrecht*, 17.ª ed., C. H. Beck, Munique, 2009, p. 370.
[259] V. o vol. I deste *Curso*, 3.ª ed., pp. 138-141 e 142-149.

administrativa», nem o da «teoria do procedimento administrativo», nem o da «teoria do contencioso administrativo», sobretudo no que concerne quer ao «direito processual administrativo», quer ao «direito da organização judiciária administrativa»;

c) Que o critério da relação jurídica administrativa não é o mais indicado – tanto do ponto de vista científico como sob o aspeto pedagógico – para expor nas aulas, ou em livro, a parte geral do Direito Administrativo[260].

Temo-nos mantido fiéis, no essencial, ao esquema geral então proposto – organização, atividade, garantias –, que, aliás, por sugestão nossa, o Prof. Marcello Caetano retomou a partir da 8.ª edição do seu *Manual de Direito Administrativo* (1968), data em que tivemos a honra e o gosto de ser colaborador da referida obra.

Porém, os tempos vão mudando e as conceções dos especialistas mais jovens começam, como é natural, a tentar trilhar caminhos novos.

O primeiro ataque à conceção anterior – apelidada de «tradicional» – proveio de Vasco Pereira da Silva, em 1996, na sua excelente tese de doutoramento, intitulada *Em busca do ato administrativo perdido* (Almedina, Coimbra).

Logo nos princípios do livro, depois da crítica frontal à ideia do «ato administrativo como conceito central do Direito Administrativo» (p. 43 e ss.), o A. dá como epígrafe ao cap. II, p. 149 e ss., esta outra ideia: «A relação jurídica como novo conceito central do Direito Administrativo». A argumentação principal é exposta, na ótica da defesa do cidadão perante a Administração Pública, na noção de «alargamento dos direitos subjetivos públicos dos particulares», incluindo nestes, designadamente, os «direitos fundamentais», por um lado, e os chamados «interesses legítimos» ou «interesses legalmente protegidos», por outro (p. 212 e ss.).

Está publicada a nossa arguição pública da dissertação deste A. – a qual, no entanto, dado o conteúdo da obra, não incidiu nas suas ideias sobre «relação jurídica administrativa», mas antes sobre o tema principal escolhido pelo A., que era o da teoria do «ato administrativo»[261]. Mas o que dizemos já a seguir, no n.º 30-D, é suficiente para assinalar a nossa divergência em relação à ideia da «relação jurídica

[260] Cfr. Diogo Freitas do Amaral, *Relatório sobre o programa, os conteúdos e os métodos de ensino de uma disciplina de Direito Administrativo*, Lisboa, 1985, incluído nos nossos *Estudos de Direito Público e matérias afins*, II, Almedina, Coimbra, p. 253 e ss., em especial 275-288.

[261] V. os nossos *Estudos de Direito Público...*, *cit.*, II, pp. 371-398.

como conceito central do Direito Administrativo» – divergência que (repetimos) tem um duplo caráter: científico e pedagógico.

*

Em 2007, novo ataque – e, desta vez, mais forte e de natureza global – foi feito à conceção «tradicional» de Otto Mayer, na Alemanha, e de Marcello Caetano, em Portugal, na também excelente dissertação de doutoramento de Pedro Machete, intitulada *Estado de Direito Democrático e Administração paritária* (Almedina, Coimbra). A arguição pública que fizemos a esta tese foi entregue, para publicação, a uma conceituada revista jurídica portuguesa em 2007, mas ainda não foi publicada... Vamos resumir aqui, sinteticamente, os mais importantes pontos de vista do A., divididos em concordâncias e discordâncias.

Pontos de concordância: a) num Estado de Direito Democrático, todos os poderes da Administração são conferidos pelo Direito, e a este subordinados; b) consequentemente, os poderes de autoridade da Administração advêm-lhe da Constituição e da lei, e não de qualquer autoridade natural, ou prerrogativa tradicional, ou poder inerente (aqui podemos discordar de que, na monarquia britânica, a «*royal prerogative*» tenha fundamento na lei, mas é óbvio que tem um fundamento jurídico na Constituição consuetudinária, e para nós o costume é fonte de Direito); c) a Administração é um sujeito de direito – ou um conjunto de sujeitos de direito –, submetida à lei e ao Direito, pelo que todas as suas relações com os particulares, juridicamente reguladas, são relações jurídicas administrativas. Por isso, num plano jurídico-formal, «todas as relações jurídicas administrativas são *paritárias*», ao menos no sentido de que se estabelecem entre sujeitos de direito, todos dotados de personalidade jurídica e de capacidade jurídico-pública.

Pontos de divergência: a) numa análise realista, ou jurídico-substancial (que é o que mais interessa), se é certo que as entidades públicas que integram a Administração podem figurar, mesmo no âmbito do direito público, despidas de qualquer *jus imperii* – e aí há «relações paritárias» –, não é menos verdade que, em grande número de casos (que tendem a aumentar e não a diminuir), o direito confere à Administração autênticos *poderes de autoridade*, a que correspondem do lado dos particulares verdadeiros deveres de obediência (ativa) ou estados de sujeição (passiva) – e aqui a relação jurídica não é paritária, ou de igualdade, mas de supremacia-subordinação, e portanto de desigualdade jurídica; b) é pois mais realista a conceção de que as relações jurídicas administrativas podem ser, quanto ao conteúdo ou objeto imediato, de dois tipos diferentes – as de *supremacia* e as de *pari-*

dade –, sendo certo que as primeiras continuam a ser hoje em dia mais numerosas do que as segundas, e a exigir maior atenção dos juristas, justamente para uma melhor defesa e garantia dos particulares; c) de tudo o que antecede resulta que não podemos aceitar a ideia de que, num Estado de Direito Democrático, a Administração já não possa mais ser considerada como um *poder do Estado*, a par dos Poderes Legislativo e Judicial. Se assim fosse, que lugar se daria ao *Poder Executivo* na teoria geral do Estado? É certo que a conceção da Administração como poder público, ou poder do Estado, tem de ter por base a Constituição e a lei. Claro. Mas também é evidente que a nossa lei fundamental e as nossas leis administrativas reservam o monopólio do uso legítimo da força pública (militar e policial) à Administração: é isso que faz dela um poder do Estado – a que se chama, por tradição, e porque é cientificamente correto, Poder Executivo –, ao qual cabe executar as leis não exequíveis por si mesmas, as sentenças dos tribunais suscetíveis de execução coativa, e os atos administrativos executórios. Paradoxalmente, dos três poderes do Estado caraterizados por Montesquieu, o mais forte e o único completo é o Poder Executivo – porque dispõe de «*powers of enforcement, if necessary through the use of reasonable force*»[262]. E é bom que assim seja, pois uma democracia sem autoridade do Estado depressa degenera em desordem e, eventualmente, em anarquia.

Também discordamos da noção de *ato administrativo* apresentada por Pedro Machete, mas dela trataremos no local próprio (*infra*).

[262] Expressão utilizada em numerosas leis inglesas e norte-americanas atualmente em vigor.

CAPÍTULO II
O Exercício do Poder Administrativo

§ 1.º
Introdução

32. Modos de exercício do poder administrativo

Para levarem a cabo a sua missão, as entidades que, no seu conjunto, integram a Administração Pública exercem o poder administrativo de maneiras juridicamente diversas: há vários modos de exercício do poder administrativo.

Vejamo-los brevemente um por um, deixando naturalmente de lado as atuações desenvolvidas ao abrigo do Direito Privado, as quais, como bem se compreende, não traduzem exercício do *poder* administrativo.

a) Desde logo – e em primeiro lugar –, sucede com frequência que os órgãos administrativos competentes se veem confrontados com a necessidade de completar ou desenvolver os comandos genéricos contidos na lei, com vista a viabilizar a sua aplicação às situações concretas que ocorrem no dia-a-dia. Outras vezes é o próprio legislador a pretender que sejam os órgãos administrativos competentes a disciplinar certo tipo de situações.

Quando isso acontece, a Administração Pública edita normas jurídicas (regras de conduta gerais e abstratas) com fundamento na lei.

Assim, a primeira forma de exercício do poder administrativo consiste precisamente na emanação de *regulamentos administrativos* pelos órgãos competentes para o efeito.

b) Mas o exercício do poder administrativo não se esgota na emanação de normas de conduta gerais e abstratas.

Efectivamente, e por outro lado, a Administração é muitas vezes solicitada a resolver situações específicas, problemas individuais, casos concretos, tomando decisões. E, quando tal sucede, ela atua de outra forma, não já editando regras de conduta gerais e abstratas, mas, antes, procedendo à aplicação da lei e dos regulamentos às situações da vida real, dando-lhes uma nova definição jurídica – atividade esta que se consubstancia na prática de atos administrativos.

O *ato administrativo* é, portanto, uma segunda forma de desempenho da função administrativa, ou um segundo modo de exercício do poder administrativo.

c) Após estes dois modos, cumpre referir o *contrato administrativo*.

Com efeito, há casos em que as entidades administrativas, em vez de atuarem unilateralmente, impondo pela via de autoridade as suas decisões, celebram acordos bilaterais, seja entre si, seja com entidades privadas.

Quando, por exemplo, a Administração Pública assina com uma empresa privada um contrato de empreitada de obras públicas, está precisamente a recorrer a esta terceira modalidade de exercício do poder administrativo. Do mesmo modo se passam as coisas quando recruta um funcionário, ou quando dá em concessão a um particular um serviço público, uma obra pública ou um bem do domínio público. Mas a situação não é diferente, quanto ao modo de agir, quando dois ou mais municípios constituem uma associação destinada a promover em comum o planeamento e a gestão da estratégia de desenvolvimento económico, social e ambiental dos seus territórios.

Aqui, portanto, a Administração não faz normas gerais e abstratas, nem toma decisões concretas de modo unilateral: atua em colaboração com os particulares, na base de um contrato; ou, então, as entidades administrativas conjugam os seus recursos para prosseguirem mais eficientemente os seus fins.

d) Finalmente, a Administração Pública pode também atuar através da prática de meras *operações materiais*, cuja caraterística comum reside no facto de não produzirem quaisquer alterações na ordem jurídica.

As meras operações materiais não produtoras de efeitos jurídicos correspondem a uma quarta forma de exercício do poder administrativo. Quando, por exemplo, a Administração Pública procede às operações físicas de demolição de um imóvel que ameaçava ruína – porque, por hipótese, o particular não acatou a ordem de demolição –, realiza um conjunto de operações materiais que em nada alteram a definição do direito que foi feita em momento anterior, através do *ato administrativo* que ordenou tal demolição. Também quando a Administração Pública resolve promover um colóquio para proporcionar aos seus quadros uma melhor formação técnica, realiza um conjunto de operações que não provocam alterações na ordem jurídica. Em qualquer destes casos, estamos perante *operações materiais*, por contraposição aos *atos jurídicos*.

Resumindo, temos, pois, que o *regulamento administrativo*, o *ato administrativo*, o *contrato administrativo* e as *operações materiais* correspondem aos quatro modos paradigmáticos de exercício do poder administrativo. E – dir-se-á agora – deles emergem quatro teorias jurídicas, a saber:

- a teoria do regulamento administrativo;
- a teoria do ato administrativo;
- a teoria do contrato administrativo;
- a teoria das operações materiais da Administração.

§ 2.º
O Regulamento Administrativo

33. Noção

Os «regulamentos administrativos»[263] são *as normas jurídicas emanadas no exercício do poder administrativo por um órgão da Administração ou por outra entidade pública ou privada para tal habilitada por lei*[264].

[263] Sobre a matéria, cfr., entre nós, Marcello Caetano, *Manual*, I, p. 95 e ss.; Afonso Queiró, «Teoria dos Regulamentos», *in RDES*, ano XXVII, pp. 1-19, e ano I (2.ª série), pp. 5-32; João Caupers, *Introdução ao Direito Administrativo*, 11.ª ed., 2013, p. 57 e ss.; José Eduardo Figueiredo Dias e Fernanda Paula Oliveira, *Noções Fundamentais de Direito Administrativo*, 4.ª ed., Almedina, Coimbra, 2015, p. 149 e ss.; Marcelo Rebelo de Sousa e André Salgado Matos, *Direito Administrativo Geral (Atividade administrativa)*, tomo III, 2.ª ed., 2009, p. 248 e ss.; Coutinho de Abreu, *Sobre os Regulamentos Administrativos e o Princípio da Legalidade*, Almedina, Coimbra, 1987; Vieira de Andrade, «O Ordenamento Jurídico Administrativo», *loc. cit.*, pp. 58-68; *idem*, «Autonomia Regulamentar e Reserva de Lei», *in Estudos em Homenagem ao Professor Afonso Queiró*, I, Coimbra, 1987; *idem*, *Lições de Direito Administrativo*, Imprensa da Universidade de Coimbra, 4.ª ed., 2015, p. 139 e ss.; Gomes Canotilho, *Direito Constitucional e Teoria da Constituição*, pp. 833-859 e ss.; Jorge Miranda, *Manual de Direito Constitucional*, V, 4.ª ed., Coimbra Editora, Coimbra, 2010, pp. 225-233; Vital Moreira, *Administração Autónoma e Associações Públicas*, Coimbra Editora, Coimbra, 1997, pp. 180-194; Gomes Canotilho e Vital Moreira, *Constituição da República Portuguesa Anotada*, vol. II, 4.ª ed, 2010, pp. 53-54 e 68-78; Paulo Otero, *O Poder de Substituição em Direito Administrativo*, II, *passim* (*maxime*, p. 604 e ss.); Manuel Afonso Vaz, *Lei e Reserva de Lei*, p. 483 e ss.; João Raposo, «Regulamento Administrativo», *in Código do Procedimento Administrativo*, INA, p. 77 e ss.; J. M. Coutinho de Abreu, *Sobre os regulamentos administrativos e o princípio da legalidade*, Coimbra, 1987, *passim*; Luís Fábrica,

Antes de analisar a definição dada, convém referir duas notas prévias.

Por um lado, deve lembrar-se que os regulamentos administrativos constituem, para empregar a expressão de Vieira de Andrade, «o nível inferior do ordenamento jurídico administrativo»[265] –, sendo os níveis superiores ocupados, como é sabido, pelas normas e princípios de direito internacional e de direito da União Europeia, pelas normas e princípios constitucionais, e pela lei ordinária. Os regulamentos são, pois, uma *fonte* – mas uma fonte *secundária* – do Direito Administrativo.

«Regulamento Administrativo», § 5.º do estudo coletivo (coord. Fausto de Quadros) «Procedimento Administrativo», *in DJAP*, VI, pp. 502-508; J. M. Ferreira de Almeida, «Regulamento Administrativo», *in DJAP*, VII, pp. 194-205; Luís P. Pereira Coutinho, «Regulamentos Independentes do Governo», *in* Jorge Miranda (org.) *Perspetivas Constitucionais. Nos 20 Anos da Constituição de 1976*, III, Coimbra, 1998, p. 979 e ss.; Jorge Pereira da Silva, «Algumas Questões sobre o Poder Regulamentar Regional», *ibidem*, p. 813 e ss.; Luís S. Cabral de Moncada, *Lei e Regulamento*, Coimbra Editora, Coimbra, 2002; Paulo Otero, *Legalidade e Administração Pública. O Sentido da Vinculação Administrativa à Juridicidade*, *passim*, e, em especial, a Parte II, p. 349 e ss.; Ana Raquel Moniz, *Estudos sobre os Regulamentos Administrativos*, Almedina, Coimbra, 2013; *Idem*, «Os regulamentos administrativos na revisão do Código do Procedimento Administrativo» *in Cadernos de Justiça Administrativa*, n.º 100, julho-agosto de 2013, pp. 27-39; *Idem*, «A Titularidade do Poder Regulamentar no Direito Administrativo Português (Algumas Questões)», *in BFDUC*, vol. LXXX (2004), Coimbra Editora, Coimbra, p. 483 e ss.; *idem*, «Regulamentos e autovinculação administrativa...», *loc. cit.*, p. 34 e ss.; André Salgado Matos, «Princípio da Legalidade e Omissão Regulamentar», *in Estudos em Homenagem ao Professor Doutor Marcello Caetano no Centenário do seu Nascimento*, I, Coimbra Editora, Lisboa, 2006, p. 193 e ss.; Mário Aroso de Almeida, «Os Regulamentos no Ordenamento Jurídico Português», *in Estudos Comemorativos dos 10 Anos da Faculdade de Direito da Universidade Nova de Lisboa*, Almedina, Coimbra, 2008, p. 503 e ss.; *idem*, *Teoria Geral do Direito Administrativo: o novo regime do Código do Procedimento Administrativo*, 2.ª ed., Almedina, Coimbra, 2015, p. 129 e ss.; Jorge Miranda e Rui Medeiros, *Constituição Portuguesa Anotada*, tomo II, p. 256 e ss.

Na doutrina estrangeira, cfr. Hely Lopes Meyrelles, *Direito Administrativo Brasileiro*, 24.ª ed., S. Paulo, 1999, p. 161 e ss.; García de Enterría e T. R. Fernández, *Curso de Derecho Administrativo*, I, p. 167 e ss.; Aldo Sandulli, *Manuale di Diritto Amministrativo*, I, p. 28 e ss.; Wolff / Bachof / Stober, *Verwaltungsrecht*, 1, pp. 326-334 e 351-363; Ernst Forsthoff, *Traité de Droit Administratif Allemand*, p. 217 e ss.; Fritz Ossenbühl, «Rechtsquellen und Rechtsbindungen der Verwaltung», *in* H.-U. Erichsen, *Allgemeines Verwaltungsrecht*, pp. 125-148; Hartmut Maurer, *Allgemeines Verwalungsrecht*, p. 326 e ss. (na ed. francesa, *Droit Administratif Allemand*, p. 352 e ss.); Antoniolli e Koja, *Allgemeines Verwaltungsrecht*, pp. 150-176.

[264] Cfr. o artigo 135.º do CPA: «Para efeitos do disposto no presente Código, consideram-se regulamentos administrativos as normas jurídicas gerais e abstratas que, no exercício de poderes jurídico-administrativos, visem produzir efeitos jurídicos externos».

[265] V. Vieira de Andrade, *O Ordenamento Jurídico Administrativo*, p. 58.

Por outro lado, cumpre sublinhar que os regulamentos constituem um produto da atividade da Administração indispensável ao funcionamento do Estado moderno[266]. Em primeiro lugar, porque permitem ao Parlamento, por razões de tempo e por razões materiais, desonerar-se de tarefas que considera incómodas, ou em face das quais se sente pouco apetrechado[267]; em segundo lugar, porque possibilitam uma adaptação rápida do tecido normativo a múltiplas situações específicas da vida que, por razões várias, sobretudo técnicas, se encontram hoje em dia em constante mutação; enfim, e no que toca aos regulamentos dos entes autónomos ou das entidades administrativas independentes, porque viabilizam o enquadramento normativo da respetiva atividade e, desse modo, a tomada em consideração das diferentes especificidades regionais, locais, corporativas ou setoriais.

A noção de regulamento apresentada encerra três elementos essenciais: um elemento de natureza material; outro de natureza orgânico-formal; e um terceiro de natureza funcional. Vejamos.

a) Do ponto de vista *material*, o regulamento administrativo consiste em normas jurídicas.

Quando se afirma que o regulamento tem natureza normativa, estamos a encará-lo enquanto regra de conduta da vida social, dotada das caraterísticas da generalidade e da abstração, que, como se sabe, são elemento definidor da norma jurídica.

A caraterística da *generalidade* significa que o comando regulamentar se aplica a uma pluralidade de destinatários, definidos através de conceitos ou categorias universais; por seu turno, a caraterística da *abstração* traduz-se na circunstância de o comando regulamentar se aplicar a uma ou mais situações definidas pelos elementos típicos constantes da previsão normativa, isto é, também por conceitos ou categorias universais.

Enquanto comando abstrato que é, o regulamento não se esgota normalmente numa aplicação; pelo contrário, aplicar-se-á sempre que em concreto se verificarem as situações típicas que nele se encontram previstas.

Diferentemente se passam as coisas com o ato administrativo.

[266] Como sublinha Hartmut Maurer, *Droit Administratif Allemand*, p. 65.

[267] V. Rogério Soares, *Direito Administrativo*, p. 75.

É que o ato administrativo está, em princípio, vocacionado para se aplicar a um único destinatário – um indivíduo, uma pessoa coletiva, uma empresa – e para resolver uma situação concreta, consumindo nela os seus efeitos jurídicos.

Assim, se a Administração defere ou indefere um requerimento que lhe foi dirigido por um estudante, com vista a obter uma certa bolsa de estudo, está a decidir um caso concreto relativo a um destinatário determinado; mas já quando a Administração, através de regulamento, fixa as condições de concessão de bolsas de estudo aos alunos economicamente menos favorecidos, ignora à partida quais são ou serão os destinatários efetivos desse comando, que irá ser aplicado de todas as vezes que se tratar da concessão ou recusa dos benefícios nele previstos – e, nessa medida, esse comando é de natureza geral e abstrata[268].

Mas, para além de norma que é, o regulamento é uma norma *jurídica*: quer isto dizer que o regulamento administrativo não é um mero *preceito administrativo* (no sentido em que a doutrina alemã utilizava esta expressão, ou seja, enquanto norma meramente interna; ver adiante): trata-se de uma verdadeira e própria *regra de direito*, que, nomeadamente, pode ser imposta mediante a ameaça de coação e cuja violação leva, em geral, à aplicação de sanções, sejam elas de natureza penal, contra-ordenacional ou disciplinar.

Por outro lado, o CPA distingue os regulamentos das «comunicações dos órgãos da Administração Pública que enunciem de modo orientador padrões de conduta na vida em sociedade», com, entre outras, as denominações de «diretiva», «recomendação», «instruções», «códigos de conduta» ou «manual de boas práticas»" (art. 136.º, n.º 4). No entanto, por causa da respetiva importância prática, em especial devido à vocação para a orientação da conduta dos particulares e à relevância para efeitos de interpretação e aplicação das regras legais e regulamentares por parte da Administração, com importantes consequências nos planos da autovinculação administrativa, da igualdade, da boa fé e da responsabilidade, o legislador, sem lhes reconhecer natureza regulamentar, exige que tais comunicações também só possam ser emitidas com fundamento numa lei habilitante (*ibidem*).

[268] Sobre a diferença entre norma e ato, ver mais adiante.

b) Do ponto de vista *orgânico-formal*, o regulamento é, por via de regra, ditado por um órgão de uma pessoa coletiva pública integrante da Administração Pública.

Mas não só. Sendo o poder regulamentar um poder *caraterístico* da função administrativa e sendo esta função, por vezes, exercida, quer por pessoas coletivas públicas que não integram a Administração (*v. g.*, o Parlamento), quer por entidades de direito privado – também essas outras entidades podem exercer poderes regulamentares.

Ponto é que, em qualquer dos casos, exista uma lei habilitante (cfr. CPA, art. 136.º, n.º 1).

Como é sabido, certos órgãos inseridos em pessoas coletivas públicas que não integram a Administração Pública executam tarefas materialmente administrativas. Ora, no seu âmbito, necessitam amiúde de elaborar regulamentos – imagine-se, por exemplo, o regulamento de acesso dos cidadãos em geral ao Plenário da Assembleia da República. Por outro lado, sucede também frequentemente que certos serviços, obras ou bens públicos estão concedidos a pessoas coletivas privadas e que a própria lei ou o ato ou contrato de concessão, de acordo com a lei, sujeita os utentes desses serviços (obras ou bens públicos) às normas regulamentares por eles fixadas[269]. O mesmo ocorre em relação aos regulamentos das pessoas coletivas (privadas) de utilidade pública que, por lei, disponham da faculdade de elaborar regulamentos (é esse, por exemplo, o caso das federações desportivas detentoras do estatuto de utilidade pública desportiva) ou de quaisquer outras pessoas coletivas privadas, igualmente habilitadas por lei para o efeito. Pois bem, todos os regulamentos que uns e outros aprovem se subordinam, entre outras regras, ao regime dos regulamentos (externos) constante dos artigos 135.º e seguintes do CPA (cfr., também, o art. 2.º, n.º 1, do mesmo Código).

A possibilidade da atribuição de poderes *ou funções públicas a entidades privadas*, para que estas prossigam, em lugar e «como que em nome do Estado», certos fins de interesse geral, certos fins públicos, é de há muito admitida pelo Tribunal Constitucional, podendo tal atribuição ou devolução de poderes incluir também a outorga de faculdades *normativas* (v. o Acórdão n.º 472/89). E, nesse caso, as cor-

[269] V. Afonso Queiró, *Teoria dos Regulamentos* (2.ª parte), p. 17; Marcello Caetano, *Manual*, II, p. 1110; e Freitas do Amaral, *A utilização do domínio público pelos particulares*, Lisboa, 1965, p. 15.

respondentes normas serão normas «públicas», porque justamente produzidas no *exercício desse poder público devolvido ou delegado* no ente privado. De todo o modo, uma devolução de competência normativa pública a pessoas coletivas de direito privado só ocorrerá se existir um ato de poder público a operá-la directa e iniludivelmente. Semelhante devolução não pode simplesmente presumir-se (v. *idem*; cfr. também o CPA, art. 136.º, n.º 1)[270].

c) Em último lugar, e como elemento *funcional*, cumpre referir que o regulamento é emanado no exercício do poder administrativo.

Este aspeto é sobretudo relevante naqueles casos em que o órgão considerado não é exclusivamente órgão da Administração – como sucede com o Governo e com as Assembleias Legislativas das regiões autónomas, que, para além de órgãos administrativos, são também, como se não ignora, órgãos políticos e legislativos (cfr. CRP, arts. 197.º a 201.º e 227.º e 232.º, respetivamente). Assim, só se pode tratar de regulamento administrativo nestes casos quando o Governo ou as Assembleias Legislativas das regiões autónomas tiverem atuado no desempenho das suas atribuições administrativas, não já quando tiverem atuado como órgãos legislativos (a norma jurídica corresponderá, então, a um ato legislativo).

Porque se trata do exercício do poder administrativo, deve ter-se presente que a atividade regulamentar é uma atividade secundária, dependente e subordinada face à atividade legislativa – essa primária, principal e independente. Com efeito, e como é já sabido da disciplina de Direito Constitucional, enquanto a função legislativa e a função política são funções primárias – dependem apenas da Constituição –, a função administrativa e a função jurisdicional são funções secundárias, já que se submetem simultaneamente à Constituição e ao exercício das funções política e legislativa[271].

Enquanto norma secundária que é, o regulamento administrativo encontra, pois, na Constituição e na lei o seu *fundamento* e *parâmetro de validade*.

[270] Sobre os poderes normativos de entidades privadas, v. Pedro Gonçalves, *Entidades Privadas com Poderes Públicos*, Almedina, Coimbra, 2005, p. 694 e ss.

[271] V. Freitas do Amaral, *Curso de Direito Administrativo*, I, p. 45 e ss.; e Marcelo Rebelo de Sousa, «Estado», *in DJAP*, IV, p. 219.

Consequentemente, se o regulamento contrariar uma lei, é *ilegal*; e se entrar em relação direta com a Constituição, violando-a em qualquer dos seus preceitos, padecerá de *inconstitucionalidade*[272].

34. Espécies

As espécies de regulamentos administrativos podem ser apuradas à luz de quatro critérios fundamentais: um primeiro, que atende à *sua relação com a lei*; um segundo, que atende ao seu *objeto*; um terceiro, que atende ao âmbito da sua aplicação; e um quarto, que atende à *projeção da sua eficácia.*

a) Do ponto de vista da *relação dos regulamentos administrativos face à lei*, há que distinguir duas espécies: os *regulamentos complementares ou de execução*, e os *regulamentos independentes ou autónomos*[273].

Como a própria designação sugere, os «regulamentos complementares ou de execução» são *aqueles que desenvolvem ou aprofundam a disciplina jurídica constante de uma lei.* E, nessa medida, completam-na, viabilizando a sua aplicação aos casos concretos.

Suponhamos que uma lei estabelece que os alunos economicamente desfavorecidos poderão beneficiar de bolsas de estudo a conceder pelos Serviços Sociais da Universidade, nos termos que estes, mediante regulamento, venham a definir. É evidente que aquela norma só poderá ter efetiva aplicação aos casos concretos da vida real após a elaboração de um regulamento complementar, que estabeleça as condições em que os interessados podem usufruir de tais benefícios, os montantes das bolsas a atribuir, o elenco dos documentos que hão de acompanhar o pedido da bolsa, etc., etc.

272 Sobre a relação entre os conceitos de inconstitucionalidade e de ilegalidade, cfr., entre nós, Jorge Miranda, *Manual de Direito Constitucional*, VI, 4.ª ed., Coimbra Editora, Coimbra, 2013, p. 22 e ss.

273 Distinguindo cinco espécies de regulamentos (execução, complementares, delegados, independentes e autónomos), cfr., entre nós, Afonso Queiró, *Teoria dos Regulamentos* (1.ª parte), pp. 8-16, e, na esteira deste Autor, ainda que com modulações, Vieira de Andrade, «O Ordenamento Jurídico Administrativo», *loc. cit.*, p. 62; e *Lições de Direito Administrativo*, cit., pp. 143-144 (executivos, complementares, independentes, autorizados e de substituição ou delegados).

Esta tarefa de pormenorização, de detalhe e de complemento do comando legislativo é que carateriza os regulamentos complementares ou de execução.

Como se está a ver, estes regulamentos são o desenvolvimento, operado por via administrativa, da previsão legislativa, tornando possível a aplicação do comando primário às situações concretas da vida – tornando, no fundo, possível a prática dos actos administrativos individuais e concretos que são seu natural corolário.

Os regulamentos complementares ou de execução podem, por sua vez, ser *espontâneos* ou *devidos*. No primeiro caso, a lei nada diz quanto à necessidade da sua complementarização: todavia, se a Administração o entender adequado e para tanto dispuser de competência, poderá editar um regulamento de execução. No segundo, a adoção do regulamento é necessária para dar exequibilidade à própria lei, impondo-se à Administração a tarefa de desenvolver a previsão do comando legislativo (CPA, art. 137.º, n.º 1). O prazo para a emissão do regulamento é, no silêncio da lei, de 90 dias (*ibidem*)[274].

Enfim, estes regulamentos complementares ou de execução são, tipicamente, regulamentos «*secundum legem*», sendo portanto ilegais se colidirem com a disciplina fixada na lei, de que não podem ser senão o aprofundamento.

«Independentes ou autónomos» são, diferentemente, *aqueles regulamentos que os órgãos administrativos elaboram no exercício da sua competência, para assegurar a realização das suas atribuições específicas, sem cuidar de desenvolver ou completar nenhuma lei em especial*[275]. Quer dizer, são regulamentos em que a lei se limita a definir a competência subjetiva e objetiva, sem

[274] Se o regulamento não for emitido no prazo devido, os interessados diretamente prejudicados pela situação de omissão podem requerer a emissão do regulamento ao órgão com competência na matéria, sem prejuízo da possibilidade de recurso à tutela jurisdicional (CPA, art. 137.º, n.º 2).

[275] Segundo o artigo 136.º, n.º 3, do CPA, são «independentes os regulamentos que visam introduzir uma disciplina jurídica inovadora no âmbito das atribuições das entidades que os emitam». Distinguindo os regulamentos independentes (que têm a ver com a liberdade de criação em relação à lei) dos regulamentos autónomos (que têm a ver com a autonomia regulamentar e se opõem aos regulamentos estaduais), cfr. Vital Moreira, *Administração Autónoma e Associações Públicas*, p. 187, nota 266. Assumem uma importância crescente os regulamentos emanados no exercício da regulação independente por entidades reguladoras independentes (*v. g.*, Banco de Portugal, ICP-ANACOM, ERSE).

necessidade de definição do conteúdo dos comandos normativos a emitir pelo regulamento (liberdade de definição do conteúdo normativo)[276].

É o que se passa, por exemplo, com os regulamentos que as autarquias locais podem elaborar no âmbito da prossecução das suas atribuições, competência regulamentar essa com assento constitucional (CRP, art. 241.º).

Tais regulamentos não vêm, assim, complementar qualquer lei anterior, eventualmente carecida de regulamentação por via administrativa: a sua missão é, antes, estabelecer autonomamente a disciplina jurídica que há de pautar a realização das atribuições específicas cometidas pelo legislador às entidades consideradas.

Os regulamentos independentes são, afinal de contas, expressão da autonomia com que a lei quer distinguir certas entidades públicas, confiando na sua capacidade de autodeterminação e no melhor conhecimento de que normalmente desfrutam acerca das realidades com que têm de lidar.

A classificação em apreço tem origem constitucional, encontrando-se claramente refletida no artigo 112.º, n.os 6 e 7, da CRP, onde se lê o seguinte:

> «6. Os regulamentos do Governo revestem a forma de decreto regulamentar quando tal seja determinado pela lei que regulamentam, bem como no caso de regulamentos independentes.
> 7. Os regulamentos devem indicar expressamente as leis que visam regulamentar [regulamentos complementares ou de execução] ou que definem a competência subjetiva e objetiva para a sua emissão [regulamentos independentes ou autónomos]»[277].

Chama-se ainda a atenção para o facto de estes preceitos, introduzidos na Revisão Constitucional de 1982, terem vindo, por um lado, consagrar a distinção entre estas duas espécies de regulamentos e, por outro, terem formulado *exigências formais* importantes em relação a cada uma delas (cfr. *infra*).

[276] Assim, Vital Moreira, *Administração Autónoma e Associações Públicas*, p. 186.

[277] Cfr. o artigo 136.º, n.º 2, do CPA: «os regulamentos devem indicar expressamente as leis que visam regulamentar ou, no caso de regulamentos independentes, as leis que definem a competência subjetiva e objetiva para a sua emissão».

Assim, desde 1982:

- exige-se, para a validade de qualquer *regulamento complementar*, que ele indique expressamente a lei que visa regulamentar;
- e exige-se, para a validade de qualquer *regulamento independente*, que ele indique expressamente a lei ou as leis que atribuem especificamente competência (subjetiva e objetiva) para a emissão do regulamento, ou seja, as *leis de habilitação* (cfr. *infra*).

b) Quanto ao *objeto*, há que referir fundamentalmente os regulamentos de organização, os regulamentos de funcionamento e os regulamentos de polícia.

Esta classificação assenta naquela outra classificação das normas administrativas em *normas orgânicas*, *funcionais* e *relacionais*, que estudámos logo na Introdução[278].

Os *regulamentos de organização* são aqueles que procedem à distribuição das funções pelos vários departamentos e unidades de uma pessoa coletiva pública, bem como à repartição de tarefas pelos diversos agentes que aí trabalham. Versam, pois, sobre a organização da «máquina administrativa».

Quanto aos *regulamentos de funcionamento*, tantas vezes misturados num mesmo diploma com os anteriores, são aqueles que disciplinam a vida quotidiana dos serviços públicos. Os regulamentos que procedem em particular à fixação das regras de expediente denominam-se *regulamentos procedimentais*.

Por seu turno, os *regulamentos de polícia* são aqueles que impõem limitações à liberdade individual com vista a evitar que, em consequência da conduta perigosa dos indivíduos, se produzam danos sociais. Entre os inúmeros exemplos de regulamentos de polícia, podem referir-se os regulamentos de trânsito, os regulamentos sobre a instalação e funcionamento de indústrias insalubres, ou ainda os regulamentos sobre a utilização de material elétrico[279].

Os regulamentos de polícia assumem grande relevância no domínio da administração local, cumprindo a esse propósito distinguir entre as *posturas* – que são regulamentos locais, de polícia, independentes ou

[278] V. *supra*, vol. I, p. 142 e ss.

[279] V. estes exemplos em Sérvulo Correia, *Noções de Direito Administrativo*, I, p. 112.

autónomos – e os *regulamentos policiais* – que, diversamente, são regulamentos locais, de polícia, mas complementares ou de execução.

c) Quanto ao âmbito da sua aplicação, há que distinguir entre regulamentos *gerais*, *locais* e *institucionais*.

Os regulamentos *gerais* são aqueles que se destinam a vigorar em todo o território continental; os regulamentos *locais* são aqueles que têm o seu domínio de aplicação limitado a uma dada circunscrição territorial (é o caso dos regulamentos aplicáveis nas regiões autónomas – regulamentos *regionais* –, ou no âmbito das autarquias locais – regulamentos *autárquicos*); finalmente, os regulamentos *institucionais* são os que emanam de institutos públicos ou associações públicas, para terem aplicação apenas às pessoas que se encontram sob a sua jurisdição.

34-A. Os regulamentos internos

Os regulamentos também se dividem, quanto à *projeção da sua eficácia*, em regulamentos internos e externos.

São *regulamentos internos* os que produzem os seus efeitos jurídicos unicamente no interior da esfera jurídica da entidade de que emanam (incluindo aqueles que, sem enunciar de modo orientador padrões de conduta da vida em sociedade, se limitam a determinar autovinculações internas quanto ao modo de exercer os poderes de apreciação e decisão legalmente previstos).

São *regulamentos externos* – os únicos considerados na definição legal do artigo 135.º do CPA – aqueles que produzem efeitos jurídicos em relação a outros sujeitos de direito diferentes, isto é, em relação a outras pessoas coletivas públicas ou em relação a particulares.

Assim, por exemplo, há regulamentos de organização que são *internos*; mas todos os regulamentos de polícia são *externos*.

Esta classificação tem um precedente histórico, que é a velha distinção da doutrina germânica entre os *regulamentos administrativos* e *os regulamentos jurídicos*[280]. Considerava-se que só os regulamentos de tipo relacional tinham caráter jurídico ou, pelo menos, que só esses eram juridicamente relevantes. Hoje, porém, entende-se que também os

[280] V. sobre o tema, por exemplo, Forsthoff, *Droit Administratif Allemand*, p. 218 e ss.

regulamentos de organização e de funcionamento podem ter, e muitas vezes têm, eficácia jurídica externa. A classificação que há a fazer, nos nossos dias, é a dos regulamentos em internos e externos.

Levantam-se, a respeito desta classificação, dois problemas a que importa aqui aludir.

1) O primeiro respeita aos regulamentos institucionais que visem disciplinar o comportamento dos *utentes de um serviço público*, isto é, dos particulares que travam com a pessoa coletiva pública em causa relações jurídicas duradoiras de utilização. Diz-se que estes particulares, por serem utentes de um dado serviço público, estão sujeitos a uma peculiar forma de subordinação à Administração Pública, encontrando-se por isso em *relações especiais de poder* (que são diferentes das relações gerais em que todo o cidadão participa face ao Estado)[281], ou seja, relações em que se admite que certos direitos dos particulares podem ser objeto de limitações mais intensas do que as que vigoram para a generalidade dos cidadãos, desde que as mesmas sejam estabelecidas exclusivamente por causa da especial dependência em que o particular se encontra[282]. Seria o caso dos alunos em relação às escolas, dos doentes em relação aos hospitais, dos presos em relação às prisões, etc.[283] Ora bem, estes regulamentos institucionais que regulam relações especiais de poder são regulamentos internos ou externos? Há quem entenda que são *internos*, por não se dirigirem a todos os cidadãos, em geral, mas apenas a alguns em especial, precisamente uns quantos que, por *ato de admissão*, ingressaram no interior de um círculo restrito de pessoas sujeitas à jurisdição própria de certas autoridades administrativas, submetidas a formas particulares de disciplina, etc. Quanto a nós, porém, não é assim. Os regulamentos de que se fala são *externos*, pois não projetam a sua eficácia apenas na esfera jurídica de uma pessoa coletiva pública ou, através do dever de obediência hierárquica, nos funcionários públicos ao seu serviço: produzem também efeitos em relação a pessoas que são sujeitos

[281] V. sobre o tema Hartmut Maurer, *Droit Administratif Allemand*, pp. 117-120; cfr. Diogo Freitas do Amaral, *Curso*, I, pp. 662-664, e, também, Luís S. Cabral de Moncada, «As Relações Especiais de Poder no Direito Português», *in Revista Jurídica da Universidade Moderna*, n.º 1, 1998, p. 181 e ss.

[282] V. Esteves de Oliveira, *Direito Administrativo*, I, p. 121.

[283] V. *supra*, vol. I, pp. 803-804.

de direitos distintos da pessoa coletiva pública em causa. Os alunos, os doentes, os presos – não são elementos da Administração, mas particulares que usam os seus serviços; não são meros «súbditos ou administrados», mas autênticos cidadãos, ainda que sofrendo esta ou aquela limitação ou enfraquecimento dos seus direitos. Daí que os referidos regulamentos sejam, em face deles, *externos*, podendo ser por eles impugnados contenciosamente, se acaso forem ilegais e ferirem, de forma constitucionalmente incomportável, direitos subjetivos ou interesses legalmente protegidos de qualquer indivíduo nessa situação[284].

2) O segundo problema a examinar é o de saber se são internos ou externos os regulamentos que a Administração elabora para disciplinar a atuação dos seus próprios funcionários públicos. Há quem entenda que estes regulamentos têm caráter interno, e quem os veja antes com natureza externa. Por nós, julgamos que se impõe distinguir: se se tratar de regulamentos aplicáveis aos funcionários na sua qualidade de funcionários, com o fim de disciplinar apenas a organização ou o funcionamento do serviço, tais regulamentos são *internos* – note-se, todavia, em relação a estes, que eles podem assumir «relevo indireto na ordem externa ao denunciarem sintomas de ilegalidade ou de violação do princípio da igualdade de tratamento»[285]; se, porém, se tratar de regulamentos aplicáveis aos funcionários na sua qualidade de cidadãos, sujeitos de uma relação jurídica de emprego com a Administração, com o fim de disciplinar essa relação e os direitos ou os deveres recíprocos que a integram, então esses regulamentos serão *externos*.

Similar é a situação dos *regimentos* dos órgãos colegiais (CPA, art. 20.º, n.º 3), que, sendo em princípio internos, podem ter projeção externa, na medida em que contenham normas relativas aos direitos dos seus membros.

A questão da qualificação de um regulamento como interno ou externo tem ainda outra projeção prática importante. É que, e ao contrário do que se passa com os regulamentos externos, não vale para os regulamentos internos o *princípio da inderrogabilidade singular dos regulamentos* (cfr. *infra*)[286].

[284] V. Hartmut Maurer, *Droit Administratif Allemand*, p. 118.

[285] V. Vieira de Andrade, «O Ordenamento Jurídico Administrativo», *loc. cit.*, p. 61.

[286] *Ibidem.*

35. Distinção entre regulamento e lei

Como se distinguem entre si a lei e o regulamento administrativo? E que importância prática tem o saber fazer essa distinção?

Critérios da distinção. – Antes de mais, é necessário ter consciência do relativismo da delimitação entre a lei e o regulamento. Quer dizer, um tal limite não é ditado por postulados técnico-jurídicos de valor absoluto, antes resulta, em cada momento histórico, do tipo de organização político-administrativa de cada Estado[287]. Nestes termos, é de «aplicação prática incerta qualquer distinção aprioríşitica» entre ambas as figuras[288]. Seja como for, vários foram sendo os critérios propostos pela doutrina para fazer a distinção, e vamos dar aqui deles breve notícia.

Um primeiro critério, de que partia a escola clássica francesa (Carré de Malberg), assenta na diferença entre princípios e pormenores – à lei caberia a formulação dos princípios, ao regulamento a disciplina dos pormenores. Mas o critério é vago, pois não permite traçar com rigor a distinção entre princípios e pormenores; além de que, como é bom de ver, nada impede que haja pormenores numa lei e princípios num regulamento.

Um segundo critério – inicialmente utilizado pela escola alemã de Direito Público e, entre nós, sustentado por Marcello Caetano[289] –, reconhecendo haver algumas afinidades no plano material entre o regulamento e a lei, considera possível distingui-los porque ao regulamento falta a *novidade*, que é caraterística da lei. Os regulamentos complementares ou de execução são, carateristicamente, normas secundárias que completam ou desenvolvem leis anteriores, sem as quais não podem ser elaboradas; e os regulamentos independentes ou autónomos, embora não se destinem a regulamentar determinada lei em especial, são feitos para a «boa execução das leis» em geral, isto é, visam a «dinamização da ordem legislativa» no seu conjunto.

Mas este critério encerra também uma dificuldade – precisamente, a dos regulamentos independentes ou autónomos. Estes não pressupõem na sua base nenhuma lei, a não ser a lei de habilitação. E, ao contrário do que dizia Marcello Caetano, não se destinam à boa execução das leis já existentes, nem à dinamização da

[287] Assim, Sérvulo Correia, *Noções de Direito Administrativo*, I, p. 97.

[288] V. Marques Guedes, *O Processo Burocrático*, p. 50.

[289] V. Marcello Caetano, *Manual*, I, pp. 96-98.

ordem legislativa. São eles próprios inovadores, criam direito; tão inovadores que, no âmbito da Administração autónoma, podem ser diferentes, e contraditórios, de município para município (é o caso, por exemplo, das posturas de trânsito). Marcello Caetano não consegue, em suma, oferecer qualquer nota material distintiva do regulamento independente face à lei.

Um terceiro critério baseia-se na identidade material entre lei e regulamento – substancialmente, os regulamentos são leis[290]. Assim, a distinção entre ambos só pode ser feita no plano formal e orgânico. Ou seja, tanto a lei como o regulamento são materialmente normas jurídicas; a diferença vem da diferente posição hierárquica dos órgãos de onde emanam e, consequentemente, do diferente valor formal de uma e de outro (a lei pode revogar o regulamento; o regulamento não pode revogar a lei e, se a contrariar, é ilegal)[291].

A nossa Constituição não fornece qualquer critério de definição da fronteira material entre o domínio legislativo e o domínio regulamentar. Mais: atribui ao Governo amplas competências normativas de caráter legislativo e regulamentar [CRP, arts. 198.º, n.º 1, alínea *a*), e 199.º, alínea *c*)]. Em cada área normativa pode haver uma parte legislativa e uma parte regulamentar, mas a proporção em que isso acontece depende essencialmente da lei. Esta tanto pode esgotar a regulamentação da matéria, consumindo o regulamento (pois não existe *reserva de regulamento*), como pode, diferentemente, limitar-se a diferir para regulamento de certa entidade a tarefa de regulamentação material do assunto. Entre esses dois extremos existem múltiplas possibilidades[292].

Apenas por aspetos orgânicos e formais é, pois, possível estabelecer a destrinça entre lei e regulamento. Portanto, à luz do direito positivo vigente, é lei todo o ato normativo que provenha de um órgão com competência legislativa e que assuma a forma de lei[293]; é regulamento todo o ato normativo dimanado de um órgão com competência regulamentar

[290] Neste sentido, entre tantos, cfr. Antoniolli e Koja, *Allgemeines Verwaltungsrecht*, p. 155.

[291] Assim também Hartmut Maurer, *Droit Administratif Allemand*, p. 64.

[292] V. Gomes Canotilho e Vital Moreira, *Constituição...*, pp. 53-54.

[293] A favor também da ideia da consagração na nossa Constituição de um conceito formal de lei, v., entre outros, Marcelo Rebelo de Sousa, *O Valor Jurídico do Ato Inconstitucional*, I, Braga, 1989, p. 309, remetendo para outros lugares de obras suas e outros autores; Gomes Canotilho e Vital Moreira, *Constituição...*, p. 502; Rui Medeiros, *Ensaio sobre a Responsabilidade Civil do Estado por Atos Legislativos*, p. 17 e ss.; e David Duarte, «Lei-Medida e Democracia Social», *in Scientia Iuridica*, tomo XLI, 1992, n.º 238-240, p. 337 e ss.

e que revista a forma de regulamento, ainda que seja independente ou autónomo e, por conseguinte, inovador[294].

Importância da distinção. – A utilidade prática da distinção entre lei e regulamento cifra-se basicamente em três pontos:

a) *Fundamento jurídico*: a lei, em regra[295], baseia-se unicamente na Constituição; o regulamento só é válido se uma *lei de habilitação* atribuir competência para a sua emissão (cfr. art. 112.º, n.º 7, da CRP);
b) *Ilegalidade*: em regra[296], uma lei contrária a outra lei revoga-a, ou então coexistem ambas na ordem jurídica com diversos domínios de aplicação; um regulamento contrário a uma lei é ilegal;
c) *Impugnação*: a lei só pode ser impugnada diretamente com fundamento em inconstitucionalidade (ou, excecionalmente, em ilegalidade *sui generis*: *v. g.*, contradição de um decreto legislativo regional com o estatuto de uma região autónoma – cfr. arts. 280.º, n.º 2, al. *b*), 281.º, n.º 1, al. *c*), e 282.º, n.ºs 1 e 2, da CRP) junto do Tribunal Constitucional; o regulamento ilegal é, em regra, impugnável administrativa e contenciosamente com fundamento em ilegalidade propriamente dita (ou com fundamento na violação de um regulamento que devia ter sido respeitado – uma outra modalidade de ilegalidade *sui generis*: *v. g.*, contradição de um regulamento de uma freguesia com o regulamento de um município). Excecionalmente, o regulamento pode ser, no entanto, impugnado diretamente perante o Tribunal Constitucional (v. *infra*).

[294] Já neste sentido, cfr. Marques Guedes, *O Processo Burocrático*, p. 51.

[295] V., no entanto, os fenómenos da parametricidade interposta e da parametricidade pressuposta: Gomes Canotilho, *Direito Constitucional...*, pp. 814-819.

[296] Excepção: as leis de valor reforçado (cfr. Constituição, arts. 112.º, n.º 3, 280.º, n.º 2, al. *a*), e 281.º, n.º 1, al. *b*)), caraterizadas precisamente pela inversão da regra da eficácia derrogatória da lei posterior. V., entre nós, Gomes Canotilho, «A Lei do Orçamento e a Teoria da lei», *in Estudos em homenagem ao Prof. Doutor J. J. Teixeira Ribeiro*, II, Coimbra, 1979, p. 583 e ss.; *Idem*, *Direito Constitucional e Teoria da Constituição*, p. 749 e ss.

36. Distinção entre regulamento e ato administrativo

Vejamos agora como se distingue o regulamento do ato administrativo e qual a importância da distinção.

Regra geral. – Por via de regra, a distinção é fácil de fazer, e reconduz-se à distinção entre *norma jurídica* e *ato jurídico.*

Tanto o regulamento como o ato administrativo são comandos jurídicos unilaterais emitidos por um órgão competente no exercício de um poder público de autoridade: mas o regulamento, como norma jurídica que é, é uma regra geral e abstrata, ao passo que o ato administrativo, como ato jurídico que é, é uma decisão individual e concreta.

Tal como sucede relativamente à lei, existem, excecionalmente, regulamentos que pelo seu conteúdo o não seriam, por disciplinarem um ou vários casos concretos, e apenas o são por revestirem a forma que a lei para eles fixa[297]. Exemplo: a decisão administrativa de concessão de zonas de caça a determinadas entidades pelo Ministro da Agricultura, do Desenvolvimento Rural e Pescas reveste a forma de portaria[298]. Sem prejuízo da impugnabilidade contenciosa dos atos administrativos em que os mesmos se traduzam, os regulamentos meramente formais são tratados no plano processual e no plano da tutela jurídica dos seus destinatários como se de regulamentos propriamente ditos se tratasse[299]. Importa, por outro lado, não confundir este tipo de regulamentos com os que têm por objeto normas (em sentido próprio) exequíveis por si mesmas e que, por conseguinte, podem ser imediatamente lesivas de certos particulares (cfr. os arts. 147.º, n.º 1, 1.ª parte, do CPA, e 73.º, n.º 2, do CPTA).

A norma jurídica é *geral,* isto é, define os seus destinatários por meio de conceitos ou categorias universais, sem individualização de pessoas, e é *abstrata,* isto é, define as situações da vida a que se aplica também por meio de conceitos ou categorias. Pelo contrário, o ato administrativo é *individual,* isto é, reporta-se a uma pessoa ou a algumas pessoas especifi-

[297] V. Afonso Queiró, *Teoria dos regulamentos* (1.ª parte), p. 2.
[298] Cfr. o art. 40.º, al. *a*), do Decreto-Lei n.º 202/2004, de 18 de agosto, na redação dada pelo Decreto-Lei n.º 201/2005, de 24 de novembro.
[299] V. Afonso Queiró, *Teoria dos regulamentos* (1.ª parte), p. 2.

camente identificadas, e é *concreto*, isto é, visa regular uma certa situação bem caraterizada.

Na maior parte dos casos, a distinção feita nestes termos é fácil de aplicar. Por vezes, contudo, torna-se muito difícil.

Consideremos as três dificuldades principais:

1) *Comando relativo a um órgão singular* (Presidente da República, por exemplo): é norma, e não ato, se dispuser em função das caraterísticas da categoria abstrata e não da pessoa concreta titular do cargo; será ato no caso contrário;
2) *Comando relativo a um grupo restrito de pessoas, todas determinadas ou determináveis* (a disposição que promove ao posto imediato todos os atuais funcionários da Direção-Geral X, por exemplo): é norma, e não ato, desde que disponha por meio de categorias abstratas, tais como «promoção», «atuais», «funcionários», etc.; será ato se contiver a lista nominativa dos indivíduos abrangidos, devidamente identificados;
3) *Comando geral dirigido a uma pluralidade indeterminada de pessoas, mas para ter aplicação imediata numa única situação concreta* (por exemplo, a ordem dada por certa Câmara Municipal aos habitantes de certa povoação para que *hoje*, por ter nevado, limpem a rua em frente de suas casas): grande parte da doutrina considera haver aqui ato administrativo; para nós, diferentemente, há norma, porque existe generalidade[300]; o que não há é «vigência sucessiva» (Marcello Caetano), mas essa caraterística, ao contrário da generalidade, não é essencial ao conceito de norma jurídica[301-302].

[300] Contra: Afonso Queiró, *Teoria dos regulamentos* (1.ª parte), p. 2.

[301] Contra, Marcello Caetano, *Manual*, I, pp. 435-438. Discordamos desta posição porque, de um lado, há ou pode haver normas gerais e abstratas editadas apenas para fazer face a situações únicas e concretas (é, aliás, normalmente, o caso das *disposições transitórias* e das *normas retroativas*) e, de outro lado, porque a execução instantânea tão-pouco é caraterística geral dos atos administrativos, havendo-os numerosos que são atos de execução continuada ou duradoira (v. adiante).

Consideramos aqui como *abstração* a indicação das situações da vida a que a norma pretende aplicar-se por meio de conceitos ou categorias universais, podendo isso acontecer quer quando a norma visa disciplinar uma pluralidade indeterminada de situações do mesmo tipo («sempre que no futuro acontecer que...»), quer quando a norma visa regular uma única situação concreta num momento dado. Se nesta última hipótese não pudesse utilizar-se o conceito de *abstração*, por se entender que é incompatível com o de *situação concreta da vida*,

Importância da distinção. – Qual a utilidade da distinção entre regulamento e ato administrativo? Ela manifesta-se sobretudo nos pontos seguintes:

a) *Interpretação e integração*: o regulamento é interpretado, e as suas lacunas são integradas, de harmonia com as regras próprias da interpretação e integração das normas jurídicas; para o ato administrativo, há outras regras específicas aplicáveis em matéria de interpretação e integração – as regras próprias da interpretação e integração do ato administrativo;

b) Vícios e formas de invalidade: também podem não coincidir. Nesta matéria, o paradigma aplicável ao regulamento é o das leis; o modelo seguido no ato administrativo, ainda que com grande número de particularidades, é o do *negócio jurídico*;

c) *Impugnação contenciosa*: para além de os regulamentos poderem ser considerados ilegais em quaisquer tribunais, ao contrário do que sucede com o ato administrativo (que, salvo nos casos de nulidade – que pode ser conhecida por qualquer autoridade –, apenas pode ser declarado nulo ou anulado pelos tribunais administrativos ou pelos órgãos competentes para a anulação administrativa – cfr. *infra*), os termos da impugnação contenciosa de regulamentos e de atos administrativos são diferentes, quanto à legitimidade, aos prazos, às regras processuais, etc.

então votaríamos claramente no sentido de a abstração não ser um elemento essencial do conceito de norma jurídica. Para nós, o essencial deste conceito está na *generalidade*, isto é, na não identificação dos destinatários.

[302] V., todavia, o Acórdão do Tribunal Constitucional n.º 148/2007: não tem caráter de ato normativo, nomeadamente para efeitos de fiscalização da inconstitucionalidade normativa, tanto o ato individual (aquele que se aplica a pessoa ou pessoas determinadas), como o ato singular (aquele cuja aplicação se esgota numa situação concreta e determinada), existindo um consenso generalizado acerca da qualificação de certo tipo de atos como atos administrativos gerais, sendo um desses a que é geralmente negado caráter normativo, precisamente, o dos avisos de abertura de concurso; com efeito, são atos que não emanam do poder normativo da Administração, mas do poder administrativo de prover, de que constituem, no tipo de procedimento em causa, o primeiro ato da série.

37. Fundamento do poder regulamentar

O fundamento do poder regulamentar pode ser encarado sob um triplo ponto de vista: prático, histórico e jurídico[303].

Do *ponto de vista prático*, o poder regulamentar funda-se, por um lado, no distanciamento do legislador face aos casos concretos da vida social e, por outro, na impossibilidade de previsão absoluta ou na inconveniência de previsão completa por parte do legislador, em termos que aconselham ou tornam muitas vezes necessário que a Administração intervenha, num segundo momento, a fim de criar normativamente as condições de aplicação da lei aos casos da vida. Efetivamente, à luz dos fins que visa prosseguir, a lei deixa frequentemente espaços em branco: esses espaços, intencional ou involuntariamente deixados em branco pelo legislador, constituem o fundamento prático do poder regulamentar, na medida em que levam à necessidade de a Administração Pública os preencher.

Quanto ao *fundamento histórico* do poder regulamentar, dir-se-á, sucintamente, que ele repousa na impossibilidade da aplicação rigorosa do princípio da separação de poderes, tal como foi concebido pelos teorizadores do Estado Liberal. Esse princípio, se tivesse sido plena e acriticamente aplicado, teria levado a que a Administração não pudesse editar normas jurídicas, dado que a emissão da norma jurídica haveria de ser atributo exclusivo do poder legislativo. Tal não sucedeu, todavia, por impossibilidade prática; e daí que logo nos anos imediatamente subsequentes à Revolução Francesa haja sido reconhecido por lei à Administração (e, sobretudo, na Constituição do Ano VIII) o poder de, dentro de certos limites, emanar regras jurídicas, ainda que secundárias ou de grau inferior ao das leis. Historicamente, portanto, o poder regulamentar resulta dessa impossibilidade prática de aplicação, na sua pureza, do princípio da separação dos poderes.

Enfim, do *ponto de vista jurídico*, o fundamento do poder regulamentar tem variado conforme as épocas.

No período da *Monarquia absoluta* e no da *Monarquia liberal*, o fundamento jurídico do poder regulamentar era o poder administrativo próprio do Monarca, assente na legitimidade dinástica.

[303] V. Afonso Queiró, *Lições de Direito Administrativo*, I, p. 441 e ss.

No *Estado Liberal de Direito*, tal fundamento decorria quase sempre de uma delegação ou autorização dada caso a caso pelo Parlamento ao Governo. Este sistema correspondia à maneira mais fácil de conciliar as exigências teóricas que atribuíam a faculdade de emanar normas jurídicas gerais e abstratas ao Poder legislativo, com as exigências práticas, que reivindicavam a necessidade imperiosa de consentir alguma capacidade normativa rápida ao Poder executivo. É ainda como sequela deste período que na Grã-Bretanha e nos Estados Unidos da América se qualificam os regulamentos administrativos como *delegated legislation* (legislação delegada).

Hoje em dia, no *Estado Social de Direito*, o fundamento jurídico do poder regulamentar reside na Constituição e na lei, em homenagem ao princípio da legalidade, na sua versão atual[304]. Há, porém, que não confundir duas coisas (e isto vale sobretudo para a nossa ordem jurídica): uma é o fundamento do poder regulamentar em *geral*, e este radica na Constituição, dizendo-se, por isso, que o poder regulamentar não deriva da lei, antes assenta originariamente na própria Constituição; outra é o fundamento de *cada regulamento em particular*, através da exigência de lei prévia para o exercício do poder regulamentar, dizendo-se por isso que se a lei não cria o poder regulamentar, desempenha a função de habilitação legal necessária para se dar cumprimento ao princípio da primariedade ou da precedência de lei. Como veremos já de seguida, à face da Constituição não são admissíveis regulamentos desprovidos de fundamento legal, mesmo que se reclamem da ordem jurídica em geral ou dos princípios gerais de direito. Excetuam-se, de acordo com o consenso da doutrina nacional e estrangeira, dois casos em que – ao contrário da regra geral – o poder regulamentar existe mesmo sem que a Constituição ou a lei o prevejam, tendo portanto um fundamento diverso. São eles:

a) Regulamentos internos. – Entende-se unanimemente que os órgãos das diferentes pessoas coletivas públicas que compõem a Administração têm, por natureza, o poder de fazer regulamentos internos. Onde efetivamente a Administração se encontra perante um problema organizatório, onde se ponha um desafio ao seu poder de conformação da máquina administrativa, não funcionam as exigências atrás apontadas[305]. Qual o fundamento para este entendimento?

[304] V. *supra*, cap. I.

[305] Assim, Rogério Soares, *Direito Administrativo*, p. 75.

Segundo alguns autores (Merkl, Forsthoff, Afonso Queiró), esse poder deriva de um «direito próprio» da Administração, ou de um «poder inerente, institucional», ou ainda de um «poder geral de soberania» pertencente à Administração Pública.

Discordamos, porém, destas doutrinas – porque a soberania é um atributo do poder político, e não do poder administrativo; e todas as outras fórmulas utilizadas pelos autores citados (direito próprio, poder inerente, poder institucional) nada significam nem adiantam.

Quanto a nós, o fundamento jurídico do poder de fazer regulamentos internos é o *poder de direção, próprio do superior hierárquico*: pura e simplesmente, quem pode dar ordens concretas e individuais, deve também poder formular instruções genéricas, se tal for necessário para uniformizar a ação dos serviços administrativos.

b) Regimentos de órgãos colegiais. – Entende-se igualmente que os órgãos colegiais existentes no seio da Administração Pública têm o poder de, independentemente de norma constitucional ou legal expressa que o autorize, elaborar e aprovar os seus próprios regulamentos de organização e de funcionamento, regulamentos esses a que no Direito público português se dá a denominação tradicional de *regimentos* (cfr. CPA, art. 20.º, n.º 3).

Qual o fundamento deste poder?

De novo surgem aqui as mesmas vozes proclamando «poderes inerentes», «direitos próprios», e expressões semelhantes. E de novo nos parece que tais expressões constituem fórmulas vazias, que nada explicam.

Quanto a nós, o fundamento jurídico do poder dos órgãos colegiais de fazerem o seu regimento é o *poder de auto-organização dos órgãos colegiais*, que é uma condição «*sine qua non*» do seu bom funcionamento[306].

[306] Cfr., quanto à competência para a aprovação dos regimentos do Conselho de Estado, da Assembleia da República e da Assembleia Legislativa das regiões autónomas, respetivamente, os arts. 144.º, n.º 1, 175.º, al. *a*), e 232.º, n.º 3, todos da CRP. Os mesmos regimentos devem ser publicados no *Diário da República* (v. o art. 119.º, n.º 1, al. *f*), do mesmo normativo). Saliente-se que a organização e funcionamento do Governo é matéria de lei a que corresponde uma reserva absoluta de competência legislativa daquele órgão de soberania (cfr. o art. 198.º, n.º 2, da CRP). Já o regimento do Conselho de Ministros é aprovado pelo próprio através de resolução.

Qualquer órgão colegial pode decidir como vai proceder neste ou naquele debate, nesta ou naquela votação: e quem pode fazê-lo em concreto, também há de poder fazê-lo anteriormente em norma geral e abstrata.

Acresce que os órgãos colegiais não são suscetíveis de subordinação hierárquica[307], pelo que não poderia funcionar quanto a eles o poder regulamentar interno do superior hierárquico baseado no seu poder de direção.

38. Limites do poder regulamentar

Os limites do poder regulamentar são, desde logo, aqueles que decorrem do posicionamento dos regulamentos na hierarquia das fontes de direito[308]:

a) Em primeiro lugar, os princípios gerais de Direito[309] – ou seja, e nas palavras de Afonso Queiró, «um conjunto de máximas ou diretrizes jurídicas pré-estaduais, autónomas em relação às decisões do legislador constituinte e cuja validade e obrigatoriedade não depende do facto de serem acolhidas na constituição escrita de um Estado que se diga Estado de Direito»[310]. São normas que «constituem um núcleo muito reduzido do universo jurídico» – isto é, e fundamentalmente, «preceitos ou máximas ligados à Ideia de Direito e ao Princípio da Justiça»[311];

b) Em segundo lugar, a Constituição – que, como sabemos e melhor veremos adiante, contém várias regras sobre competência e forma dos regulamentos administrativos, cuja inobservância gerará inconstitucionalidade dos mesmos.

Quanto aos regimentos das assembleias de freguesia e das assembleias municipais, v., respetivamente, os arts. 10.º, n.º 1, al. *a*), e 26.º, n.º 1, al. *a*), ambos do regime jurídico das autarquias locais, aprovado pela Lei n.º 75/2013, de 12 de setembro (RJAL).

307 Cfr. Diogo Freitas do Amaral, *Conceito e natureza do recurso hierárquico*, I, pp. 131-133, e a doutrina estrangeira citada na nota (2) da p. 131.

308 Seguimos de perto a sistematização de Afonso Queiró, *Teoria dos Regulamentos* (1.ª parte), p. 17 e ss.

309 V., desenvolvidamente, Afonso Queiró, *Lições de Direito Administrativo*, I, p. 291 e ss.

310 *Idem, ibidem*, p. 292.

311 *Ibidem*.

Por outro lado, sendo certo que a Lei Fundamental reserva o tratamento de certas matérias à lei, é evidente que a sua invasão por via de regulamentos independentes determina, outrossim, a inconstitucionalidade dos mesmos.

Finalmente, nas matérias que não se encontram constitucionalmente reservadas a tratamento legislativo, se um regulamento administrativo estabelecer uma disciplina contrária a princípios ou normas constitucionais padecerá de inconstitucionalidade.

A inconstitucionalidade direta dos regulamentos é fiscalizada nos termos gerais: fiscalização concreta incidental, e abstrata direta[312].

c) Depois, os princípios gerais do Direito Administrativo – ou seja, e recorrendo de novo à lição de Afonso Queiró, já não «princípios imediatamente deduzíveis da Ideia de Direito, de "*conclusiones*" de tal Ideia, (...) mas de princípios que da Ideia de Direito derivam mediatamente, sendo a sua textura influenciada pelos ingredientes espácio-temporais, pela situação cultural, pela conceção do homem e do mundo, pelo fundo ético da comunidade considerada e pela consequente valoração ou peso relativo dos interesses no círculo de cultura em que esses princípios regem»[313]. Dois exemplos de princípios deste cariz (entre tantos outros possíveis[314]): o princípio da inderrogabilidade singular dos regulamentos ou o princípio da indisponibilidade dos bens da Administração a título gratuito.

Estes princípios podem ser revogados por normas legais, pois têm a mesma posição hierárquica delas, mas não podem ser derrogados diretamente pelos regulamentos[315]. «A não observância desta vinculação – di-lo Queiró – importa "violação de lei" e consequente anulabilidade ou não aplicação dos regulamentos»[316].

d) Em seguida, a lei (*princípio da legalidade*).

O regulamento não pode contrariar um ato legislativo, já que a lei tem absoluta prioridade sobre os regulamentos – é a vertente do prin-

[312] Sobre estes conceitos, cfr. Jorge Miranda, *Manual de Direito Constitucional*, VI, cit., p. 220 e ss.

[313] V. Afonso Queiró, *Lições de Direito Administrativo*, I, pp. 308-309.

[314] *Idem, ibidem*, p. 310.

[315] *Idem, ibidem*, p. 435 e ss.

[316] *Idem, ibidem*, p. 436.

cípio da legalidade que, como vimos, se costuma designar como *princípio da preferência de lei.*

Em consequência, é, entre nós, e desde 1982, expressamente proibida a existência de *regulamentos delegados* em qualquer das suas manifestações típicas: regulamentos *derrogatórios, modificativos, suspensivos* e *revogatórios*[317]. É o que decorre linearmente do artigo 112.º, n.º 5, da CRP, onde se dispõe que «nenhuma lei pode criar outras categorias de atos legislativos ou conferir a atos de outra natureza o poder de, com eficácia externa, interpretar, integrar, modificar ou suspender ou revogar qualquer dos seus preceitos». Exemplo de regulamento delegado derrogatório: o artigo 25.º do D. L. n.º 51/84 estabelecia que nenhum banco se poderia constituir com um capital social inferior a 1,5 milhões de contos, mas que, por decreto regulamentar, poderia ser elevado o capital social mínimo.

Não confundir a figura dos regulamentos delegados com o fenómeno da *deslegalização* ou de *degradação do grau hierárquico*, essa, sim, constitucionalmente admissível[318]. Com efeito, na deslegalização verifica-se uma degradação do grau hierárquico da normatividade reguladora de uma dada matéria; «é a matéria de lei que é degradada a matéria de regulamento»[319]. Como explica Gomes Canotilho, «uma lei, sem entrar na regulamentação da matéria, rebaixa formalmente o seu grau normativo, permitindo que essa matéria possa vir a ser modificada por regulamentos»[320]. Todavia, a *deslegalização* encontra limites nas matérias

[317] Sobre estas várias modalidades, cfr. Gomes Canotilho, *Direito Constitucional...*, pp. 835-836.

[318] *Idem, ibidem*, p. 841. Sobre a matéria da deslegalização, v. também Jorge Miranda, *Manual de Direito Constitucional*, V, cit., pp. 229-234.

[319] Assim, v. Jorge Miranda, *Manual...*, V, p. 229; v. ainda García de Enterría e T. R. Fernández, *Curso de Derecho Administrativo*, I, p. 269.

[320] V. Autor cit., *Direito Constitucional...*, p. 841. É o fenómeno que Jorge Miranda apelida de heterodeslegalização (v. *Manual...*, V, p. 231). Segundo o mesmo Autor, esta «consiste em a lei subtrair força legal às disposições de outras leis, certas e determinadas, já publicadas e não ainda por publicar. Donde, ao que se crê, a revogação formal ou novação do título destas disposições: os diplomas até esse momento vigentes a título de leis passam a vigorar a título de regulamentos, e nesta qualidade ficam sujeitos a ser revogados materialmente por futuros regulamentos». Na autodeslegalização «a lei qualifica toda ou parte da matéria sobre que incide como regulamentar. E em rigor talvez devesse cingir-se a revogar a primitiva lei sobre tal matéria, sem introduzir disciplina autónoma, deixando que a seguir fosse publicado o regulamento adequado; mas, por economia de meios, ela acumula as duas funções – revogatória e reguladora – e daí a aparente heterogeneidade ou cisão no conteúdo da lei»

constitucionalmente reservadas à lei[321]. Exemplo de deslegalização: o D. L. n.º 36/77, de 28 de janeiro, revogou o D. L. n.º 73/76, de 27 de janeiro, que fixava o preço de venda da batata de consumo, e a Portaria n.º 46/77, da mesma data, fixou o novo preço.

O princípio da legalidade seria contudo puramente formal se, em matérias importantes ainda não reguladas por lei, o regulamento pudesse adiantar-se na respetiva disciplina jurídica[322]. Daí que, além da prevalência ou preferência de lei, ele se manifeste igualmente sob outra vertente muito importante: o *princípio da reserva de lei.*

Significa isto duas coisas.

Em primeiro lugar, que o poder regulamentar se não pode desenvolver naquelas áreas que constitucionalmente estejam reservadas à lei (*princípio da reserva material de lei*)[323]. Os únicos regulamentos que nas matérias reservadas à lei se admitem são os regulamentos de execução[324] – ou, porventura, nem isso, como sucede em matéria de restrições aos direitos fundamentais, de tipificação legal dos crimes e das respetivas penas, e de definição dos limites essenciais dos impostos (casos de

(v. *idem, ibidem*). A deslegalização encontra o seu fundamento na liberdade de conformação do legislador. «A qualificação de qualquer matéria como legal ou regulamentar implica um juízo do legislador, mutável em cada dia, à luz dos critérios da sua ação e observados os limites constitucionais. Por isso, mal se perceberia que, no âmbito do seu poder conformador, aquele não pudesse (...) desfazer aquilo que tivesse feito; que acaso lhe fosse impossível baixar ao nível regulamentar, recortando os respetivos contornos, uma matéria que, precedentemente, tivesse convertido de regulamentar em legal. Salvaguarda-se, deste modo, a hierarquia das fontes, dado que a revogação ou a modificação a que procedam os regulamentos se vai referir a atos transformados em regulamentares, e já não a atos legislativos. A deslegalização não funciona como autorização verdadeira e própria ao órgão regulamentar, mas sim como condição de validade do regulamento que, sem ela, seria ilegal» (assim, Jorge Miranda, *Manual...*, V, pp. 230-231).

321 V. Gomes Canotilho, *Direito Constitucional...*, pp. 841-842; v., em Espanha, García de Enterría e T. R. Fernández, *Curso de Derecho Administrativo*, I, pp. 270-272.

322 V. Gomes Canotilho, *Direito Constitucional...*, p. 734; Hartmut Maurer, *Droit Administratif Allemand*, p. 108.

323 Não confundir o princípio mencionado no texto com reserva de competência legislativa da Assembleia da República (v. arts. 164.º e 165.º da CRP): esta é uma condição suficiente daquele, mas não uma sua condição necessária. Isto é: a reserva material de lei corresponde a uma reserva de ato legislativo, mas não necessariamente a uma reserva de lei de determinado órgão com competência legislativa. O caso da transposição de diretivas é a este respeito paradigmático (cfr. o art. 112.º, n.º 8, da CRP).

324 Assim, Afonso Queiró, *Teoria dos Regulamentos* (2.ª parte), p. 17.

reserva integral ou reserva absoluta de lei)[325]. No domínio da reserva relativa de lei parlamentar, o Governo só pode, portanto, sob pena de inconstitucionalidade, editar normas inovadoras sob a forma de decretos-leis e mediante autorização da Assembleia da República[326]; no domínio da reserva absoluta de lei parlamentar, o Governo só pode editar normas regulamentares de execução.

Em segundo lugar, o princípio da reserva de lei significa que o exercício de qualquer atividade administrativa regulamentar tem de ser precedido de uma lei habilitante (*precedência de lei*). Este ponto é, no entanto, controverso[327]. Com efeito, tem sido especialmente discutida a questão de saber se podem ser, ou não, emitidos regulamentos independentes diretamente fundados na Constituição[328]. A nosso ver, deve responder-se negativamente. Decorre do n.º 7 do artigo 112.º da CRP que os regulamentos «devem indicar expressamente as leis que visam regulamentar ou [as leis] que definem a competência subjetiva e objetiva para a sua emissão». Ora, parece-nos evidente que esta dupla exigência constante da letra do mencionado preceito desautoriza claramente a emanação de regulamentos totalmente independentes, isentos de fundamento legal prévio. Pelo contrário, os regulamentos independentes também estão sujeitos ao princípio da legalidade, o que significa não existir exercício do poder regulamentar sem fundamento jurídico numa específica lei anterior. A Constituição impõe, assim, um pressuposto legal, no sentido da exigência de uma lei prévia para atuação do poder regulamentar[329]. Por outro lado, reconhecer ao Governo uma competência regulamentar absolutamente independente equivaleria a tornar (em larga medida) desnecessária a admissibilidade da emanação de decretos-leis.

325 V. Gomes Canotilho e Vital Moreira, *Constituição...*, p. 54. V. ainda Luís P. Pereira Coutinho, «Regulamentos Independentes do Governo», *loc. cit.*, p. 1043 e ss.

326 V. Afonso Queiró, *Teoria dos Regulamentos* (2.ª parte), p. 17. Sobre a questão de saber se a autonomia regulamentar das autarquias locais envolve a possibilidade de regulação de matérias pertencentes à reserva de lei parlamentar, cfr. Vital Moreira, *Administração Autónoma e Associações Públicas*, p. 186 e ss.

327 Para uma perspetiva histórico-comparatística, cfr. Luís P. Pereira Coutinho, *Regulamentos Independentes do Governo, cit.*, pp. 981-1007.

328 V. Luís P. Pereira Coutinho, «Regulamentos Independentes do Governo», *cit.*, pp. 1022-1043.

329 V., assim, Gomes Canotilho e Vital Moreira, *Constituição...*, pp. 72-74.

Em suma, a Constituição, a partir da revisão constitucional de 1982, inviabilizou a hipótese, que certa doutrina aceitava, de regulamentos independentes não baseados em nenhuma concreta lei de habilitação[330]; assim, deve entender-se que só pode haver regulamentos independentes se uma lei expressamente habilitar certo órgão administrativo (competência subjetiva) a fazer um regulamento sobre certa matéria administrativa (competência objetiva) – entre a Constituição e o regulamento independente tem de estar sempre o legislador (*interpositio legislatoris*)[331].

E, como referido, por força do artigo 136.º, n.º 2, do CPA, tal solução acabou também por ser acolhida ao nível da lei ordinária. Com efeito, nos termos desse preceito, «os regulamentos devem indicar expressamente as leis que visam regulamentar ou, no caso de regulamentos independentes, as leis que definem a competência subjetiva e objetiva para a sua emissão».

Devendo todos os regulamentos – e portanto também os independentes – mencionar as concretas leis que os habilitam, a preterição do *dever de citação da lei de habilitação* equivale à ausência de um elemento formal constitucionalmente necessário, pelo que tais regulamentos padecem de inconstitucionalidade formal[332].

e) Constitui também limite ao poder regulamentar a disciplina jurídica constante dos regulamentos editados por órgãos que se situem num plano superior ao do órgão que editou o regulamento.

O poder de emissão de regulamentos está, entre nós, repartido entre o Governo e múltiplos órgãos dos entes públicos que constituem o

[330] Contra: Afonso Queiró, *Teoria dos Regulamentos* (1.ª parte), p. 11 e ss.; Sérvulo Correia, *Noções de Direito Administrativo*, I, p. 105 e ss., e *Legalidade e Autonomia...*, p. 204 e ss.; Paulo Otero, *O Poder de Substituição...*, II, pp. 614-616; e J. M. Ferreira de Almeida, *Regulamento Administrativo*, p. 199.

[331] Neste sentido, cfr., também, Esteves de Oliveira, *Direito Administrativo*, I, p. 115; Gomes Canotilho e Vital Moreira, *Constituição...*, p. 72 e ss.; Gomes Canotilho, *Direito Constitucional...*, p. 737; Vital Moreira, *Administração Autónoma e Associações Públicas*, p. 186; Coutinho de Abreu, *Sobre os Regulamentos Administrativos*, p. 78; Manuel Afonso Vaz, *Lei de Reserva de Lei*, p. 489 e ss.; Maria Lúcia Amaral, «Reserva de Lei», *in Pólis*, col. 432; e Luís P. Pereira Coutinho, «Regulamentos Independentes do Governo», *loc. cit.*, p. 1028 e ss.

[332] V. Gomes Canotilho e Vital Moreira, *Constituição...*, pp. 75-77.

aparelho administrativo[333]. Ora, embora pertençam ao mesmo nível, encontramos entre os regulamentos uma subordinação hierárquica ou, pelo menos, uma ordem de preferências de aplicação[334].

Assim, os regulamentos do Governo prevalecem sobre todas as outras normas administrativas, mesmo posteriores, em caso de conflito, sem prejuízo da competência regulamentar especial da Assembleia Legislativa das regiões autónomas, quando as leis emanadas dos órgãos de soberania não reservem para o Governo a sua regulamentação (cfr. arts. 227.º, al. *d*), 2.ª parte, e 232.º, n.º 1, ambos da CRP). Quanto às autarquias locais, a regra é a de que prevalecem os regulamentos emanados da autarquia de grau superior (cfr. art. 241.º da CRP). Nestes termos, um regulamento de freguesia deve obediência a um regulamento municipal, e este, por sua vez, deverá obediência a um regulamento regional (se houver região administrativa).

O CPA contém preceitos que disciplinam os limites do poder regulamentar em termos de *invalidade* e de *eficácia*.

Assim, de acordo com o artigo 143.º, são *inválidos* os regulamentos que sejam desconformes com a Constituição, a lei e os princípios gerais de direito administrativo ou que infrinjam normas de direito internacional ou de direito da União Europeia (n.º 1). São também inválidos (n.º 2):

a) Os regulamentos que desrespeitem os regulamentos emanados dos órgãos hierarquicamente superiores ou dotados de poderes de superintendência;
b) Os regulamentos que desrespeitem os regulamentos emanados pelo delegante, salvo se a delegação incluir a competência regulamentar; e
c) Os regulamentos que desrespeitem os estatutos emanados ao abrigo de autonomia normativa nas quais se funde a competência para a respetiva emissão.

333 V. Vieira de Andrade, «O Ordenamento Jurídico Administrativo», *loc. cit.*, p. 68. Mais recentemente, v. Ana Raquel Moniz, *A Titularidade do Poder Regulamentar no Direito Administrativo Português (Algumas Questões)*, p. 483 e ss.

334 V. Vieira de Andrade, «O Ordenamento Jurídico Administrativo», *loc. cit.*, p. 68.

Por outro lado, no tocante às relações entre regulamentos, o artigo 138.º estabelece os seguintes critérios de *prevalência* ou de *preferência aplicativa* (determinação do regulamento aplicável em caso de conflito):

> «1 – Os regulamentos governamentais, no domínio das atribuições concorrentes do Estado e das autarquias locais, prevalecem sobre os regulamentos autárquicos e das demais entidades dotadas de autonomia regulamentar, salvo se estes configurarem normas especiais.
>
> 2 – Os regulamentos municipais prevalecem sobre os regulamentos das freguesias, salvo se estes configurarem normas especiais.
>
> 3 – Entre os regulamentos governamentais estabelece-se a seguinte ordem de prevalência:
>
> a) Decretos regulamentares;
>
> b) Resoluções de Conselho de Ministros com conteúdo normativo;
>
> c) Portarias;
>
> d) Despachos».

f) Em sexto lugar, constitui limite do poder regulamentar a proibição de o regulamento impor, com efeitos retroativos, deveres, encargos, ónus, sujeições ou sanções, que causem prejuízos ou restrinjam direitos ou interesses legalmente protegidos, ou afetem as condições do seu exercício (CPA, art. 141.º, n.º 1). Deste modo, são admissíveis regulamentos administrativos aplicáveis retroativamente que consagrem um regime mais favorável para os destinatários.

Mas, em qualquer caso, os efeitos dos regulamentos não podem reportar-se a data anterior àquela a que se reporta a lei habilitante (*idem*, n.º 2).

g) Por último, o poder regulamentar está sujeito a limites de competência e de forma. Sendo a Constituição e a lei que determinam a competência dos órgãos, sofrerá de inconstitucionalidade ou ilegalidade orgânica um regulamento editado por um órgão que não disponha de poderes para tal.

Da mesma maneira, tendo poderes para editar regulamentos, o órgão competente está vinculado às formas e formalidades que, para a atividade regulamentar, tenham sido constitucional ou legalmente fixadas.

39. Competência e forma

Vamos ver agora quem são os titulares do poder regulamentar – quem é que tem competência para fazer regulamentos –, e a que forma ou formas devem submeter-se os regulamentos administrativos.

a) *Regulamentos do Governo*. – Em relação à competência regulamentar da pessoa coletiva Estado, interessa referir a competência regulamentar do Governo. A este órgão supremo da Administração Pública compete, nos termos do artigo 199.º, alínea *c*), da CRP, «fazer os regulamentos necessários à boa execução das leis» –, e, bem assim, nos termos da alínea *g*) do mesmo preceito, «praticar todos os atos e tomar todas as providências necessárias à promoção do desenvolvimento económico-social e à satisfação das necessidades coletivas».

Em relação ao exercício da competência do Governo, a regra é a de que ela há de ser atuada pelo Ministro da pasta respetiva, só intervindo o Conselho de Ministros quando a lei expressamente o preveja.

Portanto, é cada Ministro, em princípio, que deverá editar os regulamentos administrativos necessários à boa execução das leis ou à satisfação das necessidades coletivas – o que decorre também do disposto no artigo 201.º, n.º 2, alínea *a*), da CRP, quando estabelece que compete aos Ministros executar a política definida para os seus ministérios.

Excecionalmente, o Conselho de Ministros pode dispor de competência regulamentar: desde logo, aquela que por lei lhe haja sido atribuída; depois, aquela outra que decorrer da circunstância de um assunto ser levado a Conselho de Ministros e o Conselho de Ministros entender que deve pronunciar-se sobre ele (com as limitações que já se conhecem)[335].

Qual a forma dos regulamentos do Governo?

Há várias formas possíveis, consoante o órgão que atua e a ordem de preferência intencionada (v. o mencionado art. 138.º, n.º 3, do CPA).

Em primeiro lugar, e como forma solene de regulamento do Governo, temos o *decreto regulamentar*.

Revestem necessariamente esta forma, por força do artigo 112.º, n.º 6, da CRP, entre outros, os regulamentos independentes do Governo.

[335] V. *supra*, vol. I, pp. 215-217 e 230-232.

O sentido da obrigatoriedade constitucional da forma de decreto regulamentar para os regulamentos independentes é o de submeter estes a um regime mais exigente (promulgação do Presidente da República e referenda do Governo), impedindo, deste modo, que o Governo e a Administração recorram a regulamentos independentes, em vez de utilizarem diretamente um instrumento legislativo, com o objetivo de se furtarem aos requisitos e controlos específicos da produção legislativa, tal como sucederia se pudessem emitir regulamentos independentes sob qualquer forma (resoluções, despachos genéricos, portarias, etc.)[336].

Como segunda forma possível de regulamento do Governo, temos a *resolução do Conselho de Ministros*. Note-se, no entanto, que estas resoluções não têm necessariamente a natureza de regulamentos: podem ser materialmente regulamentos, desde que tenham um conteúdo normativo, mas também podem corresponder materialmente a atos administrativos ou a atos de outra natureza.

Quando o regulamento é dimanado de um ou mais ministros em nome do Governo, estamos perante a *portaria*, figura que não é expressamente autonomizada pela Constituição. Tem uma forma jurídica própria, especial, prescrita por lei e, ao contrário do que sucede com o decreto regulamentar e com a resolução, não é aprovada em Conselho de Ministros: «Manda o Governo pelo ... (indicar o membro ou membros competentes), o seguinte: (segue-se o texto)»[337].

Quando o regulamento dimana de um ministro em nome do seu ministério, e não em nome do Governo da República, estamos perante o *despacho normativo*.

Finalmente, também os despachos simples podem conter matéria regulamentar, embora não seja adequado que o façam.

b) *Regiões Autónomas*. – Quanto aos órgãos de governo próprio das regiões autónomas, tanto a Assembleia Legislativa como o Governo Regional dispõem de poder regulamentar[338].

[336] Nestes termos, cfr. Gomes Canotilho e Vital Moreira, *Constituição...*, pp. 72-74.

[337] Cfr. o art. 14.º, n.º 1, al. *e*), da Lei n.º 74/98, de 11 de novembro, na redação dada pela Lei n.º 43/2014, de 11 de julho (Lei sobre a publicação, a identificação e o formulário dos diplomas). A não aprovação de portarias em Conselho de Ministros decorre do n.º 5 do mesmo artigo.

[338] V. Rui Medeiros e Jorge Pereira da Silva, *Estatuto Político-Administrativo da Região Autónoma dos Açores Anotado*, pp. 89-98 e 161-167; Paulo Otero, *O Poder de Substituição em Direito Admi-*

A competência regulamentar das regiões autónomas é enunciada no artigo 227.º, n.º 1, alínea *d*), da CRP. Cumpre-lhes: «regulamentar a legislação regional e as leis emanadas dos órgãos de soberania que não reservem para estes o respetivo poder regulamentar».

De acordo com o artigo 232.º, n.º 1, da Lei Fundamental, compete exclusivamente à Assembleia Legislativa regulamentar as leis emanadas dos órgãos de soberania que não reservem para estes o respetivo poder regulamentar. Aquele órgão pode também, segundo os estatutos de ambas as regiões, emanar regulamentos de execução de decretos legislativos regionais.

Segundo o artigo 231.º, n.º 6, da CRP, compete exclusivamente ao Governo Regional a matéria relativa à sua organização e funcionamento. A competência regulamentar do Governo Regional é por excelência, porém, a de elaborar os regulamentos necessários à execução dos decretos legislativos regionais[339].

A CRP não define a forma que devem revestir os diversos atos dos órgãos de governo próprio das regiões. Fazem-no, no entanto, os seus estatutos político-administrativos.

Os artigos 44.º, n.º 1, do Estatuto Político-Administrativo da Região Autónoma dos Açores e 41.º, n.º 1, do Estatuto Político-Administrativo da Região Autónoma da Madeira estendem a forma de *decreto legislativo regional* aos regulamentos da assembleia legislativa regional de adequação das leis gerais provindas dos órgãos de soberania que não reservem para estes o respetivo poder regulamentar.

Trata-se de uma solução constitucionalmente duvidosa[340]: por um lado, ela permite, desde logo, que os regulamentos regionais de legislação nacional se subtraiam ao disposto no artigo 112.º, n.º 7, não invocando a lei precedente; além disso, tais «decretos simultaneamente regulamentares e legislativos, ao assumirem força formal de lei, deixam de estar subordinados à própria lei que regulamentam e, mesmo sem a derrogarem, servem amiúde para estabelecer adaptações em relação ao

nistrativo, II, pp. 606-607; *idem, A Competência Delegada no Direito Administrativo Português*, Lisboa, 1987, p. 41 e ss.

339 V. Rui Medeiros e Jorge Pereira da Silva, *Estatuto Político-Administrativo da Região Autónoma dos Açores Anotado*, p. 162.

340 Sobre este problema, cfr. Rui Medeiros e Jorge Pereira da Silva, *Estatuto Político-Administrativo da Região Autónoma dos Açores Anotado*, pp. 129-132.

regime contido nessa lei. As normas estatutárias criam uma categoria especial de regulamentos que não deve estrita obediência às "leis gerais emanadas dos órgãos de soberania"»[341].

Os regulamentos do Governo Regional assumem, nos termos dos artigos 91.º, n.º 1, do Estatuto dos Açores e 70.º, n.º 1, do Estatuto da Madeira, a forma de *decreto regulamentar regional.*

c) Autarquias locais. – Quanto às autarquias locais, já se viu que elas dispõem de poder regulamentar, diretamente atribuído pelo artigo 241.º da CRP[342].

Como sublinham Gomes Canotilho e Vital Moreira, o poder regulamentar vai ínsito na autonomia local, sendo a sua forma de «legislação», ou seja, de regular por via de normas as questões da sua competência[343]. O poder regulamentar autónomo permite responder às especificidades locais e materiais, às quais nem o legislador nem os regulamentos governamentais estariam em condições de responder[344]. Permite, por outras palavras, confiar à responsabilidade própria dos grupos sociais a regulação dos assuntos que lhes dizem respeito, e que eles estão em condições de avaliar melhor que ninguém[345]. Os regulamentos locais existem, pois, para, através de medidas adequadas, ordenar a vida local por forma a obter uma mais correta satisfação das necessidades coletivas da respetiva comunidade[346].

Note-se que a concessão do poder regulamentar a uma autarquia habilita todos os seus regulamentos, que só têm de invocar a lei que concede o poder regulamentar[347]. Os poderes regulamentares das autarquias não exigem, assim, uma lei prévia individualizada para cada caso. Normalmente, os regulamentos locais são regulamentos independentes,

[341] V. Rui Medeiros e Jorge Pereira da Silva, *Estatuto Político-Administrativo da Região Autónoma dos Açores Anotado*, p. 130.

[342] Sobre os regulamentos das autarquias locais, cfr., por todos, Sérvulo Correia, *Legalidade e Autonomia...*, pp. 261-280; cfr. ainda Gomes Canotilho e Vital Moreira, *Constituição...*, pp. 740-744; Paulo Otero, *O Poder de Substituição em Direito Administrativo*, II, pp. 608-611; e A. Cândido de Oliveira, *Direito das autarquias locais*, Coimbra, 1993, pp. 291-295.

[343] V. Gomes Canotilho e Vital Moreira, *Constituição...*, p. 740.

[344] Assim, Vital Moreira, *Administração Autónoma e Associações Públicas*, p. 183.

[345] *Ibidem*, p. 183.

[346] Assim, Cândido de Oliveira, *Direito das autarquias locais*, p. 291.

[347] V. Vital Moreira, *Administração Autónoma e Associações Públicas*, p. 187.

em que a lei habilitante é a que define as atribuições de cada categoria de autarquias locais, bem como o órgão competente para os emitir[348] (definição da competência subjetiva e objetiva, nos termos do art. 112.º, n.º 7, 2.ª parte, da CRP).

Segundo o RJAL, o poder regulamentar das autarquias pertence, no que toca à autarquia paroquial, à assembleia de freguesia (art. 9.º, n.º 1, al. *f*)) e, no que toca à autarquia municipal, à assembleia municipal (art. 25.º, n.º 1, al. *g*)). Em ambos os casos o citado poder encontra-se sujeito a uma reserva de iniciativa do órgão executivo colegial correspondente (ou seja, e respetivamente, da junta de freguesia e da câmara municipal).

Os regulamentos das autarquias assumem formas muito diversificadas consoante o seu objeto. Os mais típicos são as *posturas*[349].

d) Finalmente, têm, nos termos das respetivas leis orgânicas ou estatutos, competência regulamentar os *institutos públicos*[350], as *associações públicas*[351] e as *entidades administrativas independentes*[352], ou melhor, os seus órgãos dirigentes, não existindo forma especial para os regulamentos deles emanados.

40. Processo de elaboração dos regulamentos

Tal como sucede em alguns países – designadamente, nos Estados Unidos da América e em Espanha[353] –, também entre nós a lei geral dis-

[348] V. Gomes Canotilho e Vital Moreira, *Constituição...*, p. 740.

[349] V. Marcello Caetano, *Manual*, I, pp. 101-103.

[350] V., especialmente, Sérvulo Correia, *Legalidade e Autonomia...*, pp. 259-261. Em matéria de poderes regulamentares, a «Lei-quadro dos institutos públicos» (Lei n.º 3/2004, de 15 de janeiro, na redação dada pelo Decreto-Lei n.º 5/2012, de 17 de janeiro) apenas prevê no seu art. 21.º, n.º 1, al. *h*), competir ao conselho diretivo de cada instituto «aprovar os projetos dos regulamentos previstos nos estatutos e os que sejam necessários ao desempenho das atribuições do instituto».

[351] V., especialmente, Vital Moreira, *Administração Autónoma e Associações Públicas*, pp. 180-194. Cfr. também o art. 9.º (autonomia administrativa) da Lei n.º 2/2013, de 10 de janeiro – regime jurídico da criação, organização e funcionamento das associações públicas profissionais.

[352] Cfr. o art. 267.º, n.º 3, da CRP e Gomes Canotilho, *Direito Constitucional...*, pp. 844-845. V. também o art. 21.º, n.º 1, al. *i*), da Lei-Quadro das Entidades Reguladoras, aprovada pelo art. 2.º da Lei n.º 67/2013, de 28 de agosto.

[353] V. os traços gerais desses sistemas em João Raposo, *O Regulamento Administrativo*, pp. 78-83.

ciplina a tramitação procedimental da elaboração dos regulamentos administrativos, no quadro de um regime geral do procedimento administrativo aplicável tanto a regulamentos como a atos administrativos (cfr. CPA, arts. 96.º e 97.º e ss.)[354].

A razão de ser básica desta regulamentação foi o facto de, como acentua Luís Fábrica, ser dificilmente justificável, desde logo face à CRP (cfr. n.º 5 do art. 267.º), que não restringe a garantia de participação dos particulares ao procedimento de formação dos atos administrativos, que entre a lei e o ato administrativo, cada qual com um procedimento formalizado, público, empenhado na legitimação das decisões tomadas, surja um domínio regulamentar caraterizado pela informalidade, pelo secretismo e, acima de tudo, pela afirmação de um poder burocrático, com evidente *défice* de legitimação – tanto mais que tais «terrenos intermédios» têm vindo a ganhar progressivo relevo, quantitativo e qualitativo[355].

No artigo 97.º do CPA consagra-se expressamente o direito de petição em matéria regulamentar (nomeadamente, em vista da elaboração, modificação ou revogação de regulamentos). Estabelecem-se, neste contexto, dois deveres essenciais: para o particular, o *dever de fundamentar* a sua petição; para a Administração, o *dever de informar* os particulares do *destino* dado às petições formuladas ao abrigo do n.º 1, bem como dos fundamentos da posição que tomar em relação a elas[356].

Cumpre distinguir três situações: (i) aquelas em que as normas regulamentares em falta são necessárias para dar exequibilidade a certos atos legislativos carentes de regulamentação; (ii) aquelas em que estão em causa normas regulamentares diretamente lesivas de direitos ou interesses legalmente protegidos dos particulares; (iii) e as restantes. No primeiro caso, a Administração está obrigada, sob pena de incorrer em ilegalidade por omissão sancionável jurisdicionalmente, a tornar a lei exequível[357]. No segundo, a lei reconhece expressamente aos inte-

[354] Sobre a questão da bondade ou não da inclusão no texto daquele diploma de regras com esse jaez, cfr. por todos, Luís Fábrica, «Regulamento Administrativo», § 5.º do estudo coletivo «Procedimento Administrativo», *in DJAP*, VI, pp. 503-508.

[355] V. Luís Fábrica, «Regulamento Administrativo», § 5.º do estudo coletivo *Procedimento Administrativo*, p. 505.

[356] V. João Raposo, «O Regulamento Administrativo», *loc. cit.*, p. 85. V. também o princípio da decisão, consagrado no artigo 13.º, n.º 1, do CPA.

[357] Cfr. os arts. 137.º e 147.º, n.º 1, 2.ª parte, ambos do CPA e o art. 77.º do CPTA. Na doutrina, v. André Salgado Matos, «Princípio da Legalidade e Omissão Regulamentar», *cit.*, *passim*.

ressados o *direito* a solicitar a modificação, suspensão, revogação ou declaração de invalidade de regulamentos administrativos diretamente lesivos[358]. No terceiro, a Administração conserva a sua autonomia em matéria de exercício do poder regulamentar: a petição do interessado, só por si, é insuficiente para desencadear o procedimento regulamentar, já que este depende de uma decisão nesse sentido por parte do órgão competente (cfr. CPA, art. 98.º, n.º 1) – isto sem prejuízo do aludido dever de informação quanto ao destino da petição e dos seus fundamentos.

O início do procedimento é publicitado na *internet,* no sítio institucional da entidade pública, com a indicação do órgão que decidiu desencadear o procedimento, da data em que o mesmo se iniciou, do seu objeto e da forma como se pode processar a constituição como interessados e a apresentação de contributos para a elaboração do regulamento (CPA, art. 98.º, n.º 1).

No artigo 99.º, o CPA impõe que os regulamentos são aprovados com base num projeto, acompanhado de uma nota justificativa fundamentada, a qual deve incluir uma ponderação dos custos e benefícios das medidas projetadas. Visa-se com esta norma «proporcionar ao órgão com competência regulamentar o conhecimento de todos os aspetos merecedores de ponderação previamente à adoção de determinada disciplina regulamentar, e, por outro, uma vez publicado o regulamento, ajudar a esclarecer dúvidas de interpretação das respetivas normas»[359]. A exigência de uma prévia avaliação dos custos e benefícios é um corolário do princípio da boa administração (CPA, art. 5.º, n.º 1), em especial da relevância de critérios de eficência e de economicidade.

Os artigos 100.º e 101.º do CPA consagram, respetivamente, os princípios da audiência dos interessados e da consulta pública dos projetos de regulamento em homenagem aos princípios da colaboração com os particulares (art. 11.º) e da participação (art. 12.º).

Assim, tratando-se de regulamento que contenha disposições que *afetem* – positiva ou negativamente – de modo direto e imediato direitos ou interesses legalmente protegidos dos cidadãos, o respetivo projeto é submetido por prazo razoável, mas não inferior a 30 dias, a audiência escrita ou oral dos interessados que como tal se tenham constituído no procedimento. A audiência pode ser dispensada – devendo nesses casos

[358] Cfr. os arts. 137.º e 147.º, n.º 1, 1.ª parte, ambos do CPA e o art. 73.º, n.º 2, do CPTA.

[359] V. Diogo Freitas do Amaral *et alli, Código do Procedimento Administrativo Anotado*, p. 216.

a decisão final indicar os fundamentos da não realização da audiência – nas seguintes situações:

a) A emissão do regulamento seja urgente;
b) Seja razoavelmente de prever que a diligência possa comprometer a execução ou a utilidade do regulamento;
c) O número de interessados seja de tal forma elevado que a audiência se torne incompatível, devendo nesse caso proceder-se a consulta pública;
d) Os interessados já se tenham pronunciado no procedimento sobre as questões que importam à decisão.

Por outro lado, quando a natureza da matéria o justifique, o órgão competente deve submeter o projeto de regulamento a consulta pública, para recolha de sugestões, procedendo, para o efeito, à sua publicação na 2.ª série do *Diário da República* ou na publicação oficial da entidade pública, e na *internet,* no sítio institucional da entidade em causa, devendo os interessados endereçar por escrito as suas sugestões e comentários. Quando tenha sido o caso, é feita menção, no preâmbulo do regulamento, de que o respetivo projeto foi objeto de consulta pública.

41. Publicação

Dos regulamentos haverá naturalmente que dar conhecimento a todos os seus destinatários potenciais. Na verdade, o princípio da publicidade dos atos de conteúdo genérico dos órgãos de soberania, das regiões autónomas e do poder local é uma exigência do princípio do Estado de direito democrático – noutros termos: é indispensável que os cidadãos conheçam e tenham fácil acesso ao direito vigente e fiquem a saber das principais decisões dos órgãos do poder político[360]. Vejamos como.

Nos termos da alínea *h*) do n.º 1 do artigo 119.º da CRP, são publicados no *Diário da República* «os decretos regulamentares e os demais decretos e regulamentos do Governo, bem como (...) os decretos regulamentares regionais». Parece seguro que a referência genérica a «demais decretos e regulamentos do Governo» abrange não apenas os diplomas do Conselho de Ministros mas também os de cada um

[360] V. Gomes Canotilho e Vital Moreira, *Constituição...*, p. 129 e ss.

dos membros do Governo (*v. g.*, as portarias ministeriais)[361]. Já não nos parece, todavia, que a expressão se deva entender como abrangendo também os regulamentos internos, bastando para estes a adequada divulgação no serviço a que se apliquem.

A falta de publicidade dos regulamentos referidos na alínea *h*) do n.º 1 do artigo 119.º e de «qualquer ato de conteúdo genérico dos órgãos de soberania, das regiões autónomas e do poder local», determina a sua *ineficácia jurídica* (cfr. art. 119.º, n.º 2, da CRP). Quer dizer: os atos carecidos de publicidade são perfeitos (válidos) mesmo sem ela, sendo ela apenas requisito de eficácia (não obrigatoriedade e não oponibilidade em relação a terceiros), mas não requisito de validade[362].

Isso mesmo é agora válido para todos os regulamentos externos, de acordo com o estatuído no artigo 139.º do CPA: «A produção de efeitos do regulamento depende da respetiva publicação, a fazer em *Diário da República*, sem prejuízo de tal publicação poder ser feita também na publicação oficial da entidade pública, e na *internet*, no sítio institucional da entidade em causa»[363].

42. Vigência dos regulamentos: início

Os regulamentos iniciam a sua vigência na data que neles estiver fixada ou, faltando tal fixação, cinco dias após a publicação (descontado o dia em que ocorra; cfr. art. 140.º do CPA).

43. *Idem*: modificação e suspensão

Tal como veremos suceder relativamente ao ato administrativo, também um regulamento pode ser modificado ou temporariamente suspenso (CPA, art. 142.º, n.º 1).

361 *Idem, ibidem*, p. 133.

362 *Ibidem*.

363 Quanto aos regulamentos autárquicos, v. o artigo 56.º do RJAL: além da publicação em *Diário da República*, os mesmos devem ser publicados em edital afixado nos locais do estilo durante 5 dias dos 10 dias subsequentes; no sítio da *internet*, no boletim da autarquia local e nos jornais regionais editados ou distribuídos na área da respetiva autarquia que reúnam determinadas condições.

De acordo com o princípio do paralelismo das competências, a modificação e a suspensão dos regulamentos cabe quer aos órgãos que os elaboraram, quer aos órgãos hierarquicamente superiores com poder de supervisão, quer ainda aos órgãos que, nos termos da lei, assumam poderes tutelares com esse conteúdo, relativamente aos que os hajam editado.

A modificação e a suspensão dos regulamentos por parte dos órgãos de que dimanam deve respeitar, de acordo com o princípio do paralelismo das formas, um processo idêntico ao da sua elaboração[364].

Por outro lado, a modificação e a suspensão dos regulamentos, tal como a sua revogação, podem também ser efetuadas pelo legislador, segundo o princípio de que nada é vedado à lei, no que toca à criação de normas, ressalvando-se os limites constitucionais[365].

Tal como acontece quanto à revogabilidade dos regulamentos de execução (cfr. CPA, art. 146.º, n.ºs 2 e 3), não há senão um limite à respetiva modificabilidade e suspensividade: os regulamentos necessários à execução das leis em vigor ou de direito da União Europeia não podem ser modificados sem que, concomitantemente, sejam editadas novas regras que assegurem a aplicabilidade das normas exequendas; e, por maioria de razão, os mesmos regulamentos não podem ser, pura e simplesmente, suspensos.

44. *Idem*: inderrogabilidade singular

Os órgãos com competência regulamentar podem modificar, suspender ou revogar um regulamento anterior por via geral e abstrata.

O que não lhes é permitido fazer, no que toca a regulamentos externos, é derrogá-los *sem mais* em casos isolados, mantendo-os em vigor para todos os restantes casos. Os regulamentos externos obrigam não só os particulares como as próprias entidades que os emitiram[366]. Chama-se a isto o *princípio da inderrogabilidade singular dos regulamentos*, expressão do princípio geral *legem patere quam ipse fecisti*. Por força dele, o regulamento que derroga outro para um caso concreto e individual não é um

[364] V. Afonso Queiró, *Teoria dos Regulamentos* (2.ª parte), p. 25.

[365] *Ibidem*.

[366] *Idem, ibidem*, p. 26.

regulamento: é um ato administrativo e um ato administrativo ilegal por violação de regulamento (v. CPA, art. 142.º, n.º 2)[367].

A que se deve esta proibição, que parece contrariar o princípio de que quem pode o mais pode o menos?

Com efeito, parece contraditório permitir a derrogação, para todos os casos possíveis, de um regulamento com caráter geral e, inversamente, impedir a sua derrogação para um caso só[368]. Ou, parafraseando Afonso Queiró, como se pode entender que dois atos da Administração, um geral e outro particular, praticados pela mesma autoridade e com a mesma forma, tenham um valor jurídico diferente?[369]

Existem várias respostas possíveis para esta questão[370].

A que nos parece mais convincente é a que baseia a explicação da regra da inderrogabilidade singular dos regulamentos no *princípio da legalidade* da Administração. Ou seja: a Administração está, efetivamente, submetida a todo o ordenamento jurídico e, portanto, também às regras que ela própria elabora. Logo, os regulamentos não teriam sentido ou função útil se a Administração, por qualquer dos seus órgãos, a começar pelo que os editou, os pudesse deixar de observar. É que, enquanto o legislador é tendencialmente uma autoridade livre – uma autoridade que, salvas as limitações de ordem constitucional ao seu poder de livre conformação e os princípios jurídicos fundamentais, «conserva todo o seu poder de regular a mesma matéria com outras normas gerais ou mediante "normas" singulares»[371] –, a Administração, essa, dizêmo-lo com Afonso Queiró, está sujeita ao princípio da legalidade, «o qual só lhe permite agir nos termos da lei geral e naqueles que ela mesma fixe, segundo habilitação legal, em termos genéricos»[372].

Por força do princípio da legalidade, a Administração não pode, pois, contraditar, em casos singulares, o regulamento que ela própria haja ela-

[367] *Ibidem*.

[368] V. García de Enterría e T. R. Fernández, *Curso de Derecho Administrativo*, I, p. 195.

[369] V. Afonso Queiró, *Teoria dos Regulamentos* (2.ª parte), p. 27.

[370] Para um resumo da doutrina espanhola, cfr. García de Enterría e T. R. Fernández, *Curso de Derecho Administrativo*, I, pp. 195-196.

[371] V. Afonso Queiró, *Teoria dos Regulamentos* (2.ª parte), p. 27.

[372] *Idem, idem*, p. 28.

borado. Ela não dispõe de um *dispensing power* como o teve o monarca num passado já distante, anterior ao moderno Estado de Direito[373].

A regra da inderrogabilidade singular dos regulamentos justifica-se também por força do *princípio da igualdade*: aplicar um regulamento a todos os casos possíveis menos a um ou dois pode redundar em situações de desigualdade sem fundamento material bastante[374].

45. *Idem*: termo

Os regulamentos podem cessar a sua vigência por:

- Caducidade;
- Revogação;
- Declaração administrativa ou contenciosa de ilegalidade com força obrigatória geral[375].

Analisêmo-las sucessivamente.

Caducidade. – São casos em que o regulamento caduca, isto é, cessa automaticamente a sua vigência, por ocorrerem determinados factos que *ope legis* produzem esse efeito jurídico (cfr. CPA, art. 145.º). Os principais casos de caducidade são:

a) Se o regulamento for feito para vigorar durante certo período (*regulamento temporário* ou sujeito a termo) ou sujeito a uma condição resolutiva, decorrido esse período ou verificada a condição o regulamento caduca;

b) O regulamento cessa ainda a sua vigência por caducidade quando for revogada a lei que se destinava a executar, sem que esta tenha sido substituída por outra[376]. No caso de substituição da lei, poderá

[373] Assim, *ibidem*.

[374] V., porém, García de Enterría e T. R. Fernández, *Curso de Dere cho Administrativo*, I, pp. 195-196.

[375] Enquanto normas jurídicas, os regulamentos também estão sujeitos a fiscalização abstrata sucessiva da constitucionalidade ou legalidade pelo Tribunal Constitucional, nos termos gerais, podendo, por isso, ser igualmente objeto de declaração de inconstitucionalidade ou de ilegalidade com força obrigatória geral (cfr. CRP, arts. 281.º, n.os 1 e 3, e 282.º).

[376] V. Hartmut Maurer, *Droit Administratif Allemand*, p. 353.

subsistir o regulamento antigo, até que um novo regulamento seja elaborado, na parte em que se mostrar materialmente conforme à disciplina instituída pela lei nova[377]. Isto é assim por força do princípio da eficiência administrativa.

Revogação. – O regulamento também deixa de vigorar noutro tipo de casos, em que um ato voluntário praticado no exercício de poderes públicos impõe a cessação dos seus efeitos, total ou parcial[378]. São eles:

a) Revogação, expressa ou tácita, operada por outro regulamento, de grau hierárquico e forma idênticos (cfr. CPA, art. 146.º, n.º 1);
b) Revogação, expressa ou tácita, por regulamento de autoridade hierarquicamente superior ou por regulamento de forma legal mais solene;
c) Revogação, expressa ou tácita, por lei[379].

Quanto aos regulamentos revogatórios mencionados nas alíneas *a)* e *b)*, cumpre referir que, nos termos do n.º 2 do artigo 146.º do CPA, é expressamente proibida a revogação de regulamentos de execução – das leis em vigor ou de direito da União Europeia – não acompanhada de emissão simultânea de novo regulamento. Se tal não for observado, «consideram-se em vigor, para todos os efeitos, até ao início da vigência do novo regulamento, as normas regulamentares do diploma revogado de que dependa a aplicabilidade da lei exequenda» (CPA, art. 146.º, n.º 3).

Pretende-se com estas regras evitar vazios em matéria regulamentar que inviabilizem a efetiva aplicação das leis[380] ou, por outras palavras, evitar que a Administração se torne senhora da oportunidade da apli-

[377] V. Sérvulo Correia, *Noções de Direito Administrativo*, I, p. 112; J. M. Ferreira de Almeida, «Regulamento Administrativo», *loc. cit.*, p. 203. Cfr. CPA, art. 145.º, n.º 2.

[378] Do ponto de vista técnico-jurídico, a revogação parcial designa-se *derrogação* – espécie que se contrapõe, dentro do género, à *abrogação*, ou seja, à revogação total. *Derrogat legi, aut abrogatur; derrogatur legi, quum pars detrahibur; abrogatur legi, quum prorsus tollitur* – como lapidarmente escreveu já em tempos ancestrais Modestino, *Digesto*, D. 50.16.102. «A lei derroga-se ou abroga-se; derroga-se quando se suprime uma parte; abroga-se, quando de todo se suprime» – original em latim e tradução colhidos *apud* Castro Mendes, *Introdução ao Estudo do Direito*, Lisboa, 1984, p. 117.

[379] V. sobre o ponto, Paulo Otero, *Direito Administrativo...*, p. 409.

[380] V. Diogo Freitas do Amaral *et alli*, *Código do Procedimento Administrativo Anotado*, p. 221.

cação da lei e que se criem vazios jurídicos prejudiciais para a *unidade* e *coerência* do ordenamento jurídico[381].

Por outro lado, exige o n.º 4 do mesmo artigo 146.º que nos regulamentos se faça sempre menção especificada das normas revogadas, exigência esta que pretende combater a prática das *revogações implícitas* no domínio da atividade regulamentar[382]. Esta prática é realmente de proscrever em homenagem à segurança jurídica, já que a revogação tácita coloca sempre inúmeras dúvidas quanto à sua extensão[383].

Declaração administrativa ou contenciosa de ilegalidade com força obrigatória geral. – Enfim, e sem prejuízo da sua desaplicação com fundamento em ilegalidade, operada por qualquer tribunal, os regulamentos deixam também de vigorar, total ou parcialmente, sempre e na medida em que forem objeto de declaração de ilegalidade com força obrigatória geral, nos termos do CPA ou do CPTA.

No primeiro caso, o artigo 144.º (Regime de invalidade) regula a «*declaração* (administrativa) *de invalidade*»:

> «1 – A invalidade do regulamento pode ser invocada a todo o tempo por qualquer interessado e pode, também a todo o tempo, ser declarada pelos órgãos administrativos competentes, sem prejuízo do disposto no número seguinte.
>
> 2 – Os regulamentos que enfermem de ilegalidade formal ou procedimental da qual não resulte a sua inconstitucionalidade só podem ser impugnados ou declarados oficiosamente inválidos pela Administração no prazo de seis meses, a contar da data da respetiva publicação, salvo nos casos de carência absoluta de forma legal ou de preterição de consulta pública exigida por lei.
>
> 3 – A declaração administrativa de invalidade produz efeitos desde a data de emissão do regulamento e determina a repristinação das normas que ele haja revogado, salvo quando estas sejam ilegais ou tenham deixado por outro motivo de vigorar, devendo o órgão competente reconhecer o afastamento do efeito repristinatório, quando este se verifique.

[381] Assim, Esteves de Oliveira / Pedro Gonçalves / Pacheco de Amorim, *Código do Procedimento Administrativo*, p. 535.

[382] V. Freitas do Amaral *et alli*, *Código do Procedimento Administrativo Anotado*, p. 221.

[383] V. Esteves de Oliveira / Pedro Gonçalves / Pacheco de Amorim, *Código do Procedimento Administrativo*, p. 537.

4 – A retroatividade da declaração de invalidade não afeta os casos julgados nem os atos administrativos que se tenham tornado inimpugnáveis, salvo, neste último caso, quando se trate de atos desfavoráveis para os destinatários».

No segundo, é aplicável à «*declaração* (jurisdicional) *de ilegalidade*» o disposto no artigo 72.º e seguintes do CPTA. A declaração de ilegalidade pode ser pedida, em regra, a todo o tempo (CPTA, art. 74.º, n.º 1; v., porém, o n.º 2). Por outro lado, e sem prejuízo das faculdades reconhecidas aos tribunais administrativos quanto à retroatividade da declaração de ilegalidade, esta «produz efeitos desde a data da entrada em vigor da norma, salvo no caso de ilegalidade superveniente» e «implica a repristinação das normas revogadas, salvo quando estas sejam ilegais ou tenham deixado por outro motivo de vigorar» (*idem*, n.º 5). Porém, tal retroatividade «não afeta os casos julgados nem os atos administrativos que entretanto se tenham tornado inimpugnáveis, salvo decisão em contrário do tribunal, quando a norma respeite a matéria sancionatória e seja de conteúdo menos favorável ao particular» (CPTA, art. 76.º, n.º 4).

§ 3.º
O Ato Administrativo

I
CONCEITO, NATUREZA E ESTRUTURA

46. Origem e evolução do conceito de ato administrativo

Originariamente, o conceito de ato administrativo foi construído com base em considerações de natureza jurisdicional: ele delimitava certos comportamentos da Administração em função da fiscalização da atividade administrativa pelos tribunais[384].

Sob esta perspetiva, é, porém, necessário recortar duas fases diferentes, que correspondem a outras tantas finalidades distintas e até, em certo sentido, opostas da categoria do ato administrativo.

[384] V. Massimo S. Giannini, «Atto amministrativo», *in EdD*, IV, pp. 159-160. Como aí informa este A., a primeira vez que se terá empregado o conceito de ato administrativo foi em 1810 no *Repertoire de jurisprudence Guyot*, tendo sido Merlin o seu Autor. Ao conceito fazia-se corresponder o seguinte entendimento: «*un arrêté, une decision de l'authorité administrative, ou une action, un fait de l'administration qui a rapport a ses fonctions*» (p. 159). Wolff / Bachof / Stober, *Verwaltungsrecht*, 2, p. 20, informam, por seu turno, que o conceito é estudado e desenvolvido na Alemanha desde 1826.

A primeira coincide com os primórdios da Revolução Francesa. Aí, a noção de ato administrativo surge para delimitar as ações da Administração Pública *excluídas por lei da fiscalização dos tribunais judiciais.* Como sabemos já[385], os «legisladores interpretaram o princípio da separação de poderes como implicando a absoluta abstenção dos tribunais judiciais de intervir na atividade administrativa. As queixas que esta atividade suscitasse da parte dos particulares deveriam ser apreciadas e resolvidas por órgãos da própria Administração, agindo, não como superiores a quem se recorresse por via hierárquica, mas como juízes da legalidade do ato impugnado»[386]. Foi, recorde-se, a lei de 16 do Fructidor do Ano III (de 3 de setembro de 1795) – na sequência da lei de 16-24 de agosto de 1790 – que, de harmonia com esta especial interpretação do princípio da separação dos poderes, subtraiu os *atos administrativos* à jurisdição dos *tribunais judiciais.*

Assim, o que se pretendeu de início com a noção de ato administrativo foi identificar as atuações da Administração Pública sobre as quais os tribunais judiciais não se podiam pronunciar. Tratava-se, pois, de um conceito que funcionava *ao serviço da independência da Administração perante o Poder Judicial*[387].

Na segunda fase, que começa a partir do ano VIII (Constituição de 18-19 do Brumário, setembro de 1799 – responsável pela criação do Conselho de Estado), a noção de ato administrativo vai servir para um fim completamente diferente, isto é, para definir as atuações da Administração Pública submetidas ao controlo dos tribunais administrativos – submetidas, precise-se, apenas com vista a impor a respetiva eliminação jurídica: tratava-se, no essencial, de atos lesivos dos particulares, que exorbitassem das fronteiras que a superioridade de lei impunha à

[385] V. *supra*, Capítulo I, § 1.º

[386] V. Marcello Caetano, «Tendências do Direito Administrativo Europeu», *in Estudos de Direito Administrativo*, Lisboa, 1974, p. 431.

[387] Sobre a interpretação heterodoxa do princípio da separação de poderes feita pelos revolucionários franceses, cfr., resumidamente, Sabino Cassese, *Le Basi del Diritto Amministrativo*, Milão, 1997, p. 54 e ss.; entre nós, v. Sérvulo Correia, *Direito do Contencioso Administrativo*, Lex, Lisboa, 2005, p. 43 e ss.; Vasco Pereira da Silva, *Para um contencioso administrativo dos particulares*, p. 17 e ss.; *idem*, *Em busca do ato administrativo perdido*, Coimbra, 1996, pp. 11-28.

Administração Pública[388]. O ato administrativo passou assim a ser um conceito *ao serviço do sistema de garantias dos particulares*[389].

Em resumo, o conceito de ato administrativo apareceu como modo de delimitar certos comportamentos da Administração em função da fiscalização da sua atividade pelos tribunais; mas, dentro dessa perspetiva, primeiro funcionou como *garantia da Administração,* e só depois como *garantia dos particulares.*

Por esta razão é que ainda hoje muitos autores, sobretudo em França, incluem a teoria do ato administrativo no capítulo relativo ao contencioso administrativo.

Não se passa o mesmo em Itália e na Alemanha, onde o ato administrativo é estudado como figura de direito substantivo, não como figura de direito processual, e a propósito da teoria da atividade administrativa (como se está a fazer neste *Curso*) ou a propósito da teoria da relação jurídica, como espécie do facto jurídico[390].

Hoje, na sequência da subordinação plena da Administração ao Direito, o conceito de ato administrativo, no plano processual, já só desempenha a função de *delimitar o âmbito de aplicação de certos meios processuais,* como foi até à reforma do nosso contencioso administrativo (2002-2004) o *recurso contencioso de anulação,* e são hoje a *ação administrativa de impugnação de atos administrativos* e a *acção administrativa de condenação à prática de atos devidos.*

Isto resulta muito claro da atual redação do artigo 268.º, n.º 4, da Constituição de 1976: «é garantido aos administrados tutela jurisdicional efetiva dos seus direitos ou interesses legalmente protegidos, incluindo, nomeadamente, o reconhecimento desses direitos ou interesses, a impugnação de quaisquer atos administrativos que os lesem,

[388] V. João Caupers, «Imposições à Administração Pública», *in Cadernos de Justiça Administrativa,* n.º 16, julho-agosto de 1999, p. 49.

[389] Sobre a evolução do conceito de ato administrativo no direito francês, v., entre outros, Jean Rivero e Jean Waline, *Droit administratif,* p. 119 e ss., e Laubadère / Venezia / Gaudemet, *Traité de Droit Administratif,* I, 13.ª ed., Paris, 1994, p. 279 e ss.; François Burdeau, *Histoire du droit administratif,* Paris, 1995, *passim.*

[390] V. em Itália, por exemplo, Aldo Sandulli, *Manuale di Diritto Amministrativo,* p. 607 e ss.; e na Alemanha, entre outros, Wolff / Bachof / Stober, *Verwaltungsrecht,* 2, p. 13 e ss.; Forsthoff, *Traité de droit administratif allemand,* p. 309 e ss.; Hans-Uwe Erichsen, *in* Erichsen (org.), *Allgemeines Verwaltungsrecht,* p. 241 e ss.; Hartmut Maurer, *Allgemeines Verwalungsrecht,* p. 174 e ss.; Heiko Faber, *Verwaltungsrecht,* p. 172 e ss.

independentemente da sua forma, a determinação da prática de atos administrativos legalmente devidos e a adoção de medidas cautelares adequadas»[391]. E, bem assim, do disposto no artigo 2.º, n.º 2, do CPTA: «a todo o direito ou interesse legalmente protegido corresponde a tutela adequada junto dos tribunais administrativos», designadamente para efeitos de obter «a anulação ou a declaração de nulidade ou inexistência de atos administrativos» (al. *d*)); ou «a condenação da Administração à prática de atos administrativos legalmente devidos (al. *i*)).

Mas o conceito de ato administrativo não preenche apenas a mencionada função no plano da *justiça administrativa*. A par dela, cumpre também uma função *substantiva* e uma função *procedimental*[392]. Que significam estas?

Que, por um lado, através do ato administrativo, os órgãos da Administração Pública concretizam – aplicam e transpõem para a vida real – os preceitos jurídicos gerais e abstratos, constantes da lei, do regulamento ou de qualquer outra fonte do Direito Administrativo, *conformando* juridicamente as situações concretas da vida em função daquilo que se dispõe nesses preceitos[393]. Como nota Sérvulo Correia, «o ato administrativo é um instrumento jurídico de composição de interesses públicos e privados ou meramente públicos, através da configuração imperativa de situações intersubjetivas. Como técnica de criação de efeitos jurídicos, o ato administrativo impregna a relação jurídica administrativa sobre a qual incide, a qual passa a ter o conteúdo do ato administrativo entre os seus próprios elementos»[394]. «Isto é: uma vez praticado um ato administrativo, e até que o mesmo seja modificado, anulado ou revogado, os direitos e deveres dos sujeitos da relação jurídica objeto de

[391] Sobre as repercussões da revisão constitucional de 1997 na redação do atual art. 268.º, n.º 4, da Constituição, cfr., por exemplo, Maria da Glória Garcia, *Do Conselho de Estado ao Actual Supremo Tribunal Administrativo*, Lisboa, 1998, pp. 128-129; e António Duarte de Almeida / Cláudio Monteiro / José Luís Moreira da Silva, «A caminho da plenitude da justiça administrativa», *in CJA*, n.º 7, janeiro-fevereiro de 1998, p. 3 e ss.

[392] V., desenvolvidamente, Vasco Pereira da Silva, *Em busca...*, p. 454 e ss. Para uma enumeração de 6 funções do ato administrativo, cfr. Marcelo Rebelo de Sousa e André Salgado de Matos, *Direito Administrativo Geral*, III, 2.ª ed., Lisboa, Dom Quixote, 2009, pp. 90-91.

[393] V. Esteves de Oliveira / Pedro Gonçalves / Pacheco de Amorim, *Código do Procedimento Administrativo*, p. 540.

[394] V. Sérvulo Correia, «A impugnação de atos administrativos», *in Cadernos de Justiça Administrativa*, n.º 16, julho-agosto de 1999, p. 12.

tal ato são os que dele resultarem». A aplicação, num caso concreto, da norma jurídica geral e abstrata, seja ela vinculada ou discricionária, é, pois, a função *substantiva* da categoria do ato administrativo[395].

E, por outro lado, é esta a função *procedimental*: quando a Administração estiver perante uma situação de facto ou de direito que lhe imponha ou aconselhe a tomada de uma *decisão*, que se traduza na prática de um ato com as caraterísticas correspondentes às da noção de ato administrativo constante do artigo 148.º do CPA (noção que adiante analisaremos), deve a Administração respeitar a disciplina fixada neste diploma para o preparar, praticar e exteriorizar; e, bem assim, quando estiver perante um ato já praticado com essas caraterísticas, deve também atuar, em sede da sua manutenção e execução, ou da sua revogação, anulação ou suspensão, conforme se determina no CPA[396]. Por outras palavras, como diz V. Pereira da Silva, o ato administrativo releva «do ponto de vista procedimental, dado que se trata de uma forma de atuação que é praticada no decurso de um procedimento (que pode ser mais ou menos extenso, consoante os casos, mas que, como regra, terá de existir), no qual os particulares são chamados a participar (...)»[397].

47. Conceções doutrinais acerca do conceito de ato administrativo

Entre meados e fins do século XIX surge o conceito de ato administrativo com a função processual que descrevemos – primeiro em França, depois na Alemanha, na Itália e na generalidade dos países que sofreram a influência do sistema administrativo de tipo francês.

[395] V. Esteves de Oliveira / Pedro Gonçalves / Pacheco de Amorim, *Código..., cit.*, p. 540. A função substantiva mencionada no texto pressupõe um conceito de ato administrativo mais compreensivo do que aquele que subjaz à lei processual. Com efeito, o «ato impugnável» objeto da ação administrativa especial de impugnação corresponde a «atos administrativos com eficácia externa, especialmente aqueles cujo conteúdo seja suscetível de lesar direitos ou interesses legalmente protegidos» (art. 51.º, n.º 1, do CPTA); não abrange, por conseguinte, nem os atos internos (para quem entenda tratar-se ainda de atos administrativos), nem os atos de indeferimento, atos negativos ou recusas (arts. 51.º, n.º 4, e 66.º, n.º 2, do CPTA). Sobre a questão, v. Mário Aroso de Almeida, «Considerações em torno do ato administrativo impugnável», *in Estudos em Homenagem ao Professor Doutor Marcello Caetano, no Centenário do Seu Nascimento*, vol. II, Coimbra Editora, Lisboa, 2006, p. 274 e ss.

[396] V. Esteves de Oliveira / Pedro Gonçalves / Pacheco de Amorim, *Código..., cit.*, p. 549.

[397] V. Vasco Pereira da Silva, *Em busca...*, p. 435.

Mas as conceções teóricas acerca do conceito de ato administrativo têm variado muito, e ainda hoje não são coincidentes, de país para país, e de autor para autor. As divergências provêm, umas vezes, das diferenças de conteúdo dos vários direitos nacionais; outras vezes, das diferenças de conceções ou de sistema dos vários autores; e outras, ainda, das diferenças de redação ou formulação que se verificam mesmo entre aqueles que visivelmente pretendem exprimir as mesmas ideias.

Assim, há quem entenda que são atos administrativos apenas os *atos jurídicos*, e quem entenda que o podem ser também as *operações materiais* ou os meros *factos involuntários ou naturais*; há quem pense que são atos administrativos apenas os atos *organicamente administrativos*, isto é, praticados por órgãos da Administração, e há quem diga que o podem ser também os atos apenas *materialmente administrativos*, ou seja, os atos praticados sobre matéria administrativa por órgãos não administrativos do Estado (legislativos, políticos, judiciais) ou por particulares; há quem defenda que é possível construir uma *noção material* de ato administrativo e há quem defenda que isso é impossível; há quem sustente que só é ato administrativo o ato que versa sobre uma *situação individual num caso concreto* e há quem sustente, sobretudo em França, que também o são os *regulamentos*[398].

Como se vê, são muitos os problemas de *delimitação* do conceito de ato administrativo. E outros tantos são os problemas que se põem quanto à *caraterização* dos traços essenciais do ato administrativo e da sua *natureza* jurídica.

Vamos primeiro proceder à delimitação do conceito. Depois, veremos a *natureza jurídica* desta figura.

[398] Sobre a evolução do conceito de ato administrativo no direito português, v. Marcello Caetano, *Manual*, I, pp. 427-428, e Rogério Soares, *Direito Administrativo*, p. 51 e ss. O estudo desenvolvido e aprofundado do problema pode ver-se, entre nós, em Vasco Pereira da Silva, *Em busca...*, p. 573 e ss., de cujas opiniões nos afastamos, contudo, em vários pontos: cfr. Freitas do Amaral, «Apreciação da dissertação de doutoramento do Mestre Vasco Pereira da Silva, "Em busca do ato administrativo perdido"», Lisboa, 1995, *in Direito e Justiça*, X, 1996, t. 2, p. 255 e ss. Cfr., do mesmo autor, mais recentemente, «Viagem pela Europa das formas de atuação administrativa», *CJA*, 58, 2006, p. 60 e ss. V. ainda as sínteses de Vieira de Andrade, «Algumas reflexões a propósito da sobrevivência do conceito de "ato administrativo" no nosso tempo», *in Estudos em Homenagem ao Prof. Doutor Rogério Soares*, Coimbra Editora, Coimbra, 2001, p. 1189 e ss.; e de Mário Aroso de Almeida, «Considerações em torno do conceito de ato administrativo impugnável», *cit.*, p. 859 e ss.

Procuraremos ter sempre presentes as diferentes funções deste conceito no nosso direito – como, aliás, na generalidade dos outros direitos.

48. Definição de ato administrativo

Começaremos por dar a nossa definição: o «ato administrativo» é o *ato jurídico unilateral praticado, no exercício do poder administrativo, por um órgão da Administração ou por outra entidade pública ou privada para tal habilitada por lei, e que traduz a decisão de um caso considerado pela Administração, visando produzir efeitos jurídicos numa situação individual e concreta.*

Ou seja, para nós, os elementos do conceito de ato administrativo fazem dele:

- um ato *jurídico*;
- um ato *unilateral*;
- um ato *praticado no exercício do poder administrativo*;
- um ato *de um órgão administrativo*;
- um ato *decisório*;
- um ato *que versa sobre uma situação individual e concreta.*

A definição dada, que tem natureza doutrinária, corresponde, com uma ressalva importante relativa ao âmbito dos efeitos possíveis do ato, à noção legal de «ato administrativo» que atualmente consta do artigo 148.º do CPA. Diz-se aí que, «para os efeitos do disposto no presente Código, consideram-se atos administrativos as decisões que, no exercício de poderes jurídico-administrativos, visem produzir efeitos jurídicos externos numa situação individual e concreta»[399]. Na verdade, o legislador veio procurar clarificar que somente em relação aos atos com eficá-

[399] Especificamente sobre o conceito, cfr., entre nós, Freitas do Amaral, «O regime do ato administrativo», *in O Código do Procedimento Administrativo*, 1992, p. 101 e ss.; Marcelo Rebelo de Sousa, «Regime do ato administrativo», *in Direito e Justiça*, VI, p. 39 e ss.; Paulo Otero, «Ato Administrativo», § 4.º do estudo coletivo «Procedimento Administrativo», *in DJAP*, VI, p. 540; Vasco Pereira da Silva, *Em busca...*, p. 624 e ss.; e Esteves de Oliveira / Pedro Gonçalves / Pacheco de Amorim, *Código..., cit.*, p. 546 e ss. V. ainda, por último, João Caupers, *Introdução ao Direito Administrativo*, 11.ª ed., Âncora Editora, Lisboa, 2013, p. 218 e ss., e Marcelo Rebelo de Sousa e André Salgado de Matos, *Direito Administrativo...*, III, p. 73 e ss.

cia externa se justifica a aplicação do regime próprio procedimental e substantivo do ato administrativo fixado no CPA[400].

Analisemos agora a nossa definição, referindo separadamente cada um dos seus elementos, para vermos o que cabe no conceito de ato administrativo e o que fica excluído desse conceito.

49. Análise da definição: a) Ato jurídico

Em primeiro lugar, o ato administrativo é um ato jurídico, ou seja, uma *conduta voluntária produtora de efeitos jurídicos.* Dentro dos factos jurídicos em sentido amplo figuram várias realidades e, nomeadamente, os atos jurídicos[401]. O ato administrativo é, pois, um ato jurídico, sendo-lhe em regra aplicáveis os princípios gerais de direito referentes a todos os atos jurídicos.

Por outro lado, e uma vez que o ato administrativo é um ato jurídico em sentido próprio, isso significa que ficam de fora do conceito, sob este aspecto:

1) as *atividades juridicamente irrelevantes;*
2) os *factos involuntários juridicamente relevantes* (mas que correspondem a factos jurídicos simples);
3) as *operações materiais,* posto que, sendo embora factos voluntários da Administração, não visam a produção de efeitos jurídicos (correspondem a atos jurídicos simples ou a meros factos voluntários).

Daí resulta que nenhuma destas categorias de factos ou atividades é suscetível de ação impugnatória perante os tribunais administrativos nem está, por outro lado, submetida ao regime procedimental e substantivo da figura do ato administrativo constante do CPA – salvo, em

[400] Isto sem prejuízo de, contraditoriamente – e à semelhança do que já sucedia no art. 124.º, n.º 2, do anterior CPA –, dispensar expressamente «as ordens dadas pelos superiores hierárquicos aos seus subalternos em matéria de serviço e com a forma legal» do dever de fundamentar atos administrativos (cfr. CPA, art. 152.º, n.º 2).

[401] Sobre o conceito e classificações dos factos jurídicos, cfr., entre nós, por exemplo, Manuel de Andrade, *Teoria geral da relação jurídica,* II, Coimbra, 1992 (7.ª reimpressão), p. 1 e ss., e Inocêncio Galvão Telles, *Manual dos Contratos em Geral,* reimpressão, pp. 13-15. Na doutrina administrativa portuguesa, cfr., por todos, Rogério Soares, *Direito Administrativo,* p. 3 e ss.

parte, no que respeita às operações materiais: estas devem conformar-se com os princípios e normas daquele diploma que concretizem preceitos constitucionais, já que eles se aplicam a toda e qualquer atuação administrativa e, portanto, também à atividade técnica: cfr. art. 2.º, n.º 3, do CPA (v. *infra*).

50. *Idem*: b) Ato unilateral

Em segundo lugar, o ato administrativo é um ato unilateral. Reporta-se esta caraterística a uma classificação conhecida dos atos jurídicos (negociais ou intencionais) em atos unilaterais e atos bilaterais[402].

Ao dizer que o ato administrativo é unilateral, pretende referir-se que ele é um ato jurídico *que provém de um só autor, cuja declaração é perfeita* (acabada, completa) *independentemente do concurso de vontades de outros órgãos ou sujeitos de direito.* Tradicionalmente, só os órgãos da Administração podiam praticar atos administrativos: hoje, há mais entidades com essa competência legal (v. *infra*, n.º 51).

O ato administrativo não se confunde, designadamente, com o contrato. Este é um *ato bilateral*, ao passo que o ato administrativo é um ato unilateral: nele se manifesta uma vontade da Administração Pública, a qual não necessita da vontade de mais ninguém, e nomeadamente não necessita da vontade de qualquer particular, para ser perfeita ou completa[403].

Por vezes, a eficácia do ato administrativo depende da *aceitação* de um particular interessado, mas essa aceitação funciona apenas como *condição de eficácia* do ato – não integra o conteúdo do próprio ato, nem é condição da sua existência ou validade. Por exemplo, o ato de nomeação de um funcionário público é um ato unilateral, não é um contrato; como tal, fica perfeito pela declaração de vontade da Administração Pública.

A aceitação do interessado é necessária, sem dúvida, mas apenas como condição de eficácia da nomeação – ou seja, é necessária para que a nomeação produza

[402] V., entre nós, por exemplo, Cabral de Moncada, *Lições de Direito Civil*, 4.ª edição, Coimbra, 1995 (mas 1962), pp. 517-520; Mota Pinto, *Teoria Geral do Direito Civil*, 3.ª edição, Coimbra, 1985, p. 379 e ss.; e Menezes Cordeiro, *Tratado...*, I-1, p. 253 e ss.

[403] V. Forsthoff, *Droit Administratif Allemand*, p. 333 e ss.

os seus efeitos típicos –; contudo, a nomeação, em si, existe como ato perfeito ou acabado, completo, e que vale por si próprio, independentemente de o particular declarar que aceita ou não. Se aceitar, a nomeação torna-se eficaz – isto é, produz os seus efeitos; se não aceitar, ela mantém-se ineficaz, mas nem por isso deixou de ser uma nomeação[404].

O que acaba de se referir não significa que não haja atos bilaterais em Direito Administrativo. Há, designadamente, os contratos administrativos (cfr. o Código dos Contratos Públicos, arts. 1.º, n.º 6, e 278.º e ss.); mas estes são uma figura distinta da do ato administrativo, e que estudaremos adiante (v. *infra*).

Como explica Sérvulo Correia, a distinção entre ato administrativo dependente da colaboração de um particular e contrato administrativo faz-se do seguinte modo: «se, no plano estrutural, a manifestação de vontade do particular surge como requisito de existência, está-se perante um contrato. Pelo contrário, o ato será unilateral quando aquela manifestação apenas constituir um requisito de legalidade (atos dependentes de requerimento) ou de eficácia (atos sujeitos a consentimento) da definição da situação jurídico-administrativa»[405].

Por outro lado, não descarateriza a natureza unilateral do ato administrativo a ampla *participação* dos particulares no procedimento administrativo: tais formas de participação – *maxime*, a audiência prévia – não transformam o ato administrativo em contrato bi ou plurilateral: enriquecem a sua qualidade através de mais e melhor ponderação de todos os interesses envolvidos ou afetáveis pelo ato, mas *a decisão do caso concreto* cabe sempre e só à Administração.

O ato administrativo é, pois, um ato unilateral: a Administração Pública manifesta a sua vontade própria – e isso basta para que o ato exista e esteja completo, correspondendo ao tipo legal em que se enquadra.

Ficam, consequentemente, fora do conceito de ato administrativo todos os atos bilaterais ou plurilaterais da Administração e, nomeadamente, todos os contratos por ela celebrados, sejam ou não contratos administrativos.

[404] Ver J. C. Vieira de Andrade, «A aceitação do ato administrativo», *in BFDUC*, volume comemorativo, 2003, p. 907 e ss.
[405] V. Sérvulo Correia, *Legalidade e Autonomia...*, p. 350.

51. *Idem*: c) Exercício do poder administrativo

Em terceiro lugar, é caraterístico do ato administrativo *que ele deve ser praticado no exercício do poder administrativo («puissance publique»)*.

Só os atos praticados no exercício de um poder público, isto é, ao abrigo de normas de direito público, para o desempenho de uma atividade administrativa de gestão pública – só esses é que são atos administrativos[406]. Daqui resulta, em consequência, que:

1) Não são atos administrativos os atos jurídicos praticados pela Administração Pública no desempenho de atividades de *gestão privada*: esses atos, sendo atos da Administração, são atos de direito privado, não são atos administrativos. Por exemplo, não é um ato administrativo a denúncia de um contrato de arrendamento jurídico-privado celebrado pela Administração com um particular. Todavia, muito embora não sejam atos administrativos, são-lhes aplicáveis «os princípios gerais da atividade administrativa e as disposições do presente Código que concretizam preceitos constitucionais» (v. o n.º 3 do art. 2.º do CPA)[407].
2) Também não são atos administrativos, por não traduzirem o exercício do poder administrativo, os *atos políticos*, os *atos legislativos* e os *atos jurisdicionais*, ainda que praticados por órgãos da Administração (v. o ETAF, art. 4.º, n.º 3, als. *a*) e *b*)[408]). É, designadamente, o que sucede com a referenda ministerial da promulgação presidencial de um decreto (ato político interno), ou ainda «com a atividade dos agentes diplomáticos, que, na sua representação do Estado com outros entes soberanos, produzem atos que exorbitam do Direito Administrativo»[409], porque estão sujeitos ao Direito Internacional.

406 V. Rogério Soares, *Direito Administrativo*, pp. 89-91; Esteves de Oliveira, *Direito Administrativo*, I, p. 386 e s.; e Sérvulo Correia, *Noções de Direito Administrativo*, I, p. 263 e ss.

407 Sobre as vinculações jurídico-públicas que impendem sobre a atividade de direito privado da Administração Pública, cfr., entre nós, Maria João Estorninho, *A Fuga Para o Direito Privado*, p. 167 e ss.

408 Segundo o Tribunal Constitucional, a Administração não pode praticar atos jurisdicionais, os quais estão reservados ao Poder Judicial: v., por exemplo, os acórdãos n.ºs 178/86 e 963/96, publicados, respectivamente, no *DR*, I, de 23.6.86 e de 9.10.96. É a chamada «reserva do juiz». Cumpre, em todo o caso, recordar que essa «reserva» em causa não é incompatível com a figura do «ato administrativo de resolução de litígios».

409 V. Rogério Soares, *Direito Administrativo*, p. 90.

52. *Idem*: d) Ato praticado por um órgão administrativo

Em quarto lugar, o ato administrativo é um *ato praticado por um órgão administrativo*. Que significa esta expressão?

Significa que se trata de um ato praticado ou por um órgão da Administração Pública em sentido orgânico ou, por outro lado, por um órgão de uma pessoa coletiva privada, ou por um órgão do Estado não integrado no poder executivo, por lei habilitados a praticar atos administrativos. Vejamos estas várias situações.

Em primeiro lugar, são atos administrativos os atos dimanados de órgãos da Administração em sentido orgânico ou subjetivo, quer dizer, os atos praticados pelos órgãos das pessoas coletivas públicas que compõem a Administração Pública[410].

Note-se, no entanto, que não é qualquer funcionário público ou agente administrativo que pode praticar atos administrativos: de entre a grande massa de indivíduos que atuam ou trabalham ao serviço das pessoas coletivas públicas, só um pequeno número deles tem o poder jurídico de praticar atos administrativos, poder esse que lhes advém diretamente da lei ou que lhes é conferido mediante delegação de poderes[411]. Os indivíduos que por lei ou delegação de poderes têm aptidão para praticar atos administrativos são órgãos da Administração; as nossas leis denominam-nos também *autoridades administrativas*[412]. Trata-se, como dissemos, de um número restrito de pessoas: na fórmula expressiva de Otto Mayer, as autoridades administrativas «são a aristocracia da Administração Pública»[413].

Em segundo lugar, são também administrativos, por força da lei, certos outros atos jurídicos unilaterais que decidem situações individuais e concretas, em matéria administrativa, mas que não provêm da Administração Pública *proprio sensu*:

a) São, em primeiro lugar, atos administrativos certos atos praticados por órgãos de pessoas coletivas que não se integram na Administração Pública em sentido orgânico. Como sabemos, determinadas pessoas coletivas privadas – nomea-

[410] Cfr. CPA, art. 2.º, n.º 4.

[411] V. o vol. I deste *Curso*, pp. 499-501.

[412] O mesmo sucede em França: cfr. Francis-P. Bénoit, *Le droit administratif français*, Paris, 1968, p. 522.

[413] Citado por Garrido Falla, *Tratado de Derecho Administrativo*, vol. I, p. 377, em nota.

damente, as pessoas coletivas de utilidade pública e as sociedades de interesse coletivo –, colaboram intimamente com a Administração Pública na prossecução das atribuições desta. Por força disso, a lei atribui-lhes amiúde competência para praticar atos administrativos. Estes, como se diz no ETAF para os atos praticados por sujeitos de direito privados, *v. g.* concessionários, são contenciosamente impugnáveis (art. 4.º, n.º 1, alínea *d)*). Por outro lado, o artigo 2.º, n.º 1, do CPA estende o âmbito de aplicação deste diploma «à conduta de quaisquer entidades, independentemente da sua natureza, adotada no exercício de poderes públicos».

Assim, na exata medida em que tais entidades possam por lei praticar tais atos, estes serão atos administrativos e, por conseguinte, estarão sujeitos quer a impugnação contenciosa junto dos tribunais administrativos, quer ao regime procedimental e substantivo delineado no CPA.

b) Por outro lado, são também, por força da lei, atos administrativos, embora não provenham de órgãos da Administração Pública em sentido orgânico, certos atos jurídico-públicos praticados por órgãos do Estado que não pertencem ao poder executivo, ou seja, órgãos integrados no poder moderador, no poder legislativo ou no poder judicial.

Efetivamente, e neste sentido, o artigo 24.º, n.º 1, alínea *a)*, do ETAF admite a impugnação de atos de vários órgãos do Estado integrados no poder moderador, no poder legislativo ou no poder judicial junto do Supremo Tribunal Administrativo[414]. A mesma solução é confirmada pelo CPA, no preceito já referido (art. 2.º, n.º 1).

Por último, cabe referir que não são atos administrativos, por não provirem de um órgão da Administração Pública ou de um órgão legalmente habilitado a praticar atos administrativos, *os atos praticados por*

[414] Algumas das entidades referidas neste preceito são manifestamente órgãos do poder administrativo *tout court* (*v. g.* o Conselho de Ministros e o Primeiro-Ministro); outros são órgãos do mesmo poder, ainda que independentes, pelo que não precisavam de figurar nesta lista: é o caso do Conselho Superior de Defesa Nacional, do Procurador-Geral da República e do Conselho Superior do Ministério Público. Por outro lado, o ETAF exclui da jurisdição dos tribunais administrativos os «atos relativos ao inquérito e à instrução criminais, ao exercício da ação penal e à execução das respetivas decisões» (cfr. art. 4.º, n.º 3, al. *c)*). Acresce que ficam igualmente excluídos do âmbito da jurisdição administrativa oficial a fiscalização dos atos materialmente administrativos praticados pelo Presidente do Supremo Tribunal de Justiça ou pelo Conselho Superior da Magistratura e pelo seu Presidente (cfr. art. 4.º, n.º 4, als. *b)* e *c)*, do ETAF). Do mesmo modo, não cabe à citada jurisdição a apreciação das ações de responsabilidade por erro judiciário cometido por tribunais pertencentes a outras ordens de jurisdição, bem como das correspondentes ações de regresso (cfr. art. 4.º, n.º 4, al. *a)*, do ETAF).

indivíduos estranhos à Administração Pública, ainda que se pretendam fazer passar por órgãos desta. É o caso dos «usurpadores de funções públicas»: o falso médico, o falso juiz, o falso notário, etc.

Nestes casos, se um indivíduo sem qualquer vínculo com a Administração se faz passar por órgão desta e pretende praticar atos administrativos, três consequências jurídicas decorrem daí: a primeira é que tais atos não valem como atos administrativos (não provindo de um órgão investido de poderes de autoridade, falta-lhes um elemento essencial para que possam ser considerados como atos administrativos, pelo que são *inexistentes* e, consequentemente, não produzem quaisquer efeitos jurídicos)[415]; a segunda é que o autor deste tipo de atos pratica o crime da *usurpação de funções*, ficando sujeito a responsabilidade penal[416]; e a terceira é que o mesmo indivíduo se constitui em *responsabilidade civil*, nos termos gerais de direito, para com as vítimas do seu embuste, cabendo-lhe indemnizar todos os prejuízos que por esse facto tiver causado a outrem[417].

53. *Idem*: e) Ato decisório

Em relação às definições tradicionais, o artigo 148.º do CPA – no seguimento da inovação introduzida pelo artigo 120.º do CPA anterior – veio acrescentar mais um elemento à definição de ato administrativo, cujo sentido e alcance importa agora apurar: o ato administrativo, diz esse preceito legal, é *uma decisão* adotada «no exercício de poderes jurídico-administrativos».

Há, pelo menos, duas interpretações possíveis para a inclusão da expressão «decisão» na definição legal de ato administrativo:

(1) Ou se pretendeu apenas dizer, segundo a tradição anglo-saxónica, que o ato administrativo é uma decisão no sentido de que resolve *um caso individual e concreto*, em vez de adotar uma *norma geral e abstracta*. Com efeito, os juristas anglo-saxónicos distinguem entre o *rule-making* (feitura de normas) e o *decision-making* (tomada de decisões em casos individuais e concretos). Se assim for, este elemento da definição do ato administrativo confundir-

[415] V., neste sentido, Marcello Caetano, *Manual*, II, 9.ª ed., 1972, pp. 624-625; e Esteves de Oliveira, *Direito Administrativo*, I, p. 437 e ss.

[416] V. Código Penal, art. 358.º

[417] V. Marcello Caetano, *Manual*, II, p. 624.

-se-á com aqueloutro da «produção de efeitos jurídicos numa situação individual e concreta», de que falaremos a seguir;

(2) Ou se quis ir mais longe, recortando entre a massa dos atos da Administração uma categoria nova, denominada *decisão*, o que implica que nem todos os atos jurídicos praticados no exercício de um poder administrativo e que visem produzir efeitos jurídicos numa situação individual e concreta são atos administrativos: só o serão, de entre esses, os que corresponderem a um conceito estrito de *decisão*, quer dizer, a uma estatuição ou resolução de um caso, a propósito de uma certa situação jurídico-administrativa.

Inclinamo-nos, hoje, para a segunda interpretação, por duas ordens de razões.

Literalmente, a expressão «decisão» corresponde melhor aos significados de «estatuição», «determinação», «resolução», do que aos de «declaração» ou «pronúncia»[418]. Certo, a etimologia não é a chave definitiva para determinar o significado jurídico de uma qualquer expressão usada por normas jurídicas. No entanto, também é verdade que as expressões jurídicas não devem abstrair, à míngua de razões específicas, da etimologia das palavras, transformando-as em representação de coisas essencialmente distintas daquelas que a generalidade das pessoas nelas vê representadas.

Por outro lado, e de um ponto de vista teleológico (atendendo aos fins em vista), só tem sentido submeter aos regimes procedimental e substantivo do ato administrativo do CPA – cujo escopo fundamental é, a par do de garantir a conveniente prossecução do interesse público, assegurar uma proteção adequada das posições jurídicas dos particulares – condutas administrativas suscetíveis de afetar, por si sós, imediata ou potencialmente, a esfera jurídica dos particulares ou, por outras palavras, condutas idóneas a «produzir uma transformação jurídica externa»[419].

Excluímos, pois, do conceito de ato administrativo vários atos jurídicos da Administração que, não sendo decisões *stricto sensu* (é o caso dos atos preparatórios, como, por exemplo, chamar alguém ao procedi-

[418] V. a referência ao dicionário de Morais em Esteves de Oliveira / Pedro Gonçalves / Pacheco de Amorim, *Código...*, *cit.*, p. 550. V. também Mário Aroso de Almeida, *Teoria Geral do Direito Administrativo: temas nucleares*, Almedina, Coimbra, 2012, p. 115 e ss.

[419] V. Rogério Soares, «Ato Administrativo», *in Scientia Iuridica*, tomo XXXIV, n.ºs 223-228, 1990, p. 30.

mento para se pronunciar, optar por ouvir peritos, pedir a emissão de pareceres, solicitar a realização de estudos técnicos com vista à decisão sobre se se deve realizar ou não certa obra pública num determinado local, ordenar a junção de provas[420]), eram tradicionalmente tidos como tais. Mas não vemos, hoje, nenhuma razão decisiva para o continuar a fazer. Repete-se o argumento decisivo: existindo os conceitos jurídicos para servir finalidades práticas, parece pouco adequado, científica e metodologicamente, considerar como administrativos atos jurídicos (do tipo das propostas, das informações, dos pareceres, etc.) a que não tem sentido aplicar-se, por não afetarem as esferas jurídicas dos particulares, o regime jurídico, substantivo e procedimental (e, bem assim, processual) aplicável à categoria do ato administrativo.

Esta posição não corresponde, de resto, a qualquer novidade doutrinal, quer no estrangeiro[421], quer na doutrina nacional. Rogério Soares, designadamente, há muito que distingue, no âmbito dos atos jurídicos da Administração, os atos administrativos dos atos instrumentais[422]; Vieira de Andrade e a Escola de Coimbra, seguem igualmente essa orientação[423]; e também desde 1982 Sérvulo Correia perfilha um conceito restrito de ato administrativo[424-425].

Aos atos jurídicos não decisórios e que desenvolvem apenas uma «função auxiliar» em relação aos atos administrativos, poderemos chamar, na esteira de Rogério Soares, *atos instrumentais*. Estes são, pois,

[420] V. Esteves de Oliveira / Pedro Gonçalves / Pacheco de Amorim, *Código..., cit.*, p. 553. Sobre a delimitação do ato administrativo relativamente às «meras declarações jurídicas», v. também Mário Aroso de Almeida, *Anulação de Atos Administrativos e Relações Jurídicas Emergentes*, Almedina, Coimbra, 2002, pp. 89-98; e, mais recentemente, *Teoria Geral do Direito Administrativo..., cit.*, pp. 155-165.

[421] V., por exemplo, Massimo S. Giannini, «Atto amministrativo», *in EdD*, IV, pp. 165-166.

[422] V. Rogério Soares, *Direito Administrativo*, p. 100. Mais recentemente, *Ato Administrativo, loc. cit.*, p. 28 e ss.

[423] V. Vieira de Andrade, *O dever da fundamentação expressa dos atos administrativos*, pp. 91, 92 e 362; e Esteves de Oliveira / Pedro Gonçalves / Pacheco de Amorim, *Código..., cit.*, pp. 552-553.

[424] V. Sérvulo Correia, *Noções de Direito Administrativo*, I, pp. 228-289.

[425] Para um apanhado dos vários conceitos de ato administrativo na doutrina portuguesa, cfr. Vasco Pereira da Silva, *Em busca...*, p. 613 e ss.; e, mais recentemente, as sínteses de Vieira de Andrade, «Algumas reflexões a propósito da sobrevivência do conceito de "ato administrativo" no nosso tempo», *in Estudos em Homenagem ao Prof. Doutor Rogério Soares*, Coimbra Editora, Coimbra, 2001, p. 1189 e ss.; e de Mário Aroso de Almeida, «Considerações em torno do conceito de ato administrativo impugnável», *cit.*, p. 859 e ss.; e, igualmente deste último Autor, *Teoria Geral do Direito Administrativo...*, cit. p. 109 e ss.

«atos jurídicos menores, não produtores de efeitos jurídicos diretos no ordenamento geral. Muito embora tenham autonomia funcional, e por isso não se reduzam a simples elementos de um ato, os seus efeitos só se manifestam através da influência que exercem sobre um [ato administrativo] de que são pressuposto (...)»[426].

Três notas mais.

Por um lado, são decisões tanto as pronúncias da Administração proferidas em inteira subordinação à lei, como as que revelam a presença de uma opção discricionária dos respetivos autores.

Por outro lado, tanto é decisão a pronúncia agressiva da esfera jurídica dos particulares (*v. g.*, a decisão de expropriar um terreno), como a atributiva de vantagens ou prestações (*v. g.*, a atribuição de uma licença ou autorização). Também no segundo tipo de casos, é a determinação unilateral da Administração que estabelece se, de acordo com a lei ou o regulamento aplicável, o particular tem direito (e em que medida) à referida prestação[427]. Claro, por exemplo, que o destinatário de uma autorização administrativa nem sempre fica obrigado a desenvolver a atividade autorizada. Mas isso em nada afeta o caráter decisório do ato da Administração, uma vez que este já introduziu a alteração na esfera jurídica do particular: autorizou o exercício de um direito ou de uma faculdade que até aí não poderia ter lugar[428].

Finalmente, são decisórios os atos que visam produzir efeitos jurídicos diretos no ordenamento e, outrossim, aqueles que *expressamente recusam* a produção de tais efeitos (v. *infra*).

54. *Idem*: f) Ato produtor de efeitos jurídicos numa situação individual e concreta

Finalmente, o ato administrativo é uma decisão da Administração Pública que visa «*produzir efeitos jurídicos (...) numa situação individual e concreta*». Que quer com isto dizer-se?

[426] V. Rogério Soares, «Ato administrativo», *in Pólis*, 1, col. 103.

[427] V. Esteves de Oliveira / Pedro Gonçalves / Pacheco de Amorim, *Código..., cit.*, pp. 552-553.

[428] V. Filipa Calvão, *Os atos precários e os atos provisórios no direito administrativo*, Porto, 1998, p. 26, em nota.

Este último elemento do conceito de ato administrativo tem em vista estabelecer a distinção entre os *atos administrativos*, que têm conteúdo *individual e concreto*, e as *normas jurídicas* emanadas da Administração Pública, nomeadamente os *regulamentos*, que, como vimos já, têm conteúdo *geral e abstrato*.

Tem havido dúvidas na doutrina sobre a melhor maneira de referir esta característica do ato administrativo como ato necessariamente debruçado sobre uma situação individual e concreta.

Marcello Caetano, nas primeiras edições do seu *Manual de Direito Administrativo*, definia o ato administrativo como sendo aquele que, além de outros elementos, consistia na *aplicação da lei a um caso concreto*[429]. Mas ele próprio, nas últimas edições do *Manual*, criticou esta sua definição, dizendo que ela era incorreta, na medida em que não abrangia todas as hipóteses de atos administrativos[430]. Com efeito, se, nalguns casos, designadamente nos atos administrativos vinculados, do que se trata é de aplicar a lei aos casos concretos, já nos casos de atos discricionários, em rigor não se trata de aplicar a lei ao caso concreto, mas, antes, de exercer poderes legais. Porque a lei, por definição, no poder discricionário, não contém em si mesma a solução legal aplicável ao caso concreto. Trata-se de exercer um poder legal para resolver um caso concreto, mas a solução do caso não resulta de um mecanismo lógico de aplicação da lei.

Foi justamente em função deste aspeto que Marcello Caetano abandonou a definição de ato administrativo como «ato de aplicação da lei ao caso concreto», optando pela ideia de «produção de efeitos jurídicos num caso concreto»[431].

Mas ainda aqui pode haver dificuldades.

Há autores que afirmam que o ato administrativo é aquele que *produz* efeitos jurídicos num caso concreto. Ora, esta maneira de definir também não é correta, porque basta, por exemplo, que um ato administrativo esteja sujeito a uma condição suspensiva para não produzir efeitos jurídicos até que se verifique a condição – e nem por isso deixa de ser, *ab initio*, um ato administrativo.

O que interessa não é o facto de o ato, uma vez praticado, estar ou não a produzir efeitos: o que interessa é que ele *vise* ou *tenda* a produzir efeitos, ainda que de

[429] V., por exemplo, a 7.ª edição do *Manual*, 1965, p. 235 e ss.

[430] V. a 10.ª edição do *Manual*, I, p. 435.

[431] Sobre a evolução do pensamento de Marcello Caetano nesta matéria, cfr. Marcelo Rebelo de Sousa, «O Ato Administrativo no Ensino do Professor Marcello Caetano», *in Administração Pública e Direito Administrativo em Portugal*, Lisboa, 1992, pp. 5-25.

momento não os esteja a produzir por estar, por exemplo, sujeito a uma condição suspensiva ou a um termo inicial. Parece, pois, mais correto dizer que o ato administrativo é aquele que *visa produzir* determinados efeitos jurídicos.

Enquanto vários autores se contentam com a referência da noção de ato administrativo a um caso concreto, nós, pela nossa parte, sempre preferimos reportar o ato administrativo à ideia de *situação individual e concreta*, como aliás se faz hoje no CPA, no já citado artigo 148.º

E porquê? Para frisar, mais nitidamente, o contraste com os atos normativos – leis, regulamentos, etc. Se a norma jurídica se define como *regra geral e abstrata*, o ato administrativo deve definir-se como *decisão individual e concreta*.

As caraterísticas *geral ou individual* têm a ver, como se sabe, com os *destinatários* dos comandos jurídicos; pelo seu lado, as caraterísticas *abstrato ou concreto* têm a ver com as situações da vida que os comandos jurídicos visam regular.

Resumindo: as normas jurídicas são comandos gerais e abstratos; os atos administrativos são comandos individuais e concretos.

Por princípio, o ato administrativo versa sobre uma situação individual e concreta[432]: por isso, um (pretenso) ato administrativo que não contenha em si mesmo a *individualização* do destinatário a que se aplica, bem como a *identificação* do caso sobre que versa, não pode valer perante a ordem jurídica como ato administrativo, ou pelos menos como ato válido e eficaz[433].

O Direito é uma ordem normativa que se dirige aos homens e se destina a ter aplicação prática: por isso, entendemos que a referência, na definição de ato administrativo, à produção de efeitos jurídicos *sobre uma situação individual* é ainda mais importante e significativa do que a referência ao *caso concreto*. Se uma das duas tivesse que ser suprimida, a primeira é que devia, a nosso ver, ser mantida.

[432] Comporta particularidades a figura dos *atos multipolares*.

[433] Corretamente, o art. 151.º, n.º 1, alínea *b*), do CPA exige, como requisito essencial, que do ato administrativo (que tenha um destinatário ou destinatários) conste sempre «*a identificação adequada do destinatário ou destinatários*». A identificação adequada pressupõe, em princípio, a indicação do nome e morada respetivos.

O mesmo entendiam, em tempos já distantes, Duguit e Jèze, para quem o ato administrativo, ou se destinava a «criar uma situação jurídica subjetiva», ou funcionava como «condição de aplicação a um indivíduo de determinados poderes ou de um estado legal»[434]. E o mesmo ensinava também, já mais recentemente, para referir outro ilustre nome da ciência jusadministrativista europeia, Forsthoff, para quem «o ato administrativo se aplica a uma situação *particular* e *concreta*; ele ou a regula ou a cria. Não contém disposições gerais»[435].

Ficam, portanto, fora do conceito de ato administrativo os atos *materialmente normativos*: quer os atos legislativos (v. Constituição, art. 112.º, n.º 1), quer os regulamentos, que são atos normativos praticados por órgãos da própria Administração Pública.

Em França não se pensa assim. A doutrina gaulesa elabora um conceito mais amplo de ato administrativo e depois distingue, dentro do ato administrativo, os atos regulamentares (*décisions réglementaires*) e os atos individuais e concretos (*actes individuels* ou *actes particuliers*). Isto, porque a lei francesa assim o impõe[436]. Em Portugal, a lei não segue esse caminho: distingue-se, por um lado, os atos genéricos da Administração e, por outro, os atos individuais e concretos: e só estes são considerados atos administrativos[437].

55. *Idem, idem*: os chamados atos coletivos, plurais e gerais

A distinção entre atos genéricos ou normativos e atos administrativos já foi explicitada e comentada. Na maioria dos casos não é uma distinção difícil de fazer. Mas, por vezes, surgem dificuldades práticas de aplicação. Vamos examinar algumas.

[434] Passagens citadas por Marcello Caetano, *Manual*, I, p. 428 (os sublinhados são nossos).

[435] V. Ernst Forsthoff, *Traité de Droit Administratif Allemand*, p. 315.

[436] V., por exemplo, Jean Rivero e Jean Waline, *Droit administratif*, *cit.*, p. 84; e Martine Lombard, *Droit Administratif*, p. 120 e ss.

[437] Ver o ETAF, art. 4.º, n.º 1, alíneas *b*) e *d*). Sobre o conceito de «norma jurídica» segundo o Tribunal Constitucional, ver, por exemplo, o acórdão n.º 26/85, no *DR*, II, de 26.4.85, e o acórdão n.º 156/86, no *DR*, II, de 26.7.86. Na doutrina publicista, cfr., por último, Gomes Canotilho, *Direito Constitucional...*, p. 822 e ss.

a) Em primeiro lugar, deparamos com os chamados «atos coletivos», isto é, *os atos que têm por destinatário um conjunto unificado de pessoas*, ou seja, um determinado grupo orgânico de pessoas.

Um exemplo: quando o Governo toma a decisão de dissolver um órgão colegial, sujeito ao seu poder de superintendência ou tutela, está a praticar um ato coletivo, ou seja, um ato que tem por objeto um conjunto unificado de pessoas – todos os membros do órgão que foi objeto de dissolução.

Este ato é um ato genérico ou é um ato administrativo?

Entendemos que é um ato administrativo. Tal ato não é uma norma: não se trata, aí, de formular regras gerais e abstratas. A regra geral e abstrata dirá: «sempre que se verifiquem as circunstâncias tais e tais, o Governo pode dissolver os órgãos tais e tais».

Mas quando o Governo, por aplicação dessa norma, no exercício dos poderes por ela conferidos, dissolve um determinado órgão colegial, aí estamos perante um ato administrativo, um ato individual e concreto, não obstante dirigir-se a um conjunto de pessoas.

É que, bem vistas as coisas, o destinatário do ato de dissolução é o conjunto dos membros do órgão colegial (aquele concreto «colégio»).

Em rigor, portanto, sob a aparência externa de um ato dirigido a várias pessoas, o que na realidade existe na ordem jurídica com a dissolução é a determinação da cessação simultânea, e decorrente da mesma causa, do mandato de todos os titulares de um dado órgão colegial.

b) Vêm depois os atos plurais. Os «atos plurais» são *aqueles em que a Administração Pública toma uma decisão aplicável por igual a várias pessoas diferentes*.

Um exemplo: um despacho ministerial nomeia vinte funcionários públicos para vinte vagas que existem numa determinada direção-geral.

Também neste caso, sob a aparência de um único ato administrativo, o que existe, na realidade, são vários atos administrativos: são tantos atos administrativos quantos os funcionários nomeados. Não se trata, pois, em rigor, de um ato de nomeação de vinte funcionários, mas sim de vinte nomeações de outros tantos funcionários.

Aqui também não há qualquer norma jurídica, o que há é um conjunto, um feixe de atos administrativos individuais e concretos. A nomeação de vinte funcionários não é uma norma jurídica geral e abstrata, é um conjunto de vinte nomeações de funcionários públicos e, por conseguinte, um conjunto de vinte atos administrativos, sujeitos ao regime estabelecido no CPA.

c) Em terceiro lugar, aparecem os chamados *atos gerais*. A designação presta-se a alguma confusão com os *atos genéricos*, mas trata-se de realidades diferentes.

Os «atos gerais» são *aqueles atos que se aplicam de imediato a um grupo inorgânico de cidadãos, todos bem determinados, ou determináveis no local.*

Por exemplo, juntam-se vinte pessoas a ver uma determinada montra, numa rua da Baixa de Lisboa. Vem um agente da polícia e diz: «todos têm de dispersar!». Trata-se de uma ordem policial dada em termos gerais a vinte pessoas, mas sabe-se perfeitamente a quem se aplica.

Ora bem, estes atos *gerais* também não devem ser considerados como atos genéricos. Não são normas jurídicas: são ordens concretas dadas a pessoas concretas e bem determinadas, ou imediatamente determináveis. São um feixe de atos administrativos, que se reportam a várias situações individuais e concretas[438].

Diferentemente, se um determinado comando administrativo não permite a identificação dos seus destinatários individualizadamente – ou não permite que se proceda a essa individualização *in loco* – e se dirige a categorias, ou classes, ou grupos de sujeitos – mesmo restritos (por exemplo, «comerciantes», «funcionários», «automobilistas», «estudantes») – é norma, é um comando geral, é um ato genérico, não é um ato geral, isto é, um feixe de decisões concretas e individuais[439].

Nesses termos, não ficará, como sabemos, sujeito ao regime (procedimental e substantivo) do ato administrativo, mas, antes, ao regime procedimental do regulamento, constante dos artigos 97.º e seguintes

[438] Na nossa jurisprudência, já se apreciou, a respeito deste problema, uma questão complexa: em 1963, foi levado ao Supremo Tribunal Administrativo um caso sobre o qual se pronunciou a 1.ª Secção e, depois, o Tribunal Pleno, mediante recurso, em 1965. V. STA-1, 26.7.63, *OD*, 96, p. 309, e STA-P, 14.1.65, *AD*, 39, p. 431. Para uma análise detalhada deste *caso dos produtores de leite da Madeira*, v. a 1.ª edição deste *Curso*, II, pp. 231-232.

[439] V. Freitas do Amaral, *O regime do ato administrativo, loc. cit.*, pp. 102-103.

do CPA[440]. E não se submete ao regime de impugnação contenciosa dos atos administrativos, mas ao dos regulamentos.

55-A. A eficácia externa do ato administrativo

O conceito legal de ato administrativo integra agora uma referência expressa ao respetivo caráter externo (CPA, art. 148.º).

Na vigência do anterior CPA era muito discutido se os atos internos deveriam ou não relevar como atos administrativos para efeitos de aplicação desse mesmo Código[441].

Ora, um dos objetivos do novo CPA foi justamente o de «adequar o conceito de ato administrativo ao regime substantivo e procedimental que lhe é aplicável», introduzindo, para o efeito, «a referência à sua aptidão para produzir efeitos externos»[442].

Tal corresponde à posição há muito defendida por Rogério Soares: «os atos administrativos produzem efeitos jurídicos no setor do ordenamento jurídico geral. Isto quer dizer que constituem ou modificam relações intersubjetivas ou afetam a situação jurídica duma coisa. Com a produção dum ato administrativo, (o respetivo autor) vai assim alterar as relações o Estado ou outro ente público (ou um ente privado investido de funções públicas) e um particular ou entre vários entes públicos (ou entre vários entes privados investidos de funções públicas). Deste modo, não são atos administrativos os atos internos. São estes atos

[440] V. também neste sentido, Marcelo Rebelo de Sousa, *O regime do ato administrativo*, *loc. cit.*, p. 172.

[441] Sobre tal discussão, ver, por todos, a síntese de Mário Aroso de Almeida, *Teoria Geral do Direito Administrativo...*, cit., pp. 122-130. Para este Autor, à luz do conceito legal de ato administrativo consagrado no artigo 120.º do CPA anterior, «pesem embora as diferenças funcionais que os separam, o universo dos atos administrativos, tal como a figura surge recortada pelo CPA, partilha uma mesma identidade estrutural, que assenta no *conteúdo decisório* – podendo, pois, suceder que, entre esses atos, uns se projetem no âmbito daquilo que tem sido qualificado como a relação administrativa geral ou comum que a Administração estabelece com os sujeitos jurídicos que lhe são alheios, enquanto outros intervenham no âmbito de relações intra-administrativas ou inter-orgânicas» (p. 125).

[442] Cfr. o n.º 16 do preâmbulo do Decreto-Lei n.º 4/2015, de 7 de janeiro, que aprovou o novo CPA.

os que não assumem relevância no ordenamento geral, aquele que tutela as relações entre figuras subjetivas autónomas»[443].

56. Importância do ato administrativo no estudo do Direito Administrativo

Com as considerações antecedentes fica completada a explicação da definição que demos do conceito de ato administrativo.

É do ato administrativo assim definido que vamos passar a tratar daqui por diante. Ele é, a nosso ver, uma figura central, fundamental e paradigmática do Direito Administrativo[444], não obstante existirem, evidentemente, relações jurídicas administrativas não conformadas por ato administrativo. Na verdade, como escreve Sérvulo Correia, «apesar de assistirmos nos dias de hoje a uma diversidade dos modos de conduta administrativa, com perda de peso relativo do ato administrativo, ninguém minimamente conhecedor das realidades ousará negar que este é ainda, de longe, em Portugal como nos outros "sistemas de Direito Administrativo", a forma mais utilizada no exercício jurídico da função administrativa».

O ato administrativo – como ato unilateral de autoridade praticado pela Administração para decidir situações individuais em casos concretos – é, efetivamente, a grande novidade que o Direito Administrativo

[443] V. Rogério Soares, *Direito Administrativo*, p. 91. Mais recentemente, ver Vieira de Andrade, *Lições de Direito Administrativo*, 3.ª ed., Imprensa da Universidade de Coimbra, 2013, pp. 159-160. Como refere este último Autor, «hoje predomina na construção do ato administrativo a razão de ser *dogmática*: a definição da figura deve conter uma *ideia ordenadora* capaz de suportar um *regime substantivo global e coerente* no âmbito das relações jurídicas de direito público – deve ser um conceito substancialmente operativo.
É importante a definição legal de *um regime material próprio* (substantivo e também procedimental, aplicável aos atos reguladores de relações jurídicas externas: aqueles que, pelo seu *conteúdo* – por constituírem decisões de autoridade (unilaterais), constitutivas (diretamente) de efeitos jurídicos nas relações intersubjetivas –, impliquem um determinado *procedimento* de formação (com direitos de participação, informação e audiência prévia dos interessados) e possam gozar de uma especial *força jurídica* (obrigatória e executiva), autovinculativa e heterovinculativa) e de uma reforçada *estabilidade* (assegurada pelos *limites à revogação*, bem como pelo ónus de impugnação a cargo dos lesados, e pela consequente força de *caso decidido*)» (*ibidem*, p. 149).

[444] V. também Esteves de Oliveira / Pedro Gonçalves / Pacheco de Amorim, *Código..., cit.*, p. 540; e Wolff / Bachof / Stober, *Verwaltungsrecht*, 2, pp. 13-14.

traz à ciência jurídica. De facto, normas jurídicas e contratos já eram, há muito tempo, figuras habituais no mundo do direito; e o direito privado conheceu desde sempre a figura do ato jurídico unilateral. Porém, repete-se, o *ato unilateral de autoridade*, isto é, o ato pelo qual a Administração, sozinha, no exercício de um poder público de autoridade, impõe um dado comportamento ao particular ou o sujeita a determinados efeitos jurídicos – esse, sim, é que é *uma figura típica do Direito Administrativo*, que por via de regra não existe no direito privado. E é para reagir contra ele – se for ilegal, se violar disposições jurídicas subjetivas dos particulares ou se lhes causar prejuízos – que existem remédios especialmente criados pelo Direito Administrativo, destinados a proteger os direitos dos particulares ou os seus interesses legítimos, que são, de um modo geral, as chamadas «*garantias administrativas dos particulares*» (reclamação, recurso hierárquico, recurso tutelar, etc.), a par das «*garantias contenciosas ou jurisdicionais dos particulares*» (ação administrativa impugnatória, ação administrativa de condenação à prática de ato devido, providência cautelar, etc.).

Em especial, esta parelha – ato administrativo/impugnação contenciosa do ato – é, pois, uma das pedras angulares do Direito Administrativo. O Direito Administrativo nasceu precisamente, como dissemos, para garantir aos particulares a possibilidade de recorrerem aos tribunais contra os atos administrativos ilegais que os prejudicassem. E embora atualmente o Direito Administrativo tenha uma função muito mais ampla e diversificada – quer como garantia contra outros comportamentos, quer como sistema que comporta outras garantias para além da impugnação anulatória –, não há dúvida de que a ação impugnatória de atos administrativos ilegais, bem como o pedido (cautelar) de suspensão provisória da eficácia do ato administrativo, continuam a ser as armas jurídicas mais utilizadas pelos particulares, junto dos tribunais administrativos, contra as decisões ilegais da Administração que considerem lesivas dos seus direitos ou interesses legítimos[445].

[445] Sobre as críticas dirigidas ao entendimento tradicional do ato administrativo, nomeadamente por Vasco Pereira da Silva na sua excelente dissertação de doutoramento (*Em busca do ato administrativo perdido*, Almedina, Coimbra, 1996, *passim*), v. a 2.ª edição deste *Curso*, II, pp. 261-264.

57. Natureza jurídica do ato administrativo

Mesmo entre os autores que têm idêntica visão acerca do conceito de ato administrativo, são bastante vivas as divergências de opinião sobre a sua natureza jurídica.

Qual a verdadeira natureza do ato administrativo?

a) Para uns, o ato administrativo tem caráter de *negócio jurídico*, e deve por isso ser entendido como uma espécie do género negócio jurídico – o negócio jurídico-público –, a par da outra espécie, sua irmã, do negócio jurídico privado;

b) Para outros, o ato administrativo é um ato de aplicação do direito, situado no mesmo escalão e desempenhando função semelhante, embora não igual, à da *sentença judicial*;

c) Para uma terceira corrente de opinião, enfim, o ato administrativo não pode ser assemelhado – por muitas analogias ou semelhanças que porventura existam – nem ao negócio jurídico, nem à sentença, e portanto deve ser encarado como possuindo uma natureza própria *sui generis*, e um caráter específico, *enquanto ato unilateral de autoridade pública ao serviço de um fim administrativo*.

Em nossa opinião, a posição mais correta é a terceira, embora com matizes que é preciso introduzir-lhe.

Antes de mais, temos para nós que o regime jurídico estabelecido por lei e adotado pela jurisprudência para o ato administrativo (entre nós e no estrangeiro) não é, nos seus traços essenciais, suscetível de ser reconduzido em bloco nem ao regime caraterístico do negócio jurídico, nem ao regime típico da sentença.

Por um lado, entre o negócio jurídico e o ato administrativo há diferenças de fundo a assinalar: o negócio jurídico é sobretudo uma figura do *direito privado*, o ato administrativo pertence ao *direito público*; o negócio jurídico assenta no reconhecimento da *autonomia da vontade* ao serviço de fins individuais livremente escolhidos pelos interessados, o ato administrativo assenta na construção de uma *vontade normativa* ao serviço de fins de interesse coletivo imperativamente definidos pela lei; o negócio jurídico move-se no campo da *licitude* (pode fazer-se tudo o que a lei não proíba), enquanto o ato administrativo se situa, por via de regra, no campo da *legalidade* (só pode fazer-se o que a lei permita).

Por outro lado, há também diferenças de fundo a sublinhar entre a sentença e o ato administrativo: se ambos são atos unilaterais de autoridade pública que tendem a produzir efeitos jurídicos sobre situações individuais e concretas, a verdade é que a sentença prossegue um fim de *justiça*, ao passo que o ato administrativo visa um fim *administrativo*; a sentença traduz o exercício do poder judicial no desempenho da *função jurisdicional*, o ato administrativo traduz o exercício do poder executivo no desempenho da função administrativa; a sentença visa solucionar um *conflito de interesses* em litígio, o ato administrativo visa prosseguir o *interesse público*, ainda que com respeito pelos direitos subjetivos e interesses legítimos dos particulares; a sentença põe termo a uma incerteza de facto ou de direito, definindo com força de verdade legal a situação das partes em termos *imodificáveis*, o administrativo exerce competências conferidas à Administração para realizar tarefas de interesse geral, definindo a situação dos interessados em termos que, em princípio, são livremente *modificáveis* no futuro, de acordo com as novas exigências do interesse público que porventura surgirem (salvas as exceções legais). Consequentemente, a interpretação e a aplicação do direito são, na sentença, um *fim*, ao passo que no ato administrativo são apenas um *meio* para alcançar outros fins. Estas diferenças são importantes para compreender a admissibilidade de «atos administrativos de resolução de litígios», os quais não se confundem com o exercício da atividade de arbitragem por parte da Administração.

Entendemos, pois, que o ato administrativo, enquanto figura genérica e unitária, não se deixa reconduzir *in totum* nem ao negócio jurídico, nem à sentença, pela mesma razão por que a atividade administrativa, como vimos, se distingue claramente tanto da atividade privada como das demais atividades públicas, nomeadamente da jurisdicional[446]. O ato administrativo tem assim uma natureza própria, específica, privativa, que dele faz uma figura *sui generis* na ordem jurídica – a figura do «ato unilateral de autoridade ao serviço de um fim da administração pública».

Dito isto, porém, cumpre observar que o género *ato administrativo* compreende duas espécies bastante diversas.

[446] V. o vol. I deste *Curso*, 3.ª ed., 2006, pp. 39-48.

Vimos que a Administração exerce umas vezes poderes discricionários, outras poderes vinculados. Daí a distinção – ainda que relativa ou tendencial – entre atos *discricionários* e atos *vinculados*. Toda a doutrina tem consciência desta distinção fundamental, embora as formulações que dela se fazem variem bastante de autor para autor.

Assim, por exemplo, e dentro da mesma perspetiva, alguns autores distinguem atos discricionários e atos vinculados; outros distinguem atos de criação jurídica e atos de aplicação do direito; outros distinguem atos negociais e meros atos administrativos (Zanobini) ou atos-negócios jurídicos e atos de atuação do direito (Kormann).

Ora, se bem se reparar, existem certas semelhanças (para além de todas as diferenças já apontadas) entre o ato discricionário e o negócio jurídico, por um lado, assim como entre o ato vinculado e a sentença, por outro.

Com efeito, o ato discricionário tem de comum com o negócio jurídico o poder dado ao autor de conformar o conteúdo da decisão dentro dos limites da lei; e o ato vinculado tem de comum com a sentença a circunstância de ambos serem atos de aplicação do direito às situações individuais e concretas, sem liberdade (ou com reduzida liberdade) de conformação do conteúdo da decisão por parte do órgão decisório.

Assim, atendendo ao caráter *sui generis* do ato administrativo, mas olhando igualmente à semelhança de uma espécie de atos administrativos com o negócio jurídico e de outra espécie daquele com a sentença, somos levados a concluir pela formulação das seguintes orientações doutrinárias, que devem ser entendidas como meramente tendenciais:

a) O regime jurídico do ato administrativo é o que consta da lei e da jurisprudência administrativa, e deve corresponder, por via de regra, à natureza *sui generis* do ato administrativo;

b) Se outra coisa não resultar da sua natureza específica de atos administrativos, podem aplicar-se supletivamente aos *atos predominantemente discricionários* as regras próprias do negócio jurídico como ato intencional indeterminado;

c) Com idêntica ressalva, podem aplicar-se aos *atos predominantemente vinculados* as regras próprias da sentença como ato de aplicação de uma norma geral e abstrata a uma situação individual e concreta.

58. *Idem*: o papel da vontade no ato administrativo

Um dos aspetos em que mais se faz sentir a problemática analisada no número anterior é, sem dúvida, a questão do papel da vontade humana no ato administrativo.

Os autores que veem no ato administrativo um negócio jurídico têm tendência a hipervalorizar o papel da vontade do órgão da Administração que pratica o ato: se o ato administrativo é um negócio jurídico, funciona nele, em maior ou menor medida, o princípio da autonomia da vontade; a lei poderá formular limites mais ou menos apertados, mas, fora deles ou para além deles, a Administração poderá decidir o que entender e como melhor entender.

Pelo contrário, os autores que veem no ato administrativo um ato semelhante à sentença têm tendência para minimizar o papel da vontade do órgão administrativo competente: nada de autonomia da vontade; a vontade psicológica do agente não conta, o que releva é a vontade funcional ou normativa; não interessa o que se quer, mas o que deve ser querido; não é preciso apurar o que se quis ou o que se terá querido, mas sim se se cumpriu ou não a lei.

Esta discussão teórica tem um importante alcance prático:

a) No plano da interpretação do ato administrativo: se o ato corresponde ao negócio jurídico, o elemento decisivo da sua interpretação é o apuramento da vontade psicológica (real) do seu autor. Mas se o ato corresponde à sentença, o elemento decisivo da sua interpretação é a lei e o tipo legal de ato que ela manda praticar;

b) No plano da integração das lacunas do ato administrativo: à luz da primeira conceção, as lacunas devem ser preenchidas pela reconstituição da vontade hipotética do órgão administrativo que praticou o ato. Já à luz da segunda conceção, o preenchimento de lacunas deverá ser feito por dedução do dispositivo legal aplicável ao tipo de ato em causa;

c) No plano dos vícios da vontade que afetem o ato administrativo: os que encaram o ato como um negócio jurídico não consideram que os vícios da vontade (*v. g.*, erro, dolo, coação) gerem ilegalidade do ato, antes defendem a relevância direta desses vícios como verdadeiros vícios da vontade e, portanto, como fonte autónoma de invalidade. Por seu turno, os que concebem o ato administrativo como sentença defendem que os vícios da vontade não relevam enquanto tais, mas tão-somente na medida em que gerem a ilegalidade do ato.

Pela parte que nos toca, entendemos que importa seguir uma linha de orientação intermédia: o papel da vontade no ato administrativo não é idêntico ao papel da vontade no negócio jurídico ou na sentença, e por isso reclama uma consideração própria e singular, de harmonia com o perfil *sui generis* do ato administrativo, como resulta do que dissemos no número anterior.

Porém, para além disso – e sem prejuízo dessa posição de princípio –, entendemos que, pelas razões acima expostas, aos problemas da vontade no ato discricionário se poderão aplicar tendencialmente as regras próprias do negócio jurídico, do mesmo modo que aos problemas da vontade no ato vinculado se poderão aplicar tendencialmente as regras próprias da sentença.

Nas secções seguintes veremos que consequências decorrem dos critérios gerais acabados de formular para o regime jurídico do ato administrativo.

59. Estrutura do ato administrativo

A estrutura do ato administrativo, como aliás a de qualquer ato jurídico, compõe-se de quatro ordens de elementos – elementos subjetivos, formais, objetivos e funcionais[447]. Vejamo-los um por um.

a) Elementos subjetivos. – O ato administrativo *típico* põe em relação dois sujeitos de direito: em regra, a Administração Pública e um particular; menos frequentemente, os dois sujeitos de direito podem ser duas pessoas coletivas públicas (é o que sucede, por exemplo, na autorização ou na aprovação tutelares) ou, ainda com mais raridade, duas pessoas coletivas privadas (é o caso, por exemplo, do ato de rescisão por motivo de interesse público, praticado por um concessionário de obras públicas, de um contrato de cessão de exploração de um restaurante situado numa área de serviço de uma autoestrada: o ato administrativo, aqui, põe em relação o particular que é concessionário da autoestrada com o particular que explora o restaurante por acordo com o primeiro).

[447] Sobre este ponto, cfr., em especial, Zanobini, *Corso di diritto amministrativo*, vol. I, p. 244 e ss.

Existem, no entanto, exceções a esta regra: é o caso dos atos administrativos *multipolares*, direcionados *erga omnes*, com eficácia em relação a terceiros, suscetíveis, pois, de afetar múltiplos particulares, como sucede, por exemplo, com as decisões de construção de uma central atómica ou de um aeroporto[448]; e é o caso dos atos *reais* (*v. g.*, a classificação de um bem como sendo do domínio público) – aqui não há um sujeito destinatário de uma decisão administrativa ou, melhor, todos os sujeitos são seus destinatários, pois o ato é dirigido *erga omnes*.

Atendendo às situações típicas, cumpre referir que um dos sujeitos do ato é uma pessoa coletiva pública que integra a Administração ou, por vezes, uma pessoa coletiva privada titular de poderes de autoridade que com ela colabora: é dessa pessoa coletiva que o ato emana. Em rigor, é a essa pessoa coletiva que pertence a autoria jurídica do ato. Por isso, em caso de impugnação do ato em causa, deve ser demandada a própria *pessoa coletiva pública* ou, no caso do Estado, o *ministério* e, no caso das Regiões Autónomas, a *secretaria regional*, a cujos órgãos seja imputável o mesmo ato[449].

O outro sujeito que, por via de regra, o ato administrativo põe em cena é o *destinatário* do ato, que, as mais das vezes, é um particular (pessoa física ou coletiva), mas também pode ser uma pessoa coletiva pública, como dissemos.

b) Elementos formais. – Todo o ato administrativo tem sempre necessariamente uma «forma», isto é, *um modo pelo qual se exterioriza ou manifesta a decisão voluntária em que o ato consiste.*

Não se deve, no entanto, confundir a forma do ato administrativo com a forma dos documentos em que se contenha a redução a escrito de atos administrativos (decreto, portaria, despacho, alvará, resolução,

[448] V. Vasco Pereira da Silva, *Em Busca...*, p. 451. Para o A., a teorização destas decisões com eficácia relativamente a terceiros corresponde a um novo fôlego da teoria do ato administrativo (p. 453). Sobre o tema, v. a monografia de Francisco Paes Marques, *As Relações Jurídicas Administrativas Multipolares – Contributo para a sua compreensão substantiva*, Almedina, Coimbra, 2011, em especial p. 386 e ss.

[449] V. o CPTA, art. 10.º, n.º 2. Contudo, atenta a tradição legal e doutrinal de considerar que a autoria do ato administrativo pertence ao órgão que o praticou, e não à pessoa coletiva em que tal órgão se integra, o n.º 4 do mesmo artigo considera «regularmente proposta a ação quando na petição tenha sido indicado como parte demandada um órgão pertencente à pessoa coletiva de direito público, ao ministério ou à secretaria regional a que o órgão pertence».

etc., etc.). Na verdade, na maioria dos casos, os atos provenientes de órgãos singulares são praticados sob forma *escrita*; já nos órgãos colegiais, justamente porque são colegiais, as deliberações são em regra tomadas *oralmente*, havendo depois que *reduzi-las a escrito* (normalmente por meio de *ata*, assinada pelo presidente e pelo secretário do órgão colegial)[450].

Além da *forma* do ato administrativo, há ainda a assinalar as *formalidades* prescritas pela lei para serem observadas na fase da preparação da decisão (procedimento administrativo) ou na própria fase da decisão. Consideramos «formalidades» *os trâmites que a lei manda observar com vista a garantir a correta formação da decisão administrativa* à luz do interesse público, bem como o respeito pelos direitos subjetivos e interesses legítimos dos particulares.

As formalidades, ao contrário da forma, não fazem parte do ato administrativo, em si mesmo considerado: são-lhe anteriores, contemporâneas ou posteriores, mas não são elementos do ato. Contudo, uma vez que a ilegalidade resultante da inobservância de formalidades se repercute no ato administrativo que põe termo ao procedimento, a lei, sem prejuízo de admitir a impugnabilidade autónoma de «atos procedimentais» lesivos, também permite aos interessados que impugnem aquele ato final com fundamento em ilegalidades cometidas ao longo do procedimento (é o chamado «princípio da impugnação unitária»)[451].

c) *Elementos objetivos.* – Os elementos objetivos do ato administrativo são o *conteúdo* e o *objeto*. Alguns autores preferem falar, respetivamente, em objeto imediato e em objeto mediato. Parece-nos todavia mais clara e sugestiva a nossa terminologia.

O «conteúdo» do ato administrativo é a substância da decisão voluntária em que o ato consiste (incluindo os efeitos jurídicos por ela visados).

[450] Resulta da diferença posta em relevo no texto que, se um ato for por lei da competência de um órgão colegial e aparecer reduzido a escrito num documento assinado pelo presidente, constando deste documento que o ato é da autoria do órgão colegial, não há ilegalidade. Mas haverá ilegalidade se, como por vezes acontece na prática, o presidente aparecer a assinar um ato *como sendo seu*, num caso em que a competência pertença ao órgão colegial e não tenha havido delegação de poderes.

[451] V. CPTA, art. 51.º, n.os 1 e 3. V. igualmente, adiante, a matéria relativa ao *procedimento administrativo* e ao *vício de forma*.

Concretizando, fazem parte do conteúdo do ato administrativo:

- a *decisão principal* tomada pela Administração (nomear, punir, conceder, expropriar, revogar, suspender, licenciar, etc.);
- as *cláusulas acessórias*, porventura acrescentadas pelo autor do auto.

Há, pois, que distinguir entre o conteúdo *principal* e o conteúdo *acessório* do ato administrativo. O primeiro, *necessário*, é aquele que permite identificar o ato; o segundo, *facultativo*, consiste nos elementos que a Administração Pública pode, suplementarmente, acrescentar aos elementos que correspondem ao conteúdo principal, como forma de melhor ajustar este à satisfação de um dado interesse público concreto.

No conteúdo facultativo incluem-se as cláusulas acessórias do ato administrativo, tais como o modo, a condição, o termo, a reserva de revogação, a cláusula «sem prejuízo dos direitos de terceiro», etc.

Exemplos: a Administração «poderá conceder uma autorização de exploração de uma indústria com uma envergadura económica importante e que se revele útil para o desenvolvimento económico de dada região; porém, em virtude de uma previsão de altas emissões poluentes, poderá impor ao empresário a construção de uma estação de tratamento de resíduos, a título de contrapartida da sua instalação»[452] – aqui temos uma *cláusula modal*. Por outro lado, a Administração, e este é um exemplo de uma *condição* (potestativa e resolutiva), pode atribuir uma licença de transportador aéreo, determinando que a mesma cessará os seus efeitos caso a sociedade licenciada não realize, em tempo razoável, um contrato de seguro de determinado tipo e/ou não aumente o respetivo capital social para certo montante. Constitui por sua vez um exemplo de uma *condição suspensiva* a nomeação de um funcionário para um posto consular sob condição de o nomeado ser aprovado num exame escrito de certa língua estrangeira. São hipóteses de *termo*, quer a nomeação de um funcionário a partir de certa data futura (termo suspensivo), quer a autorização para a abertura de um estabelecimento junto a uma praia durante a próxima época balnear (termo resolutivo).

A cláusula de *reserva de revogação* é aquela que assegura à Administração a possibilidade de extinguir o ato por meio da revogação, sempre que, de acordo com o seu juízo, tenha ocorrido uma alteração das circunstâncias ou das exigências do

[452] V. Carla Amado Gomes, *A Prevenção à Prova no Direito do Ambiente. Em especial, os atos autorizativos ambientais*, Coimbra, 2000, p. 73.

interesse público que existiam no momento da emanação do ato[453]. Através da sua aposição, a Administração não fica, assim, totalmente vinculada pela sua própria decisão, podendo revogá-la se o interesse público o exigir. A reserva de revogação exclui, por conseguinte, o nascimento de uma situação de confiança merecedora de proteção.

Enfim, a cláusula «sem prejuízo dos direitos de terceiro» significa que o ato onde for aposta se pronuncia apenas sobre determinada questão, sem cuidar de averiguar se a decisão tomada pode ou não colidir com anteriores direitos de outrem; se colidir, e na medida da colisão, o alcance e/ou a eficácia do ato dependerão do que a respeito da alegada *colisão de direitos* vier a ser decidido pela autoridade competente (em regra, um tribunal).

O «objeto» do ato administrativo consiste na *realidade exterior sobre que o ato incide* (uma pessoa, uma coisa, um ato administrativo primário). Assim, por exemplo, na expropriação, o conteúdo do ato é a decisão de expropriar e o objecto é o terreno expropriado; na revogação, o conteúdo do ato é a decisão de extinção dos efeitos jurídicos emergentes de um ato anterior, enquanto o objeto é o ato anterior que se trata de revogar.

d) *Elementos funcionais*. – Finalmente, o ato administrativo comporta três elementos funcionais: a causa, os motivos e o fim.

A *causa* é um elemento que tem sido muito discutido na doutrina e sobre o qual não há consenso entre os autores. Em Portugal, Marcello Caetano entende que a causa não tem autonomia, pelo menos no ato administrativo[454]; Afonso Queiró identifica-a com o antecedente ou pressuposto fundamental do ato[455]; Gonçalves Pereira vê nela uma relação de adequação entre os pressupostos do ato e o seu objeto (conteúdo)[456].

Quanto a nós, a «causa» é, numa certa perspetiva, *a função jurídico-social de cada tipo de ato administrativo* (vertente objetiva); e, noutra perspetiva, *o motivo típico imediato de cada ato administrativo* (vertente

[453] V. Robin de Andrade, *A Revogação dos Atos Administrativos*, 2.ª ed., Coimbra, 1985, p. 172 e ss., que distingue a *reserva absoluta* da *reserva condicionada*; e Filipa Calvão, *Os Atos Precários...*, p. 73.

[454] V. Marcello Caetano, *Manual*, I, pp. 480-481.

[455] V. Afonso Queiró, «Causa», *in DJAP*, II, p. 298.

[456] V. André Gonçalves Pereira, *Erro e ilegalidade no ato administrativo*, p. 110.

subjetiva)[457]. Por exemplo, a causa da *nomeação* é o preenchimento de lugares vagos nos quadros do funcionalismo; a causa da *expropriação* é a obtenção de bens indispensáveis para a prossecução de um determinado interesse público que seja impossível de conseguir pelos meios normais no mercado imobiliário; a causa dos *subsídios à exportação* é o apoio às empresas privadas capazes de contribuir para diminuir o défice da balança comercial; e assim por diante.

Os «motivos» são todas as *razões de agir que impelem o órgão da Administração a praticar um certo ato administrativo ou a dotá-lo de um determinado conteúdo.* Na designação de motivos abrangem-se, claro está, motivos principais e acessórios, motivos típicos e atípicos, motivos próximos e remotos, motivos imediatos e mediatos (ou ulteriores), motivos expressos e ocultos, motivos legais e ilegais, etc.

Em que diferem os motivos da causa?

A causa corresponde, como dissemos, *ao motivo típico imediato*; os motivos em geral englobam, além desse, os chamados motivos *mediatos* e os *atípicos.*

A lei portuguesa, tradicionalmente, considerava sobretudo importante, em certos atos, o *motivo principalmente* determinante[458]. Esta noção assenta na distinção entre «motivos determinantes» e «motivos não determinantes», bem como na ideia de que, entre os primeiros, é possível apurar qual o motivo «principalmente determinante»[459].

De entre os motivos determinantes, cumpre destacar os *fundamentos* da decisão, que a lei define como «as razões de facto e de direito que determinaram a decisão». Como veremos, há muitos casos em que a lei impõe a *obrigação de fundamentação* expressa de atos administrativos[460].

[457] Sobre a conceção da causa como *função* do ato jurídico, cfr., no nosso direito civil, Inocêncio Galvão Telles, *Manual dos contratos em geral,* 3.ª ed., Lisboa, 1965, p. 251.

[458] LOSTA, art. 19.º e seu § único.

[459] Ver, adiante, a matéria relativa ao desvio de poder.

[460] Importa não confundir os «fundamentos» – as razões de facto e de direito, os motivos, que justificam uma dada decisão – com a respetiva exteriorização – a «fundamentação». Os primeiros existem sempre e são indissociáveis da própria decisão; a segunda corresponde a uma formalidade que, em certos casos, é exigida por lei. Nesse sentido, dispõe o art. 151.º, n.º 1, *d*), do CPA: deve sempre constar do ato «a fundamentação, quando exigível». No seu Acórdão n.º 594/2008, o Tribunal Constitucional decidiu não ser inconstitucional a interpretação dos arts. 123.º, n.º 1, alínea *d*), 124.º, n.º 1, alínea *a*), e 133.º n.os 1 e 2, alínea *d*), do anterior CPA no sentido de não ser a fundamentação dos atos administrativos que afetem

Quanto ao «fim», trata-se do *objetivo ou finalidade a prosseguir através da prática do ato administrativo.* Há que distinguir aqui entre o fim legal – ou seja, o fim visado pela lei na atribuição de certa competência a um dado órgão da Administração – e o fim efetivo, real, que seja ou tenha sido prosseguido de facto pelo órgão administrativo num dado caso.

Importa não confundir os *motivos* de uma decisão com o *fim* da mesma: os motivos dão-nos a conhecer o *porquê* da decisão; o fim esclarece o *para quê* da decisão (por ex.: qual foi o *motivo* da nomeação de um determinado funcionário para um dado cargo? Pode ter sido a classificação em 1.º lugar por ele obtida num concurso público de provimento, ou a livre escolha do órgão competente. E qual o *fim* dessa mesma nomeação? Pode ter sido a necessidade de preencher uma vaga que não podia continuar por mais tempo, ou a conveniência de substituir um mau funcionário por outro presumivelmente melhor).

60. *Idem*: elementos, requisitos e pressupostos

Chegados a este momento, importa fixar terminologia.

Em nossa opinião, há que distinguir, em relação ao ato administrativo, entre *elementos, requisitos* e *pressupostos*:

a) «Elementos» são as *realidades que integram o próprio ato, em si mesmo considerado*, e que uma análise lógica permite decompor. Dividem-se em *elementos essenciais* – aqueles sem os quais o ato não existe enquanto tal, e não é sequer qualificável como ato administrativo (nesses casos, há ou pode existir uma aparência de ato administrativo, a qual, pode justificar uma ação de declaração de inexistência de tal ato – cfr. CPTA, art. 50.º, n.º 4) –, e *elementos acessórios* –, que podem ou não ser introduzidos no ato pela Administração;

b) «Requisitos» são as *exigências que a lei formula em relação a cada um dos elementos do ato administrativo*, para garantia da legalidade e do interesse público ou para proteção dos direitos subjetivos e interesses legí-

direitos e interesses legalmente protegidos elemento essencial desses atos e direito fundamental dos cidadãos, cuja violação determina a nulidade de tais atos. Sobre os casos e os termos da fundamentação, v., respetivamente, os arts. 152.º (Dever de fundamentação) e 153.º (Requisitos da fundamentação) do CPA.

timos dos particulares. Dividem-se em *requisitos de validade* – sem cuja observância o ato será inválido –, e *requisitos de eficácia* – sem cuja observância o ato será ineficaz;

c) «Pressupostos» são as *situações de facto de cuja ocorrência depende a possibilidade ou o dever legal de praticar um certo ato administrativo ou de o dotar com um determinado* conteúdo[461].

Por exemplo: a existência de uma vaga é pressuposto do ato de nomeação ou promoção; a ocorrência de um acidente de trabalho é pressuposto do ato de atribuição de uma pensão; a verificação de uma alteração da ordem pública é pressuposto da intervenção policial; etc., etc.

No estudo que vai seguir-se acerca do ato administrativo, é da maior importância manter sempre bem presente esta distinção entre elementos, requisitos e pressupostos.

61. Menções obrigatórias no ato administrativo

À semelhança do que já fizera o anterior Código – pela primeira vez no nosso Direito Administrativo –, o CPA enumera, de forma sistematizada, o conjunto de *menções obrigatórias* do ato administrativo – isto é, as referências ou indicações que devem sempre constar do ato praticado sob forma escrita, para melhor o identificar e esclarecer. Efetivamente, determina-se no artigo 151.º deste diploma:

> «1. Sem prejuízo de outras referências especialmente exigidas por lei, devem constar do ato:
>
> *a)* A indicação da autoridade que o pratica e a menção da delegação ou subdelegação de poderes, quando exista:
>
> *b)* A identificação adequada do destinatário ou destinatários;
>
> *c)* A enunciação dos factos ou atos que lhe deram origem, quando relevantes;
>
> *d)* A fundamentação, quando exigível;
>
> *e)* O conteúdo ou o sentido da decisão e o respetivo objeto;
>
> *f)* A data em que é praticado;
>
> *g)* A assinatura do autor do ato ou do presidente do órgão colegial que o emana.

461 Referindo também a noção de pressupostos à situação de facto, em termos semelhantes aos que temos utilizado, cfr. Garcia de Enterría e T. Ramón Fernández, *Curso de Derecho Administrativo*, vol. I, 5.ª ed., Madrid, 1989, pp. 536-537.

2. As menções exigidas no número anterior devem ser enunciadas de forma clara, de modo a poderem determinar-se de forma inequívoca o seu sentido e alcance e os efeitos jurídicos do ato administrativo».

Da leitura destes preceitos decorre, pois, que há 5 menções que a lei exige em todo e qualquer ato administrativo que tenha um destinatário ou destinatários bem determinados e que, como é de regra, deva ser praticado por escrito[462] – a indicação do *autor* do ato, a identificação dos *destinatários*, o *conteúdo* da decisão, a *data* da decisão, e a *assinatura do seu autor ou representante*.

Há, por outro lado, 3 menções que só são exigidas *quando for caso disso* – a menção da *delegação* ou subdelegação de poderes (quando exista); a enunciação dos *antecedentes de facto* que estiveram na origem da prática do ato administrativo (quando relevantes); e a *fundamentação* da decisão (quando exigida por lei).

A finalidade deste conjunto de exigências legais é tripla: (1) permitir uma correta *identificação* de cada ato administrativo; (2) facilitar a respetiva *interpretação* (pela enunciação de todos os dados dos quais se possa extrair, com suficiente clareza, o sentido e alcance do ato); (3) proporcionar aos particulares afetados os elementos de informação necessários à organização da sua defesa perante eventuais ilegalidades[463].

Quais as *consequências jurídicas* da prática de um ato administrativo omitindo todas ou algumas das menções obrigatórias exigidas pela lei no n.º 1 do artigo 151.º do CPA?

A resposta não é sempre a mesma, até porque nem todas as indicações relevam no mesmo plano. É que, como está bom de ver, nem todas as menções a que se refere o n.º 1 «respeitam a elementos do próprio ato administrativo, não se revelam nele próprio, na decisão, referem-se, sim, antes, à sua externação ou documentação»[464]. Não confundir, portanto, «as menções respeitantes a elementos

[462] Cfr. CPA, art. 150.º Quanto aos atos orais é, posteriormente, na sua transcrição ou certificação que se apura, afinal, se a decisão exteriorizada continha ou não todas as menções exigidas no elenco legal – cfr. Esteves de Oliveira / Pedro Gonçalves / Pacheco de Amorim, *Código..., cit.*, p. 582.

[463] V. Freitas do Amaral *et alii*, *Código do Procedimento Administrativo Anotado*, pp. 226-227.

[464] V. Esteves de Oliveira / Pedro Gonçalves / Pacheco de Amorim, *Código..., cit.*, p. 583.

essenciais do próprio ato e as menções que devem constar do documento onde ele se revela»[465]. Assim:

a) Os atos que omitam a totalidade das menções obrigatórias e, bem assim, aqueles a que falte a indicação do conteúdo ou sentido da decisão são *nulos*, por carência absoluta de forma legal (cfr. CPA, art. 161.º, n.º 2, al. *g*))[466];

b) Por ocultarem elementos necessários à boa compreensão do ato pelos seus destinatários, ou à determinação (em função da data) da legislação aplicável e do prazo da impugnação administrativa ou jurisdicional, estão feridos de violação da lei ou de vício de forma, sendo por isso *anuláveis*, nos termos do artigo 163.º do CPA, os atos a que falte: a indicação do seu autor (alínea *a*), 1.ª parte); a identificação *adequada* do destinatário ou destinatários (alínea *b*)); a enunciação dos factos ou atos que lhes deram origem, quando relevantes (alínea *c*)), a fundamentação, quando exigível (alínea *d*)); e, finalmente, a assinatura do autor do ato ou do presidente do órgão colegial de que emane (alínea *g*))[467];

c) Por dificultarem a organização da defesa, administrativa ou jurisdicional, dos destinatários, sem contudo a inviabilizarem, são *irregulares*: os atos que, praticados ao abrigo de delegação ou subdelegação de poderes, não mencionem a existência dessas delegação ou subdelegação de poderes (alínea *a*), 2.ª parte)[468].

Como veremos adiante, se o ato for nulo, não produz quaisquer efeitos jurídicos; se for anulável, o ato produz efeitos, mas os mesmos podem vir a ser destruídos retroativamente por via de anulação administrativa ou contenciosa; se o ato for irregular, produzirá os seus efeitos típicos, embora possa também gerar alguns efeitos diferentes dos efeitos comuns (e, inclusivamente, os da responsabilidade civil e disciplinar).

[465] V. Esteves de Oliveira / Pedro Gonçalves / Pacheco de Amorim, *Código...*, *cit.*, p. 583. V. também o Ac. TC n.º 594/2008.

[466] A essencialidade do elemento «sentido da decisão» é bem evidenciada no art. 60.º, n.º 1, do CPTA: «o ato administrativo não é oponível ao interessado quando a notificação ou a publicação, quando exigível, não deem a conhecer o sentido da decisão». Para o interessado, tudo se passa como se não tivesse existido notificação.

[467] Nestes casos, sob pena de ineficácia, a notificação terá de ser feita ao destinatário ou destinatários e, caso a mesma não contenha a indicação do autor, da data ou dos fundamentos, é aplicável o disposto no art. 60.º, nos n.os 2 a 4, do CPTA.

[468] Neste sentido, cfr. Freitas do Amaral *et alii*, *Código...*, *cit.*, p. 227; e Esteves de Oliveira / Pedro Gonçalves / Pacheco de Amorim, *Código...*, *cit.*, p. 583. V. também o art. 60.º, n.º 4, *in fine*, do CPTA.

II
ESPÉCIES

62. Tipologia dos atos administrativos

Vamos começar por uma tipologia geral dos atos administrativos, ou seja, pela indicação dos principais tipos legais de atos administrativos[469].

Em nossa opinião, os atos administrativos dividem-se, antes de mais, em dois grandes grupos: os *atos primários* e os *atos secundários.*

Consideramos «atos primários» *aqueles que versam pela primeira vez sobre uma determinada situação da vida.* Podem dar-se variados exemplos: nomear um funcionário; conceder a um particular uma licença para construir uma casa, ou recusá-la; expropriar um terreno privado; etc.

Assim, quando a Administração se pronuncia pela primeira vez sobre uma situação da vida, aí está um ato primário.

Os «atos secundários», por seu turno, *são aqueles que versam sobre um ato primário anteriormente praticado*: têm por objeto um ato primário pre-

[469] Ver Marcello Caetano, *Manual,* I, p. 440 e ss.; Rogério Soares, *Direito Administrativo,* p. 101 e ss.; Sérvulo Correia, *Noções de Direito Administrativo,* I, p. 456 e ss.; Esteves de Oliveira, *Direito Administrativo,* I, p. 394 e ss.; García de Enterría e T. R. Fernández, *Curso de Derecho Administrativo,* I, Madrid, 1997, p. 559 e ss.; Jacqueline Morand-Deviller, *Cours de droit administratif,* p. 310 e ss.; Aldo Sandulli, *Manuale di Diritto Amministrativo,* I, p. 616 e ss.; M. S. Giannini, «Atto Amministrativo», *in EdD,* p. 172 e ss.; Wolff / Bachof / Stober, *Verwaltungsrecht,* 2, p. 49 e ss.; Ernst Forsthoff, *Traité de Droit Administratif Allemand,* p. 328 e ss.; Hartmut Maurer, *Allgemeines Verwalungsrecht,* 10.ª ed., p. 202 e ss. (na tradução francesa de 1994, p. 214 e ss.); e Antoniolli e Koja, *Allgemeines Verwalungsrecht,* p. 504 e ss.

existente, ou então versam sobre uma situação que já tinha sido regulada através de um ato primário. É o caso, por exemplo, da retificação de um erro de cálculo ou de escrita em certo ato anterior; ou da revogação de um ato administrativo, ou da suspensão um terceiro ato, etc.

Começaremos por estudar os atos primários.

Dentro deles, há que distinguir entre os *atos impositivos* e os *atos permissivos.*

63. Atos primários: a) Atos impositivos

Os «atos impositivos» são *aqueles que determinam a alguém que adote uma certa conduta ou que colocam o seu destinatário em situação de sujeição a um ou mais efeitos jurídicos.*

Há que distinguir quatro espécies principais de atos impositivos:

- os atos de comando;
- os atos punitivos;
- os atos ablativos;
- os juízos.

a) São «atos de comando» *aqueles que impõem a um particular a adoção de uma conduta positiva ou negativa.* Por exemplo, a intimação da Administração a um particular para que proceda à demolição de um prédio que ameaça ruína; ou a vedação do trânsito numa praça ou rua municipal. Assim, se os atos impõem uma conduta positiva chamam-se «ordens»; se *impõem uma conduta negativa,* chamam-se «proibições». O domínio principal deste tipo de atos é, inequivocamente, o direito da polícia[470];

b) Sobre os «atos punitivos», veja-se o número seguinte (62-A);

c) «Atos ablativos» são *aqueles que impõem a extinção ou a compressão do conteúdo de um direito.* É o caso das expropriações de terrenos, das nacionalizações de empresas, das servidões impostas sobre prédios privados (por exemplo, para efeitos da colocação e montagem de gasodutos de gás natural), da requisição de bens ou serviços, da ocupação temporária de terrenos, do abate de árvores ou de animais, etc.

[470] V. Ernst Forsthoff, *Droit Administratif Allemand*, p. 330; e Marcello Caetano, *Manual, cit.*, II, p. 1061 e ss.

Importa desde já referir que, como contrapartida da prática deste tipo de atos, a Administração deverá compensar os particulares afetados através do pagamento de uma *indemnização* pecuniária (cfr. artigo 62.º, n.º 2, da Constituição), a qual não pode ser meramente nominal, simbólica ou irrisória, mas «determinada através de uma avaliação concreta em dinheiro correspondente ao valor que o bem sacrificado tinha no património do lesado»[471]. Substitui-se uma coisa pelo seu valor monetário no mercado, de tal modo que a situação líquida do património do lesado antes e depois da operação há de ser a mesma[472]. A *justa indemnização* é, pois, e em suma aquela que tem um caráter reequilibrador, em benefício do sujeito lesado por atos dos poderes públicos. Entre nós, «a reconstituição do equilíbrio patrimonial perturbado por um ato legítimo terá de atender à doutrina dos artigos 562.º e ss. do Código Civil»[473].

d) Por último, «juízos» são os *atos pelos quais um órgão da Administração qualifica, segundo valores de justiça ou critérios técnicos, pessoas, coisas ou atos submetidos à sua apreciação.* Como exemplos destes juízos podem citar-se as classificações, as graduações, as valorações, as notações, etc. São atos impositivos porque sujeitam os seus destinatários a determinados efeitos jurídicos, independentemente de eles aceitarem ou não esse ato, e de estarem ou não de acordo com o respetivo conteúdo.

63-A. Dos atos punitivos, em especial

Os «atos punitivos» são *aqueles que impõem a alguém – indivíduo ou pessoa coletiva – uma sanção de caráter administrativo.* Exemplo de ato que impõe uma sanção administrativa a um indivíduo: a aplicação de uma «pena disciplinar» a um funcionário público, em consequência da violação por este de algum dos deveres funcionais do seu cargo. Exemplo de ato que impõe uma sanção administrativa a uma pessoa coletiva: a revogação da licença municipal de funcionamento de um estabelecimento comercial, por força do não cumprimento pela empresa proprietária de algum ou vários dos deveres que lhe tenham sido impostos no alvará que incor-

[471] V. Rui Medeiros, *Ensaio sobre a responsabilidade civil do Estado por atos legislativos*, p. 337.

[472] V. García de Enterría e T. R. Fernández, *Curso de Derecho Administrativo*, II, p. 298.

[473] V. Gomes Canotilho, *O problema da responsabilidade do Estado por atos lícitos*, Coimbra, 1974, p. 324.

pora a licença ou que para ela, enquanto titular de certa licença, decorreu diretamente da lei.

Há quem entenda, sobretudo na doutrina francesa e inglesa, que o poder do Estado de punir os cidadãos, ou as suas organizações próprias, tradicionalmente chamado «*jus puniendi*», só pode ser exercido através dos tribunais, sob pena de violação do princípio da separação de poderes[474]. O «poder sancionatório» teria, pois, por definição, «natureza substancialmente judicial», a qual proviria já da *Magna Carta*, de 1215, cujo artigo 2.º proibia o Rei e os seus Ministros de «prender, exilar ou arruinar» qualquer «homem livre», salvo através do «due process of law» desenrolado em tribunal: daqui se tem extraído, como corolário, a «incapacidade repressiva do monarca e do executivo»[475].

A verdade, porém, é que a doutrina da separação de poderes – tal como foi formulada por Montesquieu e, depois, sempre mantida até hoje em todas as democracias – não exige senão que o «poder de julgar» seja atribuído exclusivamente aos tribunais; nada se diz nessa doutrina sobre o «poder de sancionar».

E importa, na verdade, reconhecer que – desde há mais tempo do que a época da vida de Montesquieu (séc. XVIII) – sempre o Poder Executivo foi considerado por todos, e até pelos tribunais, como sendo titular de um «poder sancionatório administrativo», que se carateriza por: (a) pertencer à Administração Pública; (b) ser exercido por meio de sanções aplicadas por ato administrativo; (c) ser efetuado através de um procedimento administrativo; (d) ter por objeto o castigo de ilícitos menos graves do que os crimes, e ter por efeito a aplicação de sanções menos severas do que as penas criminais estabelecidas no Código Penal; e, enfim, (e) ser um poder administrativo submetido ao controlo jurisdicional dos tribunais – que, por via de regra, são os *tribunais comuns* e não os *tribunais administrativos* (em homenagem ao princípio tradicional de que aqueles, os tribunais comuns, são a «jurisdição natural» das questões sobre a liberdade e a propriedade).

Há diversas espécies de sanções administrativas que podem ser aplicadas através de um ato administrativo punitivo:

a) As sanções *disciplinares* internas, ou propriamente ditas, a que estão sujeitos por lei os trabalhadores que exercem funções públicas, e

[474] Ver, por ex., os autores citados em Ramón Parada, *Derecho Administrativo*, I, 2.ª ed., ed. Marcial Pons, Madrid, 1990, p. 398 e ss.
[475] V. *ob. cit.*, p. 400.

fazem parte da organização administrativa (cfr. o respetivo estatuto disciplinar constante dos arts. 176.º e ss. da Lei Geral do Trabalho em Funções Públicas, aprovada pela Lei n.º 35/2014, de 20 de junho);

b) As sanções *disciplinares* externas, a que estão sujeitos por lei alguns particulares, enquanto utentes de certos tipos de serviços públicos – os alunos das escolas, os leitores das bibliotecas e arquivos, os visitantes dos museus, os doentes internados nos hospitais e, em medida muito mais intensa, os presos nas prisões;

c) As sanções administrativas *institucionais e corporativas*, a que estão sujeitas por lei as empresas abrangidas pela supervisão ou fiscalização de determinados *institutos públicos* – sobretudo na área da economia, como o Instituto da Vinha e do Vinho, o Instituto Nacional da Farmácia e do Medicamento, o Instituto de Segurança e Qualidade Alimentar –, bem como os cidadãos inscritos em certas *associações ou corporações públicas* – como por exemplo as «ordens profissionais», que controlam o correto desempenho das profissões liberais (médico, advogado, arquiteto, engenheiro, economista, etc.);

d) As sanções administrativas *municipais*, a que estão sujeitos por lei todos os residentes em cada concelho ou município do país, e por vezes também os restantes indivíduos que aí se encontrem ou por lá passem, se violarem as normas contidas nos regulamentos e posturas municipais;

e) Enfim, as sanções administrativas previstas no chamado «Direito de Mera Ordenação Social», nomeadamente a *coima* [uma sanção pecuniária], para as transgressões à legislação administrativa que não revistam «gravidade criminal» e não mereçam, por isso, ser consideradas como infrações previstas e punidas pelo Código Penal – é o caso dos atos ilícitos resultantes da violação de normas de Direito do Ambiente, Direito do Urbanismo, Direito da Saúde Pública, etc., etc.[476]

[476] Ver Diogo F. do Amaral, *Manual de Introdução ao Direito*, vol. I, Almedina, Coimbra, 2004, p. 600, e o artigo «O poder sancionatório da Administração Pública», *in Estudos Comemorativos dos 10 anos da Faculdade de Direito da Universidade Nova de Lisboa*, vol. I, Almedina, 2008, p. 215 e ss.

Em todos estes casos – e outros haverá porventura, além dos referidos –, estamos em presença de comportamentos ilícitos de particulares, que violam normas de Direito Administrativo (geral ou especial), e por isso ficam sujeitos ao poder sancionatório da Administração Pública, que é por esta exercido, através de um procedimento administrativo que culmina na prática de um ato administrativo, sempre impugnável perante o tribunal que em cada caso for competente (por ex., os atos que apliquem penas disciplinares a trabalhadores que exercem funções públicas são impugnáveis perante os tribunais administrativos (cfr. ETAF, art. 4.º, n.º 1, al. *b*), e n.º 4, al. *d*)); quanto aos que aplicam coimas em consequência de ilícitos de mera ordenação social já só são impugnáveis perante os tribunais comuns), mas alguns deles passaram para a jurisdição dos tribunais administrativos, com o novo ETAF, de 2015[477].

Os atos administrativos *impositivos* que aplicam a um particular uma sanção administrativa é que são denominados, como dissemos, *atos punitivos* (ou *atos sancionatórios*)[478].

64. Atos primários: b) Atos permissivos

«Atos permissivos» são *aqueles que possibilitam a alguém a adoção de uma conduta ou a omissão de um comportamento que de outro modo lhe estariam vedados.*

Os *atos permissivos* distribuem-se por dois grandes grupos: (1) os atos que *conferem ou ampliam vantagens*; (2) os atos que *eliminam ou reduzem encargos.*

Dentro da primeira categoria, há a considerar seis espécies principais:

- a *autorização*;
- a *licença*;
- a *concessão*;

[477] Segundo o artigo 4.º, n.º 1, al. *l*), tais atos são os que «apliquem coimas no âmbito do ilícito de mera ordenação social, por violação de normas de direito administrativo *em matéria de urbanismo*» (sublinhado nosso). O legislador foi aqui muito tímido, pois não aceitou a proposta da comissão revisora, que sugeria «em matéria de ambiente, ordenamento do território, urbanismo, património cultural e bens do Estado». Ver http://www.portugal.gov.pt/pt/os-ministerios/ministerio-da-justica/documentos-oficiais/20140225-mj-prop-lei-cpta-etaf.aspx

[478] Sobre o procedimento administrativo sancionatório, v. adiante, o n.º 82. Cfr. também o n.º 126, que trata da «revogação sancionatória».

- a *delegação*;
- a *admissão*;
- a *subvenção*.

a) A «autorização» é o *ato pelo qual um órgão da Administração permite a alguém o exercício de um direito ou de uma competência* preexistente[479].

Aqui, portanto, a situação é a seguinte: alguém é titular de um direito subjetivo, mas a lei estabelece que esse direito só pode ser *exercido* mediante autorização prévia, dada caso a caso pela autoridade administrativa competente, pelo que o particular, se pretender exercer o seu direito, tem de dirigir-se à Administração Pública, requerendo que lhe seja conferida autorização para esse fim. O direito pertence ao particular, não é a autorização que lho confere: ele já é *titular do direito, mas o respetivo exercício está condicionado pela necessidade de obter uma autorização prévia da Administração Pública*.

O que se diz acerca do exercício de direitos por particulares vale também, *mutatis mutandis*, para o exercício de competências por autoridades administrativas, o qual também pode ser condicionado a uma autorização de um órgão administrativo de categoria mais elevada.

Como escreve Rogério Soares, com a autorização «considera-se (...) que o exercício de certos poderes por um sujeito privado vai potencialmente entrar em conflito com um interesse público e que se torna indispensável que uma autoridade pese os dois termos da contraposição para garantir que a satisfação do interesse privado só possa ter lugar se for possível equilibrá-lo com a realização de finalidades públicas. Ou então que surjam dois interesses públicos de grau diverso, cuja possibilidade concreta de conciliação deve ser averiguada por um certo órgão administrativo»[480].

b) A «licença» é *o ato pelo qual um órgão da Administração atribui a alguém o direito de exercer uma atividade privada que é por lei relativamente proibida*.

[479] V. Pietro Gasparri, «Autorizzazione (dir. amm.)», *in EdD*, IV, pp. 509-516. V., por último, enfatizando a nova dimensão (procedimental) do ato autorizativo, Carla Amado Gomes, *A Prevenção à prova no Direito do Ambiente. Em especial, os atos autorizativos ambientais*, p. 61 e ss. (*maxime*, 64-72).

[480] V. Rogério Soares, *Direito Administrativo*, p. 111.

A licença distingue-se da autorização na medida em que, no caso da autorização, o particular já é titular do direito e apenas o exercício desse direito está dependente da autorização administrativa. Na licença, o particular não é titular de nenhum direito face à Administração: a atividade que ele se propõe desenvolver é até, em princípio, proibida pela lei; mas a própria lei admite que, em certos casos, e a título excecional, a Administração Pública possa permitir o exercício dessa atividade; o ato que, a esse título, permite o exercício de uma atividade em princípio proibida (por exemplo, o porte de arma de fogo, ou a exploração de um canal privado de televisão) chama-se licença.

c) A «concessão» é *o ato pelo qual um órgão da Administração transfere para uma entidade privada o exercício de uma atividade pública, que o concessionário desempenhará por sua conta e risco, mas no interesse geral.*

Trata-se de uma situação diferente da licença. Na licença, a Administração permite ao particular o exercício de uma *atividade privada*, que, em princípio, é proibida, mas que nem por isso deixa de ser uma atividade privada; na concessão o que se transfere para o concessionário é o direito de exercer uma *atividade pública* – por exemplo, a exploração de um serviço público, a construção e exploração de uma obra pública, ou a exploração de um bem do domínio público. Portanto, a atividade a transferir para a esfera (em princípio) privada é uma atividade pública, mas que vai ser desempenhada por entidades privadas. É o caso, que já foi apreciado noutra ótica, do «exercício privado de funções públicas».

Como se sugeriu, a concessão pode ser excecionalmente dada a entes de natureza jurídico-pública. Não se trata, aliás, de uma solução de hoje. Efetivamente, a possibilidade de o concessionário de obras, bens ou serviços públicos ser um ente público era já reconhecida expressamente por Marcello Caetano, quando dizia: «pode ser concessionário qualquer pessoa, singular ou coletiva, de direito público ou direito privado, que reúna os requisitos legais e dê garantias de idoneidade na colaboração com a Administração Pública»[481]. Exemplificava o Autor a hipótese das concessões dadas a pessoas públicas com as celebradas entre o Estado e os municípios relativamente ao serviço público de energia elétrica mediante aproveitamento hidráulico (cfr. art. 51.º, n.º 31, do Código Administrativo). Por outro lado, também no Direito Comunitário (cfr. Diretiva 2004/18/CE, de 31 de março) se prevê expressamente a situação de o concessionário (de obras públicas) ser ele próprio uma entidade integrante da Administração Pública.

[481] V. Marcello Caetano, *Manual*, II, p. 1107.

A concessão é muito frequentemente formalizada por contrato administrativo (cfr. CPP, art. 278.º). O que não surpreende. Como ensinava Marcello Caetano, «não há nexo necessário entre a transferência de poderes e determinada forma, isto é, nada há que logicamente imponha ser a concessão só possível por contrato ou só por ato administrativo»[482].

Delas trataremos a propósito dos contratos administrativos de concessão[483]. Aqui, neste capítulo dedicado aos atos administrativos, só nos interessa falar nas concessões unilaterais atribuídas por ato administrativo, que aliás, tal como na nomeação, depois de perfeito carece de aceitação do particular[484].

Por outro lado, ao lado das concessões *translativas* que acabámos de referir – as que se consubstanciam na transferência de poderes ou direitos próprios da Administração para outrem (em regra, particulares) –, costuma também por vezes falar-se em concessões *constitutivas* (*v. g.*, atribuição de cidadania, de títulos, de distinções honoríficas, etc.), pelas quais se criam *ex novo* direitos de natureza pública ou privada em favor dos beneficiários. Estas «concessões» *constitutivas* não são, porém, verdadeiras concessões[485], porquanto os poderes ou direitos que passam a fazer parte da esfera jurídica do «concessionário» não preexistem na titularidade da Administração, a qual, portanto, nada concede, porque nada transfere, «a não ser, metaforicamente, a sua anuência à criação, modificação ou extinção requeridas»[486]. Seria mais correcto falar em *atos de atribuição.*

d) A «delegação», que já foi também estudada, e portanto apenas se recordará aqui, é *o ato pelo qual um órgão da Administração, normalmente competente para decidir em determinada matéria, permite, de acordo com a lei, que outro órgão ou agente pratiquem atos administrativos sobre a mesma matéria*[487].

482 V. Marcello Caetano, «Subsídios Para o Estudo da Teoria da Concessão de Serviços Públicos», *in Estudos de Direito Administrativo*, Lisboa, 1974, p. 97.

483 V. adiante.

484 V. Marcello Caetano, «Subsídios Para o Estudo da Teoria da Concessão de Serviços Públicos», *loc. cit.*, pp. 97-98.

485 Em sentido diferente, cfr. Esteves de Oliveira, *Direito Administrativo*, I, p. 398; e Pedro Gonçalves, *A Concessão de Serviços Públicos*, Coimbra 1999, p. 50 e ss. Sobre a aludida distinção entre concessões translativas e constitutivas, cfr., na doutrina estrangeira, entre outros, Guido Zanobini, *Corso di Diritto Amministrativo*, I, p. 261 e s.; e Aldo Sandulli, *Manuale di Diritto Amministrativo*, I, 14.ª edição, Napoli, 1984, pp. 602-603.

486 V. Marques Guedes, *A Concessão*, I, p. 123. Sobre a distinção, v. também, entre nós, Rogério Soares, *Direito Administrativo*, pp. 107-110.

487 V. *Curso...*, vol. I, p.p. 838-871.

Importa sublinhar que, diferentemente do que acontece com as três primeiras categorias, aqui tudo se passa na esfera própria da Administração Pública. Não há uma relação (externa) entre a Administração e o particular, há uma relação (interna) entre órgãos e agentes da Administração.

e) A «admissão» é o *ato pelo qual um órgão da Administração investe um particular numa determinada categoria legal, de que decorre a atribuição de certos direitos e deveres*. É, por exemplo, o que acontece com o ato de *matrícula* num estabelecimento de ensino, através do qual uma pessoa é admitida na categoria legal de aluno desse estabelecimento. É o que acontece também com os atos de admissão dos utentes nos mais diversos estabelecimentos públicos (hospitais, bibliotecas, museus, etc.).

f) Finalmente, a «subvenção» pode ser caraterizada como o *ato pelo qual um órgão da Administração Pública atribui a um particular uma quantia em dinheiro destinada a cobrir os custos inerentes à prossecução de uma atividade privada, reconhecida de interesse* público[488]. É, por exemplo, o que sucede com a atribuição pelo Instituto Português de Cinema de um subsídio para financiar a produção de um filme português[489].

Estas, pois, as principais categorias dos atos permissivos que *conferem ou ampliam vantagens*. Vamos agora ver os atos permissivos que *eliminam ou reduzem encargos*.

Aí, temos sobretudo de considerar duas categorias:

- a *dispensa*;
- a *renúncia*.

[488] O Decreto-Lei n.º 167/2008, de 26 de agosto, consagra o regime jurídico aplicável à atribuição de subvenções públicas, entendendo por estas toda e qualquer vantagem financeira atribuída, directa ou indiretamente, por entidades que tenham sido incluídas no setor das administrações públicas no âmbito do Sistema Europeu de Contas Nacionais e Regionais, qualquer que seja a designação ou modalidade adoptada» (art. 2.º, n.os 1 e 2, na redação dada pela Lei n.º 64/2013, de 27 de agosto). Por outro lado, o art. 1.º, n.º 3, do CCP, determina a aplicação dos procedimentos previstos para a contratação pública à atribuição unilateral «de quaisquer vantagens ou benefícios, através de um ato administrativo ou equiparado, em substituição da celebração de um contrato público».

[489] Sobre o tema das subvenções, cfr., entre nós, Maria João Estorninho, *A Fuga para o Direito Privado*, p. 109 e ss.

A «dispensa» é *o ato administrativo que permite a alguém, nos termos da lei, o não cumprimento de uma obrigação geral*. A dispensa pode, por sua vez, revestir duas modalidades: a *isenção* e a *escusa*. A diferença entre as duas está em que a *isenção* é concedida pela Administração a particulares para a prossecução de um interesse público relevante (por exemplo, isenções fiscais), ao passo que a *escusa* é concedida por um órgão da Administração a outro órgão ou agente administrativo a fim de garantir a imparcialidade da Administração (v. *supra*, a matéria das garantias da imparcialidade).

Diferente da escusa é a «renúncia», que consiste no *ato pelo qual um órgão da Administração se despoja da titularidade de um direito legalmente disponível*.

A renúncia equivale, pois, à perda do direito. Não confundir, no entanto, esses casos com os de *promessa do não exercício de um direito*: aqui, a Administração não renuncia ao seu direito, apenas se limita a prometer que, numa certa situação, não exercerá esse direito, mantendo-se, no entanto, o mesmo na sua titularidade, e podendo portanto ser exercido em todos os outros casos[490]. O CPA devia prever, restritivamente, os casos e os termos em que a Administração Pública pode, a título excecional, prometer validamente não exercer um direito ou um poder funcional que a lei lhe confira.

65. *Idem, idem*: as pré-decisões

No que respeita especialmente a certas espécies de atos permissivos ampliadores de vantagens (*v. g.*, a autorização e a licença), vem a doutrina administrativista aludindo ao conceito de «pré-decisões»[491], o qual abarca duas realidades distintas: os *atos prévios* e os *atos parciais*.

As pré-decisões verificam-se sobretudo nos designados procedimentos administrativos *escalonados* ou *faseados*, ou seja, nos procedimentos cada vez mais utilizados para resolver questões especialmente complexas, «(...) quer pelo número de destinatários (procedimentos de massas), quer pelo caráter duradouro das relações em causa, quer ainda

[490] Sobre a figura da promessa, cfr. Hartmut Maurer, *Droit Administratif Allemand*, p. 224 e ss.

[491] V., entre nós, Vasco Pereira da Silva, *Em Busca...*, p. 642; e Filipa Calvão, *Os Atos Precários...*, p. 45 e ss.

pelo tecnicismo da decisão (...)»[492], que «podem exigir, para uma maior simplificação e aceleração da tarefa administrativa, decisões graduais ou antecipadas em relação ao final do procedimento»[493]. Elas «pretendem, principalmente, diminuir o risco de investimento dos particulares, pois cada uma delas funciona como pré-aviso em relação ao que poderá suceder no final do procedimento»[494].

Mas o que são atos prévios e atos parciais?

«Atos prévios» são os *atos administrativos pelos quais a Administração resolve questões isoladas de que depende a posterior decisão da pretensão autorizatória ou licenciatória formulada pelo particular.*

«Atos parciais» são os *atos administrativos pelos quais a Administração decide antecipadamente uma parte da questão final a decidir mais tarde em relação a um ato permissivo.*

Exemplo de ato prévio é, no nosso direito administrativo, a «informação prévia» prestada pelas câmaras municipais no âmbito dos procedimentos urbanísticos de licenciamento de obras de urbanização e de edificação (arts. 14.º e ss. do D. L. n.º 555/99, de 16 de dezembro). Esta informação prévia, que, legalmente, é constitutiva de direitos, constitui um instrumento de segurança dos particulares, diminuindo os riscos de não aprovação do projeto da obra, cujos custos são normalmente elevados[495]. Ela garante, em suma, o seu destinatário contra as alterações supervenientes da regulação urbanística ou dos critérios de decisão dos órgãos administrativos.

Exemplo de ato parcial têmo-lo, no nosso direito administrativo, na licença de estruturas que «consiste num ato administrativo autorizativo da realização das escavações necessárias ao início da construção, quando a Administração já possua elementos suficientes que lhe permitam concluir apenas pela admissibilidade da implantação das estruturas da construção, mas ainda não disponha dos elementos necessários para concluir pela verificação de todos os pressupostos normativos da licença de construção»[496]. Também este tipo de decisões tem efeito vinculativo,

[492] V. Vasco Pereira da Silva, *Em Busca...*, p. 462.

[493] V. Filipa Calvão, *Os Atos Precários...*, p. 45.

[494] V. Filipa Calvão, *Os Atos Precários...*, p. 46.

[495] V. Fernando Alves Correia, *As Grandes Linhas da Recente Reforma do Direito do Urbanismo Português*, Coimbra, 1993, p. 132.

[496] V. Filipa Calvão, *Os Atos Precários...*, pp. 53-54.

«só podendo ser afastada nos termos gerais por aplicação dos preceitos legais que regulam a revogação e a anulação»[497].

Não obstante alguns pontos de contacto, as figuras distinguem-se bem uma da outra. No ato prévio, a decisão da Administração, debruçando-se sobre questões prévias, não tem qualquer efeito permissivo: no caso de uma autorização, por exemplo, o particular não pode ainda exercer o seu direito antes que seja tomada a decisão final; diferentemente, no ato parcial, a decisão da Administração é já uma decisão definitiva sobre uma parte do que foi requerido e tem, pois, desde logo, efeito permissivo, contanto que limitado apenas a parte do que o particular pretende obter[498].

66. Atos secundários

«Atos secundários», como dissemos logo de início, são *aqueles atos administrativos que versam diretamente sobre um ato primário anterior e, portanto, só indiretamente regulam a situação real subjacente ao ato primário*. Correspondem àquilo que também na doutrina se chama *atos sobre atos*, ou *atos de segundo grau*: são atos administrativos que têm por objeto imediato um outro ato administrativo anterior.

Os atos secundários distinguem-se em três categorias:

1) *Atos integrativos*;
2) *Atos saneadores*;
3) *Atos desintegrativos*.

[Por agora, apenas se estudarão aqui os *atos integrativos*, porque as outras duas categorias só podem ser bem compreendidas depois de se haver estudado a matéria da invalidade do ato administrativo. Ficam, pois, para mais tarde (v. adiante, n.os 123 e ss.)].

Os «atos integrativos» são os *que visam completar atos administrativos anteriores*. Dentro destes, temos que distinguir quatro categorias principais:

- a *aprovação*;
- o *visto*;

497 V. Filipa Calvão, *Os Atos Precários*..., p. 53.

498 V. Hartmut Maurer, *Droit Administraif Allemand*, p. 228.

– o *ato confirmativo*;
– a *ratificação-confirmativa*.

a) A «aprovação» é o *ato pelo qual um órgão da Administração exprime a sua concordância com um ato anterior existente, já praticado por outro órgão administrativo, e lhe confere eficácia.*

Um exemplo: certos atos praticados por institutos públicos dependem da aprovação tutelar do Governo; outros dependem da aprovação posterior de uma Assembleia, Conselho ou Senado da mesma pessoa coletiva.

Estamos aqui perante atos administrativos que, embora já praticados e perfeitos, só se tornam eficazes quando sobrevier a aprovação, que é dada por outro órgão. Pode ser uma aprovação tutelar ou não tutelar, depende dos casos.

A aprovação distingue-se da homologação porque, no caso da homologação, antes de esta ser praticada, não existe nenhum ato administrativo: existe apenas uma proposta ou um parecer. Com efeito, a «homologação» é o *ato administrativo que absorve os fundamentos e conclusões de uma proposta ou de um parecer apresentados por outro* órgão[499]. Inversamente, no caso da aprovação, antes de esta ser dada, já existe um ato administrativo, só que ele não é eficaz. Portanto, a aprovação vem apenas conferir eficácia a um ato administrativo que já existia, só que não era eficaz.

Qual é que fica aqui a ser o ato principal?

O ato principal é o ato aprovado, não é o ato de aprovação, pois aquele só precisava da aprovação para se tornar eficaz (cfr. CPA, art. 157.º, alínea *a*)). A aprovação vem conferir-lhe eficácia, mas não o absorve, nem fica (ela, aprovação) a ser o ato principal naquela situação. O ato principal é o ato aprovado.

E como é que se distingue a aprovação da autorização?

A primeira diferença salta logo à vista: é que a autorização é um ato *permissivo*, enquanto a aprovação é um ato *integrativo*. Por outro lado, a autorização é *prévia* em relação ao ato autorizado, enquanto a aprovação é *posterior* ao ato aprovado. Mas há mais: na autorização, permite-se a futura prática de um ato ou o futuro exercício de um direito (exemplo: o ato pelo qual um órgão da Administração central, depois de examinar

[499] V. José Gabriel Queiró, «Homologação», *in DJAP*, V, pp. 90-93.

certo projeto de obras, permite que uma câmara municipal licencie determinada construção numa zona de proteção), ao passo que na aprovação concorda-se com um ato já praticado no passado.

Além disso, a diferença fundamental, do ponto de vista jurídico, é a seguinte: *enquanto a aprovação é uma condição de eficácia de um ato administrativo, a autorização é uma condição de validade da prática do ato.*

Assim, um ato sujeito a aprovação que ainda não haja sido aprovado é um ato *ineficaz*; ao passo que um ato sujeito a autorização, e praticado sem que ela tenha sido dada, é um ato *inválido.*

b) Em segundo lugar, aparece-nos uma outra figura de ato integrativo, que é o *visto*. O que é um visto?

O «visto» é o *ato pelo qual um órgão competente declara ter tomado conhecimento de outro ato* (ou documento), *sem se pronunciar sobre o seu conteúdo* (visto meramente «cognitivo») ou *declara não ter objeções, de legalidade ou de mérito, sobre o ato examinado e por isso lhe confere eficácia* (visto «volitivo»).

O visto volitivo distingue-se da aprovação porquanto, nesta, quem aprova exprime a sua *concordância* com o conteúdo e a oportunidade do ato aprovado; ao passo que no visto o órgão que o pratica não manifesta a sua opinião de fundo, não adere nem concorda, apenas se limita a *não objetar*: é o que no Direito Canónico se chama um *nihil obstat.*

Por vezes, o visto volitivo é da competência de um órgão administrativo ou jurisdicional de controlo – é o caso do visto do Tribunal de Contas[500].

c) O «ato confirmativo» é o *ato administrativo pelo qual um órgão da Administração reitera e mantém em vigor um ato administrativo anterior.*

Muitas vezes acontece, na prática, que a Administração recusa uma licença ou uma autorização e, passados tempos, o particular vem insistir e apresenta de novo a mesma pretensão. E então a Administração pode confirmar a sua recusa anterior, reiterando a posição primeiramente tomada. Outras vezes, é um subalterno que pratica um determinado ato, recusa uma determinada licença, e o interessado em obter aquilo que ele recusou interpõe um recurso hierárquico. O superior estuda a

[500] V. José F. Tavares, *O Tribunal de Contas. Do Visto em especial – conceito, natureza e enquadramento na atividade da administração*, Coimbra, 1998, p. 117 e ss.

questão e chega à conclusão de que o subalterno decidiu bem e, portanto, reitera aquilo que estava decidido, sem tirar nem pôr: não altera nada, apenas *confirma* a decisão.

d) Finalmente, temos a «ratificação-confirmativa». E dizemos ratificação-confirmativa, porque há um outro tipo de ratificação, que é a «ratificação-sanação», que estudaremos mais tarde (v. adiante, n.º 139).

A «ratificação-confirmativa» é o *ato pelo qual o órgão normalmente competente para dispor sobre certa matéria exprime a sua concordância relativamente aos atos praticados, em circunstâncias extraordinárias, por um órgão excecionalmente competente.*

É o caso, por exemplo, da competência excecional atribuída ao Presidente da Câmara pelo artigo 35.º, n.º 3, do RJAL: os atos praticados pelo órgão excecionalmente competente ficam sujeitos a ratificação (ratificação-confirmativa) pelo órgão normalmente competente.

Nestes casos, há duas hipóteses a considerar: ou o órgão normalmente competente concorda e ratifica, ou não ratifica. Se ratifica, o ato ratificado mantém-se inalterado, que não era ainda um ato definitivo, torna-se definitivo (o ato, embora eficaz e imediatamente executório por motivo de urgência, não era ainda um ato definitivo); se o órgão normalmente competente não ratifica, então o ato primário torna-se *anulável*[501].

[501] Sobre a norma idêntica constante do art. 68.º, n.º 3, da anterior Lei das Autarquias Locais (Lei n.º 169/99, de 18 de setembro), o STA decidiu o seguinte no seu Acórdão de 11.7.2004 (P. 1710/03):
«O Presidente da Câmara pode ocasionalmente praticar atos da competência desta – verificados que sejam os requisitos da urgência e circunstâncias excepcionais de que fala a lei – atos que são legais, porque decorrentes de competência advinda diretamente da lei e porque proferidos dentro dos fins para que ela lhe foi confiada, mas atos que necessitam de posterior ratificação da Câmara Municipal (sumário, III). Nestas circunstâncias, esta ratificação corresponde a um controlo de regularidade do exercício de uma competência ocasional: se for concedida quer dizer que o ato era legal e só se for recusada é que o ato passa a ser ilegal (sumário, IV). E, porque assim é, e porque esta ratificação não introduz qualquer novidade na ordem jurídica, já que se limita a colar ao ato do Presidente o selo da legalidade, a mesma não é contenciosamente recorrível na medida em que se não configura como lesiva dos interesses do seu destinatário (sumário V)».
No mesmo sentido da irrecorribilidade contenciosa da ratificação-confirmativa, v. também o Acórdão de 21.4.2005 (P. 41 557).

Importa não confundir a *ratificação confirmativa* com outras figuras. Em primeiro lugar, há que separá-la bem da *ratificação-sanação*: esta tem por objeto um ato administrativo ilegal, e destina-se a transformá-lo num ato legal; ao passo que a ratificação-confirmativa tem por objeto um ato legal, mas não definitivo, e destina-se a conferir-lhe definitividade.

Em segundo lugar, cumpre distinguir claramente a ratificação-confirmativa do *ato confirmativo*: a primeira tem por objeto um ato praticado por um órgão excecionalmente competente, enquanto o ato confirmativo tem por objeto um ato praticado por um órgão normalmente competente (por ex., uma decisão tomada por um subalterno com competência própria, depois confirmado pelo respetivo superior hierárquico; ou então a confirmação de um ato pelo seu próprio autor).

Em terceiro lugar, importa não confundir a ratificação-confirmativa com a *aprovação*. É claro que, em sentido amplo, a ratificação-confirmativa é uma aprovação (no sentido de que é um ato pelo qual se exprime concordância com um ato anterior). Mas há uma diferença muito importante: é que no ato sujeito a aprovação o ato primário é definitivo mas não é eficaz, enquanto no ato sujeito a ratificação--confirmativa o ato primário é eficaz mas não é definitivo.

E desta diferença resulta uma consequência jurídica do maior relevo: a aprovação confere *eficácia* ao ato primário, enquanto a ratificação-confirmativa lhe confere *definitividade*.

67. Atos instrumentais

Consideremos agora a categoria dos «atos instrumentais» que, como já dissemos acima, identifica aquelas pronúncias administrativas que não envolvem uma decisão de autoridade, antes são auxiliares relativamente a atos administrativos decisórios (passe o pleonasmo). Quer dizer, «a sua contribuição para a realização das tarefas administrativas processa-se através de um ato administrativo cuja produção condiciona de modo diverso ou cuja efetiva operatividade condicionam»[502].

Que atos se incluem nesta categoria? A doutrina costuma destacar duas modalidades principais:

- as simples declarações;
- os atos opiniativos.

[502] V. Rogério Soares, *Direito Administrativo*, p. 100.

1) As «simples declarações» são *atos auxiliares pelos quais um órgão ou agente da Administração exprime oficialmente o conhecimento que tem de certos factos ou situações.*

É o caso, por exemplo, das *participações* (atos pelos quais um agente da autoridade participa um crime de que tomou conhecimento), dos *certificados* e das *certidões* (atos pelos quais a Administração declara ao público quais são os factos ou as situações de que tem conhecimento oficial por se encontrarem documentados nos seus registos ou nos seus arquivos próprios); dos *atestados*; das *informações* prestadas ao público, etc. Todos estes atos correspondem à noção de declarações de conhecimento.

Estes atos a que o CPA chama, no artigo 161.º, n.º 1, al. *j*), *atos certificativos* – mas que podem ser, além dessas, meras *informações* verbais, que esclarecem mas não certificam –, limitam-se a verificar a existência ou a reconhecer a validade de factos ou situações que já existiam[503].

Há quem considere os atos declarativos *atos não inovadores*. Contudo, esta terminologia não parece aceitável, porque eles introduzem uma certa dose de inovação, embora mínima, na ordem jurídica.

Ocupou-se longamente deste assunto Alberto Xavier, na sua dissertação de doutoramento, *Conceito e Natureza do Ato Tributário* (Lisboa, 1972). O Autor chama aí a atenção para que toda a eficácia jurídica, pelo mero facto de o ser, é intrinsecamente inovadora: daí que também o seja a eficácia declarativa. Por outras palavras, os atos meramente declarativos são atos que produzem algum ou alguns efeitos jurídicos novos, *designadamente o efeito do reconhecimento oficial de um direito ou de uma situação jurídica*. Ora, o reconhecimento oficial de um direito, que não existia antes desse ato, passou a existir por efeito da prática do mesmo, havendo pois uma alteração na ordem jurídica. Esta alteração não consiste na criação de um direito que não existisse, mas sim no facto de passar a existir um documento que reconhece oficialmente a existência de tal direito. É, portanto, uma inovação de tipo declarativo, não de tipo constitutivo, mas é uma inovação, o que confirma que também os atos declarativos são, a seu modo, inovadores[504].

[503] Sobre esta categoria, v. Paulo Otero, *Direito Administrativo...*, pp. 428-432, e Mário Aroso de Almeida, *Teoria geral ...*, 2.ª ed., pp. 196-200 e 214 e ss.

[504] V. Alberto Xavier, *Conceito e natureza do ato tributário*, p. 405 e ss.

Estes atos *têm, em princípio, eficácia retroativa*. Como se limitam a reconhecer direitos ou situações que já existiam, sem as alterar, esse reconhecimento vale a partir do momento em que os direitos ou situações reconhecidas nasceram.

Assim, por exemplo, uma certidão de nascimento passada em 2000 relativamente ao nascimento de um indivíduo em 1974 não vale apenas a partir de 2000: ela cobre todo o período decorrido desde 1974, atestando que o indivíduo em causa já existia em qualquer ano entre 1974 e 2000. A eficácia declarativa deste ato é retroativa, vale desde 1974.

De igual modo, um certificado de licenciatura em Medicina concluída em 1965, mas só emitido em 2000, dá cobertura certificatória à situação jurídica do licenciado em Medicina desde o momento em que tal situação se constituiu, e não apenas a partir da data em que o certificado foi passado. Se se discutir se no ano de 1970 o indivíduo em causa já era licenciado em Medicina, o certificado produzido em 2000 pode ser invocado, vale e é eficaz em relação a 1970. A sua eficácia é *ex tunc*, ou retroativa; não vale apenas para o ano 2000 e anos seguintes.

2) «Atos opiniativos» são *atos pelos quais um órgão da Administração emite o seu ponto de vista fundamentado acerca de uma questão técnica ou jurídica*. São, no fundo, opiniões. Aqui a Administração não resolve problemas, não toma decisões, apenas emite opiniões; daí a designação de atos opiniativos.

Não se deve confundir estes atos com os «atos opinativos» que eram referidos no n.º 1 do artigo 186.º do anterior CPA (e que já fora revogado pelo art. 14.º, n.º 1, do Decreto-Lei n.º 14/2008, de 19 de janeiro): estes correspondiam «a declarações unilaterais de vontade jurídica da Administração», que, muito embora, por serem proferidas no seio de relações contratuais (em matéria de sua interpretação e validade, e fora, portanto, dos casos em que, mesmo aí, é dado à Administração praticar atos administrativos), não vinculassem a contraparte – senão mediante prévia confirmação judicial –, traduziam (...) opiniões do contraente público sobre os direitos ou deveres que entende constituírem o conteúdo da respetiva relação contratual»[505]. O artigo 307.º, n.º 1, do CPP refere-se agora, como adiante veremos a respeito do contrato administrativo, a «meras declarações negociais».

[505] V. Esteves de Oliveira / Pedro Gonçalves / Pacheco de Amorim, *Código, cit.*, p. 552.

Dentro desta categoria de atos, há que distinguir três modalidades:

- as *informações burocráticas*,
- as *recomendações*;
- os *pareceres*.

a) «Informações burocráticas» são *as opiniões prestadas pelos serviços ao superior hierárquico competente para decidir.*

É indispensável dizer «informações burocráticas», para as distinguir das «informações prestadas ao público», que fazem parte da categoria anterior, como simples declarações.

Uma coisa é o ato pelo qual a Administração presta certas informações ao público, outra coisa é o ato pelo qual – dentro da esfera interna da Administração – o funcionário estuda um processo e elabora uma *informação* que entrega ao seu legítimo superior hierárquico, para que este possa decidir da forma mais conforme à lei e ao interesse público (por exemplo, que a construção de determinado edifício, por se mostrar contrária às regras urbanísticas aplicáveis, deve ser embargada e que deve ser ordenada a sua demolição);

b) «Recomendações» são *atos pelos quais se emite uma opinião, consubstanciando um apelo a que o órgão competente (ou outro destinatário) decida de certa maneira, mas que o não obrigam a tal.* As recomendações constituem, por assim dizer, *opiniões reforçadas*: contêm, na base, uma opinião; mas não se limitam a dar a conhecer uma tal opinião – propõem que ela seja seguida, isto é, aconselham, incentivam ou apelam ao órgão decisório para que resolva no sentido preconizado ou, então, para que esse órgão ou outro destinatário atue de certo modo. É claro que, não sendo estas opiniões *vinculativas*, o seu destinatário tem o direito de não as perfilhar: mas acarreta com a responsabilidade de ter ignorado a recomendação e pode ser por isso mal avaliado no seu desempenho.

c) Os «pareceres», enfim, são *atos opiniativos elaborados por peritos especializados em certos ramos do saber, ou por órgãos colegiais de natureza consultiva.*

Diferentemente da «informação burocrática», «que se limita, em regra, a carrear os dados de facto e de direito que importam à decisão do caso, o *parecer* apresenta-se (...) como uma opinião crítica autorizada, em que são aprofundados os mais difíceis problemas técnicos, jurídicos e políticos e proposta uma solução final firmada em fundamentos cuidadosamente apurados, depois de examinados todos os ângulos e possíveis incidências de tal solução»[506].

68. *Idem*: dos pareceres em especial

Os pareceres agrupam-se segundo duas classificações muito importantes, que cumpre conhecer.

Por um lado, os pareceres são «obrigatórios» ou «facultativos», conforme a lei imponha ou não a *necessidade de eles serem emitidos*; por outro, os pareceres são «vinculativos» ou «não vinculativos», conforme a lei imponha ou não *a necessidade de as suas conclusões serem seguidas pelo órgão decisório* competente[507].

A regra geral no nosso direito é a de que, «salvo disposição expressa em contrário, os pareceres legalmente previstos consideram-se *obrigatórios e não vinculativos*» (CPA, art. 91.º, n.º 2; sublinhado nosso).

Portanto, quando a lei estabelece a necessidade de obter um parecer, sem dizer em que termos, a regra geral a aplicar em caso de dúvida é a de que esse parecer é obrigatório (porque se a lei manda elaborá-lo, deve presumir-se que pretende mesmo que ele seja *emitido* pelo órgão consultivo e *ponderado* pelo órgão decisório); mas, por via de regra, o parecer não é vinculativo, porque se o fosse quem realmente tomava a decisão era quem dava o parecer – o órgão consultivo transformava-se em órgão decisório, e o órgão a quem a lei desse competência decisória não poderia, salvo ilegalidade, decidir em sentido contrário.

Os casos em que o parecer de um órgão consultivo, ou de um especialista, são vinculativos para o órgão competente para decidir são casos *excecionais*. Normalmente, os pareceres, como se disse, são diligências procedimentais de feição instrutória e consultiva, a que falta autonomia (funcional) para, sem mediatização de um outro ato jurídico (ato final do procedimento), produzirem efeitos jurídicos numa esfera externa ao órgão emitente[508]. Todavia, quando as conclusões do parecer têm neces-

[506] V. Baptista Machado, «Lições de Introdução ao Direito Público», *in Obra Dispersa*, II, Braga, 1993, p. 261.

[507] Ver, neste sentido, o art. 91.º, n.º 1, do CPA.

[508] V. Pedro Gonçalves, «Apontamento sobre a função e natureza dos pareceres vinculantes», *in CJA*, n.º 0, 1996, p. 3 e ss.

sariamente de ser seguidas pelo órgão competente para decidir, *na realidade a entidade que emite o parecer também decide*. Aliás, esta é que será a verdadeira decisão: a decisão da segunda entidade é apenas uma formalização de algo que já estava pré-determinado no parecer. Neste último caso, sempre que o parecer seja vinculativo, do que se trata é de o ato administrativo ter dois autores: um é o órgão consultivo ou o especialista que emite o parecer vinculativo, e o outro é o órgão com competência para tomar a decisão definitiva, mas que é obrigado a seguir as conclusões do parecer. (Esta solução compreende-se quanto aos pareceres *negativos*, que funcionarão como *vetos*; mas não faz sentido, *de jure condendo*, quanto aos pareceres *favoráveis*: a ideia de superioridade de um órgão consultivo sobre um órgão decisório é absurda).

Se o parecer é obrigatório mas não vinculativo, a sua falta, fora dos casos em que a lei admite que a mesma é justificada, gera *vício de forma*[509]; se, porém, for obrigatório e vinculativo, a sua falta, nas mesmas circunstâncias, gera uma dupla ilegalidade – *vício de forma*, por falta de uma formalidade essencial, e *incompetência*, porque a competência para praticar o ato definitivo era conjunta, ou dupla, e um dos órgãos não se pronunciou.

Os pareceres devem ser sempre *fundamentados* e concluir de modo expresso e claro sobre todas as questões indicadas na consulta (CPA, art. 92.º, n.º 1): assim, um parecer vinculativo sem conclusões, ou apenas com conclusões implícitas ou obscuras, é um ato *nulo*, por ininteligibilidade do respetivo objeto (CPA, art. 161.º, n.º 2, alínea *c*), segunda parte).

É algo frequente – sobretudo em meios muito corporativos e fechados, onde muitas vezes os membros do órgão consultivo atuam com medo de represálias – ser aprovado um parecer que, apontando as vantagens e inconvenientes de cada uma das opções possíveis, conclui com grande falta de coragem: «V. Exa. melhor decidirá»; ou «V. Exas. tomarão a decisão que lhes parecer melhor». Estes pareceres são nulos, por falta de uma conclusão clara que aponte um caminho a seguir.

Na falta de disposição legal ou de fixação de outro prazo, os pareceres devem ser emitidos no prazo de 30 dias, exceto quando o responsável pela direção do procedimento fixar, fundadamente, prazo diferente, o qual não deverá ser inferior a 15 dias nem superior a 45 dias (CPA, art. 92.º, n.ºs 3 e 4).

[509] V. Freitas do Amaral *et alii*, *Código...*, *cit.*, p. 186; e Rogério Soares, *Direito Administrativo*, p. 136.

Preceitos muito importantes para garantir a celeridade da atividade da Administração e os direitos dos particulares são os que constam dos n.os 2, 5 e 6 do artigo 92.º do CPA:

«2 – O responsável pela direção do procedimento deve solicitar, sempre que possível em simultâneo, aos órgãos competentes a emissão dos pareceres a que haja lugar logo que, perante a marcha do procedimento, estejam reunidos os pressupostos para tanto».

«5 – Quando um parecer obrigatório não for emitido dentro dos prazos previstos nos números anteriores, considera-se haver concordância com a pretensão formulada pelo interessado ou com o interesse prosseguido pelo órgão da Administração Pública, salvo disposição legal expressa em contrário».

«6 – No caso de o parecer obrigatório ser vinculativo, a decisão final só pode ser proferida sem a prévia emissão daquele desde que o responsável pela direção do procedimento tenha interpelado o órgão competente para o emitir».

Ou seja: por via de regra, a lentidão da administração *consultiva* não deve bloquear a eficiência da administração *ativa*.

69. Classificações dos atos administrativos

Conhecida a tipologia geral dos atos administrativos e dos respetivos atos instrumentais, vamos agora estudar algumas classificações de que aqueles atos são suscetíveis.

Não apresentaremos aqui, de uma assentada, todas as classificações possíveis, mas apenas algumas das mais importantes. Outras serão incluídas posteriormente a propósito do tratamento de certas matérias com as quais se relacionam mais intimamente (por exemplo, só a propósito da revogação apresentaremos a classificação dos atos administrativos em «atos constitutivos de direitos» e «atos não constitutivos de direitos»).

Neste lugar e neste momento, apresentaremos as principais classificações dos atos administrativos *quanto ao autor, quanto ao destinatário, quanto aos efeitos*, e *quanto à suscetibilidade de execução coativa.*

70. *Idem*: a) Quanto ao autor: decisões e deliberações

Antigamente, e até ao ensino de Marcello Caetano, inclusive, fazia-se, na Faculdade de Direito da Universidade de Lisboa, uma importante distinção entre *decisões* e *deliberações*. Assim, e atendendo ao critério do *autor*, chamava-se «decisões» aos *atos administrativos provenientes de órgãos singulares*, e «deliberações» aos *atos administrativos provenientes de órgãos colegiais*.

Atualmente, em nossa opinião, deve adotar-se – à luz da nova conceção de ato administrativo como *decisão* contida no CPA (art. 148.º) – uma perspetiva algo diferente. «Decisões» são *todos os atos administrativos* (CPA, art. 148.º). «Deliberações» são apenas *as decisões tomadas por órgãos colegiais*. A razão pela qual reservamos a designação de *deliberação* para as decisões dos órgãos colegiais é a de que há regras especiais que regulam o funcionamento dos órgãos colegiais e, em particular, o procedimento especial pelo qual esses órgãos tomam decisões, a que se costuma chamar o *procedimento* deliberativo[510]; assim como também há causas de nulidade específicas das decisões de órgãos colegiais (cfr. CPA, art. 161.º, n.º 2, al. *h*)).

O que hoje em dia já não se pode dizer, como dantes, é que as deliberações dos órgãos colegiais não são *decisões*: se forem atos administrativos, serão mesmo decisões.

A terminologia mais correta, à luz do CPA, é pois a seguinte: todos os atos administrativos são decisões. Se forem praticados por órgãos individuais, serão *decisões* «tout court», ou decisões individuais; se forem praticados por órgãos colegiais, serão *decisões coletivas*, tomadas em regra mediante um procedimento deliberativo.

71. *Idem, idem*: atos simples e complexos

Ainda quanto ao autor, os atos administrativos podem distinguir-se em *atos simples* e *atos complexos*.

Chamam-se «atos simples», no contexto desta classificação, *aqueles que provêm de um só órgão administrativo*, e «atos complexos», *aqueles em cuja feitura intervêm dois ou mais órgãos administrativos*.

A complexidade do ato administrativo, neste sentido, pode ser *igual* ou *desigual*. Diz-se que há uma «complexidade igual» *quando o grau de participação dos vários autores na prática do ato é o mesmo*. A complexidade

[510] V. *supra*, vol. I, pp. 770-771 e, em geral, 771 e ss.

igual corresponde à noção de *coautoria*: é o caso, por exemplo, de um despacho conjunto de dois Ministros.

Diz-se que há «complexidade desigual» *quando o grau de participação dos vários intervenientes não é o mesmo.*

Suponhamos, por exemplo, que o ato administrativo de um Ministro deve, por lei, revestir a forma de decreto. O ato é um ato ministerial, é um ato de determinado Ministro, mas tem de revestir a forma de decreto. Ora o decreto implica *promulgação* pelo Presidente da República (Constituição, art. 134.º, alínea *b*)), bem como *referenda* dessa promulgação pelo Primeiro-Ministro (Constituição, art. 140.º, n.º 1). Estes dois órgãos intervêm na elaboração daquele ato, mas não são seus autores – estão numa situação diferente, assumem a posição de garantes. Eles são *corresponsáveis* pelo ato, mas não são *coautores*. O ato é da responsabilidade principal do Ministro: o Presidente da República e o Primeiro-Ministro têm uma intervenção que é extrínseca, meramente formal. Assinam, mas não são os autores materiais do ato.

Esta distinção é importante por várias razões.

Primeiro, porque, para efeitos de revogação, a lei diz que esta deve ser feita pelo autor do ato (CPA, art. 169.º, n.º 2); logo, se for possível ou necessária a revogação, num caso destes, quem tem de tomar a iniciativa de a decidir é o Ministro, e não, obviamente, o Presidente da República ou o Primeiro-Ministro.

Depois, porque, para efeitos de impugnação contenciosa, esta deve ser proposta contra o autor do ato – que é, nestes casos, o Ministro competente, e não o Presidente da República ou o Primeiro-Ministro.

72. *Idem*: b) Quanto aos destinatários: atos singulares, coletivos, plurais e gerais

Uma outra classificação distingue os atos administrativos, quanto aos destinatários, em atos *singulares*, *coletivos*, *plurais* e *gerais*. Já se tomou contacto com esta classificação aquando da delimitação do conceito de ato administrativo, pelo que não será aqui repetida (cfr. *supra*, n.º 54).

72-A. *Idem*: c) Quanto ao conteúdo: atos administrativos com conteúdo de Direito Administrativo, de Direito Privado, ou duplo

Esta classificação, que não é habitualmente feita, decorre da análise de um caso concreto sobre que emitimos parecer em 2010. Ela dá lugar, em nossa opinião, a três tipos, pelo menos, de atos administrativos:

1) *Atos administrativos com conteúdo de Direito Administrativo:* são, de longe, os mais frequentes. Trata-se dos atos administrativos que fazem aplicação de normas de Direito Administrativo a questões reguladas por este. Exemplos: nomeações e exonerações no funcionalismo público; licenças e autorizações da competência de autoridades administrativas; sanções disciplinares administrativas; etc., etc.;

2) *Atos administrativos com conteúdo de Direito Privado*: não são raros. Trata-se dos atos administrativos que incorporam, ou dão forma legal, a atos ou contratos privados, que aplicam normas de Direito Privado a questões reguladas por este (por ex., compra e venda de um imóvel). É o que se passa na generalidade dos casos de «administração pública do direito privado»[511] e, nomeadamente com as escrituras públicas relativas a contratos civis;

3) *Atos administrativos com duplo conteúdo, de Direito Administrativo e de Direito Privado:* são aparentemente os menos frequentes, mas nem por isso mais raros. Trata-se dos atos administrativos em que, para poder tomar uma decisão da sua competência legal, um órgão da Administração tem de, simultaneamente, fazer aplicação de normas de Direito Administrativo e de Direito Privado, porque o *thema decidendum* é composto, pelo menos, de uma questão de natureza administrativa e de uma questão de natureza civil, comercial ou de trabalho. Ex.: as câmaras municipais só podem atribuir licenças urbanísticas a quem (a) apresentar projetos de acordo com as normas urbanísticas em vigor e que não mereçam uma *recusa de mérito* nos casos em que a lei a permita; e (b) seja proprietário do terreno a quem o projeto diga respeito ou, pelo menos,

[511] Zanobini, *Corso di Diritto Amministrativo*, vol. I, 3.ª ed., 1959, p. 297 e ss. Entre os administrativistas portugueses, v. Mário Esteves de Oliveira, «A publicidade, o notariado e o registo públicos de direitos privados – Problemas substantivos, contenciosos e procedimentais», *in Estudos em Homenagem ao Prof. Doutor Rogério Soares*, Coimbra Editora, Coimbra, 2001, p. 471 e ss.

seja «titular de qualquer direito que lhe confira a faculdade de realizar a operação urbanística a que se refere a pretensão» (Dec.-Lei n.º 555/99, de 16 de dezembro, art. 9.º, n.º 1). Sob este último aspeto, a câmara municipal, ao decidir favoravelmente, toma sempre posição, pelo menos implícita, sobre a legitimidade privada do requerente. O mesmo sucede, por via de regra, na concessão ou recusa de patentes industriais, de autorizações de introdução no mercado de medicamentos, de delimitação entre terrenos do domínio público e de propriedade privada, de atos de naturalização ou sua recusa, etc., etc.

Esta classificação dos atos administrativos em função do seu conteúdo (ou do direito substantivo que regula o seu conteúdo) tem a maior importância prática por três ordens de razões:

– *No plano da competência, da forma e do procedimento pré-decisório*: são aplicáveis as normas de Direito Administrativo adequadas, quer constem de leis administrativas, quer se insiram em diplomas tidos, discutivelmente, como de direito privado (leis reguladoras dos registos e do notariado);

– *No plano do direito substantivo*: são aplicáveis as normas de Direito Administrativo ou as normas de Direito Privado que forem pertinentes à matéria em causa – ou umas e outras, cada uma à respetiva questão ou subquestão;

– *No plano da impugnação contenciosa dos atos*: os tribunais competentes são, em regra, os tribunais administrativos, salvo se lei especial atribuir essa competência aos tribunais comuns (como acontece quanto aos atos dos oficiais dos registos e notariado); se a entidade administrativa que tiver praticado o ato decidir nele, a título principal ou incidental, uma ou mais questões de direito privado, estas podem sempre ser levadas à apreciação dos tribunais comuns competentes em razão da matéria.

73. *Idem*: d) Quanto aos efeitos: atos de execução instantânea e atos de execução continuada

Diz-se «ato de execução instantânea» *aquele cujo cumprimento se esgota num só momento, através de um ato ou facto isolado.*

Pelo contrário, um ato diz-se «de execução continuada» *quando a sua execução perdura no tempo.* Pode tratar-se de uma atividade de natureza contínua, de um comportamento constante, ou de uma série de atos ou factos sucessivos. Em todos estes casos, o ato administrativo será um ato de *execução continuada*.

São atos de execução instantânea, por exemplo, a decisão de encerrar um estabelecimento comercial, ou uma ordem de despejo dada por uma câmara municipal relativamente aos inquilinos de um prédio que ameaça ruína.

Inversamente, são atos de execução continuada, por exemplo, uma autorização para o exercício de uma atividade, uma licença para a instalação de uma determinada indústria, ou uma concessão de uso privativo de um bem do domínio público. São atos cuja eficácia ou execução pode perdurar meses ou anos.

A importância prática desta distinção decorre da circunstância de o regime de revogação não ser o mesmo para ambos os tipos de atos. Nomeadamente, um ato de execução instantânea que já tenha sido executado não pode, em princípio, ser revogado. Isto porque, como a seu tempo melhor se verá, a revogação está, por via de regra, «destinada a paralisar definitivamente a *eficácia atual ou potencial* de um ato administrativo, e não a destruir os efeitos por ele produzidos: o uso de poderes revogatórios fica, por isso, circunscrito aos atos que têm uma *eficácia duradoura, enquanto eficazes*, ou aos atos *de eficácia instantânea, enquanto não sejam executados*»[512].

74. *Idem, idem*: atos positivos e negativos

Consideram-se «atos positivos» *aqueles que produzem uma alteração na ordem jurídica*. Por exemplo, uma nomeação, uma demissão, uma autorização: esses atos introduzem uma modificação na ordem jurídica, tal como existia no momento em que o ato foi praticado.

São «atos negativos» *aqueles que consistem na recusa de introduzir uma alteração na ordem jurídica*. Há três exemplos típicos destes atos negativos: a omissão de um comportamento devido, o silêncio voluntário perante um pedido apresentado à Administração por um particular, e o indeferimento expresso de uma pretensão apresentada.

Qual a relevância da distinção?

[512] V. Pedro Gonçalves, «Revogação (de atos administrativos)», *in DJAP*, VI, p. 311.

Tal relevância reside no facto de, uma vez anulado ou revogado um ato administrativo, as consequências serem distintas consoante se trate de um ato positivo ou de um ato negativo: a destruição de um ato positivo acarreta a eliminação dos efeitos dele decorrentes; a destruição de um ato negativo implica a necessidade de praticar os atos positivos que por lei deviam ter sido praticados e, ilegalmente, não o foram (é o chamado dever de praticar o *contrarius actus*).

Um exemplo: suponhamos que a Administração pratica um ato positivo de demissão de um funcionário, através da aplicação de uma pena disciplinar. Se ele impugna e obtém a anulação contenciosa dessa demissão, daí resulta, necessariamente, que todos os efeitos decorrentes da sua demissão têm de ser destruídos e eliminados. Se, em consequência da demissão do funcionário, foi nomeado outro para o lugar que tinha ficado vago, a anulação contenciosa da demissão implica a necessidade de considerar nula a nomeação do sucessor, uma vez que se for anulada a demissão, o lugar, juridicamente, não está vago e não pode ser preenchido por um sucessor. Por conseguinte, da anulação do ato positivo decorre a necessidade de eliminar os efeitos que dele decorreram.

Suponhamos agora um ato negativo: um particular apresenta o pedido de uma determinada licença e a Administração recusa ilegalmente conferir essa licença. Anulada essa recusa, o que se pode fazer de seguida, visto não existirem efeitos, pois que a Administração se limitou a nada fazer? O que é preciso então é praticar o ato positivo que devia ter sido praticado, ou seja, praticar o *contrarius actus*: conferir a licença.

As consequências são, como se vê, diferentes consoante o ato seja positivo ou negativo[513].

Certos atos administrativos podem ser apenas parcialmente positivos ou negativos. São os chamados atos de *recusa* ou *indeferimento parcial.*

[513] Sobre esta classificação, cfr. Freitas do Amaral, *A execução das sentenças dos tribunais administrativos*, Lisboa, 1967, pp. 72 e ss., e 76 e ss. (na 2.ª ed., p. 60 e ss.), e Prosper Weil, *Les conséquences de l'annulation d'un act administratif por excès de pouvoir*, Paris, 1952, p. 154. Relativamente aos exemplos referidos no texto, cumpre ter em atenção o disposto no art. 172.º do CPA, quanto à anulação administrativa, e no art. 173.º, n.º 4, do CPTA, quanto aos efeitos da anulação contenciosa da demissão; e o disposto nos arts. 51.º, n.º 4, 66.º, n.º 2, e 71.º, n.º 1, do mesmo Código, quanto à eliminação de atos negativos.

Exemplo: um aluno universitário solicita à Administração uma bolsa de estudo mensal de 500 euros; a Administração concede-lhe apenas metade. A decisão tomada teve *um duplo efeito*: em parte positivo – atribuição de 250 euros – e em parte negativo – recusa de atribuição dos outros 250 euros[514].

75. *Idem*: e) Quanto à localização do ato no procedimento e na hierarquia administrativos: atos definitivos e não definitivos

Vejamos agora a classificação dos atos administrativos em atos definitivos e não definitivos. Antes, porém, advirta-se que com esta classificação não visamos delimitar o alcance do pressuposto processual da impugnabilidade do ato administrativo – tal matéria pertence à *Justiça Administrativa* ou, noutra terminologia, ao *Direito Processual Administrativo*. Quer dizer, o facto de se qualificar certo ato como não definitivo nos planos horizontal ou vertical não significa que o mesmo seja contenciosamente inimpugnável. Com ela pretendemos apenas esclarecer, para efeitos didáticos, certos aspetos relacionados com a localização «horizontal» e «vertical» do ato administrativo.

Ora bem: quando a Administração Pública pratica um ato administrativo, tem de ter-se presente *dois aspetos diferentes*.

Em primeiro lugar, um ato administrativo praticado pela Administração Pública em circunstâncias normais não surge de repente: é sempre precedido por uma série de formalidades, de atos preparatórios, de estudos, de pareceres, de projetos, que vão ajudando a formar e a esclarecer a vontade da Administração, e que acabam por desembocar numa conclusão. O ato administrativo definitivo é a conclusão de todo um processo que se vai desenrolando no tempo – e que se chama, como veremos, *procedimento administrativo*.

No termo desse procedimento, a Administração Pública pratica um ato, que é a conclusão lógica de todo o trabalho antecedente, e que é a solução final do problema a decidir: é a esse ato que se chama ato definitivo, num certo sentido, que se poderá considerar *horizontal*. Na verdade, concebendo o procedimento administrativo como uma linha horizontal, em que se vão sucedendo os vários atos e formalidades, o termo final dessa linha é o *ato definitivo em sentido horizontal*.

[514] V. Hartmut Maurer, *Allgemeines Verwaltungsrecht*, p. 204 (ed. francesa, p. 217); e Mário Aroso de Almeida, *Teoria Geral do Direito Administrativo*, cit., p. 202. Cfr. CPTA, art. 70.º, n.º 3.

Cumpre recordar que certos atos são praticados *antes* do ato definitivo; que, em seguida, é praticado o ato definitivo; e que *depois* deste podem ser praticados outros atos que se destinam a levá-lo ao conhecimento dos particulares ou a pô-lo em execução. Podem assim agrupar-se em três categorias principais os *atos horizontalmente não definitivos*:

a) Os atos *anteriores* ao ato definitivo;

b) Os atos *transformáveis* em atos definitivos;

c) Os atos *posteriores* ao ato definitivo.

Exemplo do primeiro caso são os *atos preparatórios* (*v. g.*, informações burocráticas, os pareceres não vinculativos e as decisões provisórias[515]); exemplo do segundo caso são os *atos sujeitos a ratificação-confirmativa*; exemplo da terceira realidade são os *atos meramente confirmativos*[516] (*v. g.*, a confirmação, pela direção do instituto público que abriu um certo concurso público, da decisão de adjudicação proferida pelo júri desse concurso).

Em segundo lugar, temos de ter presente que o órgão que pratica o ato definitivo em sentido horizontal é um órgão da Administração, situado num certo nível hierárquico e dotado de um certo tipo de competência: pode ser um órgão subalterno (com competência própria exclusiva, reservada ou meramente separada[517]) ou pode ser o órgão superior de uma hierarquia. E também pode ser um órgão independente, não inserido em nenhuma hierarquia. Ora, só são definitivos os atos praticados por aqueles órgãos que em cada momento ocupam o topo de uma hierarquia, ou sejam independentes, ou, tratando-se de órgãos subalternos, sejam detentores de competência exclusiva ou reservada.

Aqui a definitividade do ato já aparece num sentido diferente, não se atendendo ao aspeto (horizontal) da localização do ato no princípio, no meio ou no fim do procedimento administrativo, mas sim a um aspeto *vertical*, qual seja o da posição, mais baixa ou mais elevada, ocupada pelo órgão que pratica o ato na estrutura hierárquica da Administração. Trata-se então daquilo a que se poderá chamar a definitividade vertical do ato administrativo. O *ato é verticalmente definitivo* quando, por ser pra-

[515] V. também Filipa Calvão, *Os atos precários...*, p. 30 e nota 22.

[516] Cfr. CPA, art. 13.º, n.º 2. Sobre a distinção entre atos meramente confirmativos e atos confirmativos, cfr. o nosso *Direito Administrativo*, III, Lisboa, 1989, p. 230 e ss.

[517] Sobre estes conceitos, cfr. vol. I, p. 780 e ss. e, em especial, 785.

ticado pelo órgão que ocupa a posição suprema na hierarquia ou por um órgão independente, ou, ainda, ao abrigo de uma competência exclusiva ou reservada, é impugnável contenciosamente ou, melhor, quando não se encontra sujeito a recurso hierárquico necessário. Inversamente, o ato não é verticalmente definitivo se for praticado por qualquer órgão subalterno inserido numa hierarquia ao abrigo de uma competência meramente separada, estando, como tal, sujeito a recurso hierárquico necessário.

Como é que podemos saber se um ato está ou não sujeito a recurso hierárquico; quando é que podemos saber se um ato é ou não verticalmente definitivo? *Através da interpretação da lei*, porque é a lei que nos diz quais são os órgãos da Administração que têm capacidade para praticar atos verticalmente definitivos. Mas podem-se formular algumas regras gerais.

Praticam *atos verticalmente definitivos*:

1) Os órgãos máximos de qualquer hierarquia do Estado, designadamente o Governo e os seus membros;
2) Os órgãos do Estado que tenham a natureza de órgãos independentes, isto é, não integrados em qualquer hierarquia;
3) Os órgãos subalternos que tenham competência reservada ou competência exclusiva[518];
4) Os dirigentes máximos das regiões autónomas, autarquias locais, institutos públicos e associações públicas;
5) São ainda verticalmente definitivos os atos praticados por delegação de poderes ou por subdelegação de poderes, nos casos em que a lei os considera definitivos.

São, em princípio, *atos verticalmente não definitivos*:

1) Os atos praticados por órgãos subalternos sujeitos a recurso hierárquico necessário;
2) Os atos praticados por delegação de poderes ou subdelegação de poderes.

Segundo o artigo 3.º, n.º 1, do Decreto-Lei n.º 4/2015, de 7 de janeiro, «as impugnações administrativas existentes à data da entrada em vigor do presente decreto-lei só são necessárias quando previstas em lei que utilize uma das seguintes expressões:

[518] Sobre estes conceitos, cfr. vol. I, pp. 612-613.

a) A impugnação administrativa em causa é "necessária";
b) Do ato em causa "existe sempre" reclamação ou recurso;
c) A utilização de impugnação administrativa "suspende" ou "tem efeito suspensivo" dos efeitos do ato impugnado».

À luz das considerações anteriores, estamos agora habilitados a dar a seguinte noção de «atos definitivos»: estes são *os atos administrativos que têm por conteúdo uma decisão horizontal e verticalmente final*[519].

Atos «não definitivos» são, por seu turno, *todos aqueles que não contenham uma resolução final ou que não sejam praticados pelo órgão máximo de certa hierarquia, por órgão dotado de competência própria, exclusiva ou reservada, ou por órgão independente.*

76. *Idem*: f) Quanto à suscetibilidade de execução administrativa: atos executórios e não executórios

Vejamos agora como se distinguem os atos administrativos em executórios e não executórios.

Antes de mais, importa não confundir *executoriedade* com *execução*: a executoriedade é uma potencialidade jurídica, a execução é um acontecimento da vida real.

Dito isto, podemos considerar como «atos executórios» *os atos administrativos que sejam simultaneamente exequíveis e eficazes e cuja execução coerciva por via administrativa seja permitida ou não seja vedada por lei.* Expliquêmo-nos.

Assim, e em primeiro lugar, são executórios os atos *exequíveis*, ou seja, aqueles atos impositivos de deveres ou encargos estruturalmente suscetíveis de execução coerciva contra os particulares: é o caso, *v. g.*, do ato administrativo que ordena o embargo e a demolição de um prédio que ameaça ruína. São inexequíveis a generalidade dos atos *secundários* e *permissivos* – o seu conteúdo não integra nenhum comando dirigido ao destinatário, que por incumprimento voluntário deste lhe possa ser administrativamente imposto pela força.

Em segundo lugar, são executórios os atos *eficazes*, ou seja, aqueles que produzem atualmente os efeitos caraterísticos do seu tipo legal ou

[519] V. a noção apresentada por Marcello Caetano, *Manual*, I, p. 443.

outros que a lei lhes atribui. Não o são: os atos sujeitos a condição suspensiva ou termo inicial (CPA, art. 157.º, n.º 1, alínea *b*)); os atos sujeitos a aprovação ou a referendo (CPA, art. 157.º, alínea *a*)); os atos sujeitos a visto do Tribunal de Contas (CPA, art. 157.º, alínea *a*), por analogia); os atos que ainda não foram objeto de adequada forma de publicidade (é o caso, por exemplo, das deliberações dos órgãos colegiais ainda não reduzidas a ata – cfr. CPA, art. 34.º, n.º 6 – ou dos atos que, devendo tê-lo sido, não foram publicados ou notificados aos destinatários – CPA, art. 158.º, n.º 2); os atos administrativos suspensos, quer por decisão administrativa quer por sentença de um tribunal; os atos administrativos dos quais se tenha interposto reclamação ou recurso com efeito suspensivo ou a que tenha sido atribuído efeito suspensivo (cfr. CPA, art. 189.º, n.os 1 e 2).

Finalmente, são executórios os atos (exequíveis e eficazes) que, não sendo voluntariamente cumpridos pelos particulares, sejam suscetíveis de *execução coerciva administrativa permitida ou não vedada por lei.*

Não são executórios, ainda que exequíveis e eficazes, os atos tributários e, em geral, os atos administrativos de que resulte a obrigação de pagar uma quantia em dinheiro. A liquidação do imposto, por exemplo, é feita por um ato administrativo: é a Administração que normalmente define quanto é que cada contribuinte deve pagar; mas se ele não pagar voluntariamente, a execução forçada daquele ato tem de ser feita *através dos tribunais*, mediante o chamado «processo das execuções fiscais». O mesmo se passa com as demais obrigações pecuniárias devidas por força de um ato administrativo: nos termos do artigo 179.º, n.os 1 e 2, do CPA, não pode uma qualquer autoridade administrativa credora de uma prestação pecuniária ordenar a um seu funcionário que se dirija a casa do obrigado e que daí retire algumas dúzias de peças de mobiliário, quadros ou jóias, para que a dívida seja efetivamente paga; ela terá de promover uma execução fiscal através do tribunal tributário competente, seguindo determinada tramitação. Não há, pois, nestes casos, execução coerciva por via administrativa, ou seja, não há aí *privilégio da execução prévia*[520].

[520] V. *infra*, n.º 144.

77. *Idem*: articulação entre as duas classificações anteriores

A regra geral é esta: *todo o ato administrativo definitivo é executório*. Existem, contudo, duas ordens de exceções a essa regra:

a) Casos de atos definitivos que não são executórios;
b) Casos de atos executórios que não são definitivos.

A primeira ordem de excepções é constituída pela lista, já mencionada acima, dos atos não executórios: por exemplo, um ato sujeito a aprovação ou a visto, enquanto não lhe for dada a aprovação ou concedido o visto, é um ato definitivo mas não é executório.

Por seu turno, são executórios, mas não definitivos, em primeiro lugar, certos atos *preparatórios* e, em segundo lugar, os atos *sujeitos a impugnação administrativa necessária*.

III

PROCEDIMENTO ADMINISTRATIVO

78. Noção

A actividade administrativa não se esgota na tomada de decisões (*decision-making*): antes de cada decisão há sempre numerosos atos preparatórios a praticar, estudos a efetuar, averiguações a fazer, exames e vistorias a realizar, informações e pareceres a colher, etc. E depois de tomada a decisão, novos trâmites há a percorrer: registos, controlos, vistos, publicação, notificações aos interessados, etc.

Quer isto dizer que «a atividade da Administração Pública é, em larga medida, uma atividade processual»[521] («*administrative procedure*»), ou seja, a atividade administrativa, sobre cada assunto, começa num determinado ponto e depois caminha por fases, desenrola-se de acordo com um certo modelo, avança pela prática de atos que se encadeiam uns nos outros, e pela observância de certos trâmites, de certas formalidades e de certos prazos, que se sucedem numa determinada sequência.

Chama-se a esta sequência *procedimento administrativo*[522], que dantes se denominava *processo administrativo gracioso*, *processo burocrático*, ou ainda *processo não contencioso*.

Durante muitos anos a terminologia prevalecente em Portugal foi a de «processo administrativo gracioso» (expressão oriunda da época em

[521] V. Marcello Caetano, *Manual*, II, p. 1263.

[522] Do latim *procedere* – avançar, ir para a frente.

que os súbditos solicitavam ao Rei a *graça*, ou o favor, de lhes conceder certos direitos ou mercês); hoje, porém, a designação mais correta e adequada ao Estado de Direito parece-nos ser a de *procedimento administrativo*[523].

Para nós, o «procedimento administrativo» é a *sequência juridicamente ordenada de atos e formalidades tendentes à preparação e exteriorização da prática de um ato da Administração ou à sua execução*[524].

Analisemos a definição dada.

Primeiro, o procedimento é uma *sequência*. Quer isto dizer que os vários elementos que o integram não se encontram organizados de qualquer maneira: acham-se dispostos numa certa sequência, numa dada ordem ao longo do tempo, e com princípio, meio e fim. Constituem uma sucessão ordenada, um encadeamento de atos e formalidades, que se prolonga no tempo – por dias, semanas ou meses. Isto é assim no procedimento administrativo, como o é em qualquer outro processo (legislativo, judicial, etc.).

Segundo, o procedimento constitui uma sequência *juridicamente ordenada*. É a lei que determina quais os atos a praticar, quais as formalidades a observar, quais os prazos a cumprir; é também a lei que estabelece a ordem dos trâmites a respeitar, o momento em que cada um deve ser efetuado, quais os atos antecedentes e os atos subsequentes. É o Direito, em atenção a certos fins (já veremos quais), que regula e desenha a sequência a adotar em cada procedimento.

Terceiro, o procedimento administrativo traduz-se numa sequência de *atos e formalidades*. Na verdade, não há nele apenas atos jurídicos ou tão-só formalidades: no procedimento administrativo, tanto encontramos atos jurídicos (por exemplo, a instauração do procedimento, a suspensão de um arguido, a decisão final) como meras formalidades (por exemplo, o decurso de um prazo).

Quarto, o procedimento administrativo tem por objeto *um ato da Administração*. Não dizemos «um ato administrativo», porque embora a grande maioria dos procedimentos administrativos se materialize

[523] Com a adoção desta terminologia não pretendemos negar natureza *processual* ao procedimento administrativo: ver *infra*, n.º 80.

[524] V. CPA, art. 1.º, n.º 1: «entende-se por procedimento administrativo a sucessão ordenada de atos e formalidades relativos à formação, manifestação e execução da vontade dos órgãos da Administração Pública».

na prática de atos administrativos, a verdade é que há procedimentos respeitantes a regulamentos e outros a contratos administrativos: a expressão «ato da Administração» engloba genericamente todas essas categorias. O que dá caráter *administrativo* ao procedimento é, precisamente, o envolvimento nele da Administração Pública e o facto de o seu objeto ser um ato da Administração.

Na parte III do CPA encontram-se disposições aplicáveis à generalidade dos procedimentos administrativos, independentemente da natureza do ato que lhes venha a pôr termo (arts. 53.º a 95.º, correspondentes ao título I, epigrafado «Regime comum»); e disposições especificamente aplicáveis ao procedimento do regulamento e do ato administrativo (arts. 96.º a 134.º, correspondentes ao título II, epigrafado «Procedimento do regulamento e do ato administrativo»). As disposições especificamente aplicáveis à formação de uma grande parte dos contratos administrativos constam do Código dos Contratos Públicos (v. adiante).

Quinto, o procedimento administrativo tem por finalidade *preparar e exteriorizar a prática de um ato ou a respetiva execução*. Daqui decorre a distinção, que esclareceremos a seguir, entre procedimentos decisórios e executivos[525-526].

[525] Sobre o procedimento administrativo nos diferentes países, ver, entre tantos, Marcello Caetano, *Manual*, II, p. 1263 e ss.; José Roberto Dromi, *El procedimento administrativo*, Madrid, 1986; Guy Isaac, *La procédure administrative non contentieuse*, Paris, 1968; Aldo Sandulli, *Il procedimento administrativo*, Milão, 1959; Peter Badura, «Das Verwaltungsverfahren», *in* Erichsen, *Allgemeines Verwaltungsrecht*, 10.ª ed., Berlim, 1995, p. 417 e ss.; Javier Barnes Vasquez (org.), *El procedimiento administrativo en el Derecho Comparado*, Madrid, 1993.

[526] Acerca do procedimento administrativo em Portugal, que começou a ser estudado por Marcello Caetano a partir da 3.ª edição do *Manual* (1951, p. 675 e ss.), cfr. Eduardo Vaz de Oliveira, *O processo administrativo gracioso*, Lisboa, 1962; Alberto Xavier, *O processo administrativo gracioso*, Lisboa, 1967; Rui Machete, *Contribuição para o estudo das relações entre o processo administrativo gracioso e o contencioso*, Lisboa, 1969; *idem*, «O processo administrativo gracioso perante a Constituição portuguesa de 1976», *in Democracia e Liberdade*, 13, 1980; Rogério Soares, «A propósito dum projeto legislativo: o chamado Código do Processo Administrativo Gracioso», *in Revista de Legislação e Jurisprudência*, ano 115, pp. 14, 40, 173, 261, 295, ano 116, p. 324, e ano 117, p. 65; *idem*, «A Administração Pública e o Procedimento Administrativo», *in Scientia Iuridica*, t. XLI, 1992, n.os 238/240; L. F. Colaço Antunes, «A Tutela dos Interesses Difusos no Novo Código do Procedimento Administrativo Português», *in Rivista trimestrali di diritto pubblico*, IV, 1993, p. 1079 e ss.; João Loureiro, *O procedimento administrativo entre a eficiência e a garantia dos particulares*, Coimbra, 1996; Pedro Machete, *A Audiência dos Interessados*

Importa não confundir o *procedimento administrativo* com o *processo administrativo*: a primeira é uma noção do mundo jurídico, a segunda é uma noção do mundo físico. O *procedimento* é uma sequência ou sucessão de atos e formalidades, o *processo* é «o conjunto de documentos em que se traduzem os atos e formalidades que integram o procedimento» (CPA, art. 1.º, n.º 2). O «processo» é também denominado, na prática, como «*dossiê*» (em francês *dossier*; em inglês, *file*).

79. Objetivos da regulamentação do procedimento administrativo

O procedimento administrativo – já o dissemos – é uma sequência juridicamente ordenada. O que quer dizer que o Direito se interessa por ele e o regula através de normas jurídicas, obrigatórias para a Administração e para os particulares. Porquê?

Como resulta, com clareza, do artigo 267.º da Constituição, são os seguintes os grandes objetivos da regulamentação jurídica do procedimento administrativo:

a) Disciplinar da melhor forma possível o desenvolvimento da atividade administrativa, procurando nomeadamente assegurar a *racionalização dos meios* a utilizar pelos serviços, *evitando a burocratização* e aproximar os serviços públicos das populações (princípio da eficiência)[527];

b) *Esclarecer o melhor possível a vontade da Administração*, de modo a que sejam sempre tomadas decisões legais e adequadas à luz do dever de a Administração prosseguir – da melhor forma – o interesse público do ponto de vista político, jurídico, económico, financeiro, técnico, etc. (princípios da legalidade e da boa administração);

c) *Salvaguardar os direitos subjetivos e os interesses legítimos dos particulares*, impondo à Administração todas as cautelas para que eles sejam respeitados ou, quando hajam de ser sacrificados, para que o não

no Procedimento Administrativo, Lisboa, 1995, pp. 19-90; Vasco Pereira da Silva, *Em busca...*, pp. 301-400; Esteves de Oliveira / Pedro Gonçalves / Pacheco de Amorim, *Código do Procedimento Administrativo*, pp. 33-42; e David Duarte, *Procedimentalização, participação e fundamentação (...)*, pp. 19-117.

[527] Ver, por todos, João Loureiro, *O procedimento administrativo...*, pp. 124-144.

sejam por forma ilegal ou excessiva (princípio do respeito pelos direitos e interesses legalmente protegidos dos cidadãos[528];

d) Assegurar a *participação dos cidadãos na formação das decisões que lhes digam respeito* (democracia participativa).

Estas são, pois, em síntese, as principais funções da regulamentação legal do procedimento administrativo[529].

Repare-se também no seguinte trecho de um notável acórdão do nosso Supremo Tribunal Administrativo, proferido em 1950 – muito antes, como se vê, de haver qualquer código ou lei geral sobre o nosso procedimento administrativo:

«Como se sabe, o processo administrativo é constituído por uma série de atos e formalidades que precedem e preparam o ato administrativo. Tais formalidades – informações, pareceres, inspeções, exames, vistorias –, destinando-se a esclarecer a vontade da Administração, em ordem a ser tomada uma decisão justa, útil e oportuna, são para os administrados uma garantia e uma defesa contra a arbitrariedade e a precipitação das resoluções administrativas. (...) A observância das formas impõe-se sobretudo nos casos em que a Administração tem na prática do ato um poder de livre apreciação, sem normas legais que vinculem a sua conduta, ou seja nos chamados atos discricionários, visto ser precisamente nesses casos que os administrados carecem de maiores garantias da conformidade do ato com o fim legal»[530].

Numa palavra: a regulamentação jurídica do procedimento administrativo visa, por um lado, garantir a melhor ponderação da decisão a tomar à luz da lei e do *interesse público* e, por outro, assegurar o respeito pelos *direitos e interesses legítimos dos particulares*. Nesta medida, as normas que regulam o procedimento administrativo são, pois, típicas normas de Direito Administrativo, por isso que procuram conciliar as exigências do interesse coletivo com as exigências legítimas dos interesses individuais.

[528] V. especialmente João Loureiro, *O procedimento administrativo...*, pp. 161-244.
[529] Sobre a matéria, v. Pedro Machete, *A Audiência dos interessados no procedimento administrativo*, p. 83 e ss.; David Duarte, *Procedimentalização, participação e fundamentação:...*, p. 85 e ss.; e Raquel Carvalho, *O direito à informação administrativa procedimental*, Porto, 2000, p. 125 e ss.
[530] V. o ac. do STA-1, de 17.2.50, caso de *José Custódio da Câmara*, col. 1, p. 126 e ss.

80. A codificação das normas do procedimento administrativo

Desde cedo houve em toda a parte normas avulsas destinadas a regular aspetos pontuais do procedimento administrativo. E são muito antigas as primeiras leis que visaram regular um certo tipo de procedimentos administrativos – os *procedimentos disciplinares*, ou *processos disciplinares* –, de modo a assegurar aos arguidos o direito de serem ouvidos em sua defesa antes de serem punidos (garantia do «direito de defesa» ou da «audiência do arguido»).

No entanto, já no século XX, começou-se a esboçar uma tendência em diversos países para fazer publicar leis reguladoras do procedimento administrativo em geral, isto é, verdadeiros «códigos do procedimento administrativo»[531].

Em Portugal, foi a Lei de Meios para 1962 que prometeu, pela primeira vez, a elaboração do que então se chamava «*código de processo administrativo gracioso*». Mas essa promessa ficou letra morta nos doze anos que decorreram até ao fim do Estado Novo, e antes do 25 de Abril de 1974 nunca foi cumprida.

Após a Revolução, vários governos se empenharam em promover a elaboração de projetos[532].

O primeiro, da autoria de Rui Machete, foi publicado em 1980[533].

O segundo, resultante da discussão pública a que o primeiro foi submetido, foi apresentado em 1982 em publicação restrita[534] e viria depois a ser divulgado em 1987[535].

Entretanto, em 1987, na nossa qualidade de professor de Direito Administrativo da Faculdade de Direito da Universidade de Lisboa, fomos encarregados pelo

[531] Sobre os principais códigos ou leis de procedimento administrativo em países estrangeiros, v. a 2.ª ed. deste *Curso* (2011), II, pp. 329-330.

[532] Sobre a história da codificação do procedimento administrativo em Portugal, cfr. Diogo Freitas do Amaral, «Os antecedentes e a elaboração do Código do Procedimento Administrativo», *in Legislação – Cadernos de Ciência da Legislação*, INA, n.os 9-10, janeiro-junho de 1994, pp. 9-27, também publicado em *Procedimiento Administrativo, Ponencias del I Colóquio hispano-português*, Xunta de Galicia, Santiago de Compostela, 1994, pp. 19-32. V. ainda Pedro Machete, *A Audiência dos interessados...*, *cit.*, p. 328 e ss.; e David Duarte, *Procedimentalização...*, *cit.*, p. 74 e ss.

[533] «Código de Processo Administrativo Gracioso» (Projeto), *in BMJ*, n.º 301 (1980), p. 41 e ss. Contém uma «apresentação» do autor deste *Curso*, por lhe ter pertencido a revisão ministerial do projeto.

[534] *Projeto do Código de Processo Administrativo Gracioso*, ed. do Instituto Nacional de Administração, Oeiras, 1982 (policopiado).

[535] «Código do Processo Administrativo Gracioso» (Projeto) – 2.ª versão (1982), *in Boletim do Ministério da Justiça*, 362 (1987), p. 11 e ss.

Governo de proceder à revisão do projecto de 1980-82 e de apresentar uma versão final para publicação com força de lei.

Esta tarefa – levada a cabo por uma comissão, a que presidimos, e de que fizeram parte, sob proposta nossa, os nossos Assistentes João Raposo, João Caupers, João Martins Claro e Vasco Pereira da Silva – foi concluída em Fevereiro de 1989 e entregue ao Governo. Ouvidos os vários ministérios e outras entidades interessadas, fez-se uma revisão final, da nossa autoria, e o primeiro Código do Procedimento Administrativo português viu a luz do dia em 1991, aprovado pelo Decreto-Lei n.º 442/91, de 15 de novembro. O diploma entrou em vigor em 16 de maio de 1992.

No seu artigo 3.º, o referido Decreto-Lei determinava que o Código fosse «*revisto no prazo de três anos a contar da data da sua entrada em vigor*». Efetivamente assim foi, através do trabalho de uma Comissão Revisora quase idêntica à que apresentou o projeto final três anos antes, e também presidida por nós. A revisão do Código do Procedimento Administrativo foi feita, através de algumas dezenas de alterações, pelo Decreto-Lei n.º 6/96, de 31 de janeiro[536-537].

Em 2000, foi decidido pelo Governo preparar uma nova revisão deste diploma por uma Comissão por nós presidida, tendo o respetivo relatório preliminar sido publicado em maio de 2001 por iniciativa do Ministério da Reforma do Estado e da Administração Pública. Contudo, a queda do XIV Governo Constitucional congelou o processo de revisão então em curso.

Posteriormente, a entrada em vigor do Código dos Contratos Públicos determinou a revogação do Capítulo III da Parte IV do CPA referente ao contrato administrativo (cfr. o art. 14.º, n.º 1, do Decreto-Lei n.º 18/2008, de 14 de janeiro). Antes disso, já a «reforma do contencioso administrativo de 2002-2004 tornara exigível uma significativa adaptação das regras do procedimento administrativo.

[536] V. Diogo Freitas do Amaral *et alli*, *Código do Procedimento Administrativo Anotado*, e bibliografia aí indicada na p. 27; e João Caupers, «A Revisão do Código do Procedimento Administrativo», *in Cadernos de Ciência da Legislação*, INA, n.º 15, janeiro-março de 1996, pp. 5-15.

[537] Ao contrário do que alguns previram, a publicação do *Código do Procedimento Administrativo* deu lugar a uma das mais pujantes ondas de produção doutrinal no campo do Direito Administrativo português a que algum dia se tinha assistido, quer sob a forma de conferências, colóquios e artigos, quer sob a forma mais utilitária de códigos anotados, de entre os quais destacamos: Mário Esteves de Oliveira / Pedro Gonçalves / J. Pacheco de Amorim, *Código do Procedimento Administrativo*, 2.ª ed., Coimbra, 1997; Santos Botelho / Pires Esteves / Cândido de Pinho, *Código do Procedimento Administrativo Anotado*, 3.ª ed., Coimbra, 1996; e Diogo Freitas do Amaral *et alli*, *Código do Procedimento Administrativo Anotado*, 6.ª ed., Coimbra, 2007.

Tendo em conta estes dados, e, bem assim, os contributos dados pela doutrina e pela jurisprudência ao longo do tempo, o XIX Governo Constitucional propôs-se realizar uma «revisão alargada» do CPA de 1991, nomeando para o efeito uma comissão de especialistas, presidida pelo Prof. Doutor Fausto de Quadros. Esta comissão preparou um anteprojeto de revisão, o qual foi submetido a discussão pública. A discussão revelou-se muito rica, com ampla participação de interessados dos mais diversos setores, desde a Administração Pública às universidades, passando por advogados e magistrados. A mesma comissão incorporou depois, no projeto final, vários contributos que resultaram desse debate.

Sucede que tal projeto evidenciou uma ampla revisão do Código do Procedimento Administrativo em vigor. E o Governo, apesar de reconhecer que o projeto não efetuara um corte radical com o Código do Procedimento Administrativo de 1991, entendeu que se estava perante um novo Código. Deste modo, o que começou como um projeto de revisão do Código do Procedimento Administrativo acabou por se traduzir, por decisão política do Governo, num novo Código do Procedimento Administrativo, aprovado pelo Decreto-Lei n.º 4/2015, de 7 de janeiro – o qual entrou em vigor em 7 de abril de 2015.

81. Natureza jurídica do procedimento administrativo

Um dos principais problemas que se devem discutir acerca da natureza jurídica do procedimento administrativo consiste em saber se este constitui ou não um verdadeiro *processo*[538].

Confrontam-se a respeito desta questão duas teses opostas:

a) A tese *processualista*, preconizada por Marcello Caetano, Marques Guedes, Rui Machete e Alberto Xavier: para os defensores desta tese, o procedimento administrativo é um autêntico processo. Claro que há diferenças entre o processo administrativo e o processo judicial: mas ambos são espécies de um mesmo género – o processo[539];

b) A tese *antiprocessualista*, seguida no seu ensino (ao que supomos) por Afonso Queiró e expressamente perfilhada por Rogério Soares: para estes autores, o procedimento não é um processo; procedimento admi-

[538] V. por exemplo, entre nós, Vasco Pereira da Silva, *Em busca...*, p. 358 e ss.; e Pedro Machete, *A Audiência dos Interessados...*, *cit.*, pp. 49-72.

[539] V., neste sentido, desenvolvidamente, Alberto Xavier, *O processo administrativo gracioso*, *cit.*

nistrativo e processo (judicial) não são duas espécies de um mesmo género, mas sim dois géneros diferentes, irredutíveis um ao outro[540].

Pela parte que nos toca, aderimos sem grandes dúvidas à primeira conceção.

É certo que o procedimento administrativo e o processo judicial são muito diferentes entre si: todas as distinções apresentadas pelos defensores da tese antiprocessualista existem, e não há que negá-las. Com efeito, concordamos plenamente com esses autores, quando afirmam: (a) que o procedimento administrativo é efetuado pela Administração Pública, enquanto o processo judicial é atuado pelos tribunais; (b) que o primeiro tem por objetivo a prática ou a execução de atos da Administração, e o segundo, sentenças; (c) que o procedimento administrativo corresponde ao exercício da função administrativa, ao passo que o processo judicial traduz o exercício da função jurisdicional. Tudo isso é para nós evidente – e nem sequer está em discussão.

Todo o problema está, quanto a nós, noutro plano: e reside em saber se as diferenças apontadas por tais autores são diferenças que separam duas espécies do mesmo género, ou são diferenças que separam dois géneros distintos. Ou seja: tudo está em saber se é ou não possível reconduzir o procedimento administrativo e o processo judicial a um género comum – o do conceito jurídico de *processo*.

Ora nós consideramos que isso é possível: para nós, como bem notou Alberto Xavier, «o fenómeno processual revela-se nos vários setores da Ordem Jurídica»[541]. Há processos no direito privado e há processos no direito público. Neste, nomeadamente, «a cada uma das funções do Estado corresponde um tipo de processo através do qual ela se desenvolve»[542]: há assim, pelo menos, um processo legislativo, um processo administrativo e um processo judicial.

Como diz Benvenuti[543], função é a concretização de um poder, ou seja, a sua transformação em ato. Como a função se desenvolve no tempo,

[540] V., em defesa deste segundo ponto de vista, Rogério Soares, *A propósito dum projeto legislativo...*, *loc. cit.*, p. 295.

[541] V. Alberto Xavier, *O processo administrativo gracioso*, p. 14.

[542] V. Alberto Xavier, *ob. cit.*, p. 16.

[543] V. Feliciano Benvenuti, «Funzione amministrativa, procedimento, processo», na *Riv. Trim. di Dir. Publico*, 1952, pp. 118-145.

ela implica uma série de atos e factos sucessivos que constituem «a estrada através da qual passa o poder para se concretizar num ato» – é isso, justamente, o processo[544].

O que é então o processo, enquanto género suscetível de se desdobrar em variadas espécies? O «processo» será *a sucessão ordenada de atos e formalidades tendentes à formação ou à execução de uma vontade funcional*[545]. Sempre que a lei pretenda disciplinar a manifestação de uma vontade funcional – isto é, de uma vontade psicológica individual posta ao serviço de uma pessoa coletiva para prossecução dos fins específicos desta –, e desde que o faça ordenando o encadeamento sequencial de atos e formalidades para obtenção de uma solução ponderada e adequada, aí teremos um processo.

O procedimento administrativo é, pois, um processo – tal como o são o processo legislativo e o processo judicial. Múltiplas diferenças os separam; aproxima-os a circunstância de todos serem uma sequência juridicamente ordenada de atos e formalidades tendentes à formação e à manifestação de uma vontade funcional ou à respetiva execução.

Problema diverso – em que não entraremos aqui – é o de saber que relações existem entre o procedimento administrativo e o processo jurisdicional que tenham por objeto o mesmo ato administrativo[546].

82. Princípios fundamentais do procedimento administrativo

O procedimento administrativo obedece a um certo número de princípios fundamentais[547]. Destacam-se os seguintes:

a) Caráter documental. – Como observava Marcello Caetano, o modo de funcionamento da Administração não se compadece com a orali-

[544] Seguimos de perto a transcrição de Alberto Xavier, *ob. cit.*, pp. 17-18.

[545] V. Alberto Xavier, *idem*, p. 14.

[546] Este problema foi muito discutido entre nós nas décadas de 60 e de 70 do século passado: v., por todos, o excelente trabalho de Rui Machete, «Contributo para o estudo das relações entre o processo administrativo gracioso e o processo contencioso», *in Cadernos de Ciência e Técnica Fiscal*, n.os 125 e 126, Lisboa, 1969. O tema está hoje, porém, ultrapassado no essencial.

[547] V. Rui Machete, «Os princípios gerais do Código do Procedimento Administrativo», *in CPA*, INA, p. 39 e ss. Na literatura estrangeira, v., especialmente, García de Enterría e T. R. Fernández, *Curso de Derecho Administrativo*, II, p. 452 e ss.

dade[548], porque (como explicava nas suas aulas) a escrita no papel – hoje devemos acrescentar: ou em suporte eletrónico – é «a verdadeira *memória* da Administração Pública».

Em regra, portanto, o procedimento administrativo assume uma forma escrita ou eletrónica; os estudos e opiniões têm de ser emitidos por escrito ou – até preferencialmente – através de meios eletrónicos; as discussões e os consensos têm de ser registados por escrito ou através de meios eletrónicos; as votações feitas em órgãos colegiais têm de ser reduzidas a escrito ou documentadas por via eletrónica e consignadas em ata; e as decisões individuais ou são tomadas por escrito ou através de meios eletrónicos, ou também têm de ser reduzidas a escrito ou documentadas por via eletrónica. Em qualquer caso, das diligências realizadas oralmente são lavrados autos e termos, que devem conter a menção dos elementos essenciais e da data e lugar da realização da diligência a que respeitam (cfr. CPA, art. 64.º, n.º 1). Trata-se de uma exigência formulada quer em razão da necessidade de as decisões serem suficientemente *ponderadas*, quer como forma de *conservar para o futuro o registo* completo e seguro do que se fez, do que se votou ou do que se disse. Por isso mesmo, a cada procedimento corresponde um processo administrativo – no sentido de um conjunto de documentos em que se traduzem os atos e formalidades que integram o procedimento administrativo – em suporte de papel ou em suporte eletrónico (cfr. CPA art. 64.º, n.os 2 e 4).

b) Simplificação do formalismo. – Ao contrário do processo judicial, que continua sujeito a um formalismo bastante rígido, o procedimento administrativo é – ou deve ser – muito menos formalista e mais maleável. A lei traça apenas algumas linhas gerais de atuação e determina quais as formalidades essenciais: o resto é variável conforme os casos e as circunstâncias, competindo à Administração conduzir o procedimento, do princípio ao fim, pelas formas que julgar mais adequadas, dentro do respeito devido às regras constitucionais e legais. Nesse sentido rege o princípio da *adequação procedimental*: na ausência de normas jurídicas injuntivas, o responsável pela direção do procedimento goza de discricionaridade na respetiva estruturação, que, no respeito pelos prin-

[548] V. Marcello Caetano, *Manual*, II, p. 1271.

cípios gerais da atividade administrativa, deve ser orientada pelos interesses públicos da participação, da eficiência, da economicidade e da celeridade na preparação da decisão (cfr. CPA, art. 56.º).

c) Natureza inquisitória. – Os tribunais são passivos: aguardam as iniciativas dos particulares e, em regra, só decidem sobre o que aqueles lhes tiverem pedido. Pelo contrário, a Administração é ativa, goza do direito de iniciativa para promover a satisfação dos interesses públicos postos por lei a seu cargo: assim, a Administração não está, em regra, condicionada pelas posições dos particulares.

Como estabelece expressamente o artigo 58.º do CPA, «o responsável pela direção do procedimento e os outros órgãos que participem na instrução podem, mesmo que o procedimento seja instaurado por iniciativa dos interessados, proceder a quaisquer diligências que se revelem adequadas e necessárias à preparação de uma decisão legal e justa, ainda que respeitantes a matérias não mencionadas nos requerimentos ou nas respostas dos interessados»[549].

Constituem importantes manifestações deste princípio as regras contidas nos artigos 115.º e 117.º do CPA.

d) Princípio da desburocratização e eficiência. – Segundo o artigo 5.º do CPA, a *boa administração* carateriza-se por uma atuação por parte da Administração Pública que seja *eficiente, económica* e *célere* (n.º 1); para tanto, a Administração deve ser organizada de modo a *aproximar os serviços das populações* e de forma *não burocratizada* (n.º 2).

Este princípio projeta-se em vários planos, cumprindo aqui analisar especialmente as vertentes procedimental e organizatória[550]. Nestas últimas, o princípio em apreço implica que a Administração Pública se organize, tanto quanto possível, de modo a possibilitar uma utilização racional dos meios ao seu dispor, simplificando o mais possível tanto as suas operações próprias como o seu relacionamento com os particulares. É este um princípio que impõe um objetivo difícil de alcançar, e que obriga a uma renovação permanente das estruturas e dos métodos de

[549] V., sobre este princípio, Esteves de Oliveira / Pedro Gonçalves / Pacheco de Amorim, *Código..., cit.*, p. 306 e ss.

[550] Sobre os aspetos substantivos, v. *supra*, no n.º 7, a referência ao «dever de boa administração».

funcionamento da Administração Pública, a fim de o respeitar. Cumpre notar aqui que os juristas – em regra, avessos a questões de eficiência e produtividade – não têm dado grande atenção ao *princípio da eficiência* da Administração Pública na sua atividade específica ao serviço da coletividade. Mas o estudo desses princípios (não inteiramente sinónimos, mas que aqui consideramos em conjunto) carece de rápido e urgente aprofundamento.

Como referido, a eficácia e a eficiência da Administração Pública requerem, no mínimo, uma adequada concretização – em todas as formas e aspetos da atividade administrativa – dos seguintes aspetos, todos eles mencionados de modo *explícito* na Constituição e no Código:

a) Garantir a *eficácia da ação* administrativa;

b) *Evitar a burocratização*, isto é, simplificar ao máximo os métodos e formalidades inúteis, complicativos, desconfiados (*i. e.*, «burocráticos») e reduzir ao mínimo as exigências e formalidades desnecessárias, ainda que impostas por lei;

c) *Aproximar os serviços públicos das populações*, isto é, localizá-los perto da residência e do local de trabalho de cada cidadão, de modo a evitar-lhe longas deslocações para obter uma informação, um documento ou uma prestação de um serviço público (*aproximação geográfica*), mas também, além disso, ouvir as suas aspirações e as suas queixas, atendê-las na medida do possível ou dizer porque não podem ser atendidas, explicar as razões das decisões tomadas ou da impossibilidade de as tomar, etc. (*aproximação psicológica*);

d) *Assegurar a celeridade das decisões administrativas*, o que implica no mínimo duas obrigações diferentes: que as decisões sejam tomadas rapidamente – ou, pelo menos, *sempre* dentro dos prazos legalmente fixados (coisa bem rara em Portugal!) – e que, uma vez tomadas, as decisões da Administração sejam rapidamente executadas – ou, pelo menos, sempre dentro dos prazos legais (coisa ainda mais rara entre nós!);

e) *Garantir a economia das decisões administrativas*, o que implica, para bem analisar este conceito legal (CPA, art. 5.º, n.º 1), um estudo multidisciplinar. O que é uma decisão *económica* (*hoc sensu*) da Administração? É uma decisão «poupada», que gasta o menos possível em despesa pública? Ou será antes uma decisão «correta», do ponto de vista da «análise custo-benefício», mesmo que isso implique que ela seja mais cara em termos orçamentais?

(Pense-se, por ex., se é melhor comprar aviões e navios militares baratos de 5 em 5 anos, ou mais caros mas que durem 15 ou 20 anos; o mesmo se pode ponderar nos gastos com edifícios públicos, com estradas e pontes, com a aquisição de material sofisticado para o equipamento de hospitais ou laboratórios científicos do Estado, etc., etc.).

Todos estes aspetos – e muitos outros se poderiam citar – nem sempre têm merecido a devida atenção por parte Doutrina e por parte do Legislador.

E não se diga que isto não é assunto para juristas, mas para economistas e gestores públicos. Essa é uma visão muito errada do problema, que em parte explica por que razões é tão ineficaz e ineficiente a Administração Pública portuguesa.

Aos juristas – e, em particular, aos especialistas em Direito Administrativo – cabe nesta matéria uma tripla tarefa, no mínimo:

1) No *plano concetual*, elaborar os conceitos-chave constantes da nossa Constituição e das nossas leis administrativas e de finanças públicas, para deles extrair todo o conteúdo, alcance e corolários que comportam;
2) No *plano da política legislativa*, encontrar soluções extraídas da prática, bem como do direito comparado (que tem centenas de sugestões interessantes), soluções essas que sejam as mais capazes de impor à Administração deveres, exigências, prazos, relatórios, avaliações de desempenho, inquéritos sobre o grau de satisfação ou insatisfação dos utentes, etc. – tudo requisitos sem os quais a eficácia e a eficiência nunca serão atingidas, continuando a constituir belas palavras que não saem do papel;
3) No *plano sancionatório*, compete aos juristas tornar mais intensa a obrigatoriedade das normas jurídicas aplicáveis. Nesse aspeto, encontramo-nos em Portugal na «infância da arte»: a maioria das regras impostas pela Constituição ou pela lei ao Estado e aos entes públicos menores, quando violadas por órgãos administrativos, não são sancionadas de todo em todo, ou não o são de forma eficaz.

Um dos aspetos em que o legislador tem apostado é na generalização da utilização de *meios eletrónicos*: a Administração Pública deve utilizar meios eletrónicos no desempenho da sua atividade, de modo a promover a eficiência e a transparência administrativas e a proximidade com os interessados; em particular, devem os serviços administrativos disponibilizar meios eletrónicos de relacionamento com a Administração Pública e divulgá-los de forma adequada, de modo a que os interessados os possam utilizar no exercício dos seus direitos e interesses legalmente protegidos, designadamente para formular as suas pretensões, obter e prestar informações, realizar consultas, apresentar alegações, efetuar pagamentos e impugnar atos administrativos (cfr. CPA, art. 14.º, n.os 1 e 4; v. também os arts. 61.º a 63.º).

Uma outra aposta do CPA de 2015 é a previsão da possibilidade de virem a ser instituídas *conferências procedimentais*, no sentido de promover a eficiência, a economicidade e a celeridade da atividade administrativa (art. 77.º e ss.). Tais conferências podem destinar-se ao exercício conjunto das competências decisórias dos órgãos participantes através de um único ato complexo – *conferências deliberativas*[551]; ou ao exercício individualizado, mas simultâneo, das competências dos órgãos participantes, através da prática, por cada um deles, de atos administrativos autónomos – *conferências de coordenação*. Desde que não exista incompatibilidade entre a forma contratual e a matéria a regular, as conferências procedimentais podem terminar pela celebração de um contrato substitutivo do ato ou dos atos cuja preparação visavam. A possibilidade de realização de conferências procedimentais no âmbito de cada tipo de procedimento depende de previsão específica em lei ou regulamento, ou em contrato interadministrativo a celebrar entre entidades públicas autónomas. As conferências de coordenação podem ainda ser realizadas por acordo entre os órgãos envolvidos. Cada conferência procedimental é convocada relativamente a uma situação concreta, por iniciativa própria do órgão competente nos termos do ato instituidor, ou quando requerida pelos interessados. Quando tenha lugar, a conferência procedimental tem uma duração determinada e suspende os prazos para a conclusão dos procedimentos nos quais deveriam ser praticados os vários atos envolvidos. A conferência procedimental autonomiza-se, deste modo, como fase do procedimento administrativo que integra as reuniões da conferência, a audiência dos interessados e, eventualmente, a audiência pública.

Em nossa opinião, é pena que o CPA, ao introduzir esta importante inovação, não tenha logo estabelecido em que casos, termos e condições

[551] A pronúncia desfavorável de qualquer dos participantes determina o indeferimento das pretensões apreciadas na conferência, salvo se os órgãos acordarem nas alterações necessárias ao respetivo deferimento e na possibilidade da repetição da conferência, caso essas alterações sejam concretizadas pelo interessado – artigo 81.º, n.º 5, do CPA.

é que os interessados poderiam exercer o direito potestativo de exigir a convocação, em prazo curto, uma conferência procedimental. Haverá que esperar por nova lei que o diga.

e) Colaboração da Administração com os particulares. – Durante o Estado liberal, era grande o fosso que separava o Estado da sociedade civil, pelo que a Administração e os particulares raramente colaboravam entre si: podiam contactar, mas não cooperavam nas atividades de cada um.

Diversamente, hoje, aceita-se pacificamente que a melhor prossecução das tarefas assumidas pela Administração de um Estado democrático impõe a colaboração permanente daquela com os particulares.

O princípio da colaboração *estreita* da Administração com os particulares está consagrado no artigo 11.º do CPA[552]. No n.º 1 diz-se que «os órgãos da Administração devem atuar em estreita colaboração com os particulares, cumprindo-lhes, designadamente, prestar aos particulares as informações e os esclarecimentos de que careçam, apoiar e estimular as suas iniciativas e receber as suas sugestões e informações; e no n.º 2 acrescenta-se que «a Administração Pública é responsável pelas informações prestadas por escrito aos particulares, ainda que não obrigatórias».

Note-se que, não obstante a redação do n.º 2, quando houver o dever jurídico de dar a informação, deve entender-se que esta responsabiliza a Administração mesmo que prestada oralmente, em homenagem ao princípio da responsabilidade das entidades públicas (cfr. art. 22.º da Constituição) e da confiança nas relações com os particulares, ínsito no princípio do Estado de Direito Democrático (cfr. também o art. 485.º, n.º 2, do Código Civil)[553].

Quando seja possível ao particular provar em tribunal, de forma inequívoca, que a Administração não agiu em «estreita colaboração» com ele, é duvidoso se isso pode conduzir à invalidade do ato definitivo, que pôs termo ao procedimento, ou se só pode constituir fundamento de responsabilidade disciplinar de quem agiu *contra legem*, bem como de responsabilidade civil da Administração, seus órgãos e agentes. Pelo menos a segunda consequência é, em absoluto, irrecusável, desde que haja danos indemnizáveis.

[552] V. Pedro Machete, *A audiência dos interessados...*, *ob. cit.*, pp. 395-408.

[553] V. Diogo Freitas do Amaral *et alli*, *Código...*, *cit.*, p. 49.

f) Direito de informação dos particulares. – Tradicionalmente, os particulares nada podiam saber sobre o andamento dos processos em que tivessem interesse: era o *caráter secreto* do procedimento administrativo[554]. Todavia, a publicidade e a transparência da administração pública constituem exigências normais de um moderno Estado de Direito. Está em causa não apenas a existência de garantias subjetivas dos administrados, como também a previsão de mecanismos que contribuam para a otimização da decisão administrativa e para o controlo democrático do exercício do poder administrativo. Com efeito, a participação procedimental só pode ser objetiva, se devidamente informada. Por outro lado, a efetividade da tutela jurisdicional contra ilegalidades administrativas depende frequentemente da possibilidade de acesso a informações constantes dos processos ou *dossiês* administrativos. Acresce que a ação de muitas organizações de defesa de interesses difusos ou coletivos é fortemente condicionada pela informação administrativa disponibilizada. Finalmente, a prática de uma administração aberta é condição indispensável ao exercício de um jornalismo informado e crítico relativo à atividade da Administração Pública.

Atualmente, o artigo 268.º, n.º 1, da Constituição, estabelece precisamente que «os cidadãos têm o direito de ser informados pela Administração, sempre que o requeiram, sobre o andamento dos processos em que sejam diretamente interessados, bem como o de conhecer as resoluções definitivas que sobre eles forem tomadas». Isto significa, portanto, que *não só no momento da resolução final mas durante todo o procedimento*, se o cidadão quiser ser informado sobre o estado de um processo que lhe diz respeito, tem esse direito[555].

É, manifestamente, uma alteração da maior importância[556].

554 V. Marcello Caetano, *Manual*, II, p. 1272.

555 Para uma análise da jurisprudência constitucional portuguesa sobre o assunto, cfr., por último, Raquel Carvalho, «Os direitos e garantias dos administrados na jurisprudência do Tribunal Constitucional (breve análise jurisprudencial)», *in JURIS ET DE JURE. Nos 20 anos da Faculdade de Direito da UCP – Porto*, Porto, 1999, pp. 791-797.

556 Sobre o tema, v. Diogo Freitas do Amaral, «Direitos fundamentais dos administrados», *in* Jorge Miranda (org.), *Nos dez anos da Constituição*, Lisboa, 1986, p. 14; Sérvulo Correia, «O direito à informação e os direitos de participação dos particulares no procedimento e, em especial, na formação da decisão administrativa», *in Legislação*, n.os 910, jan.-jun. de 1994, pp. 134-145; e Fernando Condesso, *O direito à informação administrativa*, Lisboa, 1995.

A Constituição só exige dois requisitos para que exista este direito de informação: (a) que o particular *requeira* a informação à Administração, e (b) que ele seja *diretamente interessado* no processo.

O *direito à informação procedimental* constitucionalmente garantido está legalmente regulado nos artigos 82.º a 85.º do CPA[557]. Comporta três direitos distintos: o direito à prestação de informações (art. 82.º), o direito à consulta do processo, e o direito à passagem de certidões (art. 83.º). Os particulares que sejam *diretamente interessados* têm, pois, o direito de ser informados, sob qualquer das referidas formas, sobre os procedimentos que lhes digam respeito[558].

E os outros cidadãos? Qualquer pessoa tem direito de acesso aos arquivos e documentos da Administração Pública?

A resposta tradicional era negativa, de acordo com o *sistema do segredo administrativo*. Hoje, porém, a tendência nos países mais avançados é para aceitar o sistema do *arquivo aberto* («open file»). Na verdade, é também reconhecido a todos os cidadãos, em geral, o direito de acesso aos arquivos e registos administrativos, sem prejuízo do disposto na lei em matérias relativas à segurança interna e externa, à investigação criminal e à intimidade das pessoas (cfr. o art. 268.º, n.º 2, da Constituição) – *direito de acesso aos arquivos e registos administrativos*. E o artigo 17.º, n.º 1, do CPA consagra o *princípio da administração aberta*, segundo o qual «todas as pessoas têm o direito de acesso aos arquivos e registos administrativos, mesmo quando nenhum procedimento que lhes diga diretamente respeito esteja em curso, sem prejuízo do disposto na lei em matérias relativas à segurança interna e externa, à investigação criminal, ao sigilo fiscal e à privacidade das pessoas». Existe, pois, a par dos direitos à informação procedimental, um *direito de acesso aos documentos administrativos*, ou seja, um direito que existe independentemente de estar em curso qualquer procedimento administrativo. E este direito – ponto muito importante – não pertence apenas aos cidadãos diretamente interessados, mas a todos aqueles que demonstrem ter um *interesse legítimo* em obter a informação (jornalistas, historiadores, biógrafos, etc.). A matéria

[557] Sobre este direito, em geral, v. Sérvulo Correia, «O direito à informação...», *cit.*, p. 155 e ss.; e Raquel Car valho, *O direito à informação...*, *cit.*, p. 145 e ss.

[558] Sobre o conflito entre o direito à informação administrativa e o direito à reserva da vida privada, cfr. João Caupers, «Acesso a documentos nominativos: direito à informação ou reserva da intimidade?», *in CJA*, n.º 1, janeiro-fevereiro de 1997, pp. 33-34.

do direito à informação não procedimental está regulada pela Lei n.º 46/2007, de 24 de agosto[559].

Quando não seja dada integral satisfação aos pedidos formulados no exercício do direito à informação procedimental ou do direito de acesso aos arquivos e registos administrativos, o interessado pode requerer a intimação da autoridade administrativa competente, nos termos e com os efeitos previstos no Código do Processo nos Tribunais Administrativos (arts. 104.º-108.º).

g) Participação dos particulares na formação das decisões que lhes respeitem. – O artigo 267.º, n.º 5, da Constituição estabelece expressamente que a lei deverá assegurar «a participação dos cidadãos na formação das decisões ou deliberações que lhes disserem respeito».

O modo concreto de facultar essa participação dos interessados está depois legalmente configurado no CPA. Ele implica, para os órgãos administrativos, o *dever de assegurar a «participação dos particulares*, bem como das associações que tenham por objeto a defesa dos seus interesses, na formação das decisões que lhes digam respeito, designadamente através da respetiva audiência (art. 12.º do CPA)[560].

Este direito genérico de participação manifesta-se sob várias formas. A mais importante de todas é o *direito de audiência prévia* dos particulares relativamente à tomada de qualquer decisão administrativa que lhes diga respeito. Outras manifestações relevantes são: o direito de formular sugestões à Administração; o direito de lhe prestar informações (v. art. 11.º, n.º 1); e o ónus dos interessados durante a fase da instrução do procedimento (art. 115.º e ss.)[561].

A Lei n.º 83/95, de 31 de agosto, veio definir os casos e os termos em que é conferido e pode ser exercido o *direito de participação popular* em procedimentos administrativos, designadamente quando estão em causa interesses no âmbito da saúde pública, do ambiente, da qualidade de vida ou do património cultural.

[559] Em matéria de informação relativa a questões ambientais rege a Lei n.º 19/2006, de 12 de junho.

[560] Sobre as importantes questões suscitadas por esta formulação, cfr. Pedro Machete, *A audiência dos interessados..., cit.*, p. 411 e ss.; e Vasco Pereira da Silva, *Em busca...*, pp. 424-426.

[561] Ver Paulo Otero, *Direito Administrativo...*, p. 376.

h) Princípio da decisão. – Vem estabelecido no artigo 13.º do CPA. Significa que os órgãos administrativos têm «o dever de se pronunciar sobre todos os assuntos da sua competência que lhes sejam apresentados e, nomeadamente, sobre os assuntos que aos interessados digam directamente respeito, bem como sobre quaisquer petições, representações, reclamações ou queixas formuladas em defesa da Constituição, das leis ou do interesse público» (n.º 1). Através da consagração deste princípio da decisão dos órgãos administrativos, pretende-se, não apenas que a Administração Pública se pronuncie sempre que para tanto é solicitada pelos particulares, mas também facilitar a proteção dos particulares em face de omissões administrativas ilegais, designadamente garantindo o direito de reagir em tribunal contra a passividade administrativa pela previsão genérica de um dever legal de decidir[562]. Claro está que o princípio não existe apenas nos procedimentos administrativos *desencadeados por particulares*, mas também nos de iniciativa *pública* (procedimentos públicos). Estão, portanto, abrangidas aqui todas aquelas pessoas (públicas ou privadas) cuja posição jurídica esteja dependente de uma decisão procedimental da competência de um órgão administrativo[563].

Note-se, no entanto, que «não existe o dever de decisão quando, há menos de dois anos contados da data da apresentação do requerimento, o órgão competente tenha praticado um ato administrativo sobre o mesmo pedido formulado pelo mesmo particular com os mesmos fundamentos» (art. 13.º, n.º 2, do CPA)[564]. O exato alcance desta disposição – idêntica à que no CPA de 1991 constava do respetivo art. 9.º, n.º 2 – suscita controvérsia[565]. Alinhamos, pela nossa parte, com Vieira de Andrade quando afirma que o preceito «exclui o dever de decisão quando a Administração tenha decidido expressamente há menos de dois anos pretensão idêntica, e

[562] Cfr. o art. 129.º do CPA: em princípio, «a falta, no prazo legal, de decisão final sobre pretensão dirigida a órgão administrativo competente constitui incumprimento do dever de decisão, conferindo ao interessado a possibilidade de utilizar os meios de tutela administrativa e jurisdicional adequados».

[563] Assim, Esteves de Oliveira / Pedro Gonçalves / Pacheco de Amorim, *Código..., cit.*, p. 127.

[564] Sobre o sentido de cada um dos requisitos formulados no n.º 2 do art. 9.º do CPA, cfr. Esteves de Oliveira / Pedro Gonçalves / Pacheco de Amorim, *Código.., cit.*, pp. 129-131.

[565] Ver J. C. Vieira de Andrade, «O controle jurisdicional do dever de reapreciação de atos administrativos negativos», *in CJA*, n.º 1, janeiro-fevereiro de 1997, pp. 64-65.

obriga-a a, passados esses dois anos, reapreciar, se assim for requerido, ainda que com os mesmos fundamentos, os seus atos de indeferimento»[566].

i) Princípio da gratuitidade. – «O procedimento administrativo é tendencialmente gratuito, na medida em que leis especiais não imponham o pagamento de taxas por despesas, encargos ou outros custos suportados pela Administração» (art. 15.º, n.º 1, do CPA); por outro lado, «em caso de insuficiência económica, a Administração isenta, total ou parcialmente, o interessado do pagamento das taxas ou das despesas referidas no número anterior» (n.º 2 do art. 15.º do mesmo diploma), devendo a aludida insuficiência ser provada nos termos da lei sobre apoio judiciário, com as devidas adaptações (art. 15.º, n.º 3, igualmente do CPA).

j) Proteção dos dados pessoais. – A importância crescente da informação detida pela Administração e a necessidade de a mesma circular pelos diferentes serviços justificam uma preocupação com a segurança dessa mesma informação. Daí a referência expressa ao princípio da proteção de dados pessoais no artigo 18.º do CPA, que funciona como um recordatório da essencialidade da disciplina da utilização da informática (cfr. o art. 35.º da Constituição e a Lei n.º 67/98, de 26 de outubro).

k) Cooperação leal com a União Europeia. – A inovação respeitante à cooperação entre a Administração Pública portuguesa e a União Europeia, constante do artigo 19.º do CPA, visa dar cobertura à crescente participação da primeira no processo de decisão da segunda, bem como à participação de instituições e organismos da União Europeia em procedimentos administrativos nacionais. Assim, sempre que o direito da União Europeia imponha à Administração Pública a obrigação de prestar informações, apresentar propostas ou de, por alguma outra forma, colaborar com a Administração Pública de outros Estados-membros, essa obrigação deve ser cumprida no prazo para tal estabelecido e, na ausência de prazo específico, tal obrigação é cumprida no quadro da cooperação leal que deve existir entre a Administração Pública e a União Europeia.

566 V. *O controle jurisdicional do dever..., cit.*, pp. 64-65.

83. Espécies de procedimentos administrativos

Tradicionalmente, enunciam-se duas classificações dos procedimentos administrativos. Por um lado, e atendendo à questão de saber *quem toma a iniciativa* de desencadear o início do procedimento (CPA, art. 53.º), temos:

a) Procedimentos de iniciativa pública;
b) Procedimentos de iniciativa particular.

Os primeiros são *os procedimentos que a Administração toma a iniciativa de desencadear*: por ex., o procedimento destinado à realização de uma obra pública, a abertura de um concurso para preencher lugares vagos nos quadros do funcionalismo, a realização de uma hasta pública para a venda de bens do património do Estado ou de uma autarquia local, os processos disciplinares, etc.

Os segundos são *os procedimentos desencadeados por iniciativa dos particulares*: por ex., os procedimentos abertos mediante requerimento de um particular para obter uma autorização, uma licença, uma pensão, um subsídio, um empréstimo, etc.

Por outro lado, e atendendo agora a um outro critério, o do *objeto* do procedimento, temos:

a) Procedimentos decisórios;
b) Procedimentos executivos.

Os primeiros são *os procedimentos que têm por objeto preparar a prática de um ato da Administração*: por ex., os casos dados como exemplo na classificação anterior.

Os segundos *são os procedimentos que têm por objeto executar um ato da Administração*, ou seja, e como diz Micheli, «transformar o direito em facto»[567]: por ex., o procedimento pelo qual a Administração promove, pelos seus próprios meios, a demolição de um prédio que ameaça ruína quando, ordenada a demolição ao proprietário, este não a tenha efetuado.

Acrescente-se ainda que os procedimentos decisórios podem ser *de 1.º grau* ou *de 2.º grau*, conforme visem preparar a prática de um ato *primário* ou de um ato *secundário*. Assim, por exemplo, enquanto os proce-

[567] *Apud* Rui Machete, «A execução do ato administrativo», *in Direito e Justiça*, 1992, p. 68.

dimentos disciplinares ou os que visam obter uma autorização ou uma licença são de 1.º grau, já os procedimentos de reclamação, de recurso hierárquico ou de recurso tutelar são procedimentos decisórios de 2.º grau.

Às duas classificações *tradicionais* dos procedimentos administrativos apresentadas devem agora acrescentar-se mais duas. Uma delas tem base na lei (cfr. CPA, art. 2.º, n.º 5). Efetivamente, cabe distinguir entre:

a) Procedimento administrativo comum;
b) Procedimentos administrativos especiais.

O *procedimento comum* é aquele que é regulado pelo próprio CPA – e que deve ser seguido em todos os casos em que não haja legislação especial aplicável.

Os *procedimentos especiais* são, como o nome indica, os regulados em leis especiais (é o caso, p. ex., do procedimento de licença de construção, ou de formação de contratos públicos, regulado no CCP, ou do procedimento disciplinar dos trabalhadores em funções públicas, regulado pela Lei n.º 35/2014, de 20 de junho).

Note-se, todavia, que os procedimentos especiais, não obstante a sua disciplina principal se encontrar noutros diplomas que não o CPA, se subordinam *também* quer aos «*princípios gerais da atividade administrativa*» constantes do próprio CPA, quer às normas que nesse Código «*concretizam preceitos constitucionais*» (CPA, art. 2.º, n.º 3).

Enfim, uma quarta classificação é necessário fazer aqui, tendo em conta o disposto no artigo 32.º, n.º 10, da Constituição. Trata-se da classificação que, atendendo à natureza punitiva ou não punitiva do ato final do procedimento, distingue:

a) Procedimentos administrativos sancionatórios;
b) Procedimentos administrativos não sancionatórios.

Os primeiros são aqueles que podem dar lugar à prática de um ato punitivo (*v. g.* procedimentos contraordenacionais, disciplinares ou outros[568]), razão por que a posição do arguido é objeto de especiais garantias; os segundos são, por exclusão de partes, todos os demais, ou seja, aqueles cujo ato final não reveste em caso algum natureza sancionatória.

84. O procedimento decisório de 1.º grau

Vamos agora ver em que consiste, nas suas linhas gerais, o procedimento decisório de 1.º grau relativo a atos administrativos, ou seja, o procedimento tendente à prática de um ato administrativo primário.

Varia um pouco, de autor para autor, a divisão do procedimento em fases[569]. Quanto a nós, as fases do procedimento decisório de 1.º grau, à luz do atual direito português, são seis[570], a saber:

a) Fase inicial;
b) Fase da instrução;
c) Fase da audiência dos interessados;
d) Fase da preparação da decisão;
e) Fase da decisão;
f) Fase complementar.

Vejamos, separadamente, cada uma delas.

Previamente, refira-se que o faseamento apresentado, se constitui «um modelo abrangente da generalidade dos procedimentos decisórios de primeiro grau», não é um esquema que tenha de ser seguido em todo e qualquer tipo de procedimento; por outro lado, importa ainda sublinhar que as formalidades que a doutrina inclui em cada fase não são todas de verificação necessária. O Código regula os respetivos trâmites para o caso de o órgão instrutor considerar oportuno socorrer-se das dili-

[568] Cfr. *supra*, n.º 62-A.

[569] V. Sandulli, *Il procedimento amministrativo, cit.*, p. 117; e, entre nós, Alberto Xavier, *O processo administrativo gracioso, cit.*, p. 96 e ss.; J. M. Ferreira de Almeida, «A marcha do procedimento administrativo», § 3.º do estudo coletivo «Procedimento Administrativo», *in DJAP*, VI, p. 479 e ss.; e J. Martins Claro, «A marcha do procedimento administrativo», *in O Código do Procedimento Administrativo*, INA, p. 65.

[570] Contudo, a instituição de conferências procedimentais – cfr. *supra* o n.º 81, al. *d*) – pode alterar este modelo.

gências abstratamente previstas[571]. Por exemplo, na esmagadora maioria dos procedimentos não são decretadas medidas provisórias, e essa é, como veremos, uma formalidade prevista em termos gerais; o mesmo se poderá dizer da nomeação de peritos[572]. Ressalvam-se, como é óbvio, as *formalidades essenciais*, que são obrigatórias por lei e, em princípio, não podem ser afastadas pelo órgão instrutor.

a) Fase inicial. – É a fase em que se dá início ao procedimento. Como sabemos, esse início pode ser desencadeado pela Administração (através de um ato interno), ou por um particular interessado (em regra, através de um requerimento), segundo o CPA, artigo 53.º

Se é a Administração que inicia o procedimento, deverá comunicá-lo às pessoas cujos direitos ou interesses legalmente protegidos possam ser lesados pelos atos a praticar no decurso do procedimento e que possam ser desde logo nominalmente identificadas (CPA, art. 110.º, n.º 1).

Pelo contrário, se é o particular que toma a iniciativa de desencadear o procedimento, deverá fazê-lo através da apresentação de um requerimento escrito, ou enviado por correio electrónico, do qual constem as várias menções indicadas no n.º 1 do artigo 102.º do CPA[573]. Excecionalmente, pode a lei admitir um pedido verbal.

A apresentação do requerimento pode ser feita por uma das seguintes formas: *a)* entrega nos serviços, valendo como data da apresentação a da entrega; *b)* remessa pelo correio, sob registo, valendo como data da apresentação a da efetivação do registo postal; *c)* envio através de telefax ou transmissão eletrónica de dados, valendo como data da apresentação a do termo da expedição; *e)* formulação verbal, quando a lei admita essa forma de apresentação (CPA, art. 104.º, n.º 1). A apresentação de requerimentos, qualquer que seja o modo por que se efetue, é sempre objeto de registo no serviço público recetor, que menciona o respetivo número de ordem, a data, o objeto do requerimento, o número de documentos juntos e o nome do requerente (CPA, art. 105.º, n.º 1); os interessados podem exigir recibo comprovativo da entrega dos requerimentos apresentados (CPA, art. 106.º, n.º 1). Sobre o requerimento inicial apresentado pelos particulares interessados poderá o serviço proferir imediatamente um dos seguintes despachos: de *indeferimento liminar*, caso aquele seja anónimo ou ininteligível (art. 108.º, n.º 3, do CPA), ou de *aperfeiçoamento*, na

[571] V. João Martins Claro, *A marcha..., cit.*, p. 66.
[572] *Idem, idem.*
[573] Sobre esta matéria, cfr. José Pedro Fernandes, «Requerimento», *in DJAP*, VII, pp. 238-239.

hipótese de não se encontrarem devidamente preenchidas todas as exigências feitas pelo artigo 102.º do CPA. Contudo, devem os órgãos e agentes administrativos procurar suprir oficiosamente as deficiências dos requerimentos, de modo a evitar que os interessados sofram prejuízos por virtude de simples irregularidades ou de mera imperfeição na formulação dos seus pedidos (CPA, art. 108.º, n.º 2).

A este respeito, refira-se que a Administração Pública não pode substituir-se aos particulares, praticando os atos jurídicos que eles tenham o dever ou o ónus de praticar: fazê-lo seria violar o princípio da prossecução do interesse público, consagrado no artigo 266.º, n.º 1, da Constituição; e seria no fundo admitir que a Administração, em vez de cuidar só da gestão pública dos interesses coletivos, podia também dedicar-se à gestão privada de interesses particulares. Por outras palavras: seria a modalidade mais grave do *desvio de poder*[574]. Assim, quando os particulares são convidados a suprir as deficiências dos seus atos (cfr. art. 108.º, n.º 1, do CPA), *têm de ser eles a fazê-lo*; o suprimento oficioso de deficiências dos atos dos particulares só pode ter lugar, *excecionalmente*, quando tais deficiências assumam a forma de «*simples irregularidade*» ou «*mera imperfeição*» (cfr. art. 108.º, n.º 2, do CPA), pelo que, «nesses casos, a Administração (se tiver maneira de as suprir) nem dirige convite ao particular, regularizando e aproveitando, assim, o ato procedimental deste»[575].

Da fase inicial pode ainda fazer parte a tomada de *medidas provisórias* – ou seja, as medidas que «se mostrem necessárias, se houver justo receio de, sem tais medidas, se constituir uma situação de facto consumado ou se produzirem prejuízos de difícil reparação para os interesses públicos ou privados em presença, e desde que, uma vez ponderados esses interesses, os danos que resultariam da medida se não mostrem superiores aos que se pretendam evitar com a respetiva adoção» (CPA, art. 89.º, n.º 1)[576]. Isto já era assim em processo disciplinar (com a medida da «suspensão preventiva do arguido») e, porventura, num ou noutro procedimento especial, mas com o primeiro CPA passou a existir como regra *geral*: sempre que a Administração tenha justo receio de que a situação se degrade antes de se chegar à decisão final, pode no decurso do procedimento – e portanto antes da decisão final – tomar medidas

[574] Sobre este conceito, cfr. *infra*, n.º 107.

[575] V. Esteves de Oliveira / Pedro Gonçalves / Pacheco de Amorim, *Código...*, *cit.*, p. 384.

[576] Sobre medidas provisórias, cfr., entre nós, Pedro Machete, *A audiência dos interessados...*, *cit.*, pp. 438-440; Esteves de Oliveira / Pedro Gonçalves / Pacheco de Amorim, *Código...*, *cit.*, p. 400 e ss.; e J. Martins Claro, *A marcha...*, *cit.*, pp. 70-71.

provisórias que acautelem o efeito útil que se pretende obter com o ato definitivo.

A decisão de ordenar ou alterar qualquer medida provisória – um ato administrativo impugnável contenciosamente – não carece de audiência prévia, deve ser fundamentada e fixar prazo para a sua vigência; do mesmo modo, a revogação das medidas provisórias deve ser fundamentada (CPA, art. 89.º, n.ºs 2, 3 e 4). Segundo o artigo 90.º do CPA, as medidas provisórias caducam quando:

a) Seja proferida decisão definitiva no procedimento;
b) Expire o prazo que lhes tenha sido fixado ou a respetiva prorrogação;
c) Expire o prazo fixado na lei para a decisão final;
d) A decisão final não seja proferida dentro dos 180 dias seguintes à instauração do procedimento.

b) Fase da instrução. – Destina-se a averiguar os factos que interessem à decisão final e, nomeadamente, a recolher as provas que se mostrarem necessárias (CPA, arts. 115.º a 120.º)[577].

Trata-se de uma fase largamente dominada pelo *princípio do inquisitório* (cfr. CPA, art. 58.º), já acima referido.

O novo CPA introduz uma alteração importante, em relação ao anterior, quanto à *direção da instrução* (art. 55.º).

Embora partindo da mesma posição de princípio – «a direção do procedimento cabe ao órgão competente para a decisão final» (*id.*, n.º 1) –, o código prevê três hipóteses distintas:

a) O órgão competente para a decisão final só dirige pessoalmente a instrução quando uma disposição legal, regulamentar ou estatutária assim o impuser, ou quando a isso obrigarem as condições de serviço ou outras razões ponderosas, devidamente fundamentadas (*id.*, n.º 2). Aqui, *o diretor do procedimento é o órgão decisório*;

b) Fora desses casos, a lei obriga o órgão competente para a decisão final a delegar num seu subalterno – ou, se se tratar de órgão colegial, num dos seus membros ou num agente dele dependente (*id.*, n.º 4) – o poder de direção do procedimento (*id.*, n.º 2). A regra geral é, pois, a de

[577] Sobre esta fase, cfr., entre nós, por todos, J. M. Ferreira de Almeida, *A marcha...*, *cit.*, pp. 481-485.

que *o diretor do procedimento é um delegado do órgão decisório*, isto para não assoberbar os órgãos decisórios com a instrução de numerosos procedimentos;

c) O diretor do procedimento, por sua vez, pode incumbir um subalterno seu da «realização de diligências instrutórias específicas» (*id.*, n.º 3). Aqui, *a direção de certas diligências instrutórias compete a um subdelegado.*

No âmbito da instrução, cabe ao «diretor da instrução», um ou outro, «averiguar todos os factos cujo conhecimento seja adequado e necessário à tomada de uma decisão legal e justa dentro de prazo razoável, podendo, para o efeito, recorrer a todos os meios de prova admitidos em direito» (CPA, art. 115.º, n.º 1). E pode determinar aos interessados a prestação de informações, a apresentação de documentos ou coisas, a sujeição a inspeções e a colaboração noutros meios de prova (CPA, art. 117.º, n.º 1). Por sua vez, os interessados podem juntar documentos e pareceres ou requerer diligências de prova úteis para o esclarecimento dos factos com interesse para a decisão (CPA, art. 116.º, n.º 3).

De resto, e sem prejuízo do dever de averiguação oficiosa dos factos relevantes por parte da Administração, cabe aos interessados provar os factos que tenham alegado (CPA, art. 116.º, n.º 1). Mas, se forem notificados para «a prestação de informações, a apresentação de documentos ou coisas, a sujeição a inspeções (ou para) a colaboração noutros meios de prova» (*id.*, art. 117.º, n.º 1) e se, sem fundamento legal (n.º 2) a recusarem, a falta de cumprimento da notificação é livremente apreciada para efeitos de prova, consoante as circunstâncias do caso, não dispensando o órgão administrativo de procurar averiguar os factos, nem de proferir a decisão; porém, quando as informações, documentos ou atos solicitados ao interessado sejam necessários à apreciação do pedido por ele formulado, e não forem por ele apresentados, não deve ser dado seguimento ao procedimento, disso se notificando o particular (CPA, art. 119.º, n.ºs 2 e 3).

Durante a fase da instrução pode ser ouvido o particular cujo requerimento tenha dado origem ao procedimento ou contra quem este tenha sido instaurado. Mas esta audiência não deve ser confundida com aquela a que necessariamente se terá de proceder depois, na terceira fase do procedimento: nesta segunda fase, trata-se de uma diligência instrutória; na fase subsequente, tratar-se-á do exercício do direito de participação ou de defesa[578].

Podem resumir-se do seguinte modo as principais regras constantes do CPA em matéria de prova:

- dever de averiguação dos factos por parte da Administração (art. 115.º, n.º 1, 1.ª parte);
- admissão ampla de meios probatórios (art. 115.º, n.º 1, *in fine*);
- livre apreciação da prova (art. 119.º, n.º 2, do CPA);
- desnecessidade de prova ou alegação de factos públicos ou notórios ou dos que o diretor do procedimento, por força do exercício de funções, tenha conhecimento (art. 115.º, n.º 2);
- ónus da prova a cargo dos interessados relativamente a factos que aleguem, sem prejuízo do dever geral de averiguação a cargo da Administração (art. 116.º, n.º 1)[579].

c) *Fase da audiência dos interessados.* – A audiência dos interessados (CPA, arts. 121.º a 125.º) é uma das mais importantes faces de dois importantes princípios gerais formalizados no Código do Procedimento Administrativo: o *princípio da colaboração da Administração com os particulares*, vertido no artigo 11.º, n.º 1, e o *princípio da participação*, explanado no artigo 12.º Acresce que a audiência prévia, como refração do princípio da democracia participativa, tem dignidade constitucional (veja-se o art. 2.º, *in fine*, da Constituição) e merece mesmo, como vimos, uma menção expressa no artigo 267.º, n.º 5, da CRP, onde se diz que «o processamento da atividade administrativa (...) assegurará (...) a participação dos cidadãos na formação das decisões ou deliberações que lhes disserem respeito». É, pois, nesta fase que se concretiza, na sua plenitude, esse

578 No procedimento disciplinar, o arguido é sempre ouvido na *fase da instrução* (Lei Geral do Trabalho em Funções Públicas – a Lei n.º 35/2014, de 20 de junho –, art. 212.º, n.º 2) e nem por isso deixa de voltar a ser ouvido na *fase de defesa do arguido* (art. 214.º e ss.) – na primeira, é ouvido para esclarecer o instrutor; na segunda, é-o para se defender das acusações que lhe vierem a ser feitas.

579 V. J. M. Ferreira de Almeida, *A marcha..., cit.*, p. 482; João Caupers, *Introdução ao Direito Administrativo*, pp. 195-196; Martins Claro, *A marcha..., cit.*, pp. 72-74; Esteves de Oliveira / Pedro Gonçalves / Pacheco de Amorim, *Código..., cit.*, p. 418 e ss.; e Pedro Machete, «Conceito de instrução procedimental e relevância invalidante da preterição da audiência dos interessados» (anotação a um acórdão do STA de 1997), *in CJA*, n.º 12, novembro-dezembro, 1998, p. 3 e ss.

específico direito de participação dos cidadãos na formação das decisões que lhes digam respeito.

Tradicionalmente, este direito sempre existiu nos procedimentos disciplinares – era o *direito de defesa*, a exercer na fase da audiência do arguido. Aos poucos, a doutrina foi preconizando que ele fosse tornado extensivo a todos os procedimentos de tipo sancionador[580]. E havia ainda outros casos, em leis especiais. Agora, a Constituição impôs a transformação de tal direito numa figura genérica, incorporada obrigatoriamente em todos os tipos de procedimento[581]. E já o CPR de 1991 construiu tal direito com o conteúdo de uma *audiência prévia dos interessados*, colocada após a instrução e antes da decisão final (arts. 121.º e ss.).

Tratou-se de uma *pequena-grande revolução* na nossa ordem jurídica, como dissemos na altura. Pois, até ao CPA de 1991, a Administração funcionava segundo o esquema tradicional «requerimento – informação dos serviços – decisão final», pelo que na tramitação normal do procedimento administrativo (salvo nos processos sancionadores) não se incluía a fase da audiência dos interessados. Não havia, na generalidade dos casos, qualquer participação dos particulares na formação das decisões que lhes dissessem respeito: as decisões, mesmo quando tomadas a requerimento de particulares, eram formadas segundo um procedimento em que os interessados não eram ouvidos após a instrução e antes da decisão final. A Administração decidia sozinha: o particular só era contactado depois da decisão tomada, para ser notificado dela. E, no momento em que dela tomava conhecimento, já estava perante um «facto consumado».

É fácil de imaginar os inconvenientes deste esquema tradicional, de uma *administração não participada*: o interessado nunca podia ter a certeza de que o seu pedido era convenientemente estudado ou de que as suas razões eram devidamente ponderadas; e a decisão final chegava sempre como uma total surpresa, podendo aliás consistir no indeferimento ou no deferimento parcial ou condicional do pedido formulado, sem que o interessado tivesse sido ouvido sobre as intenções e os motivos da Administração.

[580] V. Marcello Caetano, *Manual*, II, p. 1280. V. também o art. 32.º, n.º 10, da CRP.

[581] V., quanto aos procedimentos tributários, Pedro Machete, «A audiência prévia do contribuinte», *in Problemas Fundamentais do Direito Tributário*, Lisboa, 1999, p. 301 e ss.

Depois de os dois CPA terem efetivamente consagrado o modelo de *administração participada* definido na Constituição, tudo passou a ser diferente: o interessado é associado ao órgão administrativo competente na tarefa de preparar a decisão final. E o antigo esquema trifásico («requerimento – informação dos serviços – decisão») foi substituído por um novo esquema, quadrifásico: «requerimento – informação dos serviços – audiência do interessado – decisão».

No procedimento disciplinar, a fase da audiência do arguido começa com a *acusação*, documento em que o instrutor indica os factos que considera provados e a pena que lhes corresponde; a acusação é notificada ao arguido e a este é concedido o direito de se defender, examinando o processo, apresentando a sua resposta e indicando testemunhas. Seguidamente, deve o instrutor inquirir as testemunhas de defesa e apreciar os demais elementos de prova oferecidos pelo arguido[582].

Vejamos agora, em linhas gerais, qual a regulamentação genérica da *audiência prévia dos interessados* no atual CPA[583].

Em que consiste. – Trata-se da terceira fase do procedimento administrativo, na qual, em obediência à diretriz constitucional acima mencionada, é assegurado aos interessados num procedimento o direito de participarem na formação das decisões que lhes digam respeito[584].

Inclui, em síntese, a notificação dos interessados antes de ser tomada a decisão final sobre o sentido provável desta, de modo a que estes possam «pronunciar-se sobre todas as questões com interesse para a decisão, em matéria de facto e de direito, bem como requerer diligências complementares e juntar documentos» (CPA, art. 121.º, n.º 2)[585]; ao que se segue a ponderação, pelo instrutor, dos argumentos e razões apresentadas pelos interessados em defesa dos seus pontos de vista[586].

A aludida notificação «fornece o projeto de decisão e demais elementos necessários para que os interessados possam conhecer todos os

582 Cfr. a Lei Geral do Trabalho em Funções Públicas, artigos 214.º a 218.º

583 Cfr., em geral, Pedro Machete, *A audiência dos interessados...*, *passim*; v. também, do mesmo Autor, «A correlação entre a relação jurídica procedimental e a relação substantiva – Uma primeira leitura das normas do novo Código do Procedimento Administrativo sobre a participação dos interessados no procedimento do ato administrativo», *in* AA. VV., *Comentários ao Novo Código do Procedimento Administrativo*, AAFDL, Lisboa, 2015, p. 441 e ss.

584 V. Pedro Machete, *A audiência dos interessados.., cit.*, p. 489 e ss.

585 *Idem.*, pp. 496-501.

586 *Idem.*, pp. 501-504.

aspetos relevantes para a decisão, em matéria de facto e de direito, indicando também as horas e o local onde o processo pode ser consultado» (CPA, art. 122.º, n.º 2).

A comunicação aos interessados do «*sentido provável da decisão*» deve ser acompanhada de uma *adequada* fundamentação, isto é, das razões pelas quais a Administração se inclina para beneficiar ou prejudicar o particular: é que, se este não conhecer as razões da Administração, nem sempre poderá, na audiência prévia, contra-argumentar eficazmente.

Em que casos pode ser dispensada. – Por princípio, a formalidade da audiência prévia dos interessados deve ser observada. Existem, no entanto, algumas situações em que o diretor do procedimento pode não proceder à audiência dos interessados; se tal ocorrer, deverão as razões que no caso concreto fundamentaram a dispensa da audiência ser expressa e autonomamente indicadas na decisão final (CPA, arts. 124.º, n.º 2, e 126.º). A dispensa em causa é legítima quando (CPA, art. 124.º, n.º 1):

a) A decisão seja urgente;
b) Os interessados tenham solicitado o adiamento de audiência oral e, por facto que lhes seja imputável, não tenha sido possível acordar uma nova data;
c) Seja razoavelmente de prever que [certa] diligência possa comprometer a execução ou a utilidade da decisão;
d) O número de interessados a ouvir seja de tal forma elevado que a audiência se torne impraticável, devendo nesse caso proceder-se a consulta pública, quando possível, pela forma mais adequada;
e) Os interessados já se tiverem pronunciado no procedimento sobre as questões que importem à decisão e sobre as provas produzidas;
f) Os elementos constantes do procedimento conduzirem a uma decisão inteiramente favorável aos interessados.

Importa equacionar agora uma outra questão: no momento do procedimento em que se efetua a audiência do interessado, pode gerar-se uma divergência entre o diretor do procedimento e o órgão competente para a decisão final. Como se resolvem nesta sede as eventuais divergências entre o órgão instrutor e o órgão decisor?

Há, segundo cremos, que distinguir duas hipóteses: se o diretor do procedimento ouviu o interessado, é óbvio que o órgão competente para a decisão pode, sem mais problemas, optar livremente entre uma decisão favorável e uma decisão desfavorável ao interessado. Pelo contrário, se o órgão instrutor, por entender que o procedimento apontava para uma decisão favorável, decidiu não ouvir o interessado, agora, quando o processo chega às mãos do órgão competente para a decisão, se este pretender tomar uma decisão desfavorável ao interessado, não poderá fazê-lo sem mandar baixar o processo para que o interessado seja ouvido; isto porque a decisão preliminar do diretor do procedimento não pode obrigar o órgão competente para a decisão final a decidir num sentido favorável ao particular, se ele entender que deve tomar uma decisão desfavorável; nem qualquer deles pode privar o interessado do seu direito à audiência prévia[587].

Modalidades. – O CPA prevê duas formas de os interessados serem «ouvidos no procedimento antes de ser tomada a decisão final»: a audiência *escrita* e a audiência *oral.* Compete ao diretor do procedimento decidir, em cada caso, se a audiência prévia dos interessados deve ser escrita ou oral (CPA, art. 122.º, n.º 1). A lei não fornece qualquer critério de opção do instrutor pela audiência escrita ou oral: ele goza, portanto, aqui, de um poder discricionário.

Na audiência escrita, tanto a notificação dos interessados como a resposta destes são efetuadas por escrito; o interessado tem um prazo não inferior a 10 dias para responder (CPA, art. 122.º, n.º 1).

Quando o diretor do procedimento opte pela realização de audiência oral, esta realiza-se presencialmente, podendo ter lugar por teleconferência, quando tal se justifique e existam os meios necessários para o efeito (CPA, art. 123.º, n.º 1). Da audiência é lavrada ata, da qual consta o extrato das alegações feitas pelo interessado, podendo este juntar alegações escritas, durante a diligência ou posteriormente (CPA, art. 123.º, n.º 4). A falta de comparência do interessado não constitui motivo de adiamento da audiência, mas, se for apresentada justificação da falta até ao momento fixado para a audiência, deve proceder-se ao adiamento desta (CPA, art. 123.º, n.º 2).

Consequências da sua falta. – A falta da audiência prévia dos interessados, nos casos em que seja obrigatória por lei, constitui obviamente uma

[587] V. o nosso *Fases do procedimento..., cit.*, p. 31.

ilegalidade[588]. Mais concretamente, traduz-se num *vício de forma*, por preterição de uma *formalidade essencial*.

Tem-se discutido entre nós se a sanção cominada na lei para esta ilegalidade será a nulidade ou a anulabilidade do ato final do procedimento. Como adiante melhor veremos, o vício será gerador de *nulidade* se o direito à audiência prévia for concebido como um direito fundamental (CPA, art. 161.º, n.º 2, alínea *d*)); se o não for, a falta de audiência produzirá mera *anulabilidade* (CPA, art. 163.º, n.º 1).

Por nós, temos sustentado que é a segunda conceção que deve ser perfilhada, a exemplo do que a jurisprudência do Supremo Tribunal Administrativo sempre entendeu quanto à falta de audiência do arguido no procedimento disciplinar. Isto, fundamentalmente, porque consideramos que o direito subjetivo público de audiência prévia dos interessados, sendo um direito de grande importância no sistema de proteção dos particulares face à Administração Pública, não é um direito incluído no elenco dos *direitos fundamentais*, que são os direitos mais diretamente ligados à proteção da dignidade da pessoa humana. A jurisprudência do Supremo Tribunal Administrativo tem seguido esta orientação[589].

d) *Fase da preparação da decisão.* – Muitos autores não autonomizam esta quarta fase; parece-nos, no entanto, essencial fazê-lo. Esta é a fase em que a Administração pondera adequadamente o quadro traçado na fase inicial, a prova recolhida na fase de instrução, e os argumentos aduzidos pelos particulares na fase da audiência dos interessados (CPA, arts. 125.º e 126.º). É o momento de ponderar e reanalisar tudo.

À luz de todos os elementos trazidos ao procedimento nas três primeiras fases, a Administração prepara-se para decidir. O procedimento é levado ao órgão decisório: se este for um órgão singular, profere um

[588] V. Pedro Machete, *A audiência dos interessados…, cit.*, pp. 520-529.

[589] V., mais desenvolvidamente, Diogo Freitas do Amaral, *Fases do Procedimento Administrativo de 1.º grau…, cit.*, pp. 31-32; e, no mesmo sentido, Pedro Machete, *A audiência dos interessados…, cit.*, pp. 526-527; *idem*, *Conceito de instrução procedimental…, cit.*, pp. 17-18. Contra, defendendo a nulidade, cfr. Sérvulo Correia, *O Direito à Informação…, loc. cit.*, pp. 155-159; Vasco Pereira da Silva, *Em busca…, cit.*, pp. 429-432; David Duarte, *Procedimentalização…, cit.*, p. 140 e ss.; e Luísa Neto, «O direito à audiência no processo disciplinar», *in CJA*, n.º 8, março-abril de 1998, p. 10. Ressalve-se que o direito de audição nos procedimentos sancionatórios é uma garantia fundamental (CRP, art. 32.º, n.º 10), pelo que a sua preterição é geradora de nulidade do ato sancionador.

despacho; se for um órgão colegial, o assunto deve ser inscrito na agenda da próxima reunião do órgão competente *para deliberação*. O órgão decisório pode, no entanto, considerar insuficiente a instrução, ordenando novas diligências, e pode também solicitar novos pareceres (CPA, art. 125.º).

No procedimento disciplinar, esta fase, que se segue à da audiência do arguido, consta essencialmente da elaboração de um *relatório final do instrutor*, que resumirá os factos dados como provados e proporá a pena que entender justa, ou o arquivamento dos autos, se considerar insubsistente a acusação[590].

No procedimento administrativo comum regulado pelo CPA, o diretor do procedimento, nesta fase, se não for o órgão competente para a decisão final, «elabora um relatório no qual indica o pedido do interessado, resume o conteúdo do procedimento, incluindo a fundamentação da dispensa da audiência dos interessados, quando esta não tiver ocorrido, e formula uma proposta de decisão, sintetizando as razões de facto e de direito que a justificam» (art. 126.º).

e) *Fase da decisão*. – O procedimento encaminhou-se para o seu fim principal, *a decisão*. E termina com ela, ou com qualquer dos outros factos previstos no CPA (art. 93.º). Salvo se outra coisa resultar da lei ou da natureza das relações a estabelecer, o procedimento pode terminar pela prática de um ato administrativo ou pela celebração de um contrato (CPA, art. 126.º). No primeiro caso, o órgão competente deve resolver todas as questões pertinentes suscitadas durante o procedimento e que não hajam sido decididas em momento anterior (CPA, art. 94.º, n.º 1).

Se a competência decisória pertence a um órgão singular, as regras específicas a observar são mínimas. Já, porém, se a competência pertencer a um órgão colegial, há numerosas disposições especialmente aplicáveis: todo o conjunto de regras sobre constituição e funcionamento de órgãos colegiais (CPA, art. 21.º e ss.) – que já examinámos noutro lugar.

De um modo geral, aplicam-se à *decisão final* do procedimento as regras de Direito Administrativo constantes da Parte IV do CPA (*Da Atividade Administrativa* – art. 135.º e ss.), que disciplinam genericamente o regulamento, o ato administrativo ou o contrato administrativo, conforme for o caso.

590 *Lei Geral do Trabalho em Funções Públicas*, art. 219.º

No caso do procedimento do ato administrativo, importa ter presentes as regras em matéria de prazos para a respetiva conclusão:

- Os *procedimentos de iniciativa particular* devem ser decididos no prazo de 90 dias, salvo se outro prazo decorrer da lei, podendo o prazo, em circunstâncias excecionais, ser prorrogado pelo diretor do procedimento, por um ou mais períodos, até ao limite máximo de 90 dias, mediante autorização do órgão competente para a decisão final, quando as duas funções não coincidam no mesmo órgão (CPA, art. 128.º, n.º 1);
- Em princípio, a falta, no prazo legal, de decisão final sobre pretensão dirigida a órgão administrativo competente constitui incumprimento do dever de decisão, conferindo ao interessado a possibilidade de utilizar os meios de tutela administrativa e jurisdicional adequados (CPA, art. 129.º);
- Os *procedimentos de iniciativa oficiosa*, passíveis de conduzir à emissão de uma decisão com efeitos desfavoráveis para os interessados, caducam, na ausência de decisão, no prazo de 180 dias (CPA, art. 128.º, n.º 6)[591].

Além da sua extinção através de *decisão final expressa* e formalidades complementares, o procedimento administrativo pode também extinguir-se por uma das seguintes causas:

- *desistência* do pedido ou *renúncia* por parte dos *interessados* aos direitos ou interesses que pretendiam fazer valer no procedimento (CPA, art. 131.º);
- *deserção* dos interessados (CPA, art. 132.º);
- *impossibilidade* ou *inutilidade superveniente* do procedimento (CPA, art. 95.º);
- *falta de pagamento de taxas ou despesas* devidas (CPA, art. 133.º);
- *formação de deferimento tácito* (CPA, art. 130.º).

Pela sua grande importância teórica e prática, dedicaremos uma atenção especial à última das referidas formas de extinção do procedimento administrativo – o ato de deferimento tácito – nos n.os 84 e 85).

[591] Recorde-se que também o início destes procedimentos deve ser notificado às pessoas que sejam desde logo nominalmente identificáveis e cujos direitos ou interesses legalmente protegidos possam vir a ser lesados pelos atos a praticar no âmbito de tais procedimentos (CPA, art. 110.º, n.º 1).

f) Fase complementar. – É aquela em que são praticados certos atos e formalidades *posteriores à decisão final* do procedimento: registos, arquivamento de documentos, sujeição a controlos internos ou a aprovação tutelar, visto do Tribunal de Contas, publicação no *Diário da República* ou noutro jornal oficial, publicação em jornais privados ou afixação «*nos lugares do estilo*», notificação da decisão aos destinatários (quando necessária – cfr. CPA, art. 114.º), etc.

85. A decisão tácita do procedimento

Muitas vezes, a Administração nada faz ou nada diz acerca dos assuntos de interesse público que tem entre mãos. Tal atitude pode provocar reações por parte da opinião pública, mas nem sempre tem consequências jurídicas.

Existem, porém, algumas situações em que a lei atribui ao silêncio da Administração um determinado significado, daí decorrendo efeitos jurídicos. Suponhamos que um particular apresenta a um órgão da Administração um requerimento em que solicita que lhe seja atribuída uma licença ou uma pensão a que por lei tem direito. Se a Administração nada disser, estará, em princípio, a violar a lei – em especial, o seu dever de decisão (CPA, art. 129.º) – e a ofender um direito subjetivo de um cidadão. Ora, em determinadas circunstâncias, o silêncio da Administração pode ser valorado positivamente pela lei.

As situações de *inércia* ou de *silêncio* da Administração perante pretensões concretas apresentadas por interessados aos órgãos competentes eram muito frequentes. E constituíam «uma das mais insidiosas formas de desrespeito pelas regras estabelecidas e pelo princípio da legalidade, tal como devem ser entendidos e aplicados num autêntico Estado de Direito»[592]. Acresce que, e como bem se compreende, tais situações deixavam os particulares completamente desarmados, num sistema jurídico que organizava a proteção dos cidadãos sobretudo na base do recurso contencioso de anulação – o que pressupunha a prática de um ato administrativo de que se pudesse recorrer. Como reagir contra «a política de braços cruzados, por parte da Administração»[593]?

[592] V. Marques Guedes, *O processo burocrático*, p. 60.

[593] *Idem, idem*. Sobre a questão, ver a 2.ª ed. deste *Curso*, II, p. 63 e ss.

A maneira mais frequente de resolver o problema consistia, dantes, em a lei atribuir ao silêncio da Administração o significado de *ato tácito negativo*: decorrido o prazo legal sem que o pedido formulado pelo particular ao órgão competente e obrigado a decidir tivesse resposta, a lei determinava que se considerasse tal pedido como «*indeferido*». Presumia-se, nestes casos, que havia ali uma vontade *tácita* da Administração no sentido de *recusar introduzir alterações* na ordem jurídica, pelo que a pretensão do particular se considerava indeferida: daí o *ato tácito negativo,* ou *indeferimento tácito.*

Qual era a vantagem para o particular desta figura do ato tácito negativo?

É que – repare-se bem –, se não fosse assim, dificilmente haveria uma decisão que o interessado pudesse impugnar em tribunal: quando a Administração recusasse os pedidos dos particulares, ou o fazia por forma expressa, e os interessados podiam atacar contenciosamente tal decisão, ou limitava-se a nada responder, e com isso impedia os particulares de lançar mão da via contenciosa e de, portanto, ver o seu caso discutido e julgado num tribunal. Ora, com a figura do *ato tácito negativo,* o facto de a lei mandar interpretar o silêncio da Administração como ato administrativo de indeferimento permitia ao particular recorrer a tribunal, impugnando o indeferimento (tácito) da sua pretensão.

Esta garantia dos particulares – o direito de recurso contencioso do indeferimento tácito – foi considerada nos inícios do século XX como muito importante[594].

Hoje, porém, ganhou-se consciência de que ela não é uma garantia muito forte e não é satisfatória: primeiro, porque a nossa jurisprudência raramente considerava verificado um ato tácito negativo (por ser demasiado exigente quanto aos requisitos de produção do ato tácito); segundo, porque o recurso de anulação do indeferimento tácito levava muito tempo a julgar; e terceiro, porque a utilidade prática desse recurso, em sede de execução da sentença anulatória do indeferimento tácito, era bastante problemática e aleatória.

Assim, vários países evoluíram para a aceitação, em lugar do recurso do ato tácito, de uma *ação contra as omissões indevidas da Administração* , em que esta possa ser condenada pelo tribunal administrativo a praticar os atos legalmente devidos. É esse o caso, por exemplo, do *mandamus* no direito inglês (ordem dada a uma autoridade, que se recusa a cumprir um dever, para que o cumpra) e da *Verpflichtungsklage* no direito alemão (ação de condenação à prática de um ato

[594] Sobre a origem histórica desta figura, cfr., entre nós, Alexandre Albuquerque, «Indeferimento tácito», *in DJAP*, V, pp. 212-214.

devido)[595-596]. E também entre nós foi, desde a revisão constitucional de 1997, aberta essa possibilidade. Como vimos, passou a dispor-se, no artigo 268.º, n.º 4, da Constituição que «é garantido aos administrados tutela jurisdicional efetiva dos seus direitos e interesses legalmente protegidos, incluindo, nomeadamente, (...) a determinação da prática dos atos administrativos legalmente devidos». Esta possibilidade veio a ser concretizada mediante a consagração legal da *ação administrativa especial de condenação à prática do ato devido,* no artigo 66.º e seguintes do Código de Processo nos Tribunais Administrativos. Deixou, portanto, de se justificar a previsão do indeferimento tácito: perante a inércia da Administração, pode o interessado acioná-la em tribunal, pedindo a sua condenação à prática, dentro de determinado prazo, do ato administrativo ilegalmente omitido.

Solução atual. – A regra no nosso Direito hoje é, pois, a de que só há ato tácito positivo e *este só existe nos casos expressamente previstos por lei*: «existe deferimento tácito quando a lei ou regulamento determine que a ausência de notificação da decisão final sobre pretensão dirigida a órgão competente dentro do prazo legal tem o valor de deferimento» (CPA, art. 130.º, n.º 1).

Infelizmente, porém, o Código apenas disciplina a produção de deferimento tácito nas relações interorgânicas: «quando a prática de um ato administrativo dependa de autorização prévia ou um ato esteja sujeito à aprovação de um órgão da Administração Pública ou de outra entidade no exercício de poderes públicos, prescinde-se da autorização prévia ou da aprovação desde que o órgão que as solicitou tenha interpelado o órgão competente para as emitir», uma vez decorridos dez dias sobre o termo do prazo para a autorização ou aprovação, devendo o órgão competente, nesse caso, emiti-las no prazo de vinte dias» (CPA, art. 130.º, n.os 4 e 5)[597].

595 Sobre estes aspetos do direito comparado, cfr. Diogo Freitas do Amaral, *A execução das sentenças dos tribunais administrativos*, Lisboa, 1967, p. 380 e ss. (na 2.ª ed., Coimbra, 1997, cfr. pp. 286-289).

596 Sobre a questão da possível utilização contra o silêncio da Administração da figura das ações para o reconhecimento de direitos ou interesses, cfr. o nosso *Direito Administrativo,* (policopiado), IV, 1988, p. 293.

597 Sobre os casos de deferimento tácito a favor de particulares – que teria sido bom aumentar, em vez de suprimir – ver a 2.ª ed. deste *Curso*, I, pp. 366-367. Cfr. também, na mesma obra, a importante discussão teórica sobre a natureza jurídica do ato tácito: pp. 369-371.

86. Condições de produção do ato tácito

São as seguintes as *condições da produção do ato tácito*:

- que o órgão da Administração competente seja legalmente solicitado por um interessado a pronunciar-se num caso concreto (CPA, art. 130.º, n.º 1);
- que o órgão tenha, sobre a matéria em causa, o dever legal de decidir através de um ato administrativo (v. n.º 2 do art. 13.º do CPA)[598];
- que tenha decorrido o prazo legal (contado nos termos do art. 87.º do CPA) sem que haja sido tomada uma decisão expressa sobre o pedido (CPA, arts. 128.º, n.os 1, 2, 3 e 4, e 130.º, n.os 2 e 3)[599];
- e que a lei (ou um regulamento) atribua ao silêncio da Administração, durante esse prazo, o significado jurídico de deferimento.

Como princípio geral, estes atos estão sujeitos ao regime dos atos constitutivos de direitos, que adiante teremos oportunidade de analisar com o devido desenvolvimento[600].

87. O procedimento decisório de 2.º grau: remissão

Esta matéria será versada a propósito das garantias administrativas dos particulares (reclamação, recurso hierárquico, recurso tutelar, etc.): v. adiante a Parte III.

88. O procedimento executivo: remissão

Já acima dissemos o que são procedimentos executivos, e também já referimos que a matéria da execução do ato administrativo vem hoje regulada nos artigos 175.º e seguintes do CPA. Estudá-la-emos mais adiante (cfr. *infra*, VIII).

[598] V., sobre este pressuposto, Vieira de Andrade, *O controle jurisdicional do dever..., cit.*, p. 65 e ss.

[599] «Considera-se que há deferimento tácito se a notificação do ato não for expedida até ao primeiro dia útil seguinte ao termo do prazo da decisão» (CPA, art. 130.º, n.º 2).

[600] V. *infra*, n.º 129.

89. A atuação da Administração Pública sem pleno respeito pelas formas legais do procedimento: o estado de necessidade e a urgência

Estado de necessidade. – Por vezes, tal como sucede noutros ramos do direito, designadamente no civil, no penal e no constitucional, ocorrem situações nas quais a lei permite à Administração uma atuação imediata e urgente com vista à salvaguarda de bens essenciais, mesmo que para isso os agentes administrativos tenham de ignorar o respeito de regras estabelecidas para circunstâncias normais[601]. Por exemplo: em caso de incêndio, o Código Administrativo determina, no seu artigo 162.º, n.º 5, que as autoridades policiais e os comandantes dos corpos de bombeiros podem «ordenar as destruições, demolições, remoções e cortes nos prédios contíguos ao sinistrado quando sejam necessários ao desenvolvimento das manobras da extinção ou para impedir o alastramento do fogo». E tudo isto pode ser feito de imediato no local, sem procedimento escrito, sem expropriação ou requisição, sem audiência prévia dos interessados, etc.

Já vimos acima os exatos termos com que a lei se refere ao estado de necessidade. Diz-se no CPA (art. 3.º, n.º 2) que os atos praticados pela Administração em «estado de necessidade, com preterição das regras estabelecidas no presente Código, são válidos desde que os seus resultados não pudessem ter sido alcançados de outro modo, mas os lesados têm o direito de ser indemnizados nos termos gerais da responsabilidade da Administração». Admite-se, pois, o estado de necessidade em termos que o levam a incluir no âmbito do ordenamento jurídico tomado globalmente – «*os atos administrativos praticados em estado de necessidade... são válidos...*». O estado de necessidade fica abrangido pela ideia de Direito, por um princípio de juridicidade, que desde logo encontra raízes constitucionais no artigo 266.º, n.º 2.

[601] Sobre a natureza jurídica dos atos praticados em estado de necessidade, cfr., entre nós, Vieira de Andrade, *O dever da fundamentação expressa...*, *cit.*, p. 148 e ss.; Esteves de Oliveira / Pedro Gonçalves / Pacheco de Amorim, *Código...*, *cit.*, p. 148 e ss.; e, por último, Diogo Freitas do Amaral e Maria da Glória Garcia, «O Estado de Necessidade e a urgência em Direito Administrativo», *in ROA*, Lisboa, abril de 1999, pp. 447-518, que nesta rubrica seguiremos de perto.

O disposto no artigo 3.º, n.º 2, do CPA, conjugado com os artigos 19.º e 266.º, n.º 2, da Constituição, deve, aliás, considerar-se, ao lado do artigo 16.º do RCEEP[602], como afloramento de um princípio geral de direito administrativo que considera *o estado de necessidade como causa de exclusão da ilicitude.*

Da conjugação de tais preceitos resulta, por outro lado, a enunciação dos seguintes pressupostos do estado de necessidade administrativo: (1) a *situação de autêntica necessidade a resolver*; (2) a natureza *imperiosa do interesse público* a defender; (3) a *excecionalidade da situação*; e (4) a *ausência de alternativas menos gravosas* (princípio da proporcionalidade)[603].

Urgência. – Diferentes do estado de necessidade são as situações de «urgência administrativa», que podemos definir como *todas as situações da vida real em que, pela sua especial gravidade ou perigosidade, a Administração Pública tem o poder legal de efetuar uma intervenção imediata, sob pena de, se for mais demorada, se frustar a possibilidade de atingir os fins de interesse público postos por lei a seu cargo.* É o que a doutrina administrativa norte-americana exprime, sugestivamente, como exigência do princípio *now or never* («agora ou nunca»).

As duas figuras mencionadas (estado de necessidade e urgência) começam por ter caraterísticas comuns: quer o estado de necessidade, quer a urgência se integram globalmente na ideia de *exigência pública de ação imediata da Administração* – ideia que é intuitiva, mas está pouco estudada –, caraterizada pela natureza versátil e pela plasticidade dos factos que lhe subjazem e que, por isso mesmo, assumem contornos variados. Por outro lado, quer o estado de necessidade quer a urgência importam, quando configurados na realidade, a legitimação de atuações que, à luz das normas consagradas para os casos-regra, seriam inválidas.

Unidas embora pelas caraterísticas mencionadas, as situações de estado de necessidade e as de urgência são, porém, teórica e dogmaticamente distintas – pelo que importa analisá-las com nitidez a fim de as diferenciar, dado estarem sujeitas a regimes jurídicos diversos. A des-

[602] Preceito que dispõe: «o Estado e as demais pessoas coletivas de direito público indemnizam os particulares a quem, por razões de interesse público, imponham encargos ou causem danos especiais e anormais (...)».

[603] V., desenvolvidamente, sobre os três primeiros, Freitas do Amaral e Maria da Glória Garcia, *O Estado de Necessidade..., cit.*, pp. 480-489.

trinça é tanto mais necessária quanto é certo tratar-se de realidades que não estão colocadas no mesmo plano de compreensão jurídica. Por outras palavras, a *urgência* não é uma espécie do género *estado de necessidade*, mas algo dele claramente distinto. Com efeito, não só há situações de estado de necessidade que não dão lugar a intervenções urgentes (por ex., há perigo sério de incêndio, os bombeiros dirigem-se ao local ameaçado, mas, sem terem de fazer nada, o perigo passa por si só), como há situações de urgência que não ocorrem em estado de necessidade[604].

Sintetizando[605], pode dizer-se que a urgência administrativa se carateriza pelas três seguintes ideias:

a) É uma realidade ordinária, ainda que eventual, da ação da Administração Pública. Ordinária, porque está prevista na lei para situações em que ocorra um perigo atual e iminente que ameace a satisfação de um interesse público legalmente protegido e imponha à Administração uma atuação imediata e inadiável («agora ou nunca»). Eventual, porque apenas tem lugar quando se verifiquem situações de perigo, que não são certas nem frequentes;

b) Os procedimentos administrativos de urgência traduzem formas simplificadas de agir. É este um aspeto evidente que não carece de desenvolvimento. Basta exemplificá-lo.

Assim, estabelece-se no artigo 26.º, n.º 2, do CPA que podem ser objeto de deliberação por órgão colegial os assuntos sobre os quais, não estando embora incluídos na ordem do dia, dois terços ou mais dos membros reconheçam haver *urgência* na sua deliberação imediata. Outro exemplo: é dispensada a formalidade da audiência dos interessados em caso de *urgência na decisão* (art. 124.º, n.º 1, alínea *a*), do CPA). Pode mesmo haver, e há, situações em que o ato é tão urgente que o interesse público exige uma ação imediata *sem procedimento*: é o que se passa, por ex., nos casos de incêndio, inundação, tremor de terra ou, num plano menos calamitoso, no caso de expulsão de alunos das aulas por mau comportamento ou da expulsão dos utentes de uma biblioteca ou arquivo públicos que estejam a perturbar o silêncio, ou a danificar os exemplares consultados. Também acontece muitas vezes que, por motivo de urgência, certas decisões da competência de órgãos colocados no topo da hierarquia, ou perto deles, possam ser tomadas de imediato por

[604] V. Diogo Freitas do Amaral e Maria da Glória Garcia, *O Estado de Necessidade...*, *cit.*, p. 455.
[605] *Idem*, pp. 493-495.

órgãos subalternos, ficando depois sujeitas a ratificação superior (presidentes de câmara, comandantes distritais da PSP ou da GNR, embaixadores de Portugal em missão no estrangeiro).

c) A atuação administrativa urgente está, em qualquer caso, prevista na lei. É uma atuação legal especial, integrada no normal agir administrativo, e não uma atuação excecional ou praticada em circunstâncias excecionais, raramente previstas ou especificadas na lei, mas mesmo assim legítimas (*necessitas non habet legem*).

É assim nítida a diferença da figura relativamente ao estado de necessidade.

Em primeiro lugar, enquanto a atuação em estado de necessidade tem como finalidade primária, subjacente à satisfação de outras finalidades específicas, a reposição da situação de normalidade legal ou de facto, o agir sem delongas tem como finalidade primeira a que, definida na lei, impõe em concreto a ação urgente. Daí que possa perfeitamente acontecer que, para a satisfação do mesmo específico interesse público, a medida administrativa adequada a tomar em estado de necessidade seja distinta da medida administrativa urgente e adequada. Acresce que, enquanto o perigo iminente e atual de lesão de um interesse público condiciona por dentro a medida a tomar em estado de necessidade, a situação de urgência pode ou não estar ligada a uma situação de perigo – as expropriações urgentes bem como as empreitadas de obras públicas realizadas por ajuste direto, por razões de urgência, têm subjacente uma hierarquia de prioridades, e não propriamente a necessidade de afastar a ameaça que um perigo atual e iminente acarrete à satisfação do interesse público[606].

Em segundo lugar, o balanço comparativo entre a atuação administrativa em estado de necessidade e a atuação administrativa em caso de urgência mostra que, no primeiro caso, a Administração se vê confrontada diretamente com a Constituição, por falta de intermediação legislativa, sendo obrigada a lidar com interesses públicos primários, por força da atribuição de uma competência legal subsidiária. No segundo caso, pelo contrário, a Administração age com base na lei, no quadro das finalidades por esta definidas para serem prosseguidas; isto é, na ação urgente, a mediação legislativa da ação administrativa é mantida, a Administração trata de satisfazer os interesses públicos secundários que a lei lhe predefine, e as soluções que encontra são soluções enquadradas no princípio da legalidade em sentido estrito[607].

[606] *Idem*, pp. 493-494.
[607] *Idem*, pp. 638-640.

Em terceiro lugar, o mesmo balanço comparativo aponta para a exigência de um maior rigor na determinação dos pressupostos de verificação do estado de necessidade do que na determinação dos pressupostos da urgência, em virtude dos poderes extraordinários de que a Administração fica investida em estado de necessidade, o que não acontece na situação de urgência, em que a Administração atua com poderes especiais mas previstos na lei[608].

Em quarto lugar, e consequentemente, os poderes da Administração em estado de necessidade devem ser limitados à exata medida do necessário para o restabelecimento da normalidade legal, ou de facto, restrição cujo rigor se não impõe em atuações no âmbito da urgência, cuja finalidade reside em satisfazer de modo imediato o interesse público previsto na lei, o qual, sem essa ação célere, não seria satisfeito[609].

608 *Idem*, p. 494.

609 *Idem*, p. 494.

IV

VALIDADE, EFICÁCIA E INTERPRETAÇÃO

90. Noções de validade e eficácia

A «validade» é *a aptidão intrínseca do ato administrativo para produzir os efeitos jurídicos correspondentes ao tipo legal a que pertence, em consequência da sua conformidade com a ordem jurídica.* Sendo uma aptidão para produzir efeitos, a validade tanto pode coincidir com a produção efetiva e atual dos efeitos visados pelo ato, como com a não-produção de quaisquer efeitos: no primeiro caso, o ato será válido e eficaz; no segundo será válido mas ineficaz. O que é então a «eficácia» de um ato administrativo?

A «eficácia» é *a efetiva produção de efeitos jurídicos pelo ato, a projeção na realidade da vida dos efeitos jurídicos que integram o conteúdo de um ato administrativo.*

A lei formula, em relação aos atos administrativos em geral, um certo número de requisitos. Se não se verificarem em cada ato administrativo todos os requisitos de validade que a lei exige, o ato será *inválido*; se não se verificarem todos os requisitos de eficácia exigidos pela lei, o ato será *ineficaz.*

A «invalidade» de um ato administrativo será, pois, a *inaptidão intrínseca para a produção de efeitos, decorrente de uma ofensa à ordem jurídica.*

E a «ineficácia» será, por seu turno, *o fenómeno da não-produção de efeitos num dado momento, qualquer que seja a sua causa.* Esta pode, realmente, ser a invalidade do ato, a sua suspensão (administrativa ou jurisdicional), a falta de um requisito de eficácia, etc.

Tracemos o quadro completo das hipóteses possíveis de relacionamento entre os dois conceitos: um ato administrativo pode ser *a*) válido e eficaz; *b*) válido mas ineficaz; *c*) inválido mas eficaz; ou *d*) inválido e ineficaz.

Exemplificando: *a*) a nomeação de um agente administrativo para um determinado cargo feita em conformidade com a lei e aceite por aquele é um ato válido e eficaz; *b*) a referida nomeação será, no entanto, um ato válido mas ineficaz enquanto não for aceite pelo destinatário; *c*) poderá ser um ato inválido mas eficaz se, tendo embora sido aceite pelo agente nomeado, o ato for ilegal e essa ilegalidade gerar apenas mera anulabilidade (*v. g.*, se o órgão que efetuou a nomeação for relativamente incompetente); *d*) finalmente, a nomeação de um agente administrativo para um determinado cargo pode ser um ato inválido e ineficaz se a ilegalidade de que padece for por lei sancionada com a nulidade (*v. g.*, se carecer em absoluto da forma prescrita por lei para essa categoria de atos administrativos).

Nesta secção vamos estudar os *requisitos de validade* e os *requisitos de eficácia* que a lei formula em geral para todos os atos administrativos.

Trata-se de uma matéria que está hoje disciplinada nas duas primeiras secções do Capítulo II da Parte IV do CPA: assim, os artigos 148.º a 154.º deste diploma regulam exigências de cujo cumprimento depende a *validade* do ato administrativo; por sua vez, os artigos 155.º a 160.º debruçam-se sobre a matéria da *eficácia* do ato administrativo[610].

91. (A) Requisitos de validade do ato administrativo

«Requisitos de validade» do ato administrativo são *as exigências que a lei faz relativamente a cada um dos elementos deste para que o ato possa ser válido* – sujeitos, forma e formalidades, conteúdo, objeto e fim.

Não se devem confundir os elementos com os pressupostos do ato, como já sabemos. Recapitulando: enquanto os elementos integram o

[610] Sobre estas matérias, cfr. Marcello Caetano, *Manual*, I, p. 466 e ss.; Diogo Freitas do Amaral, *Regime do ato administrativo*, pp. 102-104; Marcelo Rebelo de Sousa e André Salgado de Matos, *Direito Administrativo geral*, tomo III, p. 143 e ss.; A. Payan Martins, «Da eficácia do ato administrativo», *in Contencioso Administrativo*, Braga, 1986, p. 103 e ss.; Vieira de Andrade, «Validade (do ato administrativo)», *in DJAP*, VII, p. 581 e ss.; e Esteves de Oliveira / Pedro Gonçalves / Pacheco de Amorim, *Código do Procedimento Administrativo*, p. 546 e ss.

próprio ato em si mesmo considerado, os pressupostos dizem respeito às situações de facto ou de direito, exteriores ao ato, de cuja ocorrência depende a possibilidade jurídica de praticar um ato administrativo ou de o dotar de um certo e determinado conteúdo.

Analisemos então os vários requisitos de validade do ato administrativo.

92. *Idem*: *a*) Requisitos quanto aos sujeitos

Os sujeitos do ato administrativo são o autor (ou autores) e o destinatário (ou destinatários).

O *autor* do ato administrativo é, já o sabemos, a entidade a quem a decisão adotada no exercício de poderes jurídico-administrativos (em que tal ato se traduz) é imputada, seja um órgão administrativo, seja uma entidade privada no exercício de funções públicas.

Em rigor, não existe contradição entre a afirmação segundo a qual o *autor* de um ato administrativo é o órgão da Administração que o pratica, e o que dispõe o artigo 10.º, n.ºs 1 a 9, do CPTA, em que é considerada autora do ato «a pessoa coletiva», ou o ministério ou secretaria regional, cujo órgão o praticou. Na verdade, quem pratica o ato, ou seja, quem decide o caso concreto, é o órgão; mas a vontade por este manifestada é imputada à pessoa coletiva (ou departamento) cujo órgão se pronunciou. Assim, a autoria *real* é do órgão – ou melhor, do seu ou seus titulares –, mas a autoria *jurídica* é imputada por lei à pessoa coletiva ou a um departamento dela e, logo, também a ela. (Isto tem sobretudo reflexos no Direito Processual Administrativo).

Nestes termos, é indispensável, para a validade de um ato administrativo, que se verifiquem os seguintes requisitos de validade relativos ao autor:

a) Que o ato se inscreva no âmbito das *atribuições* da entidade a que pertence o órgão seu autor;
b) Que o órgão tenha *competência* para a prática do ato administrativo;
c) Que o órgão esteja concretamente *legitimado*[611] para o exercício dessa competência – por exemplo, que o respetivo titular não sofra de qualquer *impedimento* ou, se se tratar de um órgão colegial, que

[611] A expressão é de Vieira de Andrade, *Validade (do ato administrativo)*, *loc. cit.*, p. 583.

este esteja *regularmente constituído*, tenha sido *regularmente convocado*, e esteja em condições de *funcionar legalmente*.

Relativamente ao *destinatário* ou *destinatários* do ato administrativo, quando existam, a lei exige que ele ou eles sejam identificados de forma adequada (CPA, art. 151.º, n.º 1, al. *b*)), ou seja, pelo nome e morada ou, quando o nome e morada sejam desconhecidos, de maneira a poder determinar-se com segurança quem é o destinatário ou quem são os destinatários dos respetivos efeitos jurídicos: o que o ato tem de assegurar é o «conhecimento claro e certo de quem é o seu destinatário, permitir a imputação subjetiva dos respetivos efeitos a uma determinada pessoa». Assim, «identificar o destinatário do ato administrativo por "requerente" – no despacho lançado sobre um requerimento» – ou por o «proprietário do prédio com o n.º de polícia X da rua Z, é possível e legal»[612].

93. *Idem*: *b*) Requisitos de validade quanto à forma e às formalidades

Já vimos o que são a forma e as formalidades do ato administrativo. Repete-se: a *forma* consiste no modo pelo qual se exterioriza ou manifesta a conduta voluntária em que o ato se traduz (palavras, gestos, tipos de documentos); as *formalidades* consistem nos trâmites que a lei manda observar com vista a garantir a correta formação da decisão administrativa ou o respeito pelas posições jurídicas subjetivas dos particulares[613].

Quais as regras fundamentais em matéria de formalidades e de forma dos atos administrativos?

(A) Em relação às *formalidades*, o princípio geral do nosso Direito é o de que *todas as formalidades prescritas por lei são essenciais*. A sua não observância, quer por omissão quer por preterição, no todo ou em parte, gera a ilegalidade do ato administrativo.

[612] V. Esteves de Oliveira / Pedro Gonçalves / Pacheco de Amorim, *Código...*, pp. 583-584.

[613] A violação das regras *instrumentais* (expressão que não deve, no entanto, ser acriticamente absolutizada) que *impõem* ou *cominam* aquelas formalidades pode efetivamente dar origem a lesões irreparáveis na esfera jurídica dos particulares. V., sobre esta questão, Vieira de Andrade, *O dever da fundamentação expressa...*, p. 310 e ss.

Assim, o ato será ilegal se não forem respeitadas todas as formalidades prescritas por lei, quer em relação ao procedimento administrativo que preparou o ato, quer relativamente à própria prática do ato em si mesmo. Esta regra comporta, no entanto, três exceções:

a) Não são essenciais as formalidades que a lei declarar dispensáveis;

b) Não são essenciais aquelas formalidades cuja omissão ou preterição não tenha impedido a consecução do objetivo visado pela lei ao exigi-las (fala-se, a este respeito, numa *degradação das formalidades essenciais em formalidades não essenciais*). Exemplo: se a lei exige a notificação de certa pessoa para que fique informada do ato administrativo que em relação a ela foi praticado e essa notificação não foi feita, tal significa, em princípio, que foi preterida uma formalidade essencial; mas se a notificação visava convocar essa pessoa para uma reunião e ela compareceu, é evidente que o objetivo que a lei visava através da exigência daquela formalidade foi atingido, apesar de a formalidade não ter sido cumprida; neste caso, não se pode considerar o ato ilegal;

c) Não são essenciais as formalidades meramente burocráticas, de caráter interno, tendentes a assegurar *apenas* a boa marcha dos serviços (por exemplo, mandar arquivar os documentos relativos a um dado caso complexo num único dossiê ou em vários, conforme os anos ou os aspetos parcelares do tema).

Há certas formalidades cuja preterição é reputada *insuprível*, e outras cuja preterição se considera *suprível*.

Devem considerar-se «insupríveis» *aquelas formalidades cuja observância tem de ter lugar no momento em que a lei exige que elas sejam observadas*. Um exemplo: a audiência do arguido só faz sentido, como garantia dos seus direitos de defesa, se ele for ouvido antes de ser punido; se a Administração aplica uma pena e só depois é que vai ouvir o arguido sobre os factos, a ilegalidade já é insanável.

Inversamente, é «suprível» *a omissão ou preterição daquelas formalidades que a lei manda cumprir num certo momento, mas que se forem cumpridas em momento posterior ainda vão a tempo de garantir os objetivos para que foram estabelecidas*. Há casos em que se pode vir mais tarde regularizar uma situação ou cumprir uma formalidade que não foi cumprida na altura própria: nesses casos, a falta é suprível pela prática posterior da formalidade em causa. Exemplo: resulta da *Lei Geral do Trabalho em Funções Públicas* (Lei n.º 35/2014, de 20 de junho) que as únicas formalidades insupríveis em processo disciplinar são a *falta de audiência do arguido* e a *omissão de diligências essenciais para a descoberta da verdade* (art. 203.º, n.º 1); todas as outras serão, em princípio, supríveis. Aliás, todas se consideram supridas quando não sejam reclamadas pelo arguido até à decisão final – art. 203.º, n.º 2[614].

94. *Idem, idem*: uma formalidade essencial, a obrigação de fundamentar o ato

Noção. – A «fundamentação» de um ato administrativo consiste na *enunciação explícita das razões que levaram o seu autor a praticar esse ato ou a dotá-lo de certo conteúdo*[615].

Durante muito tempo, não existiu no nosso direito – como também não existiu na generalidade dos direitos estrangeiros – qualquer obrigação genérica de fundamentar os atos administrativos. A fundamentação só era obrigatória nos casos em que as leis avulsas a exigissem[616].

Contudo, após o 25 de Abril de 1974, e sobretudo com um propósito de reforço das garantias dos particulares, o nosso Direito Administrativo perfilhou a orientação de tornar obrigatória a fundamentação para a maioria dos atos administrativos.

Foi o que resultou do D. L. n.º 256-A/77, de 17 de junho, diploma muito aperfeiçoado do ponto de vista técnico, em cujo artigo 1.º se enumeravam – em termos que o CPA de 1991 seguiu quase sem alterações nos artigos 124.º e seguintes – os casos em que os atos administrativos deviam ser fundamentados.

[614] Os requisitos *formais*, e em especial as formalidades, são «instrumentais» em relação aos requisitos *substanciais ou de fundo*: v. STA, proc. 2064/03, de 22.1.04, e a anotação de Sérvulo Correia e Mafalda Carmona, em *CJA*, n.º 44, 2004, p. 30 e ss.

[615] Ver sobre o tema, entre nós, J. C. Vieira de Andrade, *O dever da fundamentação expressa...*, *passim*; Osvaldo Gomes, *Fundamentação do ato administrativo*, 2.ª ed., Coimbra, 1981; David Duarte, *Procedimentalização, participação e fundamentação: (...)*, p. 181 e ss.; Sérvulo Correia, *Noções de Direito Administrativo*, I, p. 390 e ss.; e Esteves de Oliveira, *Direito Administrativo*, I, p. 467 e ss.

[616] V. Marcello Caetano, *Manual*, I, pp. 477-478.

Houve, no entanto, dois pontos onde o primeiro CPA se mostrou inovador em relação à lei de 1977.

Em primeiro lugar, o CPA impôs o dever de fundamentação *também* relativamente aos atos que afetem *interesses legalmente protegidos*, tal como sucede quanto aos atos que afetem *direitos subjetivos*. O diploma anterior, pelo contrário, estabelecia uma diferente intensidade de exigência consoante os atos afetassem direitos ou meros interesses legítimos (cfr. art. 1.º, n.º 1).

Em segundo lugar, a consagração como princípio geral de direito da audiência prévia dos interessados antes da decisão final (art. 100.º e ss.) contribuiu também, indiretamente, para um alargamento significativo do âmbito do dever da fundamentação, uma vez que: (1) a indicação do sentido provável da decisão tem de ser fundamentada; (2) a inexistência de audiência prévia ou a sua dispensa têm igualmente de ser fundamentadas; (3) a proposta de decisão elaborada pelo instrutor tem de ser fundamentada, *devendo dela constar as razões pelas quais a Administração, se for esse o caso, decidiu não atender as alegações apresentadas pelo particular na audiência em defesa da sua pretensão*[617].

É certo que sobre a matéria do dever de fundamentação também se pronuncia o artigo 268.º, n.º 3, da Constituição: mas como a lei ordinária, em matéria de fundamentação dos atos administrativos, é mais extensa e exigente do que a Constituição, basta recorrer à lei ordinária para conhecer por inteiro o regime jurídico em vigor sobre este assunto.

Atualmente, o dever de fundamentação dos atos administrativos encontra-se regulado nos artigos 152.º a 154.º do novo CPA. Analisêmo-los.

Casos em que existe o dever de fundamentar. – Vêm previstos nas várias alíneas do n.º 1 do artigo 152.º do CPA, preceito que nos dispensamos de transcrever aqui. Em geral, pode dizer-se que o elenco dos atos aí referidos e que devem ser fundamentados é dominado pela matriz dos *atos de gravame*, isto é, atos lesivos de interesses de terceiros[618]. Sintetizando o seu teor:

– na alínea *a*), vêm referidos os *atos primários desfavoráveis*;

[617] V. Diogo Freitas do Amaral *et alli*, *Código do Procedimento Administrativo Anotado*, *cit.*, p. 229; Paulo Otero, «Ato administrativo», § 4.º do estudo coletivo *Procedimento Administrativo*, *loc. cit.*, pp. 493-494; e Marta Portocarrero, «A audiência dos interessados e o conteúdo da fundamentação», *in CJA*, 41, 2003, p. 14 e ss.
[618] V. Esteves de Oliveira / Pedro Gonçalves / Pacheco de Amorim, *Código...*, p. 592.

- na alínea *b*), as decisões das *reclamações* e dos *recursos administrativos* (recurso hierárquico, recurso hierárquico impróprio, e recurso tutelar);
- na alínea *c*), os atos de *indeferimento*, bem como os que discordem de parecer ou de informação ou proposta dos serviços;
- na alínea *d*), os atos *contrários à prática habitual*[619];
- na alínea *e*), enfim, referem-se os atos *secundários*, que têm de ser sempre fundamentados, independentemente de serem ou não desfavoráveis – até porque, se forem favoráveis para alguns destinatários, poderão ser desfavoráveis para outros.

Razão de ser do dever de fundamentar. – A fundamentação dos atos administrativos é uma formalidade de grande importância no moderno Estado de Direito democrático, não apenas para o particular lesado pela atuação administrativa, mas também na perspetiva do tribunal competente para ajuizar da validade do ato e, ainda, na ótica do próprio interesse público. É nessa perspetiva que Rui Machete aponta quatro funções ao dever de fundamentação dos atos administrativos:

(1) *Defesa do particular* – que só consegue estruturar cabalmente uma impugnação administrativa ou contenciosa do ato se conhecer todos os motivos que levaram a Administração a decidir em certo sentido;

(2) *Controlo da Administração* – uma vez que, por um lado, o dever de fundamentação implica a necessidade de ponderação de todos os fatores que devam influenciar a decisão e, por outro, a explanação dos motivos da prática de um ato facilita o respetivo controlo pelos órgãos dotados de poderes de supervisão, bem como a eventual impugnação contenciosa do ato;

(3) *Pacificação das relações entre a Administração e os particulares* – posto que estes últimos tendem a aceitar melhor as decisões que lhes

[619] Como já dissemos mais acima, a lei não proíbe a Administração de decidir contra a orientação habitual, o que seria excessivamente restritivo do poder de decisão da Administração; o que a lei faz é determinar que, sempre que houver uma decisão contrária à prática habitualmente seguida, tal decisão deve ser fundamentada. Tem de entender-se que a fundamentação, nestes casos, não deve cingir-se à apresentação das razões da decisão, mas deve também incluir uma *explicação cabal sobre os motivos do afastamento da orientação habitual.*

sejam desfavoráveis se as correspondentes razões lhes forem comunicadas de forma completa, clara e coerente;

(4) *Clarificação e prova dos factos sobre os quais assenta a decisão* – o que se prende com o cumprimento de exigências de transparência da atuação administrativa, bem como do controlo jurisdicional dos atos administrativos[620].

O objetivo essencial e imediato da fundamentação é, portanto, *esclarecer concretamente a motivação do ato, permitindo a reconstituição do iter cognoscitivo que levou à adoção de um ato com determinado conteúdo* – conforme se depreende da parte final do n.º 2 do artigo 153.º do CPA[621].

Dispensa de fundamentação. – Nos termos do n.º 2 do artigo 152.º do CPA, e «salvo disposição da lei em contrário», não carecem de ser fundamentados:

a) Os atos de homologação de deliberações tomadas por júris;
b) As ordens dadas pelos superiores hierárquicos aos seus subalternos em matéria de serviço e com a forma legal.

No caso da alínea *a*), a justificação da dispensa de fundamentação reside na natureza específica do ato de homologação, que – como vimos – incorpora e absorve o ato homologado: já que este tem de ser fundamentado, a homologação apropria-se dessa fundamentação e torna-se, assim, automaticamente fundamentada.

No caso da alínea *b*), a razão é diferente: a fundamentação aqui, a existir, não seria dirigida a terceiros, mas apenas ou sobretudo ao subalterno; ora, a autoridade hierárquica do superior deve poder ser exercida sem necessidade de, «por tudo e por nada», dar explicações ao subalterno.

[620] V. Rui Machete, «O Processo Administrativo Gracioso Perante a Constituição Portuguesa de 1976», *in Estudos de Direito Público e Ciência Política*, Lisboa, 1991, p. 380. Sobre o ponto, v. ainda J. C. Vieira de Andrade, *O dever da fundamentação expressa...*, p. 65 e ss.; e, com outra sistematização e terminologia, Marcelo Rebelo de Sousa e André Salgado de Matos, *Direito Administrativo geral*, III, p. 147.

[621] V. L. Colaço Antunes, «Nem utopia nem utopia ambiental mas défice da fundamentação do ato – Acórdão do Supremo Tribunal Administrativo de 28.1.1999», *in CJA*, n.º 15, 1999, p. 43 e ss.

Requisitos da fundamentação. – A fundamentação tem de preencher os seguintes requisitos, de acordo com o disposto no artigo 153.º do CPA:

a) Em primeiro lugar, tem de ser *expressa*, ou seja, enunciada de modo explícito no contexto do próprio ato pela entidade decisória[622];

b) Em segundo lugar, a fundamentação tem de consistir *na exposição, ainda que sucinta, dos fundamentos de facto e de direito da decisão*. Não basta, pois, mencionar os factos relevantes ou anunciar uma «política pública» justificativa da decisão: há que referir também o quadro jurídico que habilita a Administração a decidir, ou a decidir de certo modo. Trata-se de um corolário do *princípio da legalidade* como fundamento da ação administrativa. Quanto à indicação das razões de direito em que se funda o ato, vem-se entendendo, nomeadamente na jurisprudência, e bem, não ser necessária a indicação (numerada ou específica) das normas tidas por aplicáveis, mas apenas da disciplina jurídica com base na qual se decidiu[623]. Como se referiu no Acórdão da 1.ª secção do Supremo Tribunal Administrativo, de 24 de novembro de 1994[624], deve concluir-se pela existência da fundamentação exigida quando o destinatário normal, suposto na posição do interessado em concreto, atentas as suas habilitações literárias e os seus conhecimentos profissionais, o tipo legal de ato e as circunstâncias que rodearam a sua prática, não tenha dúvidas razoáveis acerca dos motivos que determinaram a decisão[625]. No mesmo sentido, escreveu-se no Acórdão do Supremo Tribunal Administrativo (Pleno), de 25 de maio de 1993, que «dada a funcionalidade do instituto da fundamentação dos atos administrativos, o fim meramente instrumental que o mesmo prossegue, este ficará assegurado sempre que, mau grado a inexistência de referência expressa a qualquer preceito legal ou princípio jurídico, a decisão em causa se situe inequivocamente num determinado quadro legal, perfeitamente cognoscível do ponto de vista de um destinatário normal»[626]. Mas, em contrapartida, entende (e bem) o

[622] V. Esteves de Oliveira / Pedro Gonçalves / Pacheco de Amorim, *Código...*, p. 591.

[623] *Idem*, p. 602.

[624] AD, n.º 401, p. 594.

[625] V. a nota 647.

[626] V. o texto deste aresto em C. A. Fernandes Cadilha (org.), *Jurisprudência Administrativa escolhida*, Lisboa, 1999, p. 360.

STA que «não se pode considerar suficientemente fundamentado um ato face ao qual, e perante os dados objetivos do procedimento, não se reconhece, inequivocamente, que concreto quadro jurídico tomou em consideração» (STA, proc. n.º 0508/04, de 14.6.05);

c) Em terceiro lugar, a fundamentação tem de ser *clara, coerente e completa*. Será pois ilegal a fundamentação que for *obscura* – não permitindo apurar o sentido das razões apresentadas –, *contraditória* – não se harmonizando os fundamentos logicamente entre si ou não se conformando aqueles com a decisão final –, ou *insuficiente* – não explicando por completo a decisão tomada[627]. Contudo, o Supremo Tribunal Administrativo tem entendido – e bem – que para a fundamentação ser completa basta que seja *suficiente*, não tem de ser *quilométrica*, pois isso seria um «dever impraticável»[628].

Casos especiais. – A lei prevê três casos para os quais estabelece um regime jurídico especial:

a) O primeiro é o de o ato administrativo consistir numa *declaração de concordância* com os fundamentos de anterior parecer, informação ou proposta: se assim for, o dever de fundamentar considera-se cumprido com a mera declaração de concordância, não sendo necessário enunciar expressamente outra vez os fundamentos da decisão tomada. Com efeito, em tal tipo de situações, o parecer, a informação ou a proposta «constituirão parte integrante» da decisão, pelo que os fundamentos daqueles serão os fundamentos desta (CPA, art. 153.º, n.º 1). Recorde-se novamente que, havendo *homologação*, não é sequer necessário fazer expressamente qualquer declaração de concordância: a homologação absorve automaticamente os fundamentos e conclusões do ato homologado;

b) O segundo caso especial é o dos *atos orais*: em regra, os atos praticados sob forma oral (como, por ex., uma ordem policial, e, em geral, as deliberações dos órgãos colegiais) não contêm fundamentação. Então, de duas uma: ou esses atos são reduzidos a escrito

[627] V. Esteves de Oliveira / Pedro Gonçalves / Pacheco de Amorim, *Código...*, p. 591; e, desenvolvidamente, v. Vieira de Andrade, *O dever da fundamentação expressa...*, p. 232 e ss.

[628] V., entre outros, STA-1, 28.3.85, caso *Eduardo Soveral*, AD 290, p. 132, e STA, proc. n.º 033/02, de 22.1.03.

numa *ata* – e desta deverá constar a respetiva fundamentação, sob pena de ilegalidade (CPA, art. 150.º, n.º 2) –, ou, não havendo ata, a lei dá aos interessados o direito de *requerer a redução a escrito da fundamentação dos atos orais*, cabendo ao órgão competente o dever de satisfazer o pedido no prazo de 10 dias (CPA, art. 154.º, n.º 1). O não exercício, pelos interessados, da faculdade de requerer a fundamentação escrita de um ato oral não prejudica os efeitos da eventual falta de fundamentação do ato (CPA, art. 154.º, n.º 2)[629];

c) O terceiro caso é o das deliberações sujeitas ao dever de fundamentação tomadas por escrutínio secreto: a fundamentação é feita pelo presidente do órgão colegial após a votação, tendo presente a discussão que a tiver precedido (CPA, art. 31.º, n.º 3).

Consequências da falta de fundamentação[630]. – Se faltar a fundamentação num ato que deva ser fundamentado, ou se a fundamentação existir mas não corresponder aos requisitos exigidos pela lei, o ato administrativo será ilegal por *vício de forma* e, como tal, será *anulável* (CPA, art. 163.º, n.º 1).

95. *Idem, idem*: a forma do ato

São as seguintes as principais regras do CPA em matéria de *forma do ato administrativo*:

a) Os atos dos órgãos singulares devem ser praticados sob forma *escrita*, desde que outra não seja prevista por lei ou imposta pela *natureza* e *circunstâncias* do ato (CPA, art. 150.º, n.º 1);

b) Os atos dos órgãos colegiais são, na ausência de preceito legal em contrário, praticados *oralmente* (CPA, art. 150.º, n.º 2).

A razão de ser da distinção prende-se com o processo de deliberação dos órgãos colegiais: estes órgãos deliberam mediante votação tomada por maioria sobre propostas previamente apresentadas (cfr. CPA, art. 32.º), «sendo a vontade do órgão colegial apurada e declarada verbal-

[629] V. Esteves de Oliveira / Pedro Gonçalves / Pacheco de Amorim, *Código do Procedimento Administrativo*, p. 609.

[630] V., desenvolvidamente, Vieira de Andrade, *O dever da fundamentação expressa...*, p. 275 e ss.

mente pelo respetivo presidente»[631], e reduzindo-se depois o teor das respetivas deliberações a *ata*, sob pena de ineficácia (CPA, arts. 34.º, n.º 1, e 150.º, n.º 2).

Para efeitos da compreensão do disposto na parte final do n.º 1 do artigo 150.º do CPA, pode aportar-se o caso das ordens de polícia como exemplo de atos cuja própria *natureza* impõe a adoção de forma oral, e o caso dos atos praticados em estado de necessidade como exemplo de atos cujas *circunstâncias* exigem outra forma que não a forma escrita[632].

Como se referiu já, uma coisa é a *forma do ato administrativo* e outra coisa é a *forma dos documentos em que se contém a redução a escrito do ato.* Uma coisa é o ato escrito, outra coisa é «o documento narrativo, que consigna, "*ad probationem*", o teor de um ato que revestiu forma oral»[633].

Ora, de entre os atos que devem ser praticados sob *forma escrita*, há que distinguir os atos sujeitos a *formas simples* dos atos que requerem *formas solenes.*

As «formas simples» são *aquelas em que para a exteriorização da vontade do órgão administrativo a lei não exige a adoção de um escrito sujeito a um modelo especial*; as «formas solenes» são *aquelas em que o escrito tem de obedecer a um certo modelo legalmente estabelecido* – ou seja, são aquelas em que «a lei prescreve os requisitos a que o escrito há-de obedecer ou a fórmula que deverá reproduzir»[634].

Assim, um ato administrativo praticado por *despacho ministerial* reveste forma simples: é uma decisão que consta de uma folha de papel com a assinatura do autor da decisão. Mas se a lei exigir a forma de *portaria* ou a forma de *decreto* – casos em que é preciso respeitar um certo modelo legal –, estaremos perante formas solenes.

96. *Idem*: c) Requisitos de validade quanto ao conteúdo e ao objeto

O terceiro grupo de requisitos de validade diz respeito ao *conteúdo* e ao *objeto* do ato administrativo[635].

[631] V. Esteves de Oliveira / Pedro Gonçalves / Pacheco de Amorim, *Código...*, p. 577.

[632] V. Esteves de Oliveira / Pedro Gonçalves / Pacheco de Amorim, *Código...*, p. 578.

[633] V. Sérvulo Correia, *Noções de Direito Administrativo*, I, p. 388.

[634] V. Sérvulo Correia, *Idem*, p. 389.

[635] V., entre nós, Esteves de Oliveira, *Direito Administrativo*, I, p. 438 e ss.; Sérvulo Correia, *Noções de Direito Administrativo*, I, p. 454 e ss.; Vieira de Andrade, *Validade (do ato administrativo), loc. cit.*, p. 583 e ss.

Em primeiro lugar, exige-se que tanto o conteúdo como o objeto do ato administrativo obedeçam aos requisitos da *certeza*, da *legalidade* e da *possibilidade*, tal como sucede relativamente aos negócios jurídicos privados (cfr. arts. 280.º e 281.º do Código Civil)[636].

Assim, sob pena de viciação, o *objeto* do ato – o *quid* (pessoa, coisa, ato anterior) sobre o qual incidem os seus efeitos – tem de ser *possível* (possibilidade física e jurídica), e *determinado* (identificado ou identificável), há de ser *idóneo* (adequação, em abstrato, do objeto ao conteúdo) e deve estar *legitimado* (qualificação específica no caso concreto) para suportar os efeitos do ato[637].

Por sua vez, os efeitos produzidos pelo ato – o conteúdo do ato – têm também eles próprios de ser *determinados* (compreensíveis), *possíveis e lícitos* e, no caso de atos certificativos, *verdadeiros*, pois se assim não suceder «a validade do ato – como escreve Vieira de Andrade – é prejudicada pela incompreensibilidade, impossibilidade, ilicitude ou inveracidade do respetivo *conteúdo*»[638].

Além disso, a lei exige também que a vontade em que o ato administrativo (discricionário) se traduz seja *esclarecida* e *livre*, pelo que, mesmo verificados que sejam os outros requisitos de validade, o ato não será válido se a vontade da Administração tiver sido determinada por qualquer influência indevida, nomeadamente por *erro, dolo ou coação*.

Por outro lado, vimos já também que, facultativamente, podem ser apostas ao ato administrativo cláusulas acessórias, como é o caso do termo, da condição, do modo, ou da reserva de revogação[639]. Não existe, no entanto, um princípio de livre e ilimitada aponibilidade de cláusulas acessórias: elas apenas serão válidas se não contrariarem a *lei* ou o *fim* a que o ato se destina, tenham relação direta com o conteúdo principal

Na doutrina estrangeira, cfr., por todos, Wolff / Bachof / Stober, *Verwaltungsrecht*, 2, p. 67 e ss.; e Hartmut Maurer, *Droit Administratif Allemand*, pp. 330-347.

636 V., por exemplo, Pires de Lima e Antunes Varela, *Código Civil Anotado*, I, 4.ª ed., Coimbra, 1987, artigos 280.º e 281.º; e Menezes Cordeiro, *Tratado...*, I, p. 413 e ss.

637 V. Vieira de Andrade, *Validade (do ato administrativo), loc. cit.*, p. 583.

638 V. Vieira de Andrade, *Idem*, p. 585.

639 Sobre o significado destes conceitos, cfr., por exemplo, Manuel de Andrade, *Teoria Geral da Relação Jurídica*, II, Coimbra, 1960, p. 368 e ss. No direito administrativo, cfr., especialmente, Afonso Queiró, «Condição», *in DJAP*, I, p. 561 e ss.; Rogério Soares, *Direito Administrativo*, p. 284 e ss.; e Forsthoff, *Droit Administratif Allemand*, p. 337 e ss.

do ato e respeitem os princípios jurídicos aplicáveis, designadamente o princípio da proporcionalidade (cfr. art. 149.º, n.º 1, do CPA). Contraria a lei, por exemplo, apor uma condição suspensiva a um ato de conteúdo quase inteiramente vinculado – *acti legitimi non recipiunt conditionem*; só podem, pois, ser condicionados os atos de conteúdo total ou parcialmente discricionário. Com efeito, a aposição de cláusulas acessórias a atos administrativos de conteúdo vinculado só é admissível quando a lei o preveja ou quando vise assegurar a verificação futura de pressupostos legais ainda não preenchidos no momento da prática do ato (CPA, art. 149.º, n.º 2). Por sua vez, uma aposentação concedida a um funcionário com o encargo para este de continuar a acompanhar os processos que lhe estavam entregues contraria claramente o fim do ato administrativo em que o modo é aposto – desvincular o funcionário da relação de emprego público[640].

Quid juris se a condição aposta num ato administrativo for ilegal ou impossível? Qual a repercussão da ilegalidade ou da impossibilidade sobre o ato?

Como ensinava Afonso Queiró, tudo está em saber qual o peso que a cláusula inválida ou impossível teve na prática do ato. Se teve um peso preponderante e exprime, portanto, o motivo determinante da prática dele, tal circunstância acarreta a invalidade do próprio ato (*vitiatur et vitiat*), pois é de presumir que a Administração não o teria praticado independentemente da condição, por o considerar então inconveniente ou inoportuno. Na hipótese inversa, deve a condição considerar-se como não escrita, pelo que o ato será válido (*vitiatur sed non vitiat*)[641]. E, acrescentava o catedrático de Coimbra, deve designadamente considerar-se que não têm peso preponderante na prática as condições suspensivas apostas nos atos devidos – pois são aqui de reputar irrelevantes os motivos que tenham levado a Administração a agir[642].

Por último, integram também os requisitos de validade quanto ao conteúdo do ato administrativo as exigências feitas por normas de Direito

[640] Assim, Esteves de Oliveira / Pedro Gonçalves / Pacheco de Amorim, *Código...*, p. 572.

[641] Precisamente nestes termos, Afonso Queiró, *Condição, loc. cit.*, p. 563.

[642] V. Afonso Queiró, *Idem, idem.*

Financeiro – *v. g.*, quanto aos atos que envolvam despesa, a existência de orçamento aprovado, verba adequada, cabimento, etc.[643]

97. *Idem*: d) Requisitos de validade quanto ao fim

A lei exige que o fim efetivamente prosseguido pelo órgão administrativo coincida com o fim legal, isto é, com o fim que a lei teve em vista ao conferir os poderes para a prática do ato. Por outras palavras, «o fim do ato administrativo é aquele interesse público cuja realização o legislador pretende quando confere à Administração um determinado poder de agir»[644].

Este requisito, porém, só é relevante no caso dos atos praticados no exercício de poderes discricionários. No domínio dos atos vinculados, o fim não tem autonomia, não é relevante.

Sobre este aspeto, importa referir que se mantém a doutrina que decorria do § único do artigo 19.º da LOSTA, entretanto revogado: «a anulação por desvio de poder terá lugar sempre que da prova exibida resultar para o tribunal a convicção de que o motivo principalmente determinante da prática do ato recorrido não condizia com o fim visado pela lei na concessão do poder discricionário». Quer dizer: o critério prático para a determinação do fim do ato administrativo é o do *motivo principalmente determinante*. É que é mais fácil apurar os motivos do que os fins, como dissemos. Por isso, o que se exige é que o *motivo principalmente determinante* da prática de um ato administrativo coincida com o *fim tido em vista pela lei* ao conferir o poder discricionário. Caso contrário, o ato será ilegal e inválido. Se apenas os motivos *secundários* ou *acessórios* não coincidirem com o fim legal, o ato não ficará, só por isso, inválido – a menos que algum destes motivos seja causa de *nulidade*.

[643] Sobre tais exigências, cfr. J. J. Teixeira Ribeiro, *Lições de Finanças Públicas*, 5.ª ed., Coimbra, 1995, p. 59 e ss.; e Sousa Franco, *Finanças Públicas e Direito Financeiro*, 2.ª ed., Coimbra, 1988, pp. 307 e ss. e 368 e ss.

[644] V. Sérvulo Correia, *Noções de Direito Administrativo*, I, p. 439.

98. (B) Requisitos de eficácia do ato administrativo

Noção. – São «requisitos de eficácia» *aquelas exigências que a lei faz para que um ato administrativo, uma vez praticado, possa produzir os seus efeitos jurídicos.*

Estes requisitos não se confundem com os requisitos de validade. Na verdade, e como já acima referimos, um ato pode ser válido mas não ser eficaz, e pode ser inválido mas ser eficaz.

A regra geral no nosso Direito é a de que o ato administrativo produz efeitos desde o momento da sua *prática* (cfr. o n.º 1 do art. 155.º do CPA): é o princípio da *imediatividade* dos efeitos jurídicos, já antes pacificamente defendido pela doutrina entre nós dominante[645].

Quando é que se deve considerar *praticado* o ato administrativo?

Responde-nos o n.º 2 do artigo 155.º do CPA: «o ato considera-se praticado quando seja emitida uma decisão que identifique o autor e o destinatário, se for o caso, e o objeto a que se refere o seu conteúdo». Significa isto que o ato se considera praticado logo que se encontrem reunidos, nos termos definidos por lei, os seus *elementos essenciais.* Nestes termos, as patologias do ato administrativo suscetíveis de conduzir à mera anulabilidade ou irregularidade não o impedem de produzir os seus efeitos típicos.

À regra geral *da imediatividade dos efeitos jurídicos* abre a lei duas espécies de exceções: por um lado, o ato administrativo poderá produzir os seus efeitos a partir de um momento anterior ao da sua prática – é aquilo que se designa como *eficácia retroativa* (art. 156.º do CPA); por outro lado, o ato administrativo poderá produzir os seus efeitos apenas em momento posterior ao da sua prática – é o que se chama *eficácia diferida* ou *condicionada* (art. 157.º do CPA).

Analisemos sucessivamente as referidas exceções.

Casos de eficácia retroativa. – O artigo 156.º do CPA discrimina várias hipóteses em que o ato tem (ou pode ter) eficácia retroativa.

Antes de as enunciarmos, refira-se que a ideia geral aqui é a de que este tipo de eficácia é a *regra* quando, pela sua própria *natureza*, os atos

[645] V. Marcello Caetano, *Manual*, I, p. 519 e ss.; Rogério Soares, *Direito Administrativo*, p. 180 e ss.; Esteves de Oliveira, *Direito Administrativo*, I, p. 510 e ss.; Sérvulo Correia, *Noções de Direito Administrativo*, I, *cit.*, p. 318 e ss.; Marcelo Rebelo de Sousa, *Regime Jurídico do Ato Administrativo*, *loc. cit.*, p. 175; e Paulo Otero, «Ato administrativo», *loc. cit.*, p. 494.

administrativos se reportem a atos anteriores, surgindo, por outro lado, como *faculdade do autor do ato* (n.º 2 do art. 156.º) quando a eficácia retroativa não ponha em causa a segurança jurídica e a confiança na Administração[646].

Dito isto, vejamos então os casos de eficácia retroativa previstos na lei.

Na alínea *a*) do n.º 1 do artigo 156.º, o legislador atribui eficácia retroativa aos atos administrativos que se limitem a «interpretar» atos anteriores[647]. É uma solução que, pela sua evidência, não carece de explicações.

Têm também eficácia retroativa os atos administrativos «a que a lei atribua efeito retroativo» (art. 156.º, n.º 1, al. *b*)).

No n.º 2 do artigo 156.º do CPA enumeram-se as várias situações em que o autor do ato administrativo *pode atribuir-lhe* eficácia retroativa.

Em primeiro lugar, tal poderá suceder «quando a retroatividade seja favorável aos interessados e não lese direitos ou interesses legalmente protegidos de terceiros, desde que à data a que se pretende remontar a eficácia do ato já existissem os pressupostos justificativos dos efeitos a produzir» (al. *a*)). Sendo a retroatividade favorável aos interessados e neutra para os interesses de terceiros, será possível atribuí-la administrativamente a um ato se, à data a que se pretende fazer remontar os seus efeitos, o seu autor fosse já competente, de acordo com a lei, para tomar tal decisão e se, objetivamente, já fosse possível, em face da lei, praticar o mesmo ato.

Em segundo lugar, diz a lei que a retroatividade poderá ter também lugar «quando estejam em causa decisões revogatórias de atos administrativos tomadas por órgãos ou agentes que os praticaram, na sequência de reclamação ou recurso hierárquico» (al. *b*)). Temos para nós que este preceito, cujo sentido aparente é o de outorgar ao órgão competente a faculdade de conferir eficácia retroativa à revogação quando esta surja por iniciativa do particular[648], é destituído de relevância: com efeito, a eficácia retroativa da revogação não tem justificação para além dos casos mencionados no artigo 171.º, n.º 1, do CPA[649].

[646] V. Diogo Freitas do Amaral *et alli*, *Código do Procedimento Administrativo Anotado*, p. 235.

[647] Sobre atos interpretativos, cfr. *infra*.

[648] V. Diogo Freitas do Amaral *et alli*, *Código do Procedimento Administrativo Anotado*, p. 235.

[649] V. Diogo Freitas do Amaral *et alli*, *Idem*, p. 235, em relação ao CPA de 1991; v. adiante, quanto ao atual Código.

Em terceiro lugar, pode (deve) o autor do ato atribuir-lhe eficácia retroativa «quando tal seja devido para dar cumprimento a deveres, encargos, ónus ou sujeições constituídos no passado, designadamente em execução de decisões dos tribunais ou na sequência de anulação administrativa, e não envolva a imposição de deveres, a aplicação de sanções, ou a restrição de direitos ou interesses legalmente protegidos» (al. *c*)). Como a anulação administrativa ou contenciosa dos atos administrativos opera retroativamente – o que importa, regra geral, a destruição de todos os efeitos que o ato anulado tenha produzido –, os atos que a Administração praticar com vista a, em conformidade com a decisão judicial, reconstituir a situação atual hipotética, devem remontar os seus efeitos à data a partir da qual o ato anulado começou a ser eficaz.

Saliente-se, a este propósito, que os atos que reproduzam o conteúdo de anteriores atos desfavoráveis aos particulares entretanto anulados (*atos renovadores*) só produzem efeitos a partir da sua notificação, «não a partir (da notificação) do ato inicial, ou seja, do ato ilegal, anulado»[650]. Tais atos não têm, portanto, eficácia retroativa. «Possuem-na, sim, os atos administrativos cuja prática seja exigida para reintegração da ordem jurídica violada pelo ato administrativo ilegal – ou sejam, [aqueles] atos que sejam necessários para a *restitutio in integrum*» dos que beneficiam da anulação do ato ilegal[651]. Em suma, o que possui eficácia retroativa são os atos de execução da sentença de anulação, não o ato de renovação da primeira decisão, o qual não serve para reconstituir a situação do agente à data (da prática) do ato ilegal, antes cria uma situação jurídica nova, conquanto idêntica à primeira, contenciosamente destruída[652].

Em quarto lugar, diz a lei que o autor do ato, para além das hipóteses anteriores, só pode atribuir-lhe eficácia retroativa quando a lei o permitir (al. *d*)), o que é óbvio.

Casos de eficácia diferida ou *condicionada*. – Vejamos agora as várias hipóteses de *eficácia diferida* ou *condicionada* do ato administrativo, con-

[650] V. Afonso Queiró, «Anotação ao Acórdão do Supremo Tribunal Administrativo de 25 de fevereiro de 1986», *in RLJ*, 119, pp. 302-303.

[651] V. Afonso Queiró, *loc. cit.*, pp. 302-303.

[652] V. Afonso Queiró, *loc. cit.*, pp. 302-303.

templadas no artigo 157.º do CPA – casos em que o ato só começará a produzir os seus efeitos em momento posterior ao da respetiva prática.

Tal sucederá: *a*) quando o ato estiver sujeito a aprovação ou a referendo; *b*) quando os seus efeitos ficarem dependentes de condição ou termo suspensivos; *c*) quando os seus efeitos, pela natureza do ato ou por disposição legal, dependerem de trâmite procedimental ou da verificação de qualquer requisito que não respeite à validade do próprio ato.

O sentido do disposto nas duas primeiras alíneas do artigo em questão não carece de esclarecimentos especiais. Mas merece uma nota complementar o disposto na alínea *c*) do artigo 157.º do CPA.

Tem-se aí em vista formalidades como, por exemplo, a redução a ata das deliberações colegiais, a sua publicação ou a notificação.

Como já sabemos, as deliberações tomadas pelos órgãos colegiais são, por regra (cfr. CPA, art. 150.º, n.º 2), atos administrativos orais; mas a lei manda reduzi-los a escrito, ao impor o dever de lavrar ata de cada reunião, exarando-se aí «um resumo de tudo o que nela tiver ocorrido, indicando, designadamente, (...) as deliberações tomadas (...)» (CPA, art. 34.º, n.º 1), sendo que, nos casos em que o órgão colegial o determine, a ata será aprovada, em minuta, logo na reunião a que disser respeito, «em minuta sintética, devendo ser depois transcrita com maior concretização e novamente submetida a aprovação» (art. 34.º, n.º 4, do CPA).

Pois bem: segundo a nossa lei, «as deliberações dos órgãos colegiais só se tornam eficazes depois de aprovadas as respetivas atas ou depois de assinadas as minutas e a eficácia das deliberações constantes da minuta cessa se a ata da mesma reunião não as reproduzir» (CPA, art. 34.º, n.º 6). Verifica-se, assim, que a redução das deliberações colegiais a escrito, com a aprovação da respetiva ata, é um requisito de eficácia dos atos administrativos correspondentes.

Por outro lado, temos os casos da *publicação* – o «ato pelo qual se permite o conhecimento geral por parte de toda a coletividade de um ato, facto ou situação»[653] – e da *notificação* – o «ato pelo qual se transmite individualmente ao destinatário específico de um ato o conteúdo do mesmo ou se lhe faz saber um facto ou uma situação do seu interesse próprio»[654].

653 V. Paulo Otero, *Direito Administrativo...*, p. 433.

654 V. Paulo Otero, *Direito Administrativo...*, p. 433.

Embora já existisse na lei ordinária, este requisito de eficácia obteve consagração no n.º 3 do artigo 268.º da Constituição. Enquanto não for publicado ou notificado (nos casos em que o deva ser, claro), o ato administrativo será ineficaz, não produzirá efeitos – e, designadamente, não será obrigatório para os particulares[655]. Assim: «a falta de publicação do ato, quando legalmente exigida, implica a sua ineficácia» (CPA, art. 158.º, n.º 2); e, «independentemente da sua forma, os atos que imponham deveres, encargos, ónus, sujeições ou sanções, que causem prejuízos ou restrinjam direitos ou interesses legalmente protegidos, ou afetem as condições do seu exercício, só são oponíveis aos destinatários a partir da respetiva notificação» (CPA, art. 160.º). Este último regime impõe-se porque o cumprimento voluntário desses deveres ou encargos não é logicamente exigível sem o conhecimento dos mesmos. Por outro lado, a prévia notificação constitui um meio de proteção dos particulares, que poderão recorrer aos meios preventivos para suster a execução do ato.

Quanto à verificação de requisitos de eficácia que não respeitem também à validade do ato, importa considerar, a título de exemplo, o *visto* do Tribunal de Contas. Nos casos previstos na lei, certos atos da Administração Pública que envolvam a realização de despesas estão sujeitos ao visto do Tribunal de Contas. E enquanto este não der o seu visto o ato será ineficaz, isto é, nem o interessado que dele beneficia pode invocar a seu favor os direitos dele resultantes, nem os particulares para quem o ato acarreta consequências negativas começam a sofrer o impacto dessas consequências. Com a aposição do *visto*, o ato torna-se eficaz; se o Tribunal recusar o visto, o ato mantém-se ineficaz. O visto é, pois, um requisito de eficácia do ato administrativo.

Conteúdo das notificações e publicações. – O regime jurídico das *notificações* dos atos administrativos consta dos artigos 111.º a 114.º do CPA; o das *publicações* consta de diversas leis especiais, uma vez que a publicação dos atos administrativos não é, em regra, obrigatória (CPA, art. 158.º, n.º 1). O CPA formula, no entanto, regras subsidiárias em relação a atos cuja publicação seja imposta por lei sem que esta regule os respetivos

[655] V., entre tantos, M.-J. Nuñez Ruiz, *La notificación de los atos administrativos en el procedimiento ordinario*, Madrid, 1983.

termos: em tais casos, deve a mesma ser feita no *Diário da República*, ou na publicação oficial da entidade pública, e na *internet*, no sítio institucional da entidade em causa, no prazo de 30 dias, e conter todos os elementos referidos no n.º 1 do artigo 151.º (CPA, art. 159.º).

O conteúdo obrigatório da notificação é constituído pela necessidade de referir os seguintes elementos (CPA, art. 114.º, n.º 2, e art. 60.º do CPTA):

- autor do ato;
- menção do uso de delegação de poderes, se ela existir;
- fundamentos da decisão;
- texto integral do ato administrativo;
- data da decisão;
- indicação do órgão competente para apreciar a impugnação administrativa do ato e do prazo para o efeito, se o ato estiver sujeito a impugnação administrativa necessária.

A lei manda, como se vê, incluir na notificação o texto integral do ato administrativo; no entanto, se o ato «tiver deferido inteiramente a pretensão formulada pelo interessado», a lei permite, por razões de economia de esforços e celeridade administrativa, que o texto integral seja substituído, na notificação, pela indicação *resumida* do seu conteúdo e objeto (CPA, art. 114.º, n.º 3).

Entretanto, se a notificação ou a publicação não contiverem todos os requisitos enumerados, o particular poderá requerer, no prazo de 30 dias, que lhe sejam notificadas as indicações em falta ou que lhe seja passada certidão que as contenha, interrompendo o prazo de impugnação contenciosa (art. 60.º, n.os 2 e 3 do CPTA)[656-657].

[656] V. João Caupers e João Raposo, *Contencioso Administrativo Anotado e Comentado*, Lisboa, 1994, p. 129 e ss.

[657] Sobre notificação de atos administrativos, cfr., entre nós, desenvolvidamente, Pedro Gonçalves, «Notificação dos Atos Administrativos (notas sobre a génese, âmbito, sentido e consequências de uma imposição constitucional)», *in AB VNO AD OMNES – 75 anos da Coimbra Editora*, Coimbra, 1998, p. 1091 e ss.; Maria Fernanda Maçãs, «Há notificar e notificar, há conhecer e impugnar (anotação a três acórdãos do Supremo Tribunal Administrativo de 1997)», *in CJA*, n.º 13, janeiro-fevereiro de 1999, p. 22 e ss.; e ainda os comentários de M. Teixeira de Sousa e J. M. Sérvulo Correia nos *CJA*, 37, 2003, p. 13, e nos *Estudos em homenagem ao Prof. Doutor Marcello Caetano*, I, 2006, p. 583.

99. (C) Validade e eficácia combinadas: a noção de «caso decidido» ou «caso resolvido»

Tem sido colocado em alguns países o problema de saber «se o ato administrativo pode produzir um efeito de *imutabilidade* e um efeito *preclusivo* idêntico ao das sentenças»[658-659]. Ou seja, «como os atos administrativos exprimem a autoridade do Estado e daí extraem a sua força imperativa, tem-se perguntado se as definições jurídicas que eles encerram não devem obter uma força de verdade legal que reproduza ou recorde a das sentenças»[660]. Eis o problema do «caso decidido» administrativo – expressão cuja afinidade com a noção de «caso julgado» é manifesta[661] –, o qual tem sido objeto de atenção sobretudo pela literatura jurídica germânica (que fala numa *Bestandkraft*)[662].

Para melhor compreensão da matéria, convém antecipar aqui algumas noções de direito processual. Contrapõem-se, nessa sede, as noções de «força de caso julgado formal» e de «força de caso julgado material». A primeira significa que a decisão judicial é insuscetível de impugnação através de recurso ordinário e que (já) não pode ser modificada no processo em que foi proferida – é inatacável; a segunda exprime a ideia de que a decisão judicial é obrigatória para as partes e, especialmente, que ela deve ser respeitada em julgamentos posteriores (*non bis in idem*).

Ora bem: será possível a transposição *qua tale* destas noções do direito processual para o direito administrativo?

Quanto à força do caso julgado formal, a falta de paralelismo perfeito entre o ato administrativo e a sentença aponta para uma resposta em princípio negativa. É que, por um lado, a Administração é parte interessada nas situações jurídicas conformadas por meio de atos administrativos – diferentemente, os tribunais dirimem, neutralmente, litígios relativamente aos quais não possuem qualquer interesse[663]. Por outro lado, existe uma diferença fundamental entre a sentença e

[658] Rogério Soares, *Direito Administrativo*, p. 219.

[659] V. também Marcello Caetano, *Manual*, vols. I e II, rubricas n.º 214, 462, 480, 491 e 494; v. ainda Vieira de Andrade, *O controle jurisdicional do dever.., loc. cit.*, pp. 65-68.

[660] Rogério Soares, *Direito Administrativo*, p. 219.

[661] Sobre a noção de caso julgado, cfr., por todos, Antunes Varela e outros, *Manual de Processo Civil*, Coimbra, 1985, p. 683 e ss.; e Castro Mendes, *Limites objetivos do caso julgado*, Lisboa, 1968.

[662] V., por exemplo, Hartmut Maurer, *Droit Administratif Allemand*, p. 277 e ss.; Ernst Forsthoff, *Traité de Droit Administratif Allemand*, p. 386 e ss.; e Peter Badura, *in* Erichsen e Martens, *Allgemeines Verwaltunsgrecht*, p. 490 e ss.

[663] V. Hartmut Maurer, *Droit Administratif Allemand*, p. 278.

o ato administrativo: o ato administrativo lida com uma situação dinâmica, variável no tempo, enquanto a sentença, salvo exceções, diz respeito a uma situação reportada ao passado e por isso invariável[664]. Assim, «ao contrário da sentença, o ato administrativo está sujeito a um autocontrolo»[665], o que significa que mesmo depois da queda dos prazos legais para a sua impugnação pode ser administrativamente alterado à medida que o interesse público for evoluindo (cfr. CPA, arts. 167.º, n.º 1, *a contrario*, e 168.º): não é, em princípio, imutável.

Mas nem por isto deixa de ser possível estabelecer algum paralelismo entre o ato administrativo e a sentença: pode falar-se numa *força de caso decidido em sentido formal* para significar que o ato administrativo é inatacável, insuscetível de ser impugnado, seja pelas vias ordinárias administrativas seja pelas vias jurisdicionais[666], após o decurso de certos prazos fixados na lei.

Ainda menos nítida é a correspondência entre a noção de caso julgado material e a ideia de força de caso decidido em sentido material do ato administrativo.

A Administração, se deve respeitar as suas próprias decisões (o ato administrativo é obrigatório tanto para o particular seu destinatário como para a autoridade de onde emana), pode também ter, em situações concretas, um poder de as modificar em função das variações do interesse público. Aliás, como lembra Gomes Canotilho, «na atual *sociedade de risco* cresce a necessidade de *atos provisórios* e de *atos precários* a fim de a Administração poder reagir à alteração das situações fácticas e reordenar a prossecução do interesse público segundo os novos conhecimentos técnicos e científicos»[667].

A questão de saber se o ato administrativo tem ou não força de caso decidido em sentido material não pode ter, pois, uma resposta positiva ou negativa de ordem geral. Tudo depende do concreto perfil das situações em jogo.

Assim, para «certo tipo de situações administrativas os interesses são de tal modo alteráveis e mutáveis que não vale a pena pensar em qualquer coisa que se aproxime do caso julgado material – é o que sucede desde logo no domínio da *administração de polícia*»[668].

[664] V., nestes precisos termos, Rogério Soares, *Direito Administrativo*, pp. 223-224.

[665] V. Rui Medeiros, *A Decisão de Inconstitucionalidade*, p. 639 e ss.

[666] V. Hartmut Maurer, *Droit Administratif Allemand*, pp. 278-279; e Rogério Soares, *Direito Administrativo*, pp. 221-222.

[667] V. Gomes Canotilho, *Direito Constitucional...*, p. 258. Cfr. também o CPA, art. 167.º, n.º 2, alínea *c*).

[668] Rogério Soares, *Direito Administrativo*, p. 224 e ss.; e Forsthoff, *Traité de Droit Administratif Allemand*, p. 392.

Todavia, existem hipóteses onde se podem erguer claramente limites à possibilidade administrativa de pôr fim aos efeitos de um ato administrativo anterior. Será assim se, efetuada uma ponderação dos interesses em jogo, for de concluir que o interesse público na extinção do ato constitutivo da posição jurídica subjetiva se infraordena, à luz dos princípios da proteção da confiança, da segurança jurídica, da boa fé e à luz dos direitos fundamentais, perante o interesse particular na sua manutenção. Neste tipo de situações, em que o ato não pode ser objeto da prática de um ato de revogação, em que, por outras palavras, existe uma situação de imutabilidade definitiva, poderá, pois, em paralelo com o que sucede a propósito da sentença, falar-se numa força de caso decidido em sentido material do ato administrativo[669].

Naturalmente, «nos casos em que possa admitir-se uma capacidade de resistência de um ato há que resolver, depois, a questão dos seus *limites*» – subjetivos e objetivos. A concluir, dir-se-á, com Rogério Soares, que, *objetivamente*, o caso decidido não abrange «os fundamentos que serviram de base ao ato»[670], mas apenas a própria estatuição nele contida. *Subjetivamente*, «a capacidade de resistência não pode estender-se para além do círculo dos sujeitos que participaram no procedimento»[671].

100. Interpretação e integração do ato administrativo

Conceito e elementos. – Interpretar um texto é, como se sabe, *determinar o sentido e o alcance do texto interpretado*. Praticado um ato administrativo, põe-se o problema prévio de determinar precisamente a que tipo de ato ele pertence, qual o significado da declaração de vontade nele contida, quais os efeitos que ele pretende produzir ou que a lei lhe atribui e, finalmente, quais são as operações jurídicas e materiais a levar a cabo para que os efeitos queridos pelo órgão ou pelo legislador se traduzam efetivamente no mundo jurídico ou material[672]. A «interpretação do ato administrativo» é, em suma, *o conjunto de operações jurídicas que se traduzem*

[669] V. Hartmut Maurer, *Droit Administratif Allemand*, pp. 280-281; e Rogério Soares, *Direito Administrativo*, pp. 222-223.

[670] V. Rogério Soares, *Direito Administrativo*, p. 226.

[671] V. Rogério Soares, *Direito Administrativo*, pp. 226-227.

[672] V. Esteves de Oliveira, *Direito Administrativo*, I, p. 528.

na determinação do sentido e do alcance juridicamente relevante de um ato administrativo[673].

Quais os elementos de que se deve servir o intérprete para apurar o significado jurídico de um ato administrativo? Esses elementos são, pelo menos, nove, a saber:

a) O texto da decisão;
b) Os respetivos fundamentos;
c) Os elementos constantes do procedimento administrativo;
d) O comportamento posterior da Administração ou do particular;
e) O tipo legal de ato;
f) As normas aplicáveis;
g) O interesse público a prosseguir, bem como os direitos subjetivos e interesses legítimos dos particulares que hajam de ser respeitados;
h) As praxes administrativas;
i) Os princípios gerais do Direito Administrativo.

Na interpretação dos atos administrativos devem ter-se em conta algumas importantes *presunções*. Por exemplo:

- a presunção de que o autor do ato soube exprimir corretamente o seu pensamento nas palavras que escreveu ou proferiu;
- a presunção de que o órgão administrativo não quis afastar-se do tipo legal do ato que praticou;
- a presunção de que, salvo expressa indicação em contrário, a Administração não terá querido «decidir de modo diferente da prática habitualmente seguida na resolução de casos semelhantes, ou na interpretação e aplicação dos mesmos princípios ou preceitos» (cfr. CPA, art. 152.º, n.º 1, al. *d*))[674].

Note-se que qualquer destas presunções pode ser ilidida (destruída) por prova em contrário.

Quem pode interpretar. – Cabe aos tribunais administrativos a última palavra sobre a interpretação dos atos administrativos.

[673] V. Marcello Caetano, *Manual*, I, p. 488 e ss.

[674] Sobre o precedente enquanto fonte de Direito Administrativo, cfr. Paulo Otero, *Direito Administrativo...*, p. 346 e ss.

Mas a própria Administração – e, em especial, o autor de cada ato – também podem interpretar os seus atos, através de atos secundários chamados *atos interpretativos*, ou *aclarações*[675].

Se o ato interpretativo se contém nos limites do ato interpretado, escolhendo uma das interpretações que ele na verdade comporta, estamos em presença de uma *aclaração declarativa* ou *confirmativa*; se, porém, a interpretação do órgão administrativo excede aqueles limites, já não haverá, em rigor, aclaração mas, antes, *revogação* ou *modificação* do ato primário: o órgão administrativo, sob a capa de uma pretensa interpretação, dá a um ato administrativo anterior um sentido que nele não se comportava de acordo com as regras gerais da interpretação[676]. Chama-se a este ato disfuncional *aclaração revogatória* ou *modificativa*, à qual se aplica, com as necessárias adaptações, o regime da revogação dos atos administrativos (CPA, art. 173.º, n.º 1).

Têm eficácia retroativa, como vimos já, os atos administrativos que se limitem a interpretar atos anteriores (CPA, art. 156.º, n.º 1, al. *a*)).

Lei e vontade na interpretação do ato administrativo. – Como já dissemos, na interpretação do ato administrativo há que recorrer simultaneamente à lei e à vontade do autor do ato, para apurar o sentido e o alcance da decisão tomada.

Conforme resulta da posição por nós adotada mais acima, no caso dos *atos vinculados* interessa sobretudo apurar o disposto na *lei*, interpretando-se o ato, sempre que possível, de acordo com as exigências legais formuladas.

Quanto aos *atos discricionários*, interessa sobretudo apurar *a vontade real* ou psicológica do órgão administrativo que foi seu autor e, na falta dela, a *vontade hipotética* do mesmo órgão – isto é, a vontade que o órgão competente teria manifestado se houvesse previsto o ponto omisso[677].

Natureza da interpretação. – Tradicionalmente, o Supremo Tribunal Administrativo entende que a interpretação de um ato administrativo constitui, em regra, *matéria de facto*, pelo que a decisão que nessa matéria

675 V. Afonso Queiró, «Aclaração», *DJAP*, I, pp. 95-97.

676 V. Esteves de Oliveira, *Direito Administrativo*, I, p. 528.

677 V. os arts. 236.º a 239.º do Código Civil.

for tomada pelos tribunais de instância não pode ser questionada no recurso para o pleno do Supremo Tribunal Administrativo, visto tratar-se aqui de um *recurso de revista*[678].

Conviria, no entanto, flexibilizar algum tanto esta orientação, porque na interpretação de um ato administrativo também podem intervir decisivamente momentos de interpretação da lei, os quais deverão ser considerados como *matéria de direito*, suscetível de recurso de revista.

Na verdade, uma coisa é a interpretação da vontade psicológica de um indivíduo, outra coisa é a interpretação da vontade normativa de um órgão de uma pessoa coletiva: e a construção de uma vontade normativa é algo que se tem de fazer levando em conta o sentido da lei, o que pode consubstanciar, em parte, uma questão de direito. A mais recente jurisprudência do Supremo Tribunal Administrativo parece inclinar-se neste sentido[679].

Integração de lacunas do ato. – Os mesmos princípios se aplicam, *mutatis mutandis*, à integração das lacunas do ato administrativo.

Há, nomeadamente, que recorrer *sobretudo à lei* para preencher as lacunas dos atos vinculados, e *sobretudo à vontade hipotética do autor do ato* para preencher as lacunas dos atos discricionários.

[678] V. os Acórdãos do STA-P, 27.10.82, AD 257, p. 624, e STA-P, 27.11.86, AD 310, p. 1279.

[679] Veja-se, por exemplo, o Acórdão do STA-P, de 29 de setembro de 1992, *in* C. A. Fernandes Cadilha (org.), *Jurisprudência Administrativa escolhida*, Lisboa, 1999, p. 259.

V

INVALIDADE

101. Generalidades

Vamos agora estudar a «invalidade» do ato administrativo, ou seja, o valor jurídico negativo que afeta o ato administrativo em virtude da sua inaptidão intrínseca para a produção dos efeitos jurídicos que devia produzir[680].

Um ato administrativo que viola a lei é um ato administrativo ilegal. A *ilegalidade* foi durante muito tempo considerada como sendo a única fonte da invalidade: entendia-se que todo o ato administrativo ilegal era

[680] V., entre nós, Marcello Caetano, *Manual*, I, p. 465 e ss.; Costa Mesquita, «Invalidade do Ato Administrativo», *in Contencioso Administrativo*, Braga, p. 125 e ss.; Freitas do Amaral, *O regime do ato administrativo, loc. cit.*, p. 104 e ss.; Marcelo Rebelo de Sousa, *Regime do ato administrativo*, p. 177 e ss.; Vieira de Andrade, *Validade (do ato administrativo), loc. cit.*, p. 581 e ss.; Paulo Otero, «Ato Administrativo», § 4.º do estudo coletivo *Procedimento Administrativo, loc. cit.*, p. 495 e ss.; e Bernardo Ayala, *O (Défice de) Controlo Judicial...*, p. 186 e ss.
Na bibliografia estrangeira, cfr., entre outros, García de Enterría e T. R. Fernández, *Curso de Derecho Administrativo*, I, p. 601 e ss.; René Chapus, *Droit administratif général*, I, p. 928 e ss.; Laubadère / Venezia / Gaudemet, *Traité de Droit Administratif*, I, p. 636 e ss.; M. S. Giannini, *Diritto Amministrativo*, II, 3.ª ed., p. 299 e ss.; Aldo Sandulli, *Manuale di Diritto Amministrativo*, I, p. 689 e ss.; Wolff / Bachof / Stober, *Verwaltungsrecht*, 2, p. 99 e ss.; Ernst Forsthoff, *Traité de Droit Administratif Allemand*, p. 345 e ss.; Hans-Uwe Erichsen *in* H.-U. Erichsen (org.), *Allgemeines Verwaltungsrecht*, p. 279 e ss.; Hartmut Maurer, *Allgemeines Verwalungsrecht*, p. 223 e ss.; e Antonioli e Koja, *Allgemeines Verwalungsrecht*, p. 559 e ss.

inválido, e que todo o ato administrativo inválido o era por ser ilegal. A única fonte da invalidade seria, pois, a ilegalidade.

Hoje, porém, quanto a nós, não é assim: entendemos que *há outras fontes da invalidade para além da ilegalidade* – nomeadamente, a ilicitude, os vícios da vontade, etc. Um ato ilícito ou um ato praticado, por exemplo, sob coação são atos inválidos, mas podem não ser atos ilegais[681].

Seja como for, começaremos pela *ilegalidade*, porque ela ainda hoje continua a ser a mais importante fonte de invalidade dos atos administrativos.

102. A) A ilegalidade do ato administrativo

Quando se diz que um ato administrativo é ilegal, por ser contrário à lei, está-se a usar a palavra «lei» num sentido muito amplo[682].

Neste sentido, a *legalidade* inclui a Constituição, a lei ordinária, os regulamentos, os contratos administrativos, nas suas cláusulas de caráter normativo, os atos administrativos constitutivos de direitos com força de «caso decidido», etc. Em suma, é, para invocar novamente a célebre expressão de Hauriou, todo o *bloco legal* que serve para aferir da legalidade ou ilegalidade de um ato administrativo.

103. *Idem*: os vícios do ato administrativo

A ilegalidade do ato administrativo pode assumir várias formas. Estas formas chamam-se vícios do ato administrativo. Por conseguinte, os «vícios do ato administrativo» são *as formas específicas que a ilegalidade do ato administrativo pode revestir*.

Vem já desde há muitos anos – tendo começado em França e passado daí para outros países, designadamente Portugal – a orientação de estabelecer uma tipologia legal dos vícios do ato administrativo. Por necessidade prática, pela conveniência de facilitar o recurso dos particulares aos tribunais administrativos, foi-se elaborando uma tipologia dos vícios.

[681] Contra esta separação das invalidades em vários tipos, cfr. Marcelo Rebelo de Sousa, *O valor jurídico do ato inconstitucional*, I, pp. 219-220, em nota.

[682] Sobre a polissemia deste conceito, cfr. Jorge Miranda, *Manual de Direito Constitucional*, V, pp. 121-124; e J. J. Gomes Canotilho, *Direito Constitucional...*, p. 623 e ss.

E, por conseguinte, da mesma maneira que as inconstitucionalidades de uma lei podem ser orgânicas, formais ou materiais, também as ilegalidades de um ato administrativo podem ser fundamentalmente de natureza orgânica, de natureza formal ou de natureza material.

Existia entre nós um diploma legal – a Lei Orgânica do Supremo Tribunal Administrativo (LOSTA) – que continha um preceito com uma tipologia «oficial» dos vícios do ato administrativo. Era o art. 15.º, § 1.º, da LOSTA, que dispunha o seguinte: «compete à Secção do Contencioso Administrativo: 1.º Conhecer dos recursos interpostos das decisões e deliberações definitivas e executórias (...) quando arguidas de incompetência, usurpação ou desvio de poder, vício de forma ou violação de lei, regulamento ou contrato administrativo».

Daí a seguinte tipologia dos vícios do ato administrativo, tradicional entre nós: 1.º Usurpação de poder; 2.º Incompetência; 3.º Vício de forma; 4.º Violação de lei; 5.º Desvio de poder.

Os dois primeiros vícios (usurpação de poder e incompetência) correspondem à ideia de *ilegalidade orgânica.* O terceiro (vício de forma) corresponde à ideia de *ilegalidade formal.* E o quarto e quinto vícios (violação de lei e desvio de poder) correspondem à ideia de *ilegalidade material.*

Por outro lado, é indispensável ter em conta que o quarto vício da enumeração, *a violação de lei*, tem de ser entendido num sentido *restrito*, porque evidentemente em sentido amplo todos os vícios são violações da lei. Mas, quando se refere a *violação de lei como vício específico*, está-se a olhar apenas a um dos cinco vícios possíveis do ato administrativo.

Há entre nós quem entenda que com a Constituição de 1976, revista em 1982, 1989, 1992, 1997, 2001, 2004 e 2005, deixou de ser exigível por lei que os particulares, ao recorrerem contenciosamente de qualquer ato administrativo, discriminem ou especifiquem em concreto qual o vício ou quais os vícios de que enferma o ato recorrido. Para os defensores desta opinião, seria suficiente a invocação genérica da *ilegalidade* do ato ou, mesmo, a demonstração da lesão de quaisquer posições jurídicas subjetivas dos particulares, não sendo obrigatória a menção específica de qualquer vício.

Apoiam-se os que assim pensam no texto do art. 268.º, n.º 4, da Constituição (*«É garantido aos administrados tutela jurisdicional efetiva dos seus direitos ou interesses legalmente protegidos, incluindo, nomeadamente, o reconhecimento desses direitos ou inte-*

resses, a impugnação de quaisquer atos administrativos que os lesem, independentemente da sua forma, a determinação da prática de atos administrativos legalmente devidos e a adoção de medidas cautelares adequadas»). Não nos parece, porém, que este preceito da nossa lei fundamental tenha querido inconstitucionalizar todas as disposições da lei ordinária que, em sede de contencioso administrativo, exigem, de há muitas décadas a esta parte, a especificação do vício ou vícios do ato recorrido.

A verdade é que tal especificação é útil para efeitos de economia, clareza e celeridade processual – e quem tem de velar pela melhor prossecução destes valores, em cada tipo de processo contencioso, é a lei processual ordinária, não é a Constituição.

O que verdadeiramente importava assegurar na Constituição, ao nível do que lhe é próprio, era a garantia do recurso contencioso contra todos os atos administrativos arguidos de ilegalidade e de violação de posições jurídicas substantivas dos particulares. É essa a função útil, e necessária, do art. 268.º, n.º 4, na parte que estamos a analisar. Para além disso, é de presumir que o legislador constituinte se não terá querido imiscuir em questões secundárias de técnica processual, que não põem em causa os direitos fundamentais dos cidadãos.

Na verdade, a exigência de especificação do vício ou vícios de que enferma o ato recorrido só poderia pôr em causa os direitos fundamentais se um erro inicial na qualificação de certo vício não pudesse ser corrigido mais tarde, ou se o caráter da tipologia legal dos vícios deixasse de fora ilegalidades que, assim, não pudessem servir de fundamento a um recurso contencioso.

Ora, não é isso que sucede. Por um lado, a jurisprudência do Supremo Tribunal Administrativo sempre aceitou – e bem – que o tribunal pode corrigir a qualificação jurídica dos vícios alegados pelas partes, o que significa que o erro inicial das partes na qualificação dos vícios em nada prejudica os seus direitos no recurso contencioso.

Por outro lado, nenhuma ilegalidade fica excluída de fiscalização contenciosa pelo facto de a lei estabelecer uma tipologia oficial dos vícios, uma vez que sempre se tem entendido que há um *vício residual*, ou «vala comum», onde cabem todas as ilegalidades insuscetíveis de recondução a qualquer dos quatro outros vícios. Esse vício é a *violação de lei*.

Sendo assim, nenhum prejuízo ilegítimo pode advir para os interessados da imposição do ónus de discriminar ou especificar, na ação impugnatória, qual o vício ou quais os vícios que em seu entender inquinam o ato impugnado.

Presentemente, a lei ordinária exige que o autor de uma ação administrativa especial de impugnação de ato administrativo exponha na petição «os factos e as razões de direito que fundamentam a ação» (CPTA, art. 78.º, n.º 2, al. *g*)) e refere-se expressamente às «causas de invalidade» do ato impugnado (*ibidem*, arts. 85.º, n.º 3, e 95.º, n.º 2)[683].

Nas rubricas seguintes efetuaremos, pois, a definição e caracterização dos vícios do ato, administrativo, que nos parece evidente continuar a ter validade teórica e utilidade prática. O mesmo se passa, por ex., na França e na Itália.

104. *Idem*: a usurpação de poder

A «usurpação de poder» *é o vício que consiste na prática por um órgão administrativo de um ato incluído nas atribuições do poder legislativo, do poder moderador, ou do poder judicial*, – e, portanto, excluído das atribuições do *poder executivo*.

Trata-se de um vício que traduz uma violação do princípio da separação de poderes (cfr. Constituição, arts. 2.º e 111.º). Em bom rigor, este vício podia não ter autonomia e ser reconduzido à incompetência, porque, na realidade, não é mais do que uma incompetência agravada.

A sua autonomia, no entanto, tem uma causa histórica, que está ligada à origem do próprio Direito Administrativo moderno. Este surgiu, em França, a partir do momento em que, na sequência da Revolução de 1789, se consagrou o princípio da separação de poderes. Como sabemos já, da interpretação «heterodoxa» que dele se fez resultou a proibição para os tribunais judiciais de julgar questões administrativas. Mas foi preciso, em contrapartida, estabelecer também a proibição de a Administração se imiscuir nas questões judiciais. Daí, pois, o vício autónomo da usurpação de poder.

É por isso, aliás, que Marcello Caetano definia o vício de usurpação de poder como a prática pela Administração de um ato incluído nas atribuições do poder *judicial*, não fazendo qualquer referência à invasão do poder legislativo. Porém, uma vez que se autonomiza um vício para sublinhar a invasão de outro poder do Estado por parte da Administração, não há razão lógica suficiente para não autonomizar também a invasão do poder legislativo e a invasão do poder moderador.

683 V. João Caupers, *Introdução ao Direito Administrativo*, p. 191.

Em nossa opinião, a usurpação de poder comporta, por conseguinte, três modalidades:

- a primeira é a *usurpação do poder legislativo*: o órgão administrativo pratica um ato que pertence às atribuições do poder legislativo;
- a segunda é a *usurpação do poder moderador*: o órgão administrativo pratica um ato que pertence às atribuições do poder moderador (presidencial);
- a terceira é a *usurpação do poder judicial*: o órgão administrativo pratica um ato que pertence às atribuições do poder judicial.

Como exemplo da primeira modalidade, pode referir-se a criação de um imposto por ato administrativo. A criação de impostos só pode ser feita pelo poder legislativo (Constituição, art. 165.º, n.º 1, al. *i*)): portanto, se o Governo, ou um órgão do Poder Local, através de um ato administrativo – despacho ministerial ou deliberação camarária –, criar um imposto, aí temos uma usurpação do poder legislativo.

Como exemplo da segunda modalidade, pode mencionar-se um despacho do Primeiro-Ministro a demitir um funcionário da Presidência da República, ou a preencher uma vaga no Conselho de Estado.

Como exemplo da usurpação do poder judicial, pode citar-se uma deliberação de uma câmara municipal que declare a nulidade de um contrato civil, ou que determine a rescisão unilateral de um contrato não administrativo, ou ainda que ordene a demolição de obras feitas num terreno que seja propriedade privada e relativamente ao qual só os tribunais pudessem ordenar tal demolição. Entendemos também poder haver usurpação do poder judicial quando a Administração pratica um ato incluído nas atribuições de um tribunal arbitral[684].

Recentemente, a prática suscitou um novo aspeto da problemática da usurpação do poder, que aliás a vem enriquecer bastante. No âmbito de uma dada pessoa coletiva privada incumbida do exercício de poderes públicos, e em cuja estrutura há três órgãos independentes – uma assembleia geral, uma direção, e um conselho de justiça (com funções de tipo jurisdicional) –, os quais não podem invadir as competências uns dos outros, houve decisões praticadas pelo terceiro que eram

[684] V. o Acórdão do STA-1, de 18.3.55, Col., p. 194.

da competência exclusiva do primeiro. Foi-nos pedido parecer jurídico sobre, *inter alia*, a questão de saber se a ilegalidade praticada era uma incompetência ou uma usurpação de poder. Como considerámos que o esquema de repartição de competências se baseava numa rígida separação de poderes, concluímos que o ato em causa estava inquinado de uma *usurpação de poder* e, por isso, ferido de nulidade.

A partir deste caso, haverá que repensar a compreensão e a extensão do conceito de *usurpação de poder*, que tenderá a tornar-se mais amplo do que até agora, abrangendo casos importantes de *incompetência absoluta*, quer no âmbito das pessoas coletivas públicas, quer no das entidades privadas incumbidas do exercício de poderes públicos.

A consequência prática desta modificação teórica, porém, não será muito grande, pois já hoje o CPA, no seu artigo 161.º, n.º 2, al. *b*), considera nulos os atos praticados com falta de atribuições: os casos como o referido poderão aí ser incluídos *por analogia*[685].

105. *Idem*: a incompetência

Em segundo lugar, temos a «incompetência», que pode ser definida como o *vício que consiste na prática, por um órgão administrativo, de um ato incluído nas atribuições ou na competência de outro órgão administrativo*.

Repare-se na distinção entre este vício e o anterior: para que haja usurpação de poder, é preciso que o Poder Executivo invada a esfera de *outro poder do Estado* (ou situação análoga, noutras pessoas coletivas); para que haja incompetência, é preciso que o órgão administrativo que praticou o ato invada a esfera própria de *outra autoridade administrativa, mas sem sair do âmbito do poder administrativo*.

A incompetência pode revestir várias modalidades. Segundo um primeiro critério, pode classificar-se em *incompetência absoluta* e *incompetência relativa*.

A «incompetência absoluta» é aquela que se verifica *quando um órgão administrativo pratica um ato fora das atribuições da pessoa coletiva ou do ministério a que pertence*[686].

[685] Sobre o assunto, ver Diogo Freitas do Amaral, *O caso do Conselho de Justiça da Federação Portuguesa de Futebol (parecer jurídico)*, Almedina, Coimbra, 2008, em especial, pp. 51-52.

[686] A qualificação como incompetência absoluta do ato praticado, num ministério, sobre matéria das atribuições de outro ministério decorre do CPA, art. 161.º, n.º 2, al. *b*).

A «incompetência relativa» é a que se verifica *quando um órgão administrativo pratica um ato que está fora da sua competência, mas que pertence à competência de outro órgão da mesma pessoa coletiva.*

De acordo com um segundo critério, podemos distinguir quatro modalidades de incompetência: a incompetência em razão da *matéria*, a incompetência em razão da *hierarquia*, a incompetência em razão do *lugar* e a incompetência em razão do *tempo*.

Existe incompetência em razão da matéria *quando um órgão administrativo invade os poderes conferidos a outro órgão administrativo em função da natureza dos assuntos*. Por vezes, a lei distribui a competência em razão do tipo de questões a tratar: se essa distribuição não é respeitada, temos uma incompetência em razão da matéria.

Haverá incompetência em razão da hierarquia *quando se invadem os poderes conferidos a outro órgão em função do grau hierárquico*, nomeadamente quando o subalterno invade a competência do superior, ou quando o superior invade a competência própria do subalterno.

Há incompetência em razão do lugar *quando um órgão administrativo invade os poderes conferidos a outro órgão em função do território*. Por exemplo: se o Diretor de Estradas do distrito de Aveiro tomar decisões da competência do Diretor de Estradas do distrito de Coimbra; ou se a CCDR de Lisboa emitir parecer sobre matéria da competência da CCDR do Alentejo.

Finalmente, existe *incompetência em razão do tempo quando um órgão administrativo exerce os seus poderes legais praticando um ato administrativo antes ou depois do momento ou período de tempo em que se encontra legalmente habilitado para o fazer*.

106. *Idem*: o vício de forma

O «vício de forma» é o *vício que consiste na preterição de formalidades essenciais* (vício procedimental) *ou na carência de forma legal* (vício de forma em sentido restrito)[687]. Comporta três modalidades:

[687] Sobre este ponto e, mais amplamente, sobre a questão da força jurídica dos preceitos formais, cfr., especialmente, entre nós, Barbosa de Melo, *O vício de forma no ato administrativo (Algumas considerações)* policopiado, Coimbra, 1961, *passim*; Vieira de Andrade, *O dever da fundamentação expressa...*, p. 310 e ss; e Pedro Machete, *A audiência dos interessados no procedimento administrativo*, p. 520 e ss.

a) preterição de formalidades *anteriores à prática do ato* (por exemplo, a falta de audiência prévia dos interessados num procedimento administrativo quando não tenha sido nem esteja dispensada);
b) preterição de formalidades *relativas à prática do ato* (por exemplo, regras sobre votação em órgãos colegiais);
c) carência de *forma legal* (por exemplo, prática, por despacho, de atos em relação aos quais a lei exija a forma de portaria ou de decreto).

É conveniente sublinhar que a eventual preterição de formalidades *posteriores* à prática do ato administrativo não produz ilegalidade (nem invalidade) do ato administrativo – apenas pode produzir a sua ineficácia.

Porquê?

Porque *a validade de um ato administrativo se afere sempre pela conformidade desse ato com o ordenamento jurídico no momento em que ele é praticado* («tempus regit actum»). Portanto, no momento em que um ato administrativo é praticado, ele pode ser inválido, por estar em contradição com a lei, ou porque antes da sua prática foram cometidas outras ilegalidades. Mas, se a preterição das formalidades ocorrer depois de o ato ser praticado, o ato não fica inválido por causa do que se passou depois dele: não há *repercussão para trás*. Aquilo que se passa depois da prática do ato não o invalida.

Um exemplo: a lei diz que um certo ato administrativo que envolva a realização de despesa tem de ser sujeito a visto do Tribunal de Contas depois de praticado. Se a Administração não sujeita esse ato a visto, é evidente que não cumpre uma formalidade essencial que a lei exige para que o ato possa produzir os seus efeitos jurídicos (CPA, art. 157.º, alínea *c*)). Mas essa formalidade é uma formalidade exigida para um momento posterior ao da prática do ato: primeiro pratica-se o ato, depois é que se submete o ato já praticado a visto do Tribunal de Contas.

107. *Idem*: a violação de lei

Em quarto lugar, temos a considerar a «violação de lei», que é *o vício que consiste na discrepância entre o conteúdo ou o objeto do ato e as normas jurídicas que lhes são aplicáveis*.

O vício de violação de lei, assim definido, configura uma ilegalidade de natureza material: neste caso, é a própria substância do ato administrativo, é a decisão em que o ato consiste, que contraria a lei. A ofensa não se verifica aqui nem na competência do órgão, nem nas formalidades ou na forma que o ato reveste, nem no fim tido em vista, mas no próprio conteúdo ou no objeto do ato.

Não há, pois, correspondência entre a situação abstratamente delineada na norma e os pressupostos de facto e de direito que integram a situação concreta sobre a qual a Administração age, ou coincidência entre a decisão tomada ou os efeitos de direito determinados pela Administração e o que a norma ordena[688].

O vício de violação de lei produz-se normalmente quando, *no exercício de poderes vinculados,* a Administração decida coisa diversa do que a lei estabelece ou nada decida quando a lei mande decidir algo.

Por exemplo: a lei diz que as pessoas que preenchem determinadas condições têm direito a uma pensão; uma pessoa nessas condições requer a pensão e a Administração recusa-a porque, interpretando mal a lei, entende que ela não está nas condições legais. Neste caso, foi o próprio conteúdo da decisão – recusa da pensão – que contrariou a lei. Ou então a lei manda conceder uma pensão de 100, e a Administração só concedeu 50: o conteúdo da decisão foi, em parte, contrário à lei.

Mas também pode ocorrer um vício de violação de lei *no exercício de poderes discricionários.* E isto é uma novidade da doutrina mais recente, porque tradicionalmente não se entendia assim: pensava-se que, havendo poderes vinculados, o vício caraterístico era a violação de lei, e que, havendo poderes discricionários, o vício caraterístico era apenas o desvio de poder. A própria LOSTA, no seu art. 19.º, se fez eco desse entendimento tradicional, dizendo: «o exercício de poderes discricionários só pode ser atacado contenciosamente com fundamento em desvio de poder».

Esta era a consagração legal, em 1956, do entendimento tradicional. Porém, mais tarde, a doutrina veio reconhecer que também no exercício de poderes discricionários pode ocorrer um vício de violação de lei.

Em que circunstâncias?

Quando sejam infringidos os princípios gerais que limitam ou condicionam, de forma genérica, a discricionaridade administrativa, designadamente os princípios constitucionais: o princípio da imparcialidade, o princípio da igualdade, o princípio da justiça, o princípio da proporcionalidade, o princípio da boa fé, etc.

[688] V. Sérvulo Correia, *Noções de Direito Administrativo*, p. 463.

Todos estes princípios são regras que, de um modo genérico, condicionam ou limitam o poder discricionário. De tal forma que é bem possível que, no exercício de um poder discricionário, a Administração pratique um ato administrativo que, sem estar ferido de desvio de poder, ofenda o princípio da justiça ou o princípio da imparcialidade, ou qualquer outro. E se ofende algum desses princípios, há violação de lei. O vício nesses casos será a violação de lei, não o desvio de poder.

Podemos hoje afirmar que, *se é verdade que o desvio de poder só se pode verificar no exercício de poderes discricionários, já não é verdade que não possa verificar-se violação de lei no exercício de poderes discricionários*. Em consequência, o desvio de poder continua a ser um vício que só se verifica no âmbito do poder discricionário, mas a violação de lei deixou de ser um vício acantonado, exclusivamente, no reduto dos poderes vinculados: passou, em suma, a ser um vício que tanto pode ocorrer no exercício de poderes vinculados como no exercício de poderes discricionários.

A violação de lei, assim definida, comporta várias modalidades:

a) A *falta de base legal*, isto é, a prática de um ato administrativo quando nenhuma lei autoriza a prática de um ato desse tipo;
b) O erro de direito cometido pela Administração na interpretação, integração ou aplicação das normas jurídicas[689];
c) A *incerteza, ilegalidade ou impossibilidade do conteúdo* do ato administrativo;
d) A *incerteza, ilegalidade ou impossibilidade do objeto* do ato administrativo;
e) A *inexistência ou ilegalidade dos pressupostos*, de facto ou de direito, *relativos ao conteúdo ou ao objeto* do ato administrativo;
f) A *ilegalidade dos elementos acessórios incluídos pela Administração no conteúdo do ato* – designadamente, condição, termo ou modo –, se essa ilegalidade for relevante, nos termos da teoria geral dos elementos acessórios;
g) *Qualquer outra ilegalidade do ato administrativo insuscetível de ser reconduzida a outro vício*. Este último aspeto significa que o vício de violação de lei tem um *caráter residual*, abrangendo todas as ilegalidades que não caibam especificamente em nenhum dos outros vícios.

689 V. René Chapus, *Droit administratif général*, I, p. 947 e ss.; Marcello Caetano, *Manual...*, I, p. 502; e Sérvulo Correia, *Noções de Direito Administrativo*, I, Lisboa, 1982, p. 469.

108. *Idem*: o desvio de poder

Finalmente, o «desvio de poder» é o *vício que consiste no exercício de um poder discricionário por um motivo principalmente determinante que não condiga com o fim que a lei visou ao conferir tal poder.*

Foi por volta de 1840 que, em França, graças ao labor da jurisprudência, o *détournement de pouvoir* se veio juntar ao vício de forma e à incompetência como fundamento do recurso contencioso fundado em ilegalidade. Entre nós, foi com o artigo 15.º da LOSTA que este vício do ato administrativo veio a ser expressamente reconhecido pela lei, muito embora já antes fosse objeto de tratamento doutrinal[690-691].

O desvio de poder pressupõe, portanto, uma discrepância entre o fim legal e o fim real (quer dizer, o fim efetivamente prosseguido pelo órgão administrativo). Para determinar a existência de um vício de desvio de poder, tem de se proceder a três operações:

a) Apurar qual o fim visado pela lei ao conferir a certo órgão administrativo um determinado poder discricionário (*fim legal*);
b) Averiguar qual o motivo principalmente determinante da prática do ato administrativo em causa (*fim real*);
c) Determinar se este motivo principalmente determinante condiz ou não com aquele fim legalmente estabelecido: se houver coincidência, o ato será legal e, portanto, válido; se não houver coincidência, o ato será ilegal por desvio de poder e, portanto, inválido.

Sublinhe-se que, para existir desvio de poder, não interessa saber se o órgão administrativo se desviou do fim legal porque interpretou mal a lei – isto é, por *erro de direito* – ou porque, intencionalmente, quis mesmo prosseguir um fim contrário à lei – isto é, por *má fé*. Não interessa fazer a distinção porque, em ambos os casos, há desvio de poder. O desvio de poder comporta duas modalidades principais:

a) O desvio de poder *para fins de interesse público*;
b) O desvio de poder *para fins de interesse privado*.

[690] V., assim, Sérvulo Correia, *Noções de Direito Administrativo*, I, p. 445.
[691] V. Afonso Queiró, *O poder discricionário da Administração*, Coimbra, 1944.

Haverá desvio de poder para fins de interesse público *quando o órgão administrativo visa alcançar um fim de interesse público, embora diverso daquele que a lei impõe.* Por exemplo: o exercício de poderes de polícia, não para fins de segurança pública, mas para fins de obtenção de receitas financeiras para o tesouro público.

Haverá desvio de poder para fins de interesse privado *quando o órgão administrativo não prossegue um fim de interesse público, mas um fim de interesse privado* – por razões de parentesco, de amizade ou de inimizade com o particular, por motivos de corrupção, ou quaisquer outros de natureza privada. Em qualquer dos casos, o ato está ferido de desvio de poder e é, consequentemente, ilegal e inválido.

A jurisprudência mais antiga[692] do Supremo Tribunal Administrativo exigia, para que o desvio de poder por motivo de interesse privado tivesse relevância anulatória, que o órgão administrativo atuasse com *dolo*, isto é, com o propósito consciente e deliberado de prosseguir o fim ilegal[693], bastando um simples *erro* para a relevância anulatória do desvio de poder por motivo de interesse público[694].

Bem vistas as coisas, porém, considerámos essa orientação por menos feliz. Porque explicámos, em edições anteriores, que ela no fundo traduzia um sistema que *dificultava a prova da modalidade mais grave do desvio de poder* (que é a da sobreposição dos interesses privados ao interesse público), ao mesmo tempo *que facilitava a da modalidade menos grave* (que é a da substituição de um fim público por outro fim diferente, mas igualmente público).

O CPA de 2015 veio dar-nos razão, ao estabelecer, no artigo 161.º, n.º 2, al. *e*), a nulidade dos «atos praticados com desvio de poder para fins de interesse privado» – preceito que é de aplaudir, em nome da *probidade administrativa.*

109. *Idem*: cumulação de vícios

Analisados os cinco tipos de vícios que importa conhecer, cumpre agora dizer que um ato administrativo pode ser ilegal porque nele se verifica

[692] V. os acórdãos de 27.2.48 e 11.2.49, *Col.*, pp. 164 e 58 do ano respetivo.

[693] V. Acórdão do STA de 11.2.1949, *Col.*, p. 58.

[694] V. Acórdão do STA de 27.2.1948, *Col.*, p. 164, e outros.

um vício apenas – e basta que se verifique um vício, uma ilegalidade, para que o ato seja ilegal –, mas também pode ser ilegal porque nele concorrem dois ou mais vícios.

Efetivamente, um ato administrativo pode estar ferido simultaneamente de várias ilegalidades: os vícios são cumuláveis. E pode inclusivamente acontecer que haja mais do que um vício do mesmo tipo: pode haver, no mesmo ato administrativo, duas incompetências, três vícios de forma, quatro violações de lei, etc.

Por vezes, um mesmo ato viola várias leis, ou várias dis posições da mesma lei; e cada ofensa da lei é um vício. É possível, portanto, alegar simultaneamente vários vícios do ato administrativo.

Nem sempre se entendeu assim. Durante muito tempo, a jurisprudência do Supremo Tribunal Administrativo considerou inadmissível que, no mesmo recurso contencioso, se arguisse simultaneamente violação de lei e desvio de poder. Raciocinava-se assim: um ato administrativo ou é vinculado ou é discricionário. Se for vinculado, pode ser arguido de violação de lei mas não pode ser arguido de desvio de poder. Se for discricionário, não pode ser arguido de violação de lei, só pode ser arguido de desvio de poder. Logo, se o recorrente arguir simultaneamente o mesmo ato de violação de lei e de desvio de poder, a petição do recurso é *inepta*, porque contraditória, e como tal deve ser rejeitada liminarmente.

Acontece, porém, que não existem na prática casos de atos totalmente vinculados, nem casos de atos totalmente discricionários. Como já sabemos, em geral, o ato é em parte vinculado e em parte discricionário e, portanto, é perfeitamente admissível arguir um mesmo ato de violação de lei e de desvio de poder – *desde que nos reportemos a aspetos diferentes do mesmo ato*, isto é, desde que arguamos de violação de lei um ou mais aspetos *vinculados* do ato, e de desvio de poder um ou mais aspetos *discricionários* do mesmo ato.

De resto, hoje a lei processual prevê que o tribunal, no âmbito das ações de impugnação de um ato administrativo, se pronuncie «sobre todas as causas de invalidade que tenham sido invocadas contra o ato impugnado» e que identifique «a existência de causas de invalidade diversas das que tenham sido alegadas» (CPTA, art. 95.º, n.º 3).

110. B) Outras fontes de invalidade

Como ficou dito atrás, entendemos que há outras fontes de invalidade do ato administrativo, além da ilegalidade. O ato pode ser inválido e, portanto, nulo ou anulável, por razões que nada têm a ver com a sua ilegalidade. Ou seja: um ato pode ser legal, pode ser conforme à lei, e contudo haver motivos para que ele seja inválido.

O mesmo sucede, aliás, no Direito Privado e em Direito Processual: um contrato ou uma sentença podem ser inválidos por contrariarem a lei aplicável, ou por outras causas de invalidade (erro, dolo, coação, simulação, etc.).

111. *Idem*: a ilicitude do ato administrativo

O primeiro caso em que isso acontece é o do *ato ilícito.*

Em regra, a ilicitude do ato administrativo coincide com a sua ilegalidade, quer dizer: o ato é ilícito por ser ilegal. Mas há casos, em nossa opinião, em que um ato é ilícito sem ser ilegal, havendo portanto ilicitude sem haver ilegalidade (assim como há casos, como veremos adiante, em que um ato administrativo pode ser ilegal sem ser ilícito e, desse modo, não gerar obrigação de indemnizar para quem o praticou).

Aqueles casos são, a nosso ver, pelo menos quatro:

1.º – Casos em que *o ato administrativo, sem violar a lei, ofenda um direito subjetivo ou um interesse legítimo de um particular.* A ofensa de direitos ou interesses dos particulares é causa de ilicitude;

2.º – Casos em que *o ato administrativo viole um contrato não administrativo.* Na tradição portuguesa, a violação dos contratos administrativos é, por lei, equiparada à violação da própria lei. Mas a violação de um contrato não administrativo não o é, e tem que ter alguma sanção: é a ilicitude;

3.º – Casos em que *o ato administrativo ofenda a ordem pública ou os bons costumes.* A ofensa da ordem pública ou dos bons costumes é motivo de ilicitude dos negócios jurídicos privados (cfr. o art. 280.º, n.º 2, do Código Civil), e também deve ser, por analogia, motivo de ilicitude dos atos administrativos;

4.º – Casos em que *o ato administrativo contenha uma forma de usura*, que também é motivo da ilicitude dos negócios jurídicos privados (cfr. o Código Civil, arts. 282.º a 284.º), e deve ser igualmente motivo de ilicitude do ato administrativo.

São estes, em síntese, os casos do primeiro grupo de situações em que entendemos que há ilicitude e, portanto, invalidade do ato administrativo, embora não haja ilegalidade.

112. *Idem*: os vícios da vontade no ato administrativo

Como segunda causa da invalidade do ato administrativo, diversa da ilegalidade, há que considerar *os vícios da vontade* – designadamente, *o erro, o dolo e a coação.*

Tradicionalmente, e era essa a opinião de Marcello Caetano, estes casos eram considerados como ilegalidades. Um ato administrativo cuja prática tivesse sido determinada por erro, dolo ou coação era considerado um ato ilegal, e estas situações eram reconduzidas ao vício de violação de lei[695].

Em nossa opinião, porém, não é assim. Se um órgão administrativo se engana quanto aos factos com base nos quais pratica um ato administrativo e pratica um ato baseado em *erro de facto*; ou é enganado por um particular que pretende obter um certo ato administrativo, e o ato é viciado por *dolo*; ou é forçado a praticar um ato sob *coação* – não se pode dizer, razoavelmente, que o autor do ato tenha violado a lei. Nestes casos, o ato administrativo não ofende a lei, não infringe a lei: não há nenhuma disposição legal expressa, nem tão-pouco nenhum princípio geral de direito, que o ato viole.

O *erro de facto* ainda pode prestar-se a dúvidas, sobretudo se se aceitar a ideia (a nosso ver, demasiado forçada e artificial) de um princípio geral de direito segundo o qual «os factos que sirvam de causa a um ato administrativo devem ser sempre verdadeiros»[696] – o que é distorcer as coisas, porque os princípios gerais de direito, tal como as normas jurídicas em

[695] V. Marcello Caetano, *Manual*, I, pp. 501-504.
[696] V. Marcello Caetano, *Manual*, I, p. 503.

geral, dizem-nos como é que as pessoas devem agir, e não como é que os factos devem ser...

Mas, se ponderarmos bem os exemplos do *dolo* e da *coação*, logo veremos que não podem configurar casos de violação de lei: a violação da lei é um comportamento antijurídico da Administração, ao passo que nas situações de dolo e de coação não é a Administração, mas um particular, que comete a ilegalidade – porque é o particular que, por enganos ou pela ameaça, consegue captar ou extorquir da Administração um ato a seu favor. Aqui, é manifesto que não há uma ofensa da lei cometida pela Administração; mas não poderá aceitar-se que um ato administrativo assim obtido possa ser válido. Há que anulá-lo ou, na hipótese de coação, declarar a sua nulidade[697].

O que se passa é que *falta um requisito de validade que a lei exige*, qual seja *o de que os atos jurídicos da Administração provenham de uma vontade esclarecida e livre.*

Na base do ato administrativo, designadamente na base do ato administrativo praticado no exercício de poderes discricionários, deve estar sempre, segundo a lei, uma vontade esclarecida e livre. Se a vontade da Administração não for esclarecida ou não for livre, porque foi determinada por erro, dolo ou coação, há um vício da vontade, há uma vontade inquinada, que deve fundamentar a invalidade do ato.

Seria forçado dizer que, nesses casos, o órgão administrativo violou a lei. É muito mais adequada a explicação de que não se violou a lei mas que falta um requisito que a lei exige para que o ato possa ser válido: nem toda a falta de requisitos legais consubstancia uma ofensa à lei (também no direito privado, a incapacidade negocial determina a invalidade do negócio, e, contudo, o negócio celebrado por um incapaz não é, *só por isso*, contrário à lei, nem ilícito).

Trata-se portanto de mais um conjunto de casos em que há invalidade, embora ela não tenha por fonte a ilegalidade, mas sim vícios ou defeitos da vontade.

A jurisprudência do Supremo Tribunal Administrativo durante muitos anos seguiu a orientação de Marcello Caetano e, portanto, quando anulava um ato administrativo por erro, dolo ou coação, dizia que o

[697] Note-se que, nos termos do art. 161.º, n.º 2, alínea *f)*, do CPA, os atos praticados sob coação são nulos.

estava a anular por violação de lei. Mais tarde, a jurisprudência – certamente apercebendo-se de que era forçado considerar que existia aí uma ilegalidade – passou a anular apenas com base em erro de facto, ou em dolo ou coação (casos mais raros), sem dizer qual era o vício do ato administrativo, isto é, sem reconduzir o erro de facto a nenhuma ilegalidade. Ora, tal atitude vem, pelo menos implicitamente, dar razão à posição que sustentamos.

Esta posição é criticada por todos quantos entendem que a problemática dos vícios da vontade não tem lugar, ou pelo menos não tem um lugar autónomo, na teoria do ato administrativo: tratar-se-ia de uma problemática privativa do negócio jurídico e do direito privado, mas sem relevo específico no plano do ato administrativo.

Assim pensam, por exemplo, entre nós, Marcello Caetano[698], André Gonçalves Pereira[699] e Vieira de Andrade[700].

Ouçamos o primeiro: «a vontade manifestada no ato administrativo, seja no exercício de poderes discricionários, seja de poderes vinculados, é suscetível de ser viciada. Mas os atos serão avaliados, não em função dos vícios da vontade em si, e sim pela influência que esses vícios possam ter na legalidade do ato. Os vícios da vontade interessam, pois, como geradores da ilegalidade do ato e só tomam relevo na medida em que devem ser levados em conta na apreciação dessa ilegalidade e dos respetivos efeitos»[701].

Pela nossa parte, não concordamos inteiramente com este modo de ver as coisas.

Tratando-se de *atos vinculados*, aí sim, os vícios da vontade como tais são em princípio irrelevantes: ou o órgão administrativo aplicou corretamente a lei, e não interessa para nada saber se o fez porque a interpretou bem ou apesar de ter ocorrido erro ou dolo – pelo que o ato é válido (salvo o caso extremo de coação); ou, inversamente, o órgão administrativo violou a lei – e o ato é ilegal, seja qual for a razão ou a causa dessa ilegalidade.

Mas, se se tratar de *atos discricionários*, as coisas mudam completamente de figura: a vontade real do órgão administrativo torna-se relevante, porque a lei lhe deu autonomia, e foi no exercício desta que a decisão foi tomada. Ora a lei não pode aceitar como manifestação da autonomia pública uma vontade que não seja

[698] V. Marcello Caetano, *Manual*, I, pp. 491-495.

[699] V. Gonçalves Pereira, *Erro e ilegalidade no ato administrativo*, p. 153 e ss.

[700] V. Vieira de Andrade, *Validade (do ato administrativo)*, pp. 585-586.

[701] V. Marcello Caetano, *Manual*, pp. 492-493.

livre ou esclarecida. Aqui os vícios da vontade têm relevância autónoma – e já vimos que só uma construção totalmente artificial e forçada permite a alguns autores reconduzirem à noção de ilegalidade a prática de atos administrativos discricionários com base em erro, dolo ou coação.

Dentro, pois, da concepção geral que defendemos acima sobre a natureza jurídica do ato administrativo, entendemos que a problemática dos vícios da vontade não tem autonomia no caso dos atos vinculados, mas tem-na por completo no caso dos atos discricionários. Quanto a estes, por conseguinte, os vícios da vontade constituem uma fonte autónoma de invalidade, não recondutível à ilegalidade.

O mesmo acontece, aliás, no Direito Privado: são nulos os negócios jurídicos que violem a lei (CC, art. 294.º); são apenas anuláveis – e não por ilegalidade – os negócios praticados por incapazes (art. 125.º, n.º 1) ou viciados por erro, dolo ou coação (arts. 247.º, 254.º, n.º 1, e 256.º). Se, neste segundo grupo de casos, o vício fosse uma ilegalidade, o negócio jurídico seria *nulo*, por força do artigo 294.º, e não meramente anulável, como a lei dispõe.

113. *Idem*: o problema da invalidade por vícios de mérito

No direito administrativo italiano, há ainda um terceiro tipo de invalidade não baseada em ilegalidade: é a *invalidade por vícios de mérito*.

Há casos, no direito italiano, em que um particular pode pedir a um tribunal administrativo a anulação de um ato administrativo por vícios de mérito, isto é, por inconveniência ou inoportunidade. Trata-se de atos legais, mas inconvenientes[702], por violação de regras extrajurídicas. «Note-se, no entanto, que a fiscalização contenciosa da oportunidade é excecional, só existindo quanto a certos tipos de atos administrativos e só nos casos especialmente previstos por lei. Em todo o caso, a consagração legal de um contencioso de mérito faz com que a doutrina italiana possa contrapor à invalidade por vícios de *illegitimitá*, ou seja de ilegalidade, a invalidade por vícios de mérito»[703].

Todavia, não há nenhum caso destes no direito português e, por conseguinte, a invalidade por vícios de mérito não existe entre nós[704].

[702] V. Zanobini, *Corso di diritto amministrativo*, I, p. 303 e ss.; e II, p. 45 e ss.

[703] V. Gonçalves Pereira, *Erro e Ilegalidade...*, p. 61.

[704] V., porém, Rogério Soares, *Interesse público, legalidade e mérito*, p. 331 e ss. Para uma crítica à tese de Rogério Soares, cfr. Gonçalves Pereira, *Erro e Ilegalidade...*, pp. 61-74.

114. C) As formas de invalidade: nulidade e anulabilidade

Cumpre fazer agora uma referência às consequências da ilegalidade, ou da ilicitude, ou dos defeitos da vontade. Isto é: temos de indagar quais as sanções que a ordem jurídica determina para os atos administrativos ilegais, ilícitos ou viciados na vontade. O que redunda na questão de saber quais são *as formas de invalidade do ato administrativo.*

A regulamentação legal desta matéria constava antigamente dos artigos 363.º e 364.º do Código Administrativo de 1936-40, de onde passou para os artigos 88.º e 89.º da anterior Lei das Autarquias Locais. Hoje, a sede principal da matéria são os artigos 161.º a 163.º do CPA.

Vejamos primeiro o conceito e o regime quer da nulidade, quer da anulabilidade, para depois examinarmos os âmbitos de aplicação das duas figuras.

115 *Idem*: a nulidade

A nulidade é a forma mais grave da invalidade. Tem os seguintes traços característicos:

1) O ato nulo é totalmente ineficaz desde o início, isto é, não produz qualquer efeito, independentemente da declaração de nulidade (CPA, art. 162.º, n.º 1). Por isso é que algumas leis chamam a estes atos «atos nulos e de nenhum efeito»;
2) A nulidade é *insanável*, quer pelo decurso do tempo – por isso que é invocável a todo o tempo por qualquer interessado (CPA, art. 162.º, n.º 1) –, quer por ratificação (cfr. CPA, art. 164.º, n.º 1). O ato nulo não é suscetível de ser transformado em ato válido – o que não quer dizer que não possam ser atribuídos efeitos jurídicos a situações de facto decorrentes de atos nulos, de harmonia com os princípios da boa fé, da proteção da confiança e da proporcionalidade ou outros princípios jurídicos constitucionais, designadamente associados ao decurso do tempo (cfr. CPA, art. 162.º, n.º 3)[705];

[705] A jurisprudência há muito que admitia que alguns efeitos do ato nulo pudessem, excecionalmente, ser salvos em matéria de agentes de facto. Cfr. também Marcello Caetano, *Manual*, II, p. 619 e ss.

3) Os atos nulos podem ser objeto de reforma ou conversão (CPA, art. 164.º, n.º 4);
4) Os *particulares e os funcionários públicos têm o direito de desobedecer a quaisquer ordens que constem de um ato nulo*[706]. Na medida em que este não produz efeitos, nenhum dos seus imperativos é obrigatório;
5) Se mesmo assim a Administração quiser impor pela força a execução de um ato nulo, os particulares têm o *direito de resistência passiva* (Constituição, art. 21.º): a resistência passiva dos particulares à execução de um ato nulo é, assim, legítima;
6) Um ato nulo *pode ser impugnado a todo o tempo*, isto é, a sua impugnação não está sujeita a prazo (CPA, art. 162.º, n.º 2), e CPTA, art. 58.º, n.º 1);
7) A nulidade pode ser *conhecida*, também a todo o tempo, por qualquer autoridade administrativa ou por qualquer tribunal (e não apenas pelos tribunais administrativos) (CPA, art. 162.º, n.º 2). Está em causa um conhecimento incidental da nulidade do ato, que tem como consequência a desconsideração dos seus efeitos numa dada situação e apenas com referência a essa situação;
8) A nulidade pode ser *declarada*, também a todo o tempo, com efeitos *erga omnes* pelos tribunais administrativos ou pelos órgãos administrativos competentes para a anulação (administrativa) (CPA, art. 162.º, n.º 2). No primeiro caso, a declaração (jurisdicional) de nulidade constitui o objeto de uma ação administrativa especial de impugnação de ato administrativo (CPTA, art. 50.º, n.º 1). Portanto, quando se vai a tribunal impugnar um ato nulo, aquilo que o tribunal administrativo faz é declarar a sua nulidade. Não se pode anular um ato nulo: se o ato é nulo, declara-se que o ato é nulo, não se anula aquilo que já é nulo. No segundo caso, a declaração (administrativa) de nulidade constitui, ela própria, um (novo) ato administrativo dirigido a reconhecer perante todos que o ato a que

[706] Neste sentido, cfr. também Paulo Otero, *O poder de substituição...*, II, p. 579; *idem*, *Conceito e fundamento...*, p. 176 e ss.; João Caupers, *Introdução ao Direito Administrativo*, p. 194. Contra: Gomes Canotilho e Vital Moreira, *Constituição...*, p. 953; Vieira de Andrade, *Validade (do ato administrativo)*, *loc. cit.*, pp. 585-586; Esteves de Oliveira / Pedro Gonçalves / Pacheco de Amorim, *Código do Procedimento Administrativo*, p. 652 – para os últimos, o ato nulo impõe-se nas relações hierárquicas, salvo se implicar a prática de um crime.

tal declaração se refere é nulo e que, por isso mesmo, não produziu quaisquer efeitos jurídicos;

Como diz Vieira de Andrade, o n.º 2 do art. 134.º do CPA deve ser entendido como permitindo a qualquer tribunal o *conhecimento* da nulidade e a não aplicação de um ato administrativo nulo, ainda que a *declaração* da nulidade caiba apenas aos tribunais administrativos[707]. No mesmo sentido se pronunciam Esteves de Oliveira e outros[708]. Os artigos 2.º, n.º 2, alínea *d*), e 50.º, n.º 1, ambos do CPTA, parecem reforçar este entendimento.

8) A nulidade pode também ser conhecida a todo o tempo *por qualquer órgão administrativo* (CPA, artigo 134.º, n.º 2)[709];

Também como referem Vieira de Andrade, Esteves de Oliveira e outros, parece-nos que o n.º 2 do art. 134.º do CPA deve ser entendido no sentido de que *apenas* os órgãos administrativos com poderes de controlo no caso podem *declarar*, com força obrigatória geral, a nulidade do ato administrativo. Isto porque choca que a declaração administrativa (*erga omnes*) de um ato não seja feita num procedimento que corra perante o seu autor ou órgão que esteja em posição supraordenada em relação a ele. O que qualquer órgão administrativo poderá fazer é *tomar conhecimento da nulidade do ato e, portanto, desaplicá-lo*.

9) O reconhecimento judicial da existência de uma nulidade toma a forma de *declaração de nulidade* e tem *natureza meramente declarativa*. Portanto, quando se vai a tribunal impugnar um ato nulo, aquilo que o tribunal faz é declarar a sua nulidade. Não se pode anular um ato nulo: se o ato é nulo, declara-se a sua nulidade, não se anula.

116. *Idem*: a anulabilidade

A anulabilidade é uma sanção menos grave do que a nulidade e *tem características bem diferentes das desta*, a saber:

[707] V. Vieira de Andrade, *Validade (do ato administrativo)*, *loc. cit.*, p. 591.

[708] V. Esteves de Oliveira / Pedro Gonçalves / Pacheco de Amorim, *Código...*, p. 654.

[709] V. Vieira de Andrade, *Validade (do ato administrativo)*, *loc. cit.*, p. 591; e Esteves de Oliveira / Pedro Gonçalves / Pacheco de Amorim, *Código...*, p. 654.

1) O ato anulável, embora inválido, *é juridicamente eficaz* – produz efeitos jurídicos como se fosse válido – *até ao momento em que venha a ser anulado*. Como estatui o artigo 163.º, n.º 2, do CPA, «o ato anulável produz efeitos jurídicos, que podem ser destruídos com eficácia retroativa se o ato vier a ser anulado por decisão proferida pelos tribunais administrativos ou pela própria Administração»;
2) A anulabilidade é *sanável*, quer pelo decurso do tempo, quer por ratificação, reforma ou conversão (quanto a estas, v. o art. 164.º, n.º 1, do CPA). Quer isto dizer que o ato anulável, se não for objeto de anulação administrativa oficiosa ou de anulação jurisdicional, resultante de impugnação pelo interessado ou pelo Ministério Público dentro de um certo prazo (cfr. CPA, art. 163.º, n.os 3 e 4; e CPTA, art. 58.º), acaba por se transformar num ato inatacável[710];
3) O ato anulável é *obrigatório*, quer para os funcionários públicos, quer para os seus destinatários, enquanto não for anulado[711];
4) O ato anulável só pode ser impugnado *dentro de um certo prazo* que a lei estabelece, e que é, normalmente, um prazo curto;
5) O pedido de anulação *só pode ser feito perante um tribunal administrativo*, não pode ser feito perante qualquer outro tribunal. Só os tribunais administrativos podem, assim, anular atos administrativos;
6) O reconhecimento de que o ato é anulável por parte do tribunal *determina*, em princípio, *a sua anulação*. A sentença proferida sobre um ato anulável é uma sentença de *anulação* (assumindo *natureza constitutiva*), enquanto a sentença proferida sobre um ato nulo é uma *declaração de nulidade* (com natureza meramente declarativa). Por outras palavras: o ato nulo é declarado nulo; o ato anulável é anulado[712];
7) A limitação da relevância invalidante da ilegalidade, da ilicitude ou dos defeitos da vontade por via do *afastamento legal do efeito anulatório*, quando (cfr. CPA, art. 163.º, n.º 5, alíneas *a*) a *c*)):

[710] Há quem defenda, com bons argumentos, alguma flexibilização desta doutrina: cfr. Vieira de Andrade, *Validade (do ato administrativo)*, *loc. cit.*, p. 591; e Esteves de Oliveira / Pedro Gonçalves / Pacheco de Amorim, *Código...*, p. 654.

[711] V., porém, sobre o fenómeno da inaplicabilidade do ato anulável, Diogo Freitas do Amaral, *in OD*, 98, p. 57 e ss.

[712] Não se deve confundir anulabilidade com anulação: a *anulabilidade* é a característica do ato que, enquanto não é anulado, pode vir a sê-lo; a *anulação* é a decisão que anula o ato anulável.

- O conteúdo do ato anulável não possa ser outro, por o ato ser de conteúdo vinculado ou a apreciação do caso concreto permita identificar apenas uma solução como legalmente possível (solução inspirada na jurisprudência nacional sobre aproveitamento do ato administrativo e no artigo 21 *octies* da Legge 241/1990 – a lei italiana de procedimento administrativo);
- O fim visado pela exigência procedimental ou formal preterida tenha sido alcançado por outra via (solução inspirada no princípio da degradação de formalidades essenciais em não essenciais);
- Se comprove, sem margem para dúvidas, que, mesmo sem o vício, o ato teria sido praticado com o mesmo conteúdo (solução inspirada no § 46 da VwVfG – a lei de procedimento administrativo alemã).

A anulação contenciosa de um ato administrativo *tem efeitos retroativos*: «tudo se passa, na ordem jurídica, como se o ato nunca tivesse sido praticado»[713].

117. *Idem*: âmbito de aplicação da nulidade e da anulabilidade

No nosso direito, *a nulidade tem caráter excecional; a anulabilidade é que constitui a regra geral* (CPA, art. 163.º, n.º 1). Noutros termos: a regra no Direito Administrativo português é de que um ato administrativo inválido é anulável; só excecionalmente – isto é, nos casos expressamente previstos na lei – é que o ato inválido é nulo (CPA, art. 161.º, n.º 1).

Porquê?

Por razões de certeza e de segurança da ordem jurídica. Não se poderia admitir que, dado o regime da nulidade – e, designadamente, a possibilidade de ela ser declarada a todo o tempo – pairasse indefinidamente a dúvida sobre se os atos da Administração são legais ou são ilegais, são válidos ou inválidos. É preciso que ao fim de algum tempo, razoavelmente curto, cessem as dúvidas e os atos da Administração possam claramente ser definidos como válidos ou como inválidos.

[713] V. Marcello Caetano, *Manual*, I, p. 518.

Em conclusão, *a regra é a de que o ato inválido é anulável: se ao fim de um certo prazo ninguém pedir a sua anulação, nem o mesmo for anulado por iniciativa da própria Administração, ele converte-se num ato válido*, isto é, fica sanado (v. *infra*).

Como só excecionalmente os atos são nulos, isto significa que, na prática, o que temos de apurar, acerca de um ato cuja validade estejamos a analisar, é se ele é ou não nulo: porque, se o não for, cai na regra geral e é anulável.

A orientação *genérica* do nosso Direito Administrativo é no sentido de que «o legislador escolha com toda a cautela os casos em que tão severa sanção (a da nulidade) se aplica, limitando-a a um pequeno número de *ilegalidades graves e evidentes*»[714].

118. *Idem, idem*: os casos de nulidade

Temos de começar, pois, por ver quais são os casos de nulidade. Neste domínio vale a regra consagrada no artigo 161.º, n.º 1, do CPA: «são nulos os atos para os quais a lei comine expressamente essa forma de invalidade».

Os casos de nulidade, no direito português, são aqueles que vêm estabelecidos no artigo 161.º, n.º 2, do CPA. A lei adota a técnica de enunciar os casos de nulidade mediante uma enumeração de situações-tipo. É claro que pode haver (e há) leis especiais que, para certos casos, estabeleçam nulidades – daí a utilização do advérbio «designadamente». Mas o único preceito genérico que contém a lista das nulidades é este n.º 2 do artigo 161.º

Anteriormente, havia lugar à distinção, que fizemos durante vários anos, entre as *nulidades por determinação da lei* (as que estavam expressamente previstas como tais pela lei) e as *nulidades por natureza* (as que, embora não previstas na lei, não podiam deixar de ser como tais consideradas, porque seria totalmente inadequado o regime da simples anulabilidade).

O CPA incorporou, porém, na lista do art. 161.º, n.º 2, a generalidade dos casos antes apontados pela doutrina como atos nulos por natureza[715]. Por outro lado,

[714] V. Marcello Caetano, *Manual*, I, p. 518.

[715] V. Marcelo Rebelo de Sousa, *Regime jurídico do ato administrativo, loc. cit.*, p. 178.

no mesmo diploma, o legislador optou por eliminar as «nulidades por natureza» definidas através de conceitos indeterminados e de uma cláusula geral sobre elementos essenciais do ato administrativo (quanto a esta última, cfr. o art. 133.º, n.º 1, primeira parte, do CPA de 1991). Assim, por razões de certeza e segurança, determina-se agora que a nulidade pressupõe a respetiva cominação legal expressa, eliminando-se a citada categoria das «nulidades por natureza».

O artigo 161.º, n.º 2, do CPA considera, exemplificativamente, como atos nulos[716]:

a) Os atos viciados de usurpação de poder;
b) Os atos estranhos às atribuições dos ministérios, ou das pessoas coletivas referidas no artigo 2.º, em que o seu autor se integre;
c) Os atos cujo objeto ou conteúdo seja impossível, ininteligível ou constitua ou seja determinado pela prática de um crime;
d) Os atos que ofendam o conteúdo essencial de um direito fundamental;
e) Os atos praticados com desvio de poder para fins de interesse privado;
f) Os atos praticados sob coação física ou sob coação moral;
g) Os atos que careçam em absoluto de forma legal;
h) As deliberações de órgãos colegiais tomadas tumultuosamente ou com inobservância do *quorum* ou da maioria legalmente exigidos;
i) Os atos que ofendam os casos julgados;
j) Os atos certificativos de factos inverídicos ou inexistentes;
k) Os atos que criem obrigações pecuniárias não previstas na lei;
l) Os atos praticados, salvo em estado de necessidade, com preterição total do procedimento legalmente exigido.

Um dos preceitos mais difíceis de interpretar é o constante da alínea *d*): que deve entender-se, neste contexto, por *direito fundamental*?

Cabe à jurisprudência e à doutrina delimitar o sentido e o alcance da norma legal: por nós, contudo, entendemos que a expressão direitos fundamentais só abrange, neste artigo, os direitos, liberdades e garantias, e os direitos de natureza análoga, excluindo os direitos económicos, sociais e culturais que não tenham tal

[716] Para um comentário desenvolvido à enumeração casuística do elenco de atos nulos referidos no n.º 2 do art. 133.º do CPA de 1991, cfr. Esteves de Oliveira / Pedro Gonçalves / Pacheco de Amorim, *Código...*, p. 643 e ss. V. também Vieira de Andrade, *Validade (do ato administrativo), cit.*, p. 587; e Marcelo Rebelo de Sousa, *Regime Jurídico do Ato Administrativo*, p. 178.

natureza[717]. Seria, com efeito, levar longe de mais o elenco das nulidades do ato administrativo considerar como atos nulos todos os que de alguma forma pudessem ofender algum direito económico, social ou cultural sem natureza análoga à dos direitos, liberdades e garantias: por exemplo, não nos pareceria razoável fulminar com a sanção mais grave da nulidade todos os atos administrativos praticados no domínio da segurança social em que, por erro de facto ou por erro de cálculo, se violasse o direito subjetivo a uma certa prestação social. Aos atos desta natureza melhor se ajusta, em caso de ilegalidade ou de vício da vontade, o regime da anulabilidade, por razões de certeza e segurança do direito. O mesmo se diga dos direitos subjetivos públicos de caráter administrativo (por exemplo, direito de informação, direito à audiência prévia, direito à notificação, etc.), cuja violação é, quanto a nós, geradora de mera anulabilidade, por não estar em causa a proteção da dignidade da pessoa humana – a qual é o valor jurídico basilar do conceito de «direito fundamental»[718].

119. Nulidade e inexistência do ato administrativo

Antes do CPA, uma parte importante da doutrina (era o caso, por exemplo, de Rogério Soares) e da jurisprudência entendia que nulidade e inexistência eram sinónimos – o ato nulo era um ato juridicamente inexistente, e a inexistência jurídica seria o mesmo que a nulidade. Sustentava-se, em suma, que «a dualidade "existente-não existente" pertence ao domínio do natural, sendo desconhecida como categoria de imputação normativa»; e que «além disso, a consideração dos efeitos não permite assinalar à inexistência um lugar à parte, pois as suas consequências são apenas, como as da nulidade, uma improdutividade total»[719].

Nós, porém, não concordávamos com esta maneira de ver, e alinhávamos antes com aquela outra parte da doutrina[720] e da jurisprudência que

[717] V. Freitas do Amaral *et alii*, *Código do Procedimento Administrativo Anotado*, p. 243. No mesmo sentido, cfr. Marcelo Rebelo de Sousa, *Regime Jurídico do Ato Administrativo*, *loc. cit.*, p. 179; e Filipa Calvão, *Os Atos Precários...*, p. 267.

[718] V., entre nós, Esteves de Oliveira / Pedro Gonçalves / Pacheco de Amorim, *Código...*, p. 647, e em Espanha, Jesús Jornano Fraga, *Nulidad de los actos administrativos y derechos fundamentales*, Madrid, 1997.

[719] V. Rui Medeiros, *Valores jurídicos negativos da lei inconstitucional*, *loc. cit.*, p. 491.

[720] V., por exemplo, Esteves de Oliveira, *Direito Administrativo*, I, p. 533 e ss.; e Sérvulo Correia, *Noções de Direito Administrativo*, I, p. 350 e ss.

distinguia (e ainda hoje distingue[721]) a nulidade da inexistência, sustentando que, «se não há uma conduta unilateral imputável à Administração, se a conduta não traduz o exercício de um poder de autoridade, se ela não tem por conteúdo a definição inovatória de uma situação jurídico-administrativa concreta, se não se reveste da publicidade legalmente exigida – encontrar-nos-emos perante uma situação de inexistência»[722].

Reconhecíamos, portanto (passe o trocadilho), existência jurídica à figura da «inexistência jurídica».

O CPA, hoje, no n.º 1 do seu artigo 133.º, dispõe, como vimos, que são nulos os atos a que falte algum elemento essencial. Ora, sucede que a grande maioria dos casos de *inexistência* que a doutrina apresentava eram justamente os da falta de um elemento essencial do próprio conceito de ato administrativo. A ampla latitude da letra daquele preceito, reduzindo bastante o campo de aplicação da inexistência, coloca a interrogação de saber se, doravante, continuará a fazer sentido destrinçar a inexistência da nulidade[723].

Temos para nós que, não obstante a assinalada aproximação operada pelo CPA entre as figuras da nulidade e da inexistência jurídica, continua a ter sentido a noção de inexistência jurídica[724]. Isto porque, e por um lado, o ato administrativo inexistente é um *quid* que se pretende fazer passar por ato administrativo, *mas a que faltam certos elementos estruturais constitutivos que permitam identificar um tipo legal de ato administrativo*: é inexistente, por exemplo, como se disse, um ato que não tenha qualquer *conteúdo*, ou que seja praticado por usurpadores de funções públicas (falso juiz, falso médico, falso notário, etc.). Já, pelo contrário, um ato nulo é um ato em que a falta ou viciação particularmente grave de um elemento

[721] V., por exemplo, Esteves de Oliveira / Pedro Gonçalves / Pacheco de Amorim, *Código...*, p. 638; Marcelo Rebelo de Sousa, «Inexistência Jurídica», *in DJAP*, V, p. 231 e ss.; Paulo Otero, *O Poder de Substituição...*, II, p. 462, em nota; e Diogo Freitas do Amaral e Paulo Otero, *O Valor Jurídico-político da referenda ministerial*, Lisboa, 1997, p. 77 e ss.

[722] V. Sérvulo Correia, *Noções de Direito Administrativo*, I, p. 350.

[723] V. Marcelo Rebelo de Sousa, *Regime Jurídico do Ato Administrativo, loc. cit.*, pp. 178-181; *idem*, *Inexistência Jurídica, cit.*, p. 241 e ss.; Diogo Freitas do Amaral, *Regime do Ato Administrativo*, p. 106; e Paulo Otero, «Ato administrativo», § 4.º do estudo coletivo *Procedimento Administrativo, loc. cit.*, p. 492.

[724] No mesmo sentido, cfr. Paulo Otero, *O Poder de Substituição..., cit.*, II, p. 462 e s.; e *Direito Administrativo...*, p. 404. Contra: Vieira de Andrade, *Validade (do ato administrativo), loc. cit.*, p. 582.

essencial não impede que se identifique o tipo legal em que se insere[725]. Na inexistência, por conseguinte, faltando requisitos mínimos de identificabilidade (tanto orgânicos como formais e substanciais), não há ato administrativo; na nulidade, pelo contrário, existe ato administrativo, mas a lei fere-o de nulidade. Os casos de nulidade são os expressamente indicados na lei (CPA, art. 161.º, n.º 1); os casos de inexistência são-no por natureza, ou por força de lei, mas esta não faz qualquer lista enumerando situações-tipo. A doutrina poderá fazê-la.

Por outro lado, além dos casos de inexistência das decisões a que falta um mínimo de identificabilidade como atos da Administração, são outrossim inexistentes as decisões administrativas aplicadoras de leis feridas de inexistência jurídica (é o caso, por exemplo, de uma lei que não tenha sido promulgada)[726].

Na prática, o regime jurídico da inexistência assemelha-se bastante ao da nulidade. Por regra, aplica-se àquela o regime jurídico desta.

Não há, porém, entre tais regimes, identificação completa. Decorre do n.º 3 do artigo 134.º do CPA que a possibilidade de, pelo mero decurso do tempo e de harmonia com certos princípios gerais de direito (designadamente o princípio da boa fé), se consolidarem certos efeitos de facto derivados de atos juridicamente improdutivos é apanágio do regime dos atos nulos, mas não já dos atos inexistentes. Assim, por exemplo, a lei protege o caso dos agentes de facto providos por ato nulo mas com mais de 10 anos de exercício «pacífico, contínuo e público» das suas funções (cfr. o D. L. n.º 413/91, de 19 de outubro); não o faz, porém, nem faria sentido que o fizesse, em relação a agentes providos por ato inexistente.

Além disso, o novo CPA admite algo que o antigo proibia: o aproveitamento de partes do ato nulo através de *reforma* ou de *conversão* (art. 164.º, n.º 3). Estas são impensáveis quanto a atos juridicamente inexistentes.

120. *Idem*: referência à irregularidade

Como vimos, pode acontecer que o incumprimento de certas normas de procedimento não acarrete a invalidade do ato, quer por se tratar à

[725] V. Diogo Freitas do Amaral *et alli*, *Código do Procedimento Administrativo Anotado*, p. 243.

[726] Neste sentido, Paulo Otero, *Direito Administrativo*..., p. 404.

partida de normas meramente indicativas – as que estabelecem *formalidades não essenciais* –, quer por tal incumprimento, reportando-se a preceitos instrumentais, não importar, no caso concreto, uma lesão efetiva dos valores e interesses protegidos pela norma violada, por estes alcançarem a sua realização por outra via – é, recorde-se, a chamada *degradação das formalidades essenciais em não essenciais*[727].

Estes vícios procedimentais – espécies do vício de forma – consubstanciam exemplos da figura (de ocorrência algo rara) da *irregularidade*[728], exemplos em que «a notória inocuidade procedimental ou decisória do incumprimento de formalidades legais»[729] nos demonstra que a ilegalidade do ato administrativo não impõe sempre a sua invalidade[730]. Como diz Rogério Soares, trata-se de «uma censura ligeira, decorrente da venialidade do vício, que não afeta a produtividade do ato, mas que pode ocasionar efeitos acessórios»[731]. O ato irregular é sempre um ato existente e válido[732].

Neste tipo de casos, a lei pode (embora não tenha de) impor uma sanção criminal ou disciplinar ao agente infrator (*leges minus quam perfectae*)[733]. Conforme escreve Marcelo Rebelo de Sousa, «a sanção do ato irregular não se traduz na sua invalidade, mas antes na previsão de efeitos secundários ou laterais, que não afetam a suscetibilidade de produção dos efeitos prototípicos»[734]. A essência da irregularidade consiste precisamente em cumular a validade com tal eficácia suplementar secundária ou acessória[735].

Mas, cumpre reconhecê-lo, a par das situações descritas, proliferam, igualmente, leis meramente indicativas, quer dizer, leis cujo incumprimento não desencadeia qualquer sanção, mesmo que acessória (*leges imperfectae*)[736].

[727] Assim: Vieira de Andrade, *Validade (do ato administrativo), loc. cit.*, p. 584.

[728] Embora conhecida tanto no Direito Privado – cfr., por último, Menezes Cordeiro, *Tratado...*, I, pp. 578-579 –, como no direito público: v. Marcelo Rebelo de Sousa, *O Valor Jurídico do Ato Inconstitucional*, p. 271.

[729] V. Esteves de Oliveira / Pedro Gonçalves / Pacheco de Amorim, *Código...*, p. 658.

[730] V. Rui Medeiros, *Valores jurídicos negativos da lei inconstitucional*, p. 493.

[731] V. Rogério Soares, «Ato administrativo», *in Pólis*, 1, col. 104.

[732] V. Marcelo Rebelo de Sousa, *O Valor Jurídico...*, p. 271.

[733] V. Rui Medeiros, *Valores jurídicos negativos da lei inconstitucional*, p. 493.

[734] V. Marcelo Rebelo de Sousa, *O Valor Jurídico...*, p. 271.

[735] V. Marcelo Rebelo de Sousa, *O Valor Jurídico...*, p. 271.

[736] V. Rui Medeiros, *Valores Jurídicos Negativos da lei Inconstitucional*, p. 493.

O conceito de irregularidade desdobra-se, pois, em dois tipos: no de o vício não afetar a eficácia do ato, e no de a afetar, diminuindo-a ou alterando-a, mas não a impedindo[737].

Exemplo de atos irregulares no Direito administrativo português é, como vimos acima, o daqueles atos que, praticados ao abrigo de delegação ou subdelegação de poderes, não mencionem a existência dessas delegação ou subdelegação de poderes (CPA, art. 48.º, n.º 2)[738-739]. Outro exemplo: a emissão de um parecer depois do termo do prazo estabelecido, atrasando a decisão do órgão consulente, ou a pura e simples omissão do parecer devido – a demora não invalida o ato, embora possa acarretar responsabilidade do funcionário ou funcionários causadores da demora (cfr. CPA, art. 92.º, n.os 3, 4, 5 e 6)[740].

121. *Idem*: cumulação de formas de invalidade

Cumpre-nos agora chamar a atenção para um aspeto que a doutrina tende a ignorar, mas que na prática aparece muitas vezes: a hipótese de no mesmo ato se cumularem, em simultâneo, diferentes formas de invalidade.

O caso mais frequente é o de um certo ato estar ferido de dois ou mais vícios, ou seja, de duas ou mais ilegalidades, geradoras de invalidade.

Outro caso frequente é o de no mesmo ato administrativo concorrerem uma ou mais ilegalidades com um ou mais vícios da vontade (erro de facto, por exemplo), umas e outros causas de invalidade.

Em todos estes casos, o ato será inválido a mais de um título. E o que então há que indagar é isto: qual a forma de invalidade que o inquina nessas situações?

737 V. Francesco Carnelutti, *Teoria Geral do Direito*, Coimbra, 1944 (tradução portuguesa de Afonso Queiró e A. Anselmo de Castro), p. 461.

738 V. Esteves de Oliveira / Pedro Gonçalves / Pacheco de Amorim, *Código*..., pp. 226-227.

739 Exemplo de irregularidade no Direito Privado: a compra e venda de imóvel sem que tenha sido exibido o registo da coisa a favor do alienante é irregular (e pode envolver responsabilidade do notário), perante o art. 9.º do Código do Registo Predial; não prejudica porém a validade do negócio – cfr. Menezes Cordeiro, *Tratado*..., I, p. 579.

740 V. exemplo paralelo em García de Enterría e T. R. Fernández, *Curso de Derecho Administrativo*, I, pp. 641-642.

Há que distinguir três hipóteses:

a) Se todas as fontes de invalidade que afetam o ato são geradoras de *anulabilidade*, nenhuma dúvida se levanta: o ato será *anulável*;
b) Se todas as fontes de invalidade forem geradoras de *nulidade*, tão-pouco pode haver hesitações: o ato será *nulo*;
c) Se, enfim, uma ou mais fontes de invalidade gerarem *anulabilidade*, e outra ou outras determinarem *nulidade*, então prevalece a sanção mais forte: o ato é *nulo*.

Neste último caso, porém, importa ter presente que *só as causas de nulidade poderão ser invocadas a todo o tempo*: se a impugnação contenciosa não for feita dentro do prazo normal, já não será possível alegar as causas de anulabilidade que porventura afetassem o ato, pois entretanto ter-se-á operado a respetiva sanação por decurso do tempo. Fora do prazo legal, a ação impugnatória só poderá ter por fundamento causas de nulidade, e não já causas de anulabilidade.

122. D) Correspondência entre vícios e formas de invalidade

Antes de terminar esta matéria, julgamos de interesse apresentar um quadro de correspondências entre os vícios do ato administrativo e as formas de invalidade que a lei estabelece como sanções para aquelas.

Começaremos por sublinhar que não há uma correspondência automática de cada vício a uma certa forma de invalidade: exceto quanto à usurpação de poder, que gera sempre nulidade, qualquer dos outros vícios pode gerar, conforme os casos, anulabilidade ou nulidade. Tudo depende do que a lei determinar a esse respeito.

Assim, na falta de disposições especiais em contrário, e conforme resulta da regra geral constante dos artigos 161.º, n.º 2, e 163.º, n.º 1, do CPA, o quadro de correspondências é o seguinte:

a) *Usurpação do poder*
   – Todos os casos: *nulidade*.
b) Incompetência
   – Incompetência por falta de atribuições (absoluta): *nulidade*;
   – Incompetência por falta de competência (relativa): *anulabilidade*;

c) *Vício de forma*
- Carência absoluta de forma legal: *nulidade*;
- Preterição total do procedimento legalmente exigido (salvo em estado de necessidade) – *nulidade*;
- Deliberações tomadas tumultuosamente: *nulidade*;
- Deliberações tomadas sem *quorum*: *nulidade*;
- Deliberações tomadas sem ser pela maioria exigida por lei: *nulidade*;
- Outros vícios de forma: *anulabilidade*;

d) *Violação de lei*
- Casos de violação de lei referidos no artigo 161.º, n.º 2, do CPA: *nulidade*;
- Quaisquer outros casos de violação de lei: *anulabilidade*;

e) *Desvio de poder*
- Casos de desvio de poder para fins de interesse público: *anulabilidade*;
- Casos de desvio de poder para fins de interesse privado: *nulidade*[741].

123. E) A sanação de atos administrativos ilegais

Por último, quanto à invalidade do ato administrativo, importa fazer uma breve referência ao fenómeno da *sanação* dos atos ilegais[742].

Dissemos acima que os atos anuláveis – ao contrário dos atos nulos – são sanáveis, isto é, podem transformar-se em atos com a força de caso decidido. O fenómeno da «sanação» consiste precisamente na *transformação jurídica de um ato ilegal num ato inatacável contenciosamente.*

Qual a razão de ser deste fenómeno, aparentemente ilógico?

O fundamento jurídico da sanação dos atos ilegais é a *necessidade de certeza e segurança na ordem jurídica*, sendo certo que a Administração Pública pratica milhares de atos administrativos por dia.

Não é possível suportar durante anos sem fim a incerteza sobre se cada ato administrativo é legal ou ilegal, válido ou inválido – e portanto

[741] V. atrás, o n.º 117 e o CPA , art. 161.º, al. *e*).

[742] V., por último, Rui Machete, «Sanação (do ato administrativo inválido)», *in DJAP*, VII, p. 327 e ss.

a incerteza da Administração e dos beneficiários do ato sobre se ele vai ou não ser mantido, se virá ou não a ser revogado pela Administração, se será ou não impugnado nos tribunais por quem se considere prejudicado, etc.

Se assim fosse, a vida jurídica tornar-se-ia impossível, e a própria atividade económica e social ficaria completamente paralisada, acumulando-se prejuízos para todos.

Isto, que sempre foi assim, muito mais o é nos dias de hoje, dado o grande intervencionismo da Administração Pública na vida económica e social dos países.

A sanação dos atos administrativos pode operar-se por um de dois modos:

a) Por ato administrativo secundário (cfr. CPA, art. 164.º);
b) Pelo decurso do tempo.

A sanação de um ato administrativo por força de outro ato administrativo praticado precisamente com esse fim será estudada noutro momento (v., *infra*, a matéria relativa à ratificação, reforma e conversão dos atos administrativos).

Quanto à sanação pelo decurso do tempo, a hipótese é a seguinte: o órgão administrativo pratica um ato administrativo ilegal, cuja invalidade assume a forma de anulabilidade; há um prazo marcado na lei para se poder impugnar contenciosa ou administrativamente esse ato e há igualmente prazos para a Administração, por sua própria iniciativa, anular esse ato (cfr. CPA, art. 163.º, n.os 3 e 4, respetivamente); se tal não suceder dentro dos prazos legais, o ato fica sanado. Tudo se passa, a partir daí, como se o ato nunca tivesse sido ilegal – o ato já não pode ser anulado pela Administração, não pode ser contenciosamente impugnado, e já não pode ser ratificado, reformado ou convertido.

A este propósito, convém ainda acrescentar duas notas.

Primeira: há quem entre nós sustente que o decurso do prazo de impugnação contenciosa não apaga a ilegalidade do ato administrativo[743]. Basicamente, defende-se esta tese com o seguinte argumento: o de que o mero decurso do tempo

[743] V., por exemplo, Rui Machete, *Sanação (do ato administrativo inválido)*, *loc. cit.*, p. 332 e ss.; e Vieira de Andrade, *Validade (do ato administrativo)*, *loc. cit.*, p. 591.

não tem a virtualidade de tornar conforme à lei uma decisão administrativa praticada em certo momento em desrespeito a um determinado tipo legal de ato. Assim, entende-se, uma vez inválido, o ato administrativo será para sempre inválido; o que o decurso do tempo determina é apenas a perda, para o particular, do direito de impugnar contenciosamente o ato, e nada mais (cfr. o art. 38.º, n.º 2, do CPTA).

Não temos o argumento por irrebatível. Claro que, concedêmo-lo, é uma ficção legal considerar que o decurso do tempo torna válido um ato originariamente inválido. A desconformidade *histórica* entre tal ato e a lei não desapareceu *realmente*: por exemplo, o decurso do tempo não faz, como que por milagre, que o órgão incompetente que efetivamente praticou o ato fosse, à data de tal prática, o órgão legalmente competente para o efeito. Mas parece-nos ser menos forçado ficcionar isso do que afirmar, como afirmam os defensores dessa tese, que o decurso do prazo de impugnação judicial dos atos administrativos *apenas* determina a perda do direito de agir contenciosamente. Isto, por um lado, porque é incontroverso que a Administração deixa também de poder anular o ato administrativo segundo o regime previsto no art. 168.º do CPA – apenas o poderá fazer à luz do regime de revogação, constante do art. 167.º do mesmo diploma. Por outro lado, porque o decurso do tempo implica, outrossim, a impossibilidade de a Administração ratificar, reformar ou converter esse ato nos termos do art. 164.º, n.º 1, do CPA. Bastam, pois, estes dois exemplos para se concluir que os efeitos do decurso do prazo não se resumem, como alguns pretendem, à perda pelos interessados do direito de acionar a Administração em tribunal.

Quanto a nós, a sanação justifica-se ainda por um argumento de maioria de razão – o que a lei permite que aconteça por vontade dos órgãos administrativos (a ratificação sanatória de atos ilegais prevista no art. 164.º do CPA) também deve poder acontecer *ope legis*.

Segunda nota: a sanação do ato releva apenas no plano da legalidade; não releva, porém, no plano da ilicitude: sanado um ato pelo decurso do prazo da impugnação contenciosa, subsiste a obrigação de indemnizar que em princípio recai sobre o autor do ato no caso de o ato ter sido ilícito e ter causado prejuízos a outrem.

A impugnação da legalidade e o pedido de indemnização por perdas e danos dele decorrentes são pretensões substantiva e processualmente autónomas (CPTA, arts. 2.º, n.º 2, alíneas *d*) e *f*); e 4.º, n.º 2, alíneas *a*) e *f*)). Acresce que o legislador consignou no artigo 4.º do RCEE o seguinte: «Quando o comportamento culposo do lesado tenha concorrido para a produção ou agravamento dos danos causados, designadamente por não ter utilizado a via processual adequada à eliminação do ato jurídico lesivo, cabe ao tribunal determinar, com base na gravidade das culpas de ambas as partes e nas consequências que delas tenham resultado, se a indemnização deve ser totalmente concedida, reduzida ou mesmo excluída». Este preceito revela, «indiscutivelmente, que a mera impugnação de um ato administrativo não constitui o meio adequado para eliminar todos os efeitos da conduta ilegal e aceita a existência de danos que não podem ser evitados pela interposição e provimento»[744] (de uma ação anulatória). Noutros termos, «as exigências de segurança e de certeza nas relações administrativas podem justificar que a não interposição [da ação] de anulação impeça a reintegração do direito ou interesse do particular, mas não se opõem à subsistência de um direito de indemnização autónomo»[745].

[744] V. Rui Medeiros, *Ensaio sobre a responsabilidade civil do Estado por atos legislativos*, p. 142.
[745] V. Rui Medeiros, *Ensaio...*, *cit.*, pp. 222-223.

VI

EXTINÇÃO E MODIFICAÇÃO. REVOGAÇÃO E ANULAÇÃO ADMINISTRATIVA

124. Generalidades

Os efeitos jurídicos do ato administrativo podem ser extintos ou modificados por variados modos. Comecemos pela *extinção*.

Em certos casos, esses efeitos cessam imediatamente com a prática do ato: é o que se passa com os atos de *execução instantânea*, cujos efeitos jurídicos se esgotam ou consomem num só momento, numa aplicação isolada. Pense-se, por exemplo, na ordem policial que manda avançar ou parar o trânsito, num cruzamento.

Noutros casos, os efeitos do ato administrativo perduram no tempo, só se extinguindo uma vez decorrido um certo período: é o que acontece com os atos de *execução continuada*, de que constituem exemplos a concessão de utilização privativa de um bem do domínio público ou a autorização dada pela Administração para a prática de um horário de laboração contínua numa empresa fabril.

A certos atos administrativos, por seu turno, podem ter sido apostos um *termo final* ou uma *condição resolutiva*: e então, uma vez atingido o termo ou verificada a condição, cessam os seus efeitos. Pense-se, por exemplo, na concessão de uma bolsa de estudo durante um ano letivo, ou na sua não-prorrogação anual por o beneficiário não ter tido o necessário aproveitamento.

Além destes casos, outra situação se desenha, em que um órgão administrativo pratica atos expressamente destinados a *extinguir* os efeitos de um ato anterior – quer *fazendo cessá-los* para o futuro, quer *destruindo-os* desde o momento da prática do ato. Quando isso sucede, estamos no domínio da *revogação* e da *anulação administrativa* – e é destas modalidades de extinção dos atos administrativos que vamos começar por tratar. Relativamente às mesmas, importa ter presente a alteração introduzida pelo novo CPA, que o legislador apresentou do seguinte modo[746]:

> «Sobre a revisão dos atos administrativos, o novo Código, passa agora a concretizar e aprofundar a distinção entre a revogação propriamente dita e a revogação anulatória, passando a designar esta, na esteira da generalidade da doutrina dos países europeus, como "anulação administrativa" (artigo 165.º). No seguimento da distinção, estabelecem-se os condicionalismos aplicáveis a cada uma das figuras, em função da sua finalidade e razão de ser, regulando-se com algum pormenor várias situações e resolvendo-se alguns problemas que têm sido suscitados (artigos 167.º e 168.º) (...). As alterações introduzidas, "no essencial, são inspiradas pela lei alemã do procedimento"».

Recorde-se que até ao CPA de 1991, o preceito fundamental em matéria de revogação dos atos administrativos era o artigo 18.º da LOSTA, onde a grande distinção que se fazia era entre o regime da revogação dos atos constitutivos de direitos e dos atos não constitutivos de direitos; diversamente, naquele Código, os artigos 140.º e 141.º passaram a delinear, mais corretamente, o regime da revogação dos atos administrativos na base de uma outra distinção, que era a distinção entre *atos válidos* e *atos inválidos*[747].

Assim:

- A *revogação* é o ato administrativo que determina a cessação dos efeitos de outro ato, por razões de mérito, conveniência ou oportunidade (CPA, art. 165.º, n.º 1);
- A *anulação administrativa* é o ato administrativo que determina a destruição dos efeitos de outro ato, com fundamento em invalidade (CPA, art. 165.º, n.º 2).

[746] Cfr. o n.º 18 do preâmbulo do Decreto-Lei n.º 4/2015, de 7 de janeiro – diploma que aprovou o novo CPA.

[747] Esta distinção entre *atos válidos* e *atos inválidos* inspira-se na estabelecida pela *Verwaltungsverfahrensgesetz* alemã de 1976, §§ 48 e 49.

O Código trata em paralelo estas duas figuras na Secção IV do Capítulo referente ao ato administrativo – a qual é, justamente, epigrafada «Da revogação e da anulação administrativas» –, autonomizando cada uma delas, em consonância com a respetiva especificidade concetual, a propósito dos seus condicionalismos e efeitos (cfr., respetivamente, os arts. 167.º e 168.º e os arts. 171.º e 172.º).

Quanto à *modificação* do ato administrativo, ela pode ocorrer por diversas razões e assumir diferentes configurações jurídicas. Mas, na maior parte dos casos, modificar um ato (e fazer dele um ato diferente) interfere sempre – fazendo-os cessar ou destruindo-os – com todos ou parte dos efeitos jurídicos de um ato anterior (o ato primário). Por isso, vamos aqui tratar indistintamente a revogação, a anulação administrativa e as várias modalidades de modificação.

125. A revogação, incluindo a revogação sancionatória, e a anulação administrativa[748]

A «revogação» é o *ato administrativo que decide extinguir, por razões de mérito, conveniência ou oportunidade, no todo ou em parte, os efeitos de um ato administrativo anterior.* O autor do ato revogatório exerce uma competência

[748] Ver, entre nós, Marcello Caetano, *Manual*, I, p. 531 e ss.; Robin de Andrade, *A Revogação dos Atos Administrativos, passim*; *idem*, «A Competência para a Revogação de Atos Administrativos», *in Estudos de Direito Público em Honra do Professor Marcello Caetano*, Lisboa, 1973, p. 47 e ss.; Vieira de Andrade, «Revogação do ato administrativo», *in Direito e Justiça*, VI, pp. 53-63; *Idem*, «A "revisão" dos atos administrativos no direito português», *in Estudos sobre o Código do Procedimento Administrativo*, INA, 1994, pp. 185-202; Freitas do Amaral, *O regime do ato administrativo, loc. cit.*, pp. 106-107; Pedro Gonçalves, «Revogação (de atos administrativos)», *in DJAP*, VII, pp. 303-325; João Caupers, *Introdução ao Direito Administrativo*, pp. 265-273; Paulo Otero, *Ato Administrativo, loc. cit.*, pp. 497-499.
Na bibliografia estrangeira, cfr : García de Enterría e T. R. Fernández, *Curso de Derecho Administrativo*, I, p. 642 e ss.; Garrido Falla, *Tratado de Derecho Administrativo*, I, p. 517 e ss.; René Chapus, *Droit administratif général*, I, 10.ª ed., p. 1054 e ss.; Laubadère / Venezia / Gaudemet, *Traité de Droit Administratif*, I, p. 720 e ss.; Jacqueline Morande-Deviller, *Cours de droit administratif*, p. 330 e ss.; Jean Rivero e Jean Waline, *Droit administratif*, p. 94 e ss.; M. S. Giannini, *Diritto Amministrativo*, II, p. 576 e ss.; Aldo Sandulli, *Manuale di Diritto Amministrativo*, I, p. 718 e ss.; Wolff / Bachof / Stober, *Verwaltungsrecht*, 2, p. 132 e ss.; Ernst Forsthoff, *Traité de Droit Administratif Allemand*, pp. 397-412; Hans-Uwe Erichsen, *in* H.-U. Erichsen, *Allgemeines Verwaltungsrecht*, pp. 301 e ss. e 317 e ss.; Hartmut Maurer, *Allgemeines Verwaltungsrecht*, p. 259 e ss.; e Heiko Faber, *Verwaltungsrecht*, p. 272 e ss.

dispositiva idêntica à que está na origem do ato revogado, desenvolvendo, ao revogar, uma função de administração ativa. Fá-lo, porém, com um sentido essencialmente negativo, ou seja, eliminando a disciplina resultante do ato revogado e abstendo-se de introduzir uma nova disciplina.

Já a «anulação administrativa» é o *ato administrativo que, fundado na invalidade de um ato administrativo anterior, se destina a destruir os seus efeitos*. Agora o autor da anulação administrativa exerce um poder de controlo, em vista da reposição da legalidade, e não uma competência dispositiva material.

São, por isso, diferentes os fins prosseguidos por cada um dos dois tipos de atos:

a) No caso da revogação, o fim é a melhor prossecução do *interesse público atual*, tornada possível e conveniente mediante uma reapreciação do caso concreto, para o que será necessária a cessação dos efeitos jurídicos do ato anterior;
b) No caso da anulação administrativa, o fim é a *reintegração da legalidade violada*, através da supressão do ato que a ofendeu.

Consequentemente, o ato revogatório praticado com vista à prossecução de outros fins que não sejam os que se acabam de referir padece de *desvio de poder*[749].

Como referido, o legislador português optou por estabelecer uma distinção concetual em função do fundamento invocado pela Administração para extinguir um ato administrativo anterior. Para o efeito, considerou apenas dois tipos de fundamentos: a *inconveniência* deste ato ou a sua *invalidade*. Estando em causa o primeiro desses fundamentos, fala-se de *revogação*, a qual encontra a sua razão de ser num juízo de mérito, isto é, numa nova valoração administrativa, à luz do interesse público, dos efeitos atuais ou potenciais de um ato anterior, independentemente de qualquer juízo sobre a sua legalidade. Diferente é o caso da *anulação administrativa*: com ela visa-se reintegrar a ordem jurídica violada, suprimindo-se a infração cometida com a prática de um ato ilegal.

Mas, em nossa opinião, e segundo um estudo recente que fizemos, há no nosso Direito Administrativo um segundo fundamento típico da

[749] V. Pedro Gonçalves, *Revogação (de atos administrativos), loc. cit.*, pp. 318-319.

revogação, que é a imposição da revogação como *sanção administrativa* pelo incumprimento, pelo particular, de cláusulas, deveres ou obrigações que o ato primário lhe impusera. Teremos, então, a *revogação sancionatória*. Neste caso, o fim típico é duplo: a efetivação da função sancionatória do Direito e, simultaneamente, o impedimento da ocorrência de uma transformação do ato administrativo em decisão pública mantida para fins exclusivos de caráter privado. Em síntese, o duplo fim é a *defesa da legalidade* e a *prossecução do interesse público*.

Naturalmente que a razão de ser de cada um destes três tipos de ato administrativo se projeta nas respetivas consequências típicas. Assim, a revogação, por regra, apenas produz efeitos para o futuro (cfr. CPA, art. 171.º, n.º 1, 1.ª parte; é a chamada revogação com *eficácia ab-rogatória*). Já a anulação administrativa, para eliminar todos os efeitos do ato anulado, deve, por regra, reportar a sua eficácia ao momento da prática de tal ato, destruindo portanto os efeitos já produzidos por este último no passado (cfr. CPA, art. 171.º, n.º 3, 1.ª parte; é a chamada anulação com *eficácia retroativa*).

Esclareçamos esta distinção por meio de um exemplo: António obteve do Ministério da Economia, em 1 de março de 2015, licença de importação de 500 toneladas de soja; ao abrigo dessa licença, António importou já, dois meses depois, 200 toneladas, que vendeu a diversas empresas portuguesas. Porém, em 30 de abril seguinte, o Ministério da Economia decide retirar a licença anteriormente conferida. Se optar por uma revogação com eficácia meramente ab-rogatória, tal ato só produz efeitos para o futuro, o que significa que a licença de importação cessa de produzir os seus efeitos no momento da revogação: em consequência, a importação das primeiras 200 toneladas mantém-se como legal, e só dali para diante é que António fica impedido de importar mais 300 toneladas, como inicialmente lhe havia sido permitido. Se, pelo contrário, o ato de 30 de abril for uma anulação administrativa, os seus efeitos serão retroativos, o que significa não apenas que a licença de importação outorgada deixará de produzir efeitos a partir de 30 de abril, mas também que os efeitos jurídicos por ela produzidos entre 1 de março e 30 de abril ficam retroativamente destruídos: em consequência, não só António deixa de poder importar as 300 toneladas que ainda faltam, como a importação das primeiras 200 mil toneladas se torna ilegal, devendo António voltar a reexportá-las ou, pelo menos, sofrer as sanções previstas na lei para quem efetua importações ilegais.

Por aqui se vê a grande diferença que separa a *eficácia ab-rogatória*, típica da revogação, mera cessação *para o futuro* dos efeitos do ato revogado, da *eficácia retroativa*, típica da anulação administrativa, que destrói por completo os efeitos já produzidos *no passado* pelo ato anulado e, obviamente, impede também a continuação da sua produção para o futuro.

Diz-se, então, que a eficácia da revogação é, por regra, *ex nunc* («desde agora»); e a da anulação administrativa, *ex tunc* («desde então»).

Como bem se compreende – dada a particular dureza e gravidade da eficácia retroativa, que não dispõe apenas para o futuro mas interfere com o passado, e num sentido diferente daquele com que os particulares contavam, abalando assim a confiança do público na Administração –, mesmo sendo possível, não pode ser livre a escolha entre atribuir à revogação efeitos *ex tunc* ou efeitos *ex nunc* (de resto, sendo também possível atribuir efeitos *ex nunc* a uma anulação administrativa, tal opção é igualmente condicionada).

Assim: a eficácia ab-rogatória ajusta-se aos casos em que o órgão administrativo competente mude de critério e resolva extinguir um ato anterior, que *primeiro* julgou *conveniente* ao interesse público, mas que *agora* considera *inconveniente*, como sucede por norma na revogação; a eficácia retroativa é, em regra, reservada pela lei para os casos de anulação administrativa que respeita a atos inválidos – podendo no entanto ser excecionalmente utilizada quando o ato anterior seja inconveniente: precisamente naqueles casos em que não seja afetada a confiança que o público depositou na Administração (CPA, art. 171.º, n.º 1, 2.ª parte).

Dito por outras palavras: se um ato administrativo for inválido, ele pode mais tarde ser extinto por meio de uma anulação administrativa, com efeitos *ex tunc*; se o ato for válido, mas aparecer agora aos olhos dos órgãos administrativos como inconveniente, a sua extinção só é (em princípio) possível através de uma revogação, com efeitos *ex nunc*.

No exemplo de há pouco, a invalidação retroativa da importação, já efetuada, de 200 toneladas de soja só é permitida pela lei se a própria outorga da licença de importação tiver sido um ato ilegal e, portanto, inválido.

Bem se compreende esta diversidade de regimes: com efeito, se o ato a extinguir era originariamente inválido, justifica-se plenamente que o órgão administrativo decida anulá-lo, destruindo a plenitude das suas consequências, consideradas desde a data em que se começaram a produzir; mas já se o ato a extinguir, sendo originariamente válido e continuando a sê-lo, se revela *agora* meramente inoportuno, mal seria que pudessem ser retroativamente destruídos os seus efeitos jurídicos já produzidos, uma vez que a prática do ato revogado há de ter tido como suporte a melhor apreciação, à data, do interesse público. Se de outro modo se quisesse entender, ficariam gravemente ameaçados os legítimos interesses e expetativas fundadas dos particulares. Assim, repete-se, por via de regra, as «mudanças de critério dos órgãos administrativos só podem afetar o futuro»[750], não o passado. Só afetarão o passado a título excecional, quando, por exemplo, nisso concordarem os próprios interessados.

E quanto à *revogação sancionatória*? Terá eficácia *ex nunc* ou *ex tunc*? Consideramos como princípio geral de Direito, incontroverso num Estado de Direito Democrático, o de as sanções jurídicas em geral não terem efeitos retroativos. Por isso, uma revogação sancionatória, em princípio, só produzirá efeitos para o futuro – salvo se a lei dispuser de modo diferente.

Com a extinção do ato anterior, por via de revogação (incluindo a sancionatória) ou de anulação administrativa, desaparecem os respetivos efeitos jurídicos.

Ditas as coisas desta forma, torna-se claro que a revogação e a anulação administrativa pertencem à categoria dos chamados *atos secundários*, ou *atos sobre atos*: na verdade, os seus efeitos jurídicos recaem sobre um ato anteriormente praticado, não se concebendo a sua existência desligada desse ato preexistente.

Qual o conteúdo e o objeto do ato de revogação ou de anulação?

O *conteúdo* de tais atos é a extinção dos efeitos jurídicos produzidos pelo ato revogado ou, melhor, é a decisão de extinguir esses efeitos.

O respetivo *objeto* é sempre o ato revogado ou anulado, justamente porque se trata de um ato secundário, sendo a decisão de o extinguir um dos mais importantes «atos sobre atos».

É fundamental sublinhar que a revogação e a anulação administrativa são, elas mesmas, *atos administrativos* (de resto, expressamente qualifi-

[750] V. Marcello Caetano, *Manual*, I, p. 531.

cados pela lei como tal: cfr. CPA, art. 165.º); por isso, são-lhes aplicáveis as regras e princípios caraterísticos do regime jurídico dos atos administrativos.

É também necessário ter na devida conta que na problemática da revogação e da anulação administrativa há sempre uma tensão dialética entre o ato secundário e o ato primário: muitas vezes, por exemplo, a legalidade daquele depende da legalidade ou ilegalidade deste. Há, assim, que ter sempre em consideração, quer as questões relativas ao ato de revogação ou anulação administrativa, quer as questões relativas ao ato revogado ou anulado, que são distintas mas intimamente relacionadas.

126. Figuras afins

Da revogação e da anulação administrativa há que distinguir certas figuras afins:

a) Em primeiro lugar, devem distinguir-se da revogação e da anulação administrativa os *atos administrativos de conteúdo contrário ou oposto ao de um ato anteriormente praticado*.

Já acima se referiu o exemplo da demissão de um funcionário: a demissão não é uma revogação (mesmo sancionatória) da nomeação do funcionário e a legalidade desta nomeação não é questionada; verifica-se, isso sim, a cessação (eventual mas não necessariamente por razões sancionatórias) do vínculo jurídico que existia. Pode agora dar-se outro exemplo: a cassação do alvará a um empreiteiro de obras públicas, na sequência de ilegalidades por si cometidas num concurso para adjudicação de uma empreitada.

No caso dos atos em apreciação, em que a Administração pratica um novo ato, cujo conteúdo é contrário ao de um ato administrativo anterior, estamos fora do domínio da revogação e da anulação administrativa, fundamentalmente porque se trata do exercício de uma competência dispositiva diferente daquela que corresponde à prática do ato primário.

Quando se nomeia, está-se a exercer a competência para prover uma determinada pessoa num determinado cargo; quando se demite, está-se a exercer uma competência destinada a afastar a pessoa provida nesse mesmo cargo. Identicamente, quando se concede um alvará a um empreiteiro, está-se a reconhecer-lhe determinados requisitos de idoneidade profissional, moral e técnica; quando esse alvará é objeto de cassação, está-se a sancionar a prática de ilegalidades cometidas. Do mesmo modo ainda, quando se licencia a construção de um edifício, está-se a reconhecer a conformidade do seu projeto com as regras de Direito do Urbanismo aplicáveis; quando se ordena o seu embargo ou a sua demolição, está-se a sancionar o desrespeito dos parâmetros constantes da licença.

Temos pois que, nestes casos, os poderes exercidos não se destinam imediatamente a atuar sobre um ato administrativo anterior, antes representam o exercício de uma competência dirigida à prática de atos pertencentes a um tipo legal diferente. Não revogam nem anulam o ato primário: extinguem a situação jurídica por ele criada.

b) Em segundo lugar, há que distinguir entre a revogação ou anulação e a *suspensão* de um ato administrativo anterior. Como se compreende, o conteúdo do ato administrativo de suspensão não é a extinção de um ato anterior, mas a mera paralisação temporária da eficácia do ato administrativo anterior. Diversamente, o conteúdo da revogação ou da anulação administrativa é, como acima foi referido, a extinção ou destruição dos efeitos do ato primário. A suspensão apenas produz uma ineficácia temporária (v. adiante);

c) Em terceiro lugar, a *retificação* de erros materiais ou a *aclaração* de um ato administrativo anterior também não constituem casos de revogação[751]. O que aqui cumpre afirmar é que os efeitos jurídicos do ato originário começaram e continuam a produzir-se com a sua *configuração e amplitude originárias*: só que há lugar a uma melhor explicitação do seu sentido (caso da aclaração) ou à mera correção de erros ou imprecisões (caso da retificação) – em qualquer dos casos, sem consequências sobre os efeitos jurídicos do ato assim aclarado ou retificado[752];

d) Em quarto lugar, não se confundem também com a revogação as figuras da *alteração* e da *substituição* de atos administrativos.

[751] V. *infra*.

[752] Se, porém, a pretexto de aclarar ou de retificar um ato anterior, este for extinto ou alterado, é claro que já fará sentido falar aí em revogação, total ou parcial, ainda que implícita.

Na revogação, o órgão administrativo extingue (normalmente *ex nunc*) os efeitos de um ato administrativo anterior, prescindindo, no entanto, de estabelecer uma nova disciplina para a situação jurídica antes regulada pelo ato revogado. Ao invés, na *alteração* e na *substituição*, o órgão administrativo, exercendo igualmente a sua competência dispositiva, não prescinde de disciplinar de outra maneira a situação da vida regulada por um ato administrativo anterior: fá-lo, todavia, através de um ato cujos efeitos de direito são parcialmente (alteração) ou totalmente (substituição) distintos dos do ato alterado ou substituído.

Ainda que estas figuras sejam conceitualmente distintas da revogação, o certo é que quer a *alteração* quer a *substituição* de atos administrativos se aproximam bastante, em termos práticos, da revogação, posto que qualquer delas também determina a extinção (parcial ou total) dos efeitos produzidos por um ato administrativo anterior. Por essa razão se percebe que o legislador tenha acautelado expressamente a hipótese de elas (a *alteração* e a *substituição*) ocorrerem em *fraude à lei*, ou seja, serem utilizadas pelo órgão administrativo como meio de tornear as regras da revogação e, nomeadamente, as regras que conferem especial proteção aos atos constitutivos de direitos ou interesses legalmente protegidos. Efetivamente, dispõe-se no artigo 73.º, n.º 1, do CPA que, «salvo disposição especial, são aplicáveis à alteração e substituição dos atos administrativos as normas reguladoras da revogação». Não podem, em suma, a alteração ou a substituição dos atos administrativos violar encapotadamente as regras da revogação: estas vêm sempre à superfície e não podem ser escamoteadas pelos órgãos administrativos.

Sobre a substituição de atos administrativos anuláveis, v. adiante.

e) Em quinto lugar, não se confundem também com a anulação administrativa as figuras da *ratificação*, da *reforma* e da *conversão* de atos administrativos anuláveis.

Na anulação administrativa, o órgão administrativo elimina (normalmente, *ex tunc*) os efeitos de um ato administrativo anterior anulável. Ao invés, a *ratificação*, a *reforma* e a *conversão* visam salvaguardar alguns ou a totalidade dos efeitos já produzidos por um ato anulável anterior, sanando-os, assim como os respetivos atos consequentes (v. adiante).

127. Espécies

As espécies da revogação e de anulação administrativa podem apurar-se à luz de diversos critérios, dos quais destacaremos dois – o critério da *iniciativa*, e o do *autor*.

a) Quanto à *iniciativa*, a revogação e a anulação administrativa podem ser *espontâneas* ou *provocadas*: as primeiras – que se denominam, respetivamente, *revogação oficiosa* e *anulação oficiosa* – são praticadas pelo órgão competente independentemente de qualquer solicitação de quem quer que seja nesse sentido; as segundas são motivadas por um requerimento do interessado, em via de reclamação ou recurso administrativo (cfr. CPA, art. 169.º, n.º 1).

b) Quanto ao *autor*, a revogação e a anulação administrativa podem ser feitas pelo próprio autor do ato revogado ou anulado ou por órgão administrativo diferente: no primeiro caso, a revogação assume a designação de *retratação*; no segundo – e como adiante melhor se verá –, o ato revogatório ou o ato anulatório é praticado pelo superior hierárquico do autor do ato revogado ou anulado em relação a atos de um subalterno (desde que, no caso da revogação, não se trate de ato da competência exclusiva do subalterno), ou pelo delegante ou subdelegante – relativamente a atos anteriormente praticados pelo delegado ou subdelegado, respetivamente –, ou, por último, e nos casos expressamente previstos por lei, pelos órgãos com poderes de superintendência ou tutela administrativa relativamente a atos praticados por órgãos sujeitos a tais poderes (CPA, art. 169.º, n.os 2 a 5).

128. A regra da modificabilidade dos atos administrativos

Existirão, no nosso Direito Administrativo, algumas regras genéricas quanto à modificabilidade ou imodificabilidade dos atos administrativos?

A resposta é afirmativa. E a primeira grande regra é esta: *os órgãos administrativos dispõem da faculdade de, respeitados certos limites, extinguir os efeitos jurídicos dos atos que anteriormente praticaram, desde que os reputem inválidos ou inconvenientes*. Efetivamente, e como oportunamente dissemos, os atos administrativos são por natureza modificáveis (salvas as exceções legais): *a modificabilidade é uma caraterística própria do ato administrativo, em contraste com a imodificabilidade da sentença judicial transitada em julgado.* Isto porque a função administrativa visa, em regra, regular situações presentes ou futuras, ao passo que a função jurisdicional visa, em princípio, definir o direito aplicável a situações ocorridas no passado.

O regime legal da revogação e da anulação administrativa encontra-se hoje nos artigos 166.º a 172.º do CPA. Analisemos então sucessivamente:

a) Os casos de atos insuscetíveis de revogação e anulação administrativa;
b) Os condicionalismos aplicáveis à revogação e os efeitos desta;
c) Os condicionalismos aplicáveis à anulação administrativa e as consequências desta;
d) A competência para revogar e para anular administrativamente;
e) A forma e as formalidades da revogação e da anulação administrativa.

129. Atos insuscetíveis de revogação ou anulação administrativa

Existem casos em que a revogação ou anulação administrativa não podem ter lugar, nem lógica nem juridicamente, porque, pura e simplesmente, faltam os efeitos a extinguir ou a destruir, ou porque o ato que se pretende revogar não é, por lei, revogável.

São fundamentalmente três os casos em que se verifica a referida impossibilidade:

1) Em primeiro lugar, é impossível a revogação ou anulação administrativa de *atos nulos* (CPA, art. 166.º, n.º 1, al. *a*)).

Se, como se disse, está em causa a extinção ou destruição dos efeitos jurídicos de um ato administrativo anterior, bem se compreende que essa pretensão ou vocação do ato revogatório ou anulatório não possa incidir sobre atos que, por natureza, não estão em condições de produzir quaisquer efeitos jurídicos, como é o caso dos atos nulos.

2) Em segundo lugar, é impossível a revogação ou anulação administrativa de *atos cujos efeitos já tenham sido destruídos*, seja através de anulação

contenciosa, seja através de revogação com eficácia retroativa (CPA, art. 166.º, n.º 1, als. *b*) e *c*)).

Nestes casos falta também o ato a revogar ou a anular, ou melhor, faltam os efeitos jurídicos sobre os quais possa recair o ato revogatório ou anulatório; e, assim, no caso de ato antes anulado contenciosamente ou já extinto por revogação com eficácia *ex tunc*, também não há possibilidade de revogação ou anulação administrativa.

3) Em terceiro lugar, importa considerar os atos cujos efeitos *tenham caducado ou se encontrem todos produzidos ou esgotados*. Estes atos não podem ser objeto de revogação com eficácia ab-rogatória, ou seja, para o futuro, uma vez que já não estão a produzir efeitos, pelo que não faz sentido pretender fazer cessar tais efeitos; podem todavia ser objeto de anulação administrativa e de revogação com eficácia retroativa, dado que, nessa hipótese, o que se terá em vista será eliminar *ex tunc* os efeitos já produzidos pelo ato e que *ainda perdurem na ordem jurídica* (cfr. CPA, art. 166.º, n.º 2).

130. Os condicionalismos aplicáveis à revogação

Analisemos agora o regime que o Código estabelece para os atos administrativos que, em princípio, são *suscetíveis de revogação.*

Primeiro ponto que importa aqui frisar: o CPA, no seu artigo 167.º, não estabelece um regime único de revogação idêntico para todos os atos administrativos[753].

Lida com atenção, verifica-se que a lei distingue entre:

- *atos livremente revogáveis* (proémio do n.º 1);
- *atos de revogação proibida* (als. *a*) e *c*) do n.º 1);
- *atos de revogação condicionada* (al. *b*) do n.º 1 e n.º 2).

Vejamos.

[753] V. Vieira de Andrade, «A "revisão" dos atos administrativos no direito português», *loc. cit.*, p. 197; Pedro Gonçalves, *Revogação (de atos administrativos)*, *loc. cit.*, p. 310; Esteves de Oliveira / Pedro Gonçalves / Pacheco de Amorim, *Código...*, p. 676; Vasco Pereira da Silva, *Em Busca...*, p. 459.

a) A regra geral, que se extrai do n.º 1 do artigo 165.º em articulação com as regras em matéria de iniciativa e competência do artigo 169.º, ambos do CPA, é a de que os atos administrativos, por norma, são livremente revogáveis – revogação que, não se fundando em ilegalidade mas em inconveniência, produz em princípio os seus efeitos apenas para o futuro (*ex nunc*; CPA, art. 171.º, n.º 1, 1.ª parte).

Esta regra, que decorre da subordinação da Administração ao princípio constitucional da prossecução do interesse público[754], é facilmente compreensível. É que, sendo o ato administrativo um produto da ação eminentemente volitiva dos órgãos administrativos, desenvolvida em execução da lei no intuito de realizar o interesse público[755], podem tais órgãos verificar ulteriormente que não convém manter por mais tempo a anterior decisão, à luz da evolução e configuração posteriores do interesse público, que é, por natureza, variável. Uma decisão que era boa pode tornar-se má ou menos boa, tal como uma decisão recusada no passado pode agora encontrar plena justificação à luz da nova visão do interesse público.

Note-se, no entanto, que o facto de se afirmar *a livre revogabilidade* de um ato não equivale a um completo descondicionamento do exercício do poder revogatório: assim, por exemplo, o princípio da igualdade pode excluir a revogação de um ato válido desfavorável (*v. g.*, se não se revogou uma ordem dirigida a *A*, não se pode revogar uma ordem de igual conteúdo dirigida a *B*; podem, contudo, revogar-se simultaneamente as duas ordens)[756].

b) Existem, por outro lado, situações em que o órgão administrativo, não deparando com uma impossibilidade absoluta de revogação (cfr. CPA, art. 166.º), não deve, todavia, sob pena de ilegalidade, revogar atos que haja anteriormente praticado.

Estamos, pois, agora, no domínio da *proibição da revogação*: se essa proibição não for acatada, o ato revogatório padecerá irremediavelmente de violação de lei, por *ilegalidade do seu conteúdo.*

[754] V. Paulo Otero, *Ato administrativo, loc. cit.*, p. 498.

[755] V. Marcello Caetano, *Manual*, I, p. 536.

[756] V., assim, Pedro Gonçalves, *Revogação (de atos administrativos), loc. cit.*, p. 319.

São fundamentalmente duas as situações que, nesta sede, importa referir:

1) Por um lado, os órgãos administrativos não devem revogar aqueles atos que tenham sido praticados no exercício de poderes *vinculados* ou em estrita obediência a uma *imposição legal* (CPA, art. 167.º, n.º 1, 1.ª parte). Se aqueles órgãos tiverem atuado por determinação da lei e nos termos nela prescritos, praticando um ato que concretize uma imposição legal, não devem revogar ulteriormente o ato que praticaram, na medida em que um tal ato revogatório iria inevitavelmente gerar uma violação da lei inicialmente acatada. Em consequência, os atos impostos por lei, e praticados por um órgão administrativo em consequência dessa mesma imposição legal, não devem ser por ele revogados, sob pena de praticarem uma *revogação ilegal*;
2) Por outro lado, os órgãos administrativos também não devem revogar, sob pena de ilegalidade, os atos administrativos válidos de que resultem para o seu autor *obrigações legais* ou *direitos irrenunciáveis* (CPA, art. 167.º, n.º 1, 2.ª parte). Compreende-se bem porquê: se o ato declarou a existência de uma obrigação legal, revogá-lo seria pretender ignorar essa obrigação e, portanto, violar a lei que a estabelece; por seu turno, se o ato cria para a entidade que o praticou um direito irrenunciável, revogá-lo seria o mesmo que renunciar a esse direito, que a lei considera ser irrenunciável. Seria, de novo, praticar uma *revogação ilegal.*

c) Finalmente, o legislador considera que são de *revogação condicionada* – isto é, só possível dentro de certas condições – os «*atos constitutivos de direitos*».

Ao contrário dos atos referidos na alínea anterior, que são irrevogáveis em qualquer circunstância, os atos constitutivos de direitos são revogáveis, mas, por respeito do princípio geral da segurança jurídica e da proteção da confiança[757], *só são revogáveis verificadas determinadas condições* (cfr., desde logo, o n.º 2 do art. 167.º do CPA).

[757] Apesar da estreitíssima afinidade existente entre eles, que leva a que os consideremos aqui em conjunto, a distinção entre estes dois princípios parece ser, contudo, de manter: a segurança jurídica prende-se com aspetos objetivos da ordem jurídica – garantia de estabi-

Para este efeito, consideram-se «*constitutivos de direitos*» os atos administrativos que atribuam ou reconheçam situações jurídicas de vantagem ou eliminem ou limitem deveres, ónus, encargos ou sujeições, salvo quando a sua precariedade decorra da lei ou da natureza do ato (CPA, art. 167.º, n.º 3).

Assim, de acordo com a lei, esses atos atribuíram posições jurídicas subjetivas de vantagem a particulares (direitos subjetivos[758] ou interesses legalmente protegidos[759]). A partir desse momento, as pessoas a quem tais posições jurídicas foram conferidas têm o direito de poder confiar na palavra dada pelos órgãos administrativos e têm de poder desenvolver a sua vida jurídica com base nas posições jurídicas de que são legitimamente titulares. Efetivamente, e como sublinha Gomes Canotilho, o princípio da confiança (que se filia, em última análise, no princípio do Estado de Direito, consagrado, genericamente, no art. 2.º da Constituição de 1976[760]), postula que os cidadãos têm o direito de poder confiar em que às decisões públicas incidentes sobre os seus direitos ou posições jurídicas, alicerçadas em normas jurídicas vigentes e válidas, se ligam os efeitos jurídicos previstos e prescritos por essas normas[761].

lidade jurídica, segurança de orientação e realização do direito –, enquanto a proteção da confiança se prende mais com as componentes subjetivas da segurança jurídica, designadamente a calculabilidade e previsibilidade dos indivíduos em relação aos efeitos jurídicos dos atos dos poderes públicos, a possibilidade de acreditar ou não na palavra dada, etc. V. Gomes Canotilho, *Direito Constitucional...*, p. 250.

[758] Pode estar em causa a atribuição de direitos subjetivos novos, a ampliação de direitos subjetivos existentes ou a eliminação de restrições ao exercício de direitos subjetivos existentes.

[759] Sem prejuízo de toda a complexidade associada à distinção desta figura relativamente à do direito subjetivo, pode dizer-se, numa primeira aproximação ao conceito, que são *constitutivos de interesses legalmente protegidos* aqueles atos que, sem criarem, ampliarem ou removerem uma restrição ao exercício de um direito subjetivo *stricto sensu*, inserem na esfera jurídica do destinatário ou destinatários uma posição jurídica de vantagem cuja subsistência não deverá, à luz dos princípios da boa fé e da tutela da confiança (art. 10.º do CPA), ficar à mercê do livre exercício do poder revogatório dos órgãos administrativos. Esta a ideia geral, expressa em abstrato. Cabe ao intérprete, em concreto, à luz da ponderação dos vários interesses em presença, averiguar se um determinado ato administrativo é ou não idóneo para criar uma confiança *legítima* dos particulares quanto à estabilidade dos seus efeitos.

[760] V. Gomes Canotilho, *Direito Constitucional...*, pp. 258-259.

[761] *Idem*, p. 250.

A *tendencial irrevogabilidade* dos atos administrativos constitutivos de direitos traduz, pois, a aplicação do princípio da confiança em relação aos atos administrativos[762].

Pelo contrário, os atos não constitutivos de direitos são livremente revogáveis pelos órgãos administrativos. Justamente porque, não tendo criado para ninguém interesses dignos de proteção legal, não há que ter em conta a proteção da confiança. Por isso mesmo, a lei exclui do conceito de ato constitutivo de direitos os atos administrativos *precários*, quer pela sua própria natureza, quer por força da lei, isto é, atos que, por razões associadas ao quadro de incerteza ou de risco em que são praticados e à consequente necessidade de salvaguarda da capacidade de reagir perante novas circunstâncias objetivas ou tendo em conta novas informações ou conhecimentos entretanto adquiridos pela Administração, não são adequados a criar a mencionada situação de confiança.

Assim, por exemplo, se uma Câmara Municipal confere uma licença de construção ao proprietário de um certo terreno, esse ato é constitutivo do direito de, por exemplo, construir uma casa naquele terreno: como tal, se foi praticado validamente, com observância de todas as disposições legais aplicáveis, esse ato, em princípio, não pode mais ser revogado, por muito que a Câmara queira mudar de ideias, ou tenha agora novos planos para aquela zona: o particular confiou na palavra dada pela Câmara, fez investimentos, começou a construir ou já terminou mesmo a construção; não pode a Câmara vir agora dar o dito por não dito, revogar a licença e impedir o interessado de concluir a construção que vai a meio ou proibi-lo de habitar a edificação já completada. Essa possibilidade, multiplicada *ad infinitum*, geraria o caos e impossibilitaria o desenvolvimento normal da vida económica e social.

Mas se a Câmara Municipal rejeitou o primeiro projeto de obras apresentado pelo interessado, e recusou a licença de construção solicitada, tal recusa é um ato não constitutivo de direitos: como tal, pode perfeitamente ser revogado mais tarde, quando por hipótese o proprietário do terreno apresentar um projeto mais aceitável pela Câmara, ou até porque a Câmara mudou de ideias e não vê agora inconvenientes em autorizar uma construção anteriormente recusada. Nestas circunstâncias, não sendo prejudicado nenhum direito do particular, a revogação do ato administrativo é permitida por lei. Tal revogação não abala a confiança dos particulares na Administração, nem inviabiliza o prosseguimento normal da vida eco-

[762] *Idem*, pp. 258-259.

nómica e social. Ponto é que ela seja decidida apenas à luz do interesse público; se o não for, isto é, se for motivada por interesses privados, por ex., será ilegal por desvio de poder (v. *supra*).

Definido o conceito de ato constitutivo de direitos, vejamos agora em que termos podem tais atos ser revogados.

O artigo 167.º, n.º 2, do CPA prevê, desde logo, a revogação desses atos em duas situações: primeiro – correspondente à alínea *a*) –, na parte em que sejam desfavoráveis aos interesses dos seus destinatários e, segundo – correspondente à alínea *b*) –, no caso de todos os interessados darem a sua concordância à revogação do ato, desde que não se trate de direitos ou interesses indisponíveis.

Compreende-se a razão de ser destas exceções.

No primeiro caso, se o requerimento de um particular que pedia 100 foi deferido parcialmente, concedendo o órgão administrativo apenas 75, tem todo o sentido que não se possa revogar o ato de deferimento na parte em que concedeu 75, mas que seja permitido revogar o ato na parte (desfavorável) em que recusou os restantes 25: assim, será legítimo – porque não prejudica os destinatários, antes os favorece –, num segundo momento, rever a primeira decisão e conceder 80, 90 ou mesmo 100. Outro exemplo: «um ato favorável sujeito a modo pode ser revogado por inconveniência (...), na parte que respeita à instituição da cláusula modal, subsistindo o direito criado ou o interesse subjetivado, despidos dos ónus e encargos que sobre eles antes impendiam»[763].

No segundo caso, se todos os interessados *aceitam* a revogação do ato na parte que os beneficiou, é porque estão de acordo em *renunciar* aos seus direitos ou interesses legalmente protegidos: desde que não se trate de direitos ou interesses por lei irrenunciáveis, nada obsta à revogação.

O que há de comum em ambos os casos é que a revogação do ato constitutivo de direitos ou de interesses legalmente protegidos não prejudica, contra a sua vontade, as posições jurídicas subjetivas dos particulares: no primeiro caso, não prejudica de todo em todo; no segundo, prejudica, sim, mas com o consentimento (lícito) dos interessados.

Os particulares nunca são, portanto, nestes casos, prejudicados sem o seu próprio consentimento. Pelo que a revogação não põe em xeque

[763] Assim, Esteves de Oliveira / Pedro Gonçalves / Pacheco de Amorim, *Código...*, p. 679.

o respeito dos direitos e interesses legalmente adquiridos, nem abala a necessária confiança dos particulares na palavra dada pela Administração.

Mas, para além destas duas hipóteses de revogação de atos constitutivos de direitos, expressamente previstas na lei (n.º 2, alíneas *a*) e *b*), do art. 167.º), concebem-se também outros grupos de situações em que pode ter lugar a revogação do mesmo tipo de atos.

Desde logo, os casos em que nem sequer tem razão de ser a criação de uma situação de confiança legítima. Nesse sentido, estatui o artigo 167.º, n.º 2, alínea *d*), do CPA que os atos constitutivos de direitos podem ser revogados com fundamento em *reserva de revogação*, na medida em que o quadro normativo aplicável consinta a precarização do ato em causa e se verifique o circunstancialismo específico previsto na própria cláusula. Tendo sido aposta uma cláusula daquele tipo ao ato constitutivo de direitos a revogar, é óbvio que o seu destinatário sabe desde o início que a vantagem atribuída ou reconhecida pelo ato em causa tem um caráter precário. Consequentemente, também sabe, ou deve saber, que não pode confiar na sua subsistência, tendo em conta a própria cláusula de reserva de revogação. Aliás, é justamente para afastar a formação de expetativas, que a Administração não quer ver formar à sombra de certos atos por si praticados, que ela apõe esse tipo de cláusulas, nos casos em que as mesmas sejam admissíveis (cfr. CPA, art. 149.º, n.º 1).

Um segundo grupo de casos em que a revogação de atos constitutivos é admissível, mesmo contra a vontade dos seus beneficiários, prende-se com a garantia da *prevalência do interesse público*. Aqui, até pode ter sido criada uma situação de confiança legítima, mas entende-se que, ponderadas as vantagens para o interesse público e os inconvenientes para os interesses privados, o primeiro deve prevalecer.

Efetivamente, pode suceder que, por alteração da situação de facto ou por mudança fundamentada das conceções da Administração, designadamente em consequência da aquisição de novos conhecimentos técnicos ou científicos, o interesse público torne conveniente, ou até imperiosa, a revogação de um ato favorável aos particulares[764]. Ora, nesses casos, deve poder admitir-se «a ponderação entre o interesse público e o interesse privado, permitindo-se a revogação, em regra com

[764] V. assim Vieira de Andrade, «A "revisão" dos atos administrativos no direito português», *loc. cit.*, p. 196.

indemnização», a pagar pela Administração ao particular. Será assim, por exemplo, «quando o interesse público seja especialmente forte e não houver razão para proteger a confiança do particular na manutenção da situação constituída» – particular que «até pode estar de má fé, pois que esta não implica necessariamente a ilegalidade do ato»[765].

Claro que, estando em causa a proteção da confiança dos particulares, na medida em que essa confiança mereça ser protegida, se «essa confiança não existe, nada há a proteger»[766]. Há, pois, que «harmonizar *a necessidade de proteger a confiança legítima que o administrado depositou em certo ato* com a *necessidade de adaptar a regulação jurídica nele contida às reais exigências do interesse público*»[767].

Acresce, por outro lado, como enfatiza Pedro Gonçalves, que não teria sentido recusar esta hipótese de revogação de um ato constitutivo de direitos num sistema «que atribui poderes à Administração para expropriar ou requisitar bens imóveis dos administrados (enfraquecendo o direito de propriedade) ou para rescindir unilateralmente os contratos administrativos por imperativos de interesse público»[768]. Tal recusa seria manifestamente infundada, pois que não faria qualquer sentido defender que «um direito constituído por ato administrativo não pode ser extinto pela Administração; [mas] o mesmo direito, criado por contrato, já pode»[769].

Em suma: demonstrada, fundamentadamente, a existência, numa concreta situação da vida, de um interesse público cuja satisfação deva, à luz de um juízo de ponderação (vertente do equilíbrio do princípio da proporcionalidade), prevalecer sobre o interesse privado de um particular na manutenção do ato, por um lado, e, por outro, desde que se garanta ao particular de boa fé o pagamento de uma justa indemnização pecuniária[770] (existindo prejuízos relevantes), deve ser legalmente pos-

[765] V. assim Vieira de Andrade, «A "revisão" dos atos administrativos no direito português», *loc. cit.*, p. 196.

[766] V. Filipa Calvão, *Os atos precários...*, p. 197.

[767] V. Pedro Gonçalves, *Revogação (de atos administrativos)*, *loc. cit.*, p. 316.

[768] V. assim Pedro Gonçalves, *Revogação (de atos administrativos)*, p. 316; e Vieira de Andrade, «A "revisão" dos atos administrativos no direito português», *loc. cit.*, p. 197.

[769] V. Pedro Gonçalves, *Revogação (de atos administrativos)*, *loc. cit.*, p. 316.

[770] A título de responsabilidade extracontratual por facto lícito: cfr. o art. 16.º do RCEEP. Já assim, Robin de Andrade, *A revogação dos atos administrativos*, p. 378; e Esteves de Oliveira, *Direito Administrativo*, I, p. 632.

sível, mesmo no quadro do respeito do princípio da tutela da confiança, a revogação de um ato constitutivo de direitos. Sublinhe-se, no entanto, que esta situação é claramente *excecional* – e não deve ser usada abusivamente para subverter o regime geral de proteção dos atos constitutivos de direitos ou interesses legalmente protegidos.

É para este tipo de situações que vale o regime do artigo 167.º, n.os 2, alínea *c*), 4, 5 e 6, do CPA.

Assim, os atos constitutivos de direitos podem ser revogados com fundamento na superveniência de conhecimentos técnicos e científicos ou em alteração objetiva das circunstâncias de facto, em face das quais, num ou noutro caso, não poderiam ter sido praticados. Tal revogação deve ser proferida no prazo de um ano, a contar da data do conhecimento da superveniência ou da alteração das circunstâncias, podendo esse prazo ser prorrogado, por mais dois anos, por razões fundamentadas. Ocorrendo a revogação nessas circunstâncias, os beneficiários de boa fé do ato revogado têm direito a ser indemnizados, nos termos do regime geral aplicável às situações de *indemnização pelo sacrifício*; mas quando a afetação do direito, pela sua gravidade ou intensidade, elimine ou restrinja o conteúdo essencial desse direito, o beneficiário de boa fé do ato revogado tem direito a uma indemnização correspondente ao valor económico do direito eliminado ou da parte do direito que tiver sido restringida (entendendo-se que estão de boa fé os beneficiários que, à data da prática do ato revogado, desconheciam sem culpa a existência de fundamentos passíveis de determinar a revogação do ato).

131. Os efeitos jurídicos da revogação

Por regra, a revogação apenas produz efeitos para o futuro, mas o autor da revogação pode, no próprio ato, atribuir-lhe eficácia retroativa quando esta seja favorável aos interessados ou quando estes concordem expressamente com a retroatividade e não estejam em causa direitos ou interesses indisponíveis (CPA, art. 171.º, n.º 1).

Ou seja, por norma, respeitam-se, deixando-os intactos, os efeitos já produzidos pelo ato ulteriormente considerado inconveniente, apenas cessando para o futuro os efeitos que tal ato ainda estivesse em condições de produzir. A revogação opera *ex nunc*. Trata-se, como sabemos já, do regime-regra da revogação e do regime próprio da revogação sancionatória.

Sendo assim, torna-se neste momento mais clara a possibilidade de anulação contenciosa de atos que, na pendência de uma ação de impugnação, tenham sido revogados (*ex nunc*)[771]. É que, nesse caso, há ainda efeitos jurídicos suscetíveis de ser destruídos: são justamente aqueles que a revogação salvaguardou, isto é, os efeitos produzidos entre o momento da prática do ato revogado e o momento da prática do ato revogatório.

132. Os condicionalismos aplicáveis à anulação administrativa

A orientação geral da nossa lei é a de que, se o ato é ilegal e anulável, a sua eliminação deve ser mais fácil do que a revogação dos atos válidos: trata-se, no fundo, de eliminar da ordem jurídica um ato administrativo ilegal, suprimindo assim a ilegalidade cometida, e portanto fazendo adequada aplicação do *princípio da legalidade* (v. *supra*)[772].

O *fundamento exclusivo* da anulação administrativa é a invalidade do ato anterior (CPA, art. 165.º, n.º 2). Consequentemente, será ilegal a anulação de atos inválidos anteriores com fundamento na sua inconveniência; e será também ilegal a revogação com fundamento numa pretensa ilegalidade do ato anterior (CPA, art. 165.º, n.º 1). Em qualquer destas situações, o ato secundário padece de violação de lei.

A anulação administrativa só pode ser feita dentro de determinados prazos, importando distinguir, por um lado, entre a generalidade dos atos administrativos e os atos constitutivos de direitos, e, por outro, consoante o ato anulável tenha ou não sido objeto de impugnação contenciosa.

Assim, no tocante à *generalidade dos atos administrativos*, vale a regra consignada no artigo 168.º, n.º 1, do CPA: os atos administrativos podem ser objeto de anulação administrativa no prazo de seis meses, a contar da data do conhecimento pelo órgão competente da causa de invalidade, ou, nos casos de invalidade resultante de erro do agente, desde o momento da cessação do erro, em qualquer dos casos desde que não tenham decorrido cinco anos, a contar da respetiva emissão. Deste modo,

[771] Esta possibilidade encontra-se hoje expressamente prevista no artigo 65.º do CPTA (revogação do ato impugnado sem efeitos retroativos).

[772] Recorde-se que existem regimes especiais.

o que importa é determinar o momento em que a Administração toma conhecimento da ilegalidade do ato e da respetiva causa; a partir daí, conta-se um prazo de seis meses dentro do qual o órgão administrativo competente pode decidir-se pela sua anulação administrativa. Porém, tal decisão só é admissível, desde que o ato anulável não tenha sido praticado há mais de cinco anos.

Um exemplo: a Administração verifica que a demissão de certo funcionário foi ilegal. A Administração tem então seis meses para decidir se anula ou não a demissão em causa, desde que a mesma demissão não tenha ocorrido há mais de quatro anos e meio. Se a demissão em causa tiver ocorrido há mais tempo, então a Administração só poderá anular administrativamente esse ato até que se completem cinco anos sobre a sua prática; posteriormente já não o poderá fazer.

O horizonte temporal em que pode ocorrer a anulação administrativa é, em princípio mais curto quando estejam em causa *atos constitutivos de direitos*: estes, com ressalva das situações especiais a seguir indicadas, só podem ser objeto de anulação administrativa dentro do prazo de um ano, a contar da data da respetiva emissão (CPA, art. 168.º, n.º 2). Porém, salvo se a lei ou o direito da União Europeia prescreverem prazo diferente, tais atos podem ser objeto de anulação administrativa no prazo de cinco anos, a contar da data da respetiva emissão, nas seguintes circunstâncias (CPA, art. 168.º, n.º 4):

a) Quando o respetivo beneficiário tenha utilizado artifício fraudulento com vista à obtenção da sua prática;
b) Apenas com eficácia para o futuro, quando se trate de atos constitutivos de direitos à obtenção de prestações periódicas, no âmbito de uma relação continuada;
c) Quando se trate de atos constitutivos de direitos de conteúdo pecuniário cuja legalidade, nos termos da legislação aplicável, possa ser objeto de fiscalização administrativa para além do prazo de um ano, com imposição do dever de restituição das quantias indevidamente auferidas.

Além disso, a anulação administrativa de atos constitutivos de direitos constitui os beneficiários que desconhecessem sem culpa a existência da invalidade e tenham auferido, tirado partido ou feito uso da posição de vantagem em que o ato os colocava, no direito de serem indemnizados pelos danos anormais que sofram em consequência da anulação (CPA, art. 168.º, n.º 6). É uma consequência da tutela da confiança legítima dos beneficiários.

E como articular a anulação administrativa de atos administrativos com a impugnação contenciosa dos mesmos? Importa, com efeito, evitar que, relativamente às questões de legalidade dos atos administrativos, a Administração entre em conflito com os tribunais administrativos.

O CPA estabelece, a este respeito, duas regras.

Em primeiro lugar, quando o ato a anular pela Administração tenha sido objeto de impugnação contenciosa, a anulação administrativa só pode ter lugar até ao encerramento da discussão (CPA, art. 168.º, n.º 3). Recorde-se que, nos termos da lei processual, os fatos supervenientes constitutivos, modificativos ou extintivos só podem ser deduzidos, em articulado autónomo, até esse mesmo momento – que coincide com o início da fase das alegações (cfr. CPTA, art. 86.º, n.º 1). Deste modo, garante-se que a última palavra sobre a legalidade do ato administrativo impugnado cabe ao tribunal. Este deve pronunciar-se sobre todas as causas de invalidade que tenham sido invocadas, assim como deve identificar a existência de causas de invalidade diversas das que tenham sido alegadas (cfr. CPTA, art. 95.º, n.º 2), de modo a assegurar um juízo definitivo sobre a invalidade ou validade daquele ato.

Em segundo lugar, se o ato a anular administrativamente se tiver tornado inimpugnável por via jurisdicional, tal ato só pode ser objeto de anulação administrativa oficiosa (CPA, art. 168.º, n.º 5).

Os prazos fixados na lei para a ação de impugnação de atos administrativos anuláveis são diversos, consoante o autor seja o Ministério Público (1 ano) ou outros interessados (3 meses) – é o que dispõe o artigo 58.º, n.º 2, do CPTA. O prazo relevante é naturalmente o mais longo – justamente aquele que ao Ministério Público assiste –, uma vez que só decorrido o mesmo é que o ato se torna inimpugnável contenciosamente[773]. Contudo, importa não perder de vista que a anulação adminis-

[773] V., de resto, as regras especiais previstas no artigo 58.º, n.º 4, do CPTA, que permitem a impugnação de atos administrativos para além do prazo de três meses, «desde que ainda não tenha expirado o prazo de um ano».

trativa não oficiosa é necessariamente provocada por uma reclamação ou por um recurso administrativo apresentado pelos interessados (CPA, art. 169.º, n.º 1); e que tanto uma como outra destas duas formas de impugnação administrativa estão igualmente sujeitas a prazos (cfr. CPA, arts. 191.º, n.º 3, e 193.º, n.º 2).

Note-se, por último, que, se o ato ilegal deixa de poder ser objeto de anulação administrativa com o decurso de certos prazos, tal não impede que o ato venha a ser revogado mais tarde com fundamento na sua inconveniência – ressalvados, é claro, os limites legais aplicáveis (cfr. CPA, art. 167.º). Com efeito, não é admissível que os atos ilegais tenham um regime mais favorável do que os que são válidos. Assim, se os atos válidos são livremente revogáveis com um fundamento de mérito, os atos anuláveis que deixaram de o ser em virtude do decurso do tempo não podem ter um regime de maior garantia de irrevogabilidade do que os primeiros. Esta garantia apenas se manifesta na proibição de os seus efeitos poderem ser destruídos ou extintos com fundamento em invalidade[774].

133. Os efeitos da anulação administrativa

Salvo disposição especial, a anulação administrativa produz efeitos retroativos, mas o autor da anulação pode, na própria decisão, atribuir-lhe mera eficácia para o futuro, quando o ato se tenha tornado inimpugnável por via jurisdicional (CPA, art. 171.º, n.º 3).

Assim, por norma, a anulação retroage os seus efeitos jurídicos ao momento da prática do ato anulado. Em consequência, os efeitos deste último têm-se como não produzidos, os atos de execução e os atos consequentes do ato revogado tornam-se (em princípio) ilegais e, enfim, as operações materiais desencadeadas ao abrigo do ato revogado tornam-se ilícitas. A anulação opera *ex tunc*. Por conseguinte, tudo se passa, afinal, como se o ato anulado nunca tivesse existido – o que, como se disse, é, em regra, consequência da invalidade que originariamente afetava esse ato.

Por isso, e sem prejuízo do eventual poder de praticar novo ato administrativo sobre a mesma questão, a anulação administrativa constitui

[774] V., nestes termos, Paulo Otero, *Ato Administrativo, cit.*, p. 499.

a Administração no dever de reconstituir a situação que existiria se o ato anulado não tivesse sido praticado, bem como no de dar cumprimento aos deveres que não tenha cumprido com fundamento naquele ato, por referência à situação jurídica e de facto existente no momento em que deveria ter atuado (CPA, art. 172.º, n.º 1). Assim, a Administração pode ficar constituída no dever de praticar atos dotados de eficácia retroativa, desde que não envolvam a imposição de deveres, encargos, ónus ou sujeições, a aplicação de sanções ou a restrição de direitos ou interesses legalmente protegidos, assim como no dever de anular, reformar ou substituir os atos consequentes sem dependência de prazo, e alterar as situações de facto entretanto constituídas, cuja manutenção seja incompatível com a necessidade de reconstituir a situação que existiria se o ato anulado não tivesse sido praticado (CPA, art. 172.º, n.º 2). É um dever paralelo ao que se encontra previsto no CPTA, a propósito do dever de executar as sentenças anulatórias (cfr. o art. 173.º desse diploma).

134. Competência para a revogação e para a anulação administrativa

Quem é que dispõe de competência para a revogação e para a anulação administrativa? E qual o fundamento dessa competência?

a) *O autor do ato*. – A competência para revogar ou anular atos anteriormente praticados é, desde logo, e em primeiro lugar, do próprio *autor do ato*: assim se dispõe, com efeito, no artigo 169.º, n.ºs 2 e 3, do CPA.

O fundamento da competência revogatória reside na *competência dispositiva* do autor do ato sobre a matéria a decidir, encontrando-se este, por conseguinte, legalmente habilitado a resolver, conforme entenda melhor, acerca do assunto. No tocante à competência anulatória, está em causa um poder de autocontrolo da legalidade associado ao exercício daquela competência dispositiva: quem pratica um ato administrativo está obrigado a cumprir a lei, pelo que deve controlar a legalidade do exercício do poder correspondente a tal ato.

Se o fundamento do poder de revogar ou anular administrativamente um certo ato reside nas competências do respetivo autor em função das matérias a decidir, compreende-se que, caso a sua competência dispositiva seja transferida por lei para outro órgão, passe este a dispor do poder de revogar e de anular os atos praticados pelo órgão originariamente competente, ao mesmo tempo que este outro órgão perderá, pela mesma ordem de razões, a sua competência revogatória e anulatória em relação a atos que versem sobre a matéria em causa. Quer isto dizer que as modificações da competência dispositiva são relevantes para o apuramento do órgão que dispõe do poder de revogação ou de anulação.

Quem dispõe de competência revogatória ou de competência anulatória naqueles casos em que o ato foi praticado por órgão incompetente? Suponhamos que uma Câmara Municipal praticou um ato que era da competência da Assembleia Municipal: qual dos dois órgãos o poderá revogar ou anular administrativamente? O órgão autor do ato – que é incompetente –, ou o órgão competente – que não foi o autor do ato?

Poder-se-ia pensar que tanto o autor do ato como o órgão competente para decidir sobre aquela matéria têm, no caso figurado, competência revogatória e anulatória: o primeiro, porque a lei dá ao autor do ato competência revogatória anulatória e não exclui os casos de incompetência; o segundo, por possuir competência dispositiva sobre a matéria, sendo por assim dizer o *dominus* da competência[775]. O CPA resolve no seu artigo 169.º, n.º 6, expressamente a questão no que se refere aos poderes do órgão competente: os atos administrativos praticados por órgão incompetente podem ser objeto de anulação administrativa pelo órgão competente para a sua prática; mas não podem ser por este revogados, porque o dever de anular atos ilegais não inclui o poder de os revogar por motivos de mérito.

Relativamente ao autor efetivo – o órgão incompetente –, pensamos que o mesmo não pode revogar os atos que anteriormente tenha praticado apesar de carecer de competência dispositiva para o efeito. Na verdade, se a revogação implica um reexercício da competência dispositiva, carecendo tal órgão *ab initio* dessa competência, não se vê qual o fundamento legal que possa justificar o exercício por uma segunda vez de um poder que não lhe está legalmente atribuído. Esta mesma razão, conjugada com a dependência do poder de autocontrolo da legalidade relativamente à competência dispositiva, aponta igualmente no sentido

[775] Neste sentido, Robin de Andrade, *A revogação dos atos administrativos*, pp. 279-280; Sérvulo Correia, *Noções de Direito Administrativo*, I, p. 484; João Raposo, *Da revogação...*, p. 170 e ss; Vieira de Andrade, «A "revisão" dos atos administrativos no direito português», *loc. cit.*, pp. 188-189; e Esteves de Oliveira / Pedro Gonçalves / Pacheco de Amorim, *Código...*, p. 686.

de o autor efetivo mas incompetente não poder sequer anular administrativamente os atos que anteriormente tenha praticado.

b) O *superior hierárquico*. – É competente para revogar ou anular administrativamente, em segundo lugar, o superior hierárquico do autor do ato, salvo, em caso de revogação, se se tratar de ato da competência exclusiva do subalterno (v., respetivamente, n.os 2 e 3 do art. 169.º do CPA). O exercício desta faculdade pode resultar da avocação do próprio superior hierárquico ou da interposição de recurso hierárquico por parte do interessado (CPA, art. 169.º, n.º 1). Em conformidade, o artigo 197.º, n.º 1, do CPA estatui que «o órgão competente para conhecer do recurso [hierárquico] pode, salvas as exceções previstas na lei, confirmar ou anular o ato recorrido e, se a competência do autor do ato recorrido não for exclusiva, pode também revogá-lo, modificá-lo ou substituí-lo, ainda que em sentido desfavorável ao recorrente».

De acordo com o preceito citado, o superior não tem competência revogatória sobre os atos do subalterno se este tiver competência exclusiva. Daí deriva que a competência revogatória do superior só existe nos casos de competência comum e de competência própria (separada ou reservada)[776].

Se a competência é comum ao superior e ao subalterno, o fundamento do poder revogatório do superior é a sua *competência dispositiva* sobre a matéria; se, diferentemente, há competências próprias (separadas ou reservadas), a competência revogatória do superior advém-lhe do *poder de supervisão*, que é – como se sabe – um dos poderes caraterísticos da hierarquia[777].

c) O *delegante*. – É também competente para revogar o *delegante* ou o *subdelegante*, em relação a atos praticados pelo delegado ou pelo subdelegado, no âmbito dos poderes cujo exercício lhes foi transferido. Nesse sentido, dispõe o artigo 169.º, n.º 4, do CPA: «enquanto vigorar a delegação ou subdelegação, os atos administrativos praticados por delegação ou subdelegação de poderes podem ser objeto de revogação ou de anulação administrativa pelo órgão delegante ou subdelegante, bem como pelo delegado ou subdelegado».

[776] V. Freitas do Amaral, *Curso*, I, p. 647.
[777] V. Freitas do Amaral, *Curso*, I, p. 675.

Qual é o fundamento da competência revogatória e anulatória do delegante?

Naqueles casos em que o delegante é superior hierárquico do delegado, poderia considerar-se que esse fundamento se devia ir buscar ao poder de supervisão do superior, nos termos que acima se deixaram referidos: não pensamos, todavia, que assim se deva fazer.

É que, a partir do momento em que o órgão subalterno recebeu do delegante a possibilidade de exercer uma determinada competência deste, a relação hierárquica como que ficou temporariamente «paralisada» nesse preciso domínio, no sentido de que o subalterno passou a poder atuar nos mesmos termos que o superior-delegante, guindando-se, nessa medida, à sua «posição». Como acentuava Marcello Caetano, «(...) por virtude da delegação, o delegado deixa de atuar como subordinado, para proceder em lugar do delegante, no exercício da mesma competência e, portanto, no mesmo plano dele»[778].

Daí que, como dizia este autor, o fundamento da competência do superior se deva buscar «antes na razão das posições relativas do delegante e delegado»: na verdade, apesar da delegação, mantém-se a posição de supremacia do delegante face ao delegado, já que aquele continua a ser, como responsável pelas funções que lhe estão cometidas, o órgão originariamente vocacionado para o exercício da competência cuja delegação a lei permite, ao passo que o delegado só pode exercer essa competência se, e na medida em que, for destinatário de um ato de delegação e enquanto essa delegação subsistir. Nesse sentido aponta o tratamento conjunto do poder de avocar a competência delegada e do poder de revogar ou anular os atos praticados pelo delegado (ou subdelegado) ao abrigo da delegação (ou subdelegação) no artigo 49.º, n.º 2, do CPA.

Aliás, se o delegante pode, em qualquer momento, revogar o ato de delegação, bem se compreende, em termos lógicos, que, por identidade de razão, senão mesmo pelo argumento de que «quem pode o mais pode o menos»[779], aquele possa também, pontualmente, anular ou revogar os atos praticados ao abrigo dela, desde que os considere ilegais ou inconvenientes, e sem prejuízo da subsistência da delegação.

[778] V. Marcello Caetano, *Manual*, I, p. 525.

[779] V. Paulo Otero, *Direito Administrativo...*, p. 418.

Do que antecede decorre, naturalmente, que o delegado não pode, no exercício dos poderes que são objeto da delegação, revogar ou anular atos praticados pelo delegante na mesma matéria em momento posterior à delegação; a isso se oporia, com efeito, a sua posição de «inferioridade» face ao delegante.

d) Resta-nos apurar se, à semelhança do delegante, o órgão com poderes de superintendência ou tutela dispõe, genericamente, do poder de revogar e anular atos praticados pelos órgãos da entidade tutelada.

A resposta a esta questão é negativa: em princípio, tal órgão não dispõe do poder de revogar ou anular os atos praticados pelos órgãos sujeitos a superintendência ou tutela administrativa.

O contrário só acontecerá nos casos em que, a título excecional, seja expressamente incluída essa competência no elenco dos poderes de superintendência ou nos de tutela administrativa[780]. É esta a solução hoje consagrada no n.º 5 do artigo 169.º do CPA.

135. Forma e formalidades da revogação e da anulação administrativa

Uma vez estudada a competência para a revogação e a anulação administrativa, é chegado o momento de nos ocuparmos da *forma* do ato revogatório ou anulatório e das *formalidades* a que a sua prática deve obedecer.

A primeira ideia a reter nesta matéria é a de que aqui *não vigora o princípio da liberdade da forma* que é regra noutros domínios da atividade administrativa.

Efetivamente, aquele princípio cede aqui o lugar ao *princípio da identidade* ou do *paralelismo das formas*: quer isto dizer que tanto as formalidades como a forma do ato revogatório ou anulatório se hão de apurar por referência às formalidades e à forma do ato revogado ou anulado. Isto é: em princípio, *os atos administrativos desfazem-se pela mesma forma por que são feitos*[781].

[780] V. Freitas do Amaral, *Curso*, I, p. 734.

[781] Expressão de Marcello Caetano, *Manual*, I, p. 552.

Suscita-se, no entanto, a questão de saber se um tal parâmetro se deve buscar na *forma legalmente prescrita* para o ato primário ou, diversamente, na *forma efetivamente adotada* quanto a esse ato.

No primeiro caso, a forma do ato de revogação ou de anulação será a consagrada na lei, independentemente da forma que tenha sido dada ao ato revogado ou anulado; no segundo, a forma do ato de revogação ou de anulação deverá ser idêntica à forma do ato revogado ou anulado, independentemente da sua conformidade ou desconformidade face à lei.

Ora, a este propósito, cumpre distinguir entre o que se passa com as formalidades e o que sucede relativamente à forma:

a) Em relação às *formalidades da revogação* ou *anulação*, a regra do paralelismo, consagrada no artigo 170.º, n.º 3, do CPA, é a seguinte: salvo disposição especial, são de observar na revogação ou anulação administrativa as formalidades exigidas para a prática do ato revogado ou anulado que se mostrem indispensáveis à garantia do interesse público ou dos direitos e interesses legalmente protegidos dos interessados (*v. g.*, a audiência prévia em caso de prática de um ato desfavorável ao particular; se, em consequência da impugnação administrativa do interessado, a Administração se dispõe a revogar ou anular o ato anterior, não é obviamente necessária uma nova audiência prévia do particular);

b) Em relação à *forma* do ato revogatório ou anulatório, as opiniões dos autores divergiam. Assim, para Marcello Caetano, a revogação deveria revestir a *forma efetiva* do ato revogado ou anulado, fosse qual fosse a forma legalmente prescrita[782]; já Robin de Andrade[783] e Sérvulo Correia[784], por exemplo, sustentavam que devia ser observada a *forma devida*, independentemente daquela que tenha sido adotada na prática do ato revogado.

A regra geral do nosso direito é a da *forma devida*: salvo disposição especial em contrário, o ato de revogação ou anulação administrativa deve revestir a forma legalmente prescrita para o ato revogado ou anulado (CPA, art. 170.º, n.º 1).

[782] V. Marcello Caetano, *Manual*, I, p. 552.

[783] V. Robin de Andrade, *A Revogação dos Atos Administrativos*, p. 334 e ss.

[784] V. Sérvulo Correia, *Noções de Direito Administrativo*, I, pp. 492-494.

Há, no entanto, duas exceções a esta regra, nas quais o ato de revogação ou anulação administrativa deve revestir a forma que tiver sido *efetivamente* utilizada na prática do ato revogado ou anulado (CPA, art. 170.º, n.º 2).

Tais exceções verificam-se:

a) Quando a lei não estabelecer forma especial alguma para a prática do ato revogado ou anulado;

b) Quando o ato revogado ou anulado tiver revestido forma mais solene do que a legalmente prevista – por ex., ato sujeito por lei à forma de *portaria*, mas praticado por *decreto*; ou sujeito à forma de *despacho*, mas objeto de portaria. Isto para evitar que se possa revogar ou anular por forma *simples* um ato praticado sob forma *solene*, o que desrespeitaria a maior força jurídica da solenidade exigida por lei.

136. Da obrigatoriedade de anulação administrativa de atos ilegais

Um problema que importa abordar, quanto aos atos que sejam ilegais, é o de saber se a anulação administrativa deles é um dever jurídico a cujo cumprimento estejam obrigados os órgãos administrativos que os tenham praticado, ou se tais órgãos dispõem de um *poder discricionário* a esse respeito.

A questão, para além do interesse teórico de que inegavelmente se reveste, tem ainda grande relevância prática: é que, se se considerar que os órgãos administrativos estão obrigados por lei a anular os atos ilegalmente praticados, uma vez requerida essa anulação ao órgão competente, tal significa que a anulação é um ato legalmente devido cuja prática pode ser exigida juridicamente; diversamente, se se entender que o poder de anulação é de natureza discricionária, não existe o dever legal de pronúncia.

A questão não é pacífica.

Durante anos sustentámos que não há dever de revogar, configurando a revogação como uma mera *faculdade*, ou seja, como um poder discricionário[785].

[785] V. Diogo Freitas do Amaral, *Direito Administrativo*, lições policopiadas, III, p. 400 e ss.

Hoje, porém, inclinamo-nos a pensar que existe um dever de revogar, e que portanto a revogação dos atos ilegais é um poder vinculado.

a) Desde logo, há todo um conjunto de casos em que, por imperativo do *princípio da legalidade* e por um *dever de justiça*, a Administração tem o dever de anular os atos que considere ilegais:

1) Atos ilegais apreciados em sede de *reclamação*;
2) Atos ilegais apreciados em sede de *recurso hierárquico*;
3) E atos ilegais apreciados em sede de *recurso hierárquico impróprio* ou de *recurso tutelar*.

Porquê? Porque as quatro figuras referidas são garantias não-contenciosas dos particulares, com fundamento constitucional (CRP, art. 52.º, n.º 1) e, portanto, uma vez acionadas pelos titulares de interesse legítimo na sua interposição, dão ao reclamante ou recorrente o direito de obter uma *decisão justa*, a qual, se o ato for ilegal, só pode ser a sua anulação.

b) Vejamos agora um segundo grupo de casos: aqueles em que a própria Administração se apercebe, por si mesma ou por *denúncia* de alguém, de que praticou um ato ilegal. Entendemos que, também nestes casos, ela tem, *ex officio*, o dever de anular.

De resto, a lei consagra hoje um dever de anulação administrativa em determinadas circunstâncias. Com efeito, desde que ainda o possa fazer, a Administração tem o dever de anular o ato administrativo que tenha sido julgado válido por sentença transitada em julgado, proferida por um tribunal administrativo com base na interpretação do direito da União Europeia, invocando para o efeito nova interpretação desse direito em sentença posterior, transitada em julgado, proferida por um tribunal administrativo que, julgando em última instância, tenha dado execução a uma sentença de um tribunal da União Europeia vinculativa para o Estado português (CPA, art. 168.º, n.º 7).

Com efeito, repugna aceitar, num Estado de Direito democrático, onde a Administração Pública está subordinada aos princípios da constitucionalidade e da legalidade, que os órgãos administrativos não tenham o dever jurídico de eliminar as ilegalidades cometidas por eles próprios, ou pelos seus subalternos ou delegados.

Não é admissível que um órgão administrativo, tendo diante de si um ato que reconhece ser ilegal e podendo anulá-lo, não tenha o *dever de o anular*, antes possa legitimamente abster-se de anular ou mesmo recusar-se a fazê-lo. Isso seria um grave entorse aos princípios da constitucionalidade e da legalidade[786].

É certo que, como argumentávamos dantes, o órgão competente tem também a faculdade de sanar ou convalidar o ato ilegal, designadamente mediante a prática de atos expressos de ratificação, reforma ou conversão.

Mas isso não deve levar-nos (pensamo-lo hoje) a concluir pela inexistência do dever de anular, antes deve servir de base à afirmação de que, perante um ato ilegal, o órgão administrativo tem o dever de o anular, salvo se decidir entretanto saná-lo por ato expresso – vincula-o, pois, uma obrigação com faculdade alternativa[787].

O que afinal a Administração não deve poder fazer é aguardar «de braços cruzados» que passe o tempo da anulação contenciosa e da anulação administrativa. Se quiser sanar o ato, deve fazê-lo expressamente e dentro do prazo legal; se não quiser, então deve anular.

É que a sanação expressa e a inimpugnabilidade contenciosa ou a preclusão do poder de anular administrativamente por decurso do tempo têm um valor moral e jurídico completamente distinto: na sanação expressa, a ilegalidade é removida e a ordem jurídica é reconfigurada de modo a ficar a existir nela um ato *verdadeiramente conforme à lei*; ao passo que, na outra situação, a *ilegalidade subsiste «qua tale»*, e só o decurso do tempo impede a sua destruição jurídica.

Do ponto de vista da observância da legalidade democrática, as duas situações não são equivalentes: a primeira deve ser encorajada, a segunda não deve ser permitida.

De modo que, em resumo, somos hoje de opinião que os órgãos administrativos têm o dever jurídico de anular os atos ilegais que tiverem praticado (ou que saibam ter sido praticados por órgão incompetente, sendo eles competentes), salvo se puderem e decidirem saná-los expressamente e dentro do prazo legal.

[786] No mesmo sentido, cfr. Paulo Otero, *O Poder de Substituição...*, II, p. 580 e ss., e *Direito Administrativo...*, p. 416; Gomes Canotilho, *Direito Constitucional...*, pp. 240, 258-259.

[787] Sobre este conceito, cfr., entre nós, Antunes Varela, *Das Obrigações em Geral*, I, 8.ª ed., Coimbra, 1994, pp. 858-859; e M. J. Almeida Costa, *Direito das Obrigações*, p. 641 e ss.

c) E quanto aos casos em que haja fundamento legal para praticar uma *revogação sancionatória*? Sendo ela juridicamente fundada, e portanto possível, constituirá uma mera faculdade, de exercício discricionário, ou antes um dever jurídico, de exercício obrigatório?

Por via de regra, entendemos que nestes casos há um dever jurídico de revogar: primeiro, porque a aplicação de sanções pelos poderes públicos aos particulares que infrinjam a lei, ou não cumpram os deveres ou encargos legalmente impostos por ato administrativo válido e aceite pelo destinatário, tem de considerar-se obrigatória num Estado de Direito. Se o respeito das normas jurídicas depende de sanções[788], dar à Administração o direito de não as aplicar é nada mais nada menos que conferir ao Poder Executivo o direito de não obedecer às normas emanadas do Poder Legislativo, ou aos atos jurídico-públicos que imponham comandos de que resultem deveres jurídicos para os particulares. Por outro lado, se é praticado um ato administrativo favorável a um certo particular com a imposição legal de cláusulas modais ou encargos para o seu destinatário, isso significa, em princípio, que a vantagem conferida só realiza o interesse público se o particular beneficiado cumprir os deveres ou encargos que o ato administrativo lhe impõe. Do ponto de vista substantivo (que não formal), há aqui uma «relação sinalagmática»: *do ut des, do ut facias*. Se a parte privada não cumprir aquilo a que se obrigou, a parte pública deve fazer cessar a vantagem que atribuiu. E deve fazê-lo, não só para cumprir o seu dever de aplicar a sanção jurídica adequada, mas também – e isto é muito importante – para não permitir a subsistência de um ato administrativo que deixou de prosseguir o fim de interesse público que teve em vista alcançar, e passou a funcionar apenas no interesse privado do particular seu destinatário. Quase se poderia falar aqui num desvio de poder *superveniente*; e muito provavelmente haveria, por baixo da mesa, um crime de corrupção (ou uma figura próxima desta).

A revogação, nestes casos, deve considerar-se, pois, sempre obrigatória. Salvo se a lei ou o próprio ato de que se trata dispuserem em sentido diferente: por ex., prevendo, num primeiro momento, uma notificação ao particular para que cumpra, em prazo razoável, as suas obrigações em falta e só num segundo momento, em caso de incumprimento, estabelecer então o dever de revogar o ato.

788 V. Diogo F. do Amaral, *Manual de Introdução ao Direito*, I, pp. 59-65.

137. Natureza jurídica da revogação e da anulação administrativa. O efeito repristinatório

Qual a natureza jurídica da revogação? E da anulação administrativa?

Há quem entenda que a revogação ou a anulação administrativa são essencialmente *atos de natureza negativa ou destrutiva*: através deles, o órgão administrativo extingue os efeitos de um ato anterior, por ilegalidade, inconveniência, ou a título de sanção, e com isso destrói ou elimina da ordem jurídica uma determinada decisão. O ato de revogação ou anulação será apenas isto – a extinção de um ato anterior, sem nada fazer que o substitua. Decerto, o órgão com competência dispositiva poderá acrescentar à revogação ou à anulação administrativa, no momento em que esta é praticada, ou em momento ulterior, uma nova decisão sobre o mesmo caso concreto (cfr. quanto à revogação, CPA, art. 173.º; e quanto à anulação administrativa, o art. 172.º, n.ºs 1 e 2, do mesmo diploma). Mas esta já configurará outro ato administrativo diferente da revogação ou da anulação administrativa: ainda que praticados no mesmo instante, serão sempre dois atos distintos – um ato secundário, de caráter extintivo, que destrói o passado, e outro ato, um ato primário, de caráter inovador, que regula a situação para o futuro (ou, porventura, mesmo para o passado; cfr. CPA, art. 172.º, n.º 2).

Outros autores, porém, concebem a revogação e a anulação administrativa essencialmente como *atos de natureza positiva ou construtiva*: através deles, o órgão administrativo não se limita a extinguir ou eliminar uma dada decisão tomada sobre determinado caso concreto, mas, diferentemente, substitui certa decisão por outra. Entende-se, na verdade, que das duas, uma: ou o órgão competente logo faz acompanhar a extinção do ato anterior de uma nova decisão sobre o caso concreto, hipótese em que o caráter construtivo do ato secundário é tido como evidente, ou não o faz. Mas, nesta segunda hipótese, sustentam os partidários da corrente *construtivista* que a revogação ou a anulação administrativa acarreta sempre o chamado *efeito repristinatório*. Ou seja, a revogação ou anulação administrativa (C) de um dado ato (B) tem como consequência a reposição em vigor do ato que inicialmente regulava o caso concreto (A), e que o ato ora revogado ou anulado (B) viera por sua vez revogar ou anular.

Figuremos uma hipótese: Manuel obtém do Ministério da Agricultura e Pescas uma licença de pesca (A); mais tarde, essa licença é-lhe revogada ou anulada administrativamente (B); se posteriormente esta revogação ou anulação for por sua vez revogada ou anulada (C), isso implica a reposição em vigor da licença de pesca primitivamente concedida (A), ou não?

Os partidários da natureza *destrutiva* da revogação e da anulação responderão: não implica. A revogação ou anulação administrativa (C) apenas implica a extinção da primeira revogação ou anulação, mas não faz renascer a licença inicial: apenas limpa ou desbrava o caminho para que uma nova licença possa ser atribuída, se houver condições para isso e se o órgão competente decidir atribuir nova licença. Mas esta pode não ser concedida; e, se o for, já não fará parte da revogação ou anulação administrativa, será um ato novo que acresce à revogação ou à anulação administrativa.

Os partidários da natureza *construtiva* da revogação e da anulação dirão: no caso aventado, há repristinação. A revogação ou anulação administrativa de uma revogação ou anulação implica a automática reposição em vigor do ato que a primeira revogação ou anulação administrativa viera eliminar: desaparecida a revogação ou anulação da licença de pesca, Manuel beneficia novamente da sua primitiva licença de pesca, e nenhuma outra terá de lhe ser passada[789].

O problema é complexo.

Convém começar por chamar a atenção para o facto de haver numerosas situações em que não faz qualquer sentido colocar o problema do efeito repristinatório. Este só pode logicamente verificar-se nos casos em que se esteja perante duas revogações e/ou anulações administrativas consecutivas: se um ato (A) é revogado ou anulado (B), e se esta primeira revogação ou anulação (B) é por sua vez revogada ou anulada (C), então, sim, pode discutir-se se a segunda revogação ou anulação (C) faz ou não repor em vigor o ato inicial (A). Há outras situações, porém, em que falta o pressuposto lógico do problema: se Manuel obtém pela primeira vez na sua vida uma licença de pesca (A), e se seis meses mais tarde esta lhe é revogada ou anulada (B), não faz sentido perguntar se tal revogação ou anulação tem ou não efeito repristinatório, porque não há nenhum ato anterior à licença de pesca que possa ser reposto em

[789] A favor da produção do efeito repristinatório, ver Robin de Andrade, *A revogação dos atos administrativos*, p. 351 e ss. Contra, mas sem grande desenvolvimento, Marcello Caetano, *Manual*, I, p. 555.

vigor. O mesmo se diga, *mutatis mutandis*, no caso de se revogar ou anular o indeferimento de uma pretensão formulada pela primeira vez por um particular: não há nada de *anterior* que possa ser recolocado em vigor. Na grande maioria dos casos, portanto, a revogação ou a anulação administrativa não têm efeito repristinatório, pura e simplesmente porque o problema não se põe: não têm esse efeito porque, logicamente, não podem tê-lo.

E nos casos em que o problema se põe e faz sentido: terão a revogação ou a anulação administrativa efeito repristinatório?

O CPA disciplina expressamente as duas situações.

A revogação de um *ato revogatório* só produz efeitos repristinatórios se a lei ou o ato de revogação assim expressamente o determinarem (CPA, art. 171.º, n.º 2)[790].

Se o órgão competente revoga um ato administrativo anterior por razões de conveniência, e que, portanto, em seu entender, ele podia praticar ou deixar de praticar, ou dotar com um ou outro conteúdo, de acordo com a sua vontade – porque se estivesse em causa um ato legalmente devido, a respetiva revogação seria desde logo ilegal –, não nos parece lícito ligar sempre um efeito repristinatório à segunda revogação. O órgão competente pode com ela querer fazer renascer o ato primário, mas também pode querer apenas eliminar obstáculos à reponderação ulterior do assunto, sem se comprometer desde logo com uma determinada solução. Aqui, tratando-se de um ato administrativo de caráter discricionário, que se assemelha ao negócio jurídico, afigura-se-nos que a produção ou não do efeito repristinatório *depende da vontade que o órgão administrativo manifestar* a esse propósito: tal efeito verificar-se-á se o órgão competente o declarar, não ocorrerá se ele o excluir, e no silêncio do autor da revogação não pode presumir-se o efeito repristinatório[791].

Quanto à anulação administrativa, ela produz efeitos repristinatórios e, quando tenha por objeto a anulação de um ato revogatório, só não

[790] A revogação de um *ato anulatório* é uma hipótese que o legislador não considera, porquanto tal revogação, ao determinar por razões de mera conveniência o afastamento do reconhecimento formal de uma ilegalidade que é inerente à prática do ato anulatório, colide necessariamente com o princípio da legalidade e, como tal, estará sempre ferida de ilegalidade.

[791] V., no mesmo sentido, o art. 2314.º do Código Civil, sobre a revogação de um testamento revogatório.

determina a repristinação do ato revogado se a lei ou o ato de anulação assim expressamente dispuserem (CPA, artigo 171.º, n.º 4).

Por causa da eficácia retroativa da anulação administrativa, em princípio, a mesma, ao incidir sobre uma anterior anulação ou revogação, também elimina o efeito extintivo ou destrutivo destas.

Porém, no caso de se tratar da anulação de um ato revogatório, porque na perspetiva do órgão autor da revogação esteve em causa um ato primário praticado no exercício de poderes discricionários, pode, também aqui, o órgão competente para a anulação querer apenas eliminar obstáculos à reponderação ulterior do assunto, sem se comprometer desde logo com uma determinada solução, fazendo renascer o ato primário. Daí que em caso de anulação de ato revogatório, o efeito repristinatório possa ser afastado pelo autor da anulação: tal efeito só não se verificará se o órgão competente assim o decidir expressamente.

Mas, como referido, na maior parte dos casos, a revogação e a anulação administrativa não têm efeito repristinatório. E quando tal efeito se pode verificar, o mesmo fica dependente, numa medida muito significativa, em especial no caso da revogação, da vontade do autor do ato. Assim, parece-nos de concluir que, em regra, a *revogação e a anulação administrativa têm natureza principalmente negativa ou destrutiva* – visam, na verdade, extinguir, e não repor em vigor, atos anteriormente praticados. Em determinadas circunstâncias, porém – excecionalmente, no caso da revogação –, têm, ou podem ter, natureza construtiva ou repristinatória.

VII

SUSPENSÃO, RETIFICAÇÃO E SANAÇÃO

138. A suspensão do ato administrativo

A revogação ou a anulação administrativa de um ato administrativo extinguem-lhe os efeitos: o ato desaparece da ordem jurídica, enquanto fonte ou título jurídico de determinados efeitos.

A suspensão não vai tão longe: não extingue os efeitos, apenas os *paralisa* por certo período; o ato suspenso não é eliminado da ordem jurídica, mantém-se nela, continua existente e porventura válido, somente torna-se *ineficaz*, fica provisoriamente «congelado». Em relação à revogação, a suspensão é um *minus*.

Daqui resulta que podemos definir a «suspensão» do ato administrativo como *a paralisação temporária dos efeitos jurídicos de um ato.*

O ato administrativo pode ser suspenso por um de três modos distintos:

- por força da lei;
- por ato administrativo;
- por decisão de um tribunal administrativo.

a) Dá-se a suspensão por força da lei, ou *suspensão legal*, quando ocorrem certos fatos que, nos termos da lei, produzem automaticamente o efeito suspensivo: é o caso, por exemplo, da subordinação de um ato administrativo a *condição suspensiva* ou a *termo inicial*; e da impugnação administrativa de atos insuscetíveis de imediata impugnação contenciosa (CPA, art. 189.º, n.º 1);

b) A suspensão por ato administrativo, ou *suspensão administrativa*, ocorre sempre que um órgão para o efeito competente decida, por ato administrativo, suspender um ato administrativo anterior.

Os motivos por que o pode fazer são variados: dúvidas sobre a legalidade ou conveniência do ato primário, desejo de reapreciar o seu conteúdo ou de ponderar as suas consequências, necessidade de «ganhar tempo» para aliviar tensões políticas provocadas pelo ato primário, etc. Quem tem competência para proceder à suspensão administrativa?

- os órgãos a quem a lei conferir expressamente o poder de suspender;
- enquanto medida provisória requerida pelos interessados ou ordenada oficiosamente no quadro de um procedimento de revogação ou anulação administrativa, o órgão competente para a decisão final (CPA, arts. 89.º e 90.º);
- na sequência de impugnação administrativa facultativa, o órgão competente para a apreciar (CPA, art. 189.º, n.º 2).

Decorre destas regras que o legislador se preocupou não só em definir quais os órgãos competentes para determinar a suspensão administrativa, mas também em enquadrar procedimentalmente tal ato e em fixar-lhe um prazo máximo de duração.

c) A suspensão por decisão do tribunal, ou *suspensão jurisdicional*, é a que pode ser decidida pelo tribunal administrativo competente, através da adoção de uma providência cautelar conservatória, destinada a assegurar a utilidade da sentença que haja de ser proferida numa ação impugnatória de atos administrativos (cfr. CPTA, art. 112.º, n.º 2, alínea *a*))[792].

139. Retificação do ato administrativo

A «retificação» é o *ato administrativo secundário que visa emendar os erros de cálculo ou os erros materiais contidos num ato administrativo primário anterior.*

[792] Ver, desenvolvidamente, Maria Fernanda Maçãs, *A suspensão judicial da eficácia dos atos administrativos e a garantia constitucional da tutela judicial efetiva*, Coimbra, 1996, p. 147 e ss.

A função da retificação não é destrutiva, como na revogação, nem paralisadora, como na suspensão, nem modificatória, como na alteração e substituição – é meramente corretiva, destina-se a corrigir erros.

Os «erros de cálculo» são *erros ocorridos na realização de operações matemáticas* (por ex., 5 x 4 = 25). Os «erros materiais» *são erros ocorridos na redação de um ato administrativo* (por ex., escrever António em vez de Antunes, ou «Herdade do Sal» em vez de «Herdade do Sol»).

Trata-se, em ambos os casos, de «erros na expressão da vontade do órgão administrativo», como diz a lei (art. 174.º, n.º 1, do CPA): o órgão quis dizer uma coisa e disse outra.

Existem dois regimes jurídicos para a retificação.

Se os erros de cálculo ou os erros materiais forem *manifestos* – isto é, óbvios, evidentes, ostensivos –, aplica-se um regime especial, bastante expedito, previsto e regulado no artigo 174.º do CPA; se pelo contrário os erros de expressão *não forem manifestos* – ou seja, forem encobertos, duvidosos, difíceis de detetar –, a retificação segue o regime geral da revogação, mais moroso e apertado.

Qual o regime especial da retificação dos *erros manifestos*?

É o que está estabelecido no artigo 174.º do CPA e que se cifra nas seguintes proposições:

(1) Os erros manifestos podem ser retificados pelo órgão competente para a revogação do ato;
(2) A retificação pode ser feita a todo o tempo, ou seja, mesmo depois de expirado o prazo mais longo que existisse para a revogação;
(3) A retificação pode ter lugar oficiosamente ou a pedido dos interessados;
(4) A retificação tem efeitos retroativos;
(5) A retificação deve ser feita sob a forma e com a publicidade usadas para a prática do ato retificado[793].

Também aqui, somos de parecer que a Administração, uma vez detetado um erro de cálculo ou um erro material, tem o dever jurídico de o retificar: não faria sentido que pudesse contemporizar com o erro, o que aliás logo permitiria presumir qualquer forma de conivência ilícita com o particular destinatário do ato.

[793] V. Esteves de Oliveira / Pedro Gonçalves / Pacheco de Amorim, *Código...*, pp. 696-698.

140. Ratificação, reforma e conversão do ato administrativo

Analisemos agora os atos administrativos secundários que visam operar a *sanação* da ilegalidade de um ato administrativo anterior[794].

Pode suceder, com efeito, que o órgão administrativo, ao aperceber-se de uma ilegalidade que haja cometido, em vez de anular ou declarar nulo o ato anterior ilegal, pretenda «recuperar» esse ato (ou partes do procedimento que antecedeu a sua prática), expurgando o vício que o afetava, ou «reutilizar» alguns dos seus elementos, em obediência ao *princípio do aproveitamento dos atos jurídicos.*

Nestes termos, a ratificação, a reforma e a conversão pertencem também à categoria dos *atos sobre atos*, por isso que os seus efeitos jurídicos se vão repercutir sobre o ato ratificado, reformado ou convertido, sanando os efeitos por ele produzidos, se o mesmo for anulável, ou, tratando-se de ato nulo, produzindo efeitos jurídicos novos, mas com referência ao momento da prática do ato anterior. Por isso, em qualquer daqueles casos, e, por definição, os efeitos da ratificação, reforma e conversão produzem-se *ex tunc*, isto é, retroagem ao momento da prática do ato ilegal anterior.

Só que estes atos – ratificação, reforma e conversão – configuram uma *modificação* do ato ilegal anterior, e não já, como na anulação administrativa, uma forma de o extinguir. Todavia, por força das considerações feitas acima, o regime jurídico comum à ratificação, reforma e conversão é, no essencial, decalcado sobre o seu regime jurídico. Nesse sentido estatui o artigo 164.º, n.º 1, do CPA que são aplicáveis à ratificação, reforma e conversão dos atos administrativos as normas que regulam a competência para a anulação administrativa dos atos inválidos e a sua tempestividade.

Vejamos, sucintamente, em que consistem a ratificação, a reforma e a conversão.

A «ratificação» é *o ato administrativo pelo qual o órgão competente decide sanar um ato inválido anteriormente praticado, suprindo a ilegalidade que o vicia*[795]. Exemplo de ratificação é a repetição, por escrutínio secreto, da votação ilegalmente feita por votação nominal; ou a prática de um ato

[794] V. *supra*.

[795] V. José Pedro Fernandes, «Ratificação (do acto administrativo)», *in DJAP*, VII, Lisboa, 1996, pp. 9-16.

incluindo a fundamentação legalmente exigida e que dele não constava originariamente; ou a assunção pelo órgão competente de um ato praticado por órgão incompetente.

A «reforma», por sua vez, é *o ato administrativo pelo qual se conserva de um ato anterior a parte não afetada de ilegalidade.* Imagine-se a redução de uma licença ilegalmente concedida por três anos a uma licença por um ano; ou a exclusão, do círculo de destinatários de um ato de expropriação, do proprietário do prédio contíguo ao prédio a expropriar, do qual, erradamente, o autor do ato julgou que ele fosse comproprietário.

Por último, a «conversão» é o *ato administrativo pelo qual se aproveitam os elementos válidos de um ato ilegal para com eles se compor um outro ato que seja legal.* Diferentemente daquilo que se passa com a reforma, a conversão implica a «transfiguração» jurídica do ato. Será, por exemplo, o caso da nomeação definitiva que é convertida em provimento interino, por se encontrarem preenchidos naquela apenas os requisitos legalmente previstos para este[796].

Quais as linhas gerais do regime jurídico *comum* à ratificação, reforma e conversão?

(1) Os atos nulos só podem ser objeto de reforma ou conversão (CPA, art. 164.º, n.º 2);
(2) As normas de competência e tempestividade aplicáveis são as da anulação administrativa dos atos inválidos (CPA, art. 164.º, n.º 1);
(3) A reforma e a conversão obedecem às normas procedimentais aplicáveis ao novo ato (CPA, art. 164.º, n.º 4)[797];
(4) Em caso de incompetência, o poder de ratificar o ato ilegal cabe ao órgão competente para a sua prática – e não ao órgão que agiu com incompetência (CPA, art. 164.º, n.º 3);
(5) Desde que não tenha havido alteração ao regime legal, a ratificação, a reforma e a conversão retroagem os seus efeitos à data dos atos a que respeitam (CPA, art. 164.º, n.º 5, 1.ª parte);
(6) Mas, em ordem a garantir a tutela jurisdicional efetiva, a eficácia

[796] Ver, sobre a matéria deste número, mais desenvolvidamente, Marcello Caetano, *Manual*, I, pp. 556-561.

[797] O mesmo se passa se, em vez de ratificar um ato anulável, a Administração optar pela sua *renovação* – a substituição de um ato administrativo anulável por um ato válido com o mesmo conteúdo (cfr. CPA, art. 173.º, n.os 2 e 3) De resto, em consequência da sua eficácia sanatória, a renovação de atos anuláveis pode ser perspetivada como um ato paralelo da ratificação.

> retroativa de tais atos não prejudica a possibilidade de anulação dos efeitos lesivos produzidos durante o período de tempo que os tiver precedido, quando os mesmos sejam praticados na pendência de processo impugnatório e respeitem a atos que envolvam a imposição de deveres, encargos, ónus ou sujeições, a aplicação de sanções ou a restrição de direitos e interesses legalmente protegidos (CPA, art. 164.º, n.º 5, 2.ª parte).

Porque é que o CPA admite, inovadoramente, a reforma e a conversão dos atos nulos, mas não a sua ratificação? Cremos que o fez por razões de lógica jurídica: os atos nulos são insanáveis, pois que não é possível suprir a ilegalidade que os vicia; ao passo que podem ser reformados ou convertidos, porque, na reforma, elimina-se a ilegalidade da parte viciada do ato, deixando subsistir a sua parte sã; e, na conversão, eliminam-se os elementos viciados e, com os elementos sãos, pratica-se um novo ato de tipo diferente.

No fundo, e bem vistas as coisas, o que se passa é que aqueles atos nulos que não contêm parcelas ou elementos sãos não podem ser aproveitados mediante sanação: são totalmente nulos. Já aqueles que sejam nulos por conterem uma ou mais partes ou elementos viciados, mas que contenham outros elementos ou partes sãos, entendemos que podem, nessa medida, ser aproveitados. O mesmo se passa no direito civil.

VIII
EXECUÇÃO

141. Generalidades

Abordemos agora a matéria da execução coativa do ato administrativo, legalmente disciplinada, em termos genéricos, nos artigos 175.º e seguintes do CP[798].

[798] Ver, entre nós, Marcello Caetano, *Manual*, I, p. 447 e ss.; Afonso Queiró, «Coação Administrativa», *in DJAP*, I, p. 443 e ss.; Rogério Soares, *Direito Administrativo*, p. 191 e ss.; Marcelo Rebelo de Sousa, *Regime do ato administrativo*, p. 181 e ss.; Maria Lúcia Amaral, *A Execução dos Atos Administrativos no Projeto de Código de Processo Administrativo Gracioso*, Lisboa, 1984; Paulo Otero, *Ato Administrativo*, § 4.º do estudo coletivo *Procedimento Administrativo, loc. cit.*, pp. 497-499; *idem, A execução do ato administrativo...*, p. 207 e ss.; Rui Machete, «Execução do ato administrativo», *in DJ*, VI, 1992, p. 65 e ss.; Maria da Glória Ferreira Pinto, *Breve reflexão sobre a execução coativa dos atos administrativos*, Lisboa, 1983; Carla Amado Gomes, *Contributo para o estudo das operações materiais da Administração Pública e do seu controlo jurisdicional*, pp. 74-162; Diogo Freitas do Amaral *et alli*, *Código do Procedimento Administrativo Anotado*, subarts. 149.º e ss.; Esteves de Oliveira / Pedro Gonçalves / Pacheco de Amorim, *Código...*, subarts. 149.º e ss.; e, por último, Diogo Freitas do Amaral (coord.), *O poder de execução coerciva das decisões administrativas nos sistemas de tipo francês e inglês, e em Portugal*, Almedina, Coimbra, 2011. Na bibliografia estrangeira, cfr. García de Enterría e T. R. Fernández, *Curso de Derecho Administrativo*, I, pp. 355 e ss. e 761 e ss.; René Chapus, *Droit administratif général*, I, p. 1170 e ss.; Laubadère / Venezia / Gaudemet, *Traité de Droit Administratif*, I, p. 707 e ss.; Aldo Sandulli, *Manuale di Diritto Amministrativo*, I, pp. 614-616.; Wolff / Bachof / Stober, *Verwaltungsrecht*, 2, p. 446 e ss.; Hartmut Maurer, *Allgemeines Verwaltungsrecht*, p. 445 e ss.; H.-U. Erichsen, *Allgemeines Verwaltungsrecht*, pp. 341-349.

Nesta altura do *Curso* a temática em apreço não é completamente nova. Tivemos oportunidade de a introduzir em diversos passos da exposição antecedente. Recordemos, por isso, para se ter uma visão de conjunto do problema, três notas capitais.

Em primeiro lugar, vimos que a Administração Pública goza, no nosso ordenamento jurídico, da possibilidade de definir imperativamente o direito aplicável no caso concreto, criando, modificando e extinguindo situações jurídicas de outras entidades, cujos efeitos se projetam (ou se podem projetar) imediatamente nas suas esferas jurídicas, com plena força obrigatória e independentemente de qualquer decisão judicial (*princípio da autotutela declarativa*)[799].

Em segundo lugar, quando mais atrás classificámos os atos administrativos em *executórios* e *não executórios*, referimos e precisámos os exatos termos em que se pode verificar a execução coerciva por via administrativa dos atos administrativos. Dissemos, fundamentalmente, que, para que isso suceda, será necessário: *a*) que exista um ato administrativo (exequível e eficaz) que, de forma *imediata*, crie ou estabeleça deveres ou encargos para um particular, obrigando-o a uma determinada prestação; *b*) que se verifique a recusa do destinatário do ato de efetuar o seu cumprimento voluntário; *c*) que a lei se não oponha à execução por via administrativa[800]. Naturalmente que a execução pela Administração de um ato administrativo só tem sentido quando o destinatário do ato incumprido não é a própria Administração; se o for (por exemplo, um crédito a favor de um particular/funcionário público resultante do reconhecimento de retribuições devidas), é óbvio que a coação administrativa não é o sistema adequado, já que é impossível a Administração executar coercivamente contra ela própria um ato administrativo[801]. Nesses casos, é aplicável o processo executivo previsto no CPTA (cfr. o art. 157.º, n.º 4, desse diploma).

Em terceiro lugar, já vimos que, para além desta possibilidade, a Administração tem, frequentemente, a faculdade de executar coativamente tal definição sem necessidade de prévia decisão judicial (*princípio da autotutela executiva, ou privilégio da execução prévia*), caso o respetivo

[799] Paulo Otero, *A execução...*, *loc. cit.*, p. 208.

[800] V. *supra*, n.º 75.

[801] García de Enterría e T. R. Fernández, *Curso de Derecho Administrativo*, I, p. 763.

destinatário a não cumpra voluntariamente. Desse modo, procede-se «à adequação ou transformação da realidade fáctica de acordo com a definição normativa anteriormente expressa»[802].

No CPA de 1991, o respetivo artigo 149.º, n.º 2, consagrou neste domínio uma solução que procurou um equilíbrio entre posições mais extremadas preconizadas na doutrina. Com efeito, esse preceito ficava a meio caminho entre a solução *algo autoritária* do art. 231.º do P/COPAG-1 e a solução *demasiado liberal* do art. 202.º do P/COPAG-2.

Na primeira, que correspondia à conceção *tradicional* do privilégio da execução prévia, o ato administrativo podia ser *sempre* objeto de execução coerciva por via administrativa, salvas as exceções legais. Era a visão de Marcello Caetano[803] e de Marques Guedes[804].

Na segunda, que perfilhava uma concepção *ultramoderna* defendida, entre nós, designadamente por Rogério Soares[805], Sérvulo Correia[806], Maria da Glória Garcia[807] e, mais recentemente, por Vasco Pereira da Silva[808] e Carla Amado Gomes[809], preconizava-se que a execução coerciva por via administrativa só seria legítima em matéria de *polícia administrativa* e, para além desta, nas hipóteses em que a lei expressamente a autorizasse *caso a caso*.

Pareceu, então, à larga maioria dos autores do P/CPA – e o Governo concordou – que qualquer dessas soluções era inconveniente, por ser demasiado *extremista*: a primeira conferia poderes excessivos à Administração, a segunda manietava-a na generalidade dos casos, e conduziria fatalmente à paralisação da ação administrativa.

Concebeu-se, assim, uma solução *intermédia*, que ficou consagrada no n.º 2 do referido artigo 149.º: a Administração pode *sempre* executar coercivamente os seus atos *executórios* por via administrativa, mas, ao executar, só pode fazê-lo pelas *formas* e nos *termos* previstos no CPA ou admitidos por outras leis. Ou seja: a execução coerciva por via administrativa é legítima em todos os casos em que exista ato administrativo executório, mesmo que não esteja prevista em qualquer outro texto

802 Rui Machete, *Execução do ato administrativo, loc. cit.*, p. 68.

803 Marcello Caetano, *Manual*, I, p. 448.

804 Marques Guedes, «Administração Pública», *in BDGCI*, novembro de 1959, n.º 11, pp. 1628, 1629.

805 Rogério Soares, *Direito Administrativo*, p. 192 e ss.

806 Sérvulo Correia, *Noções de Direito Administrativo*, I, p. 338.

807 Maria Glória Ferreira Pinto Dias Garcia, *Breve reflexão...*, p. 362 e ss.

808 Vasco Pereira da Silva, *Em busca...*, p. 646 e ss.

809 Carla Amado Gomes, *Contributo...*, p. 91 e ss.

legal, mas as *formas* de execução e os *termos* em que ela é feita terão de estar previstos na lei[810]. Por nós, não víamos qualquer inconstitucionalidade nesta solução[811], e considerávamo-la *essencial* do ponto de vista da prossecução eficiente e rápida do interesse público, que com a outra solução ficaria manietado pelos interesses privados, além de provocar a lentidão da Justiça Administrativa. A expressão intercalada no texto do n.º 2 daquele artigo pela revisão do CPA feita em 1996 – «*previstos no presente Código ou*» – teve por objetivo esclarecer que as formas de execução reguladas nos artigos 155.º a 157.º do Código, juntamente com outras previstas em leis avulsas, são suscetíveis de utilização, consoante os casos, para a execução de quaisquer decisões administrativas[812].

O legislador de 2015 entendeu de outro modo, consagrando a regra geral da execução de atos administrativos pela via jurisdicional; consequentemente, a satisfação de obrigações e o respeito por limitações decorrentes de atos administrativos *só podem ser impostos coercivamente pela Administração nos casos* e segundo as formas e termos *expressamente previstos na lei*, ou em situações de *urgente necessidade pública*, devidamente fundamentada (CPA, art. 176.º, n.º 1). Isso mesmo é explicado no preâmbulo do Decreto-Lei n.º 4/2015, de 7 de janeiro, que aprovou o novo CPA (n.º 19). A alteração em apreço pressupõe, contudo, quer a determinação dos casos de habilitação específica da Administração para executar os seus próprios atos, quer uma disciplina processual administrativa da execução por via jurisdicional (cfr. CPA, art. 183.º). Todavia, a primeira não foi ainda aprovada, pelo que vigora a disciplina transitória prevista nos artigos 6.º e 8.º, n.º 2, do citado Decreto-Lei n.º 4/2015: o artigo 149.º, n.º 2, do CPA de 1991 mantém-se em vigor e o artigo 176.º, n.º 1, do novo CPA só se aplicará a partir da data da entrada em vigor do diploma que venha definir os casos, as formas e os termos em que os atos administrativos podem ser impostos coercivamente pela Administração[813].

[810] Criticamente, v. porém, Rui Machete, «Privilégio de execução prévia», *in DJAP*, VI, Lisboa, 1994, p. 448 e ss.; Vasco Pereira da Silva, *Em busca*..., p. 646 e ss.; e, por último, Carla Amado Gomes, *Contributo*..., p. 100 e ss.

[811] V., também neste sentido, em termos que no essencial acompanhámos, Esteves de Oliveira / Pedro Gonçalves / Pacheco de Amorim, *Código*..., pp. 701-703.

[812] V. Diogo Freitas do Amaral *et alli*, *Código do Procedimento Administrativo Anotado*, pp. 264-265.

[813] Este diploma deveria ter sido aprovado no prazo de 60 dias a contar da data da entrada em vigor do Decreto-Lei n.º 4/2015, de 7 de janeiro, a qual ocorreu 90 dias após a sua

O autor deste *Curso* considera muito negativa a transformação do princípio geral da autotutela executiva da Administração em regra excecional, por três razões principais:

a) Não é essa a tradição nem a lógica do sistema de administração de tipo francês a que Portugal sempre pertenceu;
b) Não é essa a solução em vigor na maioria dos países europeus continentais[814];
c) A solução agora legislada – embora ainda não em vigor – vai, previsivelmente, provocar grandes atrasos na atividade administrativa e, em simultâneo, piorar ainda mais o funcionamento, já muito lento, da nossa Justiça Administrativa.

Quem propôs esta alteração básica no nosso Direito Administrativo esqueceu um aspeto fundamental: é que os inúmeros casos de habilitação legal específica para o uso da autotutela executiva nos direitos anglo-saxónicos foram sendo introduzidos paulatinamente ao longo dos sécs. XIX e XX, ao passo que a mudança brusca pretendida pelo legislador português vai exigir, em muito pouco tempo, a elaboração de numerosas leis especiais de uma assentada – trabalho inútil se se mantivesse o *princípio geral* existente.

Recordado isto, vejamos então de forma sintética, os aspetos mais relevantes do regime de execução do ato administrativo segundo o novo CPA.

142. Princípios gerais da execução

São fundamentalmente seis os princípios a que a Constituição ou a lei submetem a execução dos atos administrativos impositivos de deveres ou encargos que não sejam voluntariamente cumpridos pelos respetivos destinatários. Enunciemo-los um por um.

O primeiro é o *princípio da legalidade da execução.* Quer isto dizer que – ressalvados (i) os casos de *medidas policiais de coação direta* dirigidas à execução de obrigações diretamente decorrentes do quadro normativo aplicável (CPA, art. 175.º, n.º 2, e início do n.º 1 do art. 176.º); e (ii) as

publicação (cfr. os artigos 8.º, n.º 2, *in fine*, e 9.º, ambos do referido Decreto-Lei n.º 4/2015). Mas até à data da impressão desta edição (2018) tal diploma não tinha sido publicado...

[814] V. a obra coletiva que coordenámos, *O poder de execução coerciva...*, cit., e em especial, por serem da nossa autoria exclusiva, a Introdução histórica (pp. 13-25) e as Conclusões gerais (pp. 391-425).

situações de urgente necessidade pública devidamente fundamentada (CPA, art. 176.º, n.º 1, *in fine*) –, toda a execução coativa por via administrativa terá de ser feita com base em *habilitação legal específica* e *pelas formas* e *nos termos* por ela previstos (CPA, art. 176.º, n.º 1). Com o novo CPA o privilégio da execução prévia deixará de constituir, entre nós, uma caraterística geral de todos os atos administrativos executórios – pelo que a Administração não estará dispensada de encontrar uma norma habilitadora específica sempre que tenha de executar determinado ato impositivo incumprido pelo respetivo destinatário. Acresce que a execução de cada ato administrativo apenas poderá ter lugar pelas *formas* e nos *termos* previstos na lei habilitadora.

À semelhança do que acontecia na vigência do CPA de 1991, designadamente dos respetivos artigos 149.º, n.º 3, e 155.º, a execução coerciva de obrigações pecuniárias é sempre possível nos termos do *processo de execução fiscal*: quando, por força de um ato administrativo, devam ser pagas prestações pecuniárias a uma pessoa coletiva pública, ou por ordem desta, segue-se, na falta de pagamento voluntário no prazo fixado, o processo de execução fiscal, tal como regulado na legislação do processo tributário (CPA, arts. 176.º, n.º 2, e 179.º).

O segundo é o *princípio do ato administrativo prévio* (*nulla executio sine titulo*): a Administração não pode realizar operações materiais e executivas, designadamente se implicarem o uso da força, sem ser com base num ato administrativo anterior – o ato administrativo exequendo – que as legitime (CPA, art. 177.º, n.º 1).

O terceiro é o *princípio da procedimentalização da execução*: salvo em estado de necessidade, a execução segue um procedimento próprio e autónomo, que se inicia com a emissão de uma decisão devidamente fundamentada de proceder à execução administrativa, na qual o órgão competente determina o conteúdo e os termos da execução (CPA, art. 177.º, n.º 2).

O quarto princípio é o da *subsidiariedade* da execução administrativa: a Administração apenas deve impor as suas decisões pela força, uma vez esgotada a possibilidade de as mesmas serem voluntariamente cumpridas pelos respetivos destinatários. Por isso, a decisão de proceder à execução é notificada ao destinatário, com a cominação de um prazo razoável para o cumprimento da obrigação exequenda (CPA, art. 177.º, n.º 3).

O quinto é o *princípio da proporcionalidade*: na execução coativa dos atos administrativos devem, na medida do possível, ser utilizados os meios que, garantindo a realização integral dos seus objetivos, envolvam um prejuízo menor para os direitos e interesses dos particulares (CPA, art. 178.º, n.º 1).

O sexto princípio é o da *humanidade da execução* – indicado expressamente no n.º 2 do artigo 178.º do CPA, e que já vem do código de 1991. De harmonia com ele, a Administração, mesmo que tenha a possibilidade de utilizar a força contra os indivíduos, não pode utilizar meios de coação que violem *direitos fundamentais* ou sejam contrários ao *respeito devido à pessoa humana*, como seria por exemplo a tortura, a ameaça de utilização ilegítima de armas de fogo, a sujeição do particular a um tratamento degradante (por ex., a inspeção ao corpo nu de um passageiro antes de poder embarcar num avião), etc., etc.[815]

Falta saber, por ainda não ter sido publicada a anunciada lei da execução coerciva dos atos administrativos, qual o regime-regra que o direito português vai adotar para os casos em que não exista poder de autotutela executiva: será o da execução jurisdicional do ato administrativo, como em Inglaterra, ou o da autorização judicial prévia para a execução por via administrativa, como no Canadá? O segundo é, obviamente, mais célere e eficaz do que o primeiro. (Aponta para o primeiro, infelizmente, o n.º 5 do art. 157.º do novo CPTA, de 2015).

143. Regime da execução

Conhecidos os princípios gerais em matéria de procedimento executivo, vejamos agora as condições legais aplicáveis à execução coativa de um ato administrativo pela Administração Pública, sem intervenção judicial. Elas são fundamentalmente três:

a) A ordem de proceder à execução;
b) A verificação do incumprimento da obrigação exequenda e a aplicação dos meios coercivos;
c) As garantias dos executados[816].

Analisêmo-las.

[815] V. Diogo Freitas do Amaral, *O Regime do Ato Administrativo, loc. cit.*, p. 111.
[816] Adotamos, assim, a terminologia de Paulo Otero, *A execução..., loc. cit.*, p. 219.

a) Como referido, a existência de um ato exequendo é, salvo em estado de necessidade, condição *sine qua non* da legalidade de todo o ato ou operação material de execução de que resulte limitação de quaisquer posições jurídicas subjetivas dos particulares (CPA, art. 177.º, n.º 1). O ato administrativo é, assim, um *título executivo* que habilita a Administração a agir[817]. Sem ato administrativo prévio, ou perante casos de nulidade do ato exequendo, não é, pois, juridicamente possível à Administração lançar mão do procedimento administrativo de execução coerciva – se o fizer, estaremos perante uma *via de facto*, contenciosamente impugnável, e contra a qual o particular se pode defender, seja resistindo passivamente, seja recorrendo a qualquer tribunal, comum ou administrativo. Como refere expressamente a lei, a decisão de proceder à execução – que é um ato jurídico de execução –, adotada na ausência de um ato administrativo exequendo, é nula (cfr. CPA, art. 177.º, n.º 3, alínea *a*)).

Porém, salvo em estado de necessidade, os procedimentos de execução têm sempre início com a emissão de uma decisão de proceder à execução. Esta corresponde a um ato administrativo autónomo relativamente ao ato exequendo e deve ser devidamente fundamentada. Nela são determinados o conteúdo e os termos da execução, naturalmente em função da obrigação exequenda.

Com efeito, a execução coerciva apenas se poderá efetivar *dentro dos limites do ato exequendo*, devendo considerar-se sem título legítimo toda a execução administrativa que exceda ou modifique os termos do ato exequendo[818]. O ato exequendo fixa, assim, os limites da execução e, para

[817] V. sobre este conceito Antunes Varela, *Manual de Processo Civil, cit.*, pp. 78-79. Sobre a formação histórica e a natureza jurídica do título executivo, cfr., por todos, entre nós, José Alberto dos Reis, *Processo de Execução*, I, 2.ª edição, reimpressão, Coimbra, 1982, p. 68 e ss. Antecipando noções que serão conhecidas no estudo da disciplina de Processo Civil, informe-se aqui, para melhor compreensão da matéria, que do elenco *taxativo* constante dos arts 703.º, n.º 1, e 705.º do nosso Código de Processo Civil é possível recortar duas grandes modalidades de títulos executivos: por um lado, os títulos executivos *judiciais* (de que constitui espécie única a categoria das *sentenças condenatórias* – cfr. al. *a*) do art. 703.º, n.º 1); por outro, os títulos executivos *extrajudiciais* (espécie a que correspondem os restantes documentos referidos nas demais alíneas do art. 703.º e, bem assim, em legislação especial). Enquanto as sentenças de condenação pressupõem a prévia existência de um processo de declaração, os restantes títulos caraterizam-se precisamente pelo facto de servirem de fundamento à execução sem precedência de processo declaratório.

[818] V. Paulo Otero, *A execução..., loc. cit.*, p. 220.

ser executado, tem de ser um ato eficaz, ou seja, um ato que produza efetiva e atualmente efeitos jurídicos. Como dizia Otto Mayer, a execução deve estar «em linha direta de continuação» do ato executado. Portanto, se os atos de execução forem praticados a descoberto de qualquer ato exequendo prévio, ou excedendo os seus limites, poderão ser objeto de impugnação administrativa e contenciosa.

Claro está que o ato exequendo deve definir rigorosamente a obrigação ou obrigações a cumprir pelo destinatário. Como diz Carla Amado Gomes, «só se pode dar início à fase executiva quando a Administração for titular de um crédito a uma prestação certa e exigível junto do particular»[819]. Note-se, no entanto, que a certeza dessa obrigação pode eventualmente resultar de sucessivas concretizações aclaradoras posteriores da decisão exequenda. «É preciso então – como diz a mesma A. – distinguir as situações com algum cuidado: uma coisa são os verdadeiros atos de execução, aqueles que contribuem para que a decisão obtenha concretização efetiva, outra coisa são atos revogatórios da decisão, que se substituem a ela, completando-a»[820].

Se o ato de execução for ele próprio diretamente desconforme com o regime legal instituído para os atos da sua espécie, passa a ser também administrativa e contenciosamente impugnável; diversamente, se a ilegalidade do ato ou operação de execução derivar de alguma ilegalidade que já afetasse o ato exequendo, é este que deve ser impugnado, não podendo sê-lo autonomamente o ato de execução (v. *infra*, a alínea *c*)).

Mas, como referido, para que possa ter lugar a execução coerciva de um ato administrativo, é ainda necessária uma autónoma decisão de a ela proceder (CPA, art. 177.º, n.º 2). Sendo embora condição *necessária* da legalidade do procedimento executivo, o ato administrativo exequendo não é, pois uma condição *suficiente* da mesma: a ele acrescerá ainda a *decisão de proceder à execução*.

Desta decisão devem constar, além da fundamentação da decisão de proceder à execução, a indicação do conteúdo e dos termos da execução e a cominação de um prazo razoável para o cumprimento da obrigação exequenda, findo o qual a Administração executará coercivamente aquele ato exequendo através de meios especificamente determinados

[819] Carla Amado Gomes, *Contributo...*, p. 128.

[820] *Idem, idem.*

(CPA, art. 177.º, n.os 2 e 3))[821]. É, pois, na *ordem de execução* que se indicam quais as diligências em que se traduzirá a execução e, em concretização do princípio da subsidiariedade da execução, o último prazo que o particular tem para a evitar[822].

Como tem sublinhado a doutrina, a decisão de proceder à execução exprime formalmente a autonomia legal do procedimento de execução do ato administrativo, em relação ao procedimento da sua formação e manifestação: praticado o ato administrativo, só se inicia o procedimento executivo com a decisão de proceder ao mesmo – que deve anteceder o início da execução administrativa[823]. Naturalmente que a decisão de proceder à execução tem de ser notificada ao destinatário, podendo tal notificação ser feita conjuntamente com a notificação do ato administrativo exequendo (CPA, art. 177.º, n.os 3 e 4). Conforme escrevem Esteves de Oliveira e outros, esta decisão passa a ser o ato central do procedimento executivo: os atos materiais e jurídicos da execução administrativa, se o procedimento administrativo não foi notificado, são ilegais por vício do respetivo procedimento, que o destinatário pode invocar (autonomamente) contra eles[824].

A notificação da decisão em causa prossegue um duplo objetivo.

Por um lado, e desde logo, a economia de meios administrativos: «se for possível minorar a despesa da Administração, levando o particular a cumprir voluntariamente, deve esgotar-se essa via. Porque mesmo ficando todos os gastos da execução – e outros que não derivem diretamente dela, mas que constituam prejuízo – a cargo do particular, é a Administração que avança com o capital»[825].

Por outro lado, visa-se permitir ao particular «a possibilidade de desencadear mecanismos passíveis de obstar à execução administrativa»[826]. Por outras palavras, a notificação prévia da decisão de proceder à execução de um ato administrativo «exerce uma função instrumental rela-

[821] V. Carla Amado Gomes, *Contributo...*, p. 120.

[822] Assim, Carla Amado Gomes, *Contributo...*, p. 131. V. também, da mesma Autora, «Era uma vez... uma execução coerciva: o caso *Société Immobilière de Saint Just* revisitado», *in CJA*, n.º 15, maio-junho de 1999, p. 11.

[823] Assim, Esteves de Oliveira / Pedro Gonçalves / Pacheco de Amorim, *Código...*, p. 727. V. também Rui Machete, *A execução do ato administrativo, loc. cit.*, p. 77.

[824] Assim, Esteves de Oliveira / Pedro Gonçalves / Pacheco de Amorim, *Código...*, p. 728.

[825] V. Carla Amado Gomes, *Contributo...*, p. 116.

[826] V. Paulo Otero, *A execução..., loc. cit.*, p. 226.

tivamente à utilização do pedido de suspensão jurisdicional da eficácia do ato exequendo, facto este tanto mais importante quanto se encontra vedada a utilização de quaisquer outros embargos administrativos ou judiciais à execução coerciva do ato administrativo»[827]. Efetivamente, ao contrário do que sucede no direito processual civil, não se admite que o executado se oponha à execução por meio da *dedução de embargos*, o que tradicionalmente se justifica pelo reconhecimento da superioridade do interesse público cuja realização se visa executar. O interessado em sustar a execução do ato administrativo deve, pois, fazê-lo através da impugnação da sua legalidade e do pedido de *suspensão da sua eficácia* (v. *infra* a alínea *c*)).

b) Uma vez decorrido o prazo para o cumprimento da obrigação exequenda indicado na ordem de proceder à execução, cumpre à Administração verificar se o executado cumpriu ou não tal obrigação e, em caso negativo, determinar a aplicação dos meios coercivos em conformidade com o estatuído na citada ordem. Aquela verificação e a determinação de aplicação dos meios coercivos constituem, em princípio, e tal como a ordem de proceder à execução, atos administrativos praticados no âmbito do procedimento de execução; a aplicação dos meios coercivos, em si mesma, traduz-se numa ou mais operações de execução.

c) O cumprimento das regras do procedimento administrativo de execução de atos administrativos é tutelado por um regime de garantias dos executados. Assim:

– A decisão de proceder à execução administrativa ou outros atos administrativos praticados no âmbito do procedimento de execução podem ser impugnados administrativa e contenciosamente por *vícios próprios* (não por vícios derivados do ato exequendo); do mesmo modo, pode ser requerida a suspensão contenciosa dos seus efeitos (CPA, art. 182.º, n.º 1);

– Os executados podem propor ações administrativas comuns e requerer providências cautelares para prevenir a adoção de operações materiais de execução ou promover a remoção das respetivas conse-

[827] V. Paulo Otero, *A execução...*, *loc. cit.*, p. 227.

quências, quando tais operações sejam ilegais, por serem adotadas (CPA, art. 182.º, n.º 3):

a) Em cumprimento de decisão nula de proceder à execução, por violação do disposto no n.º 1 do artigo 177.º;
b) Sem que tenha sido emitida e/ou notificada ao executado a decisão de proceder à execução;
c) Em desconformidade com o conteúdo e termos determinados na decisão de proceder à execução ou com os princípios da proporcionalidade e da humanidade consagrados no artigo 178.º

144. Fins e formas da execução

De acordo com o artigo 175.º, n.º 1, do CPA, a execução de um ato administrativo pode ter um de três fins:

a) O pagamento de quantia certa;
b) A entrega de coisa certa;
c) A prestação de um facto, ou o respeito por ações ou omissões em cumprimento de limitações impostas por atos administrativos.

Estabelece assim o CPA os fins ou resultados que a execução pode visar, em termos semelhantes aos do Código de Processo Civil[828], isto é, em função da natureza das obrigações criadas. Se o ato criou uma obrigação de *dare*, a execução terá por fim o pagamento de uma quantia certa ou a entrega de coisa certa; se criou uma obrigação de *facere*, *non facere* ou *pati* (tolerar, deixar fazer), a execução visa a prestação de um fato, fungível ou infungível[829-830]. Coisa diversa são as modalidades ou meios de execução, de que o órgão se pode servir para chegar àqueles fins, aos quais se referem os artigos 179.º a 181.º do CPA[831]. Vejamo-los de seguida.

[828] V. Código de Processo Civil, art. 712.º e ss.
[829] V. Esteves de Oliveira / Pedro Gonçalves / Pacheco de Amorim, *Código...*, p. 727.
[830] Sobre os vários tipos de prestações debitórias, cfr. M. J. Almeida Costa, *Direito das Obrigações*, p. 603 e ss.
[831] V. Esteves de Oliveira / Pedro Gonçalves / Pacheco de Amorim, *Código...*, p. 733.

145. *Idem*: a) Execução para pagamento de quantia certa

«Quando, por força de um ato administrativo, devam ser pagas prestações pecuniárias a uma pessoa coletiva pública, ou por ordem desta, segue-se, na falta de pagamento voluntário no prazo fixado, o processo de execução fiscal, tal como regulado na legislação do processo tributário» (art. 179.º, n.º 1, do CPA; solução que já vem do Código de 1991).

A lei portuguesa (ao contrário da lei espanhola, por ex.) não autoriza a execução forçada por *via administrativa* de um ato que, por exemplo, fixa um imposto, uma taxa ou uma coima. Em tais casos, o único caminho a seguir é o da *via judicial*, através do *processo de execução fiscal* nos tribunais tributários, nos termos da lei tributária[832]. Trata-se da solução tradicionalmente consagrada entre nós, e que corresponde a uma relevante *exceção ao privilégio da execução prévia*, estabelecida para manter o princípio da proteção jurisdicional da propriedade privada. De resto, como notava Afonso Queiró, «a possibilidade de atos administrativos (...) serem coativamente executados pela via judicial e não, como seria normal, pela via administrativa, é tão legítima como a de atos judiciais serem coercivamente executados pela via administrativa, por agentes ou autoridades administrativas»[833].

Nos termos do n.º 2 do artigo 179.º do CPA, «para efeitos do disposto no número anterior, o órgão competente emite, nos termos legais, uma certidão com valor de título executivo, que remete ao competente serviço da Administração tributária, juntamente com o processo administrativo». É assim hoje perfeitamente claro que é aos tribunais fiscais que cabe supervisionar o processo de execução fiscal coerciva, baseando-se em certidão – com valor de título executivo – a emitir pela autoridade administrativa credora, que ficará na posse da repartição de Finanças do domicílio ou sede do devedor[834]. Não se trata, como nunca se tratou, pois, de alargar imponderadamente a competência para proceder a execuções para pagamento de quantia certa, mas, diferentemente, de determinar

[832] Quanto à questão de saber se o preceito se aplica às dívidas de pessoas coletivas privadas que por lei exerçam a função administrativa, cfr. Esteves de Oliveira / Pedro Gonçalves / Pacheco de Amorim, *Código...*, p. 735; e Carla Amado Gomes, *Contributo...*, p. 135.

[833] V. Afonso Queiró, *Coacção administrativa*, *loc. cit.*, p. 444.

[834] *Contributo...*, p. 133.

que sejam feitas seguindo a mesma via e sob direção da mesma autoridade que é por lei competente para a execução por dívidas fiscais[835].

Quer dizer: as dívidas públicas, em dinheiro, dos particulares perante entidades públicas, não são suscetíveis de *execução coerciva administrativa*, mas devem seguir o processo (judicial) das execuções fiscais (das dívidas de imposto).

146. *Idem*: b) Execução para entrega de coisa certa

Se o particular não fizer a entrega da coisa devida à Administração (*v. g.*, por requisição de um automóvel ou de um terreno particular ditada por motivo de interesse público), poderá esta proceder às diligências que sejam necessárias para tomar *posse administrativa dela* (CPA, art. 180.º).

Que significa, porém, tomar posse administrativa de um bem[836]?

Tomar posse administrativa de um bem significa poder a Administração investir-se no seu *corpus* com *animus possidendi*, em virtude de simples declaração do seu *direito* a essa posse, podendo usar a força pública, se necessário, para o efeito de se assenhorear dela e de a manter[837].

147. *Idem*: c) Execução para prestação de facto ou designada à obtenção do respeito por ações ou omissões impostas por atos administrativos

Importa discriminar aqui várias situações, conforme a execução administrativa vise obter a prestação de um facto *positivo* (fazer, entregar, atuar) ou negativo (não fazer) e, em qualquer dessas hipóteses, distinguir se o facto devido pelo particular é fungível (*i. e.*, pode ser praticado

[835] Freitas do Amaral *et alli*, *Código do Procedimento Administrativo Anotado*, p. 273.

[836] Recorde-se que, nos termos do art. 1251.º do Código Civil, «posse é o poder que se manifesta quando alguém atua por forma correspondente ao exercício do direito de propriedade ou de outro direito real». Para a doutrina tradicional, da conjugação deste preceito com o art. 1253.º do mesmo diploma resulta que são dois os elementos do conceito legal de posse: o *corpus* – poder de facto sobre a coisa – e o *animus* – intenção subjetiva de agir em relação a ela como titular de um direito real de gozo. V., por exemplo, Pires de Lima e Antunes Varela, *Código Civil Anotado*, III, Coimbra, 1987, p. 5.

[837] V. Esteves de Oliveira / Pedro Gonçalves / Pacheco de Amorim, *Código...*, p. 738.

por outra pessoa, em substituição do devedor), ou é *infungível* (não pode ser praticado por ninguém a não ser o devedor).

a) Se o particular não realizar a prestação de facto *positivo* a que se encontra obrigado dentro do prazo que lhe for fixado por notificação administrativa – o qual, não devendo ser «meramente retórico», não tem de ser longo, «como se o particular estivesse, pela primeira vez, a tomar conhecimento do dever»[838] –, há a distinguir duas sub-hipóteses:

- Se se tratar de *facto positivo fungível* (que tanto pode ser realizado pelo particular como por um terceiro, sem prejuízo para a Administração), pode a Administração optar entre a execução direta pelos seus próprios meios e a execução por terceiro por si contratado para o efeito, ficando em qualquer dos casos as despesas a cargo do particular faltoso (CPA, art. 181.º) – é aquilo a que se chama *execução sub-rogatória*. Constitui exemplo desta situação o levantamento de um tapume ou a demolição de uma construção;
- Se, inversamente, se tratar de *facto positivo infungível* (isto é, um facto que tem necessariamente de ser praticado pelo particular em causa), poderá a Administração utilizar a coação direta sobre o obrigado. Note-se porém que esta coação sobre o obrigado só pode ter lugar nos casos expressamente previstos na lei, e sempre com observância dos direitos fundamentais consagrados na Constituição e do respeito devido à pessoa humana» (CPA, arts. 176.º, n.º 1, e 178.º, n.º 2).

Carla Amado Gomes considera que a utilização de coação física sobre os indivíduos para realizar uma prestação de facto infungível, mesmo que expressamente autorizada por lei, é inconstitucional. Diz a A. que «a vontade de realizar ativamente determinada atividade, por mais relevante para a salvaguarda ou realização do interesse público que possa ser, não pode ser forçada. A livre determinação do indivíduo faz parte do núcleo essencial do direito à integridade, física e psíquica (art. 25.º, n.º 1, da CRP), do que resulta que a previsão legal da possibilidade de execução coerciva de prestação positiva infungível é materialmente inconstitucional e suscetível de gerar uma atitude de legítima resistência ativa por parte

[838] V. Carla Amado Gomes, *Contributo...*, p. 141.

do particular obrigado (art. 21.º da CRP)»[839]. Salvo o devido respeito, a alegação não nos convence. Ponderemos os seguintes exemplos: o afastamento compulsivo de um particular que se recusa a sair de certo lugar por si ocupado numa aula, numa biblioteca pública ou no leito de uma barragem; a colocação de um estrangeiro na fronteira; a abertura de malas, sacos ou pastas, para inspeção, no controlo do embarque de passageiros em transportes aéreos, no novo quadro legal da luta antiterrorista[840]. As prestações referidas nos exemplos figurados são prestações de facto positivo e não meras meras prestações de *pati*. Os destinatários dos atos estão vinculados administrativamente a desenvolver determinada atividade física – deslocar-se, deixarem-se conduzir para outro local, abrir malas ou outros objetos fechados – e não pura e simplesmente a tolerar uma atuação alheia. Em geral, nas operações de polícia levadas a cabo para manter a ordem pública, os agentes da autoridade têm de usar a força pública para separar os contendores ou para evitar que os manifestantes ilegalmente bloqueiem espaços de livre comunicação. Por outro lado, temos também reservas quanto a aceitar que no exemplo referido pela A. – prestação compulsória de serviço militar – se esteja perante uma violação dos referidos direitos fundamentais. Em situação de guerra, por exemplo, será correto dizer-se que o interesse público da defesa nacional na prestação de serviço militar se subordina ao direito à integridade física e psíquica? Então, e o dever constitucional de defesa da Pátria (CRP, art. 276.º, n.º 1)?

b) Por sua vez, se o particular não realizar a prestação de facto *negativo* a que se encontra obrigado, é também necessário destrinçar consoante se esteja perante facto fungível ou infungível.

No primeiro caso (situação removível), os termos da execução são os da execução para prestação de facto positivo. Imagine-se o caso de um particular, a quem a Administração proibira o prosseguimento de determinada obra, ter persistido na sua realização: tanto a Administração como um terceiro, contratado por esta a expensas do obrigado, podem desfazer por si, em execução sub-rogatória, o que o particular não devia ter feito, e este é que terá de pagar a conta.

No segundo caso (situação irremovível), a execução pode ser eventualmente impossível: imagine-se o caso de um particular, administrativamente obrigado a não revelar determinado segredo (*v. g.*, uma

[839] *Contributo...*, p. 151.

[840] V. Rogério Soares, *Direito Administrativo*, p. 217.

fórmula química utilizável para o fabrico de armamento bélico), proceder a essa revelação. Ninguém pode suprimir o facto da revelação do segredo, voltando ao *statu quo ante*. Quando muito poderá haver lugar a algum tipo de sanção. Mas também pode acontecer – e acontece – que, na execução de prestação de facto negativo, a Administração possa e deva fazer cessar pela força o incumprimento (ativo) das obrigações correspondentes.

c) Finalmente, se o particular não cumprir uma obrigação infungível de *pati* – *v. g.*, submeter-se a determinada vacina ou outro tipo de tratamento médico por ser portador de doença que acarreta graves riscos para a saúde pública –, pode a obrigação ser coativamente imposta – desde que tal se encontre previsto em lei específica –, embora aí se devam respeitar importantes limites constitucionais, designadamente o princípio da proporcionalidade em matéria de restrições aos direitos fundamentais (art. 18.º, n.º 2, da Constituição). Conforme sublinha Carla Amado Gomes, a «necessidade de sujeição do indivíduo e a adequação da medida ao fim de interesse público a salvaguardar são exigências decorrentes do princípio da proporcionalidade que a Administração deverá verificar. Tendo-se certificado da observância destas condições, há de ainda ponderar da justificação da restrição imposta em função do valor de interesse público a salvaguardar»[841].

Aplicam-se aqui, *de pleno*, os limites traçados a propósito da execução para prestação de facto infungível – a saber: a) expressa previsão legal; b) observância dos direitos fundamentais consagrados na Constituição; c) manutenção, durante toda a execução, do «respeito devido à pessoa humana».

Como se vê, o humanismo inerente ao Estado de Direito Democrático encontra uma das suas mais importantes afirmações no campo do Direito Administrativo, conforme dissemos em edições anteriores deste *Curso*.

[841] *Contributo...*, p. 150.

§ 4.º
O Contrato Administrativo

I
CONCEITO E CLASSIFICAÇÕES

148. Preliminares

Uma forma de atuação administrativa que tem vindo a adquirir uma importância crescente é o contrato administrativo[842]. Com efeito, é cada

[842] Ver, entre nós, na literatura anterior ao 1.º Código dos Contratos Públicos («CCP»), Melo Machado, *Teoria Jurídica do Contrato Administrativo*, Coimbra, 1937; Marcello Caetano, *Manual*, I, p. 569 e ss.; Freitas do Amaral, *A Utilização do Domínio Público pelos Particulares*, Lisboa, 1965, pp. 183-192; *idem*, «Apreciação da dissertação de doutoramento do Lic. J. M. Sérvulo Correia: «Legalidade e Autonomia Contratual nos Contratos Administrativos», *in RFDL*, ano XXIX, 1988, p. 161 e ss.; Sérvulo Correia, *Legalidade e Autonomia Contratual nos Contratos Administrativos*, Coimbra, 1987; J. Casalta Nabais, *Contratos Fiscais (Reflexões acerca da admissibilidade)*, Coimbra, 1994, pp. 9-84; Maria João Estorninho, *Requiem pelo Contrato administrativo*, Coimbra, 1990; *idem*, *Direito Europeu aos Contratos Públicos, Um Olhar Português*, Almedina, Coimbra, 2006; Luís Fábrica, *Contrato Administrativo*, § 7.º do estudo coletivo (coord. Fausto de Quadros) «Procedimento Administrativo» *in DJAP*, VI, p. 524 e ss.; Barbosa de Melo e Alves Correia, *Contrato Administrativo*, Coimbra, 1984; Freitas do Amaral *et alli*, *Código do Procedimento Administrativo Anotado*, sub artigos 178.º e ss.; Esteves de Oliveira e Pedro Gonçalves

vez mais frequente que a Administração Pública, para prosseguir os fins de interesse público que a lei põe a seu cargo, procure a colaboração dos particulares, acordando com estes os termos em que tal interesse é prosseguido. Por outro lado, a complexificação da própria Administração justifica ou impõe formas de coordenação interadministrativa. Nos termos da lei, a utilização do contrato administrativo nem sequer carece, hoje, de habilitação específica: «na prossecução das suas atribuições ou dos seus fins, os órgãos da Administração Pública podem celebrar quaisquer contratos administrativos, salvo se outra coisa resultar da lei ou da natureza das relações a estabelecer» (artigo 278.º do Código dos Contratos Públicos de 2008, adiante designado abreviadamente por «1.º CCP»; e, no mesmo sentido, o art. 200.º, n.º 3, do CPA).

/ Pacheco de Amorim, *Código do Procedimento Administrativo*, subartigos 178.º e ss.; Pedro Gonçalves, *O Contrato Administrativo (Uma instituição do direito administrativo do nosso tempo)*, Almedina, Coimbra, 2003; Cláudia Viana, *Os Princípios Comunitários na Contratação Pública*, Coimbra Editora, 2007; José Carlos Vieira de Andrade, «A propósito do regime do contrato administrativo no "Código dos Contratos Públicos"», *Estudos Comemorativos dos 10 Anos da Faculdade de Direito da Universidade Nova de Lisboa*, volume I, Almedina, 2008, pp. 339-363.
Depois da publicação do 1.º CCP, de 2008, v., em geral, sobre a matéria da contratação pública e dos contratos administrativos, Gonçalo Guerra Tavares e Nuno Monteiro Dente, *Código dos Contratos Públicos – Âmbito da sua aplicação*, Coimbra, Almedina, 2008; *idem*, *Código dos Contratos Públicos*, volume I, *Regime da Contratação Pública – Comentado*, Almedina, Coimbra, 2009; Jorge Andrade da Silva, *Código dos Contratos Públicos anotado e comentado*, 5.ª ed., Coimbra, 2015; Isabel Celeste M. Fonseca, *Direito da Contratação Pública, Uma Introdução em Dez Aulas*, Almedina, Coimbra, 2009; Marcelo Rebelo de Sousa e André Salgado de Matos, *Direito Administrativo Geral*, t. III, 2.ª ed., Dom Quixote, Lisboa, 2009, pp. 274-434; AA. VV., *Estudos de Contratação Pública*, vols. I (2009), II e III (2010) e IV (2013); Pedro Gonçalves (org.), Coimbra Editora, Coimbra; Miguel Assis Raimundo, *A Formação dos contratos públicos*, Lisboa, 2012, J. C. Vieira de Andrade, *Lições de Direito Administrativo*, 4.ª ed., Coimbra, 2015, p. 253 e ss.; Alexandra Leitão, *Lições de Direito dos Contratos Públicos*, Lisboa, AAFDL, 2014; Lourenço Vilhena de Freitas, *Direito dos Contratos Públicos e Administrativos*, Lisboa, AAFDL, 2014; e Mário Aroso de Almeida, *Teoria Geral do Direito Administrativo: temas nucleares*, Coimbra, 2015, p. 407 e ss.
Sobre o 2.º CCP, de 2017, ver Fernanda Paula Oliveira e José Eduardo Figueiredo Dias, *Noções Fundamentais de Direito Administrativo*, 5.ª ed., Coimbra, 2017, p. 283 e ss.; José Carlos Vieira de Andrade, *Lições de Direito Administrativo*, 5.ª ed., Coimbra, 2017, p. 249 e ss.; AA. VV., *Comentários à Revisão do Código dos Contratos Públicos*, coordenação de Carla Amado Gomes, Ricardo Pedro, Tiago Serrão e Marco Caldeira, Lisboa, AAFDL, 2017; Pedro Costa Gonçalves, *Direito dos Contratos Públicos*, vol. I, 2.ª ed., Coimbra, 2018.
Cfr., ainda, a *Revista de Contratos Públicos*, editada pelo Cedipre (Coimbra) desde 2011, presentemente já com 15 números publicados.

Assim, por exemplo, quando a Administração precisa de executar obras, em vez de o fazer diretamente, contrata com um empreiteiro os termos e as condições em que a obra vai ser executada; do mesmo modo, quando esteja em causa a aquisição de materiais necessários ao funcionamento da própria Administração, esta celebra contratos de fornecimento com privados (por exemplo, medicamentos para hospitais ou material escolar para estabelecimentos de ensino público); noutros casos, o Estado e as demais entidades públicas cooperam entre si com vista ao desempenho das respetivas atribuições, assinando para o efeito protocolos ou convenções.

A utilização, no plano do direito interno[843], da via contratual pela Administração Pública pode traduzir-se no uso de dois tipos diferentes de contratos, conforme é hoje expressamente confirmado pelo art. 200.º, n.º 1, do CPA: se a Administração está a exercer atividades de *gestão privada*, lançará mão de um contrato civil, de trabalho ou comercial, constituindo relações jurídicas de direito privado; se, pelo contrário, se encontra a prosseguir atividades de *gestão pública*, lançará mão, por norma, do contrato administrativo, constituindo relações jurídicas administrativas. Significa isto que «contrato administrativo não é sinónimo de *qualquer contrato celebrado pela Administração Pública* com outrem: só é contrato administrativo o contrato que tiver um regime jurídico traçado pelo Direito Administrativo (cfr. os arts. 1.º, 279.º e 280.º, n.º 1, do 2.º CCP).

Antes da entrada em vigor do 1.º CCP, alguma doutrina defendia que a contraposição entre contrato administrativo e contrato de direito privado da Administração deveria ser ultrapassada, por influência do Direito europeu[844]: para tanto, impunha-se a uniformização do regime jurídico aplicável aos contratos da Administração Pública. Por outro lado, a questão de saber quais os contratos celebrados pela Administração submetidos à jurisdição dos tribunais administrativos[845] deveria

[843] Quanto ao regime dos contratos internacionais celebrados pela Administração, v., entre nós, por todos, Luís de Lima Pinheiro, «O problema do direito aplicável aos contratos internacionais celebrados pela Administração Pública», *in Direito e Justiça*, vol. XIII, 1999, tomo 2, p. 29 e ss.; Cláudia Viana, «A globalização da contratação pública e o quadro jurídico internacional», *in Estudos de Contratação Pública*, I, pp. 23-49.

[844] V. Maria João Estorninho, *Direito Europeu dos Contratos Públicos*, p. 286 e ss.

[845] Nesse sentido, v. Maria João Estorninho, *Direito Europeu dos Contratos Públicos*, pp. 261-274.

ser resolvida no sentido da atribuição de competência a estes tribunais para apreciarem e decidirem todos os litígios relativos aos contratos de que a Administração fosse parte.

Na Reforma do Contencioso Administrativo de 2002-2004[846] foi decidido submeter os litígios sobre interpretação, execução e validade da generalidade dos contratos celebrados pela Administração à jurisdição administrativa, independentemente de se tratar de contratos administrativos ou de contratos de direito privado da Administração. Com efeito, o artigo 4.º, n.º 1, alínea *e*), do ETAF de 2002[847], conferiu à jurisdição administrativa o poder de apreciar questões relativas à validade de atos pré-contratuais e à interpretação, validade e execução de contratos a respeito dos quais haja lei específica que os submeta, ou que admita que sejam submetidos, a um *procedimento pré-contratual* regulado por normas de direito público[848]; o legislador de 2015, por seu turno, fundiu as alíneas *e*) e *f*) numa única al. *e*), que atribui à jurisdição administrativa a competência para apreciar as questões relativas à interpretação, validade e execução de «contratos administrativos ou de quaisquer outros celebrados nos termos da legislação sobre contratação pública (...) por entidades adjudicantes».

Com a aprovação do 1.º CCP pelo Decreto-Lei n.º 18/2008, de 29 de janeiro[849], o regime público dos contratos da Administração veio sofrer algumas alterações.

[846] Sobre esta reforma, v. Diogo Freitas do Amaral e Mário Aroso de Almeida, *Grandes Linhas da Reforma do Contencioso Administrativo*, 3.ª edição, revista e atualizada, Almedina, 2007.

[847] O ETAF, ou Estatuto dos Tribunais Administrativos e Fiscais, foi aprovado pela Lei n.º 13/2002, de 19 de fevereiro (posteriormente alterada pelas Leis n.º 4-A/2003, de 19 de fevereiro, e n.º 107-D/2003, de 31 de dezembro).

[848] Ver a al. *e*) do n.º 1 do art. 4.º do ETAF de 2015.

[849] O Decreto-Lei n.º 18/2008, de 29 de janeiro, foi objeto de retificação pela Declaração de Retificação n.º 18-A/2008, de 28 de março. Seguiu-se a Lei n.º 59/2008, de 11 de setembro, adaptando a redação do art. 4.º do CCP ao novo regime do contrato de trabalho em funções públicas. O Decreto-Lei n.º 223/2009, de 11 de setembro, introduziu uma alteração no diploma preambular ao Código, alterando o artigo 9.º, n.º 1, alargando até 31 de outubro de 2009 o prazo até ao qual as entidades adjudicantes poderão realizar procedimentos de formação de contratos sem recurso a plataformas eletrónicas. O Decreto-Lei n.º 34/2009, de 6 de fevereiro, veio consagrar um regime excecional de contratação pública para certos contratos, operando uma subtração não definitiva de certos contratos do âmbito de aplicação do CCP (v., sobre esta alteração, João Amaral e Almeida e Pedro Fernández Sánchez, *As medidas excecionais de contratação pública para os anos de 2009 e 2010. Breve comentário ao regime excecional de contratação pública aprovado pelo Decreto-Lei n.º 34/2009, de 6 de fevereiro*, Coimbra, Coimbra Editora, 2009). O Decreto-Lei n.º 278/2009, de 2 de outubro, veio introduzir mais alterações ao CCP, tendo procedido à sua republicação (v. Miguel Assis Raimundo, «Alterações ao Código dos Contratos Públicos. O Decreto-Lei n.º 278/2009, de 2 de outubro»,

Se é verdade que o CCP procura adaptar a legislação nacional ao conceito vindo do Direito europeu de «contrato público», mantendo simultaneamente o conceito de «contrato administrativo», não é menos verdade que o puro contrato de direito privado da Administração ficou relegado para um campo residual, nomeadamente quando esteja em causa uma entidade que integre a Administração Pública, mas que não se encontre no exercício da função administrativa[850].

Os CCP têm, na verdade, um duplo objeto.

Em primeiro lugar, versam sobre a matéria da contratação pública, visando adaptar a legislação nacional ao pertinente Direito europeu[851], sendo esse o escopo

in O Direito, ano 141.º, 2009, IV, Almedina, pp. 887-910). A Lei n.º 3/2010, de 27 de abril, veio disciplinar a obrigatoriedade de pagamento de juros de mora pelo Estado no cumprimento de obrigações pecuniárias. Entretanto, através do Decreto-Lei n.º 131/2010, de 14 de dezembro, que visa principalmente transpor a Diretiva n.º 2007/66/CE, do Parlamento Europeu e do Conselho, de 11 de dezembro (a «Diretiva Recursos»), o Governo veio introduzir novas alterações ao CPP, destinadas a conferir maior simplicidade e transparência à utilização de procedimentos pré-contratuais, *v. g.* introdução do mecanismo do anúncio voluntário de transparência, bem como de um regime especial de invalidade consequente de atos procedimentais inválidos, aplicável aos contratos abrangidos pela parte II do CPP. O CCP voltaria a ser novamente alterado, desta feita com maior relevância, no ano de 2012, através do Decreto-Lei n.º 149/2012, de 12 de julho) na sequência do *Memorando de Políticas Económicas e Financeiras* assinado pelo Estado Português com as Instituições que providenciaram assistência ao mesmo no período de 2011-2014. Através do Decreto-Lei n.º 111-B/2017, de 31 de agosto, o legislador procedeu à nona alteração ao CCP e transpôs para o ordenamento jurídico nacional as Diretivas n.os 2014/23/UE, 2014/24/UE e 2014/25/UE, todas do Parlamento Europeu e do Conselho, de 26 de fevereiro de 2014, e a Diretiva n.º 2014/55/UE, do Parlamento Europeu e do Conselho, de 16 de abril de 2014. O Decreto-Lei n.º 111-B/2017 introduziu, assim, uma reforma significativa ao CCP, compreendendo alterações que, no dizer do próprio legislador, se podem agregar em três grandes grupos: "*(i) alterações decorrentes da transposição das diretivas; (ii) medidas de simplificação, desburocratização e flexibilização; e (iii) medidas de transparência e boa gestão pública*" (cfr. preâmbulo do Decreto-Lei n.º 111-B/2017). O Decreto-Lei n.º 111-B/2017 foi já objeto da Declaração de Retificação n.º 36-A/2017, de 30 de outubro, e da Declaração de Retificação n.º 42/2017, de 30 de novembro.

850 Neste sentido, Marcelo Rebelo de Sousa e André Salgado de Matos, *op. cit.*, pp. 40-41; Vieira de Andrade, «A propósito do regime do contrato administrativo no Código dos Contratos Públicos», *in Estudos Comemorativos dos 10 Anos da Faculdade de Direito da Universidade Nova de Lisboa*, Volume I, 2007, Almedina, pp. 10-11.

851 Na versão originária do 1.º CCP, começou por ser a Diretiva 2004/18/CE, relativa à coordenação dos processos de adjudicação dos contratos de empreitada de obras públicas, dos contratos públicos de fornecimento e dos contratos públicos de serviços, e a Diretiva 2004/17/CE, relativa à coordenação dos processos de adjudicação de contratos nos setores da água, da energia, dos transportes e dos serviços postais (os chamados *setores especiais*). Para uma evolução do Direito Comunitário da Contratação Pública, explicando o processo

da respetiva Parte II (arts. 16.º a 277.º). O regime da contratação pública é aplicável à formação dos *contratos públicos*, entendendo-se como tais os que, independentemente da sua designação e natureza, sejam celebrados por certas *entidades adjudicantes* – trata-se, principal mas não exclusivamente, de entidades públicas (cfr. os arts. 1.º, n.º 2, 2.º e 7.º, todos do CCP).

Em segundo lugar, aquele diploma regula na sua Parte III (arts. 278.º a 454.º), e em medida muito mais ampla do que até então, o regime substantivo dos *contratos administrativos*: o acordo de vontades, independentemente da sua forma ou designação, em que pelo menos uma das partes seja um *contraente público*, desde que se integre em determinadas categorias delimitadas em função de certos fatores – os fatores ou critérios de *administratividade* (cfr. os arts. 1.º, n.º 1, 3.º e 280.º, n.º 1, todos do CCP). Assim, a discussão em torno dos critérios de distinção entre contrato administrativo e contrato de direito privado da Administração evoluiu para uma discussão sobre os critérios de administratividade do contrato[852]. Neste domínio sistemático, o Código apresenta um primeiro título referente aos «contratos administrativos em geral» (arts. 278.º a 342.º), e um segundo título sobre «contratos administrativos em especial» (arts. 343.º a 454.º), o qual regula alguns dos principais tipos de contratos administrativos.

Deste modo, da qualificação de um dado contrato como «contrato público» à luz do CCP, nada se pode retirar quanto à natureza jusprivatista ou jusadministrativa do mesmo, pois a aludida qualificação resulta apenas do facto de ser celebrado por uma entidade adjudicante, nomeadamente uma entidade pública. O legislador limitou-se neste particular a transpor o conceito do Direito europeu, que não dis-

que veio a culminar, no ordenamento jurídico nacional, com a entrada em vigor do CCP, v. Maria João Estorninho, *Direito Europeu dos Contratos Públicos*, pp. 21-125 e 339-377, e ainda, da mesma Autora, «A transposição das Diretivas n.os 2004/17/CE e 2004/18/CE, de 31 de março, e a elaboração de um CCP», *CJA*, n.º 58, julho-agosto de 2006, pp. 10-20, bem como Cláudia Viana, *Os Princípios Comunitários na Contratação Pública*, Coimbra Editora, 2007. Entretanto, em 2014, foram aprovadas a Diretiva n.º 2014/23/UE, relativa à adjudicação de contratos de concessão, a Diretiva n.º 2014/24/UE, relativa aos contratos públicos e que revogou a Diretiva n.º 2004/18/CE, e a Diretiva n.º 2014/25/UE, relativa aos contratos públicos celebrados pelas entidades que operam nos setores da água, da energia, dos transportes e dos serviços postais e que revogou a Diretiva n.º 2004/17/CE. Conforme já assinalado, as referidas Diretivas de 2014, bem como a Diretiva n.º 2014/55/UE, relativa à faturação eletrónica nos contratos públicos, foram objeto de transposição para o ordenamento jurídico nacional através do 2.º CCP, aprovado pelo Decreto-Lei n.º 111-B/2017.

[852] V. Rui Medeiros, «Âmbito do novo regime da contratação pública à luz do princípio da concorrência», e João Caupers, «Âmbito de aplicação subjetiva do Código dos Contratos Públicos», *CJA*, n.º 64, julho-agosto de 2007, pp. 9-14.

tingue entre contratos regidos pelo direito privado e contratos regidos pelo direito administrativo.

Aproveitamos, desde já, para tornar clara a distinção concetual que fazemos entre contratos administrativos e contratos públicos:

- São *contratos administrativos* todos os contratos que, à luz do direito administrativo, criem, modifiquem ou extingam relações jurídico-administrativas;
- São *contratos públicos* os contratos celebrados pela Administração Pública («entidades adjudicantes» referidas no CCP) que, sendo regulados pelo direito administrativo ou pelo direito privado, sejam submetidos por lei a um especial procedimento de formação, regulado por normas decorrentes do Direito Europeu.

Do confronto destas duas noções resulta que:

a) Quase todos os contratos administrativos são contratos públicos[853];
b) Nem todos os contratos públicos são contratos administrativos, pois também cabem na noção dada alguns contratos de direito privado celebrados pela Administração Pública[854].

Em resumo, há que saber distinguir três categorias de contratos que interessam ao Direito Administrativo:

1) Contratos administrativos que são contratos públicos;
2) Contratos administrativos que não são contratos públicos;
3) Contratos públicos que não são contratos administrativos, em especial os contratos de direito privado da Administração Pública, não regulados pelo CCP em vigor.

853 Dizemos «quase» porque, para quem como nós admita a existência de contratos administrativos entre sujeitos de direito privado, sem a presença de «entidades adjudicantes», haverá um certo número de contratos administrativos (pelo menos esses) que não se enquadram na categoria dos contratos públicos: v. *infra*, n.º 154, al. *a*).

854 Ver adiante as pertinentes disposições do art. 2.º CCP.

149. Origem histórica e razão de ser do contrato administrativo[855]

O recurso à colaboração contratual de particulares constitui, como lembra Marques Guedes, «um expediente largamente utilizado desde a Antiguidade. A história do Direito romano regista-o como processo de criar receitas para o erário e de confiar a pessoas particulares o desempenho de funções públicas. Esta última utilização tinha a dupla vantagem de libertar a Administração do fardo de uma organização dispendiosa, e de lhe permitir ao mesmo tempo fixar com antecipação o montante dos réditos a receber. Parece não ter sido outro o motivo da multiplicação das *societas publicanorum*, poderosas e florescentes empresas que no período da República e nos primeiros tempos do Império foram as concessionárias da lavra de minas, da cobrança de impostos, da exploração de alfândegas, de portos, de salinas, de estradas, de pontes, de aquedutos, e outras obras públicas»[856].

Depois, no período medieval, a mesma tarefa foi, em alguns países, entregue, por contrato, a particulares (os «*fermiers généraux*», em França); a própria guerra foi, também não raras vezes, executada por empresários de guerra privados (os «*condottieri*», na Itália).

Nos finais do séc. XIX e começos do séc. XX, a necessidade sentida pelos poderes públicos de fazer funcionar os mais importantes serviços de caráter económico – *v. g.*, transportes coletivos urbanos e interurbanos, iluminação pública das cidades –, por um lado; a escassez de capitais daqueles poderes para os assegurarem diretamente, por outro; e finalmente o facto de, do ponto de vista político-económico, dominar o *princípio da não intervenção do Estado na atividade económica* (*laissez-faire, laissez-passer*) fizeram com que se desenvolvesse muito a figura do *contrato de concessão*, por força do qual a construção e a exploração de obras públicas eram transferidas para empresários particulares.

Havia, assim, nos princípios do século, numerosos contratos de concessão (e também de empreitada e de fornecimento) celebrados entre a Administração Pública e empresas privadas, associando estas ao desempenho regular de funções administrativas.

Inicialmente, pensou-se que tais contratos eram *contratos de direito privado*, regulados substantivamente pelo Código Civil, e cujo contencioso pertenceria – como

[855] V. Pedro Gonçalves, *O Contrato Administrativo*, p. 12 e ss.; António Moreira Barbosa de Melo, «A ideia de contrato no centro do universo jurídico-público», *in Estudos de Contratação Pública* – I, pp. 7-21.

[856] V. Marques Guedes, «O Contrato administrativo», *in Estudos de Direito Administrativo*, Lisboa, 1963, pp. 70-71; *idem*, *A Concessão*, I, pp. 27-30; e Pedro Gonçalves, *A Concessão de Serviços Públicos*, pp. 45-46.

o dos contratos celebrados entre particulares – aos tribunais comuns. *Contratos*, porque consistiam num acordo de vontades: por um lado, a do concessionário, que se obrigava a construir uma obra e a explorá-la durante determinado tempo e, por outro, a da Administração concedente, que se comprometia a delegar naquele alguns dos seus poderes sobre o domínio público e a autorizar a cobrança de taxas aos utentes. *Privados*, porque «em face do concessionário, e pelo ato de concessão, a pessoa administrativa demitia-se das suas prerrogativas de direito público e surgia como quem quer que contrata»[857].

Porém, as grandes transformações políticas, económicas e tecnológicas ocorridas na Europa desde meados do século XIX viriam a alterar profundamente este entendimento[858] e a formar «a convicção de que nem todos os contratos que a Administração celebra são da mesma natureza»[859].

Vejamos alguns exemplos.

Em 1902, o Conselho de Estado Francês foi chamado a pronunciar-se sobre o litígio que opunha um município ao seu concessionário de uma rede de iluminação pública a gás: descoberta a eletricidade, a câmara municipal impôs ao concessionário que passasse do sistema de iluminação a gás (que constava do contrato de concessão) ao sistema da iluminação elétrica (não previsto no contrato, mas tornado possível pelo progresso técnico e exigido, desde logo, pela opinião pública). A câmara argumentava que o interesse público exigia o mais moderno sistema de iluminação; o concessionário contrapunha que só estava obrigado pelo contrato a assegurar o serviço público de iluminação a gás. O Conselho de Estado deu razão ao município, proclamando que este tinha o poder de modificar unilateralmente o conteúdo das prestações contratuais do contraente privado, desde que o interesse público assim o exigisse. A doutrina concluiu daí que, não sendo isso possível nos quadros do direito civil, o contrato de concessão não podia mais ser considerado como um *contrato civil*, antes devia passar a ser considerado como um *contrato administrativo* – isto é, como um contrato de natureza diferente e, por isso mesmo, sujeito a um diferente regime jurídico (igualdade das partes nos contratos civis *versus* supremacia da Administração sobre o contraente particular nos contratos administrativos, para garantir a satisfação do interesse coletivo)[860].

[857] V. João Tello de Magalhães Collaço, *Concessões de serviços públicos*, p. 18.

[858] Sobre a génese da categoria do contrato administrativo no direito português, cfr. Sérvulo Correia, *Contrato Administrativo*, pp. 14-24.

[859] V. Marques Guedes, «O Contrato administrativo», *in Estudos de Direito Administrativo*, p. 71.

[860] V. Conseil d'État, *Gaz de Déville-lés-Rouen*, 10.1.1902, *in* Long / Weil / Braibant / Delvolvé / Genevois, *Les grands arrêts de la jurisprudence administrative*, 9.ª ed., 1990, p. 64. Sobre a *querela*

Em 1910, novo caso foi submetido à jurisdição da mais alta instância do contencioso francês: o concessionário de transporte coletivo em «carros elétricos» foi obrigado, pelo município de uma cidade em expansão, a criar novas linhas de tráfego que o contrato não previa. A câmara argumentou que o interesse público exigia a criação das novas linhas; o concessionário contra-argumentou que só estava obrigado a proporcionar as linhas previstas no contrato. O Conselho de Estado deu razão ao município, reafirmando a existência do poder de modificação unilateral do conteúdo das prestações dos contratos administrativos pela Administração Pública[861].

Enfim, em 1916, como consequência da guerra mundial então em curso, o carvão sofreu uma grande subida dos seus preços: logo os concessionários de iluminação a gás alegaram que não podiam prosseguir com a exploração do serviço público continuando a aplicar as tarifas previstas no contrato de concessão. O município argumentava, aqui, ser necessário os concessionários cumprirem à letra o estipulado no contrato, mantendo os preços; os contraentes particulares reclamavam, diferentemente, uma subida dos preços ou um subsídio da Câmara para poderem continuar a cumprir as suas obrigações. O Conselho de Estado desta vez deu razão aos particulares, reconhecendo-lhes o direito de obterem as compensações pretendidas.

A doutrina concluiu que tinha sido feita aplicação de um princípio inexistente no direito civil – o princípio do equilíbrio financeiro do contrato, em caso de modificação do respetivo conteúdo por alteração das circunstâncias[862].

Assim nasceu em França, de onde se espalhou para vários outros países europeus (especialmente, Portugal e Espanha) e também sul-americanos[863], a *teoria dos contratos administrativos*[864], que passou a constituir uma das traves mestras da parte geral do Direito Administrativo nos países onde vigora um sistema de administração executiva, ou de tipo francês.

da iluminação em França, cfr. Laubadère, Moderne e Delvolvé, *Traité des Contrats Administratifs*, I, pp. 713-714; e Augusto de Athayde, *Poderes Unilaterais da Administração sobre o Contrato Administrativo*, Rio de Janeiro, 1981, pp. 13-14.

[861] V. Conseil d'État, *Cie Générale française de tramways*, 21.3.1910, *in* Long / Weil / Braibant / Delvolvé / Genevois, *Les grands arrêts...*, p. 136. V. também a *Revue du Droit Public*, 1910, p. 270.

[862] V. Conseil d'État, *Cie du Gaz de Bordeaux*, 24.3.1917, *in* Long / Weil / Braibant / Delvolvé / Genevois, *Les grands arrêts...*, p. 182. A este propósito, António Menezes Cordeiro, «Contratos Públicos. Subsídios para a dogmática administrativa, com exemplo no princípio do equilíbrio financeiro», *Cadernos O Direito*, n.º 2, 2007.

[863] Quanto ao caso do Brasil, cfr. Celso Bandeira de Mello, *Curso de Direito Administrativo*, pp. 443 e ss. e 449 e ss.

[864] Sobre a formação da teoria do contrato administrativo, cfr., por último, sinteticamente, Laurent Richer, *Droit des Contrats Administratifs*, pp. 18-20.

Os pontos essenciais dessa teoria que se podem enumerar, à luz da origem histórica da figura que deixámos sumariamente traçada, são os seguintes:

- Nem todos os contratos celebrados entre a Administração e os particulares são contratos de direito privado e pertencentes à competência dos tribunais comuns: muitos são contratos de direito público, regulados pelo Direito Administrativo e pertencentes à competência dos tribunais administrativos: são os chamados *contratos administrativos*;
- Elemento essencial do regime jurídico destes contratos administrativos é a possibilidade de o conteúdo das suas prestações ser alterado, durante a execução do contrato, para a satisfação de novas exigências do interesse público;
- O princípio do equilíbrio financeiro do contrato deve ser sempre respeitado, de tal forma que o interesse público não seja satisfeito à custa dos legítimos interesses dos particulares, nem estes possam sobrepor-se à necessária garantia do primeiro.

Mas, uma vez chegados aqui, e verificando o caráter «especial», «singular», ou «exorbitante» do regime do contrato administrativo – exorbitante (entenda-se) em comparação com as regras aplicáveis aos contratos de direito privado –, os autores começaram a colocar um certo número de dúvidas e interrogações.

A primeira delas foi esta: será admissível, do ponto de vista do Direito, conceber a figura do *contrato* no âmbito do *direito público*? Não se tratará de duas noções incompatíveis entre si? Ou, por outras palavras: serão os chamados contratos administrativos verdadeiros contratos?

150. Admissibilidade da figura do contrato no direito público

Alguns autores, sobretudo alemães (Jellinek, Fleiner, Laband, Otto Mayer), entendiam que a figura do contrato era incompatível com o espírito e a essência do direito público: só no direito privado é que seria possível encontrar e construir a figura do contrato[865].

Porquê?

[865] Note-se que esta tese está hoje completamente ultrapassada na Alemanha: a figura do contrato administrativo (ou, *rectius*, do legalmente designado, não sem algumas críticas doutrinais, *contrato jurídico-público*) encontra-se já expressamente autonomizada e regulada, mesmo que em termos genéricos e «fragmentários», nos §§ 54-62 da *Verwaltunsgsverfahrensgesetz* de 1976 (Hartmut Maurer).

Em primeiro lugar, dizia-se que o Estado é soberano e, portanto, não se pode vincular por contrato a um particular.

Em segundo lugar, sustentava-se que o contrato pressupõe a igualdade jurídica entre as partes, e essa igualdade só pode existir no âmbito do direito privado, já que, por definição, no direito público não há igualdade jurídica entre as partes, posto que o Estado não se pode demitir da sua autoridade.

Em terceiro lugar, alegava-se que, quanto muito, pode aceitar-se a existência de uma figura específica do direito público, mas essencialmente diversa do contrato propriamente dito, caraterístico do direito privado. Segundo estes autores, «o contrato de direito público» não seria, afinal, mais do que uma soma de dois atos unilaterais, a saber, um ato administrativo unilateral da Administração, seguido da aceitação do particular, a qual configuraria, por sua vez, um ato jurídico unilateral de direito privado[866].

A isto responderam os partidários da admissibilidade da figura do contrato propriamente dito, do contrato autêntico e genuíno, no âmbito do direito público, pela forma seguinte.

Em primeiro lugar, é preciso não esquecer desde logo que nem toda a Administração Pública é o Estado: efetivamente, ao lado dele, existem outras entidades públicas dotadas de personalidade jurídica própria e que não são soberanas (por ex., as autarquias locais).

Por outro lado, o Estado, quando atua no âmbito do Direito Administrativo, não é o Estado-soberano, mas sim o Estado-Administração. Todavia, ainda que o fosse, não se poderia negar a possibilidade e a legitimidade de o Estado ver a sua soberania limitada, uma vez que, se se nega a limitação da soberania, está a negar-se o próprio fundamento de todo o direito público, e sabemos que há pelo menos dois séculos – desde a Revolução Francesa – que se aceita pacificamente na Europa a ideia de que a soberania do Estado pode e deve ser juridicamente limitada. Como ensinava Marcello Caetano, «quando o Estado entra em relações jurídicas com os cidadãos, isso quer dizer que a autoridade dos órgãos que nelas se representa está sujeita à observância de normas de direito em virtude das quais assume, e se compromete a cumprir, obrigações»[867]. Aliás, e como sabemos já pela teoria dos atos administrativos constitutivos de direitos ou de interesses legalmente protegidos, o Estado pode ficar vinculado perante os particulares por meio de um ato unila-

[866] Ver a exposição destas doutrinas em Marcello Caetano, *Manual*, I, p. 574 e ss.; e Sérvulo Correia, *Contrato Administrativo*, p. 6 e ss.

[867] V. Marcello Caetano, *Manual*, I, pp. 576-577.

teral[868]: ora, se assim é, por maioria de razão se há-de aceitar que o Estado possa vincular-se perante os particulares por ato bilateral, isto é, por contrato.

Doutra parte, há que ponderar que no contrato administrativo o Estado não se demite da sua autoridade, a Administração não se despoja dos poderes de autoridade que tenha de conservar: ela vincula-se perante os particulares nos termos da lei, e desses termos faz parte a manutenção de certos poderes de supremacia da Administração relativamente aos particulares. Quer dizer, o contrato administrativo não é um contrato baseado na estrita igualdade jurídica entre as partes: há aspetos em que a Administração Pública tem poderes de supremacia sobre o contraente particular (*v. g.*, o poder de modificação unilateral do conteúdo das prestações do cocontratante), e há aspetos em que a Administração Pública fica sujeita a restrições especiais, que os particulares, em regra, não têm quando entre si contratam (*v. g.*, o dever de fazer anteceder a celebração do contrato da realização de um complexo procedimento tendente à escolha do cocontratante).

De resto, nem sequer no âmbito do direito civil é hoje em dia verdade que exista sempre, por definição, em todos os contratos, uma perfeita igualdade jurídica entre as partes: basta, por exemplo, referir a figura dos «contratos de adesão», que desmente essa ideia de uma absoluta igualdade jurídica entre os contraentes.

Acresce que, em bom rigor, a igualdade das partes que o contrato pressupõe não é a igualdade de posição das partes (a *aequitas* posicional), mas sim a igualdade reportada diretamente à prestação (a *aequitas* prestacional), de modo que a prestação de uma das partes seja justificação bastante da da outra parte[869]. Noutros termos: para que se possa falar em contrato, exige-se uma igualdade que passa pelo facto de ser justamente o acordo de ambas as partes necessário e indispensável à constituição e à manutenção do contrato – o qual deriva assim a sua existência e o seu poder vinculativo da igualdade (isto é, do igual peso jurídico) entre as partes contratantes[870].

Por fim, entende-se que não é correta a ideia de que o chamado contrato de direito público seja, afinal de contas, não um acordo de vontades, não um ato jurídico bilateral, mas uma soma de dois atos unilaterais: na realidade não é assim.

Na vida jurídico-administrativa há efetivamente casos em que a Administração entra em relação com os particulares através do mecanismo do ato unilateral, seguido de uma aceitação do particular; mas há outros casos em que, diferentemente, a relação jurídica entre a Administração e o particular nasce de um *acordo de vontades*,

[868] V. o novo CPA, arts. 167.º e 168.º

[869] V. Casalta Nabais, *Contratos Fiscais...*, p. 23.

[870] *Idem, idem.*

de um verdadeiro contrato; e, portanto, o que cumpre fazer é distinguir entre as hipóteses em que a relação jurídico-administrativa nasce de um contrato e aquelas outras hipóteses em que ela nasce de um ato unilateral da Administração seguido de um ato unilateral de um particular[871].

Ora, pode concluir-se que, na generalidade dos contratos administrativos, o processo negocial não conduz à prática de um ato unilateral seguido de outro ato unilateral, mas, sim, e diferentemente, à celebração de um acordo de vontades, ou seja, à prática de um único ato bilateral: há portanto contrato, e não outra figura jurídica.

151. Âmbito da figura do contrato administrativo

A importância atual do contrato administrativo decorre, desde logo, do seu âmbito de aplicação, ou seja, da determinação dos tipos contratuais legalmente admissíveis e das condições em que a Administração, para prosseguir as suas atribuições, pode recorrer à via contratual.

É uma questão que se prende não apenas com o conceito de contrato administrativo, mas também com as possibilidades da sua utilização e que foi muito discutida no direito português[872].

Em pouco mais de um século, passou-se de um *sistema de enumeração taxativa* – só são contratos administrativos aqueles que, como tal, sejam qualificados pela lei – para um *sistema de cláusula geral* – são contratos administrativos todos aqueles que correspondam aos fatores de administratividade legalmente previstos.

Acresce que o recurso à via contratual no exercício da função administrativa passou a ser admitido genericamente, mesmo como alternativa à prática de atos administrativos (*contratos administrativos com objeto passível de ato administrativo*) ou à celebração de contratos de direito privado (*contratos administrativos com objeto passível de contrato de direito privado*).

[871] V. sobre este ponto, Marcello Caetano, *Manual*, II, p. 654 e ss.; e Sérvulo Correia, *Legalidade e Autonomia...*, p. 350 e ss.

[872] Sobre a génese da categoria do contrato administrativo no direito português, cfr. Marques Guedes, *O Contrato administrativo*, *loc. cit.*, p. 74 e ss.; e Sérvulo Correia, *Contrato Administrativo*, pp. 14-24. V. uma síntese da evolução histórica verificada no direito português até ao início de vigência do 1.º CCP na 1.ª ed. do presente vol., pp. 509-514.

Nesse sentido, o artigo 278.º do 2.º CCP estatui, à semelhança do que sucede com o artigo 200.º, n.º 3, do CPA, o seguinte:

> «Na prossecução das suas atribuições ou dos seus fins, os contraentes públicos [desde logo, aqueles que sejam entidades públicas] podem celebrar quaisquer contratos administrativos, salvo se outra coisa resultar da lei ou da natureza das relações a estabelecer».

152. Cont.: o conceito legal de contrato administrativo

O contrato administrativo é, assim, um modo de exercício da função administrativa. Compreende-se, por isso, que o respetivo regime jurídico seja traçado pelo Direito Administrativo. Nesse sentido, o contrato administrativo é o *acordo de vontades pelo qual é constituída, modificada ou extinta uma relação jurídica administrativa*[873]. Conforme resulta hoje do artigo 1.º, n.º 5, do 2.º CCP, o regime geral das «relações contratuais administrativas» consta da sua Parte III e, *grosso modo*, assenta na distinção entre colaboração subordinada e cooperação paritária[874]. Na Parte em

[873] Era esse o conceito consagrado no art. 178.º, n.º 1, do CPA.

[874] Quanto ao aspeto da subordinação, v. os arts. 279.º (contrato como fonte de relação jurídica administrativa) e 280.º, n.º 1 (direito aplicável), ambos do CCP: a relação contratual rege-se pelas cláusulas e demais elementos integrantes do contrato que sejam conformes com a Constituição e a lei e, salvo se outra coisa resultar da natureza do contrato ou da lei, está sujeita aos poderes de conformação do contraente público (cfr. o art. 302.º). Quanto à paridade contratual, estabelecia o art. 338.º, n.º 1, do mesmo diploma, antes da reforma de 2017, que «as disposições da parte III do presente Código não são diretamente aplicáveis aos contraentes públicos que contratam entre si num plano de igualdade jurídica, segundo uma ótica de harmonização do desempenho das respetivas atribuições». Após a reforma de 2017, esse princípio foi substancialmente mitigado, pois o art. 338.º, n.º 1, passou a determinar que «a parte III é aplicável aos contratos celebrados entre contraentes públicos, sem prejuízo das necessárias adaptações quando os mesmos sejam celebrados num plano de igualdade jurídica, designadamente no que respeita ao exercício dos poderes de conformação da relação contratual» (de notar que, conforme estatui o n.º 2 do mesmo preceito, se ressalva até que «o disposto na parte final do artigo anterior não afasta a possibilidade de qualquer um dos contraentes públicos exercer o poder de resolução unilateral do contrato por razões de interesse público»). Sobre estes contratos, v. Alexandra Leitão, «Os contratos interadministrativos», *in Estudos de Contratação Pública* – I, pp. 733-779. Sobre o regime aplicável na sequência da revisão de 2017, v. Pedro Fernández Sánchez, «A contratação in house e interadministrativa após a revisão do CCP», in *Comentários à Revisão do Código dos Contratos Públicos*, pp. 235-264.

apreço, o referido CCP preocupa-se, sobretudo, com a disciplina da primeira[875].

Porém, uma coisa são os efeitos do contrato administrativo ou o regime a que as relações jurídicas por ele constituídas se encontram sujeitas, outra é a qualificação de um dado acordo de vontades como contrato administrativo. Por isso, o artigo 1.º, n.º 5, do 2.º CCP, determina genericamente que a Parte III do Código «contém o regime substantivo aplicável à execução, modificação e extinção das relações contratuais administrativas», isto é, aplica-se aos contratos que revistam a *natureza* de contratos administrativos. E é à questão da natureza dos acordos, à sua qualificação como fonte de relações contratuais administrativas, que o artigo 280.º, n.º 1, do CCP pretende dar resposta. É o seguinte o teor do artigo 280.º, n.º 1, do CCP (itálicos nossos):

> «A parte III aplica-se aos contratos sujeitos à parte II que configurem relações jurídicas contratuais administrativas, entendidas, para efeitos do presente Código e sem prejuízo do disposto em lei especial, como o *acordo de vontades*, independentemente da sua forma ou designação, *em que pelo menos uma das partes seja um contraente público e que se integre em qualquer uma das seguintes categorias*:
>
> a) Contratos que, por força do presente Código, da lei ou da vontade das partes, sejam qualificados como contratos administrativos ou submetidos a um regime substantivo de direito público;
> b) Contratos com objeto passível de ato administrativo e demais contratos sobre o exercício de poderes públicos;
> c) Contratos que confiram ao cocontratante direitos especiais sobre coisas públicas ou o exercício de funções dos órgãos do contraente público;
> d) Contratos que a lei submeta, ou que admita que sejam submetidos,

[875] Vieira de Andrade sustenta mesmo, embora criticando a solução, que «o fator decisivo em matéria de definição do regime da relação jurídica contratual acaba por não ser o seu caráter juspúblico, mas a circunstância de se tratar de um *contrato desigual*, que justifica diferenças específicas relativas ao regime paritário, pressuposto como sendo próprio dos contratos de direito privado – por isso se exclui a aplicação do regime à generalidade dos contratos interadministrativos, tendo em conta que as partes contratam entre si num plano de igualdade jurídica, segundo uma ótica de harmonização do desempenho das respetivas atribuições» (v. «A propósito do regime do contrato administrativo no "Código dos Contratos Públicos"», *cit.*, p. 11).

a um procedimento de formação regulado por normas de direito público e em que a prestação do cocontratante possa condicionar ou substituir, de forma relevante, a realização das atribuições do contraente público».

Como se vê, e em primeiro lugar, parecem apenas importar, para este efeito, os contratos sujeitos à Parte II do CCP. Mas esta redação, infeliz, que foi introduzida no diploma de 2017[876], deve ser a nosso ver objeto de interpretação cuidadosa. Com efeito, atendendo ao disposto no artigo 1.º, n.º 5, do 2.º CCP, parece-nos que a sua Parte III se deve aplicar a todos os contratos administrativos que preencham os requisitos de administratividade definidos no artigo 280.º, n.º 1, do 2.º CCP.

Seja como for, por força da aparente restrição do âmbito de aplicação da Parte III do CCP, o n.º 2 do mesmo artigo passou a determinar que *«as demais relações contratuais administrativas, incluindo as estabelecidas entre contraentes públicos, são regidas pela legislação especialmente aplicável, sem prejuízo da aplicação subsidiária do regime da parte III, quando os tipos dos contratos não afastem as razões justificativas da disciplina em causa»*[877].

Depois, em segundo lugar, têm de estar em causa acordos de vontades em que pelo menos uma das partes seja um *contraente público*, isto é, que sejam celebrados entre *contraentes públicos* e *cocontratantes*, ou entre dois ou mais *contraentes públicos*.

[876] Comentando esta norma, em conjugação com o n.º 2 do mesmo artigo 280.º do 2.º CCP, Mário Aroso de Almeida refere resultar da mesma a revogação implícita do artigo 5.º, n.º 1, do 1.º CCP, sustentando que a Parte III do CCP, após revisão de 2017, abandona a *«pretensão de consagrar, no Título I da Parte III, um regime dos contratos administrativos em geral»* (cfr. Mário Aroso de Almeida, «Apreciação geral da revisão do Código dos Contratos Públicos: em particular, os novos regimes dos artigos 280.º e 313.º do CCP», *Comentários à Revisão do Código dos Contratos Públicos*, p. 25). Não obstante, conforme aponta o mesmo Autor, tal alteração estrutural deveria ter sido acompanhada de outras alterações, sem as quais *«a introdução do novo artigo 280.º pouco terá, na prática, mudado em relação ao que, nesta matéria, valia até aqui»* (cfr., *Idem*, p. 28).

[877] Encontrar-se-ão nessa situação, por exemplo, os contratos referidos nos artigos 5.º e 5.º-A do CCP, a cuja formação não é aplicável a Parte II do mesmo Código; não obstante, quanto aos contratos interadministrativos, o acima referido art. 338.º, n.º 1, determina a aplicação da Parte III, com as necessárias adaptações, o que suscita dificuldades práticas na aplicação do diploma, obrigando a uma operação de articulação sucessiva de diversas normas, localizadas em sedes sistemáticas diferenciadas. Sobre as dificuldades de aplicação deste regime, cf. recentemente Mário Aroso de Almeida, «Apreciação geral da revisão do...», pp. 26-28.

Em terceiro lugar, tais acordos têm de se integrar numa das categorias previstas nas quatro alíneas citadas. Os critérios determinantes de cada uma dessas categorias constituem, assim, critérios ou fatores de administratividade dos contratos.

Antes de os analisarmos, há que clarificar o conceito de «contraente público».

O artigo 3.º do CCP enuncia as diferentes entidades que são consideradas contraentes públicos[878]. Trata-se, em primeiro lugar, das entidades adjudicantes referidas no n.º 1 do artigo 2.º: o Estado, as regiões autónomas, as autarquias locais, os institutos públicos, as entidades administrativas independentes, o Banco de Portugal, a generalidade das fundações públicas, as associações públicas e, ainda, as associações controladas por qualquer uma dessas entidades. Em segundo lugar, relevam os chamados «organismos de direito público»[879]. São ainda contraentes públicos as entidades que, independentemente da sua natureza pública ou privada, celebrem contratos sobre o exercício de funções materialmente administrativas (cfr. o art. 3.º, n.º 2). Deste modo, *o exercício privado de funções públicas qualifica o respetivo sujeito como contraente público*.

E quais são, à luz do Código, os critérios de administratividade do contrato, que permitem a sua qualificação, desde que celebrado ao menos por um contraente público, como *contrato administrativo*?

A resposta é-nos dada pelas quatro alíneas do n.º 1 do artigo 280.º Sobre os tipos aí definidos podemos, com Vieira de Andrade, dizer em geral que, «para além de alguma obscuridade, nada acrescentando à antiga formulação do CPA, pois que os critérios materiais subjacentes à enumeração estabelecida» se reconduzem, «de uma maneira ou de outra, à ideia de um *regime substantivo de direito público*, seja por determinação legal ou escolha das partes, seja pela natureza do seu objecto, seja

[878] Contrariamente ao que é inculcado pelo teor literal dos n.os 1, *in fine*, e 5 do art. 1.º do CCP, a noção de *contraente público* – essencial para a qualificação de um contrato como administrativo –, porque não coincide com a de *entidade adjudicante* dos arts. 2.º e 7.º do mesmo diploma, evidencia que nem todos os contratos administrativos são necessariamente contratos públicos – como tal, sujeitos ao regime da contratação pública consignado na Parte II.

[879] Sobre estes, v. *infra*. Conforme resulta do art. 3.º, n.º 1, alínea *b*), os contratos celebrados por estes organismos apenas serão contratos administrativos caso as partes os qualifiquem como administrativos ou os submetam a um regime substantivo de direito público, nos termos do art. 280.º, n.º 1, alínea *a*).

pelo seu regime exorbitante do direito privado, seja pela sua finalidade imediata»[880]. Vejamos, entretanto, mais de perto, o seu sentido.

Segundo a alínea *a*) do n.º 1 do artigo 280.º, são contratos administrativos, desde logo, aqueles que como tal sejam qualificados por força do Código, da lei ou da vontade das partes (nos casos em que a Administração tenha autonomia para escolher entre celebrar um contrato administrativo e um contrato privado). Poderão ainda caber naquela categoria os contratos que forem submetidos a um regime substantivo de direito público. Quanto aos primeiros, cumpre referir, desde logo, os contratos administrativos tipificados no Título II da Parte III, os quais abrangem os «contratos administrativos por natureza», ou seja, aqueles contratos cujo objeto não pode ser regulado pelo direito privado (por exemplo, os contratos de concessão de obras ou serviços públicos e de exploração de bens do domínio público), mas também muitos contratos anteriormente considerados como contratos com objeto passível de regulação pelo direito privado, tais como a locação e a aquisição de bens móveis e, bem assim, o contrato de aquisição de serviços.

As *alíneas b*) e *c*) do n.º 1 do artigo 280.º referem-se aos contratos com objeto passível de ato administrativo e aos contratos sobre o exercício de poderes públicos. Trata-se de uma consequência do alargamento do âmbito da utilização do contrato administrativo (cfr. o art. 278.º do CCP).

A *alínea d*) é a mais dificilmente apreensível. Com efeito, o seu âmbito de aplicação, e o motivo pelo qual a mesma se refere ao procedimento de formação do contrato, não são evidentes[881]. Parece, ainda assim, que se poderá retirar desta alínea a conclusão de que haverá contratos públicos que não serão contratos administrativos, em virtude de não se verificar a condição prevista na segunda parte da alínea[882].

Resulta do exposto que o legislador português, embora tal não lhe fosse imposto pelo Direito europeu, entendeu preservar a realidade a

[880] V. José Carlos Vieira de Andrade, *Lições de Direito Administrativo*, p. 257.

[881] V. Gonçalo Guerra Tavares e Nuno Dente, *Código dos Contratos Públicos – Âmbito...*, p. 96, e bibliografia aí citada.

[882] Marcelo Rebelo de Sousa e André Salgado de Matos, *op. cit.*, designam este critério como «critério do regime jurídico pré-contratual e do fim da prestação do cocontratante». V., a propósito, as críticas formuladas por Mário Aroso de Almeida, «Contratos administrativos e poderes de conformação do contraente público no novo Código dos Contratos Públicos», p. 8.

que corresponde o conceito de contrato administrativo, aumentando bastante a sua regulação face a diplomas anteriores. Não se seguiu, consequentemente, a corrente doutrinária que defendia o fim da autonomia do contrato administrativo, face ao conceito de contrato público.

Com o CCP de 2017 mitigou-se a importância prática da distinção entre os dois conceitos, na medida em que passou a determinar-se a aplicação a todos os contratos públicos de uma parte do regime substantivo dos contratos administrativos preceituado na Parte III do 2.º CCP. Com efeito, o n.º 3 do artigo 280.º do 2.º CCP passou a prever que as disposições gerais do regime substantivo dos contratos administrativos que «têm por objetivo a defesa dos princípios gerais da contratação pública e dos princípios da concorrência e da igualdade de tratamento e não-discriminação, e em concreto as disposições relativas aos regimes de invalidade, limites à modificação objetiva, cessão da posição contratual e subcontratação são aplicáveis, com as devidas adaptações, aos contratos sujeitos à parte II [isto é, aos demais contratos públicos], ainda que estes não configurem relações jurídicas contratuais administrativas».

153. Cont.: utilização do contrato administrativo

Na ordem jurídica portuguesa o contrato administrativo continua a perfilar-se como uma opção alternativa[883], quer ao ato administrativo, quer, embora em muito menor medida, ao contrato de direito privado. Como referido, o artigo 278.º do CCP confere à Administração uma habilitação genérica para, em vista da prossecução das suas atribuições, recorrer à via contratual. Os únicos limites são a lei e a natureza das relações a estabelecer.

Se não existir nenhuma disposição legal que proíba expressa ou implicitamente (através da imposição da utilização do ato administrativo) o recurso à figura do contrato administrativo, e se, por outro lado, a natureza da relação a estabelecer for compatível com tal forma de atuação (o que não sucederá, tipicamente, no domínio sancionatório), a Administração pode, em princípio, utilizar o módulo contratual em alterna-

[883] Sobre esta questão, cfr. Luís Fábrica, *Contrato Administrativo*, *loc. cit.*, pp. 527-530.

tiva ao ato administrativo para constituir, modificar ou extinguir relações jurídicas administrativas.

Nesses casos, quanto ao regime de invalidade, é «aplicável o regime de invalidade previsto para o ato administrativo» (art. 285.º, n.º 1). Valem igualmente as regras especiais em matéria de negociabilidade da vigência dos vínculos contratuais (art. 336.º) e de causas específicas de caducidade (art. 337.º). No mais, a busca de um regime uniforme aplicável às relações jurídicas administrativas poderá, em teoria, ser ensaiada, tanto pela extensão do regime mais rígido do ato, como através do alargamento do regime mais flexível do contrato[884].

Por outro lado, a tendencial alternatividade entre o recurso à figura do ato e do contrato administrativo não significa que, em determinados casos, estes não se possam cumular[885]. Com efeito, além dos atos administrativos relativos à formação de contratos públicos, importa recordar a existência de poderes de conformação da relação contratual a exercer sob a forma de ato administrativo: os chamados *atos administrativos contratuais*[886]. Finalmente, pode haver contratos administrativos de que o objeto, ou pelo menos uma das obrigações contratuais, consista na prática, ou na obrigação de não praticar, um determinado ato administrativo.

No que se refere à alternativa entre contrato administrativo e contrato de direito privado da Administração, cumpre verificar que, dada a amplitude dos critérios de administratividade dos contratos celebrados por contraentes públicos, o espaço deixado aos segundos se tornou exíguo. No âmbito do CCP apenas *não serão* contratos administrativos:

i. Os contratos celebrados por contraentes públicos e que sejam qualificados pela lei ou, desde que a lei o não proíba, pelas partes, como contratos de direito privado;
ii. Os contratos celebrados por contraentes públicos e que sejam submetidos a um regime de direito privado;
iii. Os contratos públicos outorgados pelos «organismos de direito público» que não sejam celebrados no «exercício de funções mate-

[884] V. Rui Medeiros, «Âmbito do novo regime da contratação pública à luz do princípio da concorrência», p. 9.

[885] V. Pedro Gonçalves, *O Contrato Administrativo*, p. 41 e ss.

[886] V. Rodrigo Esteves de Oliveira, «O acto administrativo contratual», *CJA*, n.º 63, maio-junho de 2007, pp. 3-17.

rialmente administrativas», nem submetidos pela vontade das partes a um regime substantivo de direito público[887].

154. Classificações dos contratos administrativos

São possíveis várias classificações dos contratos administrativos. Foquemos as principais:

a) *Contratos entre a Administração e particulares, entre entidades públicas, e só entre particulares.* – Esta classificação atende aos *sujeitos* do contrato administrativo.

Os contratos administrativos mais caraterísticos, tal como a história os forjou, são os celebrados entre a Administração e os particulares: de um lado, o contraente público (uma pessoa coletiva pública ou uma entidade no exercício da função administrativa) e, de outro lado, o cocontratante particular (um indivíduo ou uma pessoa coletiva privada). É o que se passa nos contratos tipificados no Título II da Parte III do CCP: empreitadas de obras públicas, concessões de obras e concessões de serviços, contratos de aquisição de bens móveis e de serviços, e contratos de locação de bens móveis.

Se o contraente público for uma entidade privada no exercício de funções materialmente administrativas (cfr. o art. 3.º, n.º 2, do CCP), podemos ter contratos administrativos *entre particulares*: para além dos já referidos, será o caso, por exemplo, da *subconcessão* ou do *trespasse* de uma concessão[888-889]. Estes contratos – tal como os regulamentos administrativos ou os atos administrativos de entidades privadas – corroboram a noção de Direito Administrativo que demos no vol. I deste *Curso*, em que acentuámos que a nota caraterística deste ramo do direito não

[887] V. Vieira de Andrade, «A propósito do regime do contrato administrativo no "Código dos Contratos Públicos"», pp. 10-11.

[888] Sobre o «trespasse» e a «subconcessão», cfr. Marcello Caetano, *Manual*, II, pp. 1127-1129.

[889] Sobre o tema da contratação administrativa entre particulares, cfr., entre nós, Sérvulo Correia, *Contrato Administrativo*, 1972, pp. 29-31; *idem*, *Legalidade e Autonomia...*, p. 411 e ss.; Esteves de Oliveira, *Direito Administrativo*, p. 658; e Diogo Freitas do Amaral, *Apreciação da dissertação de doutoramento do Lic. J. M. Sérvulo Correia, loc. cit.*, p. 168. V. ainda, em França, Laurent Richer, *Droit des contrats administratifs*, p. 103 e ss.

é a presença necessária da Administração Pública, mas sim a regulação jurídica da atividade administrativa pública[890].

Contratos administrativos entre *entidades públicas*[891] são aqueles cujos sujeitos são apenas pessoas coletivas públicas ou entidades que, apesar da sua forma jurídica privada, integram a Administração Pública (*v. g.*, certas empresas públicas): o Estado e um município ou o Estado e uma empresa pública, dois municípios entre si, vários municípios e uma associação de municípios, um município e uma freguesia, um município e um instituto público, dois institutos públicos, etc.[892] Na prática administrativa portuguesa chama-se-lhes frequentemente *acordos*, *protocolos*, *convenções*, etc., mas são contratos administrativos – salvo se não forem vinculativos.

b) *Contratos de colaboração e de atribuição.* – Atende-se aqui ao critério do fim, ou *causa-função*, do *contrato.*

«Contratos de colaboração» são aqueles «pelos quais uma das partes se obriga a proporcionar à outra uma colaboração temporária no desempenho de atribuições administrativas, mediante remuneração»[893]. Nestes contratos, «a prestação fundamental é a do cocontratante [particular] da pessoa coletiva [pública] primariamente incumbida das atribuições cujo desempenho efetivo se trata de assegurar»[894]. Pode exemplificar-se com os contratos tipificados no Título II da Parte III do CCP.

«Contratos de atribuição» são aqueles contratos que «têm por causa-função atribuir uma certa vantagem ao cocontratante [particular] da Administração. Nestes contratos, a prestação da Administração é que é essencial e caraterizadora e a do administrado é apenas a contrapartida, ou uma consequência, ou uma condição da vantagem recebida. Neles, o

[890] V. Licínio Lopes Martins, «Contrato público e organização administrativa», *Estudos de Contratação Pública* – I, pp. 671-732; Alexandra Leitão, «Os contratos interadministrativos», *Estudos de Contratação Pública* – I, pp. 733-779; Cláudia Viana, «A participação de entes públicos (e equiparados) como concorrentes em procedimentos de contratação pública – Ac. do STA de 25.3.2009, P. 55/09», (anotação), *CJA*, maio-junho de 2009, pp. 35-52.

[891] Veja-se, contudo, as especificidades para efeitos de aplicação do Código, da contratação *in house* e dos contratos interadministrativos.

[892] V. Sérvulo Correia, *Legalidade e Autonomia...*, p. 409 e ss. Em França, v. Laurent Richer, *Droit des contrats administratifs*, p. 111 e ss.

[893] V. Sérvulo Correia, *Legalidade e Autonomia...*, p. 420.

[894] *Idem, idem.*

interesse público é prosseguido mais através dos direitos conferidos ao contraente particular do que das obrigações que assume»[895]. Pode ilustrar-se esta categoria com o contrato de urbanização[896], bem como com os contratos que visam a atribuição de subsídios, prémios de produtividade, bonificação de juros, etc.

A relevância desta classificação resulta de, em regra, os procedimentos pré-contratuais disciplinados no CCP só serem obrigatórios no tocante aos contratos de colaboração (cfr. o art. 16.º). Com efeito, na dinâmica de vários contratos de atribuição não se coloca o problema da escolha do cocontratante, posto que tais contratos, como sublinha Sérvulo Correia, «não nascem de uma necessidade sentida pela Administração independentemente da noção de quem deva vir a ser o outro contraente [...], mas (de) um pedido ou proposta apresentados pelo eventual cocontratante»[897]. Consequentemente, o respetivo objeto não abrange prestações suscetíveis de estarem sujeitas à concorrência de mercado. Parece, porém, ser hoje uma proposição segura a de que, pela necessidade de garantia do princípio de uma «economia de mercado aberta e de livre concorrência», certos contratos de atribuição devem ser precedidos de um procedimento tipo concorrencial[898]. É sabido que o âmbito de aplicação do regime de contratação pública plasmado no CCP abrange «*todos os contratos cujo objeto abranja prestações que estão ou sejam suscetíveis de estar submetidas à concorrência do mercado*» (cfr. art. 16.º, n.º 1, do CCP). Em todos esses casos, cumprirá assegurar a realização do princípio da concorrência. Assim, se, quanto a alguns *contratos de atri-*

[895] *Idem*, p. 421.

[896] V. Fernanda Paula Oliveira, «Contratação Pública no direito do urbanismo», *in Estudos de Contratação Pública* – I, pp. 781-829.

[897] Sobre a questão, cfr., desenvolvidamente, Sérvulo Correia, *Legalidade e Autonomia...*, p. 690 e ss., e Lino Torgal e Marisa Martins Fonseca, «Contributo para um regime de contratação de concessões de obras e de serviços públicos na sequência de propostas não solicitadas (*Unsolicited Proposals*)», *Estudos em Homenagem ao Prof. Doutor Sérvulo Correia*, Coimbra, 2010, II, pp. 523-571.

[898] Pense-se nas situações de concorrência entre vários interessados para a obtenção de um *bem escasso a atribuir pela Administração* (por exemplo, o espaço em terrenos do domínio público destinado a usos privativos, eventualmente essenciais ao exercício de uma dada atividade económica; a capacidade da rede elétrica, relativamente à injeção de energia por produtores independentes; etc.). Sobre o tema, cfr. Pedro Costa Gonçalves, *Liberdade de Produção de Eletricidade e Administração da Escassez dos Recursos Hídricos do Domínio Público*, Cedipre Online 8, 2011, pp. 21-22.

buição – como poderá ser, por exemplo, o caso dos contratos tendentes à atribuição de subsídios ou de subvenções de qualquer natureza –, não se impor, nos termos do CCP e à luz do citado princípio da concorrência, seguir os procedimentos pré-contratuais legalmente previstos (sem prejuízo da necessidade de observância dos princípios gerais da atividade administrativa e das normas que concretizem preceitos constitucionais), o mesmo não sucede com outros contratos habitualmente reconduzidos à mesma categoria – que se revela, de resto, bastante aberta. Designadamente, no que toca aos contratos de concessão de utilização privativa do domínio público, a Administração terá, por regra, de recorrer a um procedimento pré-contratual de tipo concorrencial, que permita uma chamada a várias propostas, propiciadora de uma comparação entre elas à luz do critério de adjudicação pré-divulgado. Em síntese, existem contratos de atribuição em que a escolha do beneficiário tem de ser objetiva e transparente, quando não mesmo sujeita a concurso público.

c) *Contratos de subordinação e de cooperação.* – Esta definição atende à *posição relativa dos contraentes no equilíbrio contratual.*

Nuns casos, o contraente público pode dirigir o modo de execução das prestações, fiscalizá-las, modificá-las, aplicar sanções e resolver unilateralmente o contrato (cfr. o art. 302.º do CCP) – são os contratos de *colaboração subordinada*[899], os quais constituem a regra nas relações contratuais entre contraentes públicos e particulares (cfr. o art. 279.º do CCP). Noutros casos, porém, o contrato administrativo faz nascer relações de igualdade entre as partes, que cooperam no mesmo plano – são os contratos de *cooperação paritária* (que tanto podem ser contratos entre entidades públicas – cfr. o art. 338.º do CCP –, como contratos entre entidades privadas, ou ainda contratos de apoio da Administração ao sector privado).

d) *Contratos primários e secundários.* – A exemplo do que vimos suceder com os atos administrativos, também os contratos administrativos podem dividir-se em *primários* e *secundários.*

[899] V. Mark Kirkby, *Contratos Administrativos de Subordinação (Natureza, Funções e Limites)*, AAFDL, 2002; e Filipa Urbano Calvão, «Contratos sobre o exercício de poderes públicos», *in Estudos de Contratação Pública* – I, pp. 327-370.

São *primários* os que regulam diretamente as situações da vida (concessões, empreitadas, fornecimentos). São *secundários* os que versam sobre anteriores contratos administrativos, modificando-os ou extinguindo-os (rescisão por mútuo acordo ou revogação, subconcessão ou subempreitada, trespasse de uma concessão, etc.).

e) Contratos administrativos típicos e atípicos. – Consideram-se típicos aqueles contratos administrativos que se encontram definidos e caraterizados por lei. É, por exemplo, no que se refere ao CCP, o caso da empreitada de obras públicas ou da concessão de obras públicas (cfr. arts. 343.º e 407.º, n.º 1); e, já fora do âmbito daquele Código, o caso do contrato de trabalho em funções públicas[900].

São, pelo contrário, atípicos aqueles contratos administrativos que a lei não define nem carateriza, mas que a Administração Pública pode legalmente configurar *ex novo*, no exercício da sua autonomia contratual pública: contratos de fomento, contratos de subsídio, etc... São atípicos também aqueles contratos que a lei denomina como administrativos, sem, no entanto, concomitantemente estabelecer, com o mínimo de densidade, o respetivo regime jurídico[901].

f) Contratos administrativos com objeto passível de ato administrativo e com objeto passível de contrato de direito privado. – Esta classificação dos contratos administrativos, já abordada *supra*, proposta doutrinariamente entre nós por Sérvulo Correia para os contratos atípicos[902], chama a atenção para uma curiosa dualidade do objeto dos contratos administrativos: é que, enquanto uns têm por objeto uma situação jurídica que também poderia ser regulada por ato administrativo (a concessão de obras públicas ou de serviços públicos, por exemplo), outros têm por objeto situações jurídicas que também poderiam ser objeto de contrato de direito privado (por exemplo, a empreitada, o arrendamento, o empréstimo, a prestação de serviços, o subsídio, etc.).

[900] Cfr. o Regime aprovado pela Lei n.º 35/2014, de 20 de junho (Lei Geral do Trabalho em Funções Públicas), e o art. 4.º, n.º 2, al. *a*), do CCP.

[901] Sobre a diferença entre contratos típicos e nominados, cfr., por exemplo, Oliveira Ascensão, *A Tipicidade dos Direitos Reais*, Lisboa, 1968, p. 47; e Menezes Cordeiro, *Tratado de Direito Civil Português*, II, *Direito das Obrigações*, tomo II, 2010, p. 190 e ss.

[902] V. Sérvulo Correia, *Legalidade e autonomia...*, p. 428.

II

ALGUNS TIPOS LEGAIS DE CONTRATOS ADMINISTRATIVOS

155. Contratos administrativos típicos

Como referido, no Título II da Parte III do CCP são disciplinados os contratos de empreitada de obras públicas, concessão de obras públicas, concessão de serviços públicos, locação e aquisição de bens móveis e aquisição de serviços. O regime particular de cada um destes tipos deve ser integrado pelo disposto no Título I. Todos estes contratos são expressamente confirmados como tendo natureza jusadministrativa pelo n.º 2 do art. 200.º do CPA; aí se dispõe, talvez desnecessariamente, que «são contratos administrativos os que como tal são classificados no Código dos Contratos Públicos ou em legislação especial».

Simultaneamente, o CCP não regula alguns contratos que também são, indubitavelmente, contratos administrativos (típicos e nominados): é o caso, entre outros, da concessão de uso privativo do domínio público, da concessão de exploração de jogos de fortuna ou azar, e do já mencionado contrato de trabalho em funções públicas. Por outro lado, existem muitos contratos típicos que, embora não qualificados legalmente como contratos administrativos, cumprem os fatores de administratividade consignados no CCP (contratos típicos não nominados). Por exemplo: os contratos de urbanização ou os contratos-programa de redução de carga poluente.

156. Empreitada de obras públicas[903]

A Administração Pública, quando realiza obras públicas, tem três formas de as empreender: ou as faz por *administração direta* – e então são os próprios serviços da Administração, normalmente o Ministério ou a Câmara competente, que executam a obra; ou as faz *por empreitada*; ou, enfim, recorre a um terceiro processo, a *concessão*, de que falaremos mais adiante.

A «empreitada de obras públicas» é o *contrato oneroso pelo qual a Administração encomenda, mediante remuneração a pagar por si, quer a execução quer, conjuntamente, a conceção e a execução de uma obra pública, a um particular devidamente licenciado* (cfr. em termos similares o art. 343.º, n.º 1, do CCP)[904].

Portanto, o que fundamentalmente carateriza a empreitada de obras públicas é a execução de uma obra pública por uma empresa particular, cabendo à Administração pagar a esta o respetivo preço.

Por via de regra, são executadas deste modo as obras públicas de pequena e média dimensão, pois se entende ser o processo de maior economia e de melhor rendimento. É que, na empreitada, em vez de ser a Administração a suportar o pesado fardo de proceder à organização dos meios humanos e materiais necessários para a execução dos trabalhos

[903] Sobre este contrato, cfr. Marcello Caetano, *Manual*, II, pp. 1004-1010; Paulo Otero, «Estabilidade contratual, modificação unilateral e equilíbrio financeiro em contrato de empreitada de obras públicas», *in ROA*, II, 1996, p. 913 e ss.; José Alberto Alexandrino, *O Procedimento Pré-contratual no Contrato de Empreitada de Obras Públicas*, Lisboa, 1997; Jorge Andrade da Silva, *Regime Jurídico das Empreitadas de Obras Públicas*, 6.ª ed., Coimbra, 2000; Licínio Lopes Martins, *Empreitada de obras públicas*, Coimbra, 2014. Cfr. também Lino Torgal, «A empreitada de obras públicas no Código dos Contratos Públicos», *CJA*, n.º 64, julho-agosto de 2007, pp. 55-69; Licínio Lopes, «Alguns aspetos do contrato de empreitadas de obras públicas no Código dos Contratos Públicos – I», *in Estudos de Contratação Pública* – II, pp. 345-415; Rui Medeiros, «O controlo de custos nas empreitadas de obras públicas através do novo regime de trabalhos de suprimento de erros e omissões e de trabalhos a mais», *in Estudos de Contratação Pública* – II, pp. 417-474; Pedro Melo, «O direito das Obras Públicas», *in Tratado de Direito Administrativo Especial*, VI, org. P. Otero e P. Gonçalves, Coimbra, 2012, p. 443 e ss.; e, desenvolvidamente, Licínio Lopes Martins, *Empreitada de Obras Públicas*, Almedina, Coimbra, 2014.

[904] Segundo o n.º 2 do mesmo artigo, «considera-se obra pública o resultado de quaisquer trabalhos de construção, reconstrução, ampliação, alteração ou adaptação, conservação, restauro, reparação, reabilitação, beneficiação e demolição *de bens imóveis* executados por conta de um contraente público».

(*administração direta*), ela põe, mediante o pagamento de um preço, essa tarefa a cargo do cocontratante privado, tirando inclusivamente vantagem da concorrência existente entre os empreiteiros[905]. Por outro lado, é este também o processo adequado para a construção daquelas obras de maiores dimensões que, atenta a sua própria natureza ou outro tipo de condicionalismos, não sejam efetuadas por recurso ao sistema de concessão (*v. g.*, a construção de um tribunal, de uma barragem, de um edifício para instalar uma Direção-Geral).

O regime da empreitada de obra pública consta dos artigos 343.º a 406.º do CCP e, como já é tradição no nosso ordenamento jurídico, aplica-se subsidiariamente a outros contratos administrativos.

A diferença de direito substantivo entre a empreitada de obras públicas e a empreitada de obras particulares disciplinada nos artigos 1207.º e seguintes do Código Civil não tem paralelo em todos os ordenamentos jurídicos que consagram um sistema de administração executiva. Por exemplo, em França, na Itália, na Bélgica, no Luxemburgo, na Alemanha e na Suíça, o regime substantivo dos contratos de empreitada de obras públicas consta dos respetivos códigos civis. Nesses países, as empreitadas de obras públicas são contratos regidos pelo Direito Privado. Não assim em Portugal, onde o contraente público tem mais poderes sobre o empreiteiro do que o dono da obra numa empreitada civil.

157. Concessão de obras públicas[906]

Para obras maiores, exigentes de avultados capitais (v. g., pontes e viadutos, autoestradas, centrais elétricas, *pipelines*, etc.), e cuja realização possa, pela sua natureza, beneficiar dos capitais e da agilidade empresarial própria da iniciativa privada, emprega-se de preferência o contrato

[905] Antonio Cianflone, *L'Appalto di Opere Pubbliche*, p. 86.

[906] V. Pedro Siza Vieira, «Regime das concessões de obras públicas e de serviços públicos», *CJA*, n.º 64, julho-agosto de 2007, pp. 47-54; Lino Torgal, «Concessão de obras públicas e ajuste direto», *in Em Homenagem ao Professor Doutor Diogo Freitas do Amaral*, Almedina, Coimbra, 2010, p. 963 e ss.; *idem*, «Sobre a nova definição europeia de concessão (Diretiva 2014/23/UE)», *in* AA. VV. *Estudos em homenagem a Mário Esteves de Oliveira*, Coimbra, 2017, p. 1073 e ss.; *idem*, «Novidades sobre concessões», *in* AA. VV., *Comentários à Revisão do Código dos Contratos Públicos*, p. 865 e ss.; e Pedro Melo, *A Distribuição do Risco nos Contratos de Concessão de Obras Públicas*, Almedina, Coimbra, 2011.

de *concessão*. É que, e desde logo, a generalidade dos Estados não tem, por si só, capacidade técnica ou financeira para a execução de muitas obras de grande envergadura. Mas, mesmo quando a tem, continua a ser necessária a criação e ampliação de grandes infraestruturas existentes, de forma a permitir o crescimento económico; e o investimento público não pode deixar de canalizar-se (em Estados cujo paradigma teórico continua sendo, no essencial, o do Estado de Bem-Estar), para áreas como a educação, a saúde, a justiça e a segurança social. Assim, o recurso à figura da concessão de obras públicas – e ao *financiamento privado* por ela normalmente pressuposto – aparece-nos como uma das principais formas de ultrapassar o dilema causado pelo descomunal peso económico que a realização de grandes obras de infraestrutura acarreta, em termos normais, para o défice orçamental e o endividamento público[907].

Nos termos da lei, a «concessão de obras públicas» é o *contrato pelo qual o cocontratante se obriga à execução ou à conceção e execução de obras públicas, adquirindo em contrapartida o direito de proceder, durante um determinado período de tempo, à respetiva exploração ou, se assim estipulado, o direito ao pagamento de um preço* (cfr. art. 407.º, n.º 1, do CCP).

As figuras da empreitada e da concessão de obras afastam-se, hoje, não tanto pela questão de saber qual é a entidade que procede à remuneração do cocontratante (pois pode haver concessão mesmo em casos em que a remuneração do cocontratante é atribuída apenas pela Administração – *v. g.*, concessões com «portagem sombra»), mas essencialmente pelo facto de, na concessão, a contrapartida do cocontratante privado ser o direito de exploração da obra, eventualmente acompanhado de um pagamento, ao passo que na empreitada o particular é sempre pago pela Administração, através de fundos públicos, ficando a pertencer a esta, no final, a posse e exploração da obra realizada.

Da noção restrita da concessão constante do Direito europeu da contratação pública (cfr. Diretiva 2014/23/UE, de 26.2; e hoje o artigo 413.º, n.º 2, do CCP), o direito do concessionário à exploração da obra, normalmente durante um prazo relativamente longo, deverá ser acompanhado de um *risco de exploração*, significando isto que ele deverá estar efetivamente exposto à imprevisibilidade de mercado, não lhe estando garantida pela Administração a recuperação do investimento realizado,

[907] Para uma análise do *project finance*, enquanto modelo de financiamento de contratos de concessão de obras públicas, v. a 1.ª edição deste *Curso*, II, pp. 534-536.

ou seja, é preciso que o concessionário possa incorrer em perdas não meramente nominais ou insignificantes[908-909].

No direito de fonte nacional, a concessão de obras encontra-se regulada, em grande parte, através de uma disciplina que é também comum à concessão de serviços, nos artigos 407.º a 428.º do CCP[910]. No Direito europeu, ambas as concessões são reguladas conjuntamente na Diretiva 2014/23/UE, transposta para o ordenamento jurídico nacional na reforma do CCP operada pelo Decreto-Lei n.º 111-B/2017.

158. Concessão de serviços públicos[911]

Temos aqui o mesmo fenómeno da concessão de obras, mas agora aplicado a um serviço (normalmente uma atividade de *serviço público «stricto sensu»*: distribuição domiciliária de gás, eletricidade, água, exploração de sistemas de saneamento, de transportes coletivos, etc.): o particular vai primeiro montar o serviço[912], investindo os seus capitais ou aqueles que angariar para o efeito, e depois põe o serviço a funcionar, sendo-lhe em contrapartida conferido o direito de exploração do serviço, eventualmente acompanhado de um pagamento; ao fim de certo período, estará amortizado o investimento inicial que fez e, portanto, o serviço público pode ser recuperado pela Administração ou de novo transferido para privados[913].

908 V. Marcello Caetano, *Manual*, II, p. 1011.

909 O critério geralmente observado na fixação do prazo é o seguinte: tal prazo deve equivaler ao tempo reputado necessário para a amortização, em normais condições de rentabilidade da exploração, do capital investido na execução da obra. Sobre o ponto, cfr. Marcello Caetano, *Manual*, pp. 1117-1118; e Diogo Freitas do Amaral e Lino Torgal, *Estudos sobre concessões e outros atos da Administração*, Coimbra, 2002, pp. 539-555.

910 Sobre a formação deste tipo de contrato, v. Lino Torgal, «Concessão de obras públicas e ajuste direto», *in Em Homenagem ao Prof. Freitas do Amaral*, cit., p. 963 e ss.

911 V. Pedro Siza Vieira, «Regime das concessões de obras públicas e de serviços públicos», *cit.*; e Fernanda Maçãs, «A concessão de serviço público e o Código dos Contratos Públicos», *Estudos de Contratação Pública* – I, pp. 371-430.

912 Existem, no entanto, concessões em que isso nem sempre acontece: *v. g.*, as chamadas concessões de «segunda geração», que começam com base em equipamentos construídos aquando das concessões de «primeira geração».

913 Existem outras modalidades de gestão privada de um serviço público para além da concessão. Sobre o tema, cfr. Laurent Richer, *Droit des Contrats Administratifs*, p. 356 e ss., e, entre nós, Pedro Gonçalves, *A Concessão de Serviços Públicos*, p. 143 e ss.

Característica típica desta concessão de serviços é, no entanto, a atribuição ao concessionário da *competência*, por certo período de tempo, de *gestão* do serviço público concedido. De acordo com o artigo 407.º, n.º 2, do CCP, entende-se por «concessão de serviços públicos» o *contrato pelo qual o cocontratante se obriga a gerir, em nome próprio e sob sua responsabilidade, uma atividade de serviço público, durante um determinado período de tempo, sendo remunerado pelos resultados financeiros dessa gestão ou, diretamente, pelo contraente público*. Pense-se, a este respeito, tal como nas principais concessões de obras, nas taxas de utilização cobradas aos utentes do serviço (autocarros, elétricos, metro, etc.).

O regime deste contrato decorre dos artigos 407.º a 426.º do CCP, consagrando o artigo 429.º, n.º 1, do mesmo diploma os princípios do serviço público:

> «Na exploração de uma atividade de serviço público, o concessionário está sujeito aos seguintes princípios:
> a) Continuidade e regularidade;
> b) Igualdade;
> c) Adaptação às necessidades».

A principal característica dos serviços públicos consiste na sua *continuidade*, por serem *essenciais à vida quotidiana dos cidadãos*: por isso se diz que o Estado – mesmo em estado de sítio ou de emergência, ou ainda que o Governo se encontre limitado a despachar os assuntos correntes, por ser um «governo de gestão» – tem o dever de, além de garantir a ordem e tranquilidade pública, assegurar a continuidade dos serviços públicos[914].

159. Locação e aquisição de bens móveis e aquisição de serviços[915]

Estes três tipos contratuais não se encontravam previstos no CPA/1991 como contratos administrativos; por regra, correspondiam a contratos de direito privado da Administração; mas, hoje, só excecionalmente

[914] V. Diogo Freitas do Amaral, *Governos de gestão*, 2.ª ed., Principia, Cascais, 2002.

[915] V. José Eduardo Figueiredo Dias, «Os contratos de locação e aquisição de bens e serviços e de alienação de bens», *Estudos de Contratação Pública* – I, pp. 431-479; e Miguel Assis Raimundo, «"O Estado-Consumidor". Contratos de Aquisição de bens móveis no Código dos Contratos Públicos», *in Estudos em Homenagem ao Professor Doutor Carlos Ferreira de Almeida*, 2011, p. 575 e ss.

não serão contratos administrativos. Os contratos em análise são, deste modo, um claro exemplo da tendência de expansão do contrato administrativo no direito português moldado pelo CCP: a maior parte dos anteriores contratos da Administração regidos pelo direito privado passaram, por força dos critérios de qualificação consagrados neste diploma – os fatores de administratividade –, a revestir a natureza de contratos administrativos e, consequentemente, a ser regidos pelo Direito Administrativo, nomeadamente pelo regime substantivo consagrado na Parte III do CCP.

De acordo com o artigo 431.º, n.º 1, do CCP, a «locação de bens móveis» é o *contrato pelo qual um locador se obriga a proporcionar a um contraente público o gozo temporário de bens móveis, mediante retribuição*. O contrato em causa é regulado pelos artigos 431.º a 436.º daquele diploma, compreendendo três modalidades: aluguer, locação financeira, e outras formas de locação que não envolvam a opção de compra dos bens locados. O CCP, no artigo 432.º, determina a aplicação subsidiária do regime do contrato de aquisição de bens móveis a este contrato.

A «aquisição de bens móveis» é definida como o *contrato pelo qual um contraente público compra bens móveis a um fornecedor* (cfr. o art. 437.º), sendo-lhe aplicável, relativamente a trabalhos de suprimento de erros e omissões, o disposto quanto ao contrato de empreitada de obras públicas, com as devidas adaptações. O respetivo regime consta dos artigos 437.º a 449.º do CCP.

O «contrato de aquisição de serviços», regulado nos artigos 450.º a 454.º do CCP, é o *contrato pelo qual um contraente público adquire o direito à prestação de um ou vários tipos de serviços, mediante o pagamento de um preço*. Corresponde, no direito privado, ao contrato civil de prestação de serviços, sendo-lhe subsidiariamente aplicável o regime do contrato administrativo de aquisição de bens móveis (cfr. art. 451.º).

160. Concessão de exploração do domínio público[916]

Embora não tipificado no CCP, sendo-lhe apenas feita uma referência no artigo 408.º (que determina que a secção relativa aos contratos de

[916] V. Ana Raquel Moniz, «Contrato público e domínio público», *Estudos de Contratação Pública*, I, pp. 831-892; e *idem*, *O Domínio Público. O Critério e o Regime Jurídico da Dominialidade*, Almedina, Coimbra, 2006.

concessão de obras e de serviços públicos se lhe aplique subsidiariamente), o contrato de concessão de exploração de bens do domínio público, pela sua relevância na prática jurídica, merece ser destacado.

Trata-se do *contrato administrativo pelo qual um particular se encarrega de gerir ou explorar um bem do domínio público*, sem se lhe serem cometidos adicionalmente encargos com obras ou serviços específicos. A referência continua a ser a figura genérica da concessão, mas agora, em vez de o seu objeto ser uma obra pública ou um serviço público, é antes um bem dominial, isto é, um bem que, por motivo da sua afetação à utilidade geral, ao interesse público, está submetido a um regime de proteção que exorbita do direito comum[917]. Este é gerido pelo concessionário, em vez de o ser pela Administração; e o primeiro não é pago pela segunda: paga-se pela cobrança de taxas ao público – se se tratar de um bem no uso direto do público (é o caso, por ex., da concessão de exploração de um porto de recreio ou de uma doca) – ou pela exploração económica do bem – nos casos em que o bem não é usado diretamente pelo público (concessão de uma pedreira, de uma mina, de uma nascente de águas mineromedicinais, etc.)[918].

As concessões de exploração do domínio público podem, no entanto, ser acessórias de outras concessões. A concessão de uma autoestrada constitui um exemplo de uma concessão de exploração do domínio público acessória de outra concessão – a concessão de obras públicas. É que, primeiro, o concessionário constrói a obra, a expensas suas; e, depois, na medida em que os bens dominiais produzidos ficam durante o prazo estipulado na posse do concessionário, é necessária a transferência

[917] O leque dos bens do domínio público está, em primeira linha, enunciado no artigo 84.º da Constituição. É este artigo, introduzido aquando da revisão constitucional de 1989, que *garante institucionalmente*, entre nós, a existência de um domínio público do Estado (n.º 1) – a par de um domínio público das regiões autónomas e das autarquias locais (cfr. n.º 2) –, e que permite que, para além das categorias dominiais aí discriminadas (domínio público *ex constitutione*), a lei possa qualificar ainda outras como tais (domínio público *ex lege*). Sobre este preceito da Lei Fundamental, cfr. Rui Medeiros e Lino Torgal, *in Constituição Portuguesa Anotada* (org. J. Miranda e R. Medeiros), II, Coimbra, 2006, anotação sub art. 84.º

[918] Sobre esta figura contratual, cfr., por todos, Marcello Caetano, «Algumas notas para a interpretação da Lei n.º 2.105», *in Estudos de Direito Administrativo*, pp. 286-287; *Manual de Direito Administrativo*, II, p. 948 e ss.; e Diogo Freitas do Amaral, *A Utilização do Domínio Público pelos Particulares*, pp. 15-16 e 183 e ss. V. também J. L. Bonifácio Ramos, *O Regime e a Natureza Jurídica do Direito dos Recursos Geológicos dos particulares*, Lisboa, 1994.

para este dos direitos de utilização dos bens públicos construídos, com os consequentes encargos de conservação[919].

161. Concessão de uso privativo do domínio público[920]

A «concessão de uso privativo do domínio público» é o *contrato administrativo pelo qual a Administração faculta a um sujeito de direito privado a utilização económica exclusiva de uma coisa ou parcela do domínio público, para fins particulares de utilidade pública.*

É o que se passa, nomeadamente, com as concessões de uso privativo para aproveitamento de águas públicas, para instalação de serviços de apoio à navegação marítima ou fluvial, para instalação de postos de venda de combustível nas estradas, para aproveitamento de salinas e sapais, para edificação de estabelecimentos hoteleiros de interesse para o turismo nas margens do mar, dos rios ou dos lagos, para extração de inertes do leito de rios ou lagos, etc.

Não se devem confundir as *concessões de uso privativo* com as *concessões de exploração* de bens do domínio público, referidas no número anterior: as segundas investem o particular na função de gerir e explorar, por sua conta e risco, todo um conjunto dominial, como se fosse a própria Administração; as primeiras apenas consentem a particulares, com base num título jurídico individual (unilateral ou bilateral), o uso e fruição de parcelas dominiais, para fins particulares declarados de utilidade pública. Ou seja: nas concessões de exploração, o concessionário é um gestor de bens dominiais que, tomando o lugar da Administração, exerce atribuições administrativas; diferentemente, nas concessões de uso, o concessionário é um mero utente particular de um bem dominial gerido por uma entidade pública, continuando esta no exercício da sua atividade pública e o concessionário no desempenho da sua atividade privada.

[919] V. Marcello Caetano, *Manual*, II, p. 949; e Diogo Freitas do Amaral e Lino Torgal, *Estudos sobre Concessões...*, pp. 23-25.

[920] Sobre esta figura, cfr., desenvolvidamente, Diogo Freitas do Amaral, *A Utilização do Domínio Público pelos Particulares*, p. 165 e ss. V., também, Ana Raquel Moniz, «Contrato público e domínio público», *Estudos de Contratação Pública*, I, pp. 831-892; e *O Domínio Público. O Critério e o Regime Jurídico da Dominialidade*, Almedina, Coimbra, 2006.

Pode mesmo acontecer que um dado bem dominial (um porto, um aeroporto, uma autoestrada) esteja a ser gerido, em nome da Administração, por um *concessionário de exploração* e que este, por sua vez, com base nessa qualidade, venha a outorgar a outros particulares uma ou mais *concessões de uso.*

As concessões de uso privativo do domínio público podem ser de duas espécies: *concessões de aproveitamento imediato*, por um lado; e concessões *de aproveitamento mediato* ou *para instalação de serviços*, por outro. No primeiro caso, o concessionário pretende tirar proveito da própria coisa dominial (*v. g.*, água para rega); no segundo, o concessionário só pretende os bens como condição material da montagem de um serviço público (*v. g.*, assentamento de postes para fios elétricos e colocação de infraestruturas)[921].

Esta distinção tem várias consequências de regime: por exemplo, se as concessões de aproveitamento imediato implicam o pagamento de uma taxa, já as concessões de aproveitamento mediato são, regra geral, gratuitas, pois o seu regime económico não é o das concessões de uso, mas o dos contratos principais de que elas são instrumento.

162. Concessão de exploração de jogos de fortuna ou azar

A «concessão de exploração de jogos de fortuna ou azar» é o *contrato administrativo pelo qual a Administração encarrega um particular de estabelecer e explorar um casino de jogo, sendo retribuído pelo lucro auferido pelas receitas dos jogos.*

O mecanismo deste contrato é, assim, semelhante ao das outras concessões: um particular investe os seus capitais, constrói o casino como estabelecimento de jogo, explora-o por sua conta e risco, obtém dessa exploração a remuneração do capital investido (taxas, preços, perda de receitas em favor da concessionária) e, no final, amortizado o investimento, devolve o estabelecimento ao Estado – que, no período seguinte, o explorará diretamente ou o dará de novo em concessão ou arrendamento a quem oferecer melhores condições. Se, neste segundo

[921] V. Marcello Caetano, *Manual*, II, p. 939 e ss., e Pedro Gonçalves, *A Concessão de Serviços Públicos*, pp. 88-89.

período, o particular interessado se limitar a fazer funcionar o casino pré-existente, a figura a utilizar é o *contrato administrativo de arrendamento*; se, porém, ao particular forem exigidos novos investimentos avultados (por ex., um segundo ou um terceiro casino, como aconteceu no Estoril), então a figura adequada é a de uma *nova concessão de jogo*[922].

[922] V., especialmente, Diogo Freitas do Amaral e Lino Torgal, *Estudos sobre Concessões...*, pp. 531-539.

III

A FORMAÇÃO DO CONTRATO ADMINISTRATIVO

163. Preliminares

Um dos principais objetivos do CCP é o estabelecimento de uma disciplina aplicável à contratação pública em conformidade com o Direito Europeu[923]: é esse o conteúdo da sua Parte II. Tal regime regula a

[923] Como se referiu em momento anterior, o regime de Direito Comunitário derivado hoje vigente em matéria de contratação pública consta, nomeadamente, de três diretivas transpostas para o ordenamento jurídico nacional através do Decreto-Lei n.º 111-B/2017, de 31 de agosto, que aprovou o nosso 2.º CCP. Uma dessas diretivas diz respeito genericamente ao regime de formação de contratos públicos de empreitadas, bens e serviços em geral celebrados por autoridades adjudicantes (Diretiva 2004/24/UE, do Parlamento Europeu e do Conselho, de 26.2.2014); outra cuida daqueles contratos públicos celebrados pelas entidades que operam os setores da água, da energia, dos transportes e dos serviços postais (Diretiva 2014/25/UE, do Parlamento Europeu e do Conselho, de 26.2.2014); a terceira – que, ao contrário das pretéritas, não veio substituir um diploma europeu anterior sobre o mesmo objeto –, também já acima citada, é relativa aos contratos de concessão (Diretiva 2014/23/UE, também do Parlamento Europeu e do Conselho, de 26.2.2014). Estas Diretivas representam, na sequência das suas antecessoras, a renovação do esforço das autoridades europeias para assegurar a efetiva liberdade de contratação no ambiente europeu. É neste sentido que a Diretiva 2014/24/UE, por exemplo, afirma no seu art. 18/1 que: «As entidades adjudicantes tratam os operadores económicos de acordo com os princípios da igualdade de tratamento e da não discriminação e atuam de forma transparente e proporcionada». Para uma apreciação global destes Diplomas europeus, cfr. Roberto Caranta, «The changes to the public contract directives and the story they tell about how EU Works», *in Common Market*

formação dos contratos públicos, entendendo-se por tal *todos os contratos celebrados por certas entidades – as «entidades adjudicantes» referidas no CCP*, nomeadamente nos seus artigos 2.º e 7.º (cfr. o art. 1.º, n.º 2). Supletivamente, determina-se no CPA que, «na ausência de lei própria, aplica-se à formação dos contratos administrativos o regime geral do procedimento administrativo estatuído pelo presente Código, com as necessárias adaptações» (CPA, artigo 201.º, n.º 3).

Já vimos que o conceito legal de contrato administrativo pressupõe a presença de, pelo menos, um «contraente público»; e que este conceito contempla três tipos de entidades (cfr. o art. 3.º): (i) as entidades adjudicantes referidas no artigo 2.º, n.º 1 – quaisquer pessoas coletivas públicas, com exceção das que tenham caráter empresarial, e fundações (com exceção das previstas na Lei n.º 62/2007, de 10 de setembro) ou associações privadas controladas por uma ou mais daquelas pessoas coletivas públicas; (ii) as entidades adjudicantes referidas no artigo 2.º, n.º 2 – os «organismos de direito público», na medida em que celebrem contratos como tal qualificados pelas partes ou por elas submetidos a um regime substantivo de direito público; e (iii) as entidades que, independentemente da sua natureza pública ou privada, celebrem contratos no exercício de funções materialmente administrativas.

Enquanto as entidades do artigo 2.º, n.º 1, correspondem *grosso modo* à Administração Pública em sentido orgânico, a consideração dos «organismos de direito público» no n.º 2 decorre de exigências especificamente do Direito Europeu[924]. Trata-se, neste caso, de pessoas coletivas (*i*) que tenham sido criadas especificamente para satisfazer necessidades de interesse geral, sem caráter industrial ou comercial; e (*ii*) que sejam maioritariamente financiadas pelas entidades adjudi-

Law Review, 52, pp.391-460, 2015, e, entre nós, Miguel Assis Raimundo, «Uma primeira análise das novas diretivas», *in Revista de Contratos* Públicos, 9 (5-57) e 10 (131-169). Para uma análise detalhada da evolução do Direito Comunitário da Contratação Pública, v. a 1.ª ed. deste volume II do nosso *Curso* e, ainda, Maria João Estorninho, *Direito Europeu dos Contratos Públicos*, pp. 21 a 120; e Cláudia Viana, *Os Princípios Comunitários na Contratação Pública* (com importantes referências jurisprudenciais).

[924] V. Cláudia Viana, «Contratação pública e empresas públicas: direito nacional e direito comunitário», *CJA*, n.º 52, julho-agosto de 2005, pp. 8-32; e João Amaral e Almeida, «Os "organismos de direito público" e o respetivo regime de contratação: um caso de levantamento do véu», *in Estudos em homenagem ao Professor Doutor Marcello Caetano: no centenário do seu nascimento*, Lisboa, vol. 1, 2006, pp. 633-656.

cantes referidas no n.º 1 ou por outros organismos de direito público, ou a sua gestão esteja sujeita a controlo por parte dessas entidades, ou tenham órgãos de administração, direção ou fiscalização cujos membros tenham, em mais de metade do seu número, sido designados por essas entidades. São ainda «organismos de direito público» (de 2.º grau) as entidades em que concorram as caraterísticas correspondentes a tais organismos, por referência a outros organismos de direito público (de 1.º grau – cfr. o art. 2.º, n.º 2, alínea *b*)) e as associações controladas por tais organismos (cfr. o art. 2.º, n.º 2, alínea *d*)).

A prossecução de necessidades de interesse geral reconduz-se ao exercício da função administrativa; ora, a necessidade de uniformização legislativa entre os Estados, imposta pelo princípio da concorrência, implica que esta expressão seja interpretada da mesma forma em toda a Comunidade[925]. Logo, compete à jurisprudência comunitária densificar o que sejam «necessidades de interesse geral de caráter *industrial ou comercial*», ou *sem* esse caráter. De acordo com um dos acórdãos mais significativos nesta matéria, o Acórdão *Mannesmann*[926], o legislador europeu pretende com tal expressão que a Diretiva se aplique aos organismos que prosseguem a satisfação de necessidades de interesse geral cuja atividade escape, total ou parcialmente, à lógica de mercado, o que demonstra a importância do princípio da concorrência na delimitação da atividade de contratação pública[927]. Nesse sentido, na redação do 2.º CCP. de 2017, o artigo 2.º, n.º 1, alínea *a*), subalínea *i*) determina-se serem entidades adjudicantes os organismos de direito público que tenham sido criados para «satisfazer necessidades de interesse geral, sem caráter industrial ou comercial, entendendo-se como tais aquelas cuja atividade económica se não submeta à lógica concorrencial de mercado, designadamente por não terem fins lucrativos ou por não assumirem os prejuízos resultantes da sua atividade». Além disso, a qualificação pressupõe que as entidades «sejam maioritariamente financiadas por entidades referidas no número anterior ou por outros organismos de direito público, ou a sua gestão esteja sujeita a controlo por parte dessas entidades, ou tenham órgãos de administração, direção ou fiscalização cujos membros tenham, em mais de metade do seu número, sido designados por essas entidades».

925 V. Acórdão do Tribunal de Justiça das Comunidades Europeias, de 27 de fevereiro de 2003, Processo C-373/00, *Truley*.

926 V. Conclusões apresentadas em 16 de setembro de 1997, no processo C-44/96.

927 V. Rui Medeiros, «Âmbito do novo regime da contratação pública à luz do princípio da concorrência», *CJA*, n.º 69, maio-junho de 2008, pp. 3-29; Rodrigo Esteves de Oliveira, «Os princípios gerais da contratação pública», *in Estudos de Contratação Pública* – I, pp. 51-113.

Deste modo, na medida em que o contraente público seja também uma entidade adjudicante, o regime da contratação pública é, em princípio[928], aplicável à formação dos contratos administrativos que aquele pretenda celebrar. Tratar-se-á, então, de contratos públicos que revestem a natureza de contratos administrativos.

Entre a contratação excluída, são de referir, pela sua importância no que se refere aos contratos administrativos:

a) Os casos de celebração de contratos cujo objeto abranja prestações que não estão nem sejam suscetíveis de estar submetidas à concorrência no mercado, designadamente em razão da sua natureza ou das suas caraterísticas, bem como da posição relativa das partes no contrato ou do contexto da sua própria formação (art. 5.º, n.º 1)[929-930];
b) As situações de contratação in house e de cooperação público-público (cfr. art. 5.º-A)[931-932].

[928] Importa ver, posteriormente, se o próprio Código não exclui a entidade ou o contrato a celebrar do seu âmbito de aplicação (cfr. os arts. 4.º, 5.º e 6.º).

[929] O art. 16.º, n.º 2, do CCP considera submetidas à concorrência de mercado as prestações típicas abrangidas pelos objetos de todos os contratos administrativos tipificados no mesmo Código.

[930] Sobre a relevância do princípio da concorrência na matéria da contratação pública, v. Rui Medeiros, «Âmbito do novo regime da contratação pública à luz do princípio da concorrência», *CJA*, n.º 69, maio-junho de 2008, pp. 3-29; Rodrigo Esteves de Oliveira, «Os princípios gerais da contratação pública», *Estudos de Contratação Pública*, I, Coimbra Editora, Coimbra, 2008, pp. 51-113; e Cláudia Viana, *Os princípios comunitários na contratação pública*, Coimbra Editora, Coimbra, 2007.

[931] Quanto ao *in house*, trata-se de situações em que (i) uma entidade adjudicante celebra um contrato com um cocontratante sobre cuja atividade exerce, isoladamente ou em conjunto com outras entidades adjudicantes, um controlo análogo ao que exerce sobre os seus próprios serviços, (ii) a entidade cocontratante desenvolve mais de 80% da sua atividade em benefício de uma ou de várias dessas entidades adjudicantes e (iii) não haja participação direta de capital privado na entidade cocontratante, com exceção de formas de participação de capital privado sem poderes de controlo e sem bloqueio eventualmente exigidas por disposições especiais, em conformidade com os Tratados da União Europeia, e que não exerçam influência decisiva na entidade cocontratante. Os casos de *cooperação público-público* não exigem controlo análogo, sujeitando-se aos requisitos mencionados no n.º 5 do artigo 5.º-A do CCP.

[932] V. Bernardo Azevedo, «Contratação *in house*: entre a liberdade de auto-organização administrativa e a liberdade de mercado», *Estudos de Contratação Pública* – I, pp. 115-145; Cláudia Viana, «Contratos públicos "in house" – em especial, as relações contratuais entre muni-

164. Princípios gerais

Enunciado. – O artigo 1.º-A, n.º 1, do 2.º CCP estabelece que são aplicáveis à formação e à execução dos contratos públicos, os «princípios gerais decorrentes da Constituição, dos Tratados da União Europeia e do Código do Procedimento Administrativo, em especial os princípios da legalidade, da prossecução do interesse público, da imparcialidade, da proporcionalidade, da boa-fé, da tutela da confiança, da sustentabilidade e da responsabilidade, bem como os princípios da concorrência, da publicidade e da transparência, da igualdade de tratamento e da não-discriminação».

Este enunciado recorta duas categorias de princípios. Assim, estabelece-se desde logo que valem também neste âmbito os princípios gerais da atividade administrativa (cfr. o art. 266.º da Constituição e o art. 2.º, n.º 3, do CPA). Já conhecemos o seu significado (cfr. *supra*)[933].

Por outro lado, a formação e execução de contratos públicos encontra-se especialmente parametrizada pelos princípios *sectoriais* da concorrência, publicidade, transparência e igualdade, que concretizam os princípios da *não discriminação* e da *concorrência* consignados no Tratado da União Europeia. Em particular, é a ideia nuclear da *transparência* que surge traduzida, designadamente, nas normas relativas à abertura de concursos, à organização e informação a prestar pelas entidades adjudicantes, à publicidade de todos os atos, ou pelo menos dos mais importantes (incluindo anúncios no *Jornal Oficial*), à fixação de prazos suficientemente longos para que todos os potenciais interessados comunitários se apresentem, e, finalmente, nas normas atinentes à escolha de critérios objetivos de adjudicação.

cípios e empresas municipais e intermunicipais», *Direito Regional e Local*, n.º 00, outubro-dezembro de 2007, pp. 34-42; Alexandra Leitão, «Contratos de prestação de bens e serviços celebrados entre o Estado e as empresas públicas e relações "in house"», *CJA*, setembro-outubro de 2007, pp. 12-26; e Tiago Macieirinha, «De *Teckal* a *Coditel Brabant*: evolução da jurisprudência comunitária sobre o conceito de controlo análogo», *in O Direito*, 141 (2009), p. 1181 e ss.

933 Cfr., entre nós, por exemplo, Cláudia Viana, *Os princípios comunitários na contratação pública*, *cit.*, *passim*; Rui Medeiros, «Âmbito do novo regime da contratação pública à luz do princípio da concorrência», pp. 3-29; Rodrigo Esteves de Oliveira, «Os princípios gerais da contratação pública», *Estudos de Contratação Pública*, I, pp. 51-113.

Sentido e funções dos princípios de direito administrativo aplicáveis aos procedimentos adjudicatórios. – Estes princípios não apontam soluções concretas aos órgãos decisórios; a sua função não é a de estruturar em termos específicos os procedimentos de contratação pública, mas a de orientar aqueles órgãos no percurso que conduz à celebração do contrato. Eles encaminham ou guiam a Administração no bom sentido, sem, no entanto, imporem uma dada decisão.

Por outro lado, é necessário ter presente que, se todos os princípios referidos têm em abstrato o mesmo valor normativo, em concreto, ou seja, perante uma situação específica a resolver, poderão apresentar peso diverso; se assim for, haverá que proceder à respetiva concordância prática, podendo aí a realização de um princípio envolver, legitimamente, o sacrifício parcial de certas dimensões de outro ou outros princípios.

Naturalmente, o desrespeito grave de algum desses princípios em qualquer fase da tramitação inquina todo o procedimento e, consequentemente, o ato final (cfr. o art. 283.º do CCP).

Em suma, os princípios estruturantes do procedimento pré-contratual relevam duplamente: *a priori* ou positivamente, orientam a conduta procedimental da Administração; *a posteriori* ou negativamente, a sua violação, de forma manifesta, é fonte de invalidade dos atos pré-contratuais.

Projeção dos princípios gerais no procedimento de concurso público, que é historicamente o procedimento pré-contratual paradigmático (embora menos complexo que os procedimentos de concurso limitado por prévia qualificação, de negociação e de diálogo concorrencial). – Trata-se aqui dos princípios da concorrência, da igualdade, da publicidade e da transparência.

a) *Princípio da concorrência.* – Este princípio, mais do que estruturante, condiciona a própria aplicabilidade dos procedimentos pré-contratuais disciplinados no CCP: estes apenas devem ser adotados para a formação de contratos cujo objeto abranja prestações suscetíveis de estar submetidas à concorrência no mercado (cfr. os arts. 5.º, n.º 1, e 16.º)[934]. Trata-

[934] Entende-se que haverá natureza concorrencial sempre que as prestações objeto do contrato considerado tenham natureza fungível e valor económico, v. Gonçalo Guerra Tavares e Nuno Dente, *Código dos Contratos Públicos – Âmbito..., cit.*, p. 23.

-se de assegurar, na medida do possível, a otimização dos interesses da entidade adjudicante em termos de preço e qualidade das prestações a adquirir pela mesma. O princípio da concorrência traduz o reconhecimento da liberdade de iniciativa económica privada e da economia de mercado como modo principal de satisfação das necessidades económicas gerais e colocando-as ao serviço do interesse público, ao permitir que a escolha da Administração recaia efetivamente na *melhor proposta*, em vez de privilegiar os nacionais, os amigos ou os mais poderosos. Nesta perspetiva, é um *umbrella principle*, o que dificulta a sua distinção face a outros princípios, como o da igualdade, e implica diferentes manifestações, entre as quais o princípio da comparabilidade e intangibilidade das propostas e o princípio da estabilidade das peças do procedimento, dos concorrentes e dos candidatos[935].

Até à entrada em vigor do CCP em 2008, o concurso público era considerado o procedimento adjudicatório por excelência. Com o Código, parece fazer mais sentido falar de um *princípio do acesso público*[936], o qual significa que, salvo exceções, qualquer interessado pode apresentar-se a um procedimento (como candidato, tratando-se de procedimento com uma fase prévia de qualificação, ou logo como concorrente, tratando-se de um concurso público), com vista a celebrar um contrato com uma entidade adjudicante. Olhando para os procedimentos pré-contratuais tipificados no CCP, as únicas exceções ao referido princípio residem na *consulta prévia* e no *ajuste direto* (em ambos os casos a participação dependendo de convite da entidade adjudicante); tal não significa que, no procedimento de *consulta prévia*, não haja manifestações do princípio em análise (o convite deve ser dirigido a um mínimo de três interessados) – o que acontece é que os graus de realização do mesmo se vão refletir em menor medida neste tipo de procedimento pré-contratual.

b) *Princípio da igualdade.* – Embora possa ser, de uma certa perspetiva, considerado um subprincípio do princípio da concorrência, o princípio da igualdade impõe, quando comparado com aquele, que, para além da abertura no acesso ao procedimento, os candidatos se mantenham sempre

[935] V. Rodrigo Esteves de Oliveira, «Os princípios gerais da contratação pública», p. 67 e ss.
[936] *Idem*, p. 68.

numa situação de igualdade no decurso do mesmo, o que significa que as regras do jogo devem já estar claramente definidas antes, e devem manter-se imutáveis após a abertura do procedimento. Este princípio proíbe ainda discriminações injustificadas entre os candidatos.

c) Princípio da publicidade. – Indissociável dos princípios da concorrência e da igualdade é, na generalidade dos procedimentos pré-contratuais, o princípio da publicidade. Ele determina que quaisquer decisões ou deliberações dos órgãos da entidade adjudicante *devem ser dadas a conhecer a todos os que nele possam vir a estar ou estejam já interessados no procedimento concursal.* O princípio da publicidade manifesta-se ainda no facto de os atos ou as fases em que se verifica qual a concorrência existente, ou em que se fixam as principais condições documentais e materiais de cada candidatura ou proposta, terem de *decorrer publicamente perante os interessados*[937].

d) Princípio da transparência. – Em matéria de formação de contratos administrativos, o princípio da transparência postula, em síntese, que a Administração Pública deve fundamentar os seus atos e garantir a cabal audiência dos particulares interessados, não lhes podendo sonegar informação quer sobre o andamento dos processos em que sejam diretamente interessados, quer sobre as resoluções definitivas que sobre eles forem tomadas[938].

165. Regime procedimental: considerações gerais

As regras sobre a formação dos contratos administrativos (em especial dos que revistam a natureza de contrato de colaboração) são particularmente apertadas e constituem um exemplo claro de como a Administração Pública está por vezes sujeita a restrições e obrigações muito maiores do que aquelas que impendem sobre os particulares em geral, no âmbito do direito privado. Trata-se de regras que versam sobre os aspetos essenciais do contrato público ou administrativo – a decisão de

[937] V. *idem, ibidem*, p. 121. Cfr., entre outros, os arts. 115.º, n.º 2, alínea *d*), 132.º, n.º 1, alínea *n*), 164.º, n.º 1, alínea *q*), 196.º e 206.º do CCP.

[938] V. Marcelo Rebelo de Sousa, *O concurso público na formação do contrato administrativo*, p. 42.

contratar, a autorização da despesa inerente à celebração do contrato, a escolha do procedimento pré-contratual, a aprovação das peças procedimentais, a tramitação do procedimento, a obtenção do mútuo consenso em que o contrato administrativo se traduz, e a forma e formalidades da celebração do contrato.

A formação do contrato administrativo envolve, em regra, a adoção de um procedimento tendente à escolha do cocontratante e à definição do conteúdo do contrato. Trata-se de um procedimento de 1.º grau que se rege, em princípio, pelas disposições da Parte II do CCP. Com efeito, a sua celebração é sempre precedida pela prática de um ato administrativo, que é *o ato de adjudicação*, e este é por sua vez precedido por um procedimento administrativo, o qual se inicia com a decisão de contratar.

A sequência é, pois, em termos simplificados, esta: decisão de contratar – procedimento pré-contratual – adjudicação – celebração do contrato.

Com o CCP, a regra geral, que traduz uma mudança de paradigma, é a de que a escolha do tipo de procedimento pré-contratual condiciona o valor do contrato a celebrar, em virtude do princípio da concorrência. Ou seja, de acordo com o artigo 17.º e seguintes do Código, sendo adotado um determinado tipo de procedimento, este vai determinar o valor máximo do benefício económico que pode ser obtido pelo adjudicatário com a execução de todas as prestações que constituem o objeto do contrato a celebrar.

Analisando os artigos 18.º e seguintes do CCP, ficamos a saber até que valores pode ser escolhido um procedimento de ajuste direto, consulta prévia, concurso público ou concurso limitado por prévia qualificação, no caso de contratos de empreitada de obras públicas, locação ou aquisição de bens móveis e aquisição de serviços, bem como noutros tipos contratuais. Deste elenco devem ser excluídos os contratos de concessão de obras e de serviços, já que a estes será aplicável o artigo 31.º do Código.

Para além destes critérios de escolha do procedimento consoante *o tipo* de contrato em causa e o *valor* do mesmo, existem ainda os chamados critérios *materiais* de escolha do procedimento (art. 23.º e seguintes), que permitem a celebração de contratos de qualquer valor, em consonância com as diretivas europeias sobre a matéria. Entre estes, há que salientar os critérios materiais que permitem a escolha do ajuste direto e da consulta prévia para a formação de quaisquer contratos, cuja adoção, porque suscetível em maior medida de violar o princípio da concorrência, requer um maior ónus de fundamentação.

O CCP provocou também uma «revolução» ao nível da tramitação dos diferentes procedimentos pré-contratuais. Com efeito, ainda antes de tal lhe ser exigido pelo Direito Europeu, o legislador nacional optou pela desmaterialização integral (princípio do «tout électronique») dos procedimentos respeitantes à formação de contratos públicos, tendo-se assistido, por esta via, «à substituição dos tradicionais suportes (*maxime* o papel), ao cumprimento de novas exigências (caso da assinatura eletrónica da proposta) ou ao abandono de práticas ancestrais (*v. g.* a fase do ato público do concurso)»[939]. O CCP prevê, porém, apenas as linhas gerais desta opção, hoje fixadas pela Lei n.º 96/2015, de 17 de agosto.

166. Cont.: tipos de procedimentos pré-contratuais[940]

Tanto em virtude de imposições oriundas do Direito da União Europeia quanto em virtude das opções internas do ordenamento constitucional português, a pessoa coletiva qualificada como entidade adjudicante, ao abrigo dos critérios de qualificação previstos no artigo 2.º (e, em certos casos, no artigo 7.º) do CCP, fica sujeita à obrigação de subordinar a formação dos seus contratos a procedimentos de contratação pública[941]. O artigo 16.º, n.º 1, do CCP, para a formação de contratos cujo objeto abranja prestações que estão ou sejam suscetíveis de estar submetidas à concorrência no mercado, obriga a adotar um dos seguintes tipos de

[939] Luís Verde de Sousa, «Alguns Problemas Colocados pela Assinatura Eletrónica das Propostas», in *RCP*, n.º 9, 2013, p. 60.

[940] V. Margarida Olazabal Cabral, «O concurso público no Código dos Contratos Públicos», *Estudos de Contratação Pública* – I, pp. 181-227; Rui Medeiros, «Âmbito do novo regime da contratação pública à luz do princípio da concorrência», *CJA*, n.º 69, maio-junho de 2008, pp. 3-29; Margarida Olazabal Cabral, «Procedimentos clássicos no Código dos Contratos Públicos», *CJA*, n.º 64, julho-agosto de 2007, pp. 15-27; Ana Gouveia Martins, «Concurso limitado por prévia qualificação», *Estudos de Contratação Pública* – I, pp. 229-274; Mark Kirkby, «O diálogo concorrencial», *Estudos de Contratação Pública* – I, pp. 275-326; Miguel Nogueira de Brito, «Ajuste direto», *Estudos de Contratação Pública* – II, pp. 297-344.

[941] Cfr. Pedro Fernández Sánchez, «A adoção (excecional) do ajuste direto por motivos artísticos para elaboração de projetos de arquitectura», *in Revista de Contratos Públicos*, n.º 10 (jan.-abril de 2014), p. 44-45.

procedimentos: o ajuste direto, a consulta prévia, o concurso público, o concurso limitado por prévia qualificação, o procedimento de negociação, o diálogo concorrencial e a parceria para a inovação[942].

Vejamos, pois, sumariamente, em que consiste cada um deles, não sem antes sublinhar um ponto muito importante: aquelas imposições normativas revelam uma clara preferência pela realização de procedimentos concorrenciais abertos ou «semiabertos» (na expressão de M. Rebelo de Sousa e A. Salgado de Matos), envolvendo *o cumprimento da obrigação de publicitar inicialmente a decisão de contratar*, em detrimento dos procedimentos de ajuste direto e de consulta prévia.

a) O *ajuste direto* e a *consulta prévia*, regulados em conjunto nos artigos 112.º a 129.º do CCP, são procedimentos fechados, mas que dependem da iniciativa pública, o que significa que só podem apresentar propostas aqueles que tenham sido convidados a fazê-lo pela entidade adjudicante. Nos termos daquele Código, o ajuste direto é o *procedimento em que a entidade adjudicante convida diretamente uma entidade à sua escolha a apresentar proposta*; já a consulta prévia consiste no *procedimento em que a entidade adjudicante convida diretamente pelo menos três entidades à sua escolha a apresentar proposta, podendo com elas negociar os aspetos da execução do contrato a celebrar* (cfr. o art. 112.º, n.os 1 e 2)[943]. Trata-se, em ambos os casos, de procedimentos talhados para contratos de baixo valor ou em que, independentemente do valor, ocorra uma razão material, que deve ser devidamente fundamentada, que justifique a preterição do princípio da concorrência.

[942] Como referido, o art. 16.º limita o âmbito de aplicação da Parte II do Código aos contratos que abranjam prestações que estão ou sejam suscetíveis de estar submetidas à concorrência de mercado, sendo enumerados no n.º 2 do mesmo preceito, a título meramente exemplificativo, a empreitada de obras públicas, a concessão de obras públicas, a concessão de serviços públicos, a locação ou aquisição de bens móveis, a aquisição de serviços e o contrato de sociedade.

[943] Como referia Margarida Cabral a respeito do ajuste direto no 1.º CCP (em que não existia o procedimento de consulta prévia, mas apenas o de *ajuste direto* que abrangia a possibilidade de convite a mais do que uma entidade), «Procedimentos Clássicos no Código dos Contratos Públicos», *CJA*, n.º 64, julho-agosto de 2007, p. 16, este é o procedimento de «geometria mais variável». Trata-se de uma caraterização que, com o 2.º CCP, de 2017, se pode aplicar tanto ao ajuste direto como também à consulta prévia.

No ajuste direto e na consulta prévia, o programa do procedimento é substituído pelo convite regulado pelo artigo 115.º Na consulta prévia, que comporta convite a várias entidades, pode ainda haver uma fase de negociações, caso em que o convite deverá indicar os aspetos da execução do contrato a celebrar que a entidade adjudicante não está disposta a negociar, bem como se a negociação decorrerá por via eletrónica e os respetivos termos. Daí a sua «geometria variável»[944].

b) O *concurso público*, regulado nos artigos 130.º a 161.º do CCP, é o *procedimento de iniciativa pública aberto à livre competição dos interessados admitidos a fazer valer a sua pretensão de contratar com a Administração em condições de plena igualdade entre as respetivas propostas, para que aquela possa escolher a que melhor satisfaça o interesse público.*

A caraterística primeira do *concurso público* é, pois, a de não se saber à partida *que pessoas* ou entidades vão concorrer e, bem assim, a de *não haver limite ao número de concorrentes* – tudo isso porque são admitidos a concorrer *todos* os concorrentes cujas propostas preencham os requisitos *genericamente* determinados na lei e nas peças de procedimento[945]. É, portanto, *o procedimento aberto* por excelência. O procedimento de concurso público pode prever eventualmente uma fase destinada à modificação de alguns aspetos das propostas, *v. g.* o preço. Esta fase revela cariz abrangente (quanto ao seu âmbito) nos casos das concessões de obras e serviços públicos, traduzindo-se numa verdadeira *fase de negociação*[946] – mas também pode ser utilizada no caso das empreitadas de obras públicas e das locações e da aquisição de bens móveis ou de serviços de valor inferior aos limiares europeus. Note-se que, no caso das locações e da aquisição de bens móveis ou de serviços (sem limite de valor), o concurso público pode prever uma fase limitada à alteração de aspetos quantitativos das propostas, através de um processo eletrónico,

[944] A par do procedimento de ajuste direto padrão, existe ainda a possibilidade de recorrer a um «ajuste direto simplificado», regulado nos arts. 128.º e 129.º do CCP, de forma a combater o excesso de procedimentalização do procedimento em causa (cfr. Miguel Nogueira de Brito, «Ajuste direto», p. 302).

[945] Assim, v. Esteves de Oliveira e Esteves de Oliveira, *Concursos e outros Procedimentos...*, p. 177.

[946] A *negociação* tem vindo a ganhar progressiva importância no âmbito da formação dos contratos públicos. A este propósito, v. Luís Verde de Sousa, *A Negociação nos Procedimentos de Adjudicação*, Coimbra, 2010.

em que não há diálogo entre a entidade adjudicante e os concorrentes, designado por leilão eletrónico[947]. O leilão eletrónico sem diálogo está (e bem) totalmente vedado nas empreitadas de obras públicas e, por maioria de razão, nas concessões administrativas.

c) A escolha do contraente particular pode ser feita também por *concurso limitado por prévia qualificação*, regulado nos artigos 162.º a 192.º do CCP. Este procedimento, conjuntamente com o procedimento de negociação e com o diálogo concorrencial, constitui um *procedimento semiaberto*, ou seja, a ele podem candidatar-se quaisquer interessados que preencham os requisitos exigidos, mas apenas poderão apresentar propostas os candidatos que sejam qualificados numa primeira fase (cfr. o art. 163.º, alíneas *a*) e *b*), do CCP).

O *concurso limitado por prévia qualificação,* embora tenha por matriz as regras que disciplinam o concurso público (cfr. o art. 162.º, n.º 1, do CCP), difere deste porque *só são admitidos a apresentar propostas os candidatos para o efeito selecionados (ou qualificados) pela entidade adjudicante* (cfr. o art. 189.º, n.º 1, do CCP).

d) O *procedimento de negociação*, regulado nos artigos 193.º a 203.º do CCP, é uma figura recente, originária do Direito Europeu, nomeadamente das diretivas sobre contratação pública, e que surgiu a par do «procedimento aberto» (*open procedure*) e do «procedimento restrito» (*restricted procedure*)[948]. A peculiaridade dos interesses em jogo em determinadas relações contratuais, por um lado, e certo tipo de vicissitudes ocorridas no momento da celebração de determinados contratos, por outro, são as razões principais da consagração e utilização do «procedimento de negociação» (*negotiated procedures*)[949]. Os casos em que é permitida a utilização deste procedimento são os mesmos em que é possível o recurso ao procedimento de diálogo concorrencial (artigo 29.º).

[947] Sobre esta figura, cfr. Luís Verde de Sousa, «O Leilão Electrónico na Contratação Pública», *in Estudos de Contratação Pública* – IV, Coimbra, 2013, pp. 231-303.
[948] Sobre o aparecimento do procedimento de negociação no âmbito do Direito Europeu da Contratação Pública v. entre nós Luís Verde de Sousa, *A Negociação nos Procedimentos de Adjudicação*, pp. 130-136.
[949] V., entre nós, Bernardo Ayala, *O Método de Escolha do Co-contratante...*, *loc. cit.*, pp. 19-21.

Este tipo de procedimento implica que, para além da apresentação das candidaturas e da qualificação dos candidatos, a que se segue a apresentação de propostas iniciais pelos candidatos qualificados, *haja ainda uma negociação das propostas apresentadas, e uma análise da versão final das propostas.* Ao procedimento de negociação são subsidiariamente aplicáveis as disposições que regulam o concurso limitado por prévia qualificação (cfr. o art. 193.º do CCP).

e) O *diálogo concorrencial*, regulado nos artigos 204.º a 218.º do CCP, tem igualmente origem no Direito Europeu. O artigo 29.º, n.º 1, do CCP, especifica o número limitado de hipóteses em que a entidade adjudicante pode adotar o (procedimento de negociação e o) diálogo concorrencial[950]. Nesses casos, quando opte pelo procedimento de diálogo concorrencial, a entidade adjudicante *discute com os candidatos qualificados os aspetos complexos ainda por definir, só procedendo à elaboração do caderno de encargos, com as cláusulas a incluir no contrato a celebrar, após tal diálogo.*

f) A *parceria para a inovação*, regulada a partir de 2017 nos artigos 30.º-A e 218.º-A a 218.º-D do CCP, corresponde a uma modalidade de formação de contratos com fonte no Direito Europeu. Nos termos do artigo 30.º-A do CCP, a entidade adjudicante pode recorrer a este tipo de procedimento *quando pretenda a realização de atividades de investigação e o desenvolvimento de bens, serviços ou obras inovadoras, independentemente da sua natureza e das áreas de atividade, tendo em vista a sua aquisição posterior, desde que estes*

[950] Nos termos do n.º 1 do referido artigo 29.º, a entidade adjudicante poderá adotar seja o procedimento de negociação seja o diálogo concorrencial quando (i) as suas necessidades não possam ser satisfeitas sem a adaptação de soluções facilmente disponíveis, (ii) os bens ou serviços incluírem a conceção de soluções inovadoras, (iii) não for objetivamente possível adjudicar o contrato sem negociações prévias devido a circunstâncias específicas relacionadas com a sua natureza, complexidade, montagem jurídica e financeira ou devido aos riscos a ela associados e (iv) não for objetivamente possível definir com precisão as especificações técnicas por referência a uma norma, homologação técnica europeia, especificações técnicas comuns ou referência técnica. Por exemplo, poderá recorrer-se a um destes procedimentos quando uma entidade adjudicante pretenda estabelecer uma ligação entre duas margens de um rio e não consiga definir qual é a melhor solução tecnicamente, se uma ponte ou um túnel, ainda que consiga estabelecer as especificidades da ponte (suspensa, de ferro, cimento, etc.) ou do túnel (número de vias, profundidade da construção, no leito do rio ou abaixo deste, etc.).

correspondam aos níveis de desempenho e preços máximos previamente acordados entre aquela e os participantes na parceria.

Trata-se de um procedimento que, por norma, abrange várias fases (muito embora se reconheça a possibilidade de as mesmas serem adaptadas em função da complexidade e relevância financeira da parceria a celebrar), incluindo uma fase de apresentação de candidaturas e uma fase de apresentação de propostas.

Quando adote este tipo de procedimento de formação de contratos, a entidade adjudicante deve identificar, nas peças do procedimento, «a necessidade de bens, serviços ou obras inovadores que não possam ser obtidos mediante a aquisição de bens, serviços ou obras já disponíveis no mercado, indicando ainda os requisitos mínimos que concretizam a necessidade» (cfr. artigo 218.º-A, n.º 3, al. *a*)).

Em síntese, temos:

I – Procedimentos fechados: ajuste direto e consulta prévia;

II – Procedimento aberto: concurso público;

III – Procedimentos semiabertos: concurso limitado por prévia qualificação, procedimento de negociação, diálogo concorrencial e parcerias para a inovação.

Além dos referidos, constam ainda do CCP os chamados «instrumentos procedimentais especiais». São eles: i) O *concurso de conceção,* regulado nos artigos 219.º-A a 219.º-J, revestindo, em regra, a modalidade de concurso público, mas podendo ser adotada a modalidade de concurso limitado por prévia qualificação (art. 219.º-A, n.º 3); ii) Os *sistemas de aquisição dinâmicos,* regulados nos artigos 237.º a 241.º-D; iii) Os *sistemas de qualificação,* regulados nos artigos 245.º a 250.º

Cabe ainda referir outras figuras, que *não constituem procedimentos pré-contratuais,* mas que com eles se articulam, a saber: i) Os *acordos-quadro* (arts. 251.º a 259.º), que correspondem a contratos celebrados entre uma ou várias entidades adjudicantes e uma ou mais entidades, com o objetivo de disciplinar relações contratuais futuras, a estabelecer ao longo de um determinado período de tempo, mediante fixação antecipada dos seus termos; ii) As *centrais de compras* (arts. 260.º a 266.º), que são entidades adjudicantes constituídas para centralizar a contratação de empreitadas de obras públicas, locação e aquisição de bens móveis e aquisição de serviços (sobre estas, v. também o Decreto-Lei n.º 200/2008, de 9 de outubro).

167. Cont.: fases e trâmites comuns aos diferentes tipos de procedimentos pré-contratuais

Os tipos de procedimentos pré-contratuais referidos têm em comum várias fases e alguns trâmites. É essa a razão pela qual no CCP se começa por disciplinar genericamente a «fase de formação do contrato» (em geral) e, só depois, a tramitação correspondente a cada tipo procedimental (cfr., respetivamente, os arts. 34.º a 111.º e os arts. 112.º e ss.). Vamos analisar sucessivamente os aspetos comuns aos diferentes tipos procedimentais pré-contratuais previstos no CCP:

a) O procedimento inicia-se com a *decisão de contratar* – sem prejuízo de, previamente ao seu início, a entidade adjudicante poder agora realizar uma *consulta preliminar ao mercado*, «designadamente através da solicitação de informação ou pareceres de peritos, autoridades independentes ou agentes económicos, que possam ser utilizados no planeamento da contratação» (art. 35.º-A, n.º 1), não podendo esta iniciativa «ter por efeito distorcer a concorrência, nem resultar em qualquer violação dos princípios da não discriminação e da transparência» (art. 35.º-A, n.º 2) –, que é muitas vezes uma decisão implícita, estando frequentemente associada «no mesmo despacho, às decisões de autorização da despesa e de escolha do procedimento»[951], a qual compete ao órgão competente para autorizar a despesa inerente ao contrato a celebrar (art. 36.º, n.º 1)[952]. Compete igualmente a este órgão: (i) escolher o tipo de procedimento a adotar (art. 38.º); (ii) aprovar as peças do procedimento (art. 40.º, n.º 2); (iii) designar os membros do júri (art. 67.º, n.º 1); (iv) adjudicar ou não adjudicar (respetivamente, arts. 73.º, n.º 1, e 79.º); (v) aprovar a minuta do contrato (art. 98.º, n.º 1); e (vi) representar a entidade adjudicante na outorga (*i. e.*, assinatura) do contrato (art. 106.º, n.º 1).

As peças do procedimento, a aprovar logo no início do procedimento, são o *convite* à apresentação de propostas (ajuste direto, consulta prévia, concurso limitado por prévia qualificação, procedimento de negociação e parceria para a inovação) ou à apresentação de soluções (diálogo concorrencial), o *programa do procedimento* (em todos os proce-

[951] Cfr. Alexandra Leitão, *Lições de Direito dos Contratos Públicos*, pp. 96-97.

[952] Sobre a delegação das competências em matéria de contratação, cfr. os arts. 109.º a 111.º

dimentos, com exceção do ajuste direto e da consulta prévia) e o *caderno de encargos* (em todos os procedimentos, com exceção do ajuste direto em regime simplificado, previsto no art. 128.º)[953].

O programa do procedimento é o regulamento que define os termos a que obedece a fase de formação do contrato até à sua celebração (art. 41.º), e que, nomeadamente, determina o critério de adjudicação (v. *infra*). O *caderno de encargos* é a peça que contém as cláusulas a incluir no contrato a celebrar (art. 42.º, n.º 1). Caso este implique o pagamento de um preço, o caderno de encargos deve definir o *preço-base*, ou seja, o preço máximo que a entidade adjudicante se dispõe a pagar pela execução de todas as prestações que constituam o objeto do contrato (art. 47.º, n.º 1). A este preço contrapõe-se o *preço contratual*: aquele que resulta das negociações, ou da escolha da melhor proposta apresentada, e que deverá ser pago pela entidade adjudicante pela execução de todas as prestações que constituam o objeto do contrato (art. 97.º, n.º 1).

A decisão de contratar é publicitada mediante anúncio. Nos casos do ajuste direto e da consulta prévia, são enviados convites à apresentação de propostas (cfr. o art. 115.º).

a) As regras de participação respeitam ao «como» da participação, cumprindo distinguir entre candidatos e concorrentes. Quaisquer pessoas singulares ou coletivas, ou agrupamentos de umas e de outras, sem que entre as mesmas exista qualquer modalidade jurídica de associação, podem ser candidatos ou concorrentes, desde que não se encontrem legalmente impedidos (arts. 54.º e 55.º).

É *candidato* a entidade que participa na fase de qualificação de procedimentos semiabertos (concurso limitado por prévia qualificação, procedimento de negociação, diálogo concorrencial e parceria para a inovação – art. 52.º)[954]: nestes, as candidaturas são analisadas pelo júri, que

[953] Ana Raquel Moniz, «As peças do procedimento», *in Estudos de Contratação Pública* – IV, Coimbra, 2013, p. 83, carateriza as *peças de procedimento* como os «*documentos, emanados pela entidade adjudicante, que, incidindo sobre o procedimento pré-contratual ou sobre o conteúdo do contrato vinculam aquela, bem como aqueles que com ela pretendem estabelecer uma relação* contratual». V. também Tiago Duarte, «A decisão de contratar no Código dos Contratos Públicos», *Estudos de Contratação Pública* – I, pp. 147-180.

[954] A qualificação pode ser feita de acordo com um de dois modelos: o «modelo simples de qualificação» consiste em qualificar todos os candidatos que preencham os requisitos mínimos de capacidade técnica e financeira (art. 179.º); o «modelo complexo de qualificação»

elabora um relatório preliminar com a proposta de ordenação de candidatos a submeter à audiência dos interessados. Posteriormente, é elaborado um relatório final, a submeter à apreciação do órgão competente para a decisão de contratar, para efeitos de decidir sobre a qualificação dos candidatos.

É *concorrente* a entidade que participa em qualquer procedimento de formação de um contrato mediante a apresentação de uma proposta (art. 53.º). A *proposta* é a declaração pela qual o concorrente manifesta à entidade adjudicante a sua vontade de contratar e indica o modo pelo qual se dispõe a fazê-lo (art. 56.º, n.º 1).

b) O *júri do procedimento* é um órgão *ad hoc* que dirige a instrução da generalidade dos procedimentos pré-contratuais, competindo-lhe nomeadamente (arts. 67.º, n.º 1, e 69.º):

1) Apreciar as candidaturas, as propostas e as soluções e projetos;
2) Elaborar os relatórios de análise das candidaturas, das propostas e das soluções e projetos;
3) Exercer a competência que lhe seja delegada pelo órgão competente para a decisão de contratar, não sendo, porém, delegável a competência para a retificação das peças do procedimento, para a decisão sobre erros ou omissões identificados pelos interessados, para a decisão de qualificação dos candidatos ou para a decisão de adjudicação.

O júri inicia as suas funções no primeiro dia útil subsequente ao do envio do anúncio para publicação ou do convite (art. 68.º, n.º 1). As suas deliberações devem ser sempre fundamentadas e são tomadas por maioria, não sendo admitida a abstenção (art. 68.º, n.º 3).

c) As propostas são analisadas para efeitos de verificação da sua conformidade com os parâmetros jurídicos do procedimento. O júri do

consiste numa qualificação efetuada segundo o critério da maior competência técnica e financeira, que implica a ordenação dos candidatos que preencham os requisitos mínimos de capacidade técnica e financeira previamente estabelecidos (art. 181.º). Cfr. Cláudia Viana, «A qualificação dos operadores económicos nos procedimentos de contratação pública», *Estudos de Contratação Pública* – II, pp. 153-196.

procedimento pode pedir esclarecimentos sobre as propostas (art. 72.º). E estas são posteriormente avaliadas quanto ao seu mérito relativo. Cumpridos os trâmites relativos à audiência dos interessados, o júri ordena definitivamente as propostas em ordem à adjudicação pelo órgão competente para a decisão de contratar.

d) A «adjudicação» é *o ato pelo qual é aceite a única proposta apresentada ou é escolhida uma de entre as propostas apresentadas* (art. 73.º, n.º 1)[955]. Em princípio, existe um dever de adjudicação, mas são admitidas causas de não adjudicação (arts. 76.º, n.º 1, e 79.º). A decisão de adjudicação é notificada, em simultâneo, a todos os concorrentes (art. 77.º, n.º 1).

O critério de adjudicação é o determinado no programa do procedimento. Nos termos do artigo 74.º, tal critério corresponde ao da *proposta economicamente mais vantajosa* para a entidade adjudicante, determinado por uma de duas modalidades: (i) a modalidade de melhor relação qualidade-preço, na qual o critério de adjudicação é composto por um conjunto de fatores, e eventuais subfatores, relacionados com diversos aspetos da execução do contrato a celebrar; (ii) a modalidade de avaliação do preço ou custo enquanto único aspeto da execução do contrato a celebrar (e que na versão do CCP anterior à revisão de 2017 se denominava «critério do preço mais baixo»). Esta última modalidade só pode ser adotada quando apenas estiver submetido à concorrência pela entidade adjudicante o preço a pagar (ou o custo a suportar) pela execução do contrato a celebrar. Para tanto, o caderno de encargos deve definir todos os restantes aspetos da execução do contrato. Já a modalidade da «melhor relação qualidade-preço» é mais vaga, conferindo uma certa discricionariedade à Administração na escolha do adjudicatário. Na verdade, quem apresenta o preço mais baixo pode não oferecer a solução economicamente mais vantajosa – quer por debilidade financeira da empresa proponente, quer por insuficiência do investimento previsto para o período de execução do contrato, etc.

e) Nos procedimentos de formação de quaisquer contratos, o adjudicatário deve demonstrar estar em condições de celebrar e executar o

[955] V. Bernardo Azevedo, «Adjudicação e celebração do contrato no Código dos Contratos Públicos», *in Estudos de Contratação Pública* – II, pp. 223-271.

contrato, apresentando os documentos de *habilitação* (art. 81.º). A habilitação tem que ver com a definição de requisitos de idoneidade e de *status* profissional do participante. Comprova-se por documentos. Uns, evidenciando a inexistência de certas situações negativamente valoradas (dívidas ao Fisco e à Segurança Social, estado de insolvência, registo criminal ou contraordenacional grave, etc.); outros, titulam a permissão jurídica, de fonte legal ou administrativa, para o desenvolvimento de certa atividade económica (alvarás e certificados emitidos por ordens e organismos profissionais).

É importante distinguir a habilitação (legal) da qualificação (técnica e financeira). Esta respeita à definição de requisitos de aptidão técnica e financeira do candidato para a execução das prestações que constituem o objeto do contrato. Exprime-se por requisitos mínimos de capacidade técnica (experiência curricular em certas atividades, detenção de determinados meios humanos, mecânicos e materiais) e de capacidade financeira (aptidão para mobilizar meios financeiros para o integral cumprimento do contrato em causa). E também deve ser comprovada pelos documentos destinados à qualificação dos candidatos que o programa do procedimento exigir.

João Amaral de Almeida e Pedro Fernández Sánchez esclarecem a distinção dos requisitos de habilitação em face dos de capacidade. Assim: a «habilitação não oferece à entidade adjudicante (...) os meios para averiguar a capacidade de que os potenciais adjudicatários dispõem para executar o contrato através da *fixação autónoma* – isto é, *que não se cinja aos requisitos já previamente definidos pela lei* – de *requisitos eliminatórios* relativos à aptidão técnica para a realização de uma atividade económica objeto do contrato e à aptidão financeira para mobilizar os meios necessários à execução do contrato[956]. Em contraste, a *fixação autónoma de requisitos adicionais*, não estritamente emergentes das prescrições da lei, é que constitui o objeto da qualificação das empresas candidatas a contratar com a Administração, assim diferenciando a apreciação da capacidade técnica e financeira da empresa em face da mera confirmação de que a empresa dispõe de habilitação legal para executar o contrato»[957].

[956] *Temas de Contratação Pública* – I, Coimbra Ed., Coimbra, 2011, p. 315.
[957] Cfr. João Amaral e Almeida e Pedro Fernández Sánchez, *ob. cit.*, pp. 315 e 316.

A não apresentação de tais documentos determina a não-adjudicação ou, *a posteriori*, a caducidade da adjudicação (art. 86.º).

f) Segue-se a fase da *celebração do contrato*, regulada no artigo 94.º e seguintes, que culmina com a outorga do contrato, que se traduz na *assinatura* do mesmo, tanto pela entidade adjudicante, representada pelo órgão competente para a decisão de contratar, como pelo adjudicatário ou por entidade que o mesmo tenha constituído nos termos previstos no programa do procedimento (advogado, representante, etc.).

Em primeiro lugar, o conteúdo do futuro contrato deve, ressalvados os casos de inexigibilidade previstos no art. 95.º, ser reduzido a escrito através da elaboração de um clausulado em suporte de papel ou em suporte informático com assinatura eletrónica (sobre a forma do contrato, v. *infra* o número seguinte). Tal clausulado deve conter, entre outros, os seguintes elementos: a identificação das partes; a indicação do ato de adjudicação e do ato de aprovação da minuta do contrato; a descrição do objeto do contrato; o preço contratual ou o preço a receber pela entidade adjudicante; o prazo de execução das principais prestações objeto do contrato; os ajustamentos aceites pelo adjudicatário; a alusão a certos elementos do procedimento de aprovação da despesa inerente ao contrato; a identificação do gestor do contrato em nome da entidade adjudicante; e as eventuais condições de modificação do contrato previstas no caderno de encargos, incluindo cláusulas de revisão ou opção, claras, precisas e inequívocas.

Depois, a minuta do contrato a celebrar é aprovada pelo órgão competente para a decisão de contratar e notificada ao adjudicatário. A mencionada aprovação tem por objetivo verificar se o conteúdo da minuta do contrato a celebrar está conforme à decisão de contratar e a todos os documentos que obrigatoriamente integram o contrato nos termos da lei.

Nesta fase, pode aquele órgão propor ajustamentos ao conteúdo do contrato a celebrar, por razões de interesse público (art. 99.º). Trata-se de uma eventual «fase de diálogo entre a entidade adjudicante e o adjudicatário, que tem em vista a coconstrução de aspetos do conteúdo do contrato a celebrar»[958]. Apesar de já ter sido identificado o adjudicatário, o contrato ainda não se encontra perfeito e a entidade adjudicante e o adjudicatário (futuras partes do contrato a celebrar)

[958] Cfr. Luís Verde de Sousa, «A negociação Pós-Adjudicatória dos Atributos da Proposta», *in Estudos de Contratação Pública* – III, Coimbra Editora, Coimbra, 2010, p. 261.

vão negociar «um acordo quanto a elementos integrar, retirar ou alterar no projeto contratual que resulta da fusão do caderno de encargos com a proposta adjudicada»[959], ou seja, em termos mais simples, a Administração vai procurar obter, junto de determinados limites, melhores condições, ou mais garantias, para a prossecução do interesse público. Sob a epígrafe de «ajustamentos ao conteúdo do contrato a celebrar», o art. 99.º do CCP, disciplina, em termos inovadores, a finalidade e limites desta negociação.

A minuta do contrato a celebrar e os eventuais ajustamentos consideram-se aceites pelo adjudicatário quando haja aceitação expressa ou quando não haja reclamação nos cinco dias subsequentes à respetiva notificação, ou nos dois dias subsequentes no caso dos procedimentos de ajuste direto ou consulta prévia. As eventuais reclamações só podem ter por fundamento o estabelecimento de obrigações que contrariem o acordado, que constem de documentos que não integrem o contrato ou ainda a recusa dos ajustamentos propostos. Para salvaguarda do princípio da concorrência, os ajustamentos ao contrato aceites pelo adjudicatário devem ser notificados a todos os concorrentes cujas propostas não tenham sido excluídas.

Igualmente para garantia do princípio da concorrência, o art. 104.º, n.º 1, alínea *a*), consagra um «prazo de espera» (*stand still*): a outorga do contrato não pode ocorrer antes de decorridos 10 dias, contados da data de notificação da decisão de adjudicação, a qual, como referido, é feita em simultâneo a todos os concorrentes (no caso dos contratos não reduzidos a escrito, cfr. o art. 95.º, n.º 3). Pretende-se, deste modo, dar a estes a oportunidade de reagir a tal decisão, nomeadamente através de meios de tutela cautelar, de forma a prevenir situações de «facto consumado».

g) O CCP consagra nos seus artigos 267.º e seguintes um regime de *garantias administrativas* relativas aos procedimentos pré-contratuais – a reclamação ou o recurso administrativo –, a que é subsidiariamente aplicável o CPA. São suscetíveis de impugnação administrativa de caráter facultativo, a interpor em regra no prazo de 5 dias a contar da respetiva notificação, quaisquer decisões administrativas ou outras equiparadas (incluindo as peças do procedimento) proferidas no âmbito de um procedimento de formação de um contrato público (art. 269.º). O recurso

[959] Cfr. Luís Verde de Sousa, «A negociação Pós-Adjudicatória dos Atributos da Proposta», *ob.* e *loc. cit.*

administrativo das deliberações do júri deve ser interposto para o órgão competente, por lei ou por delegação, para a decisão de contratar (art. 271.º, n.º 2).

A interposição de quaisquer impugnações administrativas não suspende a realização das operações subsequentes do procedimento, mas enquanto aquelas não forem decididas ou não tiver decorrido o prazo para a respetiva decisão (prazo de 5 dias, valendo o silêncio como indeferimento), não se pode proceder, consoante os casos, à qualificação, ao início das negociações ou à adjudicação (art. 272.º).

Por outro lado, quando a impugnação administrativa tenha por objeto decisões de qualificação ou de adjudicação, ou a rejeição de impugnação administrativa de qualquer uma dessas decisões, o órgão competente para dela conhecer deve proceder à audiência prévia dos contrainteressados (art. 273.º).

IV

FORMA E INTERPRETAÇÃO DO CONTRATO ADMINISTRATIVO

168. A forma do contrato administrativo

Razões de *solenidade, reflexão* e *prova* são, em geral e desde sempre, as apontadas pela doutrina para justificar a sujeição de certos contratos a uma forma especial[960]. *Solenidade,* porquanto certos negócios só surtem plenamente os seus efeitos quando sejam conhecidos ou cognoscíveis pelos elementos da comunidade jurídica: ora, a adoção de modos formais faculta justamente essa possibilidade; *reflexão,* porque a exigência de forma, normalmente associada a um certo lapso de tempo, possibilita às partes o amadurecer das soluções que, pelo contrato, se irão constituir, modificar ou extinguir; *prova,* uma vez que a existência de um documento escrito facilita a demonstração ulterior da sua ocorrência[961].

No domínio dos contratos administrativos, a regra deve ser, tal como sucede em relação aos atos administrativos, a de que devem ser celebrados por escrito.

O artigo 94.º, n.º 1, do CCP – que é uma regra aplicável aos *contratos públicos,* e não especificamente aos contratos administrativos – estabelece

[960] V. Menezes Cordeiro, *Tratado...*, I – 1, p. 319 e ss.; e Mota Pinto, *Teoria Geral do Direito Civil*, pp. 430-431.

[961] V. Menezes Cordeiro, *idem.*

a obrigação de reduzir a escrito o futuro contrato «através da elaboração de um clausulado em suporte papel ou em suporte eletrónico com a aposição de assinaturas eletrónicas». Esta obrigação não é exigível, ou pode ser dispensada, num amplo leque de situações previstas no artigo 95.º do mesmo Código. Por exemplo, o programa do procedimento pode não exigir a redução a escrito do contrato nos casos de locação ou de aquisição de bens móveis ou de aquisição de serviços cujo preço contratual não exceda 10.000 euros, ou de empreitadas de obras públicas de complexidade técnica muito reduzida e cujo preço contratual não exceda 15.000 euros. Por outro lado, a redução a escrito pode ser dispensada mediante decisão fundamentada do órgão competente para a decisão de contratar, por exemplo, quando a segurança pública interna ou externa o justifique ou quando seja adotado um concurso público urgente. Quando a redução do contrato a escrito não tenha sido exigida ou tenha sido dispensada, «entende-se que o contrato resulta da conjugação do caderno de encargos com o conteúdo da proposta adjudicada» (art. 95.º, n.º 3). Ou seja, mesmo que o contrato *qua tale* não seja reduzido a escrito, os elementos contratuais essenciais constam, em princípio, de documentos escritos[962].

A solução legal justifica-se por razões de segurança jurídica[963], que se fazem sentir de modo particular neste domínio. Não há, pois, em regra, contratos administrativos verbais, pelos graves inconvenientes de toda a ordem a que a sua generalização daria lugar: inexistência de registo, incerteza do conteúdo, dificuldades de prova, etc.

Acresce que os contratos administrativos com objeto passível de ato administrativo ou sobre o exercício de poderes públicos devem, por identidade de razão, revestir a mesma forma dos atos que substituem ou que seja exigida para a atribuição dos poderes em causa[964]. Os atos administrativos relativos à execução do contrato são praticados por escrito, assim como os acordos endocontratuais destinados a substituir a prática de tais atos (art. 310.º). Por outro lado, assinale-se que os contratos

[962] Cfr. também o art. 96.º, n.º 2.

[963] V. Diogo Freitas do Amaral *et alli*, *Código do Procedimento Administrativo Anotado*, cit., p. 311.

[964] Existem também normas especiais que pressupõem a forma escrita, em especial no contrato de empreitada de obras públicas: por exemplo, os vários autos (arts. 345.º, 359.º, 369.º, 388.º, n.º 2, 395.º e 398.º, n.º 6), a formalização dos trabalhos complementares (art. 375.º) a subempreitada (art. 384.º), etc.

modificativos ou extintivos não podem revestir forma menos solene do que a dos contratos modificados ou extintos (arts. 311.º, n.º 1, al. *a*), e 330.º, al. *b*), em conjugação com o art. 331.º, n.º 3).

169. A interpretação e a integração do contrato administrativo

O contrato administrativo é uma fonte de relações jurídicas administrativas (art. 279.º). Daí a aplicação subsidiária a tais relações das leis administrativas especiais, do CCP, dos princípios gerais de direito administrativo e das restantes normas de direito administrativo (art. 280.º). Somente na falta destas tem lugar a aplicação do direito civil (art. 280.º, n.º 4, *in fine*, do CCP).

Por outro lado, as declarações do contraente público sobre interpretação do contrato são *meras declarações negociais*, pelo que não se impõem ao cocontratante privado – salvo no tocante àquele mínimo que o exercício dos poderes de conformação contratual exige (art. 307.º, n.º 1). Com efeito, estando em causa *negócios jurídicos* (bilaterais), em que, portanto, o igual peso jurídico das declarações contratuais das partes contratantes é indispensável à formação do acordo constitutivo de novos efeitos jurídicos, justifica-se, no tocante à compreensão desse acordo, (i) que uma parte não possa determinar, por si só, o sentido da declaração de vontade da outra; e (ii) que o sentido do acordo formado pela fusão das duas declarações seja determinado segundo as regras fixadas para os demais negócios jurídicos bilaterais, desde que não contrariadas pela função do contrato administrativo, que é a prossecução do interesse público.

O contrato administrativo é, na verdade, um instrumento ao serviço do interesse público posto por lei a cargo do contraente público, pelo que é, primeiro que tudo, à luz de tal interesse que se tem de definir o equilíbrio contratual (cfr. os arts. 281.º e 282.º, n.º 2, *in fine*). Por outro lado, o caráter procedimentalizado da formação do contrato também impõe uma relevância particular dos elementos objetivo e histórico na fixação do seu sentido, nomeadamente através da análise do programa do concurso ou do convite à apresentação de propostas, do caderno de encargos e da proposta vencedora, bem como dos sucessivos atos e trâmites procedimentais, além da correspondência pertinente trocada entre as partes. O contrato administrativo é, em regra, fruto de um processo de comunicação transparente e juridicamente regulado, pelo que o sentido das declarações é naturalmente um sentido objetivamente determinável – nomeadamente, se for caso disso, por um tribunal.

Atentas estas considerações, será da combinação de princípios e regras gerais do direito administrativo com as regras aplicáveis à generalidade dos contratos, incluindo as que constam dos artigos 236.º a 239.º do Código Civil, que resultarão as diretrizes a observar na interpretação do contrato administrativo.

O sentido e alcance do conjunto de regras constante dos pertinentes artigos do Código Civil merece, no essencial, amplo consenso doutrinário e jurisprudencial.

Vale a pena recordar, sinteticamente, que a diretriz mestra nesta matéria, resultante do artigo 236.º, n.º 1, do CC, é a de que «a declaração vale com o sentido de um declaratório normal, colocado na posição do real declaratário, possa deduzir do comportamento do declarante». O sentido relevante da declaração negocial é o que corresponder à compreensão do comportamento do declarante, segundo um padrão de normal diligência, atenção e racionalidade, tendo em conta a projeção tipológica da personalidade do declaratário real e as circunstâncias concretas que envolveram a declaração negocial[965]. O recurso ao padrão do «declaratário normal» impõe ainda a conformação da interpretação com os ditames da boa fé e a necessidade de atender à globalidade do contrato e à totalidade do comportamento das partes[966-967], pelo que, quando o documento final e nuclear («o contrato») remeta para documentos gerados na fase pré-contratual que, por esta via, assumem o valor de documentos contratuais, também estes elementos devem ser tidos em conta[968].

[965] Ver Carlos Ferreira de Almeida, *Contratos IV – Funções. Circunstâncias. Interpretação*, Almedina, Coimbra, 2014, p. 262. Cfr. ainda Carlos Mota Pinto, *Teoria Geral do Direito Civil*, 4.ª ed., revista por António Pinto Monteiro e Paulo Mota Pinto, Coimbra, Coimbra Editora, 2005, pp. 446-447.

[966] Cfr. António Menezes Cordeiro, *Tratado de Direito Civil*, II, Almedina, Coimbra, 2014, p. 718 e ss.

[967] Sobre esta questão, Carlos Ferreira de Almeida explica que «considerar o contrato como um todo pressupõe que o intérprete considere todo o contrato, porque a interpretação deste tem como objeto todos os enunciados de que se compõe» (*ob. cit.*, p. 278).

[968] Cfr. Carlos Ferreira de Almeida, *ob. cit.*, p. 279.

Já neste sentido referia Marcello Caetano, em palavras que no essencial não perderam atualidade, e depois de lembrar que «por via de regra os contratos administrativos se formam ao longo de um processo gracioso no qual são produzidos vários atos preparatórios cujo conhecimento é indispensável à compreensão do acordo final»[969], que «as dúvidas sobre o que foi definitivamente estipulado quando as cláusulas contratuais sejam obscuras podem nesses casos ser esclarecidas através do exame do anúncio do concurso e do respetivo programa, do caderno de encargos, da ata da sessão de abertura das propostas, do texto da proposta sobre que recaiu a adjudicação definitiva, das reclamações formuladas no processo pelo adjudicatário e decisões sobre elas tomadas, da minuta do contrato...»[970]. O exame destes elementos do procedimento pré-contratual, assim considerado com toda esta amplitude, «revelará porventura a vontade real das partes, tal como se manifestou no seu decurso, de maneira a esclarecer dúvidas formadas acerca do significado de expressões do contrato final»[971].

Por outro lado, cumpre também relevar os fins ou objetivos do contrato e as circunstâncias da sua celebração: «*pressupondo a racionalidade económico-social e a coerência dos contraentes, estes objetivos, quaisquer que sejam, (...) contribuem para explicar a génese do negócio e para compreender o contrato como um todo, que é, por sua vez, um fator indiscutido da sua interpretação*»[972], devendo atender-se às «*circunstâncias de tempo, lugar e outras, que precederam a sua elaboração ou são contemporâneas desta*», e à «*posição assumida pelas partes na execução do negócio*»[973].

Caso, porém, se conclua pela existência de uma lacuna contratual – as partes omitiram a regulamentação de uma questão que, na economia das relações estabelecidas, carecia de definição –, há que proceder *à integração* de tal lacuna, valendo as diretrizes estabelecidas no artigo 239.º do CC. Nestes termos, o contrato deve valer «de harmonia com a vontade que as partes teriam tido se houvessem previsto o ponto omisso, ou de acordo com os ditames da boa fé, quando seja outra a solução por eles imposta». Daqui resultam dois métodos diferentes de integração

[969] Cfr. Marcello Caetano, *Manual de Direito Administrativo*, I, p. 610.

[970] Cfr. Marcello Caetano, *idem*, p. 610-611.

[971] *Idem, idem.*

[972] Cfr. Carlos Ferreira de Almeida, *ob. cit.*, p. 284.

[973] Cfr. Luís Carvalho Fernandes, *Teoria Geral do Direito Civil*, II, 2.ª ed., Lisboa, 1996, p. 350.

das lacunas de um contrato: a) «vontade hipotética» das partes, se não for contrária à boa fé; b) se o for recorre-se diretamente aos «ditames da boa fé».

Por outro lado, cumpre alertar para o seguinte tema. As diretrizes de interpretação de um contrato administrativo não serão em cada caso as mesmas, havendo previamente que determinar, através de um processo de qualificação, o tipo de contrato administrativo onde surge a questão duvidosa. Na realidade, «é central qualificar os contratos, uma vez que, em função dessa qualificação, podemos ou não recorrer a determinados critérios interpretativos. Efetivamente, a interpretação dos contratos não é fruto do acaso; pelo contrário, ela é, acima de tudo, fruto de critérios de justiça que permitem alcançar, para cada caso, a interpretação mais conforme ao que seja équo. Só assim se entende que, em função do tipo de contrato, possam variar os critérios que determinam a sua interpretação. É a Justiça contratual que o impõe»[974].

Conforme a própria doutrina civilista há muito reconhece, os contratos onerosos não são todos do mesmo tipo, distinguindo-se, segundo a respetiva matriz de risco, os comutativos dos aleatórios e, ainda, dos parciários[975]. Quer dizer, «o artigo 237.º do Código Civil assenta apenas na dicotomia perfeita entre negócios onerosos e gratuitos, mas essa dicotomia (afinal, imperfeita) não é suficiente para captar «todas as categorias de situações existentes no domínio das atribuições patrimoniais», (posto que) «a opulência das formas criadas espontaneamente pela vida

[974] Cfr. Sobre esta matéria Lino Torgal e João de Oliveira Geraldes, «Concessão de Atividades Públicas e Direitos de Exclusivo», *in ROA*, ano 72, IV, Lisboa, out.-dez. de 2012, pp. 1106 e ss. p. 1110.

[975] Dentro dos contratos onerosos, é possível recortar: a) *Contratos comutativos*: nestes casos, as prestações das partes são correspetivas, são tendencialmente equivalentes, pelo que entre elas deve, em tese, existir uma relação de simetria perfeita; b) *Contratos aleatórios*: nestes casos, o negócio é perpassado pelo risco, pela álea, ficando uma ou ambas as partes dependentes de determinado fator aleatório, tal como sucede tipicamente nos casos de contratos de jogo e de aposta – aqui, a álea introduz um fator de rotura com a simetria tendencialmente perfeita; c) Por último, encontramos ainda os *contratos parciários*: nestes, a remuneração de uma das partes (parciariedade unilateral) ou de ambas (parciariedade bilateral) fica dependente da sua participação no resultado da operação económica subjacente ao contrato, sendo relevante apurar o grau de risco (positivo e negativo) assumido por cada uma delas para determinar a exata medida dessa participação – aqui, a simetria varia na exata medida da incorporação do risco na esfera das partes, sendo mais ou menos assimétrico em função do risco alocado. Cfr., nestes termos, Lino Torgal e João de Oliveira Geraldes, «Concessão de Atividades Públicas e Direitos de Exclusivo», p. 1108.

social (...) parece apostada em desafiar a rigidez do pensamento categorial da ciência jurídica» (Antunes Varela), «sendo necessário recorrer ao critério da equidade para dirimir conflitos interpretativos»[976]. Em suma, o critério legal do *maior equilíbrio ou equivalência de prestações* está pensado para contratos predominantemente comutativos, devendo, no entanto, ser ajustado, segundo a equidade, para os negócios de perfil menos comutativo, ou de tipo parciário, pois estes «incorporam um desequilíbrio natural associado à participação no resultado na operação económica subjacente ao negócio»[977].

[976] Cfr. Lino Torgal e João de Oliveira Geraldes, «Concessão de Actividades Públicas...», cit., p. 1111, com referências.
[977] Cfr. Lino Torgal e João de Oliveira Geraldes, *idem*, p. 1112.

V

INVALIDADE DO CONTRATO ADMINISTRATIVO

170. Preliminares

A matéria da invalidade do contrato administrativo vem disciplinada nos artigos 283.º a 285.º do CCP[978]. Os dois primeiros preceitos respeitam aos valores jurídicos negativos dos contratos administrativos, e o terceiro ao regime jurídico aplicável aos contratos inválidos.

Neste domínio, é possível operar uma divisão entre, por um lado, *invalidades derivadas da invalidade de atos procedimentais*, ou seja, invalidades do contrato que resultam da invalidade de algum ato procedimental em que assentou a sua formação, e *invalidades originárias* ou *próprias do contrato*, isto é, as que decorrem da violação, pelo próprio contrato, de determinadas disposições legais.

O regime da invalidade contratual varia, depois, em função do objeto do contrato administrativo considerado, cabendo distinguir entre, por um lado, os que têm um objeto passível de ato administrativo, ou

[978] V., entre outros, Vieira de Andrade, «A propósito do regime do contrato administrativo no Código dos Contratos Públicos», *Estudos de Contratação Pública* – II, pp. 23-30, e Raquel Carvalho, *As Invalidades Contratuais nos Contratos Administrativos de Solicitação de Bens e Serviços*, Coimbra, Almedina, 2010. Já a respeito do regime dos artigos 283.º a 285.º do CCP, alterado na sequência da reforma de 2017, cf. Ana Gonçalves Moniz, «A invalidade do Contrato no Código dos Contratos Públicos», *Comentários à Revisão do Código dos Contratos Públicos*, pp. 815-863.

versem sobre o exercício de poderes públicos, e, por outro, todos os demais contratos administrativos.

171. A invalidade derivada

A matéria da invalidade derivada encontra-se regulada no artigo 283.º do CCP, que estatui o seguinte nos seus dois primeiros números:

> «1 – Os contratos são nulos se a nulidade do ato procedimental em que tenha assentado a sua celebração tenha [*sic*] sido judicialmente declarada ou possa [*sic*] ainda sê-lo[979].
>
> 2 – Os contratos são anuláveis se tiverem sido anulados ou se forem anuláveis os atos procedimentais em que tenha assentado a sua celebração, devendo demonstrar-se que o vício é causa adequada e suficiente da invalidade do contrato, designadamente por implicar uma modificação subjetiva do contrato celebrado ou uma alteração do seu conteúdo essencial».

Subsistem, portanto, quer o *princípio da invalidade consequencial*, quer o *princípio da identidade entre o desvalor jurídico do contrato e o desvalor jurídico dos atos anteriores à sua celebração*. Porém, a *comunicação do desvalor do ato procedimental ao contrato não é automática*: só são aqui relevantes as invalidades procedimentais judicialmente reconhecidas; não basta a anulação administrativa do ato com fundamento na sua invalidade. Daí a importância crítica do inciso «possa ainda sê-lo» (*rectius*: puder ainda sê-lo) com referência à declaração judicial de nulidade constante do n.º 1 do artigo 283.º[980].

Assim, se for tempestivamente impugnada e judicialmente anulada a decisão de adjudicação, o contrato entretanto celebrado com o adjudicatário tornar-se-á anulável. O mesmo se passará com os atos nulos se e

[979] É de lamentar que o legislador haja cometido o grave erro gramatical de utilizar o presente do conjuntivo (tenha sido, possa ser) numa frase iniciada por *se*, que exigia o futuro do conjuntivo (tiver sido, puder ser)...

[980] Sobre a aplicação do prazo de impugnação de um mês previsto no art. 101.º do CPTA *também* aos atos nulos, v. as referências de Ana Celeste Carvalho, «A ação de contencioso pré-contratual – perspetivas de reforma», *in CJA*, n.º 76 (julho-agosto de 2009), pp. 57-58.

enquanto puder ser declarada judicialmente a sua nulidade. Este princípio da invalidade derivada, ou consequencial, vale para todos os contratos administrativos (e públicos, por via do disposto no artigo 280.º, n.º 3, do CCP), independentemente da natureza do respetivo objeto.

Os atos procedimentais em causa são as decisões do *iter* pré-contratual que, nos termos referidos, possam ser objeto de impugnação administrativa e que sejam, de algum modo, suscetíveis de condicionar o conteúdo do contrato a celebrar ou a escolha do cocontratante[981]. Este aspeto assume importância acrescida no caso de atos anuláveis, pois, na reforma do CCP de 2017, o legislador especificou na redação do texto legal que não basta verificar-se a invalidade do ato procedimental para se demonstrar a invalidade do contrato: é ainda necessário demonstrar que o vício que afeta o ato procedimental «é causa adequada e suficiente da invalidade do contrato» (cfr. art. 283.º, n.º 2, do CCP). A lei enuncia dois exemplos do que se pode entender como causalidade adequada e suficiente: (i) o vício do ato procedimental «implicar uma modificação subjetiva do contrato celebrado»; e (ii) o vício do ato procedimental implicar uma alteração do «conteúdo essencial» do mesmo contrato.

Por outro lado, o n.º 4 do mesmo artigo prevê a possibilidade de limitação de efeitos da anulação do ato procedimental. Assim, mesmo que este ato tenha sido anulado, pode sempre o tribunal administrativo ou arbitral competente recusar o efeito anulatório relativamente ao contrato se, ponderados os interesses públicos e privados em presença, bem como a gravidade da ofensa geradora do vício do ato procedimental, a anulação do próprio contrato se revelar desproporcionada ou contrária à boa fé.

172. A invalidade própria do contrato

Em relação à *invalidade própria* do contrato, rege o artigo 284.º do CCP. A invalidade própria é causada por vícios do contrato em si mesmo considerado – aqueles que se traduzem na preterição de requisitos relativos

[981] Sobre tais pretensões impugnatórias, v. Ana Celeste Carvalho, *ob. cit.*, pp. 55-56: atos administrativos destacáveis (*v. g.* a decisão de contratar, a escolha do tipo de procedimento, a adjudicação), atos equiparados a atos administrativos (decisões administrativas unilaterais de entidades não integradas na Administração) e peças do procedimento.

às partes, à formação e expressão da vontade de contratar e, ainda, de outros requisitos formais e substanciais do próprio contrato[982].

Dispõe-se no n.º 1 daquele preceito que «os contratos celebrados com ofensa dos princípios ou normas injuntivas são *anuláveis*» (itálico nosso).

Porém, nos termos do n.º 2 seguinte, os contratos são *nulos* quando se verifique algum dos fundamentos previstos no próprio CCP, no pertinente preceito do CPA relativo aos fundamentos de nulidade do ato administrativo (artigo 161.º) ou em lei especial. Na sequência da revisão do CCP operada em 2017, o n.º 2 do artigo 284.º passou a prever duas situações específicas de nulidade própria do contrato, a saber: a (i) dos «contratos celebrados com alteração dos elementos essenciais do caderno de encargos e da proposta adjudicada que devessem constar do respetivo clausulado»; e (ii) a dos «contratos celebrados com aposição de cláusulas de modificação que violem o regime previsto no [CCP] quanto aos respetivos limites».

E, quanto à *falta e vícios da vontade*, o artigo 284.º, n.º 3, do CCP determina que «são ainda aplicáveis aos contratos públicos as disposições do Código Civil» que disciplinam tal matéria (trata-se dos arts. 240.º a 257.º do CC). Que regime resulta daqui?

Em primeiro lugar, o legislador adota, quanto a todas as causas de invalidade que não se traduzam em falta ou vícios da vontade – incompetência do órgão que outorgou o contrato, vício de forma ou de procedimento, desvio de poder, violação de lei, etc. –, *um único regime para todos os contratos administrativos*, que é paralelo ao que vigora para os atos administrativos, mas diferente do plasmado no Código Civil: a regra geral, no Direito Administrativo, é a da *anulabilidade*. Só ocorrerá nulidade do contrato quando estiver em causa algum dos fundamentos de nulidade especificamente previstos no próprio CCP, no CPA ou em lei especial. É uma solução coerente com as amplas possibilidades de utilização do contrato administrativo hoje existentes, no quadro da normal prossecução do interesse público por via de instrumentos jurídicos de estrutura bilateral.

Em segundo lugar, *quanto à falta e vícios da vontade*, a solução do legislador é igualmente unitária – vale para todos os contratos administra-

[982] V. Maria João Estorninho, *Direito Europeu dos Contratos Públicos*, p. 418.

tivos independentemente do seu objeto –, mas recebe por inteiro as soluções consagradas na *lei civil*. Esta remissão «compreende-se bem, do ponto de vista teórico: por um lado, o direito administrativo não tem uma teoria geral da vontade administrativa; por outro lado, o contrato administrativo é, como o contrato civil, um *acordo de vontades*, não se distinguindo essencialmente dele nessa parte e podem, portanto, aplicar-se-lhe, no que à vontade respeita, as normas do Código Civil»[983].

173. O regime jurídico da invalidade contratual

A nova redação dada em 2017 ao artigo 285.º do CCP[984], referente ao *regime* da invalidade, mantém aparentemente uma cisão no regime aplicável aos contratos administrativos em função do respetivo objeto, que já provinha de anteriores versões do CCP.

Assim, aos contratos com objeto passível de ato administrativo e outros contratos sobre o exercício de poderes públicos «é aplicável o regime de invalidade previsto para o ato com o mesmo objeto e idêntica regulamentação da situação concreta» (n.º 1). O legislador determina, portanto, uma remissão plena para o regime do ato administrativo correspondente, o que a nosso ver faz sentido, pois, para o efeito em questão, a diversidade de estrutura (bilateral/unilateral) das atuações administrativas não oblitera a analogia existente a respeito do seu objeto.

Por seu turno, «aos demais contratos públicos aplica-se o regime de invalidade do presente Código e o previsto na legislação administrativa» (n.º 2). Tratando-se, pois, de um contrato administrativo com objeto passível de contrato privado, o regime da respetiva invalidade deveria resultar do preceituado no próprio CCP e demais legislação administrativa. No entanto, como já notou Ana Raquel Moniz, com exceção de algumas disposições dispersas no CCP que regulam casos de invalidades

[983] V. Esteves de Oliveira / Pedro Gonçalves / Pacheco de Amorim, *Código do Procedimento Administrativo*, p. 842. Na doutrina francesa, cfr. Laubadère / Moderne / Delvolvé, *Traité des contrats administratifs*, I, pp. 531-543.

[984] A redação deste artigo foi alterada, na realidade, pelo Decreto-Lei n.º 1 214-G/2015, de 2 de outubro (cfr. artigo 7.º), que procedeu à revisão, entre outros, do Código de Processo nos Tribunais Administrativos, do Estatuto dos Tribunais Administrativos e Fiscais e do Código dos Contratos Públicos.

específicas[985], insuficientes para delas se extrair um regime geral de invalidade, «não existe outra disciplina normativa (geral?) estabelecida pelo CCP, que não corresponda precisamente ao artigo 285.º»[986]. Por outro lado, quanto ao regime de invalidade «previsto na legislação administrativa», não se perspetiva com nitidez qual o sentido da remissão efetuada pelo n.º 2 do artigo 285.º do CCP, para além do possível reenvio para os regimes de invalidade do regulamento administrativo (cfr. artigos 143.º e 144.º do CPA) e do ato administrativo (cfr. artigos 161.º a 164.º do CPA). O disposto no reformado artigo 285.º, n.º 2, suscita pois reservas quanto à determinação do respetivo sentido e alcance.

Quanto ao artigo 285.º, n.º 3, do CCP, o mesmo vem estabelecer – como aspeto comum ao regime da invalidade de todos os contratos administrativos (*rectius,* públicos) – a possibilidade de os mesmos, independentemente do seu desvalor jurídico, serem objeto de *redução* e de *conversão*, nos termos do disposto nos artigos 292.º e 293.º do Código Civil. Na revisão de 2017, o legislador ressalvou ainda a hipótese de não ser possível a redução ou a conversão do contrato e o efeito anulatório revelar-se desproporcionado ou contrário à boa fé, caso em que pode este último ser «afastado por decisão judicial ou arbitral, ponderados os interesses público e privado em presença e a gravidade do vício do contrato em causa» (artigo 285.º, n.º 4, do CCP).

Em síntese, o regime jurídico da invalidade dos contratos administrativos tem caráter duplo:

- Se o contrato administrativo tem *objeto passível de ato administrativo* ou corresponde a um contrato *sobre o exercício de poderes públicos*, aplica-se o regime de invalidade dos atos administrativos;
- Se o contrato administrativo tem *objeto passível de contrato privado*, aplica-se também o regime de invalidade dos atos administrativos (e/ou do regulamento administrativo), com exceção das regras especiais do próprio CCP que determinem situações e regimes de invalidade específicos (por exemplo, invalidade derivada do contrato *ex vi* da invalidade do caderno de encargos que o antecedeu, prevista no artigo 43.º, n.ºs 8 a 10, do CCP).

[985] Cfr., a título exemplificativo, o regime previsto no artigo 43.º, n.ºs 8 a 10, do CCP quanto a algumas causas de invalidade do caderno de encargos e respetivo regime.

[986] Cfr. Ana Gonçalves Moniz, «A invalidade do Contrato no Código dos Contratos Públicos», cit., p. 851.

VI
EXECUÇÃO DO CONTRATO ADMINISTRATIVO

174. Preliminares

Uma vez celebrado o contrato, há que executá-lo[987].

Tal significa, genericamente, exercer os direitos ou poderes e cumprir os deveres ou obrigações resultantes do contrato, numa atitude de boa fé e em conformidade com o interesse público (art. 286.º do CCP). São ainda princípios relevantes nesta sede o da execução pessoal (art. 288.º), o da colaboração recíproca (arts. 289.º e 290.º) e o da proteção do cocontratante (art. 291.º). Uma das inovações introduzidas pelo CCP de 2017 em matéria de execução contratual consistiu na criação da

[987] V., em geral, Augusto de Athayde, *Poderes unilaterais da Administração..., cit., passim*. Entre nós v., anteriormente ao 1.º CCP, Maria João Estorninho, *Contratos Públicos*, pp. 431-479; Pedro Gonçalves, *O contrato administrativo*, pp. 101-129; *idem*, «A relação jurídica fundada em contrato administrativo», *in CJA*, 64, julho-agosto de 2007, pp. 36-46. Já depois do 1.º CCP: Mário Aroso de Almeida, «Contratos Administrativos e poderes de conformação do contraente público no novo Código dos Contratos Públicos», *CJA*, n.º 66, novembro-dezembro de 2007, pp. 3-16; Carla Amado Gomes, «A conformação da relação contratual no Código dos Contratos Públicos», *Estudos de Contratação Pública* – I, pp. 519-567; Vieira de Andrade, «A propósito do regime do contrato administrativo no Código dos Contratos Públicos», *Estudos de Contratação Pública* – II, pp. 7-39; Ana Luísa Guimarães, *O Caráter Excecional do Acto Administrativo Contratual*, Almedina, Coimbra, 2012; Pedro Matias Pereira, *Os Poderes do Contraente Público no Código dos Contratos Públicos*, Coimbra Editora, Coimbra, 2011; e Pedro Costa Gonçalves, *Direito dos Contratos Públicos*, 2015, p. 523 e ss.

figura do «gestor do contrato», designado pelo contraente público para desempenhar a função de acompanhar permanentemente a execução contratual, podendo o contraente público, sobretudo em contratos com características especiais de complexidade técnica ou financeira ou de duração superior a três anos, delegar no «gestor do contrato» poderes para a adoção de eventuais medidas corretivas que se revelem adequadas e necessárias na execução do contrato, «exceto em matéria de modificação ou cessação do contrato» (cfr. o artigo 290º-A).

Dois dos aspetos caraterísticos dos contratos administrativos que assumem particular relevância são, por um lado, os poderes de conformação da relação contratual reconhecidos por lei à Administração (art. 279.º) e, por outro, a salvaguarda do equilíbrio *económico* e financeiro do contrato, designadamente no caso de alterações dos pressupostos, do valor ou do conteúdo das prestações a que o cocontratante privado se obrigou.

Se na *formação* do contrato administrativo a Administração Pública, pelas razões que se enunciaram, aparece sujeita a limitações e restrições que não têm paralelo com aquelas que os particulares enfrentam no exercício da sua capacidade privada para contratar, já, pelo contrário, na *execução* do contrato administrativo, a Administração surge sobretudo investida em poderes de supremacia ou autoridade de que os particulares não beneficiam, em regra, no âmbito dos contratos de direito privado que entre si celebram.

Os principais poderes de conformação de que o contraente público goza durante a execução do contrato administrativo são seis, segundo a nossa lei (art. 302.º): o poder de direção, o poder de fiscalização, o poder de modificação unilateral, o poder de aplicar sanções, o poder de resolução unilateral e, enfim, o que constitui uma novidade do CCP de 2017, o poder de ordenar a cessão da posição contratual do cocontratante para terceiro.

Vamos examiná-los um por um. Porém, como o poder de resolução unilateral não tem, em bom rigor, que ver com a execução do contrato, mas sim com a sua extinção, neste momento estudaremos apenas os outros cinco.

A título preliminar, convém deixar duas palavras mais.

Por um lado, o facto de um contrato ser qualificado como administrativo significa que, em princípio, e a menos que outra coisa resulte de lei especial ou da natureza do próprio contrato – recorde-se a categoria dos contratos de atribuição –, são reconhecidos à Administração, no âmbito dos mesmos, os poderes referidos no artigo 302.º do CCP. Por outro lado, além destes, podem existir nos contratos administrativos outros poderes ou deveres especiais, de supra ou infraordenação jurídica, entre contraente administrativo e particular[988].

Comecemos por analisar o regime comum de exercício dos poderes públicos de conformação da relação contratual.

175. Natureza das declarações do contraente público[989]

Já vimos que, em princípio, as declarações do contraente público sobre interpretação e validade do contrato ou sobre a sua execução são meras declarações negociais, o que significa que a Administração não goza neste domínio de *autotutela declarativa*: ou seja, na falta de acordo do cocontratante, o contraente público apenas pode obter os efeitos pretendidos através de uma ação administrativa (art. 307.º, n.º 1, do CCP).

Porém, algumas – e são muitas – declarações do contraente público referentes à execução do contrato, nomeadamente quando está em causa o exercício dos poderes de conformação da relação contratual legalmente reconhecidos, revestem a natureza de ato administrativo (cfr. o art. 307.º, n.º 2, do CCP). É o caso, nomeadamente, das seguintes:

a) Ordens, diretivas ou instruções no exercício dos poderes de direção e de fiscalização;
b) Modificação unilateral, por razões de interesse público, das cláusulas respeitantes ao conteúdo e ao modo de execução das prestações previstas no contrato;
c) Aplicação das sanções previstas para a inexecução do contrato;
d) Resolução unilateral do contrato;
e) Cessão da posição contratual do cocontratante para terceiro.

[988] V. Esteves de Oliveira / Pedro Gonçalves / Pacheco de Amorim, *Código do Procedimento Administrativo*, pp. 827-828.

[989] V. Mário Aroso de Almeida, «Contratos Administrativos e poderes de conformação do contraente público no novo Código dos Contratos Públicos», *CJA*, n.º 66, novembro-dezembro de 2007, pp. 3-16; Vieira de Andrade, «A propósito do regime do contrato administrativo no Código dos Contratos Públicos», *Estudos de Contratação Pública* – II, p. 17 e ss.

Estes «atos administrativos contratuais» ou «endocontratuais» obedecem na sua formação e eficácia a regras especiais.

Em primeiro lugar, a sua formação não está sujeita ao «regime da marcha do procedimento» estabelecido no CPA, devendo, contudo, a aplicação de sanções contratuais ser, em regra, precedida da audiência prévia do cocontratante, nos termos previstos naquele Código (cfr. o art. 308.º, n.º 2, do CCP).

Em segundo lugar, os atos em apreço, embora constituam título executivo – são dotados de executividade –, não podem ser executados coercivamente pelo próprio contraente público – não são executórios –, «salvo quando se trate de atos que determinem, em geral, a resolução do contrato ou, em especial, o sequestro e o resgate de concessões, bem como outras situações previstas na lei» (art. 309.º).

Finalmente, «salvo se outra coisa resultar da natureza dos efeitos jurídicos pretendidos, podem as partes no contrato celebrar entre si, sob forma escrita, acordos pelos quais substituam a prática de atos administrativos pelo contraente público em matéria de execução do contrato ou que tenham por objeto a definição consensual de parte ou da totalidade do conteúdo de tais atos administrativos», integrando esses acordos endocontratuais o contrato a que dizem respeito (art. 310.º, n.ºs 1 e 3).

176. O poder de direção do modo de execução das prestações

Uma vez celebrado o contrato, a Administração tem o *direito de exigir a respetiva execução* pelo cocontratante particular. Mas o contraente público não tem de assistir passivamente à execução levada a cabo pela parte privada, nem esta tem o direito de a ela proceder à margem de qualquer tipo de ingerência por parte da Administração.

Recorde-se que o contrato administrativo corresponde a um modo de prosseguir o interesse público. Nesse sentido, a lei incumbe o contraente público de «assegurar, mediante o exercício dos poderes de direção e de fiscalização, a funcionalidade da execução do contrato quanto à realização do interesse público visado pela decisão de contratar» (art. 303.º, n.º 1). Isto é, o contraente público, na medida em que o interesse público o exija, e esteja em causa um aspeto da execução do contrato que careça de regulamentação ou insuficientemente regulado, deve poder dizer, em última instância, «como quer o trabalho feito»: é isso o *poder de direção.*

No entanto, esta justificação também explica os limites de tais poderes: o seu exercício «deve salvaguardar a autonomia do cocontratante, limitando-se ao estritamente necessário à prossecução do interesse público, e processando-se de modo a não perturbar a execução do contrato, com observância das regras legais ou contratuais aplicáveis e sem diminuir a iniciativa e a correlativa responsabilidade do cocontratante» (art. 303.º, n.º 2; v. também o art. 304.º, n.º 1, que salvaguarda a «reserva de autonomia técnica ou de gestão do cocontratante que se encontre assegurada no contrato ou que decorra do tipo contratual aplicável»).

O poder de direção assume feições e extensões diferentes de contrato para contrato administrativo, podendo até revelar-se incompatível com a natureza de alguns. Ele é, por assim dizer, natural nos contratos de prestação de serviços; e existe também intensamente na empreitada de obras públicas e em certas concessões – apesar de, pelo papel de substituto da Administração que assume, se dever reconhecer, por via de regra, uma maior autonomia funcional do concessionário em relação a outros tipos de cocontratantes da Administração[990]. Como é próprio da sua natureza, o poder de direção concretiza-se na emissão de *ordens, diretivas* ou *instruções* sobre o sentido das escolhas necessárias nos domínios da execução técnica, financeira ou jurídica das prestações contratuais (art. 304.º, n.º 2). Tais comandos devem ser emitidos por escrito ou, quando as circunstâncias impuserem a forma oral, devem ser reduzidos a escrito e notificados ao cocontratante (art. 304.º, n.º 3).

Trata-se, pois, essencialmente, do poder de a Administração impor ao seu cocontratante o cumprimento das obrigações que este inicialmente assumiu[991], bem como de novas obrigações que ela lhe tenha supervenientemente imposto por via do exercício do poder de modificação unilateral do conteúdo do contrato. A importância do poder de direção revela-se também pelo facto de ele ser um «poder de integração dispositiva do contrato»[992], uma vez que algumas das obrigações que o cocontratante assume podem estar definidas através de conceitos vagos

[990] V. Pedro Gonçalves, *A Concessão de Serviços Públicos*, pp. 243-246.

[991] V. Pedro Gonçalves, *A Concessão de Serviços Públicos*, p. 245.

[992] V. Esteves de Oliveira / Pedro Gonçalves / Pacheco de Amorim, *Código do Procedimento Administrativo*, p. 825.

ou indeterminados (*v. g.*, obrigação de atuar com a «máxima segurança para os utentes», em «condições de operacionalidade», de «eficiência», de «segurança»)[993].

Contudo, e como referido, se uma ordem, diretiva ou instrução do contraente público não for acatada, ele não a pode impor coercivamente.

177. O poder de fiscalização do modo de execução do contrato

O poder de fiscalização do modo de execução do contrato consiste na faculdade do contraente público de vigiar e controlar a execução do contrato para saber ao certo como este está a ser executado pelo particular[994]. Pretende-se, com isto, evitar surpresas prejudiciais ao interesse público, de que a Administração não viesse nunca a tomar conhecimento ou de que só viesse porventura a aperceber-se demasiado tarde. Por outro lado, como é próprio dos poderes de controlo, a fiscalização é instrumental relativamente ao poder de direção e ao poder de aplicar sanções contratuais. Segundo o artigo 305.º, n.º 1, «o contraente público dispõe de poderes de fiscalização técnica, financeira e jurídica do modo de execução do contrato por forma a poder determinar as necessárias correções e aplicar as devidas sanções».

Há todo um conjunto de regras que definem e delimitam este poder, e que estabelecem os deveres e sujeições que impendem, em consequência dele, sobre o contraente particular: este não pode obviamente opor-se ou recusar-se à realização pela Administração das diligências que esta entenda, de modo legítimo e justificado, levar a cabo – inspeção de locais ou de equipamentos, vistorias, auditorias, exames ou perícias a registos informáticos, à contabilidade ou pedidos de informação, entre muitos outros[995]. O exercício do poder de fiscalização deve ainda ficar documentado em autos, relatórios ou livros próprios (art. 305.º, n.º 3).

Note-se que o exercício da fiscalização não atenua nem elimina as responsabilidades técnicas e os encargos próprios do cocontratante (art. 303.º, n.os 2 e 3).

[993] V. Pedro Gonçalves, *A Concessão de Serviços Públicos*, p. 246.

[994] V. Augusto de Athayde, *Poderes unilaterais da Administração...*, *cit.*, pp. 103-105.

[995] V., sobre as modalidades de exercício deste poder, Pedro Gonçalves, *A Concessão de Serviços Públicos*, p. 248.

178. O poder de modificação unilateral[996]

Fundamento e função. – Muitos contratos administrativos são contratos de longa duração (*v. g.*, paradigmaticamente, os contratos de concessão). Assim, por vezes, as condições ou circunstâncias em que foram celebrados alteram-se no decurso da sua execução, de tal forma que o conteúdo do contrato, tal como ficou *ab initio* estipulado entre as partes, pode já não representar, mais tarde, a melhor forma de prosseguir o interesse público (recordem-se os exemplos ocorridos em França, acima citados). Noutras vezes, e em contratos de menor duração (por exemplo, contrato de empreitada de obras públicas ou de fornecimento contínuo), pode suceder que as prestações dos particulares contratualmente previstas sejam em número inferior ou superior às posteriormente exigidas pelo interesse público (*v. g.*, necessidade, numa empreitada de obras públicas, de realizar mais escavações, de dispor de mais meios humanos, de utilizar maior quantidade de materiais, etc.; ou de suprimir certo tipo e quantidades de trabalhos previstas no projeto).

Em qualquer destas situações, há muito que se reconhece à Administração o poder de modificar unilateralmente o conteúdo do contrato com vista a ajustá-lo às novas exigências do interesse público.

Nesse sentido, o artigo 302.º, alínea *c*), do 2.º CCP prevê a possibilidade de o contraente público «modificar unilateralmente as cláusulas respeitantes *ao conteúdo e ao modo de execução das prestações* previstas no contrato por razões de interesse público, com os limites previstos neste código» (sublinhados nossos). Esta modificação objetiva é, como refe-

[996] V., entre nós, J. Magalhães Collaço, *Concessão de Serviços Públicos*, pp. 35 e ss. e 87 e ss.; J. Melo Machado, *Teoria Jurídica do Contrato Administrativo*, pp. 170 e ss., 204 e ss. e 220 e ss.; Marcello Caetano, *Manual*, I, p. 615 e ss.; e Augusto de Athayde, *Poderes unilaterais da Administração, cit.* Na doutrina estrangeira, cfr., por exemplo, Laubadère, Moderne e Delvolvé, *Traité des Contrats Administratifs*, II, p. 461 e ss.; Antonio Cianflone, *L'Appalto di Opere Pubbliche*, p. 542 e ss., Concepción Horgué Baena, *La Modificación del Contrato Administrativo de Obra. El ius variandi*, Madrid, 1997, pp. 21-71; e E. García de Enterría e T. Ramón Fernández, *Curso de Derecho Administrativo*, I, p. 728 e ss. V. ainda Lourenço Vilhena de Freitas, *O poder de modificação unilateral do contrato administrativo pela Administração (e as garantias contenciosas do seu co-contratante perante este exercício)*, AAFDL, Lisboa, 2007; Pedro Gonçalves, «Cumprimento e incumprimento do contrato administrativo», *Estudos de Contratação Pública* – I, pp. 569-626; e Carla Amado Gomes, «A conformação da relação contratual no Código dos Contratos Públicos», *Estudos de Contratação Pública* – I, p. 531 e ss.

rido anteriormente, determinada por ato administrativo e as razões de interesse público que a fundamentam decorrem de «necessidades novas ou de uma nova ponderação das circunstâncias existentes» (cfr., respetivamente, o art. 311.º, n.º 2, e o art. 312.º, alínea *b*)).

Note-se que o contrato pode ser ainda modificado nas condições nele especificamente previstas (proémio do artigo 302º), devendo as cláusulas modificativas, além de respeitar o objeto do contrato (v. *infra*), obedecer aos requisitos previstos no artigo 96.º, n.º 1, alínea *j*) do CCP (serem claras, precisas e inequívocas).

Limites. – O CCP de 2017 introduziu novidades em matéria de limites à modificação objetiva de contratos durante a respetiva vigência. As diversas alíneas do n.º 1 do artigo 313.º preveem vários tipos de limitações nesse âmbito, tendo manifestamente sido as Diretivas europeias de 2014 a sua fonte inspiradora (cfr. em particular o art. 72.º da Diretiva 2014/24/UE).

Assim, a modificação não pode conduzir à alteração substancial do objeto do contrato, nem pode configurar uma forma de impedir, restringir ou falsear a concorrência (cfr. art. 313.º, n.º 1, als. *a*) e *b*)).

A modificação unilateral também não é permitida quando sejam introduzidas alterações que, se fizessem parte do caderno de encargos, teriam ocasionado, de forma objetivamente demonstrável, a alteração da ordenação das propostas avaliadas ou a admissão de outras propostas no procedimento de formação do contrato (cfr. art. 313.º, n.º 1, al. *c*)).

Quando estejam em causa modificações objetivas resultantes do exercício do poder de modificação unilateral, fundamentado em «razões de interesse público decorrentes de necessidades novas ou de uma nova ponderação das circunstâncias existentes», o aumento total de preço originado pelas mesmas não pode ultrapassar 10% do preço contratual inicial (cfr. art. 313.º, n.º 1, al. *d*)[997]). Este percentual – bem mais restritivo que o das Diretivas europeias – corresponde, assim, a um limite quantitativo à modificação objetiva do contrato.

[997] No caso de o fundamento para a modificação objetiva corresponder à ocorrência de uma *alteração anormal e imprevisível das circunstâncias em que as partes fundaram a decisão de contratar* (cfr. art. 312.º, al. *a*), do CCP), o limite de aumento total de preço original pela modificação é porém de 25% do preço contratual inicial (art. 313.º, n.º 1, alínea *d*)).

Por último, o CCP de 2017 determina ainda que a modificação objetiva «não pode alterar o equilíbrio económico do contrato a favor do cocontratante em termos de este ser colocado em situação mais favorável do que a resultante do equilíbrio inicialmente estabelecido» (cfr. art. 313.º, n.º 1, al. *e*)).

Note-se, porém, que, nos termos do n.º 2 do mesmo artigo 313.º do CCP, as modificações objetivas que «resultem da natureza duradoura do vínculo contratual, desde que o decurso do tempo as justifique», não ficam sujeitas aos limites fixados nas alíneas *b*) e *c*) do n.º 1 do artigo 313.º, assim se flexibilizando o regime da modificação unilateral. Deve assinalar-se ainda que, tal como agora expressamente consignado no n.º 3 do artigo 313.º do CCP, as modificações objetivas que se repercutam num dos tipos contratuais regulados no título II da Parte III do CCP (empreitadas de obras públicas, concessões de obras e de serviços, aquisição de bens móveis e aquisição de serviços) ficam sujeitas aos limites previstos nessa disciplina específica. Trata-se, conforme assinala Mário Aroso de Almeida, da «normal relação que se estabelece entre regimes comuns e regimes especiais»[998]. Estão concretamente em causa as regras previstas nos artigos 370.º, 420.º-A, 438.º e 454.º do CCP (que aqui não vamos analisar), os quais regulam modificações que tenham por objeto *prestações complementares*: os contratos previstos no título II da Parte III do CCP podem ser modificados sem sujeição aos limites *gerais* previstos no artigo 413.º – ficando antes sujeitos aos limites *especiais* das citadas disposições –, «desde que estejam em causa modificações que tenham por objeto a realização de prestações complementares»[999].

Também se destina a garantir o princípio da concorrência a obrigação de transparência prevista no artigo 315.º: os atos administrativos que impliquem modificações objetivas do contrato e representem um valor acumulado superior a 10% do preço contratual devem, sob pena de ineficácia, nomeadamente para efeitos de quaisquer pagamentos, ser publicitados pelo contraente público até cinco dias após a sua concretização (a mesma regra se aplica caso a modificação do contrato seja titulada por instrumento bilateral).

[998] V. Mário Aroso de Almeida, «Apreciação geral da revisão do...», p. 31.

[999] V. Mário Aroso de Almeida, «Apreciação geral da revisão do...», p. 31.

A discussão sobre os limites do poder de modificação unilateral centrou-se durante muito tempo na questão da existência, ou não, de um *princípio da intangibilidade do objeto do contrato administrativo*.

Para uns, o objeto do contrato correspondia à atividade essencial nele implicada[1000]. E daí retiravam: «a Administração terá a faculdade de alterar as prestações a que o particular está obrigado pelo contrato, mas não poderá exigir-lhe outras que não se contenham no objeto do contrato». Lapidarmente: a Administração pode mudar *o* contrato, mas não pode mudar *de* contrato; se a Administração quiser mudar de contrato, deverá então fazer uso do poder de resolução contratual por motivo de interesse público[1001], e celebrar outro contrato. Isto, não só para proteger os interesses do cocontratante, mas também para salvaguardar os interesses públicos da transparência, da objetividade e da neutralidade que regem o procedimento administrativo tendente à celebração do contrato. É que um ilimitado poder de modificação poderia traduzir-se numa completa desfiguração do contrato celebrado e, desse modo, pôr em crise o sentido do procedimento contratual enquanto momento de determinação transparente e aberta do objeto do contrato[1002]. Afirmava-se, pois, existir o princípio da intangibilidade do objeto do contrato administrativo.

Para outros, esse entendimento era demasiado vasto. Sustentavam antes que as prestações a que o contraente se obriga é que seriam, elas próprias, o «objeto» do contrato. Este corresponderia ao conjunto das prestações a que as partes se vinculam. Mas, nesse caso, o poder administrativo de modificar unilateralmente o conteúdo das cláusulas do contrato envolveria a faculdade de alterar o objeto do contrato[1003]. Negava-se, aqui, que existisse o princípio da intangibilidade do objeto do contrato administrativo.

Importa deixar uma palavra especial sobre o sentido do limite correspondente ao objeto do contrato. O CPA de 1991 consagrava, no seu artigo 180.º, alínea *a*), o poder de a Administração «modificar unilateralmente o conteúdo das prestações, desde que seja respeitado o objeto do contrato [...]». Na altura, entendemos que a contraposição entre o *conteúdo das prestações do cocontratante* e o *objeto do contrato* significava a consagração do limite da intangibilidade do objeto[1004].

[1000] V. Marcello Caetano, *Manual*, I, p. 618.

[1001] V. Pedro Gonçalves, *A concessão de serviços públicos*, p. 258.

[1002] V. Pedro Gonçalves, *A concessão de serviços públicos*, p. 258.

[1003] Assim, Sérvulo Correia, *Contrato Administrativo*, pp. 28 e 32-33.

[1004] V. a 1.ª ed., deste *Curso*, p. 621.

Hoje, à luz do CCP de 2017, e não obstante a alteração terminológica, a questão continua a colocar-se em termos basicamente similares. Na realidade, a *alteração substancial do objeto do contrato* passou a corresponder à primeira baliza para o exercício do poder de modificação unilateral (cfr. art. 313.º, n.º 1, al. *a*)). Por outro lado, continua a parecer-nos que a determinação do sentido desta norma por apelo ao elemento sistemático da interpretação implica a manutenção de uma associação entre o objeto e as prestações (principais) que reciprocamente ligam as partes do contrato. Em primeiro lugar, porque parece claro que no âmbito do CCP o «objeto do contrato» inclui também as prestações que as partes reciprocamente se obrigaram a realizar. Nesse sentido depõem, por exemplo, os artigos 297.º e 298.º, com a referência que fazem às «prestações que constituem o objeto do contrato».

Depois, o poder de modificação unilateral respeita justamente ao conteúdo e modo de execução das prestações previstas no contrato (assim, o art. 302.º, alínea *c*)). Tal implica que, em alguma medida, o objeto do contrato pode ser modificado através de modelações ao conteúdo ou ao modo de execução das prestações contratuais. Assim, as prestações aqui em causa são apenas aquelas que faz sentido ter de modificar por razões do interesse público ligado à prossecução das atribuições do contraente público e que justificaram a sua opção pela utilização do instrumento contratual. E o que está em causa é justamente a definição dos limites daquele poder de modificação unilateral. Isto significa que a questão da «intangibilidade do objeto do contrato» não pode ser dissociada do próprio contexto em que é suscitada. Ou seja, o que se procura é discernir um núcleo essencial de atividades que, sob pena de descaraterização do vínculo contratualmente assumido pelas partes, com todas as consequências daí decorrentes no que se refere também aos princípios da transparência e da concorrência, não pode estar sujeito ao poder de conformação da relação contratual pelo contraente público.

É assim que, para nós, o *objeto do contrato* que constitui um limite à modificação objetiva do contrato, nos termos e para os efeitos do disposto no artigo 313.º, n.º 1, al. *a*), do CCP, corresponde às *prestações típicas do contrato* – nomeadamente aquelas que identificam um determinado tipo contratual –, *concretamente acordadas entre as partes nos termos da lei* ou, noutros termos, *as atividades típicas mediante as quais o cocontratante colabora na satisfação de uma dada necessidade pública*. Estas, no que releva do seu caráter típico, não podem ser modificadas unilateralmente no exercício de poderes de conformação da relação contratual. Já os *modos peculiares, técnicos ou jurídicos, da execução dessas prestações* – e, nessa medida, também o seu conteúdo – podem ser objeto da *potestas variandi*, com vista à prossecução do interesse público.

Era esta, de resto, a posição dominante na doutrina antes do 1.º CCP e não cremos que o legislador tenha querido introduzir inovações radicais num domínio tão sensível[1005]. Subsiste, portanto, ainda que em novos termos, o *princípio da intangibilidade do objeto do contrato*.

Para Augusto de Athayde, o «(...) poder de modificação unilateral terá, assim, de – respeitando a intangibilidade do objeto (...) – incidir apenas sobre as condições em que a atividade do particular se vai desenvolver ou sobre a forma ou o quantitativo das prestações que integram essa atividade»[1006]. Em termos semelhantes, e também antes do CPA de 1991, referia Esteves de Oliveira que com a imposição do respeito do *objeto do contrato* pretende significar-se «que a Administração pode alterar as obrigações do cocontratante no que respeita à sua quantidade, modelo, qualidade, condições técnicas e jurídicas de execução, mas não lhe pode ordenar que passe a prestar uma atividade diferente daquela a que se comprometera»[1007].

Por exemplo: a eventual imposição ao concessionário de um serviço público de transportes *rodoviários* de passageiros do Norte do dever (adicional ou substitutivo) de prestar também o serviço público *ferroviário* Porto-Braga seria obviamente ilegítima, por implicar uma *alteração da própria prestação principal constante do objeto do contrato* (de estradas passava-se para comboios).

Mas se o que a Administração impõe ao seu cocontratante é, tão-só, um modo diverso (nos planos técnico ou jurídico) de execução de uma certa prestação, aí há apenas a (admissível) *modificação do respetivo conteúdo e modo de execução*. Exemplo: a ordem dada a um fornecedor da Administração para que passe a entregar mercadorias com caraterísticas algo diversas das inicialmente acordadas e que ele também comercializa (*v. g.*, papel sem cloro em vez de papel com cloro), ou, ainda no mesmo exemplo, que passe a entregar as mercadorias em condições

[1005] O preâmbulo do Decreto-Lei n.º 18/2008, de 29 de janeiro – o diploma que aprovou o CCP –, na referência que faz às inovações do CCP, nada refere a este propósito.
[1006] V. Augusto de Athayde, *Para a Teoria...*, *loc. cit.*, pp. 79-80.
[1007] V. Esteves de Oliveira, *Direito Administrativo*, I, p. 699.

jurídicas (circunstâncias de modo, lugar, tempo...) diferentes das originariamente convencionadas.

Importa, no entanto, deixar claro que, como já se antecipou, nem todas as cláusulas contratuais respeitam ao «objeto do contrato» naquele sentido – ou seja, ao núcleo das prestações típicas concretamente assumidas – ou aos modos técnicos e jurídicos de execução das respetivas prestações. Outras há que, sem respeitar ao objeto do contrato, também definem direitos e deveres recíprocos das partes. Pense-se, por exemplo, na cláusula pela qual o concedente garante ao concessionário exclusividade na realização da atividade acordada por um certo período de tempo; ou na cláusula em que o concedente promete à concessionária uma subvenção financeira; ou ainda na cláusula que garante à concessionária o direito de ser ouvida pela Administração antes de serem tomadas certas decisões.

Estas cláusulas, embora estejam «para além das cláusulas que definem o objeto do contrato»[1008] (em sentido restrito), não são suscetíveis de modificação unilateral pela Administração. Elas são, antes, nos termos do princípio geral *pacta sunt servanda*, referido no artigo 406.º, n.º 1, do Código Civil, imodificáveis, sob pena de responsabilidade contratual da Administração. A conclusão, linear, não suscita aliás, há muito tempo, quaisquer embaraços aos administrativistas portugueses. Assim, por exemplo, escreveu Esteves de Oliveira já em 1980 que a «modificação unilateral» de cláusulas contratuais do tipo das referidas «não constitui a Administração no dever de repor o equilíbrio financeiro do contrato: constitui-a, isso sim, em responsabilidade contratual nos termos gerais do direito administrativo»[1009].

Consequências: o direito à reposição do equilíbrio financeiro. – Se do exercício da *potestas variandi* resultar para o contraente particular um encargo financeiro que ele não teria sem a alteração imposta, e que sacrifique o lucro legitimamente esperado ou cause prejuízo de outro modo inexistente, diz a lei que a Administração, como preço que tem de pagar por derrogar o princípio da estabilidade dos contratos, deve assegurar ao particular cocontratante que a relação obrigacional alterada sem o seu consentimento lhe continue a proporcionar satisfações de intensidade

[1008] V. Esteves de Oliveira, *Direito Administrativo*, I, p. 701.

[1009] V. Esteves de Oliveira, *Direito Administrativo*, I, p. 707. Sobre a questão, em França, cfr. Laubadère, Moderne e Delvolvé, *Traité des contrats administratifs*, I, p. 107.

idêntica[1010]. Com efeito, o princípio da interdependência dos interesses empenhados num contrato faz com que nenhuma das partes possa obter da outra uma vantagem sem lhe dar a compensação devida segundo o que estiver estipulado[1011] ou, na falta de estipulação, segundo o princípio do equilíbrio equitativo das prestações. Portanto, se o interesse público exigir a imposição de encargos superiores aos que o particular aceitara assumir, há que proceder à revisão da cláusula de remuneração ou é necessário pagar uma justa compensação.

Com efeito, o artigo 314.º, n.º 1, alínea *b*), estatui que o cocontratante tem *direito à reposição do equilíbrio financeiro*, sempre que o contraente público modifique unilateralmente o contrato por razões de interesse público[1012]. Na falta de estipulação contratual, o valor da reposição do equilíbrio financeiro corresponde ao necessário para restabelecer a «equação financeira» em que assentou inicialmente o contrato, sendo calculado em função do valor das prestações a que as partes se obrigaram e dos efeitos resultantes do facto gerador do direito à reposição no valor dessas mesmas prestações (art. 282.º, n.º 5). Em qualquer caso, a reposição do equilíbrio financeiro não pode colocar qualquer das partes em situação mais favorável do que a que resultava do equilíbrio financeiro inicialmente estabelecido, nem pode cobrir eventuais perdas que já decorriam desse equilíbrio ou que eram inerentes ao risco próprio do contrato (art. 282.º, n.º 6).

Na verdade, o equilíbrio financeiro do contrato não significa a garantia da gestão equilibrada da empresa do cocontratante. Qualquer con-

[1010] V. Sérvulo Correia, *Contrato Administrativo*, p. 33. A formulação clássica do equilíbrio financeiro, que encontrou consagração máxima na fórmula matemática da equação financeira de Péquignot, atende, na verdade, à correlação inicialmente existente entre as prestações das partes e postula, perante a alteração de uma, a correspetiva alteração da outra de modo a que seja mantida a relação inicial entre ambas. O equilíbrio do contrato administrativo, de jaez dinâmico, seria traduzido por a/b=a'/b'.

[1011] V. Marcello Caetano, *Manual*, I, p. 621.

[1012] Como salienta Vieira de Andrade, «A propósito do regime do contrato administrativo no Código dos Contratos Públicos», *Estudos de Contratação Pública* – II, pp. 31-32, «há uma dupla modificação: uma modificação unilateral, pelo contraente público, das cláusulas contratuais respeitantes ao conteúdo ou ao modo de execução das prestações, que gera na esfera jurídica do cocontratante o direito à reposição do equilíbrio financeiro perturbado, isto é, uma outra modificação contratual, em benefício do particular, normalmente relativa às cláusulas financeiras».

trato – e, portanto, também o administrativo – «envolve, em condições normais, um risco para as partes que, procurando benefícios, poderão não os encontrar e, até, conhecer perdas»[1013]: «mas trata-se então de consequências naturais do risco assumido numa empresa económica e que não constituem injustiça pois resultam do defeito de previsão, ignorância do negócio ou má gestão», por norma «da responsabilidade do contraente» (Marcello Caetano). O equilíbrio financeiro é, pois, a contrapartida do *risco próprio do contrato administrativo* e não do *risco contratual comum*.

A reposição do equilíbrio financeiro deve ser, relativamente ao facto que lhe deu origem, *única*, *completa* e *final* para todo o período do contrato, sendo efetuada, na falta de estipulação contratual, através (a) da *prorrogação do prazo* de execução das prestações ou de vigência do contrato, (b) da *revisão de preços* ou (c) do *pagamento de uma compensação* de valor correspondente ao decréscimo das receitas esperadas ou ao agravamento dos encargos previstos com a execução do contrato (art. 282.º, n.os 3 e 4).

Este princípio do respeito pelo equilíbrio financeiro do contrato – que, para alguns, é expressão concreta do princípio geral de Direito da proibição do enriquecimento sem causa[1014] – encontra hodiernamente o seu fundamento constitucional, como bem sublinha Paulo Otero, na tutela do direito de propriedade privada (artigo 62.º, n.º 1, da Constituição) e do direito a uma justa indemnização pela ablação por ato público de uma posição jurídica privada com valor patrimonial (artigo 62.º, n.º 2, da Constituição) – direitos análogos aos direitos, liberdades e garantias e, portanto, nessa medida, direitos que beneficiam do regime material destes direitos fundamentais (cfr. artigos 17.º e 18.º, n.º 1, da Constituição) –, e, bem assim, nos princípios da confiança (artigo 2.º), da justiça e da boa fé (artigo 266.º, n.º 2) e da prossecução do interesse público no respeito pelos direitos e interesses legítimos dos particulares (artigo 266.º, n.º 1)[1015].

[1013] V. Sérvulo Correia, *Contrato Administrativo*, p. 33.

[1014] V. sobre a matéria, entre nós, Alexandra Leitão, *O Enriquecimento sem Causa da Administração Pública*, Lisboa, 1998, p. 55.

[1015] Sobre o fundamento constitucional do princípio do equilíbrio financeiro, cfr. Paulo Otero, «Estabilidade contratual, modificação unilateral e equilíbrio financeiro em contrato de empreitada de obras públicas», *in ROA*, 1996, III, pp. 944-946.

Note-se que, noutros casos de alteração anormal e imprevisível das circunstâncias (não decorrente de ato unilateral da Administração, mas de causas objetivas, exteriores à atuação de qualquer das partes), embora não seja conferido o direito à reposição do equilíbrio financeiro, nos termos acima descritos, é conferido, em alternativa, o direito à modificação do contrato ou a uma compensação financeira segundo critérios de equidade.

Síntese. – O regime que o nosso atual Direito Administrativo prevê para o poder de modificação unilateral do contrato administrativo por parte do contraente público traduz-se, pois, em resumo, nos dois seguintes aspetos: por um lado, é conferida àquele uma *potestas variandi*, em razão de novas exigências do interesse público ou da ocorrência de circunstâncias imprevisíveis; por outro lado, ao mesmo contraente público é imposto o respeito pelos limites das prestações típicas concretamente devidas pelo cocontratante (a *potestas variandi* não pode conduzir à *alteração substancial do objeto do contrato*), e, como contrapartida do exercício daquele poder, o dever de repor o equilíbrio financeiro do contrato, protegendo-se deste modo os direitos e interesses legítimos do cocontratante.

Mais uma vez se confirma, aqui, a caraterística essencial que desde o início apontámos ao Direito Administrativo: a procura do permanente equilíbrio entre as exigências do interesse público e a garantia dos direitos dos particulares.

O interesse público exige um poder de autoridade que não tem paralelo no direito privado? Pois bem: a lei confere esse poder à Administração; mas, para não sacrificar injustamente os contraentes particulares, que de outra forma seriam conduzidos à ruína, a lei impõe que se respeite o objeto do contrato e o equilíbrio financeiro deste – o que pode levar, nomeadamente, ou à alteração das condições contratuais (por exemplo, preços) ou à atribuição de uma indemnização compensatória pela Administração ao contraente particular.

Como resulta do texto anterior, importa não confundir a modificação do contrato operada por ato administrativo e fundada em razões de interesse público com a modificação fundada na *alteração anormal e imprevisível das circunstâncias* em que as partes fundaram a decisão de contratar, que não se encontre coberta pelos riscos próprios do contrato e que tenha tornado excessivamente oneroso e contrário ao princípio da boa fé o cumprimento das obrigações por si assumidas (cfr. CCP, art. 312.º, alínea *a*)). A alteração em causa pode resultar ou de uma *decisão do contraente público*, adotada fora do exercício dos seus poderes de conformação da relação contratual, que se repercuta de modo específico na situação contratual do cocontratante – o chamado *fait du prince*, que materializa o também designado *risco político*; ou do chamado *caso imprevisto* (cfr. CCP, art. 314.º, respetivamente, n.º 1, al. *a*), e n.º 2)[1016]. Os limites gerais impostos à modificação objetiva do contrato são idênticos aos previstos para o poder de modificação unilateral – com exceção de o limite de aumento total de preço original pela modificação ser de 25% do preço contratual inicial, ao invés de 10% desse valor.

É preciso ter ainda presente também as seguintes particularidades adicionais de regime:

a) Verificando-se uma situação de *caso imprevisto*, o cocontratante tem direito à modificação do contrato ou a uma compensação financeira, segundo critérios de equidade (sobre o «caso imprevisto», v. adiante);

b) Porém, «quando a modificação do contrato tenha por fundamento as circunstâncias previstas na alínea *a*) do artigo 312.º, o cocontratante tem direito à reposição do equilíbrio financeiro desde que, tendo em conta a repartição do risco entre as partes, o facto invocado como fundamento desse direito altere os pressupostos com base nos quais se determinou o valor das prestações a que se obrigou, desde que o contraente público conhecesse ou não devesse ignorar esses pressupostos» (cfr. art. 314.º, n.º 3). Esta norma introduz, assim, uma limitação na reposição de equilíbrio financeiro motivada por *fait du prince*; nesses casos, o reequilíbrio só é devido se estiverem reunidos dois requisitos: *primo*, os pressupostos que determinaram o valor

[1016] Como realça Vieira de Andrade, «A propósito do regime do contrato administrativo no Código dos Contratos Públicos», *Estudos de Contratação Pública* – II, pp. 32-33, normalmente não é o contraente público que exerce os referidos poderes; aliás, o contraente público pode não ser necessariamente o Estado; e mesmo quando esteja em causa a pessoa coletiva Estado, esta (Estado-Administração), enquanto contraente público, não se confunde com o Estado autor da decisão que altera as circunstâncias (frequentemente trata-se do Estado-legislador). Para uma análise das diversas figuras (modificação unilateral, *stricto* e *lato sensu*, *fait du prince*, alteração de circunstâncias e força maior), v. Carla Amado Gomes, «A conformação da relação contratual no Código dos Contratos Públicos», *Estudos de Contratação Pública* – I, p. 530 e ss., e, desenvolvidamente, Cláudia Saavedra Pinto, *O Facto do Príncipe e os Contratos Administrativos, Reflexão sobre o Instituto do Facto do Príncipe e a Tutela do Cocontratante da Administração em caso de extinção do Contrato Administrativo*, Almedina, Coimbra, 2012, pp. 56-97.

das prestações sofrerem alteração em consequência do facto invocado como fundamento do direito ao reequilíbrio; *secundo*, os pressupostos que estiveram na base dessa determinação tinham de ser conhecidos pelo contraente público, ou este não os devia ignorar.

179. O poder de aplicar sanções

O quarto poder de que a Administração Pública dispõe em matéria de execução do contrato administrativo é o poder de aplicar sanções ao contraente particular, seja pela inexecução (total ou parcial) do contrato, seja pelo atraso na execução, seja por qualquer outra forma de execução imperfeita ou defeituosa, seja ainda porque o contraente particular tenha trespassado o contrato para outrem sem a devida autorização da Administração, etc. (CCP, arts. 302.º, al. *d*), e 329.º, n.º 1).

As modalidades típicas deste poder são a *resolução sancionatória*, a *aplicação de multas* e, no caso das concessões, o *sequestro*.

A resolução sancionatória consiste na extinção do contrato por decisão unilateral (arts. 330.º, al. *c*), e 333.º), pelo que será analisada a propósito da extinção do contrato.

A aplicação de multas, por via de regra, não levanta dificuldades especiais que tenhamos de considerar aqui. Diga-se apenas que a multa contratual tanto pode ser uma penalidade como uma medida compulsória (a tanto por dia, até o faltoso cumprir)[1017], e que «a multa não tem de estar prevista para cada concreta violação de uma obrigação contratual (*princípio da taxatividade*)»[1018]. Cumpre notar aqui que a lei estabelece um «teto» – um limite máximo – ao valor acumulado das multas: 20% do preço contratual (ou 30% do mesmo valor, caso o contraente público decida não proceder à resolução do contrato, por dela resultar grave dano para o interesse público – art. 329.º, n.os 2 e 3).

O *sequestro* (lê-se «seqúestro», como em sequência, e não «seqestro», como em séquito) encontra-se previsto nos artigos 420.º, alínea *b*), e 421.º do CCP, e consiste no seguinte: quando o contraente particular

[1017] Importa referir ainda as *sanções compulsórias* previstas a propósito de determinados tipos contratuais, como a empreitada de obras públicas (cfr. o artigo. 403.º, n.º 1, do CCP). Cfr. sobre o tema, Miguel Assis Raimundo e João Martins Claro, «A aplicação e redução das multas contratuais no contrato de empreitada de obras públicas», *in CJA*, 112, 2015, p. 12 e ss.

[1018] V. Pedro Gonçalves, *A Concessão de Serviços Públicos*, p. 252.

abandona o exercício do poder público que lhe foi conferido pelo contrato administrativo, ou o gere mal, a Administração tem o direito – se considerar, à luz do interesse público, que é essa a melhor solução – de assumir para si mesma o exercício desse poder e as obrigações do particular relativamente ao contrato, ficando porém a cargo do contraente particular todas as despesas que a Administração fizer enquanto a situação durar. A Administração Pública substitui-se, pois, ao contraente particular no desempenho das obrigações contratuais deste, passando a executar ela própria o contrato, mas as despesas que a esse título fizer devem ser suportadas pelo património do contraente particular, enquanto a situação de crise não se esclarecer (pela normalização da atitude do particular, pela ordem administrativa de retoma do serviço dada ao particular, ou pela rescisão do contrato). O caráter sancionatório do sequestro resulta do facto de, enquanto o mesmo durar, o concessionário, além de ter de suportar as despesas do serviço, ser também privado do direito de exploração do mesmo e da perceção das correspondentes receitas. O sequestro tem, por natureza, caráter *provisório*: ao fim de algum tempo, o contraente público ou devolve a execução do contrato ao cocontratante privado, ou tem de rescindir o contrato. Neste último caso, ou decide assumir a *gestão direta* das funções públicas até aí desempenhadas, por *gestão indireta*, por um particular, ou inicia um novo procedimento de contratação para celebrar novo contrato com uma entidade privada que lhe ofereça mais garantias.

Como referido, as sanções contratuais são aplicadas pela Administração mediante ato administrativo, não carecendo, portanto – como no direito privado – de uma sentença judicial prévia a declarar a inexecução contratual pelo faltoso (cfr. os arts. 307.º, n.º 2, alínea *c*), 308.º e 309.º). É mais uma importante manifestação da *autotutela declarativa*.

179-A. O poder de ordenar a cessão da posição contratual do cocontratante para terceiro

Uma das inovações introduzidas no CCP de 2017 consistiu no aditamento de um novo poder de conformação do contraente público durante a fase de execução contratual: a faculdade de determinar a substituição do cocontratante, isto é, de unilateralmente determinar a «cessão da posição contratual do cocontratante para terceiro».

São requisitos para o exercício deste poder: (i) a sua previsão expressa na letra do contrato e (ii) a ocorrência de uma situação de incumprimento do cocontratante que reúna os pressupostos para o contraente público poder declarar a resolução (rescisão-sanção) do contrato. Nessas circunstâncias, compreende-se então que, como medida alternativa à resolução do contrato (eventualmente mais prejudicial no caso concreto para o interesse público), o contraente público possa determinar a cessão da posição contratual do cocontratante em favor do «concorrente do procedimento pré-contratual (...) pela ordem sequencial daquele procedimento» (cfr. artigo 318.º-A, n.º 1). Isto é, o vencedor do procedimento pré-contratual é substituído pelo 2.º classificado.

No fundo, trata-se de possibilitar a conclusão do programa contratual por outro dos «concorrentes que participaram no procedimento pré-contratual original», os quais devem ser interpelados, de modo gradual e sequencial (1.º, 2.º, 3.º, etc.), «a fim de concluir um novo contrato para a adjudicação da conclusão dos trabalhos» (cfr. artigo 318.º-A, n.º 2). Esta última expressão – «concluir um novo contrato» – suscita, como dúvida interpretativa, a questão de determinar se, neste tipo de situações, se produz uma verdadeira «cessão de posição contratual» do contrato inicial ou, pelo contrário, se tem lugar uma nova adjudicação e a atribuição de um novo contrato.

Apesar das dificuldades decorrentes de o elemento literal do n.º 2 do artigo 318.º-A incluir as expressões «novo contrato» e «adjudicação», existem outros aspetos que nos parece que contribuem para o entendimento de que o preceito legal regulará afinal uma verdadeira *cessão de posição contratual*. Assim, e aproveitando também o ensejo para identificar os principais traços de regime do poder de substituição do cocontratante, importa notar o seguinte:

a) A epígrafe do artigo 318.º-A aplica a expressão «*cessão da posição contratual* por incumprimento do cocontratante» (itálico nosso), aspeto em que coincide com a redação do artigo 302.º, al. *f*), pelo que terá sido esta a qualificação jurídica pretendida pelo legislador para a substituição coerciva do cocontratante, isto apesar de a lei se exprimir em termos incompatíveis com essa qualificação, ao empregar, de modo menos feliz, as expressões «novo contrato» e «adjudicação»;

b) A letra do n.º 4 do artigo 318.º-A, ao estabelecer os termos em que se processa a alteração subjetiva em apreço, é também inequívoca acerca do tipo de qualificação jurídica visada pelo legislador, pois aí se refere que «a *cessão da posição contratual* opera por mero efeito de ato do contraente público, sendo eficaz a partir da data por este indicada» (itálico nosso);

c) Por outro lado, o CCP é claro em determinar que «a execução do contrato ocorre nas mesmas condições já propostas pelo cedente no procedimento pré-contratual original» (cfr. artigo 318.º-A, n.º 3), o que significa que, do ponto vista substantivo, se trata de executar o mesmo contrato, com uma alteração subjetiva: a da pessoa do cocontratante;

d) Em último lugar, militando no sentido da sucessão do novo cocontratante no *mesmo* contrato, o regime legal determina que «os direitos e obrigações do cedente, constituídos em data anterior à cessão, transmitem-se para o cessionário» (cfr. artigo 318.º-A, n.º 5).

O CCP não responde à questão de saber se é possível combinar uma modificação subjetiva, ordenada pelo contraente público ao abrigo deste poder, com uma modificação objetiva do contrato (por ex., ao abrigo do poder de modificação unilateral). Desde que se encontrem cumulativamente preenchidos os respetivos pressupostos, parece-nos, em princípio, que não deve considerar-se vedada essa possibilidade.

180. Incumprimento do contrato: a) por parte do cocontratante privado

As sanções contratuais justificam-se por causa das vicissitudes da execução do contrato, nomeadamente o não cumprimento exato e pontual de todas ou de algumas das obrigações contratuais por facto imputável ao cocontratante privado. Mas as sanções contratuais não esgotam as reações possíveis por parte do contraente público.

O artigo 325.º do CCP contém a disciplina geral aplicável ao incumprimento por facto imputável ao cocontratante: ocorrendo tal situação, deve o contraente público notificar o cocontratante para que este cumpra as obrigações em falta dentro de um prazo razoável, exceto se o cumprimento se tiver tornado impossível ou se o contraente público tiver perdido interesse na prestação (n.º 1). Decorrido tal prazo sem que o cocontratante tenha cumprido, pode o contraente público optar pela efetivação das *prestações de natureza fungível* em falta, diretamente ou por intermédio de terceiro, e por conta do faltoso, ou antes pela resolução do contrato, nos termos do artigo 333.º, n.º 2, do CCP. Cumulativamente, o contraente público poderá aplicar as sanções previstas no contrato e invocar as disposições do Código Civil relativas à obrigação de indemnização por mora e incumprimento definitivo (n.º 4)[1019].

181. Cont.: b) por parte do contraente público

O CCP, como é óbvio, não deixa o cocontratante desprotegido face a eventuais incumprimentos por parte do contraente público, reconhecendo-lhe adequados meios de defesa.

Assim, perante um atraso do contraente público no cumprimento de obrigações pecuniárias, tem o cocontratante *direito aos juros de mora* sobre o montante em dívida (art. 326.º).

Nos contratos bilaterais, pode ainda o cocontratante reagir ao incumprimento culposo do contraente público invocando a *exceção de não cumprimento* (art. 327.º). E pode fazê-lo independentemente do *direito de resolução do contrato* que lhe assiste, nos termos do artigo 332.º Porém, dadas as especificidades do contrato administrativo, nomeadamente em termos de prossecução do interesse público, a conduta do cocontratante não é, neste domínio, inteiramente livre. Assim, apenas pode recusar-se a cumprir, ao abrigo da exceção de não cumprimento, se a recusa não implicar grave prejuízo para a realização do interesse público subjacente à relação jurídica contratual (art. 327.º, n.º 1).

Por esse motivo, o exercício pelo cocontratante do direito de recusar o cumprimento da prestação por si devida depende de *prévia notificação ao contraente público* da intenção de exercer o direito e dos respetivos fundamentos (art. 327.º, n.º 3). Considera-se que o exercício da exceção de não cumprimento não implica grave prejuízo para a realização do interesse público se o contraente público, uma vez recebida a aludida

[1019] Sobe o tema, desenvolvidamente, cfr. Pedro Costa Gonçalves, *Direito dos Contratos Públicos*, p. 585 e ss.

notificação, não reconhecer, mediante resolução fundamentada, que a recusa do cumprimento seria gravemente prejudicial para o interesse público (art. 327.º, n.º 4). Se a recusa de cumprir pelo cocontratante privado implicar grave prejuízo para a realização do interesse público, aquele apenas pode invocar a exceção de não cumprimento «quando a realização das prestações contratuais coloque manifestamente em causa a viabilidade económico-financeira do cocontratante ou se revelar excessivamente onerosa, devendo, neste último caso, ser devidamente ponderados os interesses públicos e privados em presença» (art. 327.º, n.º 2).

É ainda invocável pelo cocontratante privado o *direito de retenção*, com limitações idênticas às previstas a propósito da exceção de não cumprimento (art. 328.º).

Por último, importa referir que o CCP não diz como se reparte a responsabilidade entre a Administração e o titular do órgão administrativo, funcionário, agente ou representante da Administração a quem seja individualmente imputável a violação do contrato administrativo. Pensamos que, na falta de lei especial, atenta a preexistência de um vínculo jurídico e a previsão expressa constante do artigo 280.º, n.º 4, *in fine*, do CCP, e sem prejuízo de eventuais responsabilidades financeiras, é aplicável, à semelhança do que sucede em matéria de responsabilidade pré-contratual e de responsabilidade contratual jurídico-privadas da Administração, o regime geral consagrado no Código Civil (v. *infra*, o cap. III).

182. O caso imprevisto

Antes de estudar, em especial, o problema do «caso imprevisto», convém assentar, à partida, na terminologia que adotamos:

a) O «*caso de força maior*» é a situação que impede em absoluto o cumprimento do contrato (porque ardeu a casa, por ex., ou morreu o devedor de uma prestação de facto infungível). A sua consequência típica é o devedor ficar exonerado da obrigação;

b) O «*caso imprevisto*» é a situação em que ocorre uma alteração de circunstâncias tão profunda, em relação à base inicial do negócio, que a execução deste se torna demasiado onerosa e contrária à boa fé para uma das partes. A consequência típica é o devedor ter direito a uma indemnização, ou à revisão dos preços, ou a outra forma de restabelecimento do equilíbrio financeiro do contrato;

c) O «*facto do Príncipe*» («fait du Prince») é tipicamente a situação em que o Estado soberano, por ato político-legislativo ou regulamentar, torna impossível ou excessivamente onerosa a prestação do cocontratante privado. A sua consequência típica é, conforme for o caso, a da alínea *a*) ou a da alínea *b*) *supra*[1020];

d) A «*modificação unilateral do contrato*» é a situação em que o contraente público impõe ou obtém alterações no objeto ou no conteúdo do contrato, ficando o cocontratante privado com o direito a uma indemnização, ou à revisão dos preços, ou – em face da lei atual – à resolução do contrato, em certos casos.

Como ensinava Marcello Caetano, o *caso imprevisto* é *o facto estranho à vontade dos contraentes que, determinando a modificação das circunstâncias económicas gerais, torna a execução do contrato muito mais onerosa para uma das partes do que caberia no risco normalmente considerado*[1021].

Pode efetivamente suceder, sobretudo quando o contrato se desenvolve durante um período relativamente longo, que certas «transformações económicas alheias à vontade das partes venham a impor ao contraente uma sobrecarga ruinosa»[1022]. O cumprimento é ainda, nesse tipo de situações, jurídica e materialmente possível – senão haveria *força maior* e o contraente seria desligado da sua obrigação[1023]; mas torna-se economicamente desastroso[1024].

[1020] V., em sentido algo diferente, defendendo que o «*facto do Príncipe*» se distingue, quer dos poderes de modificação ou resolução unilateral do contrato, quer do instituto do *caso imprevisto*, caracterizando-se por resultar de um *ato de poder* praticado num plano *extracontratual*, com interferência *direta* e *especial* sobre o contrato, Cláudia Saavedra Pinto, *O Facto do Príncipe e os Contratos Administrativos, Reflexão sobre o Instituto do Facto do Príncipe e a Tutela do Cocontratante da Administração em caso de extinção do Contrato Administrativo*, Almedina, Coimbra, 2012, pp. 56-97.

[1021] V. Marcello Caetano, *Manual*, II, p. 625.

[1022] V. Jean Rivero, *Direito Administrativo*, p. 150.

[1023] A *impossibilidade temporária* de cumprimento do contrato não imputável às partes *suspende* a execução das prestações que constituem o objeto do contrato (CCP, art. 297.º, alínea *a*); a *impossibilidade definitiva* de cumprimento do contrato não imputável às partes *extingue* o contrato (CCP, art. 330.º, al. *a*)). Cfr. também os arts. 790.º, n.º 1, 792.º e 793.º, n.º 1, do Código Civil.

[1024] V. Jean Rivero, *Direito Administrativo*, p. 150.

Segundo o entendimento tradicional, a «teoria da imprevisão» intervém então com a finalidade de assegurar a continuidade da atividade a cargo do cocontratante, repartindo a álea (económica) pelos dois contraentes ao impor à entidade pública que venha em ajuda da contraparte em dificuldades para lhe permitir prosseguir o cumprimento do contrato[1025]. Noutros termos: se o contrato administrativo tiver de ser executado em conjuntura económica que subverta o equilíbrio financeiro estabelecido e que não tivesse podido ser prevista no momento da celebração, por regra, a Administração deve *partilhar* os prejuízos verificados ou *rever* o contrato por forma a restabelecer a base de justiça comutativa, essencial ao reconhecimento legal da respetiva validade.

No caso a propósito do qual o *Conseil d'Etat* criou a «teoria da imprevisão» (*Compagnie de gaz de Bordeaux*, de 1916), a guerra de 1914 tinha provocado tal subida de preço do carvão que os concessionários de gás não podiam prosseguir a sua exploração com as tarifas previstas nos contratos sem se exporem à ruína[1026]. Em direito privado tais circunstâncias, quando surgiam, não tinham à época efeito sobre as obrigações emergentes dos contratos. O juiz administrativo afastou, porém, essa solução excessivamente rigorosa: isto porque a ruína do contraente, consequência inelutável desse rigor, era de molde a comprometer a necessária continuidade da satisfação das necessidades públicas. E, em consequência, ditou à Administração o dever de indemnizar «por imprevisão» o seu concessionário dos prejuízos por este sofridos.

A teoria da imprevisão foi objeto de larga elaboração jurisprudencial e doutrinal em França. Fundamentalmente, concretizaram-se aí detalhadamente os pressupostos de que dependia a sua aplicação, e por outro lado esmiuçaram-se os seus efeitos típicos[1027].

E de França tal teoria rapidamente chegaria, por via legislativa, até Portugal. Os seus pressupostos e efeitos foram, na verdade, embora com algumas variações, de uma forma geral acolhidos nos vários diplomas que, no período economicamente conturbado das duas guerras e com vista a evitar a «grave torpeza» que para o interesse público resultaria da sua rescisão[1028], se elaboraram a propósito de algumas categorias de contratos administrativos: designadamente, fornecimentos,

[1025] V. Jean Rivero, *Direito Administrativo*, p. 150.
[1026] V. Jean Rivero, *Direito Administrativo*, p. 150.
[1027] V. Jean Rivero, *Direito Administrativo*, p. 150.
[1028] V. Fernando Guerrero, *La Revisión de Precios...*, p. 242.

empreitadas e concessões de serviços públicos. Neles perpassa nitidamente a ideia de que se deve reconhecer aos cocontratantes vítimas de *certo tipo de prejuízos* (os que representem *incomportável sacrifício*) originados por *certo tipo de alterações* (*anormais*) supervenientes das bases em que cada uma das partes fundou a sua decisão de contratar, o direito à obtenção de *indemnizações* ou, mais frequentemente, o direito à *revisão dos preços* estabelecidos[1029].

Contudo, os períodos conturbados e as crises profundas por que o sistema económico (português) tem passado nas últimas décadas fizeram com que a teoria da imprevisão se aplicasse tantas vezes no domínio dos contratos administrativos[1030] que, de providência legislativa avulsamente tomada para atalhar a desequilíbrios de contratos já economicamente alterados, o direito à revisão de preços – a forma caraterística da efetivação da indemnização por imprevisão – passou a ser geralmente previsto em legislação aplicável a certo tipo de contratos administrativos (caso das empreitadas de obras públicas) e, bem assim, consagrado, *ab origine*, por razões de certeza, nos próprios contratos, como mecanismo previsto para manter e restaurar o equilíbrio financeiro dos mesmos contra alterações anormais[1031].

O CCP veio acolher o essencial deste regime, embora com duas novidades significativas.

Começando por dar relevância ao caso imprevisto como fundamento de modificação do contrato ou de atribuição de uma compensação financeira por decisão judicial ou arbitral (arts. 311.º, n.º 1, 312.º, al. *a*), e 314.º, n.º 2), o CCP, por um lado, *admite também a resolução do contrato*, quer por via de decisão judicial ou arbitral a pedido do cocontratante, quer por decisão do contraente público, com fundamento na alteração anormal e imprevisível das circunstâncias (respetivamente, arts. 330.º, al. *c*), 332.º, n.ºs 1, al. *a*), 2 e 3, e art. 335.º).

Por outro lado, o mesmo diploma prevê que *a revisão de preços só é admissível* – para além dos casos em que haja lugar à reposição do equilíbrio financeiro, nos termos do artigo 282.º, da partilha de benefícios contemplada no artigo 341.º no quadro de parcerias público-privadas, ou da revisão ordinária de preços no âmbito do contrato de empreitadas de obras públicas (cfr. o art. 382.º) –, «se o contrato o determinar e fixar

1029 V. Marcello Caetano, *Manual*, I, pp. 633-634.

1030 V. Esteves de Oliveira, *Direito Administrativo*, I, p. 715.

1031 Diogo Freitas do Amaral e Lino Torgal, *Estudos sobre Concessões...*, pp. 322-341.

os respetivos termos, nomeadamente o método de cálculo e a periodicidade» (art. 300.º).

A tendência atual é para limitar e fiscalizar as operações de *revisão de preços* e de contabilização de *trabalhos complementares* (sobretudo nas empreitadas de obras públicas), a fim de impedir os abusos que muitas vezes se verificam: alguns concorrentes apresentam no concurso público, para o ganharem, preços ou condições anormalmente favoráveis, para depois recuperarem os ganhos esperados (ou até um sobrelucro) através da prova de ter havido trabalhos complementares ou da ocorrência posterior de alterações anormais de preços. A dificuldade, porém, está em «separar o trigo do joio»: há casos em que, efetivamente, a Administração impõe trabalhos complementares, os quais têm de ser pagos; noutros, há culpa do empreiteiro; e, em alguns contratos de empreitada de obras públicas, pode mesmo haver *conluio* do empreiteiro (privado) com os representantes do dono da obra (entidade pública).

Nas últimas duas décadas e meia, a prática da contratação administrativa, sobretudo em matéria de concessões, tem envolvido a apresentação pelos candidatos de 3 cenários de evolução das receitas:

a) O caso-base, ou previsão para circunstâncias normais;
b) O cenário otimista, acima do anterior, e que reflete uma evolução das receitas mais favorável para o concorrente privado;
c) O cenário pessimista, abaixo do caso-base, e que traduz uma evolução das receitas mais desfavorável para o cocontratante.

Esta previsão do concorrente privado, se for aceite pela entidade concedente e vertida no texto do contrato celebrado com ele, como adjudicatário, vincula ambas as partes do contrato. Por isso, não pode deixar de ser tomada em conta na resolução dos litígios que surjam acerca da execução contratual, em especial nos casos em que haja direito à reposição do equilíbrio financeiro da concessão.

Contudo, está ainda por esclarecer – quer na doutrina, quer na jurisprudência – qual o significado e alcance da distinção, já referida, entre o «caso-base», o «cenário otimista» e o «cenário pessimista».

VII
EXTINÇÃO DO CONTRATO ADMINISTRATIVO

183. Preliminares

Também a propósito da extinção do contrato existem alguns traços caraterísticos do regime do contrato administrativo em que sobressaem os poderes de autoridade da Administração conjugados com a garantia dos direitos e interesses legítimos do contraente particular.

Na verdade, também aqui a Administração Pública possui alguns poderes de autoridade. Em primeiro lugar, cumpre referir as causas normais de extinção do contrato administrativo, previstas na alínea *a*) do artigo 330.º do CCP – o *cumprimento*, a *impossibilidade definitiva* e *todas as restantes causas de extinção das obrigações reconhecidas pelo direito civil*[1032]. A este propósito, merece destaque a extinção do contrato por impossibilidade não imputável às partes – o *caso de força maior*. Depois, há causas especialmente disciplinadas que importa considerar: a extinção por acordo das partes (*revogação* – art. 330.º, al. *b*)), e a extinção por iniciativa de uma das partes (*resolução* – art. 330.º, al. *c*)).

Estudaremos de seguida as últimas três causas de extinção do contrato administrativo, já que o cumprimento e as demais causas de extinção

[1032] Por exemplo, a caducidade, a verificação de condição resolutiva, a anulação judicial, a morte do contraente particular ou a declaração da sua falência ou insolvência, sem que a Administração autorize a prossecução da execução do contrato pelos herdeiros ou pelos credores.

das obrigações reconhecidas pelo direito civil não apresentam neste domínio qualquer especialidade em relação às causas de extinção dos contratos em geral.

184. O caso de força maior

O *caso de força maior* (*an act of God*, na sugestiva terminologia anglo-saxónica) consiste no *facto imprevisível e estranho à vontade dos contraentes que impossibilita absolutamente o cumprimento das obrigações contratuais*[1033]. À semelhança do que sucede no direito civil, a impossibilidade em causa pode ser temporária ou definitiva, e total ou parcial. Os casos de força maior levam, não à alteração do contrato, mas antes à suspensão da sua eficácia (nos casos de impossibilidade temporária) ou à extinção total do contrato (se a impossibilidade for definitiva ou levar ao desinteresse completo do credor)[1034]. Os casos de força maior parcial podem ainda dar origem a modificações objetivas do contrato.

Focando-nos nos casos de impossibilidade definitiva relativamente à generalidade das prestações objeto do contrato, a consequência da verificação de um caso destes é, ao contrário do caso imprevisto, a exoneração do contraente que, por causa dele, não cumpra as suas obrigações contratuais[1035]. Claro que o efeito liberatório do caso de força maior só se verifica depois de a Administração o aceitar como tal ou o tribunal, acionado para o efeito, decretar a cessação da responsabilidade do particular cocontratante[1036]. A verificação de um caso de força maior carece, pois, de ser devidamente comprovada.

Exemplo de um caso de força maior: um terramoto que destrua a barragem que, por contrato de empreitada de obras públicas, um empreiteiro particular tenha em curso de execução. Outro exemplo: cessa o dever contratual de explorar uma concessão de jogos de fortuna ou azar se o respetivo casino tiver ficado totalmente destruído por incêndio ou terramoto.

[1033] V. Marcello Caetano, *Manual*, II, p. 624.

[1034] V. Carla Amado Gomes, «Conformação da relação contratual no Código dos Contratos Públicos», *Estudos de Contratação Pública* – I, p. 539 e ss.

[1035] V. Marcello Caetano, *Manual*, II, p. 624.

[1036] V. Esteves de Oliveira, *Direito Administrativo*, I, p. 719.

Normalmente os contratos administrativos integram uma «cláusula de força maior» destinada a definir com precisão a repartição dos riscos relativamente a este tipo de situações.

185. A revogação

O contrato administrativo pode extinguir-se por «revogação», ou seja, por *acordo mediante o qual as partes extingam o contrato* (art. 331.º). Este acordo pode ser celebrado em qualquer momento e deve ele próprio fixar os efeitos associados à extinção do contrato. A revogação não pode revestir forma menos solene do que aquela que a celebração do contrato revestiu.

186. A resolução por iniciativa do cocontratante

O contrato administrativo pode extinguir-se por «resolução», isto é, *pela decisão de uma das partes de pôr termo ao contrato* (art. 330.º, al. *c*)). Anteriormente chamava-se-lhe «rescisão», mas o Código Civil preferiu (mal) o termo «resolução».

Entendia a doutrina dominante, na vigência do anterior CPA, que o cocontratante podia pedir a rescisão jurisdicional do contrato administrativo, quer por falta grave e flagrante da Administração[1037], quer quando as modificações que esta pretendia impor-lhe excedessem os limites do objeto do contrato[1038]. Se a Administração concordasse em pôr termo ao contrato, não haveria que ir a tribunal e a extinção do contrato ocorreria por acordo (revogação).

Com a entrada em vigor dos CCP, passa a haver uma clara distinção entre os casos em que o contrato se extingue por revogação (v. o n.º anterior) e aqueles em que ocorre resolução por iniciativa do cocontratante em virtude de variadas causas, a maior parte relacionadas com a violação grave de obrigações contratuais pelo contraente público.

[1037] V. Sérvulo Correia, *Contrato Administrativo*, p. 39.

[1038] V. Paulo Otero, *Direito Administrativo...*, p. 444.

Com efeito, o cocontratante privado tem o direito de resolver o contrato, independentemente do direito a uma indemnização (de que também pode gozar), nos seguintes casos (art. 332.º):

1.º – Situações de grave violação das obrigações assumidas pelo contraente público especialmente previstas no contrato;
2.º – Alteração anormal e imprevisível das circunstâncias;
3.º – Incumprimento definitivo do contrato por facto imputável ao contraente público;
4.º – Incumprimento de obrigações pecuniárias pelo contraente público, por período superior a seis meses ou quando o montante em dívida exceda 25% do preço contratual, excluindo juros;
5.º – Exercício ilícito dos poderes tipificados no capítulo sobre conformação da relação contratual pelo contraente público, quando tornem contrária à boa fé a exigência pela parte pública da manutenção do contrato;
6.º – Incumprimento pelo contraente público de decisões judiciais ou arbitrais respeitantes ao contrato.

O direito de resolução é um *direito potestativo* que, em princípio, só pode ser exercido por *via judicial* ou mediante *recurso à arbitragem* (art. 332.º, n.º 3).

O direito de resolução com fundamento na alteração anormal e imprevisível das circunstâncias só existe quando a mesma «não implique grave prejuízo para a realização do interesse público subjacente à relação jurídica contratual ou, caso implique tal prejuízo, quando a manutenção do contrato ponha manifestamente em causa a viabilidade económico-financeira do cocontratante ou se revele excessivamente onerosa, devendo, neste último caso, ser devidamente ponderados os interesses públicos e privados em presença» (art. 332.º, n.º 2) – é uma solução paralela à adotada a propósito da invocação da exceção de não cumprimento pelo cocontratante (v. *supra*).

Em caso de incumprimento de obrigações pecuniárias, o cocontratante pode exercer o seu direito de resolução mediante *declaração ao contraente público*, a qual produzirá efeitos 30 dias após a receção dessa declaração, salvo se o contraente público cumprir, nesse prazo, as obrigações em atraso acrescidas dos juros de mora a que houver lugar.

187. A resolução por decisão do contraente público

O contraente público pode, por decisão sua – que reveste a natureza de *ato administrativo* (art. 307.º, n.º 2, al. *d*)) – resolver o contrato com base em três tipos de fundamentos: a) incumprimentos contratuais graves ou reiterados do cocontratante privado; b) razões de interesse público; c) alteração anormal e imprevisível das circunstâncias.

Resolução sancionatória. – A resolução do contrato, a título de sanção, é a mais severa e mais grave sanção em que o cocontratante privado pode incorrer. Verifica-se quando o contraente particular não cumpre, ou não cumpre plenamente, de forma culposa, as suas obrigações por modo a determinar grave prejuízo para o interesse público[1039].

Dado o seu caráter especialmente grave, a resolução «deve ser considerada, no catálogo das sanções disponíveis, uma sanção excecional, que deve ser aplicada como *ultima ratio*»[1040], sob pena de violação do princípio da proporcionalidade. É assim necessário que a infração que a ela dá lugar consista numa «violação grave» dos deveres descritos (uma violação menos grave dará em princípio lugar apenas a *multas contratuais*), e que ponha em causa a possibilidade de manter a relação contratual por facto imputável ao cocontratante privado[1041].

O contraente público pode resolver o contrato a título sancionatório, sem prejuízo do direito de indemnização nos termos gerais – incluindo a indemnização dos prejuízos decorrentes da adoção de novo procedimento de formação de contrato –, nos seguintes casos (art. 333.º):

1.º – Situações de grave violação das obrigações assumidas pelo cocontratante especialmente previstas no contrato;

2.º – Incumprimento definitivo do contrato por facto imputável ao cocontratante;

3.º – Oposição reiterada do cocontratante ao exercício dos poderes de fiscalização do contraente público;

[1039] V. Marcello Caetano, *Manual*, II, p. 1139.

[1040] V. Pedro Gonçalves, *A Concessão de Serviços Públicos*, p. 340.

[1041] V. Marcello Caetano, *Manual*, II, pp. 1139-1140; e Pedro Gonçalves, *A Concessão de Serviços Públicos*, p. 340.

4.º – Cessão da posição contratual ou subcontratação realizadas com inobservância dos termos e limites previstos na lei ou no contrato, desde que a exigência pelo cocontratante da manutenção das obrigações assumidas pelo contraente público contrarie o princípio da boa fé;

5.º – Acumulação das sanções contratuais de natureza pecuniária aplicadas que exceda 20% do valor global do contrato;

6.º – Incumprimento pelo cocontratante de decisões judiciais ou arbitrais respeitantes ao contrato;

7.º – Não renovação do valor da caução pelo cocontratante;

8.º – Apresentação do cocontratante a insolvência ou declaração desta pelo tribunal.

Resolução por razões de interesse público. – O contraente público pode resolver o contrato por razões de interesse público, devidamente fundamentadas, e mediante o pagamento ao cocontratante de justa indemnização (art. 334.º). O interesse público relevante é de natureza idêntica ao que pode fundamentar a modificação do contrato (art. 312.º, al. *b*)): necessidades novas, ou nova ponderação das circunstâncias existentes. Nessa situação o contraente público pode optar, à luz do princípio da proporcionalidade, entre a resolução e a modificação equitativa do contrato.

A indemnização a que o cocontratante tem direito corresponde aos danos emergentes e aos lucros cessantes, devendo, quanto a estes, ser deduzido o benefício que resulte da antecipação dos ganhos previstos. A falta de pagamento da indemnização, no prazo de 30 dias contados da data em que o montante devido se encontre definitivamente apurado, confere ao cocontratante o direito ao pagamento de juros de mora sobre a respetiva importância.

Um caso típico de resolução do contrato administrativo por motivo de interesse público é o «resgate», instituto próprio das concessões. O resgate consiste no *ato administrativo pelo qual o concedente, antes de findo o prazo do contrato, decide retomar o exercício direto, por si próprio, das atividades concedidas ao contraente particular, não como sanção, mas por conveniência do interesse público, e mediante justa indemnização* (art. 422.º).

Na prática, as coisas passam-se assim: se, por alteração das circunstâncias (políticas, administrativas, económicas, etc.), passou a ser mais conveniente ao interesse público que certa atividade – até ali exercida mediante concessão por uma empresa privada – seja desempenhada diretamente pela Administração (ou, em moldes diferentes, por uma terceira entidade), em vez de continuar a ser desenvolvida por aquele concessionário, aquela tem o direito de pôr termo ao contrato através de uma decisão de resgate.

Mediante o resgate, a Administração recupera o exercício dos poderes públicos que tinha transferido para o particular, embora deva, à luz do princípio da justiça e do direito fundamental à propriedade privada (cfr. o art. 62.º da Constituição), indemnizá-lo por isso, uma vez que o resgate envolve um sacrifício económico para o concessionário. A indemnização do resgate visa exatamente restabelecer o «equilíbrio perturbado», mediante a reintegração do património do concessionário[1042] (art. 422.º, n.º 5). E aqui o que há de caraterístico é que a indemnização devida por força do resgate não visa apenas pagar ao contraente particular a parte do valor do estabelecimento que ainda não esteja devidamente amortizada: visa também pagar os lucros cessantes, referentes aos anos por que a concessão devia durar se o contrato fosse cumprido. Chama-se a isto o *prémio de evicção* ou, mais recentemente, *indemnização industrial.*

Por outro lado, pelo resgate, o concedente assume todos os direitos e obrigações da concessionária emergentes dos *subcontratos* que aquela haja celebrado com terceiros com vista ao desenvolvimento das atividades que constituem o objeto da concessão (art. 422.º, n.os 3 e 4).

Enfim, o resgate implica a reversão para o concedente dos bens deste afetos ao desempenho das atividades concedidas e, bem assim, caso isso tenha sido convencionado, a transferência de certos bens do concessionário (art. 422.º, n.º 7). Normalmente, o poder de resgatar não pode ser exercido antes de decorrido o *prazo de garantia da concessão* (um terço da duração do contrato, se outro se não achar especialmente previsto[1043] – art. 422.º, n.º 1).

Resolução com fundamento na alteração anormal e imprevisível das circunstâncias. – Em caso de alteração anormal e imprevisível das circunstâncias em que as partes fundaram a decisão de contratar, e desde que a exigência das obrigações afete gravemente os princípios da boa fé e não esteja coberta pelos riscos próprios do contrato, o contraente público também

[1042] V. Pedro Gonçalves, *A Concessão de Serviços Públicos*, p. 356.

[1043] Sobre a razão de ser deste prazo de garantia, cfr., entre nós, Marcello Caetano, *Manual*, II, p. 1132. Sobre a natureza jurídica do pré-aviso de resgate, v. Alves Correia, *As Garantias do Particular na Expropriação por Utilidade Pública*, Coimbra, 1982, p. 74 e ss.

pode optar entre a modificação do contrato e a sua resolução (art. 335.º, n.º 1). Se a alteração das circunstâncias que fundamentar a decisão de resolver o contrato tiver a sua origem num caso de *fait du prince*, o cocontratante privado tem direito ao pagamento de uma justa indemnização em termos idênticos aos previstos para a resolução por razões de interesse público (art. 335.º, n.º 2)[1044].

[1044] V., analisando os termos de tutela do cocontratante da Administração na hipótese de extinção do contrato administrativo com origem em *factos do príncipe*, Cláudia Saavedra Pinto, *O Facto do Príncipe e os Contratos Administrativos*, pp. 99-154.

§ 5.º
As Operações Materiais Administrativas

188. Conceito. – Durante muito tempo, a teoria jurídica da atuação administrativa – ou do exercício do Poder administrativo – compreendia apenas três categorias: a do ato unilateral normativo («regulamento»), a da decisão unilateral de um caso concreto («ato administrativo») e a do acordo bilateral produtor de efeitos jurídicos («contrato administrativo»).

Mais recentemente, a doutrina do Direito Administrativo descobriu uma nova categoria ou modalidade de atuação administrativa, de grande importância prática, mas que se julgava isenta de valor ou relevo jurídicos – a das «operações materiais».

Podemos defini-las como *quaisquer tipos de atuação física levada a cabo pela Administração Pública, em seu nome ou por sua conta, para conservar ou modificar uma dada situação de facto no mundo real.*

Alguns exemplos: trabalhos de construção civil efetuados para a realização de uma obra pública; intervenção policial no terreno para deter os suspeitos da prática de um crime; disparos de artilharia antiaérea para evitar o bombardeamento de uma cidade; demolição coerciva de um prédio que ameace ruína; atuação manual ou mecânica na via pública para retirar de lá as mesas e cadeiras de uma esplanada aberta ao público, se a licença que a permitia for revogada, ou para aí as recolocar, se a ordem de retirá-las for revogada ou anulada.

Como se vê, quer pela definição dada quer pelos exemplos apresentados, as «operações materiais» têm sempre por objeto *uma atuação física no mundo real*; podem ter por fim conservar ou modificar uma dada situação de facto; e são levadas a cabo por agentes da Administração Pública (polícias, militares, técnicos de engenharia do Estado ou municipais, etc.) ou por particulares que atuem em seu nome (concessionários) ou por sua conta (empreiteiros de obras públicas).

Devem considerar-se *excluídos* do conceito de operações materiais administrativas, tal como o definimos:

a) Os atos de execução administrativa, que são atos jurídicos da Administração, e não atuações físicas no mundo real (v. *supra*);
b) As declarações negociais no âmbito da execução de contratos;
c) Os atos judiciais típicos do processo executivo, pois o Poder Judicial é independente e separado da Administração Pública;
d) As operações materiais levadas a cabo por particulares que não atuem em nome ou por conta da Administração Pública (por ex., obras particulares de construção civil) ou efetuadas por entidades públicas estrangeiras ou internacionais em território português (por ex., obras dentro de uma embaixada de qualquer país ou organização internacional em Lisboa).

A primeira preocupação que levou – na Europa continental, bem como em Portugal – os administrativistas a destacar, definir e tratar juridicamente as «operações materiais» administrativas foi, como sempre no âmbito do Direito Administrativo, a de defender os particulares contra operações materiais ilegais ou ilícitas: daí a teoria francesa da *voie de fait* («via de facto») ou a doutrina alemã dos *reine Willkürsakte* («atos arbitrários»); daí a preocupação portuguesa, pelo menos desde 1996, com a busca de uma forma adequada de «controlo jurisdicional das operações materiais da Administração»[1045].

Mas, como também tem sido tendência caraterística da história do Direito Administrativo, do encontro de uma solução contenciosa para um problema de «excesso de poder» por parte da Administração pública costuma decorrer, tempos depois, a descoberta ou a formulação de normas e princípios que regulem, do ponto de vista substantivo e procedimental, as atuações administrativas que se desejam – e normalmente são – desenvolvidas de maneira legal ou lícita.

[1045] Carla Amado Gomes, «Pistas de investigação para o estudo do controlo jurisdicional das operações materiais da Administração» (dissertação de mestrado), *in Textos dispersos de Direito do Contencioso Administrativo*, AAFDL, Lisboa, 2009, p. 9 e ss.

189. Espécies. – Dos vários critérios que poderíamos apresentar, vamos selecionar os cinco que julgamos mais esclarecedores:

a) Em razão da sua *estrutura*, as operações materiais administrativas podem ser *instantâneas* ou *continuadas*: são instantâneas as que ocorrem num único momento (por ex., a identificação de um indivíduo pela polícia) e são continuadas as que se prolongam no tempo, quer através de uma atuação única (demolição de um edifício), quer através de prestações periódicas (pagamento mensal de vencimentos ou de pensões de aposentação, oferta de transportes coletivos diários, prestação de cuidados de saúde referentes a «doenças prolongadas»). As operações continuadas assumem frequentemente o nome de *atividade* (atividade policial, docente, hospitalar);

b) Em razão do seu *fim*, as operações materiais administrativas podem visar a *conservação* de uma dada situação de facto (defesa militar, manutenção da ordem pública, vigilância exterior e interior de museus e bibliotecas) ou a *modificação* da situação existente. Essa modificação pode ser *parcial* (obras de reparação de uma estrada ou de um edifício público) ou *total*, incluindo a *eliminação* completa de um objeto (demolição de edifícios, abate de árvores mortas ou de animais doentes ou perigosos, destruição de droga apreendida a traficantes);

c) Em relação ao *regime jurídico* que as regula, as operações materiais da Administração Pública podem incluir-se no âmbito da atividade administrativa de *gestão pública* ou de *gestão privada* (v. *supra*, vol. I, n.º 30). As operações materiais inseridas no quadro da gestão pública são, em regra, aquelas que são efetuadas no exercício de poderes públicos ou no cumprimento de deveres públicos, das quais se destacam, pela sua eficácia e perigosidade especiais, as que impliquem o exercício de poderes de execução coerciva – a que podemos chamar *operações materiais coativas* (GNR, PSP, Serviço de Estrangeiros e Fronteiras, corpos de bombeiros, ASAE).

Por seu turno as operações materiais enquadradas no âmbito da gestão privada, são as que decorrem sob a égide do direito privado (exploração de florestas e matas nacionais, gestão do domínio privado da Administração, atividades técnicas de empresas públicas, etc.);

d) Quanto ao seu *significado e alcance*, as operações materiais da Administração Pública podem ser *internas*, se se efetivam dentro do âmbito da entidade pública que as promove (obras de pequena reparação feitas num edifício público por técnicos do próprio serviço), ou *externas*, se atingem fisicamente a pessoa ou o património de outro ou outros sujeitos de direito (ações policiais sobre cidadãos, combate a incêndios em propriedades particulares, prestações da Segurança Social a idosos). De entre as operações materiais externas, importa distinguir entre as que são *favoráveis a particulares* (proteção policial solicitada pela vítima de um ato de violência doméstica, pagamento de uma prestação social, devolução de importâncias recebidas a mais pelo Fisco) e as que, pelo contrário, são *desfavoráveis a particulares* (posse administrativa de bens expropriados, detenção policial de estrangeiros indocumentados, encerramento compulsivo de estabelecimentos comerciais por falta das licenças exigidas por lei ou por venda de produtos ainda não aprovados ou já proibidos);

e) Quanto à sua *conformidade com as leis em vigor*, as operações materiais da Administração Pública podem ser *legais* ou *ilegais*, consoante respeitem as leis aplicáveis ou as ofendam (por ex., a demolição de um edifício que ameace ruína será legal se tiver sido precedida de todas as formalidades exigidas por lei e cumprir todos os requisitos legais, mas será ilegal no caso contrário). E, se essas operações forem ilegais, podem ser também *ilícitas*, se violarem ou sacrificarem, sem fundamento jurídico bastante, os direitos de terceiro, nomeadamente os direitos dos particulares. A ilegalidade de uma operação material administrativa, não acompanhada da produção de danos a alguém, em regra só tem consequências disciplinares (ou, nos casos mais graves, criminais ou contra-ordenacionais); se porém a operação for ilícita, por ter causado danos indemnizáveis, será fonte de responsabilidade civil (v. *infra*), sem embargo de outras formas de responsabilidade que no caso couberem.

190. Regime jurídico substantivo das operações materiais administrativas. – Do ponto de vista do Direito Administrativo substantivo, as operações materiais administrativas estão sujeitas aos três princípios basilares a que toda a Administração Pública se encontra submetida pelo artigo 198.º, n.º 1, da CRA: o princípio da prossecução do interesse público e o princípio da legalidade (n.º 1), bem como o princípio do respeito pelos direitos e interesses legalmente protegidos dos particulares.

> «Os princípios gerais da atividade administrativa constantes deste código e as normas que concretizam preceitos constitucionais são

aplicáveis *a toda e qualquer atuação da Administração Pública, ainda que meramente técnica ou de gestão privada*» (sublinhado nosso).

Desses três princípios resultam, entre outros, os seguintes corolários:

a) As operações materiais da Administração Pública devem sempre assentar numa habilitação legal prévia e desenvolver-se em obediência à lei e ao direito, respeitando também os atos ou contratos que devam ser tidos em conta – salvas as regras próprias do *estado de necessidade*;

b) As operações materiais administrativas só podem ser ordenadas e efetuadas pelos órgãos ou agentes legalmente competentes para o efeito;

c) De harmonia com o princípio da *separação de poderes* (CRA, art. 2.º, n.º 1), os agentes da Administração Pública não podem, exceto com fundamento em requisição expressa da entidade judicial, imiscuir-se na resolução de conflitos entre particulares que careçam da intervenção do Poder Judicial, nem realizar operações materiais de execução de sentenças que devam ter lugar no quadro de processos judiciais executivos – salvo nos regimes especiais de determinados setores, como, por ex., o da execução penitenciária das penas criminais;

d) Na realização de operações materiais, a Administração Pública está sujeita a todos os princípios constitucionais do Direito Administrativo, já estudado, e, nomeadamente, aos princípios da legalidade da justiça, da proporcionalidade e do respeito pelos direitos e interesses legalmente protegidos dos particulares (CRA, art. 198.º);

e) Enfim, a licitude de quaisquer operações materiais efetuadas por agentes ou representantes da Administração Pública depende ainda da estrita observância, por uns e por outros, das «normas técnicas» e das «regras de prudência comum» que devam ser tidas em conta em função dos tipos de operações materiais de que se trata. Exemplos: um motorista que seja funcionário público deve conduzir, não apenas de acordo com os preceitos do Código da Estrada, mas também com respeito pelas normas técnicas que enquadram a «boa condução» de veículos e, ainda, com estrita observância das «regras de prudência comum» que a lei, o costume ou os princípios gerais de direito imponham (cuidados especiais em caso de chuva, gelo, nevoeiro, nas curvas e lombas perigosas, etc.). O mesmo se diga, *mutatis mutandis*, quanto às operações materiais levadas a cabo pela polícia, pelos bombeiros, pela proteção civil, pelos nadadores-salvadores, pelos cirurgiões, pelos professores de físico-química que realizem experiências inflamatórias nas aulas[1046], etc.

No plano teórico, tem-se discutido a questão de saber se as operações materiais da Administração Pública, efetuadas na prática por indivíduos, devem ser consideradas como atos próprios destes ou, pelo contrário, como atuações imputáveis à pessoa coletiva pública de que aquele indivíduo é órgão ou agente.

O conceituado administrativista espanhol Eduardo García de Enterría tem defendido a primeira tese, com base no argumento «naturalístico» de que o Estado, ou qualquer outra entidade pública, porque é uma pessoa coletiva, não é suscetível de fazer o que só os indivíduos podem fazer – patrulhamento das ruas, intervenções cirúrgicas, aulas de História, Filosofia ou Matemática, etc.[1047]

Pela nossa parte, discordamos dessa ideia. Ela prova de mais: com base no mesmo argumento, também não seria possível que a Administração Pública tomasse decisões, ou manifestasse uma intenção, ou cometesse um erro, ou agisse de má fé, pois todos estes comportamentos são, do ponto de vista ontológico, individuais. Se os consideramos juridicamente imputáveis a uma pessoa coletiva pública, é porque a lei estabelece tal *imputação*, em relação aos atos e omissões dos órgãos respetivos.

Mas a imputação feita por lei não se reduz aos atos jurídicos dos órgãos: também abrange, claramente, os atos jurídicos e as operações materiais provenientes dos agentes de qualquer pessoa coletiva pública. Não é errado, por isso, que na linguagem corrente do cidadão comum se diga que o Estado se apossou de um bem, que o município abriu ou fechou uma estrada, ou que o hospital *x* é culpado de negligência médica.

191. Regime jurídico procedimental das operações materiais administrativas. – As operações materiais da Administração Pública podem ser efetuadas no quadro de um procedimento administrativo *executivo*, destinado à execução coerciva de um ato administrativo, ou também no quadro da execução de um contrato da Administração. É matéria de que já tratámos (v. *supra*).

[1046] V. o notável Acórdão do STA-1 português, de 17.12.70, *caso de Maria Teresa Linhares*, que anotámos *in OD*, 104 (1972), n.º 2, p. 158 e ss. Sobre o valor e eficácia jurídicos das normas técnicas, v., em geral, Diogo Freitas do Amaral, *Manual de Introdução ao Direito*, I, p. 534 e ss.

[1047] Eduardo García de Enterría e Tomás-Ramón Fernández, *Curso de Derecho Administrativo*, I, 3.ª ed., 1982, pp. 693-694.

Mas pode também acontecer – e acontece com frequência – que a Administração Pública esteja habilitada a efetuar as operações materiais exigidas pelo dever legal de prosseguir os seus fins de interesse público, sem que para tanto possa ou tenha de adotar qualquer procedimento administrativo. Os principais tipos de situações em que isso acontece são os seguintes:

a) Atuação em estado de necessidade. – Na maioria dos casos, os serviços de bombeiros, proteção civil, ambulâncias, etc., intervêm e atuam por sua iniciativa, ou a pedido de particulares em aflição, sem qualquer procedimento prévio: recebido o pedido de socorro, partem logo para o local onde a sua presença se torna indispensável. Mas são casos hoje em dia regulados por lei. São diferentes as situações cobertas pela noção de «estado de necessidade», a qual justifica, na maioria dos casos em que a Administração tem de atuar com preterição das regras legais estabelecidas. A validade e a licitude das operações materiais da Administração levadas a cabo em estado de necessidade, sem serem precedidas de ato administrativo, nem efetuadas segundo qualquer procedimento regulado por lei, baseia-se no princípio geral de direito *necessitas non habet legem*;

b) Medidas policiais de ação direta. – Estas medidas estão previstas na legislação reguladora das forças policiais de segurança e, em grande número de casos, também não são precedidas de ato administrativo nem seguem os trâmites de um procedimento administrativo escrito. É o que se passa, por ex., quando algum agente ou patrulha, em ação de vigilância rotineira na via pública, presencia a prática de um crime, ou dos respetivos atos preparatórios, e intervém de imediato para impedir o delito ou deter os suspeitos. Afigura-se-nos que aqui não se verificam os requisitos de calamidade que definem o «estado de necessidade»: mas há, inegavelmente, uma «situação de urgência» que justifica uma pronta intervenção administrativa e, se necessário, o uso da força. A urgência como fundamento da ação administrativa imediata decorre, como diz sugestivamente a doutrina norte-americana, do princípio «*now or never*», isto é, «agora ou nunca» (v. *supra*);

c) Operações de prestação de serviços públicos. – Toda a atividade dos serviços públicos de transportes coletivos, de distribuição de água, eletricidade e gás ao domicílio, de assistência hospitalar, etc., é composta de operações materiais (condução de veículos, instalação e conservação de redes distribuidoras, ação médica ou cirúrgica) que não são precedidas de atos administrativos, nem se enquadram em modelos legalmente aprovados de atuação. Essas operações obedecem a «regras técnicas» que, como se sabe, podem ser fontes de direito e, em certos termos, obrigam os respetivos profissionais como se fossem normas jurídicas[1048-1049].

[1048] Ver a já citada obra de Diogo Freitas do Amaral, *Manual de Introdução ao Direito*, I, pp. 534-547.

[1049] A matéria das garantias dos particulares contra operações materiais administrativas ilegais ou ilícitas será tratada mais adiante, no capítulo das «*garantias dos particulares*» (v. *infra*).

CAPÍTULO III
A Responsabilidade Civil da Administração

§ 1.º
Generalidades

192. Preliminares

Sabe-se que, numa primeira noção aproximativa, a «responsabilidade civil» consiste na *obrigação de responder pelos danos causados a outrem*, isto é, na obrigação de *indemnizar* (*i. e.*, tornar *indemne*, *i. e.*, sem dano).

O instituto da responsabilidade civil foi muito bem trabalhado pelos jurisconsultos romanos; mas já antes, na Grécia do séc. V a. C., Aristóteles dizia que a «justiça comutativa» implicava o dever de reparar os danos provocados por uma pessoa a outra[1050].

Compreende-se: se *A*, por distração ou maldade, estraga o automóvel de *B*, ou provoca um prejuízo a *C*, ou deixa de cumprir um contrato dando origem a perdas económicas significativas a *D*, é um imperativo de Justiça – que o Direito assume e regula – que *A* tenha a obrigação de *reparar os danos* que causou a *B*, ou a *C*, ou a *D*.

[1050] V. Aristote, *Éthique à Nicomaque*, trad. de J. Tricot, J. Vrin, Paris, 1987, p. 230 e ss.

Isto, que sempre foi assim desde os primórdios da Civilização, muito mais é necessário em sociedades complexas, competitivas e abertas ao exterior, em que todos correm riscos e podem, mesmo sem má intenção, causar danos uns aos outros. E o que se diz dos indivíduos, das empresas e de outras organizações privadas, não pode deixar de aplicar-se, também, ao Estado e às entidades públicas menores.

Com efeito, numa sociedade dinâmica e concorrencial, mas profundamente marcada pela ideia de solidariedade entre os seus membros, é frequente os poderes públicos serem chamados a assumir o papel de garantes da estabilidade e de promotores de uma maior equidade na distribuição dos rendimentos e sacrifícios. Perante situações de crise económica que afetem determinados setores ou a economia no seu todo, o Estado é muitas vezes chamado a atribuir «compensações» ou «ajudas financeiras». Ao invés do que sucedeu no passado, em que se pretendia um Estado não intervencionista e em que o exercício da autoridade pública não podia ser diretamente questionado, passou a exigir-se um «Estado segurador» e uma segurança social abrangente, em que mesmo os «azares da fortuna» e os prejuízos decorrentes de calamidades públicas ou de simples opções políticas sejam repartidos pela sociedade no seu todo. Com efeito, a interdependência crescente e a globalização do campo de ação de cada um se, por um lado, potenciam os benefícios de todos, por outro, aparecem igualmente a justificar o apelo à socialização dos prejuízos.

A responsabilidade civil da Administração tem algumas afinidades com esta evolução e o tipo de problemas que a mesma suscita, mas o seu alcance e significado jurídicos são bem mais restritos. Na verdade, embora apresente algumas particularidades, a responsabilidade civil decorrente do exercício da função administrativa não é essencialmente diferente do instituto homólogo regulado pelo direito privado: uma e outra podem ser fonte autónoma de relações jurídicas de natureza obrigacional – a obrigação de indemnizar (responsabilidade extraobrigacional ou, por simplificação e tradição, «responsabilidade extracontratual»); ou decorrer do incumprimento de relações jurídicas preexistentes (responsabilidade obrigacional ou, por simplificação e tradição, «responsabilidade contratual»)[1051].

[1051] Sobre a responsabilidade civil no direito privado, v., por todos, Antunes Varela, *Das Obrigações em Geral*, vol. I, 10.ª ed., Almedina, Coimbra, 2000, p. 518 e ss.; e Almeida Costa, *Direito das Obrigações*, 11.ª ed., Almedina, Coimbra, 2008, p. 517 e ss.

De resto, a Administração, sempre que atue ao abrigo de normas de direito privado, fora do âmbito próprio do exercício da função administrativa (entenda-se: em vista de fins meramente instrumentais relativamente à atividade específica de prossecução do interesse público que, por lei, lhe incumbe), também pode ficar constituída no dever de indemnizar os danos causados a terceiros, conforme resulta inequivocamente da previsão do artigo 501.º do Código Civil: «o Estado e demais pessoas coletivas públicas, quando haja danos causados a terceiros pelos seus órgãos, agentes ou representantes no exercício de atividades de gestão privada, respondem civilmente por esses danos nos termos em que os comitentes respondem pelos danos causados pelos seus comissários». E a solução não é diversa no tocante ao incumprimento de contratos de direito privado celebrados pela Administração: «o contrato deve ser pontualmente cumprido (...)» e «o devedor que falta culposamente ao cumprimento da obrigação torna-se responsável pelo prejuízo que causa ao credor» (respetivamente, arts. 406.º, n.º 1, e 798.º, ambos do citado Código). Acresce, relativamente à responsabilidade contratual, que, nos termos do artigo 800.º, n.º 1, do mesmo Código, «o devedor é responsável perante o credor pelos atos dos seus representantes legais ou das pessoas que utilize para o cumprimento da obrigação, como se tais atos fossem praticados pelo próprio devedor».

Do mesmo modo, nos termos do n.º 5 do artigo 1.º do Regime da Responsabilidade Civil Extracontratual do Estado e demais Entidades Públicas («RCEEP»), aprovado pela Lei n.º 67/2007, de 31 de dezembro, as disposições deste diploma «são também aplicáveis à responsabilidade civil de pessoas coletivas de direito privado e respetivos trabalhadores, titulares de órgãos sociais, representantes legais ou auxiliares, por ações ou omissões que adotem» no exercício da função administrativa, isto é, conforme previsto no n.º 2 do mesmo preceito, «no exercício de prerrogativas de poder público ou que sejam reguladas por disposições ou princípios de direito administrativo». E, no tocante à matéria contratual, o CCP é, como vimos, a fonte de direito primária em matéria de «relações contratuais jurídicas administrativas» (cfr. o respetivo art. 280.º).

A função principal do instituto da responsabilidade civil é, em qualquer caso e em ambos os ramos do direito considerados, *ressarcir ou indemnizar prejuízos que, segundo o curso normal dos acontecimentos, não deviam ter ocorrido,* ou seja, colocar o lesado na situação em que o mesmo se encontraria, caso tudo se tivesse passado como seria de esperar de acordo com o que é habitual acontecer. Indemnizar significa, com efeito, eliminar a perda *in natura*, real, infligida em interesses juridicamente protegidos (reconstituição em espécie ou *in natura*); não sendo isso possível, haverá então que proceder à reparação por sucedâneo ou equivalente pecuniário ou, subsidiariamente, à compensação do dano.

A diferença de regimes resulta, assim, não tanto dos fins a atingir ou da consequência jurídica – a obrigação de indemnização –, mas dos pressupostos legais respetivos: de um lado, o exercício, por via unilateral ou contratual, da função administrativa; do outro, atuações regidas pelos princípios da livre iniciativa e da liberdade contratual, as quais, quando realizadas por entidades administrativas, são consideradas idênticas àquelas.

Olhando agora em especial para o exercício da função administrativa, já vimos no capítulo anterior que o mesmo implica frequentemente o uso de poderes de autoridade, podendo suceder – e tantas vezes acontece, de facto – que em consequência de tal exercício sejam causados prejuízos aos particulares.

Um regulamento que contenha normas que sejam exequíveis por si mesmas pode ser ilegal, resultando da produção de efeitos daquelas normas prejuízos para um determinado particular; um ato administrativo pode estar inquinado de usurpação de poder, incompetência, vício de forma, violação de lei ou desvio de poder e, por esse motivo, produzir danos efetivos ao respetivo destinatário. E no caso dos contratos administrativos, o incumprimento pela Administração dos deveres neles estipulados é quase sempre causa de perturbações, e possivelmente de danos, para o cocontratante particular. Em todas as situações descritas, haverá uma atuação *ilegal* ou uma atuação *ilícita* da Administração, que em princípio é suscetível de fazer recair sobre ela a obrigação de indemnizar os prejuízos causados.

Outros casos há, ainda, em que a Administração, não praticando nenhum ato ilegal nem executando nenhuma operação material ilícita, incorre, mesmo assim, no dever de indemnizar prejuízos emergentes da sua atuação: é o que acontece, designadamente, com os danos provocados pelo *risco* inerente ao exercício de certas atividades especialmente perigosas (por exemplo, a explosão de um paiol de pólvora militar), e bem assim com os atos lícitos que imponham aos particulares formas de sacrifício especial dos seus direitos (por exemplo, atuações em estado de necessidade).

Em todas estas situações verificamos que a Administração Pública causa prejuízos a outrem, e que a lei resolve obrigá-la a indemnizar esses prejuízos. É o problema da *responsabilidade civil da Administração decorrente do exercício da sua função própria, a função administrativa*.

Particularmente no domínio extracontratual, a diversidade de natureza jurídica das atuações da Administração que estão na origem de tais situações torna, por outro lado, facilmente apreensível a relação de complementaridade entre o princípio da legalidade da Administração, o princípio da sua responsabilidade, e a articulação que entre estes dois princípios se estabelece no quadro de um Estado de Direito.

Com efeito, este exige, desde logo, que o exercício da função administrativa, nomeadamente de quaisquer prerrogativas de autoridade, se faça de acordo com a Constituição e a lei: daí que a tutela jurídica primária dos cidadãos, a efetivar através de ação administrativa especial, implique, quer a eliminação dos atos de autoridade indevidamente praticados, quer a prática de atos da mesma natureza indevidamente omitidos, e, em ambos os casos, com todas as consequências nos planos legal e de facto. Na grande maioria das situações tal será suficiente para assegurar a tutela efetiva dos direitos dos particulares, ou seja, permitirá colocá-los na situação em que se encontrariam, caso não houvesse sido cometida qualquer ilegalidade (havendo lugar, portanto, a uma reconstituição em espécie)[1052].

Todavia, quando tal não aconteça, seja por razões atinentes ao regime de execução de sentenças ou por quaisquer outras razões e, bem assim, em todos os demais casos em que ou estão em causa atos de autoridade lesivos que não devem ser eliminados, ou operações materiais ilícitas ou

[1052] A este propósito, é exemplar a formulação contida no art. 173.º, n.º 1, do CPTA: «a anulação de um ato administrativo constitui a Administração no dever de reconstituir a situação que existiria se o ato anulado não tivesse sido praticado, bem como de dar cumprimento aos deveres que não tenha cumprido com fundamento no ato entretanto anulado, por referência à situação jurídica e de facto existente no momento em que deveria ter atuado». Mas, conforme decorre do art. 4.º, n.º 2, als. *a*) a *c*), do mesmo Código, o princípio da restauração natural também é aplicável nos casos de declaração de ilegalidade de uma norma ou de condenação à prática de um ato administrativo legalmente devido.

especialmente perigosas causadoras de danos a particulares, que estes não tenham de suportar de acordo com uma composição justa dos interesses em causa, pode haver lugar à constituição de obrigações de indemnização autónomas. Nestes casos, a efetivação da responsabilidade civil realiza-se através de uma *ação administrativa comum* e corresponde, assim, a uma forma de defesa jurídica dos direitos de cada um destinada a situações em que a eliminação dos danos causados a tais direitos por atuações públicas (que se entende não deverem ser suportados pelos lesados) não seja possível através dos meios de tutela primária[1053]. A responsabilidade civil da Administração representa, por isso, a «última linha de defesa» do Estado de Direito.

Nesta parte do nosso Curso vamos analisar o conceito de responsabilidade civil da Administração, o sentido e alcance da sua previsão constitucional, e os respetivos regimes legais de direito público e de direito privado, focando em especial a responsabilidade civil extracontratual[1054]. Uma vez definido o conceito e conhecidas as soluções em abstrato possíveis, em ordem a facilitar a sua compreensão, vamos recordar numa breve síntese a evolução histórica do direito positivo sobre este conjunto de matérias, e depois passaremos à análise do direito vigente.

193. Conceito

Como referido, quando se fala em responsabilidade *civil* da Administração, isto não quer dizer de modo nenhum que tal responsabilidade seja regulada por normas de direito civil: como vamos ver, na grande maioria dos casos esta responsabilidade é regulada por normas de direito admi-

[1053] O caráter secundário da responsabilidade civil aparece bem evidenciado no art. 4.º do RCEEP: «quando o comportamento culposo do lesado tenha concorrido para a produção ou agravamento dos danos causados, designadamente por não ter utilizado a via processual adequada à eliminação do ato jurídico lesivo, cabe ao tribunal determinar, com base na gravidade das culpas de ambas as partes e nas consequências que delas tenham resultado, se a indemnização deve ser totalmente concedida, reduzida ou mesmo excluída».

[1054] No que se refere à matéria específica da responsabilidade (objetiva) da Administração pela prevenção e reparação de danos ambientais, referida na Lei de Bases do Ambiente (Lei n.º 11/87, de 7 de abril) e na Lei da Participação e da Ação Popular (Lei n.º 83/95, de 31 de agosto), e objeto de desenvolvimento no Decreto-Lei n.º 147/2008, de 29 de julho, remete-se para a disciplina de Direito do Ambiente.

nistrativo. A expressão *civil* não está aí para fazer referência a um certo ramo do direito, mas para significar que se trata de uma *responsabilidade por perdas e danos*, que se traduz na *obrigação de indemnizar* os prejuízos causados pela Administração aos particulares. Neste sentido, a responsabilidade *civil* é algo que se distingue da responsabilidade *disciplinar* (sujeição a sanções disciplinares) e da responsabilidade *penal* (sujeição a sanções criminais).

Em segundo lugar, sublinhe-se que, de acordo com o dogma da irresponsabilidade do poder político, a responsabilidade civil da Administração – perspetivada como parte de tal poder – começou por ser pensada no contexto do direito privado, respondendo apenas a Administração Pública, à semelhança das pessoas coletivas privadas, pelas atuações ilícitas dos seus órgãos e agentes. Mas hoje o citado dogma já não tem o menor fundamento jurídico-positivo. Como salienta Vieira de Andrade, o abandono da ideia de «irresponsabilidade pública, responsabilidade privada» operou «uma mudança fundamental: hoje a responsabilidade deixa de ser "civil" por ser vista da perspetiva da Administração equiparada ao cidadão, é "civil" por ser encarada da perspetiva da atividade administrativa – a responsabilidade já não é *civil* do lado *ativo* (por o Estado agir como privado), mas tão só do lado *passivo* (sempre que o Estado tem de indemnizar danos causados aos particulares por quaisquer atividades ou omissões dos diversos poderes públicos)»[1055].

Contudo, segundo o mesmo Autor, esta ampliação do domínio da responsabilidade é delimitada negativamente pelas situações em que o dano e a consequente indemnização formam um *momento constitutivo* da própria atividade pública em causa «e, por isso, um pressuposto da respetiva legitimidade – é o que acontece, no domínio extracontratual, com a generalidade dos atos ablativos, designadamente as nacionalizações e as expropriações (num sentido amplo), cujo conteúdo é precisamente o *sacrifício (legítimo) de direitos patrimoniais fundamentais* e que, por isso, integram necessariamente *contrapartidas*, de modo que a indemni-

[1055] V. o Autor citado, «Panorama Geral do Direito da Responsabilidade "Civil" da Administração Pública em Portugal», *in* J. Luis Martínez López-Muñiz e Antonio Calonge Velázquez (Coords.), *La Responsabilidad Patrimonial de los Poderes Públicos* (III Coloquio Hispano-Luso de Derecho Administrativo, Valladolid, 16-18 de octubre de 1997), Marcial Pons, Madrid-Barcelona, 1999, p. 40 (itálicos no original).

zação corresponde a uma substituição do valor real dos direitos *subtraídos* do património privado»[1056].

A responsabilidade civil traduz-se numa reação do Direito a danos causados a particulares – seja por facto ilícito, pelo risco ou, na medida em que justificado pela própria ordem jurídica, por facto lícito –, destinada a repor a situação inicial daqueles mesmos particulares. Por isso, a responsabilidade civil implica uma *indemnização* (direito à eliminação ou reparação, na medida do possível, do dano real); não uma *compensação* (direito a uma prestação patrimonial de valor correspondente ao de certo bem que a mesma prestação vai substituir no património do credor[1057-1058]). Esta distinção é fundamental para a compreensão da *unidade de sentido* do instituto da responsabilidade civil. Na verdade, o artigo 3.º do RCEEP, sob a epígrafe «Obrigação de indemnizar», estatui nos dois primeiros números:

> «1 – Quem esteja obrigado a reparar um dano, segundo o disposto na presente lei, deve reconstituir a situação que existiria se não se tivesse verificado o evento que obriga à reparação.
>
> 2 – A indemnização é fixada em dinheiro quando a reconstituição natural não seja possível, não repare integralmente os danos ou seja excessivamente onerosa».

Do mesmo modo, os artigos 562.º («Princípio geral») e 566.º, n.º 1 («Indemnização em dinheiro»), do Código Civil estabelecem, quanto à obrigação de indemnização, respetivamente:

[1056] V. Vieira de Andrade, «Panorama Geral do Direito da Responsabilidade "Civil" da Administração Pública em Portugal», *cit.*, p. 42.

[1057] Cfr. Vieira de Andrade, «Panorama Geral do Direito da Responsabilidade "Civil" da Administração Pública em Portugal», *cit.*, p. 42, nota 6. Nesta perspetiva, um facto, em regra ilícito, é justificado pela própria ordem jurídica. O exemplo paradigmático será o do «estado de necessidade» (cfr. os arts. 3.º, n.º 2, e 339.º do CPA e do Código Civil, respetivamente). Tal não significa, porém, que o princípio do Estado de Direito não imponha a compensação dos prejuízos especiais e graves causados pela atividade pública (nesse sentido, v. Gomes Canotilho e Vital Moreira, *Constituição da República Portuguesa Anotada*, vol. I (arts. 1.º a 107.º), 4.ª ed., Coimbra Editora, Coimbra, 2007, anot. IX ao art. 22.º, p. 431). A diferença residirá, então, na circunstância de a prestação compensatória constituir um pressuposto da licitude da ação ou omissão dos poderes públicos (v. *idem, ibidem*, p. 432).

[1058] Parece apontar no mesmo sentido a contraposição entre as alíneas *f*) e *g*) do n.º 2 do art. 37.º do CPTA.

«Quem estiver obrigado a reparar um dano deve reconstituir a situação que existiria, se não se tivesse verificado o evento que obriga à reparação»;

«A indemnização é fixada em dinheiro, sempre que a reconstituição natural não seja possível, não repare integralmente os danos ou seja excessivamente onerosa para o devedor».

Por último, importa não confundir a responsabilidade do Estado e das demais pessoas coletivas de direito público – «responsabilidade da Administração» – com a responsabilidade dos titulares dos seus órgãos, dos funcionários e demais agentes públicos ou dos «representantes» ao serviço das citadas entidades. Embora estreitamente interligadas, em virtude de as pessoas coletivas agirem por intermédio de condutas de pessoas singulares que lhes são imputadas a vários títulos, trata-se de realidades distintas e autónomas: pode haver responsabilidade direta da Administração sem concomitante responsabilidade dos titulares dos seus órgãos, agentes ou representantes, e vice-versa.

A «responsabilidade da Administração» é, por conseguinte, *a obrigação jurídica que recai sobre qualquer pessoa coletiva pública de indemnizar os danos que tiver causado aos particulares, seja no exercício da função administrativa, seja no exercício de atividades de gestão privada*[1059].

A referida unidade de sentido traduz-se no seguinte: «pressupõe-se, desde logo, uma *conduta anormal (em si ou, pelo menos, na circunstância) ou então perigosa* e, por outro lado, é pensável aí a *reconstituição natural* (que constitui a regra da obrigação de indemnização)»[1060].

Muito do agrado dos nossos juristas do começo do século XX – entre os quais Guilherme Moreira, Cunha Gonçalves e Martinho Nobre de Melo[1061] –, a problemática do dever de indemnizar não conseguiu depois

[1059] Sobre a matéria ver Diogo Freitas do Amaral, «A responsabilidade civil da Administração no direito português», originariamente publicado no vol. XXV (1973) da *Revista da Faculdade de Direito da Universidade de Lisboa* e republicado em *Estudos de Direito Público e Matérias Afins*, vol. I, do mesmo Autor, Almedina, Coimbra, 2004, p. 509 e ss.; e Marcello Caetano, *Manual*, II, p. 1195 e ss.

[1060] Cfr. Vieira de Andrade, «Panorama Geral do Direito da Responsabilidade "Civil" da Administração Pública em Portugal», *cit.*, p. 43.

[1061] As obras dos autores citados sobre responsabilidade da Administração, ou que a ela se referem desenvolvidamente, são as seguintes: Guilherme Moreira, «Estudo sobre a responsabilidade civil», *in Revista de Legislação e de Jurisprudência*, ano 38.º, p. 129 e ss., e ano 39.º,

conquistar as simpatias dos publicistas portugueses, que durante décadas se ocuparam de outros temas.

Se não fosse a atenção contínua e a análise penetrante que à responsabilidade da Administração sempre dedicou, desde 1937, o Prof. Marcello Caetano, nas sucessivas edições do *Manual de Direito Administrativo*, dir-se-ia que o assunto morrera para os cultores deste ramo do direito.

E, todavia, continua a ser hoje bem verdadeira, se o não é mais ainda do que então, a declaração feita por Hauriou, com o vigor que costumava pôr nas suas sínteses, de que «*as duas principais teorias do Direito Administrativo são a do recurso contencioso* contra as decisões executórias da Administração *e a das responsabilidades pecuniárias em que incorre a Administração* no exercício da sua atividade»[1062].

No direito português contemporâneo o tema da responsabilidade civil da Administração Pública voltou a ganhar grande atualidade, em virtude não só de a Constituição lhe dedicar um artigo específico – o artigo 22.º – e autónomo do da responsabilidade dos funcionários e agentes – o artigo 271.º –, como também devido à Reforma do Contencioso Administrativo de 2002-2003 e à preparação, desde 2001, e posterior publicação, em finais de 2007, do já mencionado RCEEP[1063].

p. 194 e ss.; *Instituições de Direito Civil português*, vol. I, p. 609; e «Personalidade coletiva», *in Revista de Legislação e de Jurisprudência*, ano 41.º, p. 561 e ss.; Cunha Gonçalves, *A responsabilidade da administração pública pelos atos dos seus agentes*, 1907; Martinho Nobre de Melo, *Teoria geral da responsabilidade do Estado*, 1914. V. ainda Silva e Sousa, «A responsabilidade do Estado pelos atos dos seus funcionários», *in Gazeta da Relação de Lisboa*, ano 43.º (1929), p. 305, e Cons. Martins de Carvalho, «Responsabilidade civil (excerto de uma consulta)», *idem*, ano 44.º (1930), pp. 33, 49 e 97.

[1062] Hauriou, *Précis élémentaire de Droit Administratif*, 5.ª ed., 1943, p. 17.

[1063] No que se refere ao *período anterior à Constituição da República Portuguesa*, v. especialmente, além dos Autores anteriormente mencionados, Afonso Queiró, *Teoria dos atos de governo*, 1948, p. 206; Vaz Serra, «Responsabilidade civil do Estado e dos seus órgãos ou agentes», *in Boletim do Ministério da Justiça*, n.º 85, p. 446; José Carlos Soares, *Estudo sobre a responsabilidade extracontratual do Estado*, 1962; J. B. Mota Amaral, *Contributo para o estudo da responsabilidade civil extracontratual da Administração Pública*, vol. I, Lisboa, 1966 (inédito); Gomes Canotilho, *O problema da responsabilidade do Estado por atos ilícitos*, Almedina, Coimbra, 1974.

Depois da Constituição, cumpre salientar, entre muitos outros: Dimas Lacerda, «Responsabilidade civil extracontratual do Estado (alguns aspetos)», *in Contencioso Administrativo*, Braga, 1986, p. 239 e ss.; Barbosa de Melo, «Responsabilidade civil extracontratual – não cobrança de derrama pelo Estado», *in Coletânea de Jurisprudência*, ano XI (1986), tomo IV, p. 32 e ss.; Freitas do Amaral, «Natureza da Responsabilidade Civil por Atos Médicos Praticados em Estabelecimentos Públicos de Saúde», *in Direito da Saúde e Bioética*, Lex, Lisboa, 1991, p. 121 e ss.; Sinde Monteiro, «Aspetos particulares da Responsabilidade Médica», *ibidem*, p. 133 e ss.; Maria Angelina Domingues, «Responsabilidade civil extracontratual do Estado por atos de gestão pública; facto ilícito, caso julgado», *in Revista do Ministério Público* (1991), p. 143 e ss.; Rui Medeiros, *Ensaio sobre a Responsabilidade Civil do Estado*, Almedina, Coimbra, 1992; Fausto de Quadros (coord.), *Responsabilidade Civil Extracontratual da Administração Pública*, Almedina, Coimbra, 1995; Manuel Afonso Vaz, *A responsabilidade civil do Estado – Considerações breves sobre o seu estatuto constitucional*, Porto, 1995; Maria Luísa Duarte, «O artigo 22.º da Constituição Portuguesa e a necessária concretização dos pressupostos da responsabilidade extracontratual do Legislador», *in Legislação*, n.º 17 (1996); Marcelo Rebelo de Sousa, «Responsabilidade dos estabelecimentos públicos de saúde: culpa do agente ou culpa da organização?», *in Direito da Saúde e Bioética*, Lex, Lisboa, 1996, p. 145 e ss.; a já citada coletânea de estudos, J. Luis Martínez López-Muñiz e Antonio Calonge Velázquez (coords.), *La Responsabilidad Patrimonial de los Poderes Públicos* (III Coloquio Hispano-Luso de Derecho Administrativo, Valladolid, 16-18 de octubre de 1997); Maria da Glória Garcia, *A Responsabilidade Civil do Estado e demais Pessoas Coletivas*, Lisboa, série «Estudos e Documentos» do Conselho Económico e Social, 1997; Maria Lúcia Amaral, *Responsabilidade do Estado e Dever de Indemnizar do Legislador*, Coimbra, 1998; Margarida Cortez, *Responsabilidade Civil da Administração por Actos Administrativos Ilegais e Concurso de Omissão Culposa do Lesado*, Coimbra Editora, Coimbra, 2000; Jorge Miranda, «A Constituição e a responsabilidade civil do Estado», *in Estudos em Homenagem ao Prof. Doutor Rogério Soares*, Coimbra Editora, Coimbra, 2001, p. 927 e ss.; Vieira Cura, «Responsabilidade civil da administração – Algumas considerações sobre o prazo de prescrição do direito à indemnização e a sua interrupção, quando a ação é antecedida da interposição de recurso contencioso de anulação do ato administrativo», *ibidem*, p. 1221 e ss.; Rui Medeiros, *Responsabilidade Civil dos Poderes Públicos – Ensinar e Investigar*, Universidade Católica Editora, Lisboa, 2005; Luís Cabral de Moncada, «A responsabilidade civil do Estado e demais pessoas coletivas», *in Estudos em Homenagem ao Professor Doutor Marcello Caetano no Centenário do seu Nascimento*, vol. II, Coimbra Editora, Lisboa, 2006, p. 9 e ss.

V. ainda, no tocante à questão específica do art. 22.º da Constituição, as anotações respetivas em Jorge Miranda e Rui Medeiros, *Constituição Portuguesa Anotada*, tomo I (Introdução, Preâmbulo e artigos 1.º a 79.º), Coimbra Editora, Coimbra, 2005, p. 210 e ss.; e Gomes Canotilho e Vital Moreira, *Constituição da República Portuguesa Anotada, cit.*, p. 423 e ss.

No âmbito dos *trabalhos preparatórios do RCEEP*, v., entre outros: Rui Medeiros, *Ações de Responsabilidade – elementos do regime jurídico e contribuições para uma reforma*, Cascais, Principia, 1999; AA. VV. (sob a coord. do Ministério da Justiça), *Responsabilidade Civil Extracontratual do Estado – Trabalhos preparatórios da reforma*, Coimbra Editora, Coimbra, 2002; AA. VV., «V Seminário de Justiça Administrativa: Responsabilidade Civil do Estado», *in CJA*, n.º 40 (2003); João Raposo, «Novas fronteiras da responsabilidade civil da Administração», *in CJA*, n.º 58 (2006), p. 67 e ss.

Depois da publicação do RCEEP, v., entre outros, Pedro Machete, «A responsabilidade da Administração por facto ilícito e as novas regras de repartição do ónus da prova», *in CJA*, n.º 69 (2008), p. 30 e ss.; Marcelo Rebelo de Sousa e André Salgado Matos, *Direito Administrativo Geral (Responsabilidade Civil Administrativa)*, tomo III, Dom Quixote, Lisboa, 2008;
Carlos Alberto Fernandes Cadilha, *Regime da Responsabilidade Civil Extracontratual do Estado e demais Entidades Públicas Anotado*, Coimbra Editora, Coimbra, 2008; Carla Amado Gomes,

194. Soluções teoricamente possíveis

A história e o direito comparado ensinam-nos que, em matéria de responsabilidade civil do Estado (e o que dissermos neste número aplica-se também aos entes públicos menores), são teoricamente possíveis *três soluções principais*, a saber[1064]:

(A) Inexistência de responsabilidade civil do Estado;
(B) Responsabilidade civil do Estado, mas apenas nos termos do direito privado e só para os atos e contratos de direito privado que praticar ou celebrar;
(C) Responsabilidade civil do Estado nos termos específicos regulados pelo direito administrativo, em especial para os atos e contratos de direito público praticados ou celebrados.

Dentro da segunda e terceira modalidades – que atualmente vigoram em conjunto –, há ainda a considerar as seguintes soluções possíveis:

1) Responsabilidade exclusiva do Estado, a suportar por conta do património público;
2) Responsabilidade exclusiva dos «agentes» do Estado[1065] (que tiverem causado os danos, agindo em nome dele), a suportar por conta dos seus patrimónios privados individuais;
3) Responsabilidade combinada do Estado e dos seus «agentes», a suportar por conta dos patrimónios de cada um, segundo diversas modalidades, de que as principais são:

Três Textos sobre o Novo Regime da Responsabilidade Civil Extracontratual do Estado e demais Entidades Públicas, AAFDL, Lisboa, 2008; Afonso Nunes de Figueiredo Patrão, *Responsabilidade Extracontratual da Comunidade Europeia*, Almedina, Coimbra, 2008; Vieira de Andrade, «A Responsabilidade por danos decorrentes do exercício da função administrativa na nossa lei sobre responsabilidade civil extracontratual do Estado e demais entes públicos», *in RLJ*, ano 137, n.º 3951, p. 360 e ss.; e Maria José Rangel de Mesquita, *O Regime da Responsabilidade Civil Extracontratual do Estado e demais Entidades Públicas e o Direito da União Europeia*, Almedina, Coimbra, 2009.

[1064] Inspiramo-nos, para colocar a questão desta maneira, em André Grisel, *Droit Administratif Suisse*, Dalloz e Ides et Calendes, Paris e Neuchatel, pp. 417-420.

[1065] O termo *agentes* está aqui utilizado em sentido muito amplo, abrangendo o que o nosso Código Civil, corretamente, identifica como «órgãos, agentes ou representantes».

a) Responsabilidade exclusiva do Estado perante os lesados, com ou sem *direito de regresso* contra o «agente»;
b) Responsabilidade solidária do Estado e do «agente» – caso em que o lesado pode optar livremente por acionar em tribunal um ou outro, ou ambos, mas se apenas um for processado, este pode chamar à ação o que tiver sido deixado de fora;
c) Responsabilidade principal do Estado e subsidiária do «agente» – caso raro, em que, se o Estado não pagar, o lesado pode exigir o pagamento ao «agente»[1066];
d) Responsabilidade principal do agente e subsidiária do Estado – caso frequente, em que, por o agente não ter bens próprios suficientes, o lesado pode demandar o Estado.

Convém sublinhar que as diversas modalidades possíveis, acabadas de esquematizar, podem aparecer na história ou na atualidade, isoladas ou em sistemas mistos, por vezes bastante complexos.

195. Evolução histórica

Comecemos por uma síntese da evolução histórica do instituto.

1.ª fase. – Durante muito tempo, como é sabido, as leis e os juristas consideraram que *o Estado era irresponsável*: quer dizer, o Estado não tinha a obrigação de indemnizar os prejuízos que da sua ação resultassem para os particulares.

Foi essa a conceção dominante nas épocas em que o Poder se concentrou nas mãos de um monarca absoluto – *the king can do no wrong* –, bem como durante o século XIX, em que o direito administrativo se achava ainda numa fase incipiente na qual, segundo a conhecida fórmula de Laferrière, «*le propre de la souveraineté c'est de s'imposer à tous sans compensations*»[1067]. Era o Sistema (A).

[1066] O caso é quase impossível de verificar-se, nos nossos dias, com o Estado, dada a grandeza do património deste; mas pode dar-se com mais facilidade, por exemplo, entre uma *freguesia* pobre e um presidente de junta rico.
[1067] Citado por Laubadère, *Traité élémentaire de Droit Administratif*, vol. I, 5.ª ed., p. 638.

Mas é preciso reconhecer que na prática o rigor destes princípios se atenuava bastante. Pois, por um lado, eram consideráveis as exceções abertas em detrimento da regra geral: as autarquias locais respondiam pelos danos causados, dado não serem entidades soberanas; o Estado respondia pela maior parte das suas atividades particulares, como por exemplo a gestão do domínio privado; e mesmo algumas atuações insuscetíveis de catalogação no elenco das atividades privadas, como a execução de obras públicas, podiam responsabilizar o Estado em virtude do disposto em leis especiais[1068]. Era, em casos especiais, o Sistema (B).

Por outro lado, o facto de o Estado ser ainda abstencionista, não intervindo ou intervindo muito pouco na vida económica e social, limitava grandemente as oportunidades em que a sua ação podia ser geradora de danos para os particulares.

Seja como for, a verdade é que *o Estado era em regra irresponsável*. Consequentemente, a Administração, concebida enquanto expressão executiva do poder soberano do Estado, também não podia ser responsabilizada, direta ou indiretamente, pelos danos causados em consequência da execução das leis.

Em conformidade, as nossas Constituições do século XIX previam apenas a responsabilidade dos «empregados públicos» por faltas cometidas no exercício das respetivas funções: erros e abusos de poder. O mesmo sucedeu com o Código Civil de Seabra (1867), segundo o qual os funcionários públicos não eram responsáveis pelas perdas e danos que causassem no desempenho das obrigações que lhes fossem impostas pela lei, exceto se excedessem ou não cumprissem, de algum modo, as disposições da mesma lei (art. 2399.º), caso em que responderiam pessoalmente como qualquer cidadão (art. 2400.º). Por outras palavras, vigorava um regime de responsabilidade exclusiva e pessoal do funcionário; a Administração nem sequer respondia indiretamente.

A doutrina e a jurisprudência, contudo, interpretaram estes preceitos no sentido de que os atos de *gestão privada* praticados sob a égide do direito civil responsabilizavam o Estado, à semelhança do que acontecia com as demais pessoas coletivas ou «pessoas morais»; ao contrário dos atos de *gestão pública* e dos atos de *autoridade* que, nos termos dos

[1068] Sobre algumas das atenuações apontadas ao princípio tradicional da irresponsabilidade do Estado, v. Rivero, *Droit Administratif*, 5.ª ed., 1971, p. 250.

mesmos preceitos, não podiam nunca comprometê-lo. Continuava a vigorar o Sistema (B).

A Constituição de 1911 não se ocupou do tema, e nem sequer referiu a aludida responsabilidade dos «empregados públicos».

2.ª fase. – Foi só mais tarde, já no 2.º quartel do século XX, que algumas decisões jurisprudenciais principiaram a admitir a responsabilidade do Estado por «atos de império», como então se dizia[1069].

Até que a revisão do nosso Código Civil, efetuada em 1930, consagrou finalmente em Portugal a *responsabilidade solidária do Estado com os seus agentes* por atos ilícitos praticados por estes no exercício das suas funções – o que o direito norte-americano só viria a admitir em *1946* e o direito inglês em *1947*[1070]. Com efeito, por força do Decreto n.º 19 126, de 16 de dezembro de 1930, o citado artigo 2399.º do Código Civil de Seabra foi acrescentado na sua parte final, passando a ter a seguinte redação: «Os empregados públicos (...) não são responsáveis pelas perdas e danos que causem no desempenho das obrigações que lhes são impostas pela lei, exceto se excederem ou não cumprirem de algum modo as disposições da mesma lei, sendo neste caso solidariamente com eles responsáveis as entidades de que forem serventuários». Foi o início do Sistema (C), sob a modalidade (C.2), que aliás não excluiu o Sistema (B) para as atuações do Estado levadas a cabo sob a égide do direito privado.

Um pouco depois, no Código Administrativo de 1936-40, chegou mesmo a estabelecer-se, em certos casos, a *responsabilidade exclusiva* das autarquias locais: estas respondiam civilmente pelas perdas e danos resultantes das deliberações dos respetivos corpos administrativos (ou dos atos que os seus órgãos executivos, funcionários, assalariados ou representantes praticassem) com ofensa da lei, mas dentro das respetivas atribuições e competência, com observância das formalidades essenciais e para a realização dos fins legais (art. 366.º). Era o Sistema (C.1) a des-

[1069] Sobre a evolução da doutrina e da jurisprudência, no período que decorre até à revisão do Código Civil em 1930, ver a síntese de Marcello Caetano, no *Tratado elementar...*, *cit.*, pp. 409-410.

[1070] A introdução da regra da responsabilidade do Estado no direito norte-americano ficou a dever-se ao *Federal Tort Claims Act* de 1946 e, no direito inglês, ao *Crown Proceedings Act* de 1947. V. Schwarz, *Le droit administratif américain*, Paris, 1952, p. 221 e ss.; e H. R. Wade, *Administrative Law*, Oxford, 1965, p. 210 e ss.

pontar. Só os atos feridos de incompetência, excesso de poder ou preterição de formalidades essenciais é que continuaram a implicar a responsabilidade pessoal do agente (art. 367.º).

Assim, a partir dos anos trinta do século passado, a legislação ordinária portuguesa[1071] admitiu a responsabilidade civil da Administração *por atos ilícitos* e *culposos*, praticados pelos seus órgãos ou agentes no desempenho das respetivas funções, estabelecendo uma presunção de *culpa funcional* nos casos em que a ilicitude proviesse de mera preterição de formalidades ou de simples violação de lei[1072].

Quer dizer: o Estado e os outros entes públicos menores passaram a ser solidariamente responsáveis com os seus «agentes», se estes apenas cometessem *pequenas ilegalidades sem gravidade*; mas a lei entregava à sua sorte (quer dizer, à insolvência, na maioria dos casos) os «agentes que se comportassem praticando *ilegalidades grosseiras* – usurpação de poder, incompetência ou desvio de poder. No fundo, a *ratio legis* era esta: o Estado passa a dar cobertura ao *bom funcionário que se engana*, mas não ajuda o *mau funcionário* que comete faltas graves, nem o *péssimo*, que se serve da função para prejudicar um ou mais particulares. Ainda hoje esta ideia, com uma terminologia diferente, influencia o nosso direito administrativo – como veremos daqui a pouco.

Quanto à então chamada «responsabilidade administrativa» – baseada quer no *risco* de atividades ou coisas excecionalmente perigosas, quer na iniquidade de certos sacrifícios impostos por *ato lícito* –, sustentou a doutrina portuguesa, até meados daquele século, que tal responsabilidade só existia nos casos expressamente enumerados em leis especiais. Mas por volta de 1950 começou a entender-se que, pelo menos quanto à responsabilidade por atos lícitos, havia um princípio geral que impunha à Administração o dever de indemnizar, mesmo fora das hipóteses previstas nas leis[1073].

[1071] A Constituição de 1933 contemplava entre os direitos dos cidadãos o de «reparação de toda a lesão efetiva conforme dispuser a lei» (art. 8.º, n.º 17). Todavia, o direito em apreço foi sempre ou quase sempre considerado como oponível aos demais cidadãos, e não contra o Estado. Cfr. Gomes Canotilho, *O problema da responsabilidade do Estado por atos lícitos, cit.*, pp. 139-140.

[1072] Acerca da então chamada «presunção de culpa funcional», v. Marcello Caetano, *Tratado..., cit.*, p. 410.

[1073] A doutrina tradicional foi defendida, entre outros, por Marcello Caetano até à 2.ª edição do *Manual* (1947), p. 578. A inversão de marcha, por ele mesmo protagonizada, viria a dar-

Do ponto de vista *processual*, enfim, encontrávamo-nos numa situação paradoxal: pois, enquanto as ações para efetivação da responsabilidade *civil* da Administração deviam ser propostas nas Auditorias, que eram tribunais *administrativos*, a competência para conhecer da responsabilidade dita *administrativa* pertencia aos tribunais *judiciais*[1074]...

3.ª fase. – A publicação do novo Código Civil português, em 1966, veio provocar modificações importantes no panorama acabado de descrever.

Embora fosse intenção originária do legislador, revelada nos trabalhos preparatórios, regular na nova lei toda a matéria da responsabilidade extracontratual da Administração Pública[1075], a orientação que vingou foi a de dispor *apenas* acerca da responsabilidade por danos causados «no *exercício da atividade de gestão privada*» (art. 501.º), deixando para as leis administrativas a disciplina da responsabilidade da Administração «no domínio dos *atos de gestão pública*», a qual veio efetivamente a ser estabelecida, pouco depois, através do *Decreto-Lei n.º 48 051, de 21 de novembro de 1967*. Este último, fiel ao paradigma da responsabilidade pelo facto de terceiro, ou seja, da imputação à Administração do dano causado por atuações de indivíduos com quem mantém uma relação funcional, consagrou um regime diferenciado de *responsabilidade da Administração* – em parte direta, noutra parte indireta – em matéria de factos ilícitos e culposos dos seus órgãos, funcionários ou agentes e, como figura geral, a *responsabilidade exclusiva e objetiva* da mesma Administração no que se refere à responsabilidade pelo risco e à responsabilidade por facto lícito. Sistemas (B) e (C).

Correspondentemente foi revista, em parte, a matéria da competência contenciosa: pelos danos causados no desempenho de atividades de *gestão privada*, a Administração respondia segundo o *direito civil* e perante

-se em consequência das investigações levadas a cabo num seminário efetuado em 1948-49 sobre «expropriação por utilidade pública» na Faculdade de Direito de Lisboa (cfr. Marcello Caetano, «Em torno do conceito de expropriação por utilidade pública», *in O Direito*, ano 81.º, pp. 206-210). Assim, a partir de 1950, Marcello Caetano passou a ensinar que «o artigo 2397.º do Código Civil consagra um princípio geral a aplicar sempre que se verifiquem os seus pressupostos de facto. Isto é: a responsabilidade por factos lícitos iníquos é um princípio geral do Direito português» (*Manual*, 3.ª ed., 1950, p. 345).

1074 V. Marcello Caetano, *Manual*, 6.ª ed., p 797.

1075 V. Vaz Serra, «Responsabilidade civil do Estado e dos seus órgãos ou agentes», *in Boletim do Ministério da Justiça*, n.º 85, p. 507 e ss.

os *tribunais judiciais*; e pelos danos causados no desempenho de atividades de *gestão pública*, a Administração respondia segundo o *direito administrativo* e perante os *tribunais administrativos.*

4.ª fase (atual). – A Constituição de 1976, como foi referido, autonomizou – no artigo 21.º da sua redação originária e a que corresponde, na redação atual, o artigo 22.º – expressamente a responsabilidade do Estado e demais entidades públicas da responsabilidade dos seus funcionários e agentes, estabelecendo, numa formulação ambígua, que os primeiros respondem «em forma solidária» com os segundos «por ações e omissões praticadas no exercício das suas funções e por causa desse exercício, de que resulte violação dos direitos, liberdades e garantias ou prejuízo para outrem». Apesar de todas as dificuldades suscitadas pelo seu teor literal, este preceito nunca foi objeto de qualquer modificação.

As sucessivas leis sobre as atribuições e competências das autarquias locais – o Decreto-Lei n.º 100/84, de 29 de março, nos seus artigos 90.º e 91.º, primeiro; e a Lei n.º 169/99, de 18 de setembro, nos seus artigos 96.º e 97.º, depois – reiteraram, quanto à responsabilidade civil da Administração local por atos de gestão pública ilícitos, os termos essenciais consagrados no Decreto-Lei n.º 48 051, de 21 de novembro de 1967, assentes na distinção entre *responsabilidade funcional* e *responsabilidade pessoal*. Sistemas (B) e (C).

Posteriormente, a Reforma do Contencioso Administrativo de 2002-2003 veio remeter o tratamento de todas as questões relativas à responsabilidade civil da Administração para os *tribunais administrativos* através da *ação administrativa comum*. Com efeito, o novo ETAF concentrou nos tribunais administrativos a competência para conhecer da *responsabilidade civil contratual* resultante do incumprimento de contratos sujeitos a «um procedimento pré-contratual regulado por normas de direito público» (*contratos públicos*)[1076] ou de *contratos administrativos*[1077-1078]. Idêntica

[1076] Cfr. a alínea *e*) do respetivo art. 4.º, n.º 1. Quanto ao conceito de «contrato público», v. o art. 1.º, n.º 2, do CCP.

[1077] Cfr. a alínea *f*) do respetivo art. 4.º, n.º 1. Quanto ao conceito de «contrato administrativo», v. o art. 1.º, n.º 6, do CCP. No que se refere ao meio processual adequado para suscitar tais questões, v. a al. *h*) do n.º 2 do art. 37.º do CPTA.

[1078] Saliente-se ainda a redação dada pelo art. 10.º da Lei n.º 59/2008, de 11 de setembro – diploma que aprovou o regime jurídico do contrato de trabalho em funções públicas –, ao

solução foi adotada quanto à *responsabilidade civil extracontratual* das pessoas coletivas de direito público, dos titulares de órgãos, funcionários, agentes e demais servidores públicos e, bem assim, da responsabilidade civil extracontratual dos sujeitos privados aos quais seja aplicável o regime específico da responsabilidade civil extracontratual do Estado e demais pessoas coletivas de direito público[1079].

Finalmente, e na sequência de vicissitudes de vários processos legislativos iniciados com base num anteprojeto elaborado pela Ordem dos Advogados em 2001, foi aprovado pela Lei n.º 67/2007, de 31 de dezembro, o RCEEP[1080]. Dois dos objetivos prosseguidos foram o de aproximar o quadro normativo legislado da jurisprudência dos tribunais administrativos[1081] e o de dar cumprimento à obrigação de transposição de diretivas comunitárias em matéria de responsabilidade pré-contratual[1082].

art. 4.º, n.º 3, al. *d*), do ETAF: «Ficam (...) excluídas do âmbito da jurisdição administrativa e fiscal: (d) a apreciação de litígios emergentes de contratos individuais de trabalho, ainda que uma das partes seja uma pessoa coletiva de direito público, com exceção dos litígios emergentes de contratos de trabalho em funções públicas».

1079 Cfr. as als. *g*), *h*) e *i*) do art. 4.º, n.º 1, do ETAF. Quanto ao meio processual adequado para suscitar tais questões, v. a al. *f*) do n.º 2 do art. 37.º do CPTA.

1080 Cfr., em especial, as referências em Rui Medeiros, *Responsabilidade Civil dos Poderes Públicos – Ensinar e Investigar, cit.*, p. 25 e seguinte. V. também a Exposição de Motivos da Proposta de Lei n.º 56/X, apresentada pelo Governo em 2006.

1081 Como observa Vieira de Andrade, «uma das características mais marcantes (e generalizadas) do direito da responsabilidade civil é justamente a de constituir um exemplo de "*case law*", e esse facto é especialmente notável num sistema jurídico como o português, em que sempre houve um predomínio claro e mesmo porventura excessivo do direito legislado» (v. Autor cit., «Panorama Geral da Responsabilidade "Civil" da Administração Pública em Portugal», *cit.*, p. 47). O mesmo Autor aponta como vetores da influência do que não hesita designar como «*2.º pilar* do sistema» (v. *idem, ibidem*, p. 45): a «ampliação do conceito de ilicitude» (para além da ilicitude comum, também a violação do dever de agir, a inconstitucionalidade, a violação de princípios jurídicos e a violação de certas normas procedimentais), o «predomínio da ideia de ilicitude sobre a da culpa» (desvalorização da ideia de culpa como censura ético-comportamental, subordinando-a à ideia de ilicitude ou conferindo-lhe contornos objetivos – a culpa em abstrato em detrimento da culpa em concreto) e a «objetivização da culpa» (padrões exigentes de conduta diligente, presunções de culpa e, sobretudo, a ideia de culpa do serviço).

1082 Este objetivo surge na sequência da condenação da República Portuguesa pelo Acórdão do Tribunal de Justiça de 14 de outubro de 2004 (Processo n.º C-275/03) com referência à obrigação consignada no art. 2.º, n.º 1, al. *c*), da chamada «Diretiva Recursos» (a Diretiva n.º 89/665/CEE, alterada pelas Diretivas n.os 2/50/CEE e 2007/66/CE, do Parlamento Europeu e do Conselho, de 11.12.2007): «os Estados-membros velarão por que, no âmbito dos

Em síntese, importa considerar, tanto no domínio contratual, como no domínio extracontratual, a contraposição entre a responsabilidade civil *da Administração Pública* e a responsabilidade civil *dos seus agentes*. Acresce que, se no plano adjetivo, o meio processual e os tribunais competentes são os mesmos, independentemente do tipo de atividade concretamente em causa, no plano substantivo continua a fazer sentido distinguir entre a responsabilidade civil emergente do «exercício de atividades de gestão privada», cujo regime consta do artigo 501.º do Código Civil, e a responsabilidade civil emergente do «exercício da função administrativa», regulada quer pelo CCP, quer pelo RCEEP, no que respeita à responsabilidade civil extracontratual.

Uma vez que o sentido último de cada um dos termos das contraposições indicadas deve ser entendido à luz da Constituição, justifica-se começar pela análise do que na mesma se estabelece sobre tal matéria.

196. O sentido e alcance das previsões constitucionais

Sob a epígrafe «Responsabilidade das entidades públicas», o artigo 22.º da CRP determina o seguinte:

> «O Estado e demais entidades públicas são civilmente responsáveis, em forma solidária com os titulares dos seus órgãos, funcionários ou agentes, por ações ou omissões praticadas no exercício das suas funções e por causa desse exercício, de que resulte violação dos direitos, liberdades e garantias ou prejuízos para outrem».

Por sua vez, o artigo 271.º da CRP, epigrafado «Responsabilidade dos funcionários e agentes», estabelece:

procedimentos de adjudicação de contratos públicos, as medidas destinadas a tornar eficazes os recursos interpostos de decisões das entidades adjudicantes prevejam os poderes que permitam... *c*) conceder indemnizações às pessoas lesadas por uma violação». Foi a necessidade de continuar a prosseguir esse mesmo objetivo, designadamente na sequência de nova condenação pelo Tribunal de Justiça (Acórdão de 10 de janeiro de 2008 – Processso n.º C-70/06), que justificou a alteração do n.º 2 do art. 7.º do RCEEP pela Lei n.º 31/2008, de 17 de julho. V. adiante no texto.

> «1 – Os funcionários e agentes do Estado e demais entidades públicas são responsáveis civil, criminal e disciplinarmente pelas ações e omissões praticadas no exercício das suas funções e por causa desse exercício de que resulte violação dos direitos ou interesses legalmente protegidos dos cidadãos (...).
>
> (...)
>
> 4 – A lei regula os termos em que o Estado e as demais entidades públicas têm direito de regresso contra os titulares dos seus órgãos, funcionários e agentes».

A simples leitura destes enunciados torna evidentes as dificuldades hermenêuticas que os mesmos suscitam[1083]. Com efeito, as pessoas coletivas públicas, pela sua própria natureza, atuam mediante a imputação, a vários títulos, dos comportamentos de indivíduos que atuam em seu nome. Consequentemente, não é indiferente o âmbito subjetivo de cada um dos preceitos. Por outro lado, do ponto de vista material, há que distinguir entre a posição jurídica do lesado e a posição jurídica do lesante, trate-se de responsabilidade subjetiva ou de responsabilidade objetiva. Não sendo este o local indicado para uma exegese sistemática daqueles artigos conducente ao seu enquadramento dogmático-constitucional, cumpre, em todo o caso, esclarecer as implicações dos mesmos para a dogmática da responsabilidade civil da Administração. Nesse sentido, propomo-nos analisar os seguintes dois aspetos, considerando os contributos da jurisprudência e da doutrina:

- O alcance do princípio da responsabilidade direta da Administração Pública;
- O significado e os limites da solidariedade da Administração Pública quanto à responsabilidade funcional dos titulares dos seus órgãos, funcionários e agentes.

[1083] Gomes Canotilho e Vital Moreira afirmam peremtoriamente: «O art. 22.º (...) é um dos preceitos constitucionais que mais dúvidas tem suscitado nos planos dogmático, metódico e metodológico» (v. Autores cits., *Constituição da República Portuguesa Anotada*, vol. I, *cit.*, anot. I ao art. 22.º, p. 425). O Tribunal Constitucional, no seu Acórdão n.º 154/2007, de 2 de março de 2007 (Processo n.º 65/02), reconhece, referindo-se igualmente ao art. 22.º, ser «controverso o significado preciso da consagração desta regra na Constituição».

A) *A responsabilidade direta da Administração Pública*

O princípio em análise rompe definitivamente, no plano constitucional, com o paradigma da irresponsabilidade civil do poder público[1084].

Sem prejuízo de as entidades públicas poderem continuar a garantir os lesados contra eventuais insuficiências patrimoniais dos titulares de órgãos, funcionários ou agentes lesantes, respondendo pelos factos funcionais destes últimos (responsabilidade *indireta*) quer dizer, «por facto de outrem», agora as mesmas entidades respondem também, e a título principal, pelas ações ou omissões lesivas que lhes sejam juridicamente imputáveis e praticadas em vista da prossecução do interesse público: o autor da lesão é a própria Administração no exercício da função administrativa por «via unilateral»[1085].

Daí que, em primeiro lugar, o vínculo jurídico – a obrigação de indemnizar – constituído por tal facto lesivo se estabeleça diretamente entre o lesado (credor) e a Administração (devedora): é esta que, em primeira linha, é responsável. Em segundo lugar, o âmbito objetivo respeita a toda e qualquer atuação inserida no exercício da função administrativa, independentemente do ramo de direito aplicável, que cause danos aos particulares.

O primeiro aspeto permite compreender que a dimensão objetiva correspondente à afirmação de um princípio jurídico do artigo 22.º da Constituição não prejudique a sua dimensão subjetiva: o direito à indemnização dos prejuízos causados pela Administração no exercício da função administrativa.

[1084] Neste sentido, v. Gomes Canotilho e Vital Moreira, *Constituição da República Portuguesa Anotada*, vol. I, *cit.*, anot. IV ao art. 22.º, pp. 426-427. De um modo menos claro quanto à mudança de paradigma, mas ainda assim considerando que «a teleologia do preceito vale igualmente para as faltas anónimas e para as faltas coletivas, em que, designadamente em consequência de vícios de organização, ocorreu um funcionamento anormal do serviço público» (e, nessa exata medida, superando o «clássico modelo de imputação individualística»), v. também Jorge Miranda e Rui Medeiros, *Constituição Portuguesa Anotada*, tomo I, *cit.*, anot. VIII ao art. 22.º, p. 216. Diga-se, porém, em abono da verdade, que, por força da jurisprudência do Supremo Tribunal Administrativo, a realidade vivida no plano do direito ordinário já correspondia a tal paradigma (v. *supra*, no n.º 122, a 3.ª fase).

[1085] No sentido de que o art. 22.º da Constituição respeita exclusivamente à responsabilidade extracontratual, v. o Acórdão do Tribunal Constitucional n.º 153/90, de 3 de maio de 1990 (Processo n.º 340/87).

Tal direito é, de acordo com o disposto no artigo 17.º, de natureza análoga aos direitos, liberdades e garantias e, nos próprios termos em que se encontra consagrado e à luz do princípio do Estado de Direito, não se pode limitar à violação de posições subjetivas juridicamente protegidas – responsabilidade civil por facto ilícito –, mas deve abranger igualmente os prejuízos causados independentemente de tal violação – nomeadamente, os casos de responsabilidade civil pelo risco e por facto lícito[1086].

Como também tem sido justamente salientado pela doutrina constitucionalista, quanto ao segundo aspeto, «o artigo 22.º não se aplica apenas no âmbito da atividade de gestão pública, não podendo a Administração furtar-se ao princípio da responsabilidade através da fuga para o Direito Privado ou da manipulação da natureza jurídica da personalidade coletiva»[1087]. Com efeito, existe uma conexão entre a responsabilidade civil direta da Administração e o exercício da função administrativa: aquela responde por prejuízos causados «por ações ou omissões praticadas (por titulares dos seus órgãos, funcionários ou agentes) no exercício das suas funções e por causa desse exercício». Ou seja, o que está em causa é a atuação da Administração no desempenho das suas tarefas específicas, isto é, a sua atividade em vista da prossecução do interesse público. Segundo Gomes Canotilho e Vital Moreira, «quando (...) estamos em presença de atos praticados no interesse público, embora sob as vestes jurídico-privadas, a atividade é jurídico-pública para efeitos da responsabilidade do Estado. A manipulação da forma jurídica utilizada, através da "fuga para o direito privado", não pode subverter os princípios constitucionais da responsabilidade dos poderes públicos»[1088].

[1086] Cfr., na doutrina, Jorge Miranda, «A Constituição e a responsabilidade civil do Estado», *cit.*, pp. 930-931; Jorge Miranda e Rui Medeiros, *Constituição Portuguesa Anotada*, tomo I, *cit.*, anots. I a IV ao art. 22.º, pp. 210-213; e Gomes Canotilho e Vital Moreira, *Constituição da República Portuguesa Anotada*, vol. I, *cit.*, anots. VI-VII e XVII ao art. 22.º, respetivamente, pp. 428-429 e p. 437. Na jurisprudência, v. o Acórdão do Tribunal Constitucional n.º 45/99, de 19 de janeiro de 1999 (Processo n.º 101/98).

[1087] Assim, v. Jorge Miranda e Rui Medeiros, *Constituição Portuguesa Anotada*, tomo I, *cit.*, anot. I ao art. 22.º, p. 211. No mesmo sentido, v. Gomes Canotilho e Vital Moreira, *Constituição da República Portuguesa Anotada*, vol. I, *cit.*, anot. V ao art. 22.º, pp. 427-428.

[1088] V. Autores cits., *Constituição da República Portuguesa Anotada*, vol. I, *cit.*, anot. XII ao art. 22.º, pp. 433-434.

Esta doutrina foi recentemente perfilhada pelo Tribunal de Conflitos ao decidir que estão «integrados na função administrativa os atos médicos praticados num hospital que, apesar de ter sido transformado em sociedade anónima de capitais exclusivamente públicos, continuou integrado no Serviço Nacional de Saúde e a prosseguir as tarefas que legalmente a este estão confiadas. Daí que sejam os tribunais administrativos os competentes para julgarem a ação proposta contra dois médicos de um hospital sociedade anónima com fundamento em atos médicos deficientemente prestados»[1089]. Com efeito, se «a função administrativa do Estado tanto pode ser praticada diretamente pelos organismos e serviços integrados na sua pessoa sob a gestão imediata dos seus órgãos, como por pessoas coletivas que lhe são exteriores, públicas ou privadas, mas que a ela estão ligadas (...), o que tem como corolário que as relações jurídicas decorrentes da função administrativa delegada a estas pessoas coletivas *se desenvolvem a coberto dos poderes de autoridade necessários ao cumprimento da função que lhes foi confiada e a serem reguladas por normas de direito administrativo* visto se dirigirem à satisfação do interesse público», então, «a única conclusão que se pode retirar é a de que os atos praticados por tais entidades, enquanto elas estiverem integradas na administração indireta do Estado e esses atos se direcionarem à satisfação do interesse público, *devem ser qualificados como atos de gestão pública* e, portanto, praticados a coberto de normas de direito administrativo»[1090].

Em síntese, o direito português adota claramente – e em toda a linha – os Sistemas (B) e (C).

[1089] V. o Acórdão do Tribunal de Conflitos, de 2 de outubro de 2008 (Processo n.º 12/08).

[1090] V. *ibidem* (sublinhados no original). A posição perfilhada pelo Tribunal de Conflitos, no fundo, atualiza a nossa «teoria do enquadramento institucional», ao considerar decisiva a conexão da atividade com o exercício da função administrativa, ainda que subordinado ao direito privado. A referida teoria é por nós perfilhada desde 1973 (cfr. «A responsabilidade civil da Administração no direito português», *cit.*, pp. 523-524, com referência expressa à atividade dos médicos; v. também o nosso estudo «Natureza da Responsabilidade Civil por Atos Médicos Praticados em Estabelecimentos Públicos de Saúde», *in Direito da Saúde e Bioética*, Lex, Lisboa, 1991, p. 121 e ss., *maxime* pp. 128-129).

B) *A solidariedade da Administração Pública quanto à responsabilidade funcional dos titulares dos seus órgãos, funcionários e agentes*

A ideia de responsabilidade da Administração «em forma solidária com os titulares dos seus órgãos, funcionários ou agentes» (Sistema C.3) impõe uma articulação daquela responsabilidade – a *responsabilidade das pessoas coletivas públicas* – com a *responsabilidade pessoal* dos seus agentes pelas «ações ou omissões (destes) praticadas no exercício das suas funções e por causa desse exercício» (art. 271.º, n.º 1, da Constituição). A doutrina e a jurisprudência têm vindo a convergir na acentuação de um princípio jurídico de solidariedade, não suscetível de ser reconduzido ao «estrito esquema das "obrigações solidárias" do Direito Civil», e a conjugar necessariamente com outros princípios constitucionais, nomeadamente o da eficiência da Administração e o de uma Administração responsável. Na prática, tende a reconhecer-se ao legislador um vasto âmbito de conformação normativa compatível com soluções do tipo daquelas que os artigos 2.º e 3.º do Decreto-Lei n.º 48 051, de 21 de novembro de 1967, consagravam: *no plano das relações externas* (ou seja, entre lesante e lesado), a irresponsabilidade dos funcionários em todos os casos de culpa leve ou grave (Sistema C.3.a), e a responsabilidade solidária dos mesmos com a Administração, caso tivessem excedido as suas funções ou tivessem procedido com dolo (Sistema C.3.b); *no plano das relações internas* (ou seja, entre Administração e agente), a Administração gozava de direito de regresso nos casos de culpa grave e, outrossim, sempre e na medida em que tivesse pago indemnizações com base na solidariedade da obrigação de indemnização fundada em atuações dolosas (Sistema C.3.d)[1091].

A remissão expressa para o legislador ordinário da regulamentação de tal direito de regresso, contida no artigo 271.º, n.º 4, da Constituição, parece confirmar um tal entendimento. E, de resto, a própria atuação do legislador, ao manter em vigor, até à aprovação em 2007 do RCEEP, o

[1091] Cfr., por todos, na doutrina, Jorge Miranda e Rui Medeiros, *Constituição Portuguesa Anotada*, tomo I, *cit.*, anot. VI ao art. 22.º, pp. 214-215; e Gomes Canotilho e Vital Moreira, *Constituição da República Portuguesa Anotada*, vol. I, *cit.*, anot. XIV ao art. 22.º, p. 435; na jurisprudência, v. os Acórdãos do Tribunal Constitucional n.ºs 236/2004 e 5/2005, respetivamente de 13 de abril de 2004 (Processo n.º 92/03) e de 5 de janeiro de 2005 (Processo n.º 335/02). Quanto às soluções consagradas no Decreto-Lei n.º 48 051, de 21 de novembro de 1967, v., por todos, Marcello Caetano, *Manual de Direito Administrativo*, II, *cit.*, p. 1223 e ss.

citado Decreto-Lei n.º 48 051, de 21 de novembro de 1967, e ao consagrar soluções substancialmente idênticas às deste último nos diplomas relativos às autarquias locais, tem seguido a mesma orientação de princípio. Acresce que, como veremos, o RCEEP segue igualmente esta linha.

Na verdade, como tem sido justamente salientado, se há que superar paradigmas ultrapassados – como o da imputação exclusivamente individual, fundada na ideia de uma relação de comissão ou de mandato –, e passar a equacionar casos de disfunções da própria organização administrativa (por exemplo, a chamada «culpa do serviço», ou riscos inerentes à sua atividade), importa igualmente «assegurar que, em casos de culpa leve, só a Administração responda, para garantir a eficiência administrativa e evitar o agente timorato e burocrata – solução que ficaria prejudicada num contexto de estrita responsabilidade solidária»[1092].

197. Síntese e apreciação global do direito vigente

Síntese. – Em resumo, as linhas gerais do regime da responsabilidade civil da Administração Pública são na 4.ª fase – as seguintes:

1) Pelos factos ilícitos e culposos, praticados por um órgão, agente ou representante da Administração fora do âmbito e do exercício das suas funções: *responsabilidade exclusiva do órgão, agente ou representante*;
2) Pelos factos ilícitos e culposos, praticados pelo órgão, agente ou representante da Administração dentro do âmbito e do exercício das suas funções: *responsabilidade solidária* da Administração e dos indivíduos que tenham atuado em nome dela. Nesta hipótese:
   a) Se o órgão, agente ou representante da Administração atuou com dolo, a Administração goza de *direito de regresso* contra ele;
   b) Se atuou com mera culpa, há *responsabilidade exclusiva da Administração*;
3) Nos casos de responsabilidade objetiva, há também *responsabilidade exclusiva da Administração*.

[1092] Nestes termos, v. Vieira de Andrade, «Panorama Geral da Responsabilidade "Civil" da Administração Pública em Portugal», *cit.*, p. 54.

Apreciação global. – A solução atualmente em vigor, assente na dicotomia *gestão privada-gestão pública*, afigura-se de aplaudir: independentemente da natureza jurídica da entidade a quem é imputado determinado comportamento individual, o certo é que a *gestão privada* é a *atividade que a Administração Pública desenvolve sob a égide do direito privado*, e a *gestão pública* é, por seu turno, *a atividade que ela desempenha nos termos do direito público*[1093].

Isto significa, na prática, que para qualificar um certo e determinado ato ou facto causador de prejuízos numa ou noutra das aludidas categorias, o que há a fazer é verificar se tal ato ou facto se enquadra numa atividade regulada por *normas de direito privado (civil ou comercial)* ou, pelo contrário, numa atividade disciplinada por *normas de direito administrativo*.

Na primeira hipótese, o regime da responsabilidade é o que consta da lei civil, enquanto na segunda, diferentemente, a responsabilidade rege-se pelo disposto na lei administrativa. Em qualquer dos casos, e como já referido, a Reforma de 2002-2003 do ETAF determinou que, estando em causa a responsabilidade da Administração ou a responsabilidade dos titulares dos seus órgãos ou agentes (ou, ainda, a responsabilidade de sujeitos privados aos quais, por causa das funções que exercem, seja aplicável o regime específico da responsabilidade do Estado e demais pessoas coletivas de direito público), os tribunais competentes para a sua apreciação são sempre *os tribunais administrativos*.

Como afirmámos em 1973, em termos que continuam atuais, afigura-se-nos acertada esta solução – porque «a única justificação legítima de um regime material privativo de responsabilidade para a Administração Pública está na adoção de processos próprios de atuação que implicam, na mira de uma adequação constante ao interesse coletivo, o exercício de prerrogativas de autoridade ou a sujeição a deveres e restrições especiais [...]. Se a Administração atua, utilizando ou devendo utilizar critérios similares ao de qualquer entidade privada, o que, aliás, vai sendo de novo frequente nos países onde vigora um sistema de administração

[1093] V. Marcello Caetano, *Manual, cit.*, vols. I, pp. 44, 431-432 e 464; e II, pp. 1197-1198 e 1368-1369; e Antunes Varela, *Código Civil Anotado*, vol. I, p. 346. Contudo, como adiante se verá, a dicotomia citada no texto, no que se refere especificamente ao domínio dos contratos celebrados por entidades públicas, designadamente o Estado, as regiões autónomas, as autarquias locais e os institutos públicos, tem de ser complementada por outras duas contraposições não menos relevantes: contratos públicos e contratos administrativos e, dentre estes últimos, aqueles que são referidos no art. 100.º do CPTA e os demais.

executiva de tipo francês, nenhum motivo há para isentá-la das consequências do regime escolhido: celebrado um contrato civil ou comercial, a responsabilidade pelo seu não cumprimento deve reger-se pelo disposto no direito civil ou no direito comercial; cometido um ilícito civil, a responsabilidade extracontratual deve também ser regulada pelo Código Civil [...]».

Também há quem critique o sistema consagrado no direito português vigente com base nas dificuldades de ordem prática a que dá lugar, pela necessidade de qualificar os factos danosos como sendo de gestão privada ou gestão pública [...]. É claro que nem sempre é fácil, na prática, qualificar um facto como facto próprio de uma atividade de gestão privada ou como facto próprio de uma atividade de gestão pública. Mas ser difícil não é o mesmo que ser impossível. O que interessa é possuir critérios seguros de orientação.

Para o efeito, a [nosso] ver, impõe-se fazer uma distinção entre duas hipóteses completamente diversas, conforme o facto danoso seja um *ato jurídico* ou um facto integrado numa atividade que em si mesma revista natureza jurídica ou, pelo contrário, seja um *ato material* [hoje dir-se-á: uma *operação material*] ou um facto integrado numa atividade de natureza não jurídica.

No primeiro caso, isto é, na hipótese de se tratar de um ato jurídico ou de um facto integrado numa atividade de natureza jurídica [e abstraindo das hipóteses que se traduzam numa "fuga para o direito privado"], não parece que possam surgir grandes dificuldades.

Um ato jurídico, uma atividade jurídica são, por definição, juridicamente regulados: de modo que tudo se resume em apurar se as normas reguladoras da atividade em causa são normas de direito privado ou normas de direito público. Assim se determinará, sem esforço de maior, se tal atividade é de gestão privada ou de gestão pública.

As coisas complicam-se, porém, na hipótese de o facto danoso ser um ato material ou pertencer a uma atividade não jurídica da Administração, ou seja, a uma daquelas atividades que o Prof. Marcello Caetano inclui na *função técnica* do Estado, que segundo ele «corresponde à atividade prática desenvolvida, segundo um critério de eficiência, de acordo com as prescrições de certa Ciência ou Arte e traduz-se no emprego dos meios adequados à prossecução dos objetivos concretos, isto é, das várias *técnicas*»[1094].

[1094] Cfr. o *Manual de Direito Administrativo*, vol. I, 10.ª ed., p. 9.

E o ilustre Autor esclarece: «Quando o Estado pelos serviços que institui educa, distrai, constrói, assiste e cura, e produz, transporta e distribui bens ou serviços, há sem dúvida uma parte da sua atividade que é jurídica (a exercida pelos agentes que gerem administrativa e financeiramente as escolas, os teatros, os museus, as obras, os hospitais, os asilos, as empresas) mas que se prolonga por outra atividade meramente técnica: a dos professores, dos artistas, dos engenheiros, dos médicos... cujos atos profissionais escapam na sua matéria ou no seu conteúdo à disciplina do Direito»[1095].

Ora, nestes casos, em que o essencial da atividade administrativa se traduz em factos ou operações cuja matéria o direito não regula, é, na verdade, mais complexa a tarefa de determinar se existe gestão privada ou gestão pública.

A tendência mais cómoda e simplista seria a de assentar em que todas essas atividades são de gestão privada, uma vez que são materialmente idênticas qualquer que seja a pessoa que as exerça: de facto, a atividade clínica ou cirúrgica, por exemplo, não muda de natureza conforme seja desempenhada por um médico que seja funcionário público ou por outro que exerça profissão liberal [...].

Semelhante conclusão é, contudo, inaceitável.

É certo que uma atividade técnica tem sempre a mesma natureza, independentemente da qualidade do agente que a desenvolve. Mas do que se trata aqui não é de apreciar a natureza que em si mesma reveste essa atividade; o que está em causa é reconduzi-la a uma de duas categorias legais, com vista à aplicação de um de dois regimes jurídicos diferentes.

Ora a razão pela qual foram criados e coexistem estes dois regimes diferentes é, como ficou dito atrás, que a Administração Pública, quando atua como tal, ou seja, no exercício da missão específica que lhe foi confiada, dispõe de prerrogativas e está sujeita a restrições que não são próprias do direito privado.

De modo que, quanto a [nós], *um* ato material ou uma atividade não jurídica deverão qualificar-se como de gestão pública se na sua prática ou no seu exercício forem de algum modo influenciados pela prossecução do interesse coletivo [isto é, corresponderem ao exercício da função administrativa] – ou porque o agente esteja a exercer poderes de autoridade, ou porque se encontra a cumprir deveres ou sujeito a restrições especificamente administrativos, isto é, próprios dos agentes administrativos. E será gestão privada nos restantes casos.

Assim, por exemplo, a atividade dos médicos do Estado no exercício da sua profissão tem de qualificar-se como gestão pública, não porque a sua natureza seja dis-

[1095] Cfr. o *Manual de Ciência Política e Direito Constitucional*, vol. I, 6.ª ed. (reimp.), 1972, p. 173.

tinta da dos médicos do setor privado, mas porque os primeiros estão integrados num serviço administrativo cujas regras os condicionam a ponto de só poderem atuar em equipa segundo o que for determinado pelo respetivo chefe[1096].

Já o motorista de um automóvel pertencente ao Estado não sofre na sua condução a menor influência dos princípios ou das regras próprias da Administração: a sua atividade é de gestão privada, como a de qualquer condutor particular[1097].

Se, porém, o condutor de um veículo público estiver sujeito, como sucede nas viaturas militares, à direção de outra pessoa, sendo obrigado a conduzir de acordo com as ordens desta e sem poder determinar-se livremente, já a atividade deverá qualificar-se de gestão pública para o efeito da determinação da responsabilidade pelos danos causados a outrem»[1098-1099].

Há, pois (e muito bem), dois regimes de responsabilidade civil da Administração consagrados no nosso direito positivo atual – o regime de responsabilidade por atos de gestão privada e o regime de responsabilidade por atos de gestão pública: o primeiro consta do Código Civil e o segundo (aquele que constitui a norma para as entidades públicas e que, por conseguinte, é mais significativo), consta do RCEEP, no tocante à responsabilidade extracontratual, e, como referido, do CCP, relativamente à responsabilidade emergente da violação de contratos administrativos. (Cumpre considerar ainda uma modalidade de responsabilidade pré-contratual respeitante à formação de certos contratos administrativos).

Em síntese – seguindo uma ordem de complexidade crescente, mas procurando, ao mesmo tempo, acompanhar a estrutura dos diplomas concretamente em causa e a distinção entre responsabilidade contratual e responsabilidade extracontratual –, propomo-nos analisar sucessiva-

[1096] No mesmo sentido, v. as numerosas decisões da jurisprudência francesa, *in* Benoit e Moreau, «Responsabilité de la puissance publique – Dommages résultant de diverses activités de l'Administration», *Juris-Classeur Administratif*, Paris, vol. V., fasc. 715, n.º 52 e ss.

[1097] É jurisprudência pacífica.

[1098] V. o nosso estudo «A Responsabilidade Civil da Administração no Direito Português», *cit.*, pp. 519-524.

[1099] A nossa jurisprudência, contudo, e a nosso ver mal, não tem entendido assim, preferindo considerar sempre de gestão privada a condução de veículos automóveis: v. o acórdão do STA – 1.ª secção, de 17 de outubro de 1969, *in Ac. Dout.*, 97, p. 26; e o acórdão do STJ, de 26 de maio de 1969, *in Boletim do Ministério da Justiça*, n.º 187, p. 84.

mente, a partir de agora, os seguintes regimes jurídicos a que se encontra sujeita a Administração Pública:

1. A responsabilidade civil *pré-contratual e contratual* emergente de contratos sujeitos ao direito *privado*;
2. A responsabilidade civil *extracontratual* por atos de gestão *privada*;
3. A responsabilidade civil *extracontratual* por atos de *gestão pública*, a qual reveste cinco modalidades:
   a. Responsabilidade por ação ou omissão ilícita e culposa praticada pelos titulares de órgãos da Administração, seus funcionários ou agentes;
   b. Responsabilidade por violação de norma ocorrida no âmbito do procedimento de formação de certos contratos administrativos;
   c. Responsabilidade por funcionamento anormal do serviço;
   d. Responsabilidade pelo risco;
   e. Responsabilidade por ato lícito.

Quanto à responsabilidade civil *contratual* emergente de contratos *administrativos*, que seria o ponto 4 desta lista, ver o que já ficou dito (*supra*, n.os 179 e 180).

§ 2.º
A Responsabilidade por Atos de Gestão Privada

198. A responsabilidade civil pré-contratual e contratual emergente de contratos sujeitos ao direito privado

O princípio fundamental no domínio dos contratos é o de que *pacta sunt servanda*: os contratos devem ser pontualmente cumpridos (art. 406.º, n.º 1, do Código Civil). Daí que, como já referido, o devedor que falte culposamente ao cumprimento da obrigação fique constituído na obrigação de indemnizar o credor (art. 798.º do mesmo diploma). Note-se que, devido à confiança criada pelo pacto, «incumbe ao devedor provar que a falta de cumprimento ou o cumprimento defeituoso da obrigação não procede de culpa sua» (art. 799.º do Código Civil). Além desta presunção de culpa relativa ao devedor faltoso, este é também «responsável perante o credor pelos atos dos seus representantes legais ou das pessoas que utilize para o cumprimento da obrigação, como se tais atos fossem seus» (art. 800.º, n.º 1, do Código Civil).

Deste modo, «a simples mora constitui o devedor na obrigação de reparar os danos causados ao credor», considerando-se o devedor «constituído em mora quando por causa que lhe seja imputável, a prestação, ainda possível, não foi efetuada no tempo devido» (art. 804.º do Código Civil). Por outro lado, «tornando-se impossível a prestação por causa imputável ao devedor, é este responsável como se faltasse culposamente ao cumprimento da obrigação» (art. 801.º, n.º 1, do mesmo Código).

Tratando-se de contratos bilaterais – aqueles que constituem obrigações para ambas as partes –, a lei prevê não apenas a «exceção de não cumprimento»[1100], como admite, em caso de impossibilidade de cumprimento culposa, e independentemente do direito à indemnização, a própria rescisão do contrato e a restituição da prestação que eventualmente já tenha sido realizada[1101] e, também, a perda de interesse no cumprimento tardio do contrato com a consequente recusa do cumprimento por parte do credor[1102]. É matéria tratada no âmbito das disciplinas de Direito das Obrigações ou de Direito dos Contratos.

Nesta sede, importa ainda aludir à «responsabilidade pré-contratual», ou seja, aquela que emerge da violação de deveres anteriores à própria celebração do contrato, nomeadamente os deveres de conduta decorrentes do princípio da boa fé negocial. Sob a epígrafe «Culpa na formação dos contratos», o artigo 227.º, n.º 1, do Código Civil determina que «quem negoceia com outrem para conclusão de um contrato deve, tanto nos preliminares como na formação dele, proceder segundo as regras da boa fé, sob pena de responder pelos danos que culposamente causar à outra parte». Como salienta a doutrina privatista, os danos em causa decorrem da violação do *interesse contratual negativo* – o interesse preterido em virtude de não chegar a haver contrato ou de o contrato celebrado não ser válido. Daí a correlação com o *dano negativo* ou *de confiança* (*in contrahendo*) por contraposição ao dano positivo ou de cumprimento (*in contractu*). A indemnização do primeiro «tende a repor o lesado na situação em que estaria se não houvesse celebrado o contrato, ou mesmo iniciado negociações com vista à respetiva conclusão. Por outras palavras, encara-se o prejuízo que o lesado evitaria se não tivesse, sem culpa sua, confiado em que, durante as negociações, o responsável cumpriria os específicos deveres a elas inerentes e derivados da boa fé, *maxime* convencendo-se de que a manifestação de vontade deste entraria no mundo jurídico tal como esperava, ou que havia entrado correta e validamente»[1103].

1100 Cfr. o art. 428.º do Código Civil.

1101 Cfr. o art. 801.º, n.º 2, do mesmo diploma.

1102 Cfr. o art. 808.º do mesmo diploma.

1103 V. Almeida Costa, *Direito das Obrigações, cit.*, pp. 598-599.

O regime geral acabado de descrever vale sobretudo para a contratação por parte de empresas públicas não sujeita ao CCP e para os contratos celebrados por entidades públicas a que não seja aplicável o mesmo Código[1104].

Entre os privatistas é, contudo, muito discutida a questão do regime aplicável: se o da responsabilidade extracontratual, se o da responsabilidade contratual. Como observa Almeida Costa relativamente ao direito privado, «o problema não se reconduz a uma simples querela dogmática, mas reveste-se de grande importância prática»[1105]. Devido à relação de proximidade, de confiança, que as negociações e a posterior celebração de um contrato postulam, parece-nos que existe um nexo teleológico entre as relações fundadas *ex lege* na boa fé e a futura relação contratual que fundamenta a aplicabilidade, em caso de violação de tais regras, do regime próprio da responsabilidade contratual, nomeadamente do citado artigo 800.º, n.º 1, do Código Civil[1106]. Como ensina Antunes Varela, «apesar de não haver ainda nenhum vínculo contratual entre as pessoas que iniciam negociações para a realização do contrato, a verdade é que a relação criada entre essas pessoas determinadas está muito mais próxima da relação contratual do que da existente entre o titular do direito absoluto e o autor da violação ilícita dele»[1107].

As regras aplicáveis à repartição de responsabilidades entre a pessoa coletiva pública e os seus órgãos, agentes ou representantes são as consagradas no Código Civil. Com efeito, para além dos casos em que haja lugar à efetivação de responsabilidades financeiras, nos termos da Lei de Organização e Processo do Tribunal de Contas (Lei n.º 98/97, de 26 de agosto), pensamos que, atenta a preexistência de um vínculo jurídico, deverão valer, quanto aos sujeitos de tal relação jurídica, os princípios gerais consignados no Código Civil relativamente à responsabilidade obrigacional: «o devedor que falta culposamente ao cumprimento

[1104] Cfr., por exemplo, aqueles que são referidos no art. 4.º, n.º 2, als. *b*) a *d*), do CCP.

[1105] V. Autor cit., *Direito das Obrigações*, *cit.*, p. 301, nota 3. No corpo do texto, Almeida Costa afirma que a responsabilidade pré-contratual «entre nós, encontra disciplina básica satisfatória no âmbito extracontratual». A importância prática referida por este Autor prende-se com a presunção de culpa consagrada no art. 799.º, n.º 1, do Código Civil, relativamente à responsabilidade contratual.

[1106] No mesmo sentido, v. Antunes Varela, *Das Obrigações em geral*, I, *cit.*, pp. 271-272.

[1107] V. Autor cit., *Das Obrigações em geral*, I, *cit.*, p. 272.

da obrigação torna-se responsável pelo prejuízo que causa ao credor» (art. 798.º). A única especialidade é que nos casos em apreço incumbirá à Administração demonstrar que a violação do contrato concretamente em causa que lhe é imputada foi, ela própria, uma consequência da violação das obrigações por parte do indivíduo que tenha atuado como titular de órgão administrativo, funcionário, agente ou representante da mesma Administração para com esta última.

199. A responsabilidade civil extracontratual por atos de gestão privada

A responsabilidade da Administração por atos de gestão privada também é regulada pelo direito civil, nomeadamente no artigo 500.º do Código Civil, em conjugação com o disposto no artigo 501.º Da articulação entre esses dois preceitos resulta que, nos casos de prejuízo causado por atos de gestão privada, *o Estado* (como qualquer outra pessoa coletiva pública) *é solidariamente responsável com os seus órgãos, agentes e representantes, pelos danos por estes causados aos particulares no exercício das suas funções*[1108].

Para tanto, não é necessário ao lesado provar a existência de culpa da pessoa coletiva, nem sequer é possível a esta provar a ausência de culpa[1109]: basta que, nos termos gerais, sejam responsáveis os indivíduos que agiram ao serviço da pessoa coletiva (incluindo os titulares dos seus órgãos). Quer dizer: a lei parte da responsabilidade dos órgãos, agentes ou representantes para a responsabilidade da pessoa coletiva pública, considerando esta solidariamente obrigada à indemnização sempre que aqueles, tendo atuado ao seu serviço, sejam responsáveis nos termos gerais.

Assim, como afirmámos no citado estudo de 1973, «a pessoa coletiva pública que pagar efetivamente a indemnização devida ao lesado goza, depois, do direito de regresso contra o autor do facto danoso, podendo

[1108] A regra da solidariedade decorre da remissão contida no art. 499.º do Código Civil, com referência aos casos de «responsabilidade pelo risco» – e a responsabilidade do Estado e de outras pessoas coletivas públicas é perspetivada como um desses casos –, para as disposições que regulam a responsabilidade por factos ilícitos, entre as quais se estatui no art. 497.º, n.º 1: «se forem várias as pessoas responsáveis pelos danos, é solidária a sua responsabilidade».

[1109] Como adiante se dirá no texto, isto sem prejuízo de, para efeitos de não limitação do exercício do direito de regresso nos termos da parte final do art. 500.º, n.º 3, do Código Civil, poder provar a ausência de culpa da sua parte.

reaver tudo o que tiver pago, exceto se também houver culpa da sua parte. Portanto, estamos em presença de uma responsabilidade objetiva da pessoa coletiva pública pelos atos dos seus órgãos, agentes ou representantes, mas que na maior parte dos casos assentará sobre a responsabilidade subjetiva dos autores do facto danoso. Quer dizer: trata-se de uma responsabilidade *objetiva* quanto ao seu *fundamento*, mas que em regra funcionará, quanto aos *requisitos* de que depende, como responsabilidade *subjetiva*»[1110]. Sistema C.3.a.

E como existe em toda a linha direito de regresso contra os agentes, a pessoa coletiva não chegará, algumas vezes, a suportar definitivamente o encargo da indemnização devida ao lesado: a Administração funciona apenas como *garante* da obrigação de indemnizar que recai sobre os seus órgãos, agentes ou representantes.

O sistema é, pois, este: os indivíduos que atuam ao serviço da Administração respondem pelos danos que causaram aos particulares nos mesmos termos em que qualquer particular responde perante outro – com a diferença de que a Administração, por via da responsabilidade solidária, garantirá, *perante os lesados*, o cumprimento deste dever de indemnizar.

Ora a responsabilidade dos sujeitos de direito privado perante terceiros ainda hoje tem por fundamento principal, no nosso Código Civil, a *ilicitude culposa*, isto é, a prática de um facto ilícito com culpa: são excecionais os casos de responsabilidade pelo risco e, mais ainda, os de responsabilidade por facto lícito. De modo que, no domínio das atividades de gestão privada, a lei não estabelece nenhuma diferença entre a responsabilidade da Administração e a responsabilidade de qualquer particular: dada a posição meramente acessória de garante que lhe cabe, a Administração Pública tem a sua responsabilidade rigorosamente pautada pela dos cidadãos em geral. Na prática, contudo, se o prejuízo indemnizável for avultado, acontece muitas vezes que quem suporta o custo económico da responsabilidade civil é a pessoa coletiva pública, por força da insuficiência do património da maioria dos titulares de órgãos, agentes e representantes da Administração Pública.

[1110] V. «A Responsabilidade Civil da Administração no Direito Português», *cit.*, pp. 525-526.

§ 3.º
A Responsabilidade Extracontratual por Atos de Gestão Pública

I
RESPONSABILIDADE SUBJETIVA

200. A responsabilidade civil extracontratual por atos de gestão pública: *a*) responsabilidade por ação ou omissão ilícita e culposa praticada pelos titulares de órgãos da Administração, seus funcionários, agentes ou representantes

É esta a primeira – e mais frequente, na prática – das cinco modalidades de responsabilidade civil extracontratual por atos de gestão pública que enunciámos. Chamava-se-lhe tradicionalmente «responsabilidade civil da Administração» por ter o mesmo fundamento que a responsabilidade dos particulares regulada no Código Civil. Trata-se de uma *responsabilidade subjetiva*, isto é, baseada na culpa. Porém, para que se constitua, num caso concreto, esta modalidade de responsabilidade da Administração e a consequente obrigação de indemnização, é necessário que se verifiquem *cinco pressupostos*, a saber:

1. Um facto voluntário;
2. A ilicitude do facto;
3. A culpa do agente;
4. O prejuízo;
5. O nexo de causalidade entre o facto ilícito e o prejuízo, de tal modo que se possa concluir que o facto foi causa adequada do prejuízo.

De um modo geral, pode dizer-se que *cada um destes pressupostos é entendido, no direito administrativo, da mesma maneira que no direito civil.* Vamos analisar os primeiros três pressupostos. O penúltimo já foi abordado a propósito das considerações preliminares sobre a responsabilidade civil da Administração; e o último não apresenta no direito administrativo particularidades que justifiquem uma análise autónoma no âmbito do presente Curso.

Em primeiro lugar, tal como no direito civil, a existência de um facto voluntário pode corresponder a um facto positivo – uma *ação* – ou a um facto negativo ou abstenção – uma *omissão*. A voluntariedade de tais factos significa apenas que os mesmos têm de ser objetivamente controláveis ou domináveis pela vontade. Como ensina Antunes Varela, «para fundamentar a responsabilidade civil basta a *possibilidade* de controlar o *ato* ou *omissão*; não é necessária uma conduta predeterminada, uma ação ou omissão orientada para certo fim (uma conduta finalista). Fora dos casos da responsabilidade civil ficam apenas os danos provocados por causas de *força maior* ou pela *atuação irresistível de circunstâncias fortuitas* (pessoa que é irresistivelmente impelida por força do vento...)»[1111].

Em segundo lugar, a ação ou omissão têm de ser ilícitas. O sentido de tal qualificação é-nos dado pelo artigo 9.º, n.º 1, do RCEEP:

> «Consideram-se ilícitas as ações ou omissões dos titulares de órgãos, funcionários e agentes que violem disposições ou princípios constitucionais, legais ou regulamentares ou infrinjam regras de ordem técnica ou deveres objetivos de cuidado e de que resulte a ofensa de direitos ou interesses legalmente protegidos».

Deste modo, a ilicitude implica não só «agir quando não se deve agir» ou «não agir quando se deve agir», mas também que a violação

[1111] V. Autor cit., *Das Obrigações em Geral, cit.*, p. 529 (itálicos no original).

da norma por ação ou omissão produza danos ou prejuízos na esfera jurídica de terceiros. Por outras palavras, a ilegalidade é uma condição necessária mas não suficiente da ilicitude; esta implica, para efeitos de responsabilidade da Administração, a violação de posições jurídicas subjetivas de terceiros, com a inerente produção de danos ou prejuízos.

Em terceiro lugar, e como referido, esta forma de responsabilidade é regida pelo *princípio da culpa*: só há obrigação de indemnizar caso exista culpa daquele concreto indivíduo (ou conjunto de indivíduos, como, por exemplo, nos órgãos colegiais) cuja ação ou omissão esteja em causa. A culpa é, deste modo, uma noção eminentemente subjetiva: só agem com culpa os indivíduos. Por isso, para se considerar que uma pessoa coletiva agiu com culpa, *é preciso imputar essa culpa a um ou mais indivíduos que tenham atuado ou omitido atuações, no exercício das suas funções ao serviço dessa pessoa coletiva* (como titulares dos seus órgãos, como seus funcionários ou como seus agentes[1112]).

[1112] Diferentemente do que sucede no art. 501.º do Código Civil, em relação à atividade de gestão privada das pessoas coletivas públicas, e no próprio art. 1.º, n.º 5, do RCEEP, em relação ao exercício da função administrativa por pessoas coletivas privadas, o legislador – tal como já sucedia com o Decreto-Lei n.º 48 051, de 21 de novembro de 1967 – não se refere expressamente aos *representantes* de entidades públicas que atuem no exercício de funções administrativas. Refere-se, isso sim, aos «demais trabalhadores ao serviço das entidades» públicas, considerando «extensivas a estes as referências feitas aos titulares de órgãos, funcionários e agentes» (cfr. o art. 1.º, n.º 4, do RCEEP). Os *representantes* em causa, desde logo pela autonomia de que gozam (a relação jurídica de emprego público, independentemente do modo como se constitui, implica, entre outros, o dever de obediência – cfr. o art. 3.º, n.º 8, do Estatuto Disciplinar aprovado pela Lei n.º 58/2008, de 9 de setembro), não são confundíveis com estes últimos. Pense-se, por exemplo, nos prejuízos causados a terceiros decorrentes da execução para prestação de facto por intermédio de terceiro (o reboque de automóveis ou a demolição de um imóvel) prevista no art. 157.º, n.º 2, do CPA ou nos prejuízos causados, igualmente a terceiros, por concessionárias de serviços ou de obras públicas. Na falta de disposição especial – que é muito frequente nos contratos administrativos e que existe também no âmbito do art. 157.º, n.º 2, do CPA, pelo menos quanto às ações e omissões cometidas com culpa leve –, parece-nos ser de aplicar, por identidade de razão, o regime-regra válido para os danos decorrentes de ações ou omissões adotadas no exercício de funções administrativas e por causa desse exercício por titulares de órgãos, funcionários e agentes públicos. Com efeito, os mencionados representantes, não obstante a ausência de subordinação jurídica, atuam por conta e no interesse da Administração e, para esse mesmo efeito, foram por ela escolhidos. Por outro lado, cremos que as razões de eficiência administrativa também valem aqui para afastar o regime geral previsto, com referência ao «comissário», no art. 500.º do Código Civil.

Com efeito, a culpa «define um nexo de ligação do facto ilícito a uma certa pessoa», ou seja, «que a violação ilícita dos direitos ou interesses de outrem esteja ligada a uma certa pessoa, de maneira que possa afirmar-se, não só que foi obra sua, mas também que ela podia e devia, nas circunstâncias, ter agido diversamente. *A culpa implica, assim, uma ideia de censura ou reprovação da conduta do agente*»[1113]. No caso da responsabilidade por atos de gestão pública, o legislador estabeleceu, e bem, um grau de exigência elevado e normativizado – *culpa em abstrato* e *culpa como conduta deficiente*: «a culpa dos titulares de órgãos, funcionários e agentes deve ser apreciada pela diligência e aptidão que seja razoável exigir, em função das circunstâncias de cada caso, de um titular de órgão, funcionário ou agente zeloso e cumpridor»[1114].

Na verdade, os cidadãos têm de poder contar sempre com a competência e o zelo adequados a cada situação por parte das pessoas que servem a Administração. Eventuais falhas concretas de tais pessoas, mesmo que involuntárias ou devido à falta de aptidão exigível, não podem onerar o património dos lesados. É bom relembrar que, nesta matéria, não está «*fundamentalmente* em causa a ideia da sanção do agente, como sucede no direito criminal (...). O que está em causa, no domínio da responsabilidade civil, é uma questão elementar de *justiça comutativa*, que se resume em saber quem é mais justo que suporte o dano: se o titular da coisa ou do direito lesado, se o autor do facto ilícito»[1115].

Por outro lado, a administração pública – o exercício da função administrativa – implica iniciativa e uma atitude proativa em busca da concretização do interesse público; aliás, é essa a razão de ser da própria Administração Pública. Daí que seja conveniente não desencorajar os indivíduos que dão vida à dita Administração de agirem no sentido de fazerem tudo o que for necessário ou conveniente para que esta cum-

[1113] V. Almeida e Costa, *Direito das Obrigações*, *cit.*, pp. 579-580. Sublinhado nosso.

[1114] Cfr. o art. 10.º, n.º 1, do RCEEP. Sobre a discussão dos diferentes padrões de exigência em matéria de culpa, v., por todos, Antunes Varela, *Das Obrigações em Geral*, *cit.*, p. 574 e ss. O parâmetro da «culpa em abstrato» contrapõe-se ao da «culpa em concreto»: deve atender-se à diligência habitual do agente concretamente em causa no exercício das suas funções ou à diligência que deve ser exigida a uma pessoa com as responsabilidades do agente? Só depois de definido o grau de «diligência exigível», é que haverá que considerar as «circunstâncias de cada caso».

[1115] Assim, v. Antunes Varela, *Das Obrigações em Geral*, *cit.*, p. 579 (itálicos no original).

pra a missão que constitucionalmente lhe compete. Há, por isso, que procurar um equilíbrio delicado entre a eficácia da ação administrativa e a responsabilidade pelas suas eventuais consequências danosas para os particulares.

O legislador procurou estabelecer esse equilíbrio a partir de uma dupla distinção: entre *factos funcionais* e *factos pessoais*, no sentido de factos alheios ao exercício da atividade administrativa; e entre a *culpa leve* e a *culpa grave* ou o *dolo*.

A) *O conceito de facto funcional e a responsabilidade por factos pessoais*

O *facto funcional* é aquele facto que é praticado no exercício das funções do seu autor e por causa desse exercício: está em causa, não uma qualquer ação ou omissão pessoal do seu autor, que por coincidência também é titular de um órgão do Estado ou de outra pessoa coletiva pública, seu funcionário ou agente, mas um facto incluído no desempenho da função e, portanto, um facto que não configura juridicamente apenas a atuação de um indivíduo, mas também – simultaneamente, por força da lei – a atuação da própria Administração Pública na prossecução de um dado interesse público. Perante o lesado surgem, lado a lado, tanto a pessoa coletiva pública que atuou por intermédio do indivíduo como o próprio indivíduo que deu vida à pessoa coletiva pública, agindo como titular de um órgão seu (ou enquanto seu funcionário ou agente) e atuando como executor da sua vontade. Tal indivíduo pode ter agido mal ou ter omitido uma dada ação devida, mas fê-lo, não no exercício da sua condição de indivíduo privado; antes pelo contrário, agiu «no exercício das suas funções e por causa desse exercício», violando os direitos ou interesses legalmente protegidos de particulares.

Para que assim suceda, impõe-se «uma relação de conexidade [*sic*] entre o exercício de funções e as ações ou omissões lesivas, o que significa a indispensabilidade de uma *conexão interna ou material* entre ato – função – e resultado lesivo. Requer-se que a ação ou omissão caiba no âmbito do escopo funcional ou que, pelo menos, se verifique uma aparência de relação funcional justificativa da boa fé da confiança do cidadão lesado. Não é suficiente que a ação ou omissão tenha sido praticada por ocasião do exercício da função ("critério da mera ocasionalidade") ou que este exercício constitua a condição necessária para a prática de ações ou omissões sem qualquer ligação funcional ("critério da ocasionalidade necessária")»[1116].

Verificadas as circunstâncias constitutivas da funcionalidade de uma ação ou omissão de um titular de órgão de pessoa coletiva pública, ou de um seu funcionário ou agente nos termos referidos, o princípio da responsabilidade da Administração impõe a responsabilização da própria pessoa coletiva (cfr. o art. 22.º da Constituição). Questão diferente é a de saber se, e quais os termos em que, o próprio titular do órgão, funcionário ou agente também ficam constituídos no dever de indemnizar os danos causados ou no dever de contribuir para essa indemnização, pelo menos em parte. Tal questão, como veremos, é resolvida com base na segunda das aludidas distinções (ou seja, entre a culpa leve e a culpa grave ou o dolo).

Porém, se o facto danoso for praticado fora do exercício das funções do seu autor, ou *durante* o exercício delas mas não *por causa* desse exercício (recordem-se os referidos critérios da «mera ocasionalidade» ou da «ocasionalidade necessária»), estamos perante o chamado *facto pessoal*: a responsabilidade pelos prejuízos causados a outrem é, então, uma *responsabilidade meramente pessoal, exclusiva do autor*. A pessoa coletiva pública não pode ser responsabilizada, uma vez que não se está perante o exercício da função administrativa[1117]. Perante o lesado surge apenas, como nos casos de direito civil, o indivíduo autor da ação ou omissão lesiva. A circunstância de esse indivíduo ser titular de um órgão de pessoa coletiva pública, seu funcionário ou seu agente, é meramente acidental ou ocasional e não serve de base a qualquer outra relação com as funções exercidas no âmbito da pessoa coletiva pública considerada. Em vez daquele indivíduo podia lá estar um outro qualquer que não fosse titular de órgão, funcionário ou agente: a qualificação do facto seria idêntica ou, por outras palavras, a qualidade de titular de órgão de pessoa coletiva pública, funcionário ou agente é irrelevante para a apreciação do facto praticado.

Exemplos de factos pessoais, ilícitos, praticados *durante* o exercício de funções públicas, mas não *por causa* desse exercício, ou seja, factos

[1116] Nestes termos, e por todos, v. Gomes Canotilho e Vital Moreira, *Constituição da República Portuguesa Anotada*, vol. I, *cit.*, anot. XII ao art. 22.º, p. 434 (itálicos no original).

[1117] Cfr. *a contrario sensu* os arts. 22.º e 271.º, n.º 1, da Constituição e os arts. 7, n.º 1, e 8.º, n.º 2, ambos do RCEEP.

sem qualquer conexão objetiva com a função administrativa que está a ser exercida: um agente da polícia, atuando como tal, aproveita uma situação de desordem pública para atingir com o seu cassetete o amante da mulher não envolvido na desordem (*vingança pessoal*); um professor do ensino público reprova em exame final um aluno que «tomou de ponta», por ser irreverente ou indisciplinado nas aulas (transformação do poder de *avaliar* os alunos em *punição disciplinar*, sem processo e sem garantias de defesa do arguido); um gestor público adjudica ao 2.º concorrente mais classificado a empreitada posta a concurso, inventando argumentos falsos para afastar o 1.º, porque o 2.º lhe pagou «luvas» e houve, por tanto, crime de corrupção.

B) *A responsabilidade por factos funcionais*

Como referido, a propósito dos factos funcionais, importa distinguir consoante os mesmos tenham sido praticados com culpa leve, com culpa grave ou com dolo. Três exemplos:

- Um órgão da Administração Pública revoga a licença de ocupação da via pública ao dono de uma esplanada sabendo que não tem fundamento legal para o fazer, mas porque abria concurso para nova licença ao qual possam concorrer amigos seus: há intenção de praticar um ato que se sabe ser ilegal e gerador de danos – há *dolo*;
- A revogação do mesmo tipo de licença, sem que o órgão se dê ao trabalho de solicitar, ou de ler com atenção, as informações e pareceres jurídicos dos serviços: há uma diligência e zelo manifestamente inferiores aos que o cargo exige – há *culpa grave*;
- A revogação do mesmo tipo de licença por parte do órgão competente, numa situação em que o respetivo titular – que é uma pessoa sem formação jurídica – se vê confrontado com informações jurídicas dos serviços contraditórias entre si e, a fim de cumprir os prazos procedimentais, resolve seguir uma delas, por ser a subscrita pelo funcionário de mais elevada categoria hierárquica no serviço, sucedendo que a que adotou vem a revelar-se errada, sendo o ato por si praticado ilegal: há *culpa leve*.

Deste modo, a *culpa leve* significa que o titular do órgão da pessoa coletiva, o funcionário ou o agente, embora culpados (por alguma falta de diligência e zelo), não procederam com diligência e zelo *manifestamente inferiores* àqueles a que se achavam obrigados em razão das funções exercidas. Em tais casos o artigo 7.º, n.º 1, do RCEEP determina a *responsabilidade exclusiva da pessoa coletiva pública* servida pelo autor do facto, sem direito de regresso contra aquele que agiu (Sistema C).

Existindo *dolo* (intenção) ou *culpa grave* (diligência e zelo *manifestamente inferiores* aos exigidos para o exercício das funções concretamente em causa) por parte do autor do facto, há *responsabilidade solidária da Administração e do agente* – ou seja, pelos prejuízos causados respondem perante o lesado tanto o autor do facto (cfr. o art. 8.º, n.º 1, do RCEEP), como a pessoa coletiva pública por ele servida (cfr. o art. 8.º, n.º 2, do RCEEP). Nesta segunda hipótese, a circunstância de haver responsabilidade solidária significa que o lesado pode demandar contenciosamente só a Administração, ou só o agente, ou ambos simultaneamente.

A função da Administração é nestes casos a de garantir a efetivação da responsabilidade, *maxime* o pagamento da indemnização que for devida, uma vez que aquela tem na grande maioria dos casos mais possibilidades financeiras do que qualquer dos seus servidores individuais[1118]. Por isso, caso a mesma Administração seja obrigada a pagar, total ou parcialmente, uma indemnização, ela tem um *direito de regresso, de exercício obrigatório*, contra o titular do seu órgão, funcionário ou agente autor do facto lesivo (cfr. os arts. 6.º, n.º 1, e 8.º, n.º 3, ambos do RCEEP), ou seja, a pessoa coletiva pública tem o dever de exigir ao seu servidor tudo o que por causa dele teve de pagar ao lesado.

Se em vez das ações ou omissões funcionais de um único titular de órgão, funcionário ou agente, estiverem em causa as ações ou omissões de mais pessoas ligadas à mesma pessoa coletiva pública – *pluralidade de indivíduos responsáveis* –, é aplicável, por remissão do artigo 10.º, n.º 4, do RCEEP, o disposto no artigo 497.º do Código Civil: sem prejuízo da mencionada função de garante atribuída por lei à Administração, a responsabilidade de todos os indivíduos concretamente em causa entre si também é solidária, existindo, na medida das respetivas culpas, o direito de regresso por parte dos responsáveis que tenham pago contra aqueles que não pagaram; as culpas dos indivíduos responsáveis presumem-se iguais.

[1118] No texto não consideramos as hipóteses especiais de *culpa in eligendo*, de *culpa in vigilando* ou de culpa *in instruendo*, por parte da Administração.

Por outro lado, importa ter presentes as *presunções legais ilidíveis de culpa leve* estatuídas nos n.os 2 e 3 do artigo 10.º do RCEEP, respetivamente, quanto à «prática de atos jurídicos ilícitos» e «sempre que tenha havido incumprimento de deveres de vigilância». Isto significa que, a menos que se prove a existência de dolo ou culpa grave por parte dos respetivos autores, só a Administração responde pelos prejuízos causados, por exemplo, por um ato administrativo ilegal que tenha violado direitos ou interesses legalmente protegidos de um particular. Do mesmo modo, e salvo prova de dolo ou culpa grave, só a Administração responde pelas omissões que se traduzam no incumprimento de deveres de vigilância, por exemplo no domínio da conservação de estradas, margens de rios ou ribeiros, caminhos de ferro e outras infraestruturas.

Finalmente, cumpre ter presente que tanto o direito do particular à indemnização como os direitos de regresso a que houver lugar prescrevem, em regra, no prazo de três anos, sendo-lhes aplicável o disposto no Código Civil em matéria de suspensão e interrupção da prescrição[1119].

C) *Apreciação geral*

Estas as linhas gerais do atual regime *substantivo* da responsabilidade da Administração por factos ilícitos culposos. Que pensar a seu respeito?

Repita-se que ele não é substancialmente diferente do que o Decreto-Lei n.º 48 051, de 21 de novembro de 1967, consagrava. Mantemos, por isso, a apreciação que sobre o mesmo formulámos no nosso estudo de 1973. No essencial, entendemos que se trata de um regime adequado[1120]:

a) Que um servidor do Estado, ou de outra pessoa coletiva pública, responda pessoalmente como qualquer cidadão, nos tribunais judiciais, pelos danos que causar a outrem fora dos limites das suas funções, é a solução tradicional e é, sobretudo, a solução correta;
b) Que pelos danos causados a particulares por factos funcionais responda sempre, em qualquer caso, a Administração, é igualmente uma solução generalizada, por constituir um imperativo de justiça;
c) Enfim, também se afigura de aplaudir que nos casos de *dolo ou de culpa grave* a Administração goze do direito de regresso (de exer-

[1119] Cfr. o art. 5.º do RCEEP e o art. 498.º do Código Civil.

[1120] V. «A Responsabilidade Civil da Administração no Direito Português», *cit.*, pp. 528-529.

cício obrigatório), contra o autor do facto danoso; e mais ainda: parece bem que, ao contrário do que sucede no direito civil, a lei administrativa exclua esse mesmo direito de regresso nos casos de *culpa leve*, protegendo assim os servidores da Administração contra o risco de pequenas faltas desculpáveis e não os desincentivando de buscarem, com abertura e alguma audácia, as soluções mais eficientes e eficazes para o interesse público.

201. Cont.: *b*) responsabilidade no âmbito do procedimento de formação de certos contratos administrativos

A) *A origem do artigo 7.º, n.º 2, do RCEEP*

Dispõe o artigo 7.º, n.º 2, do RCEEP[1121], na redação dada pela Lei n.º 31/2008, de 17 de julho:

> «É concedida indemnização às pessoas lesadas por violação de norma ocorrida no âmbito de procedimento de formação dos contratos referidos no artigo 100.º do Código de Processo nos Tribunais Administrativos, de acordo com os requisitos da responsabilidade civil extracontratual definidos pelo direito comunitário»[1122].

A autonomização deste preceito no âmbito do artigo 7.º do RCEEP ficou a dever-se, como já mencionado anteriormente, à condenação da República Portuguesa pelo Acórdão do Tribunal de Justiça, de 14 de outubro de 2004, no processo intentado pela Comissão com fundamento na violação do direito comunitário, designadamente da chamada «Diretiva Recursos», em virtude da previsão, no âmbito da legislação ordinária nacional então vigente – o Decreto-Lei n.º 48 051, de 21 de

[1121] Recorde-se que a epígrafe deste preceito inserido na secção dedicada à responsabilidade civil do Estado e demais pessoas coletivas de direito público por facto ilícito praticado no exercício da função administrativa, é: «responsabilidade exclusiva do Estado e demais pessoas coletivas de direito público».

[1122] A redação originária do mesmo artigo era a seguinte: «É concedida indemnização às pessoas lesadas por violação de norma ocorrida no âmbito de procedimento de formação dos contratos referidos no artigo 100.º do Código de Processo nos Tribunais Administrativos, nos termos da presente lei». Sobre a importância prospetiva deste preceito, v., em especial, Pedro Machete, «A responsabilidade da Administração por facto ilícito e as novas regras de repartição do ónus da prova», *cit.*

novembro de 1967 – da culpa como pressuposto autónomo da responsabilidade civil da Administração (Processo n.º C-275/03)[1123].

Com efeito, afirma-se no citado aresto que, «se é certo que a legislação portuguesa prevê a possibilidade de obter indemnizações no caso de violação do direito comunitário em matéria de contratos de direito público ou das normas nacionais que o transpõem, não se pode todavia considerar que a mesma constitui um sistema de proteção jurisdicional adequado, na medida em que exige a prova da existência de culpa ou dolo por parte dos agentes de determinada entidade administrativa. Assim, o concorrente lesado por uma decisão ilegal da entidade adjudicante corre o risco de ser privado do direito de exigir o pagamento de uma indemnização em virtude do dano que lhe foi causado com essa decisão, ou, pelo menos, de a obter tardiamente, por não conseguir fazer prova da existência de dolo ou culpa»[1124]. Consequentemente, «ao não revogar o Decreto-Lei n.º 48 051, de 21 de novembro de 1967, que subordina a indemnização das pessoas lesadas em consequência da violação do direito comunitário em matéria de contratos de direito público ou das normas nacionais que o transpõem à prova da existência de culpa ou dolo, a

[1123] Cfr. *supra*, a nota 65 e o texto correspondente.

[1124] A obrigação a que se reporta o Acórdão referido no texto consta do art. 2.º, n.º 1, al. *c*), da «Diretiva Recursos» (a Diretiva n.º 89/665/CEE, alterada pelas Diretivas n.os 2/50/CEE e 2007/66/CE, do Parlamento Europeu e do Conselho, de 11.12.2007), o qual tem a seguinte redação: «os Estados-membros velarão por que, no âmbito dos procedimentos de adjudicação de contratos públicos, as medidas destinadas a tornar eficazes os recursos interpostos de decisões das entidades adjudicantes prevejam os poderes que permitam ... *c*) conceder indemnizações às pessoas lesadas por uma violação». A este propósito a Comissão alegou:

(i) O direito administrativo português em vigor (decorrente do Decreto-Lei n.º 48 051) subordina a atribuição de uma indemnização à produção de prova, por parte dos lesados, de que os atos ilegais do Estado ou das pessoas coletivas de direito público foram cometidos com culpa ou dolo;

(ii) A prova exigida é extremamente difícil, ou mesmo impossível, na medida em que, em geral, não se pode apurar de quem foi a culpa, de modo que, na maior parte dos casos, a pessoa lesada não conseguirá obter a indemnização que requerer e a que teria direito; e

(iii) A dificuldade em fazer essa prova conduz, na prática, a que as ações intentadas pelas pessoas lesadas com vista a obterem uma indemnização sejam lentas e, provavelmente, ineficazes.

Foi a necessidade de continuar a prosseguir esse mesmo objetivo, designadamente na sequência de nova condenação pelo Tribunal de Justiça (Acórdão de 10 de janeiro de 2008 – Processo n.º C-70/06), que justificou a alteração do n.º 2 do art. 7.º do RCEEP pela Lei n.º 31/2008, de 17 de julho.

República Portuguesa não cumpriu as obrigações que lhe incumbem por força dos artigos 1.º, n.º 1, e 2.º, n.º 1, alínea *c*), da Diretiva 89/665/CEE do Conselho, de 21 de dezembro de 1989, que coordena as disposições legislativas, regulamentares e administrativas relativas à aplicação dos processos de recurso em matéria de adjudicação dos contratos de direito público de obras e de fornecimentos»[1125].

Foi esta condenação que veio a justificar a autonomização do n.º 2 do artigo 7.º do RCEEP[1126].

Porque o referido Decreto-Lei se manteve em vigor, a Comissão iniciou em 2006 um processo por incumprimento do mencionado Acórdão e que veio a ser decidido, também contra Portugal, por Acórdão do Tribunal de Justiça, de 10 de janeiro de 2008 (Processo n.º C-76/06). Na parte decisória de tal Acórdão é expressamente afirmado: «não tendo revogado o Decreto-Lei n.º 48 051, de 21 de novembro de 1967, que subordina a indemnização das pessoas lesadas em consequência da violação do direito comunitário em matéria de contratos de direito público ou das normas nacionais que o transpõem à prova da existência de culpa ou dolo, a República Portuguesa não tomou as medidas necessárias para a execução do acórdão de 14 de outubro de 2004, Comissão//Portugal (C-275/03), e, por esse facto, não cumpriu as obrigações que lhe incumbem por força do artigo 228.º, n.º 1, [do Tratado da] CE».

Por outro lado, uma vez que esta decisão havia sido precedida da apresentação à Comissão da proposta de lei correspondente ao RCEEP[1127], foi, em 10 de abril de 2008, aprovada em Conselho de Ministros a primeira proposta de alteração ao RCEEP – a Proposta de Lei n.º 195/X, que está na origem da citada Lei n.º 31/2008, de 17 de julho. Na respetiva exposição de motivos é expressamente assumido ser «provável que a Comissão Europeia venha a entender que, apesar da revogação do Decreto-Lei n.º 48 051, de 21 de novembro de 1967, a consagração de uma presunção de culpa ilidível associada à prática de atos jurídicos ilícitos não afasta completamente do novo quadro legal a necessidade de vir a demonstrar a culpa [pelo que se deveria] alinhar o Regime da Responsabilidade Civil Extracontratual do Estado e Demais Entidades Públi-

[1125] V. *ibidem*.

[1126] Cfr., por exemplo, a exposição de motivos da Proposta de Lei n.º 56/X.

[1127] Justamente, a mencionada Proposta de Lei n.º 56/X.

cas, no âmbito dos contratos de direito público inseridos no escopo das Diretivas em questão, com o entendimento da Comissão Europeia nesta matéria, adotando-se uma redação idêntica à consagrada na alínea *c*) do n.º 1 do artigo 2.º da Diretiva n.º 89/665/CEE do Conselho, de 21 de dezembro de 1989, que coordena as disposições legislativas, regulamentares e administrativas relativas à aplicação dos processos de recurso em matéria de adjudicação dos contratos de direito público de obras e de fornecimento».

Eis a explicação da remissão expressa para os contratos a que se reporta o artigo 100.º do CPTA: os contratos de empreitada e concessão de obras públicas, de prestação de serviços e de fornecimento de bens[1128]. De fora ficam, por exemplo, as concessões de serviço público e vários outros contratos públicos ou contratos administrativos.

B) *O sentido e alcance do artigo 7.º, n.º 2, do RCEEP*

O preceito em análise consagra, relativamente ao seu âmbito de aplicação, o princípio da *responsabilidade objetiva* da Administração Pública quanto à indemnização de prejuízos causados pela violação das normas constantes do CCP que regem a formação de determinados contratos. Na prática, quanto a tais «atos jurídicos» ilícitos – não só atos administrativos, como também avisos de concursos públicos, programas, cadernos de encargos ou «qualquer outro documento conformador do procedimento de formação dos contratos» em causa[1129] – é afastada a possibilidade de isentar a Administração de responsabilidade com base na prova de inexistência de culpa leve, ou seja, ilidindo a presunção consignada no artigo 10.º, n.º 2, do RCEEP. Por outras palavras, a culpa leve, mesmo que apenas presumida, não é pressuposto da *responsabilidade exclusiva* da Administração Pública pelas ilegalidades cometi-

[1128] Na parte que para aqui interessa, é a seguinte a redação do n.º 1 desse preceito: «a impugnação de atos administrativos relativos à formação de contratos de empreitada e concessão de obras públicas, de prestação de serviços e de fornecimento de bens (...)». Quanto aos contratos em causa, ver *supra* Capítulo II, § 4.º, e, quando se trate de contratos administrativos, as respetivas noções consignadas nos seguintes arts. do CCP: 343.º, n.º 1; 407.º, n.º 1; 450.º; e 437.º

[1129] Cfr. o art. 100.º, n.ºs 2 e 3, do CPTA. Sobre a matéria, v. Mário Aroso de Almeida, «Contratos administrativos e poderes de conformação do contraente público no novo Código dos Contratos Públicos», *in CJA*, n.º 66 (2007), p. 3 e ss.

das no âmbito dos procedimentos pré-contratuais em causa. Ou seja: *a mera ilegalidade objetiva, sem culpa do agente decisor, desencadeia a responsabilidade da Administração perante o lesado* (Sistema C.1).

Todavia, nada impede o lesado de provar o dolo ou a culpa grave do autor do ato jurídico ilícito eventualmente praticado e, consequentemente, de o demandar conjuntamente com a entidade pública em que aquele presta serviço, seja enquanto titular de um dos seus órgãos, seja como seu funcionário ou agente. Isto é: mesmo com referência aos procedimentos relativos à formação dos contratos indicados no artigo 100.º do CPTA, pode haver lugar à responsabilidade solidária, nos termos do artigo 8.º, n.º 2, do RCEEP, da Administração e dos indivíduos que agem ao seu serviço (Sistema C.3.b).

Por outro lado, mesmo neste âmbito, continua a valer o artigo 4.º do RCEEP relativamente à «culpa do lesado»: isto é, caso o mesmo não tenha «utilizado a via processual adequada à eliminação do ato jurídico lesivo, cabe ao tribunal determinar, com base na gravidade das culpas de ambas as partes e nas consequências que delas tenham resultado, se a indemnização deve ser totalmente concedida, reduzida ou mesmo excluída».

II

RESPONSABILIDADE OBJETIVA

202. Cont.: *a*) responsabilidade por funcionamento anormal do serviço

Como referido, uma das direções em que o direito administrativo da responsabilidade civil da Administração evoluiu no séc. XX foi no sentido de uma cada vez maior responsabilização da Administração em ordem à proteção dos lesados. Nessa linha, constituem marcos decisivos quer a autonomização do princípio da responsabilidade da Administração – já objeto de análise –, quer o reconhecimento – primeiro pela jurisprudência em 1966[1130] e depois pelo legislador – de uma das consequências mais significativas de tal autonomização: a que respeita à chamada «culpa do serviço» (ou «falta do serviço»).

Sabemos que o princípio tradicional em matéria de responsabilidade por facto ilícito é o de a mesma ter uma base subjetiva: em regra, só há obrigação de indemnizar se houver culpa («princípio da responsabilidade subjetiva» ou «princípio da culpa»). Mas, como vimos, a culpa é uma noção eminentemente subjetiva: só agem com culpa os indivíduos. Por isso, para se considerar que uma pessoa coletiva agiu com culpa, é

[1130] Merece destaque especial o Acórdão do STA, de 28 de janeiro de 1966 (*caso da muralha do Porto*), adiante referido no texto. V., a este propósito, a crítica que dirigimos ao Decreto-Lei n.º 48 051, de 21 de novembro de 1967, em «A Responsabilidade Civil da Administração no Direito Português», *cit.*, pp. 530-531.

preciso imputar essa culpa a um ou mais indivíduos que tenham atuado, no exercício das suas funções, ao serviço dessa pessoa coletiva (como titulares dos seus órgãos ou como seus funcionários ou agentes).

Ora acontece muitas vezes na prática que não é fácil, ou é mesmo impossível, apurar de quem foi a culpa de uma atuação de um serviço público num certo caso concreto[1131].

Emprega-se então a expressão *culpa do serviço*, ou *falta do serviço*, para se significar – na fórmula feliz de Rivero – um facto «anónimo e coletivo de uma administração em geral mal gerida, de tal modo que é difícil descobrir os seus verdadeiros autores»[1132].

Com efeito, cada vez mais nos nossos dias pode suceder que o facto ilícito e culposo causador dos danos, sobretudo se revestir a forma de uma omissão, não possa ser imputado a um autor determinado, ou a vários, devendo antes sê-lo ao serviço público globalmente considerado.

Ponderemos o caso versado no acórdão do nosso Supremo Tribunal Administrativo, de 28 de janeiro de 1966 (*caso da muralha do Porto*)[1133]: o Estado foi declarado responsável pelos danos causados pelo desmoronamento de uma muralha antiga, existente na cidade do Porto, que destruiu casas e causou mortes, em virtude da omissão das obras públicas de conservação que se impunham. Supondo que não era possível determinar com precisão os órgãos ou agentes responsáveis pela omissão – que pode ter-se diluído por múltiplos departamentos, por diferentes níveis de chefia e por períodos muito dilatados –, seria justo excluir pura e simplesmente a responsabilidade do Estado? É óbvio que não, pois os lesados e suas famílias ficariam sem qualquer indemnização, mesmo que tivessem perdido a única ou principal fonte de sustentação do rendimento familiar. Mas, por outro lado, seria fictício, além de injusto, imputar formalmente o facto danoso a este ou àquele funcionário, escolhido mais ou menos ao acaso, como bode expiatório da organização geral.

O que importa é reconhecer que a grande dimensão da Administração Pública, a complexidade das suas funções, a constante variação dos seus servidores, a morosidade dos seus processos de trabalho, a constante mudança de departamentos e de titulares de cargos públicos, a

[1131] Seguimos, de perto, as considerações já expendidas no nosso estudo de 1973, «A Responsabilidade Civil da Administração no Direito Português», *cit.*, pp. 530-531.

[1132] *Droit Administratif*, *cit.*, p. 261.

[1133] AD 51, p. 321.

rigidez das regras financeiras, e tantos outros fatores de efeito análogo, transformam muitas vezes uma sucessão de pequenas faltas desculpáveis, ou até de dificuldades e atrasos legítimos, num conjunto unitariamente qualificável, *ex post*, como facto ilícito culposo.

Nestes casos, a responsabilidade da Administração perante as vítimas não pode ser posta em dúvida: e todavia não há na sua base um comportamento individual censurável. Há ilicitude, mas não há culpa individual, ou individualizável. O Acórdão do Tribunal dos Conflitos, de 10 de julho de 1969 (*in* Apêndice ao *Diário do Governo*, de 4.11.71), admitiu expressamente, nos considerandos, a responsabilidade exclusiva da Administração, sem direito de regresso contra ninguém, «nos casos de simples *mau funcionamento dos serviços*». E a jurisprudência posterior dos tribunais administrativos assumiu e consolidou esta mesma doutrina – a da *responsabilidade objetiva* da Administração por facto ilícito – que o legislador agora (passados mais de quarenta anos) veio consagrar expressamente.

Assim, nos termos do artigo 7.º do RCEEP,

> «3 – O Estado e as demais pessoas coletivas de direito público são ainda responsáveis quando os danos não tenham resultado do comportamento concreto de um titular de órgão, funcionário ou agente determinado ou não seja possível provar a autoria pessoal da ação ou omissão, mas devam ser atribuídos a um funcionamento anormal do serviço.
>
> 4 – Existe funcionamento anormal do serviço quando, atendendo às circunstâncias e a padrões médios de resultado, fosse razoavelmente exigível ao serviço uma atuação suscetível de evitar os danos produzidos».

A *ilicitude* da «falta do serviço», por sua vez, é estabelecida no artigo 9.º, n.º 2, do mesmo diploma:

> «Também existe ilicitude quando a ofensa de direitos ou interesses legalmente protegidos resulte do funcionamento anormal do serviço, segundo o disposto no n.º 3 do artigo 7.º».

Mas repare-se: aqui há ilicitude, mas não há culpa. Há *falta do serviço*, ou *funcionamento anormal do serviço*. Desapareceu a ideia de «culpa do serviço», que foi substituída pela ideia de «mau funcionamento». A responsabilidade é, portanto, *objetiva* (Sistema C.1).

203. Cont.: *b*) responsabilidade pelo risco[1134]

Mas existem *mais duas zonas*, de extensão considerável, que abrangem os casos de responsabilidade objetiva – os da responsabilidade por *factos casuais* e por *atos lícitos*.

Antes da publicação do Decreto-Lei n.º 48 051, de 21 de novembro de 1967, a doutrina e a jurisprudência portuguesas já consideravam que, a par da forma clássica de responsabilidade (subjetiva), outras havia em que a Administração era obrigada, sem culpa, a indemnizar certos danos sofridos pelos particulares.

Mas a responsabilidade objetiva era então *excecional*: só existia nas hipóteses expressamente previstas por lei. A doutrina ainda tentou sustentar, a partir de 1950, que a responsabilidade pelos danos causados por ato lícito tinha caráter geral no direito português, mas a jurisprudência não a acompanhou nessa interpretação.

O Código Civil de 1966 mateve-se fiel, no seu âmbito de aplicação – isto é, no tocante à responsabilidade da Administração no domínio das atividades de gestão privada –, à doutrina clássica. Por isso se lê, no artigo 483.º, n.º 2, que «só existe obrigação de indemnizar independentemente de culpa nos casos especificados na lei».

Ora a grande inovação do Decreto-Lei n.º 48 051, aliás digna do maior elogio, *foi ter resolvido abandonar este caráter excecional da responsabilidade objetiva*, nomeadamente quanto aos factos casuais e aos atos lícitos, *definindo-a agora por forma genérica, através de uma cláusula geral.* Ou seja, a lei estabeleceu em termos genéricos o âmbito da responsabilidade objetiva em tais domínios, de tal modo que este tipo de responsabilidade existe em todos os casos que integrem a previsão abstrata da lei, não carecendo já de um preceito específico para cada caso ou situação típica.

O legislador do RCEEP manteve esta mesma orientação, aprofundando-a e desenvolvendo-a no sentido de um ligeiro alargamento do seu âmbito de aplicação.

Em que termos dispõe a lei portuguesa atual sobre a matéria?

[1134] Cfr., sobre este número, Marcello Caetano, *Manual de Direito Administrativo*, II, 8.ª ed., Coimbra Editora, Coimbra, 1969, p. 1147 e ss.; *idem*, *ibidem*, 10.ª ed. (1972), *cit.*, p. 1235 e ss.; e o nosso estudo «A Responsabilidade Civil da Administração no Direito Português», *cit.*, pp. 533-536.

Quanto à *responsabilidade fundada no risco*, declara o artigo 11.º daquele Regime:

> «1 – O Estado e as demais pessoas coletivas de direito público respondem pelos danos decorrentes de atividades, coisas ou serviços especialmente perigosos, salvo quando, nos termos gerais, se prove que houve força maior ou concorrência de culpa do lesado, podendo neste último caso, tendo em conta todas as circunstâncias, reduzir ou excluir a indemnização.
>
> 2 – Quando um facto culposo de terceiro tenha concorrido para a produção ou agravamento dos danos, o Estado e as demais pessoas coletivas de direito público respondem solidariamente com o terceiro, sem prejuízo do direito de regresso»[1135].

Assim, constituem exemplos de fonte de *responsabilidade objetiva fundada no risco* casos como os seguintes:

- Danos causados por manobras, exercícios ou treinos com armas de fogo por parte das Forças Armadas ou das forças de polícia;
- Danos causados pela explosão de paióis militares ou de centrais nucleares;
- Danos causados involuntariamente por agentes da polícia em operações de manutenção da ordem pública ou de captura de suspeitos da prática de algum crime.

204. Cont.: *c*) responsabilidade por ato lícito[1136]

Quanto à *responsabilidade por ato lícito*, também prevista genericamente em Portugal desde o Decreto-Lei n.º 48 051, de 21 de novembro de 1967, o legislador do RCEEP adotou uma perspetiva muito ampla – aliás, refletida na própria designação que utiliza: «Indemnização pelo sacrifício» – que, conforme resulta das considerações preliminares anteriormente

[1135] Recorde-se que, de acordo com o estatuído no art. 6.º, n.º 1, do RCEEP, «o exercício do direito de regresso, nos casos em que este se encontra previsto (...), é obrigatório».

[1136] Cfr., sobre este número, Marcello Caetano, *Manual*, II, 8.ª ed., *cit.*, p. 1150 e ss.; *idem, ibidem*, 10.ª ed., *cit.*, p. 1238 e ss.; e o nosso estudo «A Responsabilidade Civil da Administração no Direito Português», *cit.*, pp. 536-537.

expendidas sobre a matéria, vai muito para além da responsabilidade por ato lícito em sentido próprio. Assim, dispõe o artigo 16.º do RCEEP:

> «O Estado e demais pessoas coletivas de direito público indemnizam os particulares a quem, por razões de interesse público, imponham encargos ou causem danos especiais e anormais, devendo para o cálculo da indemnização, atender-se, designadamente, ao grau de afetação do conteúdo substancial do direito ou interesse violado ou sacrificado».

Repare-se bem: a indemnização pelo dano causado pode resultar de uma *violação* (de um direito ou interesse) ou de um *sacrifício* (de um direito ou interesse). Na verdade, dos pontos de vista teórico e dogmático, vale a pena atentar na destrinça entre a «violação» do direito ou interesse e o seu «sacrifício»: somente no primeiro caso há responsabilidade civil fundada na justificação de um ato, positivo ou negativo, ilícito – isto é, há um ato danoso que seria à partida ilícito, mas que, por haver uma causa de justificação, se torna lícito (por exemplo, atuações da Administração em situações de «estado de necessidade») –; no segundo caso, o que está em causa é um mero problema de compensação de um sacrifício.

Como não podia deixar de ser, o legislador teve de delimitar a «especialidade» e a «anormalidade» dos danos ou encargos. Nesse sentido, determina o artigo 2.º do RCEEP:

> «Para os efeitos da presente lei, consideram-se especiais os danos ou encargos que incidam sobre uma pessoa ou um grupo, sem afetarem a generalidade das pessoas, e anormais os que, ultrapassando os custos próprios da vida em sociedade, mereçam, pela sua gravidade, a tutela do direito».

Assim, constituem exemplo de fonte de *responsabilidade objetiva por ato lícito*, ou pelo *sacrifício*, casos como os seguintes:

- A expropriação por utilidade pública;
- A requisição por utilidade pública;
- As servidões administrativas;
- A ocupação temporária de terrenos adjacentes às estradas para execução de obras públicas;
- O exercício do poder de modificação unilateral do contrato administrativo;

- A existência de uma causa legítima de inexecução de sentença de um tribunal administrativo proferida contra a Administração.

Todos estes casos, e outros semelhantes, ficam cobertos pela lei, que obriga a Administração a indemnizar os lesados. A lei é, pois, suficientemente ampla para abranger as principais situações típicas que a jurisprudência e o direito comparado revelam como devendo constituir a Administração em responsabilidade civil objetiva perante os particulares.

Mas a redação da nossa lei não deixa de ser prudente, como se impõe em matéria de responsabilidade objetiva. Porque se o Direito fosse aqui longe de mais, o Estado não teria capacidade financeira para suportar o pagamento de todas as indemnizações a que fatalmente seria condenado. Além de que não parece acertado construir uma sociedade livre e pluralista na base da transferência de todos os riscos da vida social dos indivíduos, das famílias e das empresas para o Estado.

É por isso que o legislador, tal como já sucedia com o Decreto-Lei n.º 48 051, de 21 de novembro de 1967, condiciona o dever de indemnizar à verificação da existência dos requisitos da *especialidade* e da *anormalidade* do prejuízo. Assim, só há obrigação de indemnizar os prejuízos *especiais e anormais*: não haverá, pois, responsabilidade objetiva da Administração por danos que se possam considerar como *danos comuns e normais* – entendendo-se aqui por *danos comuns* os *danos que recaiam genericamente sobre todos os cidadãos ou sobre categorias amplas e abstratas de pessoas* (por exemplo, restrições à circulação ou obrigação de permanência num dado local por razões de segurança ou de saúde pública; proibições temporárias de consumo de certos bens, como água, gás ou eletricidade, em períodos de crise); e por *danos normais* os que se *possam considerar habituais e aceitáveis dentro do «mínimo de risco» que é próprio da vida em sociedade* (por exemplo, os incómodos decorrentes da impossibilidade temporária de circular numa determinada rua devido às medidas de segurança impostas por ocasião da visita de Chefes de Estado estrangeiros – passagem de cortejos automóveis – ou da realização de manifestações ou eventos desportivos; a maior intensidade de tráfego ou constrições ao mesmo na proximidade de certos edifícios públicos, etc.)[1137].

[1137] V., neste sentido, Marcello Caetano, *Manual*, vol. II (9.ª ed.), p. 1241, e o nosso «A Responsabilidade Civil da Administração no Direito Português», *cit.*, p. 536.

PARTE III
AS GARANTIAS DOS PARTICULARES
(Resumo)

Capítulo I
As Garantias em Geral

205. Preliminares

Vamos agora ocupar-nos de uma das partes mais importantes da teoria geral do Direito Administrativo, em que este se nos revela numa função específica da maior relevância: a de atribuir aos particulares determinados poderes jurídicos que funcionam como proteção ou defesa contra os abusos e ilegalidades da Administração Pública. É o tema das *garantias dos particulares.*

206. Conceito e espécies

Garantias, no sentido em que aqui utilizamos a expressão, existem em todos os ramos do direito.

Aquelas de que se ocupa a parte geral do Direito Administrativo, sob a denominação de «garantias dos particulares», podem ser definidas como *os meios criados pela ordem jurídica com a finalidade de evitar ou sancionar as violações do direito objetivo, as ofensas dos direitos subjetivos ou dos interesses legítimos dos particulares, ou o demérito da ação administrativa, por parte da Administração Pública.*

Se bem se reparar nesta definição, contêm-se nela, como que entrecruzadas, três classificações de garantias: por um lado, *garantias preventivas* (ou *a priori*) e *garantias reparadoras* (ou *a posteriori*); por outro, *garantias do direito objetivo* e *garantias dos particulares*; e, enfim, *garantias de legalidade* e *garantias de mérito*.

As garantias são *preventivas* ou *reparadoras*, conforme se destinam a evitar violações por parte da Administração Pública ou a repará-las, eliminando atos ilegais, aplicando sanções ou impondo indemnizações ou outras condutas que sejam devidas.

Por sua vez, as garantias são *do direito objetivo* ou *dos particulares*, consoante tenham por objetivo primacial defender o ordenamento objetivo contra atos ilegais da Administração, ou defender os direitos subjetivos ou os interesses legítimos dos particulares contra as atuações da Administração Pública que os violem ou prejudiquem.

Em terceiro lugar, as garantias são *de legalidade* ou *de mérito*, conforme visem prevenir ou reparar ofensas ao bloco de legalidade em vigor ou, diferentemente, aos critérios e regras de boa administração que hajam de ser adotados.

Neste capítulo, vamos estudar apenas as *garantias dos particulares*, embora possamos fazer referência incidental às garantias da legalidade e/ou às garantias de mérito. Aliás, nem sempre estes vários aspetos estão separados em compartimentos estanques: na maior parte dos casos, sucede que a lei, através de fórmulas mistas, organiza a garantia dos particulares através de meios de defesa da legalidade e, menos frequentemente, por meio de garantias de mérito.

As garantias dos particulares, por sua vez, desdobram-se em *garantias políticas*, *garantias administrativas* e *garantias contenciosas*.

Aqui, o critério de distinção é o *critério dos órgãos a quem é confiada a efetivação das garantias*: se se trata de garantias a efetivar através dos órgãos políticos do Estado, previstos na Constituição, estamos perante *garantias políticas*; se se trata de garantias a efetivar através de órgãos da Administração Pública, estamos perante *garantias administrativas*; finalmente, se se trata de garantias a efetivar através dos tribunais (sejam os tribunais administrativos – como é regra no nosso direito –, sejam, excecionalmente, os tribunais comuns), estamos perante as *garantias contenciosas*.

Capítulo II
Garantias Políticas, Administrativas e Contenciosas

§ 1.º
Garantias políticas

207. As garantias políticas

Deve dizer-se, desde logo, que toda a organização democrática do Estado constitui – em si mesma e nos múltiplos aspetos em que se desdobra – uma garantia para os particulares.

Assim, por exemplo, a fiscalização da constitucionalidade das leis, a sujeição dos decretos-leis a ratificação parlamentar, a regra da aprovação anual do Orçamento do Estado e das contas públicas, as diversas formas de controlo parlamentar sobre a atuação do Governo, e muitas outras – constituem garantias políticas objetivas que, direta ou indiretamente, acabam sempre por redundar em garantias subjetivas dos cidadãos.

Mas, em rigor, são mais garantias do ordenamento constitucional do que propriamente garantias do cidadão. Verdadeiramente, garantias políticas dos particulares – no sentido de garantias que protejam os particulares em casos individuais e concretos – há só duas: o *direito de petição*, quando exercido perante qualquer órgão de soberania, e o *direito de resistência*.

Do direito de petição ocupa-se o artigo 52.º da CRP e do direito de resistência o artigo 21.º:

- Artigo 52.º, n.º 1: «Todos os cidadãos têm o direito de apresentar, individual ou coletivamente, aos órgãos de soberania ou a quaisquer autoridades, petições, representações, reclamações ou queixas, para defesa dos seus direitos, da Constituição, das leis ou do interesse geral e, bem assim, o direito de serem informados, em prazo razoável, sobre o resultado da respetiva apreciação».
- Artigo 21.º: «Todos têm o direito de resistir a qualquer ordem que ofenda os seus direitos, liberdades e garantias, e de repelir pela força qualquer agressão, quando não seja possível recorrer à autoridade pública».

Todavia, as garantias políticas não constituem uma forma eficaz de proteção dos direitos dos particulares: com efeito, elas não são inteiramente suficientes, nem são inteiramente seguras.

Não são suficientes porque cobrem muito poucos casos e, dentro de cada caso, não abrangem todos os aspetos relevantes; e *não são seguras* porque, sendo confiadas a órgãos políticos, vão naturalmente ser apreciadas segundo critérios de conveniência política – quando aquilo de que os particulares necessitam é de garantias jurídicas, que possam ser apreciadas com justiça e imparcialidade na base de critérios de natureza jurídica. Por isso, são bem mais importantes as garantias *administrativas* e, sobretudo, as garantias *contenciosas*.

§ 2.º
Garantias administrativas

208. Conceito

São «garantias administrativas» as *garantias que se efetivam através da atuação e decisão de órgãos da Administração Pública.*

A ideia fundamental em que assenta a existência de garantias administrativas consiste na institucionalização, dentro da própria Administração, de mecanismos de controlo da sua atividade – designadamente, controlos hierárquicos, controlos tutelares e outros –, os quais são criados por lei para assegurar o respeito da legalidade e a observância do dever de boa administração, mas que é possível e vantajoso pôr a funcionar *também* com vista a assegurar o respeito pelos direitos subjetivos ou os interesses legítimos dos particulares.

A ideia central é, portanto, esta: existindo certos controlos criados por lei para defesa da legalidade e da boa administração, a lei permite colocar esses controlos simultaneamente ao serviço do respeito pelos direitos ou interesses legítimos dos particulares.

Por exemplo: se o superior hierárquico, para defender o interesse público e a boa administração, tem o poder de revogar os atos praticados pelo seu subalterno, porque não permitir a um particular que se dirija ao superior hierárquico de um órgão subalterno que tenha praticado um ato administrativo lesivo do particular, solicitando-lhe que exerça os seus poderes de superior hierárquico para também proteger o direito subjetivo ou o interesse legítimo do particular que se julga ofendido ou prejudicado pelo ato do subalterno?

Foi assim que nasceram as *garantias administrativas*, as quais começaram por se chamar «garantias graciosas» na época em que a sua concessão representava uma «graça» (um favor) do soberano: o soberano, graciosamente – ou seja, no uso do seu arbítrio –, concedia essas garantias ao particular. Hoje em dia, diferentemente, elas constituem um *direito dos particulares*: por isso, já não é correto chamar-lhes «garantias graciosas».

É preciso sublinhar que as garantias administrativas são bastante mais importantes e eficazes, do ponto de vista da proteção jurídica dos particulares, do que as garantias políticas.

Por um lado, porque os órgãos administrativos atuam por via de regra despidos de motivações políticas, apenas devendo obediência à lei e respeito aos direitos subjetivos ou interesses legítimos dos particulares. De modo que, se um particular lhes assinalar uma ilegalidade ou uma ofensa de direitos ou interesses, os órgãos administrativos competentes tenderão, em princípio, a atender os seus reparos e têm o dever jurídico de lhes dar razão.

Por outro lado, ao atuar assim, a Administração Pública não provoca grandes repercussões nacionais, como seria o caso nas garantias políticas. Na verdade – e quanto a este último aspeto – as garantias administrativas, por força da sua própria natureza e das finalidades que a lei lhes assinala, não estão em condições de provocar, por exemplo, a queda do Governo ou a dissolução da Assembleia da República: e, portanto, é mais fácil efetivar garantias administrativas – que normalmente só produzem efeitos (jurídicos e sociais) no caso concreto – do que aplicar as grandes garantias políticas, fazendo cair um Governo apenas porque num caso concreto foi cometida uma determinada ilegalidade ou uma certa injustiça.

Ainda assim, estas garantias administrativas não são inteiramente satisfatórias: por um lado, porque por vezes os órgãos da Administração Pública também se movem por preocupações políticas; por outro, porque muitas vezes os órgãos da Administração Pública se guiam mais por critérios de eficiência na prossecução do interesse público do que pelo desejo rigoroso e escrupuloso de respeitar a legalidade e os direitos subjetivos ou os interesses legítimos dos particulares.

Deste modo, também as garantias administrativas não constituem uma proteção suficiente dos particulares – e é por isso, aliás, que surgiram na evolução do Direito Administrativo, as garantias contenciosas, ou seja, aquelas em que a proteção dos direitos e interesses dos particulares é confiada aos tribunais[1138].

209. Espécies

Dentro das garantias administrativas dos particulares temos de distinguir, por um lado, entre aquelas que funcionam como garantias da legalidade e as que funcionam como garantias de mérito – ou seja, que não visam apreciar a legalidade de um ato, mas o seu mérito ou merecimento, de um ponto de vista não jurídico (conveniência, adequação, oportunidade, etc.); por outro lado, temos de distinguir entre as garantias de tipo petitório e as garantias de tipo impugnatório. As primeiras são as que têm por base um *pedido*; e as segundas, as que têm por base uma *impugnação*. No primeiro caso não há, no segundo há, um ato administrativo, já praticado, a impugnar (*i. e.*, a atacar).

Vamos dividir o estudo subsequente em três grupos: o primeiro é o das *garantias petitórias*; o segundo é o das *garantias impugnatórias*; e o terceiro é o das *queixas ao Provedor de Justiça*.

210. A) As garantias petitórias

Temos a considerar cinco espécies de garantias petitórias: o direito de petição, o direito de representação, o direito de queixa, o direito de denúncia e o direito de oposição administrativa.

(a) O «direito de petição» consiste na *faculdade de dirigir pedidos à Administração Pública para que tome determinadas decisões, preste informações ou permita o acesso a arquivos seus ou a processos pendentes.*

Como se vê, a petição (do latim *petitio*, pedido) não tem caráter impugnatório: não se trata de atacar ou impugnar qualquer decisão já tomada, mas, pelo contrário, pressupõe-se que falta uma determinada decisão, ou que é necessário consultar ou saber algo que só a Adminis-

[1138] Para o estudo detalhado das garantias administrativas dos particulares, ver Diogo Freitas do Amaral, *Conceito e natureza do Recurso Hierárquico*, 2.ª ed., Almedina, Coimbra, 2005.

tração pode facultar. O direito de petição visa justamente obter da Administração Pública a decisão cuja falta se faz sentir.

Nisto se distingue o direito de petição do recurso, nomeadamente do recurso hierárquico, e, em geral, das garantias de tipo impugnatório. Com efeito, nestas existe já um ato administrativo contra o qual se vai formular um ataque, uma impugnação.

Em resumo: na petição não se ataca um ato que se pretende eliminar; requer-se algo que se pretende obter.

No âmbito do «direito de petição», tal como o definimos, cabem os seguintes direitos ou faculdades:

- O *direito de reagir contra a omissão ilegal de actos administrativos*, solicitando a emissão do ato pretendido [CPA, art. 184.º, n.º 1, al. *b*)];
- O *direito à informação* dos interessados sobre procedimentos que diretamente lhes digam respeito (CPA, art. 82.º), ou que provem ter interesse legítimo na matéria (art. 85.º) – «direito à informação procedimental»;
- O *direito de consulta do processo* e de obter a *passagem de certidões*, também conferido aos diretamente interessados (CPA, art. 83.º) e aos que provem ter interesse legítimo na matéria (art. 85.º);
- O direito de «todas as pessoas» de *acesso aos arquivos e registos administrativos*, mesmo que não se encontre em curso qualquer procedimento que lhes diga diretamente respeito – «direito à informação não procedimental» (CPA, art. 85.º, e Lei n.º 46/2007, de 24 de agosto). Chama-se ao princípio geral de que resulta este direito «princípio da administração aberta» (*open file*), que contrasta com a tradicional regra do «segredo burocrático». Excetuam-se do âmbito deste direito «documentos classificados [em matéria de segurança nacional] ou que revelem segredo comercial ou industrial ou segredo relativo à propriedade literária, artística ou científica» (art. 83.º, n.º 1) ou, ainda, «dados pessoais» sob proteção da lei (*id.*, n.º 2);
- E, ainda, por último, o chamado «*direito à informação pública geral*» (CRP, art. 48.º, n.º 2), que a nossa lei fundamental define como o direito, que todos os cidadãos possuem, de «ser esclarecidos objetivamente sobre atos do Estado, e demais entidades públicas», e de «ser informados pelo Governo e outras autoridades acerca da gestão dos assuntos públicos». Trata-se de um direito fundamental

de cidadania, que infelizmente, nos dias que correm, tende a ser cada vez mais ignorado ou substituído por declarações ambíguas, por meias-verdades ou por omissões não fundadas em segredo de Estado.

Seria de toda a conveniência, aliás, que a Assembleia da República elaborasse uma lei estabelecendo os termos e condições do exercício dos correspondentes deveres de informação política ao país por parte do Governo e das autoridades administrativas e judiciais. Assim se progrediria na realização do objetivo constitucional do «aprofundamento da democracia participativa» (CRP, arts. 2.º e 48.º)[1139].

(b) O «direito de representação» é entre nós, atualmente, *a faculdade de pedir ao órgão administrativo que tomou uma decisão que a reconsidere ou confirme, em vista de previsíveis consequências negativas da sua execução.*

No *direito de representação* pressupõe-se a existência de uma decisão anterior; e, nessa medida, trata-se de uma figura distinta do direito de petição. Mas pressupõe-se também que o particular aceita, em princípio, essa decisão, ou pelo menos não vai impugná-la para já, ao contrário do que acontece nas reclamações e nos recursos.

Assim, o interessado vai exercer o seu direito de representação, não para que a Administração Pública revogue ou substitua a decisão tomada, mas sim para chamar a atenção do órgão competente para as prováveis consequências da decisão e para obter do seu autor uma *reponderação* e, se for esse o caso, uma *confirmação escrita* da decisão em causa, de modo a excluir a responsabilidade de quem vai ter de cumprir ou executar tal decisão.

É o que se passa com o *direito de representação* que os funcionários podem exercer perante ordens ilegítimas dos seus superiores hierárquicos ou de cuja autenticidade eles duvidem, de modo a obter uma confirmação por escrito, a qual, se for obtida ou pelo menos se for pedida nos termos da lei, exclui a responsabilidade do subalterno que tiver de executar essa ordem.

[1139] V., apesar de tudo, a Lei n.º 46/2007, de 24 de agosto, e a publicação de informações em *sites* eletrónicos, no âmbito do programa de *e-government.*

(c) O «direito de queixa» consiste na *facultade de promover a abertura de um processo que culminará na aplicação de uma sanção a qualquer entidade sujeita ao poder sancionatório da Administração.*

Por exemplo: apresentada uma queixa contra um funcionário público, normalmente desencadeia-se um processo disciplinar que, se a queixa tiver fundamento, terminará pela aplicação de uma pena disciplinar ao funcionário.

Estamos agora perante uma figura diferente: não é petitória (*stricto sensu*), porque não se limita a fazer um pedido genérico; e não é impugnatória, porque não pressupõe a existência de uma decisão prévia tomada pelo órgão ou agente de quem se apresenta queixa; enfim, o poder cujo exercício a queixa desencadeia é o poder sancionatório, ou seja, o poder de aplicar sanções administrativas a alguém.

Portanto, o particular queixa-se do comportamento de alguém, não se queixa de um ato: não há queixas de atos jurídicos, há queixas de pessoas, ou de comportamentos de pessoas, com vista à aplicação a essas pessoas de sanções adequadas.

(d) A seguir aparece-nos o «direito de denúncia». A denúncia é o *ato pelo qual o particular leva ao conhecimento de certa autoridade a ocorrência de um determinado facto ou a existência de uma certa situação sobre os quais aquela autoridade tenha, por dever de ofício, a obrigação de investigar.*

É o que acontece, por exemplo, quando se tem conhecimento de um crime e se faz a respetiva denúncia à Polícia Judiciária ou ao Ministério Público.

Há uma relação particular entre a queixa e a denúncia: *toda a queixa é uma denúncia*, pois em toda a queixa se faz a denúncia de certo comportamento de alguém. Mas *nem toda a denúncia é uma queixa*: só há queixa quando ela tem por objeto o comportamento de uma certa entidade, ao passo que pode haver denúncias que tenham por objeto outras realidades que não o comportamento de pessoas singulares ou coletivas. Por ex., pode denunciar-se uma situação irregular sem com isso querer visar determinada pessoa em particular como responsável por essa situação.

(e) Finalmente, existe a figura da «oposição administrativa», que pode ser definida como uma *contestação que em certos procedimentos admi-*

nistrativos os contra-interessados têm o direito de apresentar para combater quer os pedidos formulados por outrem à Administração, quer as iniciativas da Administração que esta tenha resolvido divulgar ao público.

Vejamos alguns exemplos.

Um particular solicita à Administração licença para exercer uma certa atividade condicionada; a lei prevê que os seus concorrentes do mesmo ramo de negócios venham ao processo deduzir oposição ao pedido desse particular, a fim de fazerem valer as razões legais que porventura tenham contra o deferimento da pretensão apresentada: o dono de uma farmácia contra o pedido de abertura de outra farmácia a menos de *x* metros da sua. O mesmo se passa no âmbito do procedimento de controlo de operações de concentração de empresas: na sequência da publicitação pela Autoridade da Concorrência dos elementos essenciais da notificação, quaisquer terceiros interessados podem apresentar observações. Ou ainda nos licenciamentos de operações de loteamento com significativa relevância urbanística.

É neste contexto que se admite direito de oposição ao pedido formulado por um particular à Administração Pública. Mas, como resulta da definição acima dada, existe outra modalidade.

Trata-se agora daqueles casos em que é a Administração Pública que toma a iniciativa de divulgar um determinado projeto de interesse público – por exemplo, a construção de uma estrada, de uma barragem, de uma escola, etc. –, sendo que a lei concede a certas pessoas ou entidades o direito de deduzirem oposição a esse projeto da Administração.

Quem é que pode vir deduzir oposição? Podem ser os moradores daquela área, os comerciantes daquela zona, os ecologistas... A lei dá-lhes, assim, o direito de fazerem valer as suas razões contra aquele projeto e, depois, a Administração Pública decidirá a final. Não tem que decidir necessariamente de acordo com as oposições que se tiverem manifestado, mas tem obrigação de as ouvir, de as ponderar e, obviamente, de explicar fundamentadamente os motivos por que considera, se for esse o caso, que tais oposições não têm razão de ser.

Em todos estes casos estamos perante garantias petitórias. Porquê? Porque todos assentam na existência de um *pedido* dirigido à Administração Pública para que considere as razões ou pontos de vista do particular.

211. B) As garantias impugnatórias

Coisa diferente são as *garantias impugnatórias*, aquelas em que, perante um ato administrativo já praticado, os particulares são admitidos por lei a impugnar esse ato, isto é, a atacá-lo com determinados fundamentos, com vista à sua revogação, anulação administrativa ou modificação (CPA, art. 184.º, n.os 1 e 2).

As garantias impugnatórias – e é preciso não esquecer que estamos a tratar apenas de garantias administrativas – podem definir-se, assim, como os *meios de impugnação de atos administrativos perante órgãos da Administração Pública*.

Quais as principais espécies de garantias impugnatórias, ou garantias administrativas de tipo impugnatório? São quatro (cfr. os arts. 191.º a 199.º do CPA):

- Se a impugnação é feita perante o autor do ato impugnado, temos a *reclamação*;
- Se a impugnação é feita perante o superior hierárquico do autor do ato impugnado, temos o *recurso hierárquico*;
- Se a impugnação é feita perante autoridades administrativas que, não sendo superiores hierárquicos do autor do ato impugnado, são órgãos da mesma pessoa coletiva e exercem sobre o autor do ato impugnado poderes de supervisão, estaremos perante o que se chama *recurso hierárquico impróprio*;
- Finalmente, se a impugnação é feita perante uma entidade tutelar, isto é, perante um órgão de outra pessoa coletiva diferente daquela cujo órgão praticou o ato impugnado e que exerce sobre esta poderes de tutela administrativa, então estaremos perante um *recurso tutelar*.

[Note-se que o CPA de 2015 fundiu o 3.º e o 4.º tipos na categoria duvidosa de «recursos administrativos especiais» (art. 199.º)].

O CPA reconhece expressamente o direito de os particulares solicitarem a revogação, anulação, modificação ou substituição dos atos administrativos ilegais ou inconvenientes mediante a utilização de meios administrativos de natureza impugnatória (arts. 184.º, n.º 1, e 185.º, n.º 3). A legitimidade para o efeito é reconhecida aos particulares que se considerem lesados nos seus direitos subjetivos ou interesses legítimos pelo ato em causa e, ainda, a todos quantos possam intervir procedimentalmente na defesa de interesses difusos (CPA, art. 186.º, n.º 1). Porém, não podem reclamar nem recorrer administrativamente aqueles que, sem reserva, tenham aceitado, expressa ou tacitamente, um ato administrativo depois de praticado (CPA, art. 186.º, n.º 2).

Vamos seguidamente ocupar-nos de cada uma destas espécies de garantias impugnatórias.

212. *a*) A reclamação

Em primeiro lugar, aparece-nos a «reclamação». A reclamação é, como já sabemos, *o meio de impugnação de um ato administrativo perante o seu próprio autor.*

Fundamenta-se esta garantia na circunstância de os atos administrativos poderem, em geral, ser revogados ou anulados pelo órgão que os tiver praticado; e, sendo assim, parte-se do princípio de que quem praticou um ato administrativo não se recusará obstinadamente a rever e, eventualmente, a revogar, anular, substituir ou modificar um ato por si anteriormente praticado.

Confia-se em que a sua isenção, um exame mais atento do assunto, a ponderação dos argumentos em que assenta o ponto de vista contrário, a consideração de consequências porventura não previstas no momento da decisão anterior, o conhecimento de novos dados entretanto trazidos ao processo ou de novas provas apresentadas – levarão o autor do ato impugnado a rever a sua posição. Era aquilo a que, no direito canónico antigo, se chamava «apelar de Roma mal informada para Roma melhor informada»[1140].

Em regra, pode reclamar-se de qualquer ato administrativo; mas – por razões evidentes – não é possível reclamar de ato que decida anterior reclamação ou recurso administrativo, salvo com fundamento em omissão de pronúncia (CPA, art. 191.º, n.º 2). Caso contrário, todas as decisões de reclamações seriam susceptíveis de novas reclamações, *ad infinitum*.

A reclamação atravessou, no Direito Administrativo português, três fases diferentes.

[1140] Marcello Caetano, *Manual*, II, p. 1240.

Até 1977, a reclamação foi uma garantia de *natureza facultativa*: os particulares podiam lançar mão dela se o quisessem fazer, mas ela não constituía para eles um dever jurídico, nem sequer um ónus. Por outras palavras: do facto de um particular não formular qualquer reclamação do ato administrativo perante o órgão que o tivesse praticado não decorria qualquer consequência negativa; nomeadamente, os particulares não ficavam impedidos de impugnar contenciosamente os que considerassem ilegais, nem ficavam impedidos de recorrer hierarquicamente de quaisquer atos pelo facto de previamente não terem apresentado uma reclamação.

A reclamação era assim, por via de regra, puramente facultativa. Só em casos excecionais a lei exigia que, como condição de interposição de recurso hierárquico, ou como condição de impugnação contenciosa, se apresentasse *primeiro* uma reclamação.

Porém, o Decreto-Lei n.º 256-A/77, de 17 de junho, veio instituir, entre nós, uma segunda fase, que deu origem à figura da *reclamação necessária*.

Por força do artigo 2.º deste diploma, a reclamação deixou de ser um meio de impugnação facultativo, para se tornar num meio de impugnação necessário: necessário no sentido de que constituia *condição «sine qua non»* da impugnação contenciosa. Se não se interpusesse previamente uma reclamação não podiam utilizar-se depois as garantias contenciosas dos particulares.

Este sistema visava evitar que fossem levados aos tribunais administrativos diferendos ou litígios que pudessem ser resolvidos pela própria Administração. Tratava-se de uma solução que pretendia aliviar a sobrecarga de trabalho dos tribunais administrativos, procurando que só chegassem à fase contenciosa aqueles litígios que efetivamente não tivessem podido ser sanados ou resolvidos através de uma reclamação apresentada ao próprio autor do ato impugnado.

Simplesmente, tal solução não provou bem na prática, na medida em que, por um lado, complicava muito o sistema de garantias dos particulares e, por outro lado – e este era o aspeto mais grave – dava às autoridades da Administração ativa a possibilidade de, embora contra a lei, reterem muito para além dos prazos legais o processo nas mãos, sem o remeterem, como era seu dever, para o tribunal.

Na prática, o que sucedia é que muitas autoridades administrativas demoravam meses sem conta a decidir as reclamações e, por vezes, nem sequer atendiam as intimações do tribunal administrativo para que lhe enviassem o processo...

E, assim, este sistema traduziu-se numa demora, por vezes muito prejudicial, no funcionamento das garantias contenciosas dos particulares. O que era uma *diminuição* dessas garantias. Por isso o sistema foi criticado pela generalidade da doutrina[1141].

[1141] Ver Diogo Freitas do Amaral, *A evolução do Direito Administrativo em Portugal nos últimos dez anos, cit.*, p. 16 e ss.; e Maria da Glória Garcia, *Considerações sobre a reclamação prévia ao recurso contencioso*, Lisboa, 1983.

A terceira fase surgiu, enfim, com a Lei de Processo nos Tribunais Administrativos (LEPTA) de 1985, cujo artigo 35.º, n.º 1, veio determinar o seguinte: «Os recursos contenciosos são interpostos pela apresentação da respetiva petição na secretaria do tribunal a que é dirigida (...)». O mesmo se diga, hoje, da propositura de qualquer ação relativa a atos administrativos (CPTA, arts. 50.º e ss., e 66.º e ss.).

Aquela disposição revogou o artigo 2.º do Decreto-Lei n.º 256-A/77, de 17 de junho. Isto é, voltou-se ao primeiro sistema: aboliu-se a reclamação necessária e regressou-se à reclamação facultativa. Hoje, tal como até 1977, a impugnação contenciosa não depende, em regra, de reclamação administrativa prévia; a reclamação do ato administrativo nunca é (salvo lei especial) uma reclamação necessária. Vivemos de novo no regime da reclamação facultativa[1142].

A reclamação, quando interposta, suspende o prazo de impugnação contenciosa do ato administrativo, que só retoma o seu curso com a notificação da decisão proferida sobre a impugnação administrativa ou com o decurso do respetivo prazo legal (CPA, art. 190.º, n.º 3). No entanto, a aludida suspensão não impede o interessado de proceder à impugnação contenciosa do ato na pendência da impugnação administrativa nem de requerer a adoção de providências cautelares (CPA, art. 190.º, n.º 4). Manifestamente, o legislador visa incentivar a utilização de meios de impugnação administrativa, mostrando, ao mesmo tempo, ter aprendido com a experiência do regime da «reclamação necessária».

O prazo-regra para apresentar uma reclamação, salvo lei especial, é de 15 dias (CPA, art. 191.º, n.º 3). E o prazo para o órgão competente decidir sobre a reclamação é de 30 dias (*id.*, art. 192.º, n.º 2). Em caso de silêncio do órgão competente, seguir-se-á o novo regime de reação contra a omissão de atos ilegais – recurso administrativo ou ação de condenação à prática do ato devido (*id.*, *id.*, n.º 3).

Sobre o efeito suspensivo ou não suspensivo da reclamação, ver os artigos 189.º e 190.º do CPA.

[1142] Sobre a *reclamação*, ver Marcello Caetano, *Manual*, II, pp. 1240-1241, e Diogo F. do Amaral, *Conceito e natureza do recurso hierárquico*, 2.ª ed., *cit.*, p. 115 e ss.

213. *b*) O recurso hierárquico. Conceito

O «recurso hierárquico» era dantes definido como *o meio de impugnação de um ato administrativo perante o superior hierárquico do autor do ato, seu subalterno, a fim de obter deste a revogação, anulação, modificação ou substituição do ato recorrido*[1143].

Hoje, porém, devido a um erro técnico-legislativo do CPA de 2015, há que procurar uma nova definição, mais abrangente, dado que o recurso hierárquico previsto na respetivo artigo 193.º, n.º 1, tanto pode ser utilizado para «impugnar atos administrativos praticados» [al. *a*)] como para «reagir contra a omissão ilegal dos atos administrativos» [al. *b*)]. O propósito desta inovação é louvável, mas, se o novo CPA aboliu a figura do ato tácito negativo, e não vê por isso qualquer ato jurídico no silêncio da Administração, a «reação contra a omissão ilegal» não devia ter sido considerada como *recurso*, pois não tem natureza *impugnatória*, mas antes caráter *petitório*.

Procurando manter a unidade formal do recurso hierárquico, apesar da sua nova dualidade substancial, passamos a definir o «recurso hierárquico» como a *garantia administrativa dos particulares que consiste em requerer ao superior hierárquico de um órgão subalterno a revogação ou anulação de um ato administrativo ilegal por ele praticado ou a prática de um ato ilegalmente omitido pelo mesmo*.

Note-se, desde já, que – tanto no caso da impugnação de actos ilegais como no de reação contra a omissão ilegal de atos – o superior hierárquico pode, em princípio, substituir-se ao subalterno, exceto se este dispuser de *competência exclusiva*, caso em que, se der provimento ao recurso, só pode ordenar ao subalterno a prática de atos que se lhe afigurarem adequados (CPA, art. 197.º, n.º 1).

O recurso hierárquico tem sempre uma estrutura tripartida:

a) O *recorrente* – que é o particular que interpõe o recurso;
b) O *recorrido* – que é o órgão subalterno de cuja decisão se recorre, também chamado «órgão *a quo*» (isto é: «de quem» se recorre);
c) E o *órgão decisório* – que é o órgão superior para quem se recorre e que deve legalmente decidir o recurso; é também chamado «órgão *ad quem*» (isto é: «para quem» se recorre).

[1143] Cfr. a 2.ª ed. deste vol. II, p. 766.

São pressupostos do recurso hierárquico: que haja hierarquia; que tenha sido praticado ou omitido um ato administrativo por um subalterno; e que esse subalterno não goze por lei de competência exclusiva. Fora destes pressupostos, não cabe recurso hierárquico.

214. *Idem*: Espécies de recursos hierárquicos

Como é que se classificam os recursos hierárquicos?

a) Em primeiro lugar, e atendendo aos *fundamentos* com que se pode apelar para o superior, o recurso hierárquico pode ser de *legalidade*, de *mérito*, ou *misto*.

Os recursos hierárquicos *de legalidade* são aqueles em que o particular pode alegar como fundamento do recurso a ilegalidade do ato administrativo impugnado, ou a ilegalidade da omissão de um ato devido. Os recursos *de mérito* são aqueles em que o particular pode alegar como fundamento do recurso a inconveniência do ato impugnado, ou da omissão de um ato requerido. Os recursos *mistos* são aqueles em que o particular pode alegar, simultaneamente, a ilegalidade e a inconveniência do ato impugnado, ou apenas uma delas à sua escolha.

Deve dizer-se a este respeito que a regra geral no nosso Direito Administrativo é a de que *os recursos hierárquicos têm normalmente caráter misto*, ou seja, são recursos em que a lei permite que os particulares invoquem simultaneamente motivos de legalidade e motivos de mérito, ou apenas uma dessas categorias, conforme o que lhes parecer mais satisfatório para os seus direitos ou interesses legítimos (CPA, art. 185.º, n.º 3).

Há, todavia, exceções a esta regra: são, nomeadamente, os casos em que a lei estabelece que só é possível alegar no recurso hierárquico fundamentos de mérito, e não também fundamentos de legalidade, reservando a apreciação destes aos tribunais administrativos.

b) Uma outra classificação dos recursos hierárquicos é aquela que os separa em *recursos hierárquicos necessários* e *recursos hierárquicos facultativos* (v. CPA, art. 185.º, n.º 1).

Estamos aqui perante uma classificação que assenta numa noção já nossa conhecida: a noção de *definitividade vertical* do ato administrativo.

Como a seu tempo se viu, há atos administrativos que são verticalmente definitivos, porque praticados por autoridades cujos atos são diretamente impugnáveis perante um tribunal administrativo, e há atos que não são verticalmente definitivos, porque praticados por autoridades cujos atos não podem ser diretamente impugnados junto dos tribunais administrativos.

O novo CPA (2015) admite expressamente a existência de recursos hierárquicos *necessários*, nos seus artigos 189.º e 190.º Mas, como a regra geral é a da facultatividade (art. 185.º, n.º 2), segue-se que, na ausência de imposição expressa de um recurso hierárquico necessário, os atos administrativos lesivos têm-se como verticalmente definitivos.

Como se referiu, no caso dos atos não verticalmente definitivos praticados por subalternos, para que o particular possa atingir a via contenciosa (que é aquela que em última análise lhe interessa, porque representa a forma mais intensa e eficaz de garantia dos seus direitos ou interesses legítimos), é necessário que interponha primeiro um recurso hierárquico do ato do subalterno, para, depois de o superior se pronunciar sobre esse recurso, o interessado poder então impugnar no tribunal a decisão do superior hierárquico.

Nestes termos, o «recurso hierárquico necessário» *é aquele que é indispensável para se atingir um ato verticalmente definitivo que possa ser impugnado contenciosamente*. Neste caso, de duas uma: ou o superior dá razão ao subalterno, confirmando o ato recorrido, e desta decisão confirmativa cabe impugnação contenciosa no tribunal administrativo competente; ou o superior hierárquico dá razão ao particular, recorrente, e nesse caso revoga, modifica ou substitui o ato recorrido (ou ordena ao subalterno que o faça), e o caso fica resolvido a contento do particular.

Diferentemente, o «recurso hierárquico facultativo» *é o que respeita a um ato verticalmente definitivo, ou à omissão ilegal dele de que já cabe ação contenciosa*, hipótese esta em que o recurso hierárquico é apenas uma tentativa de resolver o caso fora dos tribunais, mas sem constituir um passo intermédio indispensável para atingir a via contenciosa.

No recurso hierárquico facultativo existe um ato contenciosamente impugnável, ou a sua omissão ilegal; e, portanto, o particular, se quiser, pode limitar-se a agir em tribunal. Mas pode também, se o entender preferível, interpor um recurso hierárquico facultativo, ou fazer as duas coisas em simultâneo – discutindo o mérito do ato ou da sua omissão no recurso hierárquico, e a legalidade do ato ou da sua omissão nos tribunais administrativos.

215. *Idem*: regime jurídico do recurso hierárquico

Interposição do recurso. – O recurso hierárquico é sempre *dirigido* («endereçado») «ao mais elevado superior hierárquico do autor do ato ou da omissão, se a competência para a decisão se encontrar delegada ou subdelegada» (CPA, art. 194.º, n.º 1).

Mas o recurso tem de ser *apresentado*, ao órgão *a quo*, o qual o fará depois seguir para a entidade *ad quem*, a fim de que esta o aprecie e decida (CPA, art. 194.º, n.º 2).

Mas deve endereçá-lo sempre ao órgão que o vai apreciar.

Durante décadas, havia o problema de saber como proceder nos casos em que entre o órgão *a quo* e o órgão *ad quem* existisse um ou mais graus hierárquicos intermédios (por ex., chefe de repartição, chefe de divisão, diretor de serviços, subdiretor-geral, diretor-geral, ministro). Seria necessário caminhar de degrau em degrau, interpondo tantos recursos hierárquicos quantos os escalões da hierarquia, até atingir o órgão competente para a decisão final? Houve tempo em que se entendeu assim. Porém, desde o antigo CPA (artigo 169.º, n.º 2) a lei dispensa esse longo calvário e permite recorrer *per saltum* para a autoridade *ad quem*, conforme resulta do artigo 169.º, n.º 2, mantido pelo novo (artigo 194.º, n.º 1), «o recurso é dirigido ao mais elevado superior hierárquico do autor do ato ou da omissão, salvo se a competência para a decisão se encontrar delegada ou subdelegada».

Prazo do recurso. – Importa agora chamar a atenção para as regras existentes em matéria de prazos. Trata-se de assunto muito importante, uma vez que, se o recurso for interposto fora do prazo, isso tem repercussões na sorte reservada ulteriormente à ação contenciosa. Assim:

a) Se o recurso hierárquico tiver por objeto a impugnação de um ato, e este tiver de ser notificado ao interessado ou interessados, «o prazo (...) do recurso (...) só corre a partir da data da notificação» (CPA, art. 188.º, n.º 1). Porém, nos demais casos, o prazo conta-se a partir da publicação, notificação ou conhecimento do ato ou da sua execução, conforme o que ocorre primeiro (*id.*, n.º 2); vigora o disposto no artigo 198.º, n.º 1, do CPA, que determina o seguinte: «quando a lei não fixe prazo diferente, é de 30 dias o prazo para a interposição do recurso hierárquico necessário».

A lei fixa aqui um *prazo de 30 dias* para a interposição do recurso hierárquico; (salvo, naturalmente, se leis especiais dispuserem de modo diferente) se o recurso não for interposto dentro desse prazo, a impugnação contenciosa que venha depois a dirigir-se contra o ato pelo qual o superior decida o recurso hierárquico será *extemporânea* e, consequentemente, *rejeitada* por ter sido proposta fora de prazo. Por outras palavras: *a extemporaneidade do recurso hierárquico implica automaticamente a extemporaneidade da impugnação contenciosa subsequente*;

b) Se o recurso hierárquico tiver por objeto contestar a omissão ilegal de um ato, o prazo para a respetiva interposição, como é lógico, conta-se da data do incumprimento do dever de decisão (*id.*, art. 188.º, n.º 3).

Efeitos do recurso. – A interposição do recurso hierárquico, como qualquer outro recurso, pode produzir um certo número de efeitos jurídicos, dos quais os mais importantes são o *efeito suspensivo* e o *efeito não suspensivo*.

O «efeito suspensivo» consiste na *suspensão automática da eficácia do ato recorrido*: havendo efeito suspensivo, o ato impugnado, mesmo que fosse ou pudesse ser plenamente eficaz, e até executório, perde a sua eficácia, incluindo a executoriedade, e fica suspenso até à decisão final do recurso; só se esta for desfavorável ao recorrente, confirmando o ato recorrido, é que o ato recobra a sua eficácia plena. Na prática, isto traduz-se em que um ato administrativo que haja sido objeto de recurso hierárquico com efeito suspensivo não pode ser executado contra o particular até que o superior hierárquico o reaprecie e se pronuncie sobre ele.

A regra no nosso Direito é que os recursos hierárquicos necessários têm efeito suspensivo, ao passo que os facultativos não o têm (CPA, art. 189.º, n.ºs 1 e 2), salvo se a lei ou o órgão *ad quem* decidir o contrário (*id.*, n.ºs 2 a 4).

Se o recurso hierárquico tiver efeito não suspensivo, o ato recorrido mantém a sua eficácia, enquanto o superior hierárquico competente não decidir sobre ele – sem prejuízo de um superior poder, *oficiosamente ou a requerimento do interessado*, suspender o ato recorrido (*id.*, art. 189.º, n.os 2 a 4).

Ausência de decisão do recurso hierárquico. – Se for interposto um recurso hierárquico de certo ato administrativo, e a autoridade *ad quem* não se pronunciar no prazo normal (em regra 90 dias – como vimos), aplica-se o disposto no CPTA (arts. 66.º e ss.), em matéria de ação administrativa de condenação à prática do ato devido, cumulável com qualquer dos pedidos explicitados pelo artigo 2.º do mesmo diploma, alíneas *f*) a *k*).

Tipos de decisão. – A decisão do recurso hierárquico pode ser de três tipos:

a) *Rejeição do recurso.* – Dá-se quando o órgão *ad quem* recusa receber e apreciar o recurso por questões de forma, tais como (falta de legitimidade, extemporaneidade, etc. (CPA, art. 196.º);

b) *Negação de provimento.* – Dá-se quando o julgamento do recurso, versando sobre a questão de fundo, é desfavorável ao ponto de vista do recorrente. Equivale à manutenção do ato recorrido[1144];

c) *Concessão de provimento.* – Dá-se quando a questão de fundo é julgada favoravelmente ao pedido do recorrente. Neste caso, a decisão do recurso pode implicar a *revogação*, *anulação*, *modificação* ou a *substituição* do ato recorrido, conforme o que tiver sido pedido pelo particular ou, além do pedido, se o órgão *ad quem* tiver competência decisória para, na defesa da legalidade ou na prossecução do interesse público, poder ir mais longe. Por ex.: o particular pede a revogação de um ato desfavorável, mas a Administração não se limita a revogá-lo, antes o substitui por outro favorável, no todo ou em parte, ao recorrente.

[1144] Sobre a questão de saber se a negação de provimento tem o significado de confirmação ou homologação do ato recorrido, ou um mero significado neutro, ver o nosso *Conceito e natureza do recurso hierárquico*, *cit.*, p. 251 e ss.

Note-se, entretanto, que se o recurso hierárquico tiver por objeto a omissão ilegal de um ato pelo subalterno, o órgão *ad quem* pode proceder de duas maneiras:

a) Se o órgão *a quo* tiver *competência exclusiva*, o superior pode «ordenar[-lhe] a prática do ato ilegalmente omitido», ordem essa a que o órgão recorrido, por se encontrar integrado numa hierarquia, está obrigado a obedecer, sob pena de sanções disciplinares, civis, etc.;
b) Se *não houver competência exclusiva* do órgão recorrido, «o órgão competente para decidir pode [e deve] substituir-se ao órgão omisso na prática do ato (...) ilegalmente omitido» (CPA, art. 197.º, n.º 4).

Prazo de decisão. – Salvo o disposto em lei especial, o prazo é de 30 dias (CPA, art. 198.º, n.º 1), podendo no entanto ser prorrogado até ao máximo de 90 dias, «quando haja lugar à realização de nova instrução ou de diligências complementares» (*id.*, *id.*, n.º 2).

216. *Idem*: natureza jurídica do recurso hierárquico

Suscitam-se, a este propósito, questões teóricas de três ordens: em primeiro lugar, a questão de saber se, na sua *estrutura*, o recurso hieráquico é um recurso de tipo reexame, ou antes um recurso de tipo revisão; em segundo lugar, a questão de saber se, na sua *função*, o recurso hierárquico é um recurso predominantemente objetivo ou predominantemente subjetivo; e, em terceiro lugar, a questão de saber se, *na atividade a que dá lugar*, o recurso hierárquico constitui exercício da função administrativa ou da função jurisdicional.

a) Começando por considerar a primeira questão, importa naturalmente saber em que é que consistem os recursos de tipo reexame e os recursos de tipo revisão. Deve sublinhar-se desde já que esta tipologia não é privativa dos recursos hierárquicos, nem sequer é exclusiva do Direito Administrativo: é uma tipologia que diz respeito a todos os recursos na ordem jurídica, quer se trate do Direito Administrativo, quer se trate do Direito Processual Civil ou Penal, etc.

Diz-se que um recurso é de tipo «reexame» quando se trata de um *recurso amplo, em que o órgão «ad quem» se substitui ao órgão «a quo» e, exer-*

cendo a competência deste ou uma competência idêntica, vai reapreciar a questão subjacente ao ato recorrido, podendo tomar sobre ela uma nova decisão de fundo.

Diferentemente, o «recurso de revisão» é um *recurso mais restrito, em que o órgão «ad quem» não se pode substituir ao órgão «a quo», nem pode exercer a competência deste, limitando-se a apreciar se a decisão recorrida foi ou não legal ou conveniente, sem poder tomar uma nova decisão de fundo sobre a questão.*

Portanto, no primeiro caso, o órgão «ad quem» substitui-se ao órgão «a quo» e vai apreciar de novo *a questão* sobre a qual tinha incidido o ato recorrido, decidindo o caso; diversamente, no recurso do tipo revisão, o órgão «ad quem» apenas vai apreciar se *a decisão* recorrida foi bem ou mal tomada pelo subalterno, confirmando-a na primeira hipótese e revogando-a na segunda, mas não pode modificá-la nem substituí-la por outra, isto é, *não pode ser ele a decidir o caso.* Aqui o processo terá de voltar ao órgão «a quo» e é este que, à luz dos considerandos feitos pelo órgão «ad quem» na decisão do recurso, tem competência para decidir de novo aquela questão.

Um exemplo ajudará a compreender esta distinção. Vamos supor que um particular, possuidor de um terreno confinante com uma estrada nacional, pede ao diretor distrital de estradas licença para erguer um muro de vedação da sua propriedade junto à estrada. O engenheiro diretor de estradas recusa a licença com um determinado fundamento. Admitindo que se trata aqui de um órgão subalterno, de cujos atos não cabe impugnação contenciosa, é indispensável interpor recurso hierárquico para o presidente da «Estradas de Portugal».

Ora bem: se esse recurso for um recurso do tipo *reexame*, o superior hierárquico não pode limitar-se a apreciar se a decisão do engenheiro diretor de estradas foi correta ou incorreta; ele tem de examinar isso, é certo, mas tem de ir mais longe – tem de decidir se ao particular deve ou não ser concedida aquela licença. E, se concluir pela afirmativa, confere ele a licença ao particular – substituindo-se ao órgão recorrido e tomando a decisão de fundo sobre o caso concreto.

Mas, se o recurso for do tipo *revisão*, o superior hierárquico só pode pronunciar-se sobre se a decisão do subalterno foi bem ou mal tomada, não podendo substituir-se-lhe na tomada de uma decisão sobre o caso. Em consequência, ou o superior hierárquico concorda com a decisão do subalterno e, nesse caso, confirma-a, ou não concorda e, então, revoga-a; o que não pode fazer é conceder ele a licença. Depois, se o superior hierárquico tiver dado razão ao particular, revogando o ato recorrido, é o diretor distrital que, em obediência à decisão tomada pelo superior, fica constituído na obrigação de conferir a licença ao particular: mas a decisão de conceder a licença tem de ser dele, já que só ele é competente para a tomar.

b) A segunda questão que se põe é a de saber se o recurso hierárquico é *predominantemente objetivo* ou *predominantemente subjetivo*, o que significa indagar se o recurso hierárquico é um instrumento jurídico que visa predominantemente defender a legalidade e o interesse público ou se, pelo contrário, visa predominantemente defender os direitos subjetivos ou os interesses legítimos dos particulares. Por outras palavras, trata-se de saber se o recurso hierárquico é sobretudo uma garantia da Administração ou é sobretudo uma garantia dos particulares.

Repare-se que a questão é aqui posta em termos de *predominância*, porque – em nossa opinião – o recurso hierárquico é sempre *simultaneamente* uma garantia objetiva e uma garantia subjetiva, uma vez que, por força do artigo 266.º da Constituição, a Administração Pública, em tudo o que faz, tem sempre de prosseguir o interesse público e respeitar a legalidade vigente. Mas, sendo certo que ele representa um instrumento ao serviço da legalidade e do interesse público, bem como ao serviço dos direitos ou interesses legítimos dos particulares, o que se pergunta é qual o interesse que, em última análise, deve prevalecer.

Na nossa opinião – e esta é também uma questão muito discutida – a função do recurso hierárquico no nosso Direito é *predominantemente objetiva*.

Na verdade, entre nós, está consagrada como regra geral a figura da chamada «*reformatio in pejus*», expressão latina que significa «reforma para pior». O que é que isto quer dizer? Quer dizer que, quando se interpõe um recurso hierárquico, pode a sorte do recorrente ficar agravada pela decisão que vier a ser proferida sobre o recurso hierárquico. Ou seja: um particular, perante um ato administrativo que não o favorece totalmente, mas que o favorece em parte, recorre; mas, ao recorrer para tentar uma decisão *melhor* para ele, sujeita-se a que a decisão do superior hierárquico seja *pior* do que aquela que o subalterno tinha tomado e de que ele recorreu, como por exemplo a revogação total, ou a revogação de algumas cláusulas favoráveis ao particular.

Em processo penal, quando só o réu recorre da sentença que lhe aplica uma certa pena, em princípio não há «reformatio in pejus»: ele não se arrisca a que o tribunal superior lhe possa impor uma pena mais grave; o tribunal, se não confirmar a sentença recorrida, pode reduzir a pena ou revogar a sentença condenatória e absolver o arguido, mas não pode agravar a pena aplicada pelo tribunal *a quo*. Contudo, se o recurso for interposto pelo Ministério Público, ou por este e pelo réu, aí pode o tribunal aplicar uma pena mais grave do que aquela que tinha sido aplicada em primeira instância, porque o Ministério Público recorreu em defesa da legalidade e do interesse público.

No Direito Administrativo, e em particular no recurso hierárquico, entende-se que existe a figura da «reformatio in pejus»: quem interpuser recurso hierárquico sabe que se arrisca a que a decisão de que vai recorrer possa ser *alterada para pior*. Com efeito, o artigo 197.º, n.º 1, do CPA estabelece que o órgão competente para conhecer do recurso não está sujeito ao pedido do recorrente, «salvas as excepções previstas na lei», e que o mesmo órgão pode, se a competência da autoridade recorrida não for exclusiva, modificar ou substituir o ato recorrido, «ainda que em sentido desfavorável ao recorrente».

Ora, sendo assim, isto significa que *a função essencial do recurso hierárquico é mais a de garantia objetiva da legalidade e do interesse público* do que a de garantia *subjetiva* dos direitos ou interesses legítimos dos particulares, pois se o recurso hierárquico fosse *apenas* uma garantia do particular, não faria sentido que pudesse haver «reformatio in pejus». O que, indo um pouco mais longe, equivale a dizer que, na medida em que a lei admita a possibilidade da *reformatio in pejus*, o recurso hierárquico só é uma garantia dos particulares *dentro dos limites da legalidade e do interesse público*.

c) A terceira questão que se discute sobre a natureza jurídica do recurso hierárquico é a de saber se o procedimento e a decisão do recurso hierárquico constituem manifestações do exercício da função administrativa ou da função jurisdicional.

À primeira vista, a questão parece não fazer sentido, já que se trata de uma garantia administrativa, acionada junto da própria Administração, e, portanto, de uma forma de exercício da função administrativa. O recurso hierárquico, por definição, não é julgado por nenhum tribunal, antes é decidido por um superior hierárquico, ou seja, por um órgão da Administração ativa. Ora, não será óbvio que a função jurisdicional só pode ser exercida pelos tribunais?

A questão não é tão simples como parece e, por exemplo, na doutrina italiana há quem diga que o recurso hierárquico tem uma natureza jurisdicional. Porquê? Justamente porque o superior hierárquico, quando vai decidir o recurso, não exerce propriamente um poder discricionário, antes tem de preocupar-se sobretudo com critérios de justiça, tomando a decisão que for mais justa.

Em nosso entender, porém, isto não constitui razão suficiente para se considerar que estamos perante uma manifestação da função jurisdicional. Com efeito, o recurso hierárquico constitui um meio de controlar tanto a legalidade como o mérito de decisões administrativas (CPA, art. 185.º, n.º 3). A Administração visa a prossecução do interesse público com subordinação ao princípio da legalidade. Consequentemente, o autocontrolo do *mérito* é indiscutivelmente uma forma de exercício da função administrativa; e mesmo o autocontrolo da legalidade das atuações administrativas ainda corresponde ao exercício da função administrativa, porque a lei é tanto o fundamento como o limite da ação da Administração, como já vimos. Acresce que a decisão do recurso hierárquico nunca poderia, a nosso ver, ser qualificada como ato da função jurisdicional, pois lhe faltam para isso as principais caraterísticas dessa função, nomeadamente a intervenção de um tribunal e a produção de caso julgado.

217. *c*) Os recursos hierárquicos impróprios

Cumpre, desde já, chamar a atenção para o facto de a categoria dos «recursos hierárquicos impróprios» surgir designada no plural e não no singular, justamente para sublinhar que se trata de um conjunto algo heterogéneo de recursos administrativos.

Estes recursos hierárquicos impróprios, como a designação indica, não são recursos hierárquicos propriamente ditos, embora tenham grande afinidade com o recurso hierárquico. Podem definir-se como *recursos administrativos mediante os quais se impugna um ato praticado por um órgão de certa pessoa coletiva pública perante outro órgão da mesma pessoa coletiva que, não sendo superior do primeiro, exerça sobre ele poderes de supervisão*[1145].

[1145] O novo CPA, de 2015, chama-lhes *recursos administrativos especiais* (art. 199.º).

Trata-se de recursos administrativos que não são recursos hierárquicos, por o órgão «ad quem» não ser superior hierárquico do órgão «a quo», mas que também não são recursos tutelares (figura que será definida adiante), porque os órgãos «a quo» e «ad quem» são, aqui, órgãos da *mesma* pessoa coletiva pública.

Só existem nos casos expressamente previstos por lei (CPA, art. 199.º, n.º 1).

Vejamos alguns exemplos destes recursos hierárquicos impróprios:

a) Das decisões tomadas pelo presidente da câmara no uso da competência que lhe tenha sido delegada pela câmara municipal, ou no âmbito da chamada «delegação tácita», cabe recurso para a câmara municipal (LAL, art. 65.º n.º 6);

b) O recurso interposto do ato praticado pelo delegado ou subdelegado para o órgão delegante ou subdelegante, nos casos em que entre delegante e delegado não haja relação hierárquica (CPA, art. 199.º, n.º 2);

c) O recurso interposto para os órgãos colegiais de atos praticados por qualquer dos seus membros, comissões ou secções (CPA, art. 199.º, n.º 1, al. *b*)).

Sempre que se esteja perante um recurso *administrativo* a interpor de um órgão de uma pessoa coletiva pública para *outro* órgão da *mesma* pessoa coletiva, sem que entre eles haja relação hierárquica, está-se perante o recurso hierárquico impróprio.

Cumpre ainda chamar a atenção para o seguinte: de um modo geral, é a figura do recurso hierárquico impróprio que se nos depara sempre que a lei permite um recurso administrativo dos atos de um *órgão colegial* para outro órgão administrativo. E isto pela razão de que os órgãos colegiais nunca fazem parte de uma hierarquia: *não há*, com efeito, *poderes hierárquicos sobre órgãos colegiais*[1146]. Assim, se dos atos praticados por um órgão colegial se puder recorrer para outro órgão administrativo, de certo modo colocado «acima» dele mas que não é seu superior hierárquico, também estamos perante um recurso hierárquico impróprio.

Qual é a caraterística principal dos recursos hierárquicos impróprios? É a de que só há recurso hierárquico impróprio caso a lei atribua poder de supervisão a um dado órgão de uma pessoa coletiva relativa-

[1146] Cf. o nosso *Conceito e natureza...*, pp. 137-143.

mente a outro órgão da mesma pessoa coletiva, e fora do âmbito de uma relação hierárquica (CPA, art. 176.º, n.º 1). No mais, são aplicáveis ao recurso hierárquico impróprio, com as necessárias adaptações, as disposições reguladoras do recurso hierárquico (CPA, art. 176.º, n.º 3).

218. *d*) O recurso tutelar

O recurso tutelar – também englobado pelo novo CPA na categoria dos «recursos administrativos especiais», mas nele referido pela sua denominação específica (art. 199.º, n.os 3, 4 e 5) – corresponde a uma realidade diversa: *é o recurso administrativo interposto de um ato ou omissão de uma pessoa coletiva autónoma, perante um órgão de outra pessoa coletiva pública que sobre ela exerça poderes de tutela ou de supertintendência.*

É o que se passa quando a lei sujeita a recurso para o Governo certas deliberações das câmaras municipais. Em matéria de urbanismo, por exemplo, acontece por vezes que a lei estabelece recurso administrativo das deliberações das câmaras municipais para o Ministro das Obras Públicas ou para o Ministro do Ambiente, etc. Nalguns casos, também, a lei prevê recursos administrativos das decisões tomadas pelos órgãos dirigentes de institutos públicos ou de empresas públicas para o respetivo Ministro de tutela.

Quanto ao recurso tutelar, a regra fundamental é a de que ele tem natureza *excecional*, só existindo quando a lei *expressamente* o previr (CPA, art. 199.º, n.º 1). Por isso, não se pode extrair da existência de uma relação jurídica de tutela administrativa ou de superintendência, o corolário da existência de recurso tutelar: não é pelo simples facto de haver tutela administrativa ou superintendência que existe recurso tutelar. Para que haja recurso tutelar é preciso que, para além de uma relação geral de tutela ou de superintendência, esteja expressamente prevista na lei a própria possibilidade do recurso tutelar.

Por outro lado, o recurso tutelar só pode ter por fundamento a inconveniência ou a inoportunidade do ato recorrido nos casos em que a lei estabeleça uma tutela de mérito (CPA, art. 199.º, n.º 3).

Quanto à competência decisória da autoridade *ad quem*, a modificação ou substituição do ato recorrido só é possível se a lei conferir poderes de tutela substitutiva e no âmbito destes (CPA, art. 199.º, n.º 4).

No mais, são aplicáveis ao recurso tutelar as regras do recurso hierárquico, na parte em que não contrariem a natureza própria daquele e o respeito devido à autonomia da entidade tutelada (CPA, art. 199.º, n.º 5).

219. C) A queixa ao «Provedor de Justiça»

Finalmente, a última garantia administrativa que importa referir é a «queixa ao Provedor de Justiça».

A figura do Provedor de Justiça é uma figura nova na nossa ordem jurídica: foi introduzida apenas depois do 25 de Abril de 1974, embora constituísse já uma reivindicação que alguns anos antes de 1974 vinha sendo formulada, quer por especialistas de Direito Administrativo, quer por meios da oposição democrática.

Trata-se de uma figura que corresponde a uma instituição caraterística dos direitos nórdicos, onde tem o nome de «*ombudsman*», e que, a partir dos anos 50, foi exportada para os restantes países da Europa ocidental[1147].

O «ombudsman» é aquilo a que se poderia chamar o «defensor do povo», ou o «defensor do cidadão». Trata-se de uma alta autoridade administrativa, eleita pelo Parlamento, que é independente do Governo e da Administração, e também independente dos Tribunais, e que tem por função receber queixas dos particulares contra ações ou omissões da Administração Pública e utilizar a sua autoridade, o seu prestígio, o seu poder de persuasão, para levar as autoridades administrativas a reparar as injustiças ou as ilegalidades que tiverem cometido, ou a alterar as decisões que possam ser consideradas de «má administração».

A ideia fundamental que está na base da figura do «ombudsman» é esta: existem garantias administrativas através das quais os particulares apelam para as próprias autoridades administrativas, no sentido de ver satisfeitas as suas reclamações ou recursos, mas as autoridades administrativas, por vezes mais interessadas na «sua» visão da legalidade ou do interesse público do que no respeito dos direitos ou interesses legítimos

[1147] V. Sobre esta figura Fernando Alves Correia, *Do Ombudsman ao Provedor de Justiça*, separata do *B. F. D. C.*, Coimbra, 1979, e Gomes Canotilho e Vital Moreira, *Constituição da República Portuguesa Anotada*, 4.ª ed., vol. I, Coimbra, 2007, p. 439 e ss., e Jorge Miranda e Rui Medeiros, *Constituição da República Portuguesa Anotada*, tomo I, p. 217 e ss.

dos particulares, em muitos casos não lhes dão razão; há também garantias contenciosas, através das quais os particulares podem ir a tribunal obter a anulação de decisões ilegais da Administração Pública, ou obter a reparação dos prejuízos que a Administração lhes tenha causado. Mas, fora destas situações – e nomeadamente porque os tribunais só se ocupam de questões de legalidade –, fica por cobrir todo um mundo de problemas, sobretudo naqueles casos em que não se esteja perante uma decisão ilegal da Administração, nem perante uma decisão que tenha causado prejuízos, mas sim perante casos de *má administração*, ou de demora excessiva na resolução de problemas pendentes, ou de injustiças que não constituam ilegalidade.

Ora, para estes casos não há, através dos meios clássicos de garantia, uma defesa suficiente dos particulares. Não há defesa suficiente dos particulares porque, não se tratando de ilegalidades, não se pode recorrer aos tribunais; e, podendo apenas recorrer-se às autoridades administrativas, estas muitas vezes, pelas razões acima apontadas, não atendem as reclamações e os recursos dos particulares.

É, portanto, necessário conceber uma alta autoridade, independente quer da Administração, quer dos tribunais, que, com espírito de justiça, estude, nos casos concretos que lhe sejam apresentados pelos particulares, as queixas que eles tiverem para lhe formular. Foi assim que surgiu o «ombudsman» nos países nórdicos, e que daí irradiou para os restantes países da Europa.

Na Inglaterra tem o nome de «Comissário Parlamentar para a Administração»; em França é denominado de «Mediateur»; em Espanha chama-se «Defensor del Pueblo». Em Portugal, a seguir ao 25 de abril, foi também criado um «ombudsman» com o nome de *Provedor de Justiça*. Começou por ser instituído por uma lei ordinária no período dos governos provisórios (Dec.-Lei n.º 212/75, de 21 de abril), mas depois recebeu consagração solene no atual artigo 23.º da Constituição, que estabelece:

> «1. Os cidadãos podem apresentar queixas por acções ou omissões dos poderes públicos ao Provedor de Justiça, que as apreciará sem poder decisório, dirigindo aos órgãos competentes as recomendações necessárias para prevenir e reparar injustiças.
>
> 2. A atividade do Provedor de Justiça é independente dos meios graciosos e contenciosos previstos na Constituição e nas leis.

3. O Provedor de Justiça é um órgão independente, sendo o seu titular designado pela Assembleia da República, nos termos que a lei determinar.

4. Os órgãos e agentes da Administração Pública cooperam com o Provedor de Justiça na realização da sua missão».

É neste preceito que se encontra o fundamental quanto à configuração do nosso Provedor de Justiça. Deve contudo citar-se também o estatuto do Provedor de Justiça, que consta da Lei n.º 9/91, de 9 de abril (alteradas pelas Leis n.os 30/96, de 14 de agosto, e 52-A/2005, de 10 de outubro).

O Provedor de Justiça pode ocupar-se de quaisquer questões que sejam levadas perante ele relativamente às *atividades dos poderes públicos, por ação ou omissão*, podendo ele ocupar-se tanto de *questões de legalidade* como de *questões de mérito*. Porém, uma vez que para as questões de legalidade existem os meios contenciosos que adiante serão referidos, é *sobretudo na zona do mérito da ação administrativa* que a sua atividade se pode revelar mais útil – embora na prática portuguesa o Provedor de Justiça funcione, sobretudo, como um *órgão de controlo da legalidade administrativa*, de caráter gratuito e mais rápido do que os tribunais administrativos.

Importa sublinhar desde já que o Provedor de Justiça *não tem poder decisório*; designadamente, não pode anular ou revogar atos administrativos, nem pode substituir-se às autoridades competentes para praticar em vez delas os atos que considere legalmente devidos, ou para substituir atos injustos ou inconvenientes por atos que considere mais justos ou mais convenientes.

Os poderes do Provedor de Justiça são apenas *poderes persuasórios*: estuda cada caso concreto e, se entender que o particular tem razão na sua queixa, dirige *recomendações* às autoridades competentes. Estas recomendações assumem conteúdos variáveis: pode tratar-se de recomendações no sentido de um ato ser revogado, anulado ou substituído, ou de que um ato que esteja a tardar, ou tenha sido omitido, seja rapidamente praticado, etc.; mas o Provedor de Justiça só pode formular recomendações jurídicas «necessárias para prevenir [ou] reparar injustiças», além de, no uso da *teoria dos poderes implícitos*, poder dialogar com as autoridades administrativas postas em causa e, até certo ponto, «pressioná-las» para que cumpram a lei ou corrijam os seus erros ou omissões.

Ora, sendo assim, pergunta-se: qual a vantagem desta figura? Para quê mais um órgão do Estado, mais um conjunto de serviços e funcionários, mais uma fonte de despesas, se não há poder decisório na prevenção e reparação de injustiças?

A vantagem existe, e é muito grande e significativa: é que, tratando-se de uma autoridade independente e inamovível, de uma alta autoridade colocada nos mais elevados escalões da hierarquia do Estado (com categoria de Ministro), eleita pelo Parlamento por uma maioria de 2/3 e em voto secreto, essa alta autoridade goza de um prestígio e de uma independência que fazem com que, na grande maioria das vezes, a Administração Pública acabe por aceitar e seguir as suas recomendações.

Há, no entanto, casos em que as recomendações do Provedor de Justiça não são seguidas; nessa hipótese, o Provedor de Justiça tem o direito, quer de dar conta desses casos através de *notas oficiosas* ou de *conferências de imprensa*, denunciando as autoridades administrativas que se recusem a seguir as suas recomendações, quer ainda de tornar pública a existência desses casos através do seu *relatório anual*, que é objeto de publicação e, nomeadamente, enviado à Assembleia da República, perante quem o Provedor de Justiça presta contas.

Nalguns países, designadamente em França e na Inglaterra, vai-se mais longe e estabelece-se que, uma vez entregue o relatório anual do Provedor de Justiça ao parlamento, este deve confiá-lo à Comissão Parlamentar adequada, perante a qual sejam chamadas a depor as autoridades administrativas que não tenham cumprido as recomendações do Provedor de Justiça. Todavia, em Portugal isso ainda não se faz, por mera preguiça ou falta de hábito; é muito importante que se passe a fazer, para reforçar ainda mais a eficácia das recomendações do Provedor de Justiça, dando-lhes visibilidade pública.

Por outro lado, também é usual lá fora haver um serviço na dependência do Primeiro-Ministro, incumbido de insistir pelo cumprimento das recomendações do «ombudsman» junto dos diferentes ministérios e organismos autónomos visados. Seria desejável seguirmos essa boa prática, que tem dado ótimos resultados, por exemplo, em França.

A natureza jurídica do «Provedor de Justiça» é a de *órgão da administração central do Estado*, com caráter de *órgão independente*.

§ 3.º
Principais garantias contenciosas (remissão)

220. As garantias contenciosas. Conceito de contencioso administrativo

As garantias contenciosas representam a forma mais elevada e mais eficaz de defesa dos direitos subjetivos ou dos interesses legítimos dos particulares. Já sabemos o que são: *são as garantias dos particulares que se efetivam através dos tribunais.*

Temos agora de saber de onde vem esta expressão «garantias contenciosas». O que é o contencioso administrativo? A nossa lei usa muitas vezes, e em diversas passagens, a expressão «contencioso administrativo», que é de origem francesa. E usa-a em sentidos muito diferentes:

- primeiro, num sentido *orgânico*, em que o contencioso administrativo aparece como sinónimo de *conjunto de tribunais administrativos*;
- depois, num sentido *funcional*, como sinónimo de *atividade desenvolvida pelos tribunais administrativos*;
- em terceiro lugar, num sentido *material*, como sinónimo de *matéria da competência dos tribunais administrativos*;
- em quarto lugar, num sentido *instrumental*, em que o contencioso administrativo aparece como sinónimo de *meios processuais* que os particulares podem utilizar contra a Administração Pública através dos tribunais administrativos;

- finalmente, em quinto lugar, a expressão aparece ainda utilizada num sentido *normativo*, como sinónimo de *conjunto de normas jurídicas* reguladoras da intervenção dos tribunais administrativos ao serviço da garantia dos particulares.

Destes cinco sentidos, só um é o sentido correto. Os outros são sentidos impróprios da expressão.

Com efeito, em sentido orgânico, os tribunais administrativos não são o contencioso administrativo. Aliás, a lei usa muitas vezes a expressão (essa, sim, correta) *tribunais do contencioso administrativo*. Os tribunais são os órgãos a quem está confiado o contencioso administrativo (ou, noutra terminologia, o processo judicial administrativo).

Em sentido funcional, cumpre dizer que a atividade desenvolvida pelos tribunais administrativos não é o contencioso administrativo: essa atividade é uma atividade jurisdicional, é a função jurisdicional.

Em sentido instrumental, os meios processuais utilizáveis pelos particulares não são o contencioso administrativo, são aquilo a que se chama os *meios contenciosos*.

Em sentido normativo, por último, o conjunto de normas que regulam esta matéria também não merece o nome de contencioso administrativo: no fundo trata-se apenas de um capítulo do Direito Administrativo – ou, mais recentemente, do Direito Processual Administrativo, ou da chamada «Justiça Administrativa».

Qual, então, o sentido que fica para o contencioso administrativo?

É, como se antevê, o *sentido material*: «contencioso administrativo» significa, em bom rigor, *a matéria da competência dos tribunais administrativos*, ou seja, por outras palavras, *o conjunto dos litígios que envolvem a Administração Pública e que hajam de ser solucionados pelos tribunais administrativos ao abrigo da legislação aplicável, em especial a que é constituída por normas de Direito Administrativo.*

221. Espécies

Quais são as espécies do contencioso administrativo?

Tradicionalmente, nas nossas leis, fazia-se referência ao contencioso dos *regulamentos*, dos *atos administrativos*, dos *contratos administrativos*, da *responsabilidade da Administração*, e dos *direitos e interesses legítimos dos particulares*. Havia, pois, cinco espécies de contencioso administrativo:

- o contencioso dos regulamentos;
- o contencioso dos atos administrativos;
- o contencioso dos contratos administrativos;
- o contencioso da responsabilidade da Administração;
- o contencioso dos direitos ou interesses legítimos dos particulares[1148].

Atualmente – e em consequência de duas importantes reformas operadas no nosso contencioso administrativo em 2002-2004 –, a lista das espécies de contencioso é mais ampla e diversificada. De modo sintético, e nos termos da lei[1149], são as seguintes as principais **garantias contenciosas dos particulares** em matéria de **gestão pública**:

a) *Garantias contenciosas quanto aos regulamentos administrativos*:
   1) Direito à declaração da ilegalidade de normas regulamentares;
   2) Direito à suspensão cautelar de normas regulamentares aparentemente ilegais;
   3) Direito à declaração da omissão ilegal de normas regulamentares e, consequentemente, direito à emissão dessas normas em certo prazo;

b) *Garantias contenciosas quanto aos atos administrativos*:
   4) Direito à anulação, declaração de nulidade ou declaração de inexistência de atos administrativos ilegais ou inexistentes;
   5) Direito à suspensão cautelar de atos administrativos aparentemente ilegais;
   6) Direito à condenação da Administração à prática, em prazo curto, de atos administrativos legalmente devidos;

c) *Garantias contenciosas quanto aos contratos administrativos e/ou aos contratos públicos*:
   7) Direito à decisão judicial de quaisquer questões sobre contratos válidos, tais como a sua interpretação, modificação ou extinção;

[1148] Havia ainda a considerar o *contencioso eleitoral* (v. a LEPTA, art. 59.º e ss.).
[1149] *Idem*.

8) Direito à anulação, declaração de nulidade ou declaração de inexistência de contratos ilegais ou inexistentes;
9) Direito à suspensão cautelar de contratos aparentemente ilegais, ou da respetiva execução;
10) Direito de condenação da Administração à celebração ou à execução de contratos legalmente devidos;

d) *Garantias contenciosas quanto ao reconhecimento de direitos, qualidades ou situações*:
11) Direito ao reconhecimento de situações jurídicas subjetivas ou qualidades, *v. g.* a titularidade de direitos subjetivos ou de interesses legítimos;
12) Direito ao reconhecimento de se encontrarem preenchidas determinadas condições (*lato sensu*);
13) Direito à condenação da Administração a cumprir obrigações de indemnização por prejuízos causados a particulares;
14) Direito à condenação da Administração ao pagamento de quantias, à entrega de coisas ou à adoção de condutas materiais, positivas ou omissivas;

e) *Garantias contenciosas quanto às operações materiais da Administração*:
15) Direito à suspensão provisória da sua prática, por meio de uma providência cautelar não especificada, bem como direito à indemnização pelos prejuízos sofridos, sem prejuízo – quando for caso disso – do direito mencionado *infra*, na alínea 16);

f) *Garantias contenciosas de caráter urgente*:
16) Direito à intimação da Administração para que adote, ou se abstenha de adotar, um certo comportamento, como forma de proteção de «direitos, liberdades ou garantias» individuais;
17) Direito à intimação da Administração para «prestação de informações», «consulta de processos» ou «passagem de certidões»;
18) Direito à impugnação de atos pré-contratuais;
19) Direito à impugnação de atos administrativos em matéria de eleições administrativas («contencioso eleitoral»);

g) *Outras garantias contenciosas*:

20) Direito à obtenção, em certos casos, de «providências cautelares», *v. g.* a suspensão provisória da eficácia de atos administrativos;

21) Direito à obtenção das medidas e decisões jurisdicionais que sejam necessárias e suficientes para a plena *execução das sentenças dos tribunais administrativos*, favoráveis aos particulares, *contra a Administração*;

22) Direito à decisão dos conflitos de atribuições e competências entre órgãos da Administração Pública;

23) Direito à decisão dos conflitos de jurisdição entre tribunais administrativos e outros tribunais;

24) *Direito aos recursos ordinários e extraordinários* a interpor de sentenças de tribunais administrativos desfavoráveis aos particulares, perante os respetivos tribunais superiores.

Acrescente-se ainda, por ter sido uma das principais e mais úteis inovações da reforma de 2002-04, aliás mantida na de 2015, que – ao contrário do que sucedia nos séculos XIX e XX – *é hoje muito ampla a faculdade*, conferida aos particulares que demandam os tribunais administrativos, *de proceder à cumulação de pedidos diferentes, mas conexos* (CPTA, art. 4.º, n.º 1) e, nomeadamente:

a) O pedido de anulação, ou de declaração de nulidade (ou inexistência) de um ato administrativo, com o pedido de condenação da Administração ao restabelecimento da situação que existiria se o ato não tivesse sido praticado, ou ao reconhecimento de uma situação jurídica subjetiva [evitando assim a necessidade de, após o provimento na ação declarativa, ter de mover o processo executivo complementar];

b) O pedido de condenação da Administração à prática de um ato legalmente devido, com qualquer dos pedidos referidos em *a*), [evitando assim uma sucessão infindável de impugnações;

c) O pedido de anulação, ou de declaração de nulidade (ou inexistência) de um ato administrativo, ou de condenação à prática de ato devido, com o pedido de condenação da Administração à reparação de danos causados ao particular pelo ato ou pela omissão ilegais.

Foi sobretudo com esta *grande inovação*, em vigor desde 2004, que a justiça administrativa portuguesa deixou de se caracterizar, a título principal, como *contencioso de mera anulação*, para se afirmar genericamente como *contencioso de plena jurisdição*.

Sublinhe-se, no entanto, que esta evolução – inspirada do Direito Administrativo alemão, mas que também se nota, de algum modo, no direito francês – não pôs em causa o *princípio da separação dos poderes* e, nomeadamente, o seu corolário da independência da Administração perante a Justiça. Sobretudo em matéria que seja objeto de *poderes discricionários*. O juiz não pode converter-se em administrador, porque a Democracia não é a «república dos juízes».

Nesse sentido, são bem explícitos dois dos preceitos do CPTA:

- art. 3.º, n.º 1: «no respeito pelo princípio da separação e interdependência dos poderes, os tribunais julgam do cumprimento pela Administração das normas e princípios jurídicos que vinculam [*legalidade*] e não da conveniência ou oportunidade da sua atuação [*mérito*]»;
- art. 71.º, n.º 2: «em situações de inércia ou omissão da Administração, quando a emissão do ato pretendido (pelo particular) envolva a formulação de valores próprios do exercício da função administrativa, e a apreciação do caso concreto não permita identificar apenas uma solução como legalmente possível, o tribunal não pode determinar o conteúdo do ato a praticar [*poder discricionário*], mas deve explicitar as vinculações a observar pela Administração no ato devido [*poder vinculado*]».

Quer dizer: à Administração compete administrar, no respeito da legalidade mas com poderes discricionários; aos Tribunais não compete apreciar o mérito da ação administrativa, mas a respetiva legalidade, quer no domínio dos poderes inteiramente vinculados, quer no dos contornos vinculados do poder discricionário.

Este, o elenco das principais *garantias contenciosas dos particulares* frente à Administração Pública, no quadro das atividades administrativas de *gestão* pública, para a efetivação das quais são competentes, por via de regra, os tribunais administrativos. A matéria, que durante mais de um século foi denominada, por influência francesa, como *contencioso administrativo* – e que era um capítulo do Direito Administrativo – está hoje autonomizada, a nosso ver corretamente, com a designação de *Direito Processual Administrativo* ou de *Justiça Administrativa*, sendo objeto (e bem) de uma disciplina autónoma da do Direito Administrativo, nas principais Faculdades de Direito portuguesas e europeias.

Há ainda, a favor dos particulares e em face da Administração Pública, quanto às suas atividades de *gestão privada*, as mesmas garantias jurisdicionais de que beneficiam todos os sujeitos de direito privado à luz do Código do Processo Civil, as quais não têm de ser estudadas num curso de Direito Administrativo.

ÍNDICE

§ 3.º
A relação jurídica administrativa

CAPÍTULO II
O EXERCÍCIO DO PODER ADMINISTRATIVO

§ 1.º
Introdução

§ 2.º
O regulamento administrativo

§ 3.º
O ato administrativo

I
Conceito, natureza e estrutura

II

Espécies

V

Invalidade

VI

Extinção e modificação. Revogação e anulação administrativa

§ 4.º
O contrato administrativo

I
Conceito e classificações

II
Alguns tipos legais de contratos administrativos

III
A formação do contrato administrativo

IV

Forma e interpretação do contrato administrativo

V

Invalidade do contrato administrativo

VI

Execução do contrato administrativo

VII

Extinção do contrato administrativo

§ 5.º
As operações materiais administrativas

CAPÍTULO III
A RESPONSABILIDADE CIVIL DA ADMINISTRAÇÃO

§ 1.º
Generalidades

§ 2.º
A responsabilidade por atos de gestão privada

§ 3.º
A responsabilidade extracontratual por atos de gestão pública

I
Responsabilidade subjetiva

II
Responsabilidade objetiva

PARTE III
AS GARANTIAS DOS PARTICULARES
(Resumo)

CAPÍTULO I
AS GARANTIAS EM GERAL

CAPÍTULO II
GARANTIAS POLÍTICAS, ADMINISTRATIVAS E CONTENCIOSAS

§ 1.º
Garantias políticas

§ 2.º
Garantias administrativas

§ 3.º
Principais garantias contenciosas (remissão)